Medienmanagement und öffentliche Kommunikation

Thomas Becker

Medienmanagement und öffentliche Kommunikation

Der Einsatz von Medien in Unternehmens-führung und Marketing

 Springer VS

Thomas Becker
Hochschule BiTS (Laureate International
Universities)
Berlin
Deutschland

ISBN 978-3-658-00886-4   ISBN 978-3-658-00887-1 (eBook)
DOI 10.1007/978-3-658-00887-1

Die Deutsche Nationalbibliothek verzeichnet diese Publikation in der Deutschen Nationalbibliografie; detaillierte bibliografische Daten sind im Internet über http://dnb.d-nb.de abrufbar.

Springer VS
© Springer Fachmedien Wiesbaden 2014

Lektorat: Barbara Emig-Roller, Monika Mülhausen

Gedruckt auf säurefreiem und chlorfrei gebleichtem Papier

Springer VS ist eine Marke von Springer DE. Springer DE ist Teil der Fachverlagsgruppe Springer Science+Business Media
www.springer-vs.de

Für Mayte und Niklas

Vorwort und Danksagung

Das vorliegende Lehrbuch Medienmanagement und öffentliche Kommunikation entstand während meiner „Wiedereingliederung" in den Wissenschaftsbetrieb, nachdem ich mich fast zwanzig Jahre in der Praxis aufgehalten habe: als freiberuflicher Journalist, als Manager in einem Medienunternehmen aus der IT-Branche und als Unternehmer in den Bereichen E-Commerce und digitales Verlagswesen. In dieser Zeit konnte ich viele wertvolle Erfahrungen sammeln und Einsichten gewinnen, speziell welchen Einfluss Medien und Kommunikation im unternehmerischen Alltag haben und wie massiv sich die Rahmenbedingungen im Zuge der Digitalisierung der Gesellschaft durch das Internet ändern.

Mein Entschluss, mich zur Halbzeit des Lebens noch einmal um etwas ganz anderes zu kümmern, nämlich um die Ausbildung zukünftiger Führungskräfte für Unternehmen, führte mich 2012 an die SRH Hochschule für Wirtschaft und Medien in Calw. Da ich ohne größere Lehrerfahrung und vor allem ohne ein Skript und ohne eine einzige Folie die Professur antrat, musste ich das gesamte Themengebiet für meine Lehrveranstaltungen neu aufbereiten und parallel einen neuen Masterstudiengang Media Management and Public Communication konzipieren und inhaltlich ausgestalten. Beide Aspekte führten zu einer sehr intensiven Auseinandersetzung mit den verschiedenen Facetten des Fachgebiets Medienmanagement.

Auf der einen Seite staunte ich, dass ich trotz längerer Recherche kein geeignetes Lehrbuch für meine Veranstaltungen finden konnte. Auf der anderen Seite war ich verwundert, dass – wie noch während meiner eigenen Studienzeit – die verschiedenen Disziplinen peinlichst darauf bemüht sind, sich ausschließlich in ihrem eigenen „Beritt" zu bewegen. Hatte man verpasst, dass das Internet die Spielregeln des gesellschaftlichen Zusammenlebens verändert und dass man sich nicht mehr auf scheinbar gesicherte Erkenntnis-Splitter der „alten Welt" verlassen konnte?

Um meinen Studenten das zu vermitteln, was mir zwingend notwendig erscheint, um mit Medien und Kommunikation Führungsaufgaben zu übernehmen und nicht zeitlebens ausführendes Organ zu bleiben, hatte ich also einige Arbeit vor mir. Das Ergebnis ist die Ausarbeitung einer Grundlagenvorlesung zum Fachgebiet Medienmanagement, dessen „Skript" Sie jetzt als Lehrbuch in ihren Händen halten.

Dass ich mich dieser Aufgabe widmen konnte, ist in erster Linie der Hochschule für Wirtschaft und Medien in Calw zu verdanken, die mir für meine akademische Arbeit die notwendigen Freiräume eingerichtet hat und die mir gewährte, die Konzeption des Masterstudiengangs Media Management and Public Communication unabhängig von der Historie des Standorts und den gewachsenen Strukturen so zu entwickeln, dass sie den aktuellen Anforderungen aus der Praxis entspricht und per Akkreditierung öffentlich anerkannt ist. Namentlich danke ich dem Kollegium, mit dem ich mich oftmals in Einzelfragen besprechen konnte und von dort wertvolle Hinweise erhielt: Prof. Dr. Claudia Ossola-Haring, Prof. Dr. Christian Haßlinger, Prof. Alexander Dürr, Prof. Dr. Klaus Rüdiger Jarzina, Prof. Ralph Brinkmann, Prof. Dr. Jutta Maute, Prof. Dr. Siegfried Posselt, Prof. Dr. Manfred Klein, Prof. Dr. Thomas Schmallowsky sowie natürlich meinem geschätztem Dekanskollegen Prof. Dr. Reinhard Spulak und dem Rektorat rund um Prof. Dr. Peter J. Weber. Wichtige Impulsgeber und Sparringspartner im Entstehungsprozess waren ebenso meine Lehrkollegen Eva-Maria Waas, Dr. Thomas Fischer, Ralph Brodel, Ursula Schwarz, Frank Rapp und Udo Seiwert-Fauti.

Mindestens ebenso wichtig sind natürlich die Studierenden an der Hochschule für Wirtschaft und Medien in Calw. Ich danke den Bachelorstudiengängen Medien- und Kommunikationsmanagement in Unternehmen (MUK) sowie den vier Masterjahrgängen (MAKM), die ich unterrichten durfte. Stellvertretend für alle Studierende gilt mein Dank David Schneider. David Schneider gab mir wertvolles Feedback hinsichtlich der Verständlichkeit und Anwendbarkeit der Argumentationslinie und er arbeitete an der Endfassung des Buchs mit, indem er die *lessons learned* am Ende jedes Kapitels in ihrer Grundfassung erstellte.

Für wertvolle Hinweise zur finalen Version und insbesondere zur richtigen Positionierung und für die richtige Tonalität der Arbeit danke ich meiner Kollegin aus dem Wanderatlas Verlag, Sinje Beck. Danken möchte ich ebenso meiner Lektorin im Verlag, Barbara Emig-Roller, die sich für die Veröffentlichung des Titels stark gemacht hat und die mehrfach von mir verschuldete Terminkollisionen professionell entschärfen konnte.

Schließlich gilt mein Dank denjenigen Kollegen an der Hochschule, die mich massiv dabei unterstützt haben, dass ich die freien Zeiträume, die ich für das Manuskript benötigte, einhalten konnte, aufgrund der hervorragenden Organisation des Studienbetriebs. Dafür mein herzlichster Dank an Anke Hamberger, Melanie Bertsch, Susanne Kanzleiter, Anne Jung, Asli Güler-Witt, Silke Eberle, Loreto Aravena, Anke Wesser, Christian Gerard, Petra König und Maria Gomolla.

Aber wie sollte es anders sein: Die Motivation, sich an ein solches Projekt zu geben, kann nur dann erfolgreich zu Taten führen, wenn man sich der Unterstützung seiner Familie sicher ist. Ich danke daher von ganzem Herzen meiner Frau Mayte Stupperich und unserem Sohn Niklas, ohne deren Verständnis für die Situation und deren dauernde Rücksichtnahme ich dieses Buch nicht hätte schreiben können.

Berlin, im September 2013   Thomas Becker

Postscriptum

Gerne nehme ich Anregungen und Kritik zu den vorliegenden Ausarbeitungen persön-lich entgegen. Dafür lade ich Sie ein, meinen Blog dockbecker.blogspot.com zu besuchen und mir über die dort kommunizierten Kontaktdaten direkt eine Nachricht zukommen zu lassen.

Inhaltsverzeichnis

Abbildungsverzeichnis

Tabellenverzeichnis

Medienmanagement und öffentliche Kommunikation

1

Zusammenfassung

Medienmanagement ist ein junges wissenschaftliches Fachgebiet, das je nach Lehrstuhl und Ausprägung sehr unterschiedlich verstanden wird. Daher wird zunächst begründet, wie sich Medienmanagement begrifflich von Medienwirtschaft als spezieller Betriebswirtschaftslehre und dem Management von Unternehmen, die Medien vermarkten, abgrenzen lässt. Medienmanagement ist in diesem Sinne der Einsatz von Medien und Kommunikation für die Umsetzung unternehmerischer Ziele. Das bezieht sich auf zwei Dimensionen: Die Nutzung von Medien als Führungsinstrument innerhalb des Unternehmens und die Instrumentalisierung von Medien für das Marketing von Unternehmen.

Eine Einleitung ist ein mediales Format, das es nicht einfach hat. Häufig überblättert und oft noch nicht einmal richtig in die offizielle Seitenzählung aufgenommen, wirkt es wie ein lästiges Überbleibsel aus einer Zeit, als man selbst noch Zeit hatte und daher auch Einleitungen lesen konnte. Heute dagegen springt man zielgenau zu den Informationshappen, die man zum Stillen des akuten Wissenshungers benötigt.

Dabei ist eine Einleitung ein durchaus praktisches Format. Dies gilt für alle Leser, speziell aber für die, die effizient lesen wollen. Denn die Einleitung verrät, warum es das vorliegende Buch gibt, welches Thema es hat und mit welcher Zielsetzung es für wen geschrieben ist. Die Einleitung eines Buchs ist so etwas wie eine Gebrauchsanweisung. Die Einleitung bereitet auf den optimalen Lesemodus vor.

Das vorliegende Buch ist ein Lehrbuch. Ein Lehrbuch hat eine klar definierte Aufgabe: Es wird in der Ausbildung verwendet, um einen als anerkannt geltenden Kenntnisstand so darzustellen, dass man das behandelte Fachgebiet versteht. Dabei richtet sich ein Lehrbuch an eine klar umrissene Zielgruppe.

Dieses Lehrbuch wurde in erster Linie für Studierende geschrieben, die sich mit der Anwendung von Medien und Kommunikation für den Einsatz in Unternehmen beschäftigen.

T. Becker, *Medienmanagement und öffentliche Kommunikation,*
DOI 10.1007/978-3-658-00887-1_1, © Springer Fachmedien Wiesbaden 2014

Ich mache dabei bewusst keinen Unterschied zwischen den Abschlussniveaus Bachelor oder Master. Kommt es für Bachelorstudenten eher darauf an, grundlegende Zusammenhänge einordnen und benennen zu können, sind für Masterstudenten die Anwendung und wissenschaftliche Vertiefung der vorgestellten Aspekte relevant. Beide Gruppen brauchen aber einen Kompass, mit dem sie durch die vielen Facetten des Fachgebiets steuern können.

Neben Studierenden spricht dieses Lehrbuch Berufspraktiker an: ob Marketingmanager, Journalisten, Werber, Verlagsmanager, Politiker, Lobbyisten, Öffentlichkeitsarbeiter. Alle, die mit und in den Medien arbeiten, kennen die Situation: Die Welt der Medien ändert sich schnell, sie ist der Motor gesellschaftlicher Entwicklung und der läuft nach rund sieben Jahrzehnten ohne Kriegen zwischen den großen Wirtschaftsnationen auf Vollgas. Daher gilt natürlich gerade für Experten: Auch wenn man in einem – seinem – Gebiet absolut sattelfest ist, passieren parallel so viele andere Dinge, dass man gar nicht in allen Diskussionen *state-of-the-art* sein kann. Das vorliegende Lehrbuch soll daher für Praktiker zugleich als *update* und *upgrade* dienen, das eigene Wissen aufzufrischen und um neue Aspekte zu ergänzen.

Eine dritte Zielgruppe ist schließlich der Kreis der Kollegen im Wissenschaftsbetrieb. Hier zeigt sich die Situation, dass sich unterschiedliche Fachbereiche mit Fragen zu Medien und Kommunikation beschäftigen: Biologie, Psychologie, Soziologie, Betriebswirtschaftslehre und hier insbesondere Marketing und Management, Publizistik, Ökonomie etc. leisten wichtige Beiträge. Zwischen diesen Disziplinen werden sehr unterschiedliche Begriffe und Konzepte von Kommunikation und Medien genutzt, was bei interdisziplinären Diskussionen binnen kürzester Zeit zu Missverständnissen führt. Interdisziplinäre Diskussionen sind allerdings zwingend notwendig, da Medien und Kommunikation nicht eine spezielle Fachdisziplin unter vielen darstellen. Kommunikation bildet Gesellschaft, Medien erleichtern Kommunikation. Ergo ist kein gesellschaftlicher Bereich aus der Anwendung von Medien und Kommunikation ausgenommen, egal ob es sich um theoretische Physik oder improvisiertes Theater, um erfolgreiches Verkaufen oder politische Diskussionen handelt.

Nachdem die Zielgruppen bestimmt sind, schließt sich die Frage an, was das Thema des Buchs ist. Das klingt zunächst etwas verwirrend, denn das Thema sollte eigentlich der Titel transportieren. Das aber – wir sind schon mittendrin im Bereich praktischer Kommunikation – leistet ein Titel nicht. Der Titel nennt als ersten Begriff „Medienmanagement". Was ist darunter zu verstehen? Das Management eines Medienunternehmens? Oder das Management von Werbeträgern im Sinne der Budgetallokation in der Werbewirtschaft? Oder der Einsatz von Medien wie Beamer, Video und Präsentationssoftware für Manager? Und wie verhält es sich mit dem zweiten Begriff des Buchtitels: „öffentliche Kommunikation"? Bedeutet öffentliche Kommunikation die Diskussion in einer Talkshow oder das Erlernen von Interview-Techniken? Ist öffentliche Kommunikation die Veröffentlichung von Werbeanzeigen, die Teilnahme an sozialen Netzwerken oder die Aufgabe von Journalisten? Wir halten fest: Der Buchtitel soll die Aufmerksamkeit des Lesers finden und ihn überzeugen, das Buch zu kaufen. Was aber das genaue Thema ist, beschreibt der Buchtitel nur vage und plakativ.

Was meine ich also mit dem Titel „Medienmanagement und öffentliche Kommunikation"? Dazu muss ich kurzen Bezug auf die Motivlage nehmen, aus der heraus dieses Buch entstanden ist. Nach längerer Berufspraxis als angestellter Manager und als selbstständiger Unternehmer habe ich mich 2012 entschlossen, in den akademischen Betrieb zurückzukehren. Einige Zeit war seit meinem eigenem Studium und der Arbeit an der Universität vergangen, so dass ich im Lehrbetrieb als *greenhorn* starten musste. Das bedeutet: Man erhält bestimmte Lehrveranstaltungen zugewiesen und baut sich anhand definierter *learning outcomes* seine Lehrmittel eigenständig zusammen.

Da ich an meiner Hochschule – der SRH Hochschule für Wirtschaft und Medien in Calw – die Ehre hatte, die Grundlagenveranstaltung für Medienwirtschaft zu übernehmen, machte ich mich gleich auf die Suche nach einem verlässlichen Referenzwerk, so wie dies der Kotler für Marketing, der Wöhe in der BWL, der Horváth für Controlling, der Mankiv in der VWL oder der Olfert für das Personalwesen ist. Allerdings wurde ich für das Fach „Medienwirtschaft" nicht fündig. Woran lag das?

Aus meiner eigenen Beschäftigung mit medienwirtschaftlichen Themen im Studium, während der Promotion und später auch berufsbegleitend, vor allem aber aus der praktischen Erfahrung in den verschiedenen Rollen – als Manager gegenüber den Mitarbeitern und den Gesellschaftern, als Einkäufer und Verkäufer gegenüber anderen Unternehmen, als Marketeer, der Märkte analysiert und beeinflusst, um diese erfolgreich zu besetzen – habe ich ein Grundverständnis von Medien und Kommunikation, das ich in der durchgesehenen Literatur nicht auffinden konnte. Das betrifft beide Dimensionen, die Breite wie auch die Tiefe des Felds.

Ausgangspunkt war die Aufgabe, das Fach Medienwirtschaft in einer Grundlagenvorlesung in seinen Dimensionen aufzuzeigen und den Studierenden damit ein Orientierungsgerüst an die Hand zu geben, mit dem sie ihr weiteres Studium erfolgreich absolvieren können und für das Berufsleben gut gerüstet sind. Ganz prosaisch sollte ich also jungen Menschen erklären, wie man mit Medien Geld verdient.

Ein erster grober Blick in die Literatur legt nahe, Medienwirtschaft als spezielle Betriebswirtschaftslehre aufzufassen im Sinne einer Wirtschaftszweiglehre wie z. B. die Bankbetriebslehre, die Verwaltungsbetriebswirtschaft oder die Immobilienwirtschaft. Spezielle Betriebswirtschaftslehren beruhen auf der Annahme, dass verschiedene Branchen sehr eigene, spezielle Eigenschaften teilen, die es notwendig machen, die allgemeinen betriebswirtschaftlichen Grundsätze zu ergänzen oder teilweise auch zu revidieren.

Will man Medienwirtschaft in dieser Perspektive als Betriebswirtschaftslehre für Medienunternehmen entwerfen, muss man festlegen, was die Medienbranche gegenüber anderen Wirtschaftszweigen abgrenzt. Das funktioniert aber nicht wirklich gut. Anders als z. B. Banken oder Handelsunternehmen, die in ihrer Gänze jeweils einen klaren gemeinsamen Nenner haben, der ihre Tätigkeit von anderen Unternehmen unterscheidet, ist das bei Medienunternehmen nicht möglich. Was haben ein Buchverlag, eine Werbeagentur und ein Vergleichsportal im Internet gemeinsam? Was verbindet die betriebswirtschaftlichen Prozesse eines Fernsehsenders mit denen der TV-Produktionsfirma, die die Sendungen erstellt, und denen des Kabelnetzbetreibers, der die Sendungen in die Haushalte liefert?

Was eint den städtischen Theaterbetrieb mit Stefan Raabs Wok-WM und der Fußball-Bundesliga?

Man kann die Medienbranche natürlich ganz praktisch zuschneiden und z. B. sagen, Medienwirtschaft ist definiert über ihr Produkt – ein Medienprodukt. Das hieße: Wer sein Geld mit Medien verdient, ist ein Medienunternehmen. Wohin führt dieser Ansatz? Mit Medien verdient u. a. Amazon sein Geld – ist Amazon deshalb ein Medienunternehmen? Anders das Deutschlandradio: Es gehört wohl zu „den Medien", wenngleich es sein Geld komplett aus Gebühren bestreitet und damit nicht unternehmerisch tätig ist. Die Deutsche Welle wird sogar vollständig aus Steuermitteln finanziert. Beide verdienen ihr Geld offenbar weder mit Medien noch mit anderen Produkten – sie werden aus anderen Gründen finanziert ähnlich wie dies auch bei Europas auflagenstärkster Zeitschrift – der Mitgliederzeitschrift des ADAC – der Fall ist. Es gibt also offensichtlich Medienunternehmen, die ihr Geld nicht mit Medien verdienen. Und es gibt Unternehmen, die ihr Geld mit Medien verdienen, sich aber trotzdem nicht mit unserem Verständnis eines Medienunternehmens vertragen.

Wirtz (2013) löst diesen Umstand elegant auf, in dem er einzelne Branchen wie Musik, Radio, Film und TV getrennt voneinander beschreibt und diese Einzelbetrachtungen, die gar nicht viele Gemeinsamkeiten teilen, unter einem medienwirtschaftlichen Dach vereinigt. Wählt man ein drastisches Bild, könnte man dieses Vorgehen mit der Einrichtung eines neuen Fachgebiets Rechtswirtschaft vergleichen, der man die betriebswirtschaftlichen Prozesse einer Anwaltskanzlei, eines Gerichts und eines juristischen Fachverlags unterordnet. Die Problematik, dass man nicht trennscharf festlegen kann, was „die Medien" sind, führt zu Abgrenzungsproblemen. Der Umstand, dass viele Branchen, die mit Medien zu tun haben, mit offensichtlich grundlegend unterschiedlichen Geschäftsprozessen, Wertschöpfungsketten und Marktgegebenheiten zu tun haben, führt zur Frage, warum man Verschiedenes einheitlich behandeln soll.

Medienwirtschaft als spezielle Betriebswirtschaftslehre auszulegen und an Hochschulen in dieser Form zu lehren, scheint jedoch durchaus gängige Praxis zu sein. Auch Schumann und Hess (2009) etwa deklinieren betriebswirtschaftliches Grundlagenwissen an Beispielen einzelner Medienunternehmen durch und nennen das Ergebnis dann Grundlagen der Medienwirtschaft. Wirtz wählt für sein Standardwerk den Titel Medien- und Internetmanagement, beschreibt aber klar die Zielsetzung: es geht um die Anwendung strategischer und operativer Aspekte der Betriebswirtschaftslehre für die Erstellung und Verbreitung von „informativen oder unterhaltenden Inhalten (Content) in Medienunternehmen" (Wirtz 2013, S. 23). Für das vorliegende Buch möchte ich jedoch klar festhalten:

1. **Medienmanagement ist *nicht* Medienwirtschaft.**
   Medienwirtschaft ist eine spezielle Betriebswirtschaftslehre, die betriebswirtschaftliche Methoden auf eine Branche überträgt und die Spezifik der Branche (z. B. der hohe Anteil an Lizenzgeschäften, der Umgang mit *intellectual properties* etc.) aufgreift, wie sinnvoll auch immer dies hinsichtlich der Breite der Branche und den beschriebenen Ordnungsproblemen sein mag.

Vielleicht geht es nicht um den Vertrieb von Medienprodukten, sondern um die Produktion von Medien, was wohl so viel heißen müsste wie die Herstellung von Inhalten, die über Medien verbreitet werden. Damit wären Unternehmen angesprochen, die Texte, Filme, Musik oder Bilder produzieren, vom Blogger über den Romanautor bis zur Punkrockband. Hier gibt es zumindest eine Gemeinsamkeit: die Beteiligten am Erstellungsprozess von Medienprodukten müssen wie andere Unternehmen auch, geführt werden. Hier setzt Gläser (2010) an, wenn er Medienmanagement als Führungsaufgabe von Medienunternehmen beschreibt. Gläser baut auf dem an der Universität St. Gallen durch Ulrich und Krieg (1972), Brauchlin (1978), Malik (1984), Bleicher (1991) und andere entwickelten Managementverständnis auf und wendet es auf die Medienbranche an. Doch auch hier darf man berechtigt zwei Fragen stellen: Wie unterscheidet sich die Führung von Medienunternehmen von der anderer Unternehmen? Und wie schneide ich die Medienwirtschaft als homogene Branche zu, die sich trennscharf von anderen Branchen unterscheidet? Gehören z. B. die Werbewirtschaft, freie Journalisten, Infrastrukturanbieter, Samsung, Ebay und das Berliner Ensemble dazu? Auch hier zeichnen sich nur wenige Gemeinsamkeiten ab, die es rechtfertigen würden, Medienmanagement als Management von Medienunternehmen zu konzipieren. Daher möchte ich weiter festhalten:

2. **Medienmanagement ist *nicht* das Management von Medienunternehmen.**
Management als Führungslehre bzw. als Anwendung von Führung im Sinne des zielgerichteten Einsatzes von Ressourcen auf Basis von Planung und Kontrolle ist in allen Unternehmen von der Grundanlage gleich. Es gibt in der Methodik und hinsichtlich verwendeter Instrumente keinen Unterschied zu anderen Branchen.

Damit können wir bislang frei nach Brecht festhalten: „Wir stehen selbst enttäuscht und sehn betroffen, den Vorhang zu und alle Fragen offen" (Brecht 1973, S. 144).
Medienwirtschaft in dem skizzierten Verständnis als spezielle Betriebswirtschaftslehre entspricht nicht den Erwartungen, mit denen Studierende das Fach wählen und es entspricht nicht dem Bedarf an Führungskräftenachwuchs mit ausgewiesenen Kommunikationsfähigkeiten, die Unternehmen brauchen, um die Herausforderungen eines wettbewerbsintensiven Marktumfelds zu bearbeiten.
Medienmanagement in dem skizzierten Verständnis als Anwendung von Führungstechniken innerhalb von Medienunternehmen orientiert sich schon eher an Anforderungen aus der Praxis, ist aber zugleich als Fachgebiet wenig trennscharf konzipiert und zugleich m. E. zu stark auf die Innensicht der Unternehmen fokussiert.
Was Studierende suchen und was Unternehmen brauchen kann man dagegen ganz praktisch als die *Anwendung* von Medien und Kommunikation in Unternehmen beschreiben, um damit betriebswirtschaftliche Ziele umzusetzen. Mein Verständnis, das sich aus der Praxiserfahrung herleitet und zugleich mit der einschlägigen Theoriebildung kompatibel ist, möchte ich daher kurz darlegen. Medien und Kommunikation sind zwei Grundbausteine menschlichen Zusammenlebens und sie durchziehen den gesamten Leistungserstellungsprozess von Unternehmen oder einfach in drei Sätzen formuliert:

- Es gibt kein Unternehmen ohne Kommunikation.
  (Im Umkehrschluss: Kommunikation – und nicht etwa Gebäude oder Kapital – ist das
  einzige *zwingend* notwendige Kriterium, das die Existenz von Unternehmen begründet.)
- Es gibt keine Unternehmenskommunikation ohne Medien.
  (Das bedeutet: Ohne den Einsatz von Medien – und dazu gehören zentral Sprache, Bil-
  der und Schrift – lässt sich nicht auf dem Abstraktionsgrad kommunizieren, der für die
  Aufrechterhaltung eines Unternehmens notwendig ist.)
- Unternehmen instrumentalisieren Kommunikation.
  (Alle Organisationen haben einen Zweck. Diesem Zweck unterwerfen Organisationen
  ihre Entscheidungen über den Einsatz von Ressourcen und in diesem Zusammenhang
  wird auch Kommunikation als Ressource betrachtet, die für die Erreichung von Zielen
  gut oder schlecht, wirtschaftlich oder unwirtschaftlich eingesetzt wird.)

Diese drei Grundüberlegungen zur Unternehmenskommunikation stecken einen Rahmen
ab, in dessen Grenzen sich ein nützlicher Begriff für den Medieneinsatz in der Wirtschaft
gewinnen lässt. Wenn Unternehmen – also Wirtschaftsorganisationen – Medien einsetzen
müssen, um ihre Leistung zu erbringen, kann und muss man sich mit der Frage beschäftigen, *wie* man mit Medien so umgeht, dass deren Einsatz mit möglichst geringem Aufwand
zum gewünschten Erfolg führt.

Die Formulierung „gewünschter Erfolg" ist eine Umschreibung für Zielsetzung. Wenn
wir von Zielen und deren Erreichen durch einen systematischen Arbeitsablauf aus Analyse
der Situation, Planung des Wegs zur Zielerreichung, Entscheidung über die durchzufüh-
renden Maßnahmen, Steuerung (Überwachung) der Maßnahmendurchführung und Kontrolle der Ergebnisse sprechen, sprechen wir nicht mehr von Wirtschaft, sondern von Management. Das hat eine wesentliche Auswirkung auf das zu behandelnde Themengebiet.

Wirtschaft betrifft soziologisch bzw. volkswirtschaftlich gesehen eine Funktion der Gesellschaft, die den Umgang mit knappen Gütern regelt. Wirtschaft betrifft operativ gesehen, also als Betriebswirtschaftslehre, insbesondere das Handwerkszeug des Kaufmanns:
Kalkulieren, Risiken bewerten, Investitionen planen, Bilanzieren etc. Beide Dimensionen
sind klar auf Organisationen zugeschnitten, deren Ziel es ist, Profit zu machen. Profit entsteht durch den Einsatz von Ressourcen. Im Einsatz der Ressourcen wird Wert geschaffen. Diese Mehrwert-Produktion braucht Zeit, so dass sich die meisten wirtschaftlichen
Fragestellungen als berechenbare Fragen der Kapitalrendite und der Liquiditätssicherung
darstellen. In diesem Kontext kann man über Medien und Kommunikation nur auf zwei
begrenzten Ebenen sprechen, nämlich abstrakt, wenn man soziologisch Geld als symboli-
sches Kommunikationsmedium auffasst. Oder ökonomisch, wenn man Kommunikation
als Investition in die Marktbearbeitung interpretiert.

Beide Perspektiven greifen zu kurz. Auf abstrakter Ebene lässt sich kaum ein anwendba-
res Ergebnis für Unternehmen erzielen. Auf ökonomischer Ebene lassen sich zwar Überlegungen anstellen, sie sind aber nicht sehr tragfähig, weil sich Kommunikationsaufwand
wenn überhaupt nur *ex post* quantifizieren lässt, d. h. man kann ökonomisch den Einsatz
von Kommunikation nur unter einer Vielzahl von prüfbarer Randbedingungen in die zah-
lenorientierte Planung übernehmen.

Wenn wir darüber nachdenken, wie man mit Medien Geld verdient, kommt man also zu dem Schluss, dass Medienwirtschaft ein zumindest unglücklicher Begriff ist. Das, was Studierende zur Beschäftigung mit Medien und Kommunikation motiviert, ist ebenso wie der Bedarf von Unternehmen an Medienprofis ganz anders „genordet". Es geht darum, Kunden oder Investoren zu überzeugen, die Mitarbeiter „ins Boot zu holen", bestehende Kunden zu binden und zu Fans des Unternehmens und seiner Produkte zu machen, neue Kunden zu finden, das Bild des Unternehmens in Markt und Öffentlichkeit positiv zu beeinflussen etc. Es geht um die Schaffung von Mehrwert, der über den direkten Zahlungs- und Leistungsstrom hinausweist und daher auch schwer und nur sehr subjektiv bilanziert werden kann. Was ist die gute Beziehung zu einem Kunden wert? Welchen Wert hat die Strahlkraft einer Marke? Welche Kosten entstehen durch ein negatives Image, welche durch unzufriedene Mitarbeiter, denen sich die Sinnhaftigkeit ihrer Tätigkeit nicht erschließt?

Wenn man Kommunikation und Medien in Organisationen einsetzt, dann geht es zu-allererst um Management. Management heißt: zielgerichteter Einsatz von Ressourcen für den Zweck der Organisation. Es geht um Management mit Medien. Es geht um Medienmanagement.

Medienwirtschaft und Medienmanagement sind grundverschieden (vgl. Becker 2014). Medienwirtschaft im Sinne einer speziellen Betriebswirtschaftslehre würde die Betriebswirtschaft – Absatz, Finanzierung, Beschaffung, Produktion etc. – auf konkrete Fragestellungen für Medienunternehmen anwenden. Medienmanagement im Sinne einer Führungsaufgabe in Unternehmen beschäftigt sich dagegen mit der Frage, *wie* man Medien für die Erreichung der Unternehmensziele wirksam einsetzt – in Unternehmen jeder Größenordnung und Branchenzugehörigkeit. Damit reiht sich Medienmanagement ein in ein Set verschiedener Managementdisziplinen wie Prozessmanagement, Projektmanagement und Qualitätsmanagement. Medienmanagement ist nicht auf das Management von Medienunternehmen begrenzt, sondern Medienmanagement ist eine universelle unternehmerische Aufgabe.

3. **Medienmanagement *ist* der Einsatz von Medien und Kommunikation für die Umsetzung unternehmerischer Ziele.**
Im Medienmanagement geht es um die Instrumentalisierung von Medien und Kommunikation für Unternehmen aller Größen und Branchen. Medienmanagement ist eine universell einsetzbare Führungstechnik.

Medienmanagement dient uns also als Oberbegriff für die zielorientierte Nutzung von Kommunikation in Organisationen. Dabei sind zwei verschiedene Dimensionen zu unterscheiden. Auf der einen Seite nutzen Organisationen Kommunikation als Instrument für die Umsetzung ihres Organisationszwecks. Sie setzen Kommunikation durch Medien *für* die Organisation ein. Andererseits bestehen Organisationen im Kern aus der Kommunikation unter ihren Mitarbeitern, denn nur Kommunikation ermöglicht die Koordination von Verhalten auf ein gemeinsames Ziel. Organisationen bestehen aus den Kommunikationen, die durch Medien *in* der Organisation stattfinden.

1.1   Medienmanagement: Kommunikation in und für Organisationen

Schauen wir uns zunächst die erste Perspektive an. Der Zweck einer Organisation kann letztlich immer auf die Beeinflussung externer Faktoren (der Umwelt der Organisation) heruntergebrochen werden. Diese zunächst abstrakt klingende Formulierung lässt sich konkretisieren, wenn man sich Organisationen der Wirtschaft anschaut, Unternehmen also. Alle Unternehmen haben denselben Zweck: Sie bieten knappe Leistungen an, um diese mit Gewinn abzusetzen. Dafür können sie verschiedene Instrumente nutzen. Eines davon ist Kommunikation, wie sie uns z. B. täglich in Form von Werbung, Unternehmenswebseiten oder Plakatwänden begegnet.

Instrumentale Nutzung von Kommunikation *für* Organisationen beschreibt den einen, spezialisierten Bereich des Medienmanagements. Damit allein ist aber der Einsatz von und Umgang mit Medien in Organisationen respektive Unternehmen nicht umfassend beschrieben. Nein, es geht bislang nur um einen Spezialfall von Medienmanagement – wahrscheinlich zwar einen der attraktivsten, fragt man die Interessenlage der Studierenden, die häufig eine Aufgabe in Marketing, Werbung oder Public Relations anstreben, aber eben nur einen Fall, der je nach Branche für Unternehmen sehr unterschiedlich ausgestaltet ist.

Anders sieht es mit der Kommunikation *in* Organisationen aus. Eine Organisation ist ein Zusammenschluss von Menschen, um gemeinsam an Aufgaben zu arbeiten, die man alleine nicht oder nur schlecht erledigen könnte. Wenn Menschen zusammenarbeiten, dann nur und ausschließlich auf Basis von Kommunikation. Da kann man noch so ein ausgefuchster Physiker sein oder noch so schön Stochastik betreiben: Wenn man Kollegen oder allgemein menschliche Ressourcen braucht, um sein Gedankengut zu verwerten, dann geht das nicht mit einem Algorithmus oder einem Laborversuch, sondern ausschließlich mit Kommunikation.

Jede Organisation besteht aus Kommunikation. Jede Organisation existiert durch Kommunikation. Jede Organisation ist nur so gut, wie ihre Kommunikation ist. Und das gilt natürlich auch für Unternehmen als Organisationen der Wirtschaft. Warum ich das so betone, liegt auf der Hand: Es wird oftmals vergessen oder schlicht verschwiegen, dass die Kommunikation in Unternehmen der größere, wichtigere, erfolgsentscheidendere, deutlich breitere, aber auch komplexere Teil des Umgangs mit Kommunikation durch Unternehmen ist. Man findet für diesen Bereich manchmal die Bezeichnung interne Unternehmenskommunikation und verbindet damit den Einsatz von Kommunikationsmitteln wie Schwarzes Brett und Intranet. Darum geht es mir aber nicht. Mir (und den meisten Studierenden wie späteren Arbeitgebern) kommt es darauf, Medien und Kommunikation für die Erreichung eigener Ziele zu nutzen. Es geht um die Anwendung von Wissen, um Resultate zu erzeugen.

Was aber haben nun Medien mit den Abläufen in einer Organisation zu tun? Medien sind Wahrscheinlichmacher oder Beschleuniger von Kommunikation. Das zentrale und wichtigste Medium, das sich die Menschen im Laufe der Zeit entwickelt haben, ist die Sprache. Sprache, da wird es wohl Konsens geben, ist in Organisationen recht verbreitet, sowohl gesprochen als auch geschrieben, denn Schrift ist nach Sprache der zweite wichtige Mittler von Kommunikation.

Wenn ich also von Medienmanagement für die Kommunikation in Unternehmen schreibe, dann geht es um die Nutzung von Kommunikation im Unternehmen und dies in ganz verschiedenen *settings*: vom lockeren Gespräch an der Kaffeemaschine bis zur Notation von Geschäftsprozessen, von der Präsentation einer Produktidee vor der Geschäftsleitung bis zur Verhandlung des eigenen Gehalts, von der Entwicklung einer Corporate Identity bis zum Management von Wissen: das sind alles Teilbereiche der Kommunikation in Unternehmen.

Beide Bereiche bilden zusammen das, was ich als Medienmanagement in dem Buchtitel meine: Der Einsatz von Kommunikation als strategisches Instrument mit Außenwirkung und die Nutzung von Kommunikation als Arbeitsmittel im betrieblichen Alltag – beide Aspekte jeweils klar fokussiert auf die Zielsetzung, zu führen und nicht nur auszuführen.

1.2 Öffentliche Kommunikation: Das Spielfeld für Medienmanagement

Medienmanagement als angewandte Kommunikation findet nicht im stillen Kämmerlein oder unter Ausschluss der Öffentlichkeit statt. Medienmanagement passiert in einem konkreten Umfeld, vor einer gemeinsamen Erfahrung und Geschichte, durch Menschen und nicht durch Körperschaften. Die Aufgabe, die man aktuell im Unternehmen bearbeitet, könnte man auch als System beschreiben, das in einer großen Umwelt existiert. Was macht das System nun? Es beobachtet seine Umwelt z. B. gezielt hinsichtlich Frage, wie man die Produkte besser verkaufen kann. Macht das System das in Begriffen von Absatz und Nachfrage, beobachtet es seine Umwelt als Markt. Macht das System das aber in Begriffen von Motiven, Themen, Moden, Einstellungen etc., dann beobachtet es seine Umwelt als Öffentlichkeit. Bis hierhin wäre das noch nicht wirklich wichtig für angehende Medienmanager.

Was ich so salopp formuliert habe, ist aber eine ganz zentrale Aussage: Man kann in jeder konkreten Situation seine Umwelt fachlich oder allgemein beobachten. Ist man Jurist und arbeitet an einer juristischen Fragestellung wie der Formulierung Allgemeiner Geschäftsbedingungen, beobachtet man seine Umwelt juristisch. Ist man Kunde, beobachtet man dieselbe Fragestellung in einem sehr allgemeinen Verständnis, das man – ein Schlüsselbegriff – der öffentlichen Meinung verdankt. Was Kunden von AGBs halten, lässt sich vielleicht so beschreiben: Warum braucht man überhaupt AGBs? Warum sind die so klein geschrieben, dass man die nicht lesen kann? Warum sind die so lang? Was steht da drin? Wer soll das lesen – ich jedenfalls nicht! So redet die Öffentlichkeit über AGBs. Juristen reden so natürlich nicht.

Was kann man mit dieser Beobachtung anfangen? Als Spezialist, z. B. als Medienmanager, tendiert man dazu, die Welt mit den Augen des Spezialisten zu sehen. Die Welt ist aber meistens ganz anders getaktet. Sie nimmt Spezialwissen – egal ob vom Mediziner, dem Telefonverkäufer oder einem Anwalt – öffentlich wahr und begnügt sich mit den Urteilen, die in der Öffentlichkeit darüber gehandelt werden. Dies ist sehr praktisch, denn man spart Zeit und reduziert Komplexität. Man stelle sich nur mal vor, man wolle für alle

Fragen, die sich im Leben stellen, erst einmal Expertenwissen aufbauen, um sich dann unter Abwägung aller Pros und Kontras rational zu entscheiden.

Vieles, was Medienmanager später konkret tun, nämlich durch Kommunikation Einfluss auszuüben, findet auf dem Spielfeld der erfolgreichen Reduktion von Komplexität statt und die geschieht im öffentlichen Raum. Öffentlichkeit kann man dabei als Brille verstehen, mit denen Menschen ihre Welt wahrnehmen und dies tun sie je nach Anlass in ganz unterschiedlichen Rollen, mal als Konsumenten, mal als professionelle Einkäufer, mal als Experten, mal als Nörgler, wenn es in einem Meeting um Themen geht, in denen man selbst sich nicht so gut auskennt. Öffentlichkeit findet nicht nur draußen vor der Tür statt, sondern ist ständig auch im Unternehmen präsent.

Vieles, was öffentliches Gedankengut ist, wird uns seit Jahrhunderten durch Massenmedien präsentiert, egal ob es sich um das kanonisierte Wissen gut sortierter Fachbibliotheken oder die *scripted reality* in einer deutschen Großstadt handelt, die im Fernsehprogramm ausgestrahlt wird. Von Massenmedien kann man also viel lernen, insbesondere, welche Zutaten man braucht, um die öffentliche Meinung möglicherweise zu beeinflussen oder sie wenigstens so zu verstehen, dass man Wettbewerbsvorteile generieren kann.

Klassische Erklärungsmodelle der Kommunikationswissenschaften wie die Reiz-Reaktions-Modelle mit Kommunikator und Rezipienten, Knowledge Gap, Agenda Setting oder die Lasswell-Formel greifen heute nur noch eingeschränkt. Andere wie die Theorie kognitiver Dissonanz, der Two Step Flow of Communication, Uses and Gratifications oder die Schweigespirale erleben eine Renaissance. Der Umbruch, der durch das Internet eingeleitet wird, ist ähnlich massiv und tiefgreifend, wie die Einführung und Verbreitung von Radio und Fernsehen seit den 1930er Jahren. Damals führte die Inszenierung der arischen Herrenrasse zum Weltkrieg. Heute lösen unscharfe Smartphone-Videos, die in sozialen Netzwerken geteilt werden, Revolutionen aus.

Was über nun gut sechs oder sieben Jahrzehnte galt – das ein Sender (mit viel Macht) vielen Empfängern (mit wenig Macht) erklären kann, was gut ist und was nicht, welches Produkt man kaufen soll und welches nicht, welche Partei das richtige Programm hat und welche nicht – das steht in Frage und verunsichert insbesondere die Generationen, deren Leitmedien Fernsehen und Tageszeitung waren und die derzeit noch an den Stellhebeln in Politik, Wirtschaft, Bildung etc. sitzen.

Der Übergang vom Rundfunk-Zeitalter ins Internet-Zeitalter verändert nicht nur ganze Branchen, die bislang sehr komfortabel mit Erstellung und Vermarktung von Medieninhalten – Nachrichten und Unterhaltung – ihr Geschäft gemacht haben. Auch die mit der Rundfunk-Ära entstandene Professionalisierung der Kommunikation von Unternehmen – Werbung und PR – greift oft nicht mehr. Wenn man Glück hat, bedeutet das, dass die Effizienz der Kommunikationsbudgets sinkt. Wenn man Pech hat, ist aber das gesamte Kommunikationsbudget vergebens, weil irgendwo aus einer undichten Leitung ein kleiner Wasserschaden entstand, der sich über die Vernetzung im Internet zu einem Empörungs-Tsunami aufbaut und das Unternehmen flutet – trotz einer zeitgleich laufenden, millionenschweren Imagekampagne.

Das Ende der Massenmedien und damit der Verlust von Kontrolle über Zugang und Inhalt öffentlicher Kommunikation läutet für die Bereiche, die mit Medien und Kommunikation arbeiten – Werbung, PR, Journalismus, Unterhaltungsindustrie, Consulting, Internetplattformen etc. – viele neue Chancen und Risiken ein. Medienmanagement als Führungsaufgabe in Unternehmen und die geänderten Spielregeln öffentlicher Kommunikation bilden die beiden Eckpunkte, aus deren Perspektive man heute als Medienmanager einen Blick auf das weite Feld von Medien und Kommunikation werfen muss.

1.3   Eine kleine Bedienungsanleitung

Aus dieser Betrachtung über die Entwicklung einer Grundlagenvorlesung zur Medienwirtschaft entstand das vorliegende Lehrbuch mit dem Titel Medienmanagement und öffentliche Kommunikation. Das Lehrbuch ist daher auch in drei große Bereiche aufgeteilt. Die Reihenfolge dieser Bereiche ist quasi beliebig; sie bauen nicht aufeinander auf. Jeweils zu Anfang eines Bereichs gibt es eine Einführung, die komprimiert an die jeweilige Thematik heranführt. In dem Einstieg wird im Prinzip die Aufarbeitung des Bereichs programmatisch vorgestellt.

Ich beginne mit dem Speziellen, der Instrumentalisierung von Kommunikation durch Medien für das Erreichen unternehmerischer Ziele (strategische Unternehmenskommunikation). Als Instrument der Absatzpolitik hat der Einsatz von Medien unterschiedliche Aufgaben zu lösen: Es geht um die Schaffung von Aufmerksamkeit für Produkte und Leistungen, es geht um Legitimation und Unterstützung und um die dauerhafte Bindung von Kunden. Themen wie Business Intelligence, Lobbying, Werbeplanung, Public Relations und Krisenkommunikation werden in diesem Bereich behandelt.

Im zweiten Teil geht es um Führungswerkzeuge, die in Unternehmen genutzt werden, um Ziele in Resultate umzusetzen. Mit welchen Kommunikationsmitteln lässt sich Prozesssicherheit erreichen, wie werden Innovationen unterstützt, wie werden Entscheidungen getroffen und delegiert und wie lässt sich Wissen als Erfolgsfaktor im Unternehmen nutzen? Im Spannungsfeld von formeller, formalisierter und formaler Kommunikation wird der Einsatz von Medien praktisch dargestellt z. B. als Projektkommunikation, mit der Design Thinking Methode oder im Knowledge Management.

Im dritten Bereich referiere ich im Wesentlichen wichtige Beiträge zur Beschäftigung mit den Massenmedien. Über eine kurze Darstellung der Mediengeschichte hin zu verschiedenen Wirkansätzen – teils soziologisch, teil psychologisch abgesichert – und der Thematisierungsfunktion der Medien bis zu der Frage, welchen Einfluss Medien unabhängig ihrer Inhalte auf die Gesellschaft haben, werden unterschiedliche Sichtweisen dargestellt. Daraus ergibt sich der Zusammenhang, der es ermöglichen soll, sich für eigene Analysen oder die Anfertigung von Arbeiten nach wissenschaftlicher Methodik zurecht zu finden in der manchmal verwirrend erscheinenden Beschäftigung von Kommunikation und Medien im Wissenschaftsdiskurs.

Die Teilkapitel werden mit einer kurzen Zusammenfassung abgeschlossen, die von Studierendenseite als aktives Feedback in das Lehrbuch eingeflossen sind. Dies dient der kompakten Übersicht über die *lessons learned*.

Im Text verwende ich relativ viele englische Bezeichnungen. Soweit ich diese als im Deutschen ebenfalls verwendete Fachbegriffe nutze, sind sie in normalem Schriftschnitt verwendet (und bei Substantiven in Großschreibung). Wenn fremdsprachliche Begriffe bewusst als solche genutzt werden, setze ich sie in der Regel in kursivem Schriftschnitt und schreibe sie klein. Die generell häufige Verwendung englischer Bezeichnungen ist zunächst der tatsächlichen Bedeutung des Englischen als *lingua franca* – als internationaler Verkehrssprache – geschuldet. Im Bereich Marketing und Kommunikation werden oft und häufig internationale Bezeichnungen genutzt, gerne auch Scheinanglizismen, die man im internationalen Kontext so nicht verwenden sollte. Daher lasse ich, wo es sich anbietet, die korrekten englischen Bezeichnungen quasi parallel mitlaufen.

Generell sollte man dieses Lehrbuch nicht verwechseln mit einem kleinen 1 × 1 der Medien. Das Lesen des Buchs bringt kein Wissen, sondern nur Anregungen. Wissen muss man sich selbst aktiv erarbeiten und das heißt vor dem Hintergrund dieses Parforce-Ritts durch die Welt von Medien und Kommunikation, dass man die Themen, die einen wirklich interessieren auf Basis genannter Literaturhinweise und im Kontext der sachlichen Einordnung eigenständig vertieft.

In diesem Rahmen soll das vorliegende Lehrbuch dazu beitragen, dass sich Studierende und Praktiker schnell einen aktuellen und breit angelegten Überblick verschaffen können. Dazu versuche ich zwei Ziele zu erreichen.

Zum einen möchte ich den Lesern einen Werkzeugkasten mit Methoden an die Hand geben. Die Qualität eines Werkzeugkastens zeichnet sich dabei verständlicherweise nicht durch die Menge der Werkzeuge aus, sondern durch die Problemlösungskapazität des einzelnen Werkzeugs in der Anwendung.

Das zweite und für mich noch wichtigere Ziel ist es, die oft isoliert voneinander betrachteten Gebiete, die von verschiedenen Fachdisziplinen in jeweils unterschiedlicher Begrifflichkeit und teilweise sich widersprechender Theorieeinbindung bearbeitet werden, in eine verständliche Übersicht zu bringen. Diese Übersicht ist gedanklich so etwas wie eine Landkarte oder ein Globus der Medien- und Kommunikationswelt. Man sieht, wo was liegt und wie groß es ist und in welcher Verbindung es steht. Dass man beim Studium einer Landkarte von Deutschland nicht viel über die Stadtgeschichte von Castrop-Rauxel erfährt, liegt nahe. Dass es aber Castrop-Rauxel gibt, wo es liegt, welche Bedeutung es hinsichtlich seiner Größe hat und wie die Umgebung – Berge, Flüsse, Autobahnen – aussieht, das gibt eine Karte her. Diese Metapher spiegelt die Leitidee der nun folgenden Erörterung wider.

1.4   Sieben Fragen, sieben Antworten

Bevor es *in medias res* geht, möchte ich noch auf einen Aspekt hinweisen. Wenn man einen Projektmanager fragt, was ein Projekt ist, wird er keine Antwort schuldig bleiben. Wenn man einen Qualitätsmanager fragt, was Qualität ist, wird man dazu viele Fakten erhalten. Wenn man einen General Manager fragt, was eine Strategie ist, wird er einem das plastisch erklären können. Wenn man einen Medienmanager fragt, was Medien sind oder was Kommunikation ist, sollte das ähnlich sein: Man sollte ein operativ gut verwendbares, trotzdem korrektes und letztlich auch erinnerbares Verständnis von den Grundbegriffen seines Fachs haben und diese jederzeit – egal ob auf einer Messeparty nach reichlich Alkoholgenuss, in einem Bewerbungsgespräch oder bei einer Präsentation vor Publikum – darlegen können. Daher möchte ich am Anfang des Lehrbuchs die sieben wichtigsten Begriffe des Fachs ganz praktisch und ohne Schnörkel aus meiner Sicht beschreiben.

1. **Was ist Kommunikation?**
   Kommunikation ist das Auslösen koordinierten Verhaltens zwischen getrennten Lebewesen.
   (Kommunikation ist keine originär menschliche Eigenschaft, sondern lässt sich analog im Tierreich beobachten. Kommunikation ist nicht beschränkt auf Sprechen, Posten oder Fernsehen. Auch Geld ausgeben ist eine Kommunikation, insoweit sie das Verhalten zwischen Menschen koordiniert. Kommunikation ist eine biologisch begründbare Verhaltensweise, mit der wir uns an unsere Umwelt anpassen).

2. **Was sind Medien?**
   Medien sind Mittel, die den Erfolg von Kommunikation erhöhen und die Leistungsfähigkeit von Kommunikation steigern. Medien sind Katalysatoren von Kommunikation.
   (Die wichtigsten Medien sind Sprache und Schrift. Sie codieren Bedeutung durch Konvention und erweitern so die Möglichkeiten von Kommunikation. Ohne Medien ist Kommunikation nur in einfachen Strukturen möglich. Einfache Medien – Signalsysteme – ermöglichen leistungsfähigere Kommunikation. Komplexe Symbolverbünde wie Sprachen steigern die Leistungsfähigkeit von Kommunikation um ein Vielfaches.).

3. **Was ist eine Organisation?**
   Eine Organisation ist der dauerhafte Zusammenschluss von Individuen, um gemeinsam einen Zweck umzusetzen.
   (Organisationen entstehen durch Kommunikation und existieren durch Kommunikation. Eine Organisation ist ein dauerhafter Kommunikationszusammenhang. Alles andere – Räume, Maschinen, Kapital etc. – ist zum Verständnis von Organisationen zweitrangig).

4. **Was ist Management, was ist Medienmanagement?**
   Management ist die Summe der Aufgaben, die man in einer Organisation ausübt, um durch den Einsatz von Ressourcen Ergebnisse zu erzielen. Medienmanagement ist die Nutzung von Medien und Kommunikation zur Erreichung der Ziele der Organisation. Dabei wird Medienmanagement sowohl als Führungsinstrument innerhalb der Organisation wie auch als Instrument im Marketing-Mix genutzt.
   (Management und Führung sind nicht deckungsgleich. Führung basiert auf Reputation und formalem Führungsanspruch durch Hierarchie. Management bezieht sich auf die Koordination von Ressourcen. Medienmanagement ist eine Spezialdisziplin im Management, die Medien und Kommunikation als Ressourcen für das Unternehmen instrumentalisiert).

5. **Was ist ein Unternehmen?**

   Unternehmen sind Organisationen, die die Gesellschaft mit knappen Leistungen versorgen, um Gewinn zu machen.

   (Nicht alle Organisationen, die über viel Geld verfügen, sind automatisch Unternehmen. Nicht jede Art wirtschaftlichen Betätigens führt automatisch zur Gründung eines Unternehmens. Ein Unternehmer allein ohne Mitarbeiter, ist kein Unternehmen).

6. **Was ist ein Markt?**

   Ein Markt ist die Brille, mit der man sein wirtschaftliches Umfeld in Form von Preisen beobachtet.

   (Ein Markt ist kein Ort und auch nicht das Zusammentreffen von Angebot und Nachfrage, sondern die Beobachtung von Angebot und Nachfrage durch Preise. Daraus werden Rückschlüsse auf das eigene Verhalten bzw. die für die Organisation zu treffenden Entscheidungen gezogen. Märkte sind weder rational noch transparent, sondern nur ein pragmatischer Ansatz, Informationen zu erzeugen.)

7. **Was ist Marketing?**

   Marketing ist der Einsatz von Instrumenten, mit denen man versucht, zukünftige Verkaufschancen zu entwickeln und Einfluss auf das Verhalten der Marktteilnehmer (Kunden und Lieferanten) zu nehmen.

   (Auch Organisationen, die nicht auf Profit verpflichtet sind, können das Marketing-Instrumentarium nutzen. Marketing ist auf Zukunft ausgerichtet, demnach sind Marketing-Entscheidungen immer unsicher. Marketing geschieht in der Regel im Umfeld von Wettbewerb, der ebenfalls Marketing betreibt, so dass sich Annahmen, auf deren Basis man entscheidet, ständig ändern können).

Literatur

Becker, T. (2014). *Medienmanagement, Medienwirtschaft, Medienökonomie. Versuch einer Begriffsbestimmung*. Berlin: tebevau

Bleicher, K. (1991). *Das Konzept integriertes Management*. Frankfurt a. M.: Campus.

Brauchlin, E. (1978). *Problemlösungs- und Entscheidungsmethodik. Eine Einführung*. Bern: Haupt.

Brecht, B. (1973). *Der gute Mensch von Sezuan*. Frankfurt a. M.: Suhrkamp.

Gläser, M. (2010). *Medienmanagement* (2. Aufl.). München: Vahlen.

Malik, F. (1984). *Strategie des Managements komplexer Systeme. Ein Beitrag zur Management-Kybernetik evolutionärer Systeme*. Bern: Haupt.

Schumann, M., & Hess, T. (2009). *Grundfragen der Medienwirtschaft* (4. Aufl.). Berlin: Springer.

Ulrich, H., & Krieg, W. (1972). *Das St. Galler Management Modell*. Bern: Haupt.

Wirtz, B. W. (2013). *Medien- und Internetmanagement* (8. Aufl.). Wiesbaden: Springer Gabler.

Medienmanagement im Marketing-Mix

2

Zusammenfassung

Der erste Teil des Buchs beschäftigt sich mit Medienmanagement als Aufgabe im Mar-keting-Mix eines Unternehmens. Auf Basis des Modells strategischer Unternehmens-kommunikation werden zwei große Handlungsfelder entwickelt – die Marktkommu-nikation und die Öffentlichkeitsarbeit – und diesen Bereichen die vier Kommunika-tionsinstrumente Werbung, Direktansprache, Public Relations und Societal Relations zugeordnet. Basis des Einsatzes von Instrumenten ist die Festlegung von Zielen in ope-rativer, taktischer und strategischer Ebene, weshalb ich die Erörterung mit einer Be-schreibung des Strategiebegriffs beginne. Die vier Kommunikationsinstrumente wer-den dann im Einzelnen hinsichtlich ihres Leistungsbeitrags für das Unternehmen und ihrer konkreten Anwendung in der Praxis beschrieben.

2.1 Strategische Unternehmenskommunikation

Medienmanagement ist eine Führungsaufgabe, die den Einsatz von Medien im Unterneh-men plant, darüber entscheidet und ihre Anwendung steuert. Dabei lassen sich grob zwei Perspektiven unterscheiden: Zum einen der Einsatz von Medien im Unternehmen z. B. durch Meetings, Entscheidungsvorlagen, Formulare, Intranet etc. Zum anderen der Ein-satz von Medien, um Kunden, Lieferanten, Banken, Mitarbeiter, Politiker, Nachbarn etc. zu beeinflussen. Diese zweite Perspektive fassen wir unter dem Begriff strategische Unter-nehmenskommunikation zusammen.

Legt man ein sehr einfaches, mechanistisches Modell zugrunde, kann man Unterneh-men als Input-Output-Systeme beschreiben (vgl. Abb. 2.1). Es werden Ressourcen benö-tigt, also Mitarbeiter, Geld, Räumlichkeiten, Arbeitsgeräte etc. Mit diesen Ressourcen (In-put) arbeitet das Unternehmen, um seine Leistungen mit Gewinn an Kunden abzusetzen (Output). Was das Unternehmen macht, ist die verschiedenen Ressourcen – die betrieb-

T. Becker, *Medienmanagement und öffentliche Kommunikation*,
DOI 10.1007/978-3-658-00887-1_2, © Springer Fachmedien Wiesbaden 2014

Abb. 2.1 Unternehmen als Input-Output-Modell

lichen Elementarfaktoren – zu kombinieren und dafür benötigt man Führung respektive Entscheidungen.

Entscheidungen legen fest, wie das Unternehmen seine Leistung erbringt und die Ressourcen einsetzt. Die Summe der Entscheidungen eines Unternehmens bildet quasi sein Betriebssystem. Man kann hinsichtlich der zeitlichen Stabilität von Entscheidungen zumindest drei Ebenen unterscheiden:

- Die operative Entscheidung wird ad hoc aus Erfahrung und auf Basis anderer Entscheidungen im Tagesgeschäft getroffen, z. B. die Entscheidung über die Frage, ob man einem Kunden im Verkaufsgespräch einen besonderen Rabatt einräumt oder ob man einen Außentermin wahrnimmt.
- Die taktische Entscheidung erfordert eine Analyse und den Entwurf von Alternativen, z. B. ob zur Erreichung von Absatzzielen kurzfristig das Werbebudget erhöht oder der Verkaufspreis gesenkt wird.
- Die strategische Entscheidung schließlich gibt dem Unternehmen über einen längeren Zeitraum Orientierung, in dem sie die Grenzen bildet, in denen man weitere Entscheidungen treffen kann, z. B. durch die Festlegung, in welcher Branche man welche Leistungen anbietet.

Ob eine Strategie ausformuliert ist oder als implizites Wissen vorliegt, ist zunächst nicht von Bedeutung. Wichtig ist, dass die Strategie des Unternehmens wesentliche Rahmenbedingungen setzt, innerhalb derer sich das Unternehmen fortan bewegt. Es gibt unterschiedliche Sichtweisen, was man unter der Strategie eines Unternehmens verstehen kann. Abbildung 2.2 fasst die zentralen Einflussfaktoren auf eine Strategie zusammen: der Bezug zu Zielen, die Dauerhaftigkeit der Festlegung und die Orientierung am Wettbewerb.

2.1.1 Strategien basieren auf Zielen

Ziele sind für ein Unternehmen von zentraler Bedeutung. Sie legen fest, warum ein Unternehmen besteht und wie es seinen Erfolg bemisst. Ein übergeordnetes Ziel, dass alle Unter-

Abb. 2.2 Konstituierende
Faktoren einer Strategie

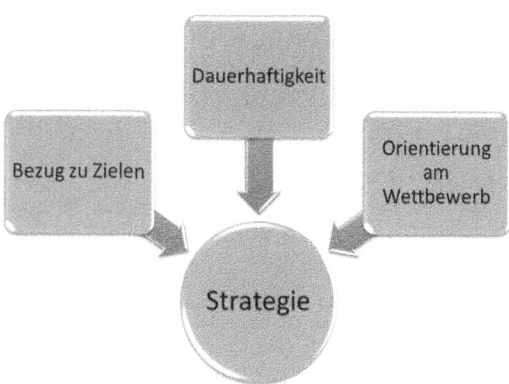

nehmen als Wirtschaftsorganisationen teilen, ist die Absicht, Gewinn zu machen. Es ist die Triebfeder, die Investitionen – seien es finanzielle, sachliche oder zeitliche – auslöst. Das Ziel, Gewinn zu machen, ist systemimmanent und liegt außerhalb der strategischen Planung. Das Gewinnziel ist faktisch eine apriorische Bedingung. Macht ein Unternehmen dauerhaft keinen Gewinn, hört es auf, Unternehmen zu sein. Eng verbunden mit dem Gewinnziel ist ein zweites apriorisches Ziel von Unternehmen: Unternehmen müssen zahlungsfähig bleiben. Kann ein Unternehmen nicht zahlen, wird es liquidiert und damit das nicht passiert, benötigt ein Unternehmen ständig Liquidität.

Doch Gewinn und Liquidität als Unternehmensziele sind unspezifisch. Gewinn kann man mit Börsengeschäften, Brötchenverkauf oder der Veranstaltung von Ballermann-Discos machen. Liquide kann man bei genügend Eigenkapital lange bleiben, ohne sich überhaupt unternehmerisch betätigen zu müssen. Daher sind weitere Zielsetzungen in Form strategischer Entscheidungen notwendig. Die erste strategische Entscheidung, die jedes Unternehmen treffen muss, ist die Entscheidung über den Geschäftszweck: Was wird gemacht? Eine weitere strategische Entscheidung, die jedes Unternehmen treffen muss, betrifft die Betriebsstätte: Wo wird die Leistung erbracht? Diese Entscheidungen sind nicht mehr zeitlos und können mittelfristig geändert werden, weshalb man sie schon zu den strategischen Entscheidungen zählen kann. Diese Entscheidungen sind in der Regel aber über einen langen Zeitraum stabil und werden nur in Ausnahmefällen Gegenstand der strategischen Planung.

Spannend wird die Strategie als Unterscheidungskriterium zu direkten Wettbewerbsunternehmen, wenn es um die Wie-Fragen geht: Wie beschaffe ich die Ressourcen? Wie erbringe ich meine unternehmerische Leistung? Wie verwerte ich die Leistung so, dass ich Gewinn mache? Um diese drei Fragen dreht sich die strategische Planung in Unternehmen und sie führt im ersten Schritt zur Festlegung von Zielen, die wir in Abgrenzung zu den apriorischen und stabilen Zielen planbare strategische Ziele nennen (vgl. Abb. 2.3). Strategische Ziele bestimmen einen Soll-Zustand, der in der Zukunft liegt. Daraus folgen einige Anschlussüberlegungen.

Die Erreichbarkeit eines Ziels ist generell nicht vorhersagbar und damit ungewiss. Raynor (2007) nennt diesen Umstand das Strategie-Paradox und weist auf den Zusammen-

Apriorische strategische Ziele	stabile strategische Ziele	planbare strategische Ziele
Gewinn Liquidität	Geschäftszweck Betriebsstätte …	Beantwortung von Wie-Fragen über Input, Throughput und Output des Unternehmens

Abb. 2.3 Dimensionen strategischer Ziele

hang hin, dass eine in sich schlüssige und fundierte Strategie gleichermaßen zu Erfolg wie zum Scheitern führen kann. Ziele sind daher zunächst einmal wertfrei, willkürlich und ergebnisoffen.

Was die Formulierung eines Ziels allerdings trotz der Ungewissheit über sein Eintreten ermöglicht, ist eine Bewertung, im Sinne eines „converting uncertainty to risk" (Schon 1967, S. 25). Wenn man eine Freiluftveranstaltung plant und nicht weiß, wie das Wetter wird, ist der Erfolg unsicher. Wenn man jedoch aus dem Wetterbericht erfährt, dass die Regenwahrscheinlichkeit bei 40 % liegt, ist die Durchführung der Veranstaltung nicht mehr unsicher, sondern riskant, denn die Erfolgswahrscheinlichkeit ist quantifizierbar und damit auch bewertbar. Damit wird der Erfolg natürlich nicht wahrscheinlicher und auch nicht das Ausfallrisiko begrenzt. Durch die Bewertung aber wird versucht, die Unsicherheit über die Zukunft planbar zu machen und eine unspezifische Unsicherheit in ein messbares Risiko zu überführen, das es ermöglicht, Investitionen hinsichtlich ihrer Renditechancen und Ausfallrisiken zu kalkulieren (vgl. Knight 1921, S. 197 ff.).

Dadurch, dass Ziele auf die Zukunft verweisen, beziehen sie automatisch Zeit mit ein, was dazu führt, dass strategische Ziele nur durch Prozesse erreicht werden können. Ein Prozess ist die gerichtete Abfolge einzelner Schritte, die bildlich gesprochen den Weg zum Ziel beschreiten. Aus dieser Prozessualität entsteht die Möglichkeit, ein strategisches Ziel in viele Einzelziele aufzuspalten, den Ablauf der einzelnen Zielerreichungsschritte zu priorisieren, in zeitliche Abfolge zu bringen und zu beliebigen Zeitpunkten bestimmen zu können, ob man noch auf dem richtigen Weg ist und wie weit man ihn beschritten hat. Erst strategische Ziele ermöglichen die planvolle Entwicklung eines Unternehmens und damit im Kern das, was man unter Management versteht: den geplanten Einsatz von Ressourcen zum Erreichen eines Ziels.

Schließlich haben strategische Ziele, so sie denn ausformuliert und transparent sind, einen nicht unerheblichen Einfluss auf das *commitment* der Mitarbeiter und das Image speziell in Richtung auf Investoren. Collins und Porras (1994) haben das mit dem von ihnen geprägten Kunstwort BHAG (*big hairy audacious goals*) aufgegriffen. BHAGS –ambitionierte, weitreichende Ziele – können Katalysatoren für die Moral der Belegschaft sein und dadurch die Intensität, mit der Mitarbeiter die Umsetzung der Einzelziele durchführen, steigern.

Egal wie langfristig und visionär Ziele sind: Sobald Ziele nicht nur durchdacht, sondern kommuniziert werden, ist es von gar nicht zu überschätzender Bedeutung, Ziele so zu formulieren, dass sie keinen Spielraum für Interpretation lassen und widerspruchsfrei sind. Für diesen Zweck hat Doran (1981) empfohlen, Ziele SMART zu fixieren. Das Akronym SMART steht für fünf Kriterien, denen die Formulierung von Zielen gerecht werden sollte:

- *specific*: Damit ist die Vermeidung von Platitüden angesprochen („wir wollen die besten Lösungen für unsere Kunden"). Ein Ziel sollte unmissverständlich und damit spezifisch formuliert werden: Wer soll was mit welchen Mitteln warum und bis wann erreichen?
- *measurable*: Wenn man etwas nicht messen kann, könne man es auch nicht managen, heißt ein vor allem in Controllingkreisen genutzter Spruch. Tatsächlich ist ein Ziel erst dann ein Ziel, wenn man sein Erreichen bestimmen kann und dies geht nur über Messbarkeit. Ein nicht messbares Ziel ist eine bloße Absicht, ein Wunsch oder ein Traum. Messbarkeit bringt Sicherheit, zu welchem Zeitpunkt ein Ziel als erreicht gilt.
- *attainable*: Ziele müssen durch die Kräfte, die sie anstreben sollen, erreichbar erscheinen. Sie können ruhig fern liegen – wie dies die Grundidee von BHAGs ist –, aber sie dürfen nicht unerreichbar sein. Den 100 m-Lauf in einer Sekunde – das ist nicht *attainable*. Den 100 m-Lauf in acht Sekunden – das mag für eine kleine Elite irgendwann erreichbar sein. Den 100 m-Lauf unter zwölf Sekunden – dieses Ziel ist ambitioniert, aber für Sportler durchaus erreichbar.
- *relevant*: Ziele sollten für die zielgebende Stelle wichtig sein. Wenn ein Lauftrainer seinem Schützling das Ziel gibt, Pasta perfekt bissfest zu kochen, hat das offensichtlich wenig mit seinen Erfolgen als Läufer zu tun und damit in diesem Kontext keine Relevanz. Erst der Faktor Relevanz macht Ziele wichtig.
- *time-bound*: Ziele sollten immer einen Zeitbezug haben. Strategische Ziele können auf längere Perioden verweisen, aber je stärker die Ziele ins Tagesgeschäft herunter gebrochen werden, desto wichtiger ist ihre Abhängigkeit vom Zeitpunkt der Realisierung. Zeitabhängigkeit macht Ziele dringend.

Lessons learned

Strategien brauchen Ziele. Ziele legen fest, was das Unternehmen macht und wie es seinen Erfolg misst. Man unterscheidet apriorische strategische Ziele (Gewinn und Liquidität), stabile strategische Ziele (z. B. Geschäftszweck und Betriebsstätte) und planbare strategische Ziele, die festlegen, wie Ressourcen beschafft werden, wie die Leistung erbracht wird und wie die Leistung abgesetzt wird.

Ziele bestimmen einen Soll-Zustand. Daher sind Ziele zunächst wertfrei, willkürlich und ergebnisoffen. Ziele ermöglichen es, Unsicherheit in Risiken zu überführen und somit die Zukunft planbar zu machen. Ziele können nur durch eine Abfolge einzelner Maßnahmen erreicht werden, erfordern zur Realisierung also Prozesse. Ziele haben Einfluss auf die Selbstverpflichtung und die Einsatzbereitschaft der Mitarbeiter. Ziele soll man SMART formulieren: spezifisch, messbar, ausführbar, relevant und terminiert.

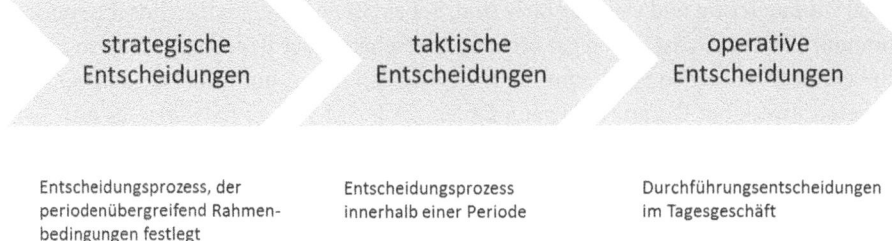

| strategische Entscheidungen | taktische Entscheidungen | operative Entscheidungen |

Entscheidungsprozess, der periodenübergreifend Rahmenbedingungen festlegt

Entscheidungsprozess innerhalb einer Periode

Durchführungsentscheidungen im Tagesgeschäft

Abb. 2.4 Periodizität von Entscheidungen in Organisationen

2.1.2 Strategien sind periodenübergreifend

Strategische Ziele sind willkürlich, dienen dem Umgang mit Unsicherheit, erfordern zur Umsetzung Prozesse und haben einen Einfluss auf die Moral der Mitarbeiter. Diese vier Eigenschaften legen nahe, dass strategische Ziele für eine gewisse Zeitdauer entschieden werden. In der allgemeinen Managementliteratur wird häufig von Zeiträumen von fünf plus-minus zwei Jahren gesprochen. Doch auch Strategien, die Generationen überdauern und solche, die innerhalb eines Geschäftsjahrs abgeschlossen sind, sind möglich. Die Haltbarkeit einer Strategie hängt u. a. von Branchen ab, insbesondere aber von der Entwicklung und der Vorstellung über die Zukunft, die im Unternehmen herrscht (vgl. Abb. 2.4).

Man kann die Dauerhaftigkeit von strategischen Entscheidungen sehr gut von unten entwickeln. Es gibt Entscheidungen, die Mitarbeiter im direkten Kontakt mit Kunden, Lieferanten und anderen Mitarbeitern spontan treffen. Diese Entscheidungen fallen im Tagesgeschäft, an der Front. Sie sind Durchführungsentscheidungen und können sogar widersprüchlich zu längerfristigen Zielen verlaufen. Sie werden unterschiedlich beeinflusst – nicht nur durch die Strategie, sondern auch durch sehr viele und meist individuelle Faktoren wie die konkrete Führungssituation, die Tagesform, persönliche Zielvorgaben, Sympathie etc. Solche Durchführungsentscheidungen werden im gesetzten Rahmen einfach getroffen. Die Einbettung in eine Analyse von Handlungsoptionen, deren Bewertung und die spätere Kontrolle der Entscheidung entfallen. Solche einfachen Entscheidungen kennt man als operative Entscheidungen, die zumeist auf einen Zeithorizont von wenigen Stunden bis Monaten verweisen und ad hoc getroffen werden.

Werden Entscheidungen dagegen vorbereitet, durchlaufen sie einen Entscheidungsfindungsprozess. Dieser kann sehr unterschiedlich sein – von einer in Prozessstufen schriftlich dokumentierten Entscheidung mit verschiedenen Handlungsrollen bis zur unstrukturierten Entscheidung aus dem Bauch. Aber selbst solche Entscheidungen *straight from the gut* (so der Titel eines modernen Klassikers der Managementliteratur; vgl. Welch und Byrne 2001) sind nicht spontan, sondern entstehen aus einer Abwägung von Fakten.

Entscheidungsprozesse – also die Vorbereitung einer Entscheidung – kann man unterschiedlich modellieren und diskutieren. Allen Überlegungen gemein ist der Umstand, dass man eine Entscheidung nur dann treffen kann, wenn es Alternativen gibt. Ein Unternehmen entscheidet nicht darüber, ob es Umsatzsteuer zahlt oder Sozialbeiträge abführt, sondern führt dies einfach aus. Erst auf Basis von Alternative, kann man sich für oder gegen etwas entscheiden. Dementsprechend ist der zentrale Schritt im Entscheidungsprozess die Entwicklung alternativer Möglichkeiten, mit einer konkreten Situation umzugehen.

Im einfachsten und zugleich häufigsten Fall gibt es nur zwei Alternativen: Machen oder nicht machen, genehmigen oder ablehnen, zahlen oder nicht zahlen, einstellen oder nicht einstellen. Aber selbst auf dieser noch wenig komplexen Basis braucht die Entscheidung ein Orientierungsraster. Eine solche Orientierung liefert der Abgleich der gegebenen Situation (Ist) mit einem Ziel (Soll) in Abhängigkeit des Umfelds. Hat man einen Bewerber, der nicht erste Wahl, aber noch ganz passabel ist, und braucht man dringend einen neuen Mitarbeiter und ist der Arbeitsmarkt angespannt, dann wird man einstellen. Hat man dagegen eine überzeugende Initiativbewerbung vorliegen, muss aber Personal freistellen und erwartet schlechte Geschäfte, wird man nicht einstellen.

Werden Entscheidungen komplexer, erhöht sich die Anzahl der Alternativen. Bei zwei Alternativen ist die Bewertung der Alternativen meist recht einfach möglich. Bei drei und mehr Alternativen ist die nachvollziehbare und vergleichbare Bewertung von Alternativen hinsichtlich Kosten, Risiken und Realisierungszeit deutlich schwieriger. Sie ist aber notwendig, um schließlich eine Entscheidung zu treffen, was heißt, dass man sich auf etwas festlegt (das ist vergleichsweise einfach) und damit gleichzeitig alle anderen Optionen ausschließt (was sehr viel schwerer ist, weil man so auch mögliche positive Entwicklungen aktiv ausschließt). Aber nur durch Limitierung grenzen Entscheidungen den weiteren Handlungsspielraum ein und öffnen dadurch den Raum für weitere Entscheidungen, denn nach der Entscheidung muss diese ausgeführt werden, was in der Regel mit vielen weiteren nachgelagerten Entscheidungen verbunden ist.

Wenn man es mit Entscheidungsprozessen zu tun hat, bewegt man sich auf dem Gebiet der taktischen Planung. Sie unterscheidet sich von der strategischen Planung eigentlich nur durch ihre Dauerhaftigkeit. Taktische Entscheidungen beziehen sich meist auf klar abgegrenzte Perioden. Häufig – speziell hinsichtlich kaufmännischer Ziele – ist das ein Quartal oder ein Geschäftsjahr. Eine sinnvolle Periodenabgrenzung kann aber ebenso auf einen mehrjährigen Produktlebenszyklus (Technologie), eine generationenübergreifende Investition (Waldwirtschaft) oder eine nur wenige Monate andauernde Saison (Wintersport) verweisen. Von Strategien zu sprechen macht dann Sinn, wenn Ziele periodenübergreifend gelten, egal wie lange die einzelne Periode im Einzelfall ist.

Im Feld strategischer Planung lassen sich hinsichtlich der zeitlichen Gültigkeit der Entscheidungen weitere Klassen bilden z. B. in langfristig oder mittelfristig wirksame Strategien. Aber selbst bei sehr langfristigen Zielsetzungen darf eine Strategie nicht mit der Selbstfestlegung des Unternehmens durch ein auf Dauerhaftigkeit ausgerichtetes Regelwerk verwechselt werden, wie man es etwa mit der Unternehmensverfassung innerhalb der Corporate Governance verfolgt. Strategien sind nicht nur periodenübergreifend, sondern sie beziehen sich insbesondere auf das Erreichen von Zielen, also auf Veränderung.

Lessons learned
Man unterscheidet hinsichtlich des zeitlichen Bezugs drei Arten von Entscheidungen: Operative Entscheidungen dienen der Durchführung im Tagesgeschäft, taktische Entscheidungen beziehen sich auf eine Geschäftsperiode, strategische Entscheidungen legen Rahmenbedingungen periodenübergreifend fest. Unabhängig von ihrem zeitlichen Bezug ist eine Entscheidung immer die Auswahl einer von mehreren Alternativen, die weiteres Handeln festlegt und auf Veränderung aus ist.

2.1.3 Strategien sind wettbewerbsorientiert

Neben dem Bezug auf Ziele und ihrer periodenübergreifenden Gültigkeit sind Strategien durch einen dritten Punkt gekennzeichnet: Strategien werden in direktem Bezug auf den Wettbewerb entwickelt. Dies ist dem Übergang von Verkäufer- zu Käufermärkten und der Entwicklung multinationaler und multidivisionaler Unternehmen geschuldet, die massiv nach dem Zweiten Weltkrieg einsetzte. Bis dahin waren Unternehmen vor allem mit der Ausweitung ihrer Produktion beschäftigt und konzentrierten sich auf die Steigerung der Leistungserstellung – drehten sich also im Wesentlichen um sich selbst. Durch die Erweiterung des Produktangebots und den gestiegenen Wettbewerb entstanden neue Herausforderungen. Plötzlich waren die Käufer in der besseren Verhandlungsposition und neues Wachstum erschien nur noch durch Expansion in neue Geschäftsfelder und neue Regionen möglich zu sein.

In diesem Kontext analysierte der Soziologe Seltznick (1957) in einer Untersuchung über Führung, dass Organisationen nicht allein durch ihre eigene innere Ordnung bestimmt sind, wie es bis dato wesentliche Lehrmeinung war, sondern ganz wesentlich von äußeren Kräften (*dependence on outside forces*) abhängen. Man kann sich dies am Beispiel des Militärwesens klar machen, aus dem der Begriff Strategie entlehnt wurde: Einen Krieg kann man nur in Kenntnis des Gegners, seiner Stärken und Schwächen und am besten natürlich der gegnerischen Strategie gewinnen. Hat man diese Informationen und nutzt diese geschickt, kann man sogar einen überlegenen Gegner besiegen. „Die richtige Beurteilung ihrer Gegner (…) das sind die Gründe solcher Siege"[1] erklärt von Clausewitz, der den Strategiebegriff im modernen Militärwesen wesentlich prägte.

Der Historiker Chandler (1962) untersuchte am Beispiel von General Motors, Du Pont, Sears Roebuck und Standard Oil, wie US-Unternehmen seit den 1920er Jahren sich zu weltweit agierenden und dominierenden Großunternehmen entwickelt haben. Wachstum in andere Länder und Verbreiterung des Geschäftsfelds führten zu Koordinationsbedarf, den die Unternehmen durch den damals völlig neuen Ansatz der multidivisionalen Unternehmensstruktur (M-Form) bewältigten. Einzelne Firmen mit fokussiertem Ansatz und

---

[1] Vgl. Clausewitz (1832) drittes Buch, achtes Kapitel, zitiert nach http://gutenberg.spiegel.de/ buch/4072/18 abgerufen am 24.8.2012.

Abb. 2.5 Wachstumsstrategien
in der Ansoff-Matrix

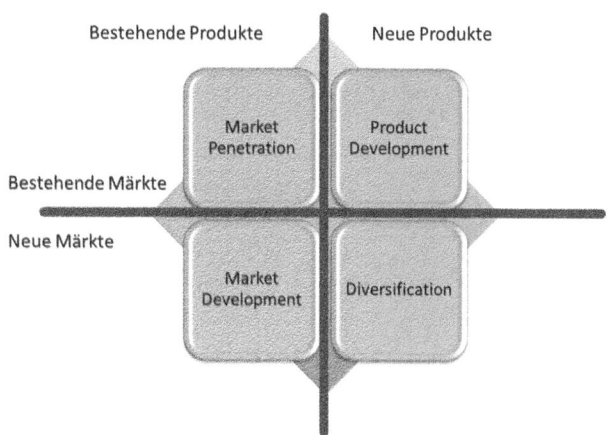

damit besserem Erfolg wurden unter einem Konzerndach vereinigt, so dass aus dem durch das Umfeld bestimmten Strategieentwurf die Struktur des Unternehmens abgeleitet wurde (*structure follows strategy*).

Der Mathematiker Ansoff (1965) vertiefte Chandlers Überlegungen zu Wachstum und Expansion von Unternehmen und führte in den Diskurs die nach ihm auch Ansoff-Matrix genannten originären Wachstumsstrategien für Unternehmen ein. Über die beiden Dimensionen Produkt (Innensicht) und Markt (Außensicht) ergeben sich als Möglichkeiten für Wachstum die Penetration im Markt mit bestehenden Produkten, die Entwicklung neuer Produkte, die Entwicklung neuer Märkte und die Diversifikation (vgl. Abb. 2.5).

Auch Unternehmensberatungen stellten in den 1960er und 1970er Jahren das Thema Strategie in den Fokus ihrer Arbeit. So entwickelte der Management Consultant Albert S. Humphrey im Rahmen eines Projekts am Stanford Research Institute die SWOT-Analyse, ein Standardwerkzeug der strategischen Planung, das gleichwertig neben die Analyse interner Stärken und Schwächen die externen Chancen und Risiken von Geschäften stellt (vgl. Angermeier 2008; Rothwell 2010; Abb. 2.6).

Henderson (1970), Gründer der Unternehmensberatung Boston Consulting Group (BCG), adaptierte die von Markowitz (1952) eingeführte Portfolio-Allokation für die Analyse von Geschäftsfeldern und Produkten, indem er Marktanteil und Marktwachstum (also nur noch externe Kriterien) abtrug und die untersuchten Einheiten nach *stars*, *cash cows*, *question marks* und *poor dogs* klassifizierte und für diese Rubriken unterschiedliche Strategieoptionen empfahl (vgl. Abb. 2.7).

Porter (1980) fokussierte Strategie noch stärker auf das Thema Wettbewerb und stellte die als Five Forces bekannt gewordene Branchenstrukturanalyse für die strategische Planung vor (vgl. Abb. 2.8). In Fortschreibung von Chandler arbeitete er heraus, dass die Organisationsstruktur der Strategie, die Strategie jedoch der Branchenstruktur folge und damit die Umfeldanalyse erster Ausgangspunkt für die Strategieentwicklung sei. Die Branche selbst werde durch fünf Kräfte spezifiziert: die Intensität des Wettbewerbs, die Bedrohung durch neue Anbieter, die Verhandlungsstärke der Lieferanten und der Kunden sowie die Gefahr der Substitution durch neue Produkte.

Abb. 2.6 Elemente der
SWOT-Analyse

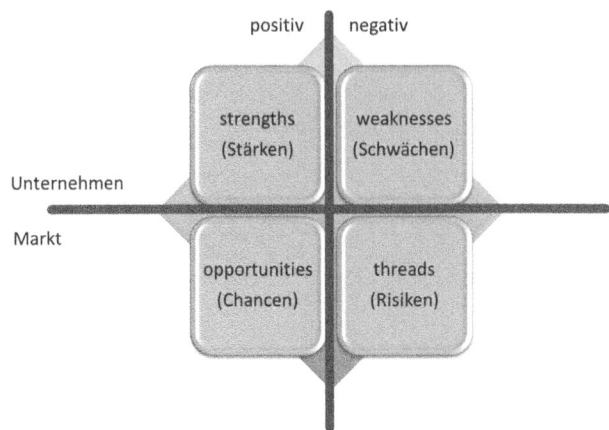

Abb. 2.7 BCG-Portfo-
lio nach Marktanteil und
Marktwachstum

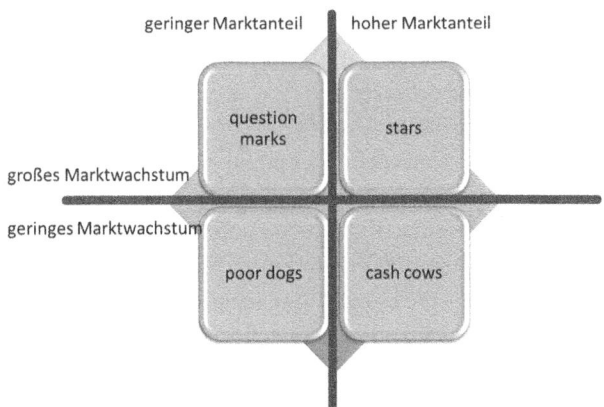

Abb. 2.8 Branchenstrukturanalyse nach Porter's Five Forces

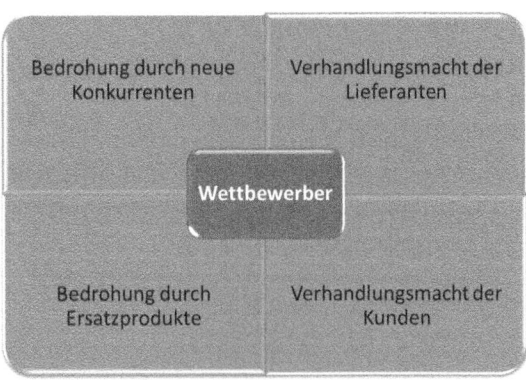

Ein weiteres Porter-Konzept – die Wertschöpfungskette (vgl. Porter 1985) – lässt sich gut mit der von Prahalad und Hamel (1990) vorgelegten Idee der Kernkompetenzen verknüpfen, die noch einen weiteren Schritt in Richtung Außenorientierung der Strategie

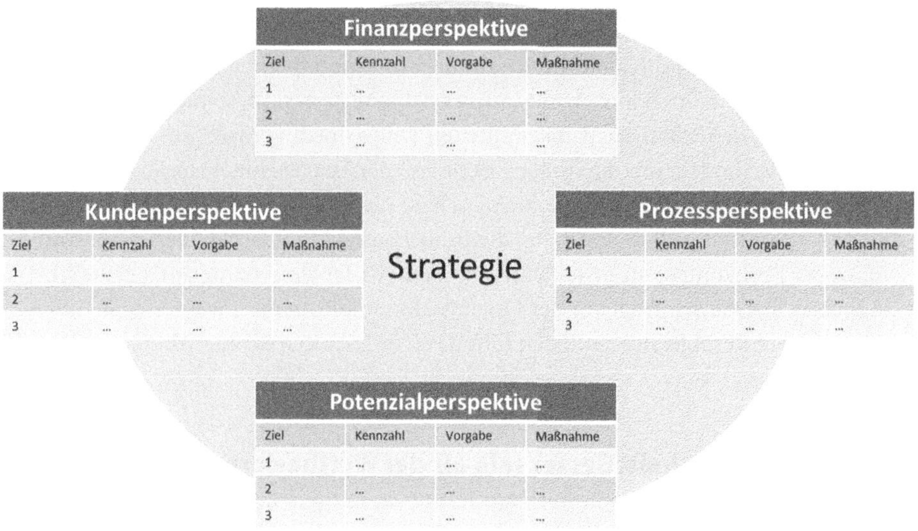

Finanzperspektive

Ziel	Kennzahl	Vorgabe	Maßnahme
1	...	...	...
2	...	...	...
3	...	...	...

Kundenperspektive

Ziel	Kennzahl	Vorgabe	Maßnahme
1	...	...	...
2	...	...	...
3	...	...	...

Strategie

Prozessperspektive

Ziel	Kennzahl	Vorgabe	Maßnahme
1	...	...	...
2	...	...	...
3	...	...	...

Potenzialperspektive

Ziel	Kennzahl	Vorgabe	Maßnahme
1	...	...	...
2	...	...	...
3	...	...	...

Abb. 2.9 Ausgewogene Strategieimplementierung mit der Balanced Scorecard

geht. Nicht mehr nur die Struktur eines Unternehmens ergebe sich durch das Umfeld, sondern auch das, was letztlich den Kern der Wertschöpfung bildet, die Kernkompetenz eines Unternehmens. D. h. radikal gewendet: Es ist nicht entscheidend, was ein Unternehmen über seine Stärken denkt, sondern allein der Markt entscheidet, was die Kernkompetenz eines Unternehmens ist, und diese Kundensicht unterscheidet sich tatsächlich häufig stark von den unternehmensintern vermuteten Stärken.

Parallel zur Entwicklung neuer Methoden und Konzepte zur strategischen Planung hat insbesondere durch die Arbeiten Peter Druckers die durchgängige Implementierung von strategischen Zielen im Rahmen des Management by Objectives (MbO) breiten Eingang in den Unternehmensalltag gefunden (vgl. Drucker 1954). Die Durchführung von Zielvereinbarungsgesprächen, die häufig auch Basis der Bonifizierung der Mitarbeiter sind, ist in vielen Unternehmen seit langem geübte Betriebspraxis. Grundidee des Management by Objectives ist das konsistente Ableiten einzelner Zielbeiträge für die Mitarbeiter aus den übergeordneten taktischen Zielen der Geschäftseinheit oder Abteilung und strategischen Zielen des Unternehmens.

In den 1990er Jahren wurde durch die Beschreibung der Balanced Scorecard durch Kaplan und Norton (1996) die Implementierung von Strategien ins Tagesgeschäft noch stärker thematisiert. Strategie sei *everyone's everyday job*. Die Erweiterung, die mit der Balanced Scorecard vorgeschlagen wurden, zielen vor allem auf die Einbindung zusätzlicher Kennzahlen neben die finanz- und produktionstechnischen Werte, die oft Kern des auf messbaren und damit zumeist kurzfristigen Erfolgs ausgelegten Management by Objectives sind. Diese kurzfristigen Erfolgsziele müssen ausbalanciert werden mit Zielen, die der Dauerhaftigkeit des Unternehmenserfolgs Rechnung tragen wie etwa Kundenzufriedenheit, Markenwert, Innovationsprozess oder technologische Kompetenzen (vgl. Abb. 2.9).

Lessons learned

Strategien werden in direktem Bezug auf den Wettbewerb entwickelt. Organisationen werden nicht durch ihre eigene innere Ordnung bestimmt, sondern passen sich an die durch den Wettbewerb beeinflussten Umweltbedingungen an. Es gibt verschiedene Methoden, um die Abhängigkeit von der Unternehmensumwelt deutlich zu machen und darauf basierend strategisch zu planen, z. B. die Ansoff-Matrix, die SWOT-Analyse, das BCG-Portfolio, die Branchenstrukturanalyse oder die Bestimmung der Kernkompetenzen des Unternehmens. In der Umsetzung müssen die strategischen Ziele durchgängig in der Organisation implementiert werden z. B. durch Management by Objectives und den Einsatz einer Balanced Scorecard.

2.1.4 Marktwirtschaft: Besser sein als der Wettbewerb und auf den Kunden hören

Unternehmerische Strategien sind periodenübergreifende Zielsetzungen, die in Abhängigkeit zum Wettbewerb festgelegt werden. Ihre Funktion ist es, das Unternehmen zu orientieren und bildlich gesprochen die Marschrichtung vorzugeben. Dies war nicht immer so. Über Jahrhunderte konzentrierte sich die Wirtschaft auf andere Fragen und war durch enge Regulierung politischen Zielsetzungen unterworfen. Erst im Zuge der Industrialisierung entstand das Wirtschaftskonzept, das das Zusammenwirken von Angebot und Nachfrage auf Basis von privatem Eigentum als Triebfeder für Wohlstand entwickelte, u. a. theoretisch fundiert durch die Untersuchung über die Gründe des Reichtums der Nationen, die Adam Smith 1776 vorlegte.

Die Verselbständigung der Wirtschaft zu einem System, das innerhalb eines Ordnungssystems ansonsten weitgehend nach eigenen Regeln funktioniert, ist Folge der Umstellung der Versorgung mit knappen Gütern von der Subsistenzwirtschaft über den Merkantilismus zur Marktwirtschaft. Die Grundidee der Marktwirtschaft ist die effiziente Verteilung knapper Ressourcen. Das dafür eingesetzte Verfahren heißt Markt verstanden als möglichst transparentes Zusammentreffen von Angebot und Nachfrage, das man in Preisen beobachtet.

Man darf nicht verkennen, dass auch heute bei weitem nicht alles, was man der Wirtschaft im Sinne von Fremdbedarfsdeckung zurechnet, über Märkte funktioniert. Das Gesundheitssystem, der Wirtschaftszweig mit dem meisten Beschäftigten in Deutschland, ist ebenso wie die Versorgung mit Strom und Gas, das Eisenbahnnetz oder der Bildungsbereich im Wesentlichen nicht marktorientiert aufgestellt. Ähnlich sieht es im internationalen Kontext aus: Große Volkswirtschaften wie China, Russland oder Brasilien sind in vielerlei Hinsicht reguliert. Dennoch gibt die Marktwirtschaft als Leitordnung die Rahmenbedingungen für unternehmerisches Handeln vor.

Im Zuge der Umstellung auf Märkte als Vermittlungsinstanzen zwischen Angebot und Nachfrage in Verbindung mit dem verlässlichen Rechtsinstituts des privaten Eigentums an

Produktionsmitteln, haben Märkte eine zentrale Bedeutung für den Zugang zu Ressourcen und die Verwertung der unternehmerischen Leistung. Die Umstellung der Wirtschaftsordnung erfolgte aber nicht durch einen *big bang*, sondern entwickelte sich über eine längere Phase ausgehend von England im späten 18. Jahrhundert über die unerwünschte Entwicklung hin zum Staatsmonopolistischen Kapitalismus bis zur Intensivierung der globalen Verflechtung durch den Wegfall fester Wechselkurse.

Marktwirtschaft fördert durch die in Aussicht gestellten Gewinnchancen Wettbewerb. Mehr Wettbewerb führt automatisch zu einem größeren Angebot. Und ein größeres Angebot tendiert dazu, dass sich das Leistungsspektrum ausdifferenziert. Unternehmen, die über weitgehend freie Märkte agieren, müssen damit umgehen, dass sich die Leistungsverwertung (Absatz) zu einem Unternehmensengpass entwickelt[2] und sie begegnen dieser Herausforderung durch die Entwicklung eines Instrumentariums, mit dem man versucht, Wettbewerbsvorteile zu erzielen.

Das absatzwirtschaftliche Instrumentarium wurde schon frühzeitig mit dem Begriff Marketing etikettiert. Der Begriff wurde erstmals 1910 von Ralph Starr Butler publiziert, um die Aufgaben zu beschreiben, „that the promoter of a product has to do prior to his actual use of salesmen or advertising" (Bartels 1962, S. 225). Nach dem Zweiten Weltkrieg überführte Howard (1957) das Thema in einen entscheidungsorientierten Ansatz, der sich in den folgenden Jahrzehnten insbesondere durch die Arbeiten Philip Kotlers als gängige Praxis durchsetzte.

Kotler entwickelt über die Zeit seinen Begriff von Marketing grundlegend aus dem Zusammenhang von Bedürfnissen, Wünschen und Nachfrage (vgl. Abb. 2.10). Abgeleitet aus der Zielsetzung, den Absatz zu erhöhen, solle Marketing aus einem unspezifischen Bedürfnis konkrete Wünsche erzeugen, die in Verbindung mit entsprechender Kaufkraft zu Nachfrage führen (vgl. Kotler et al. 2007, S. 12).

Dafür müsse Marketing auf der Grundlage von Marktanalysen die Leistung des Anbieters in vier Dimensionen entwickeln. *Configuration* beschreibt die Aufgaben, das Produkt selbst attraktiver zu machen und auf die Bedürfnisse und Wünsche der Kunden zuzuschneiden. *Valuation* löst die Aufgabe, den Wert des Produkts für den Kunden zu erhöhen. *Facilitation* bearbeitet die Aufgabe, das Produkt dem Kunden zugänglich zu machen. Und *symbolization* schließlich setzt sich damit auseinander, wie durch den Einsatz von Symbolen Wünsche stimuliert werden können (vgl. Kotler 1972, S. 52; Abb. 2.11).

Diese aktivitäts- und entscheidungsorientierte Sichtweise ist eingebettet in zwei Grundbeobachtungen über Unternehmen, die im Wettbewerb zueinander stehen. Levitt (1960) leistete mit seinem Beitrag über die Kurzsichtigkeit von Unternehmen hinsichtlich ihrer Erfolgsaussichten den wohl entscheidenden Auslöser zur Umstellung von einer produkt- zu einer marktorientierten Sichtweise in Unternehmen. Anhand einer anschaulichen Analyse über verschiedene Branchen stellt er fest, dass sich marktorientiertes Wirtschaften an

---

[2] Engpass bedeutet, dass der Absatz der Leistungen mehr Aufwand erzeugt, als die Beschaffung von Ressourcen und Kapital und damit im Sinne des Gutenbergschen Ausgleichsgesetzes der Planung Ausgangspunkt des unternehmerischen Planungsprozesses ist (Gutenberg 1983, S. 163 ff.).

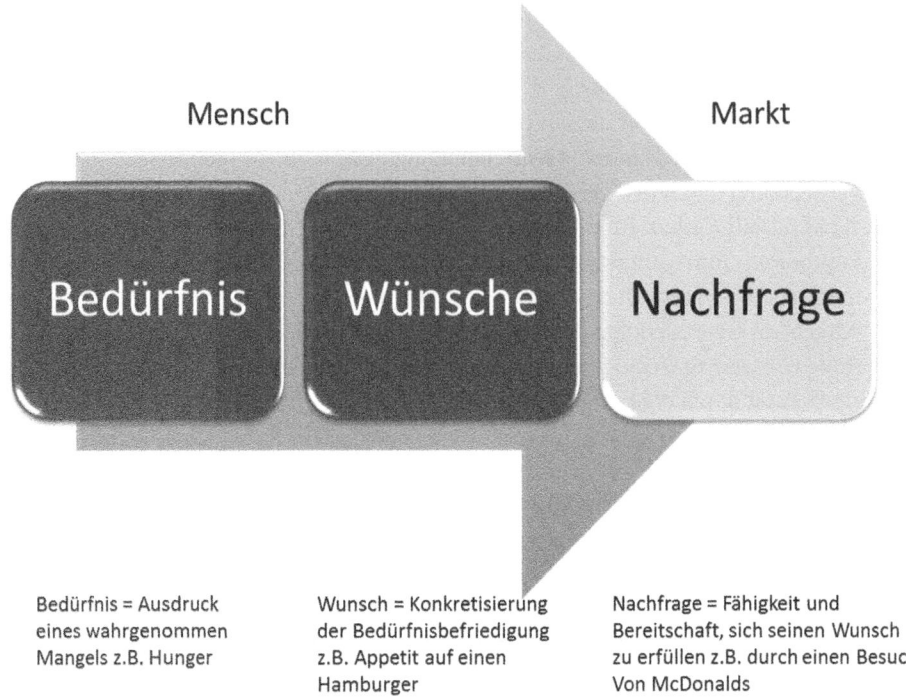

| Bedürfnis = Ausdruck eines wahrgenommen Mangels z.B. Hunger | Wunsch = Konkretisierung der Bedürfnisbefriedigung z.B. Appetit auf einen Hamburger | Nachfrage = Fähigkeit und Bereitschaft, sich seinen Wunsch zu erfüllen z.B. durch einen Besuch Von McDonalds |

Abb. 2.10 Grundaufgabe im Marketing: Beeinflussung der Kundenwünsche, um Nachfrage zu schaffen

Abb. 2.11 Gestaltungsbereiche im Marketing

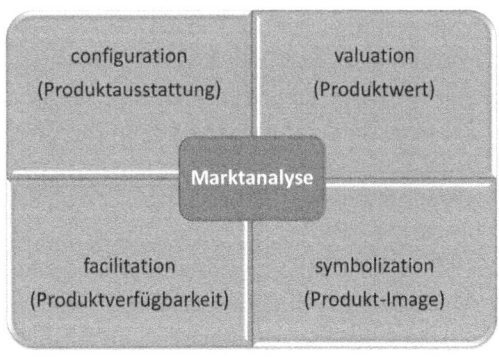

der Frage orientieren müsse, was der Kunde wirklich will und nicht daran, welches Produkt das Unternehmen aktuell anbiete. *What business are you really in?* Diese Fragestellung gehört seit Levitts Artikel zu den entscheidenden Startpunkten einer Marktstrategie und lässt sich mit der Umstellung der Perspektive vom Verkauf (*inside-out*) auf die Vermarktung (*outside-in*) formulieren: „Selling focusses on the needs of the seller, marketing on the needs of the buyer" (Levitt 1960, S. 50).

Auch die zweite Grundbeobachtung, die der marktorientierten Unternehmensführung den Weg bahnte, stammt von Levitt (1972): Er stellt heraus, dass der Kunde in seiner Entscheidung, wie er sein Geld ausgibt, souverän ist. Deshalb müssen Unternehmen in relevanten Nutzenkategorien besser sein, als andere Angebote im Markt. Dichtl fasst diesen Punkt in einem einfach Beispiel zusammen: „Zwei Wanderer sehen sich in einer Waldlichtung plötzlich einem hungrigen Bären gegenüber. Flink wechsel der eine sein Schuhwerk. Sein Gefährte hält dies für zwecklos. ‚Die Stiefel gegen Turnschuhe auszutauschen, nützt Dir nichts; denn das Tier ist allemal schneller als Du'. ‚Das ist nicht das Problem', belehrt ihn im Davonrennen der andere, entscheidend ist, daß ich schneller bin als Du'" (Dichtl 1991, S. 113).

Lessons learned
Märkte sind in Verbindung mit dem Recht auf privates Eigentum eine Möglichkeit der effizienten Verteilung knapper Ressourcen. Märkte eröffnen Gewinnchancen, die zu Wettbewerb führen. Mehr Wettbewerb führt zu einem größeren Angebot, was wiederum den Absatz der unternehmerischen Leistungen zum Engpass macht. Um diesen Engpass zu handhaben, setzt man ein Instrumentarium ein, das versucht, latente Bedürfnisse in konkrete Produktwünsche zu überführen, die in Verbindung mit Kaufkraft zu Nachfrage führen. Entscheidend in der Umsetzung dieser *outside-in* Strategie ist es, in Bezug auf den Wettbewerb klare Vorteile zu erarbeiten.

2.1.5 Funktion und Instrumente im Marketing

Beide Perspektiven – Umschalten von der produktzentrierten Innensicht auf die Nutzenerwartung des Kunden und die unternehmerische Aufgabe, Vorteile in Bezug auf die Nutzenerwartung im Vergleich zu Wettbewerbsangeboten zu generieren – skizzieren den Bezugsrahmen, in dem sich Marketing als Strategieparadigma und als Aufgabenbereich in Unternehmen seit den 1960er Jahren entwickelt. Als Aufgabenbereich versteht man üblicherweise eine etablierte Linienstruktur in einer Organisation, bei der Marketing vergleichbar mit der Buchhaltungsabteilung, dem Personalbüro oder dem Einkauf als eigene Abteilung organisiert ist. Tatsächlich ist Marketing bei vielen Unternehmen in die Linienorganisation gleichberechtigt neben anderen Abteilungen wie Vertrieb, Produktion oder Buchhaltung eingeordnet. Im operativen Geschäft übernimmt die Marketingabteilung dann im Wesentlichen Aufgaben der Marktanalyse und der Marktbearbeitung durch den Einsatz von Kommunikationsinstrumenten.

Versteht man Marketing dagegen als strategisches Paradigma, stellt sich vor der konkreten Ausgestaltung der Aufbauorganisation zunächst die Frage, welche Funktion Marketing für das Unternehmen übernehmen kann. Was meint Funktion in diesem Zusammenhang? Funktion bedeutet den Beitrag, den ein Teil für das Ganze leistet, damit das Ganze dauerhaften Bestand hat, sich also immer wieder neu erzeugen kann. In diesem Sinne über-

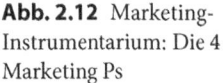
Abb. 2.12 Marketing-
Instrumentarium: Die 4
Marketing Ps

nimmt Marketing für das Unternehmen die Funktion, die Wünsche der Marktteilnehmer zu beeinflussen, indem Marketing die Leistung des Unternehmens „attraktiv, erschwinglich und verfügbar macht" (Kotler et al. 2007, S. 12).

Funktionen sind auf Dauer angelegt. Sie stehen damit in enger Verbindung zur Strategie. Auf der Ebene der Funktion bzw. zur Erreichung der strategischen Ziele, nutzt das Unternehmen Instrumente, die wiederum jeweils Teilfunktionen übernehmen. Betrachtet man das Instrumentarium, das im Marketing zur Verfügung steht, sind es letztlich vier Dimensionen, über die man Einfluss auf die Wünsche der Marktteilnehmer kann. Diese vier Dimensionen sind unterschiedlich benannt. In der Praxis wird zumeist die von McCarthy (1960) vorgelegte Einteilung verwendet. Er unterscheidet zwischen Produkt, Preis, Platzierung und Promotion, den vier Marketing-Ps (vgl. auch Abb. 2.12).

- Das Marketing-Instrument Produkt legt fest, welche Kundenerwartung mit welchen Leistungen angesprochen werden soll. Es geht um die Konfiguration des Leistungsspektrums über solche Aspekte wie Sortimentsbreite und -tiefe, begleitende Dienstleistungen, Forschung und Entwicklung, Innovationen, Gewährleistung, *quality of service* etc.
- Die Preisgestaltung definiert nicht nur das generelle Konditionengerüst, sondern ist speziell im Hinblick auf die im Markt wahrgenommene Wertigkeit auch das Entscheidungsfeld, das letztlich die Marge bestimmt. Fragen wie Zahlungsziele und Finanzierungsmöglichkeiten zählen ebenso zum Preismanagement wie die generelle Festlegung, ob man Premiumanbieter oder Preisführer sein will.
- Das Marketing-Instrument Platzierung beschäftigt sich mit dem Weg zum Kunden. Wo muss die Leistung verfügbar sein, in welcher Distributionstiefe, über welche Kanäle? Auch die Fragen, ob Absatzmittler eingesetzt werden oder der Kunde direkt bedient wird und in welchen Ländern man die Leistung anbietet, gehören zum Marketing-Instrument Platzierung.
- Kommunikation schließlich als Instrument im Marketing-Mix muss sicherstellen, dass die Leistung im Markt bekannt ist, dass über den generischen Grundnutzen weitere symbolische Nutzendimensionen erschlossen werden und dass aus vagen Bedürfnissen zahlungskräftige Kundenwünsche entstehen.

	Strategie (goal)	Taktik (objective)	Operations (task)
Ergebnisbeitrag	Funktion	Leistung	Resultat
Ergebnisumsetzung	Instrument	Werkzeug	Maßnahme
Leitthema	**Wofür** (Ziel)	wird **was** (Effektivität)	**wie** gemacht (Effizienz)

Tab. 2.1 Handlungsebenen im Marketing

Man sieht auf einen Blick, dass die Marketing-Funktion für das Unternehmen wenig mit dem Aufgabenbereich Marketing im Sinne einer eigenen Abteilung im Unternehmen zu tun hat. Produktaufgaben werden oft in der Forschung und Entwicklung oder der Produktion erledigt, Preisaufgaben in der Geschäftsleitung und dem Controlling, Platzierungsaufgaben ebenfalls in der Geschäftsleitung oder im Vertrieb, während lediglich die Promotion auch organisatorisch oft in einer eigenen Marketingabteilung bearbeitet wird. Inwieweit dies sinnvoll ist oder nicht, zeigt der wirtschaftliche Erfolg. Unbenommen davon ist der Aspekt, dass die verschiedenen Marketing-Aufgaben bearbeitet werden müssen.

Um die Funktion zu erfüllen, müssen Instrumente eingesetzt werden. Jedes Instrument stellt verschiedene Werkzeuge zur Verfügung, mit denen man im Rahmen einer Instrumentalplanung konkrete Maßnahmen in Gang setzt. Der Einsatz der Werkzeuge soll eine bestimmte Leistung erbringen – z. B. die wahrgenommene Produktqualität steigern. Dazu werden Maßnahmen durchgeführt, die zu überprüfbaren Resultaten führen – z. B. der Austausch einer Steckverbindung am Computer durch einen Magnetkontakt.

Funktion, Leistung und Ergebnis unterscheiden sich vor allem in Bezug auf Abstraktionsniveau und Dauerhaftigkeit. Eine Funktion ist dauerhaft, bezieht sich demnach auf die Strategie und nutzt Instrumente, die einigermaßen allgemein bleiben wie das Marketing-Instrument Produkt oder das administrative Instrument IT-Infrastruktur. Die Instrumente stellen Werkzeuge zur Verfügung, die zur Leistungserbringung in sinnvollen Geschäftsperioden (Lebenszyklus, Geschäftsjahr, Quartal, Saison etc.) und demnach taktisch geplant eingesetzt werden. Das kann im Bereich Kommunikation z. B. eine Werbekampagne, im Bereich Einkauf ein Lieferantenaudit sein. Die Werkzeuge schließlich bestehen aus einer Verknüpfung einzelner Maßnahmen, die im operativen Tagesgeschäft ausgeführt werden und zu Resultaten führen (vgl. Tab. 2.1).

Lessons learned

Die Funktion von Marketing für ein Unternehmen ist die Beeinflussung latenter Bedürfnisse, um diese in einen konkreten Produktwunsch zu überführen, der Nachfrage erzeugt. Dafür werden im Marketing Instrumente eingesetzt, die dazu dienen, das Leistungsangebot attraktiv, erschwinglich und verfügbar zu machen. Eingeführt gilt die Unterscheidung in vier Marketing-Instrumente, die auch als vier Marketing-Ps bekannt sind: Produkt, Platzierung (Vertrieb und Distribution), Promotion (Kommunikation) und Preis. Der Einsatz der Instrumente wird strategisch geplant. Dafür werden taktisch Werkzeuge eingesetzt, die in konkreten Maßnahmen operativ umgesetzt werden, um messbare Resultate zu erzielen.

2.1.6 Von Märkten und Öffentlichkeit

Unternehmen sind durch Geldforderungen (Einkauf, Zinsen, Gehälter, Verkauf etc.) mit ihren Märkten verbunden. Es macht dabei funktional keinen Unterschied, zwischen Absatz- und Beschaffungsmärkten zu unterscheiden, wenngleich in der betrieblichen Praxis meist unterschiedliche Stellen und unterschiedliche Teilziele für beide Bereiche beobachtet werden können. Generell aber ist das in der Absatzwirtschaft entwickelte Marketing-Instrumentarium genauso auf der logischen Gegenseite – Einkauf, Finanzierung und Personal – passend.

Dies hat zwei Gründe: Der Beschaffung stehen immer Anbieter gegenüber, die ihren Marktauftritt in den Dimensionen Preis, Produkt, Verfügbarkeit und Promotion darstellen, so dass der Kunde auch nur in diesen Dimensionen beobachten kann. Zum anderen ist nicht Absatz oder Beschaffung der Auslöser für marktorientiertes Verhalten, sondern der Umstand, welche Seite stärker ist. Liegt z. B. auf Seite der Beschaffung im Hinblick auf die Ressource Personal ein Engpass vor, so muss sich der Recruiter im Arbeitsmarkt positionieren und kann dies über Preis (z. B. Gehaltsangebot), Produkt (z. B. Stellenausstattung und Verantwortung), Platzierung (z. B. Möglichkeit zum Home Office) oder Promotion („Top-Arbeitgeber in der Region") tun.

Das Marketing-Instrumentarium kann generell für alle Aufgaben, die im Markt erledigt werden, genutzt werden, also auch für den Konsum der Haushalte oder die Beschaffung durch die öffentliche Hand. Aber selbst diese erweiterte Sichtweise über den Absatzbereich hinaus, ist nicht ausreichend, um den strategischen Handlungsrahmen von Unternehmen zu beschreiben. Denn im Markt sind nur die aktuellen Marktteilnehmer relevant, die Angebot und Nachfrage durch Preise beobachten und bei einem austarierten Verhältnis in eine konkrete Transaktion überführen: den Austausch von Leistungen und Geldzahlungen.

Für die Funktion, auf die Wünsche möglicher neuer Kunden einzuwirken, ist diese Sichtweise zu kurz gegriffen, weil zukünftige Marktpotenziale gegenwärtig meist noch gar keine Marktteilnehmer sind. Es gibt demnach eine zweite Brille, mit der man das Umfeld des Unternehmens betrachten kann. Und diese Brille erweitert das Betätigungsfeld massiv.

Unternehmen und ihre Produkte werden nicht nur in Märkten – über Preise – beobachtet, sondern immer auch in der Öffentlichkeit. Für ein Unternehmen ist sein Markt die Menge an Kunden, Lieferanten, Finanziers, Wettbewerbern und Mitarbeitern, also externe

Faktoren, die untereinander durch das Zusammenspiel von Angebot und Nachfrage in Verbindung stehen. Die Verbindung entsteht durch beobachtbare Transaktionen.

Zukünftige Kunden, Lieferanten und Mitarbeiter sowie das generelle externe Umfeld, das Regeln setzt (Politik) und überwacht (Ämter), das Unterhaltung und Nachrichten liefert, das Liebe und Sinn stiftet, das Recht spricht und Wissen schafft – dieses externe Umfeld des Unternehmens kann man unter dem Begriff Öffentlichkeit fassen. Damit das Unternehmen erfolgreich arbeiten kann, benötigt es die Akzeptanz durch die Öffentlichkeit, die sich letztlich in verschiedenen Dimensionen äußern kann. Am Sichtbarsten wird fehlende Akzeptanz z. B. durch gesetzliche Änderungen (Verbot von Glühbirnen, Ausstieg aus der Kernenergie etc.). Aber auch das Image des Unternehmens – positiv wie negativ besetzt – entsteht in der Öffentlichkeit und gewinnt erst als Marke Marktrelevanz.

Akzeptanz ist das Gegenteil von Ablehnung. Sie unterscheidet sich von Toleranz (Duldung) dadurch, dass sie ein Werturteil mitführt und dadurch für das Unternehmen positiv oder negativ ausfällt und dementsprechend einen steuernden Einfluss hat. „Akzeptanz ist die Chance, für bestimmte Meinungen, Maßnahmen, Vorschläge und Entscheidungen bei einer identifizierbaren Personengruppe ausdrückliche oderstillschweigende Zustimmung zu finden und unter angebbaren Bedingungen aussichtsreich auf deren Einverständnis rechnen zu können" (Lucke 1995, S. 104).

Lessons learned
Unternehmen sind durch Geldzahlungen (Transaktionen) mit ihren Märkten und durch Werturteile (Akzeptanz) mit der Öffentlichkeit verbunden. Potenziale und Risiken (egal ob auf Beschaffungs- oder Absatzseite) liegen oftmals im Bereich der Öffentlichkeit, weshalb die Marketing-Instrumente sowohl auf den Markt als auch auf die Öffentlichkeit zielen müssen.

2.1.7 Modell strategischer Unternehmenskommunikation[3]

Durch den doppelten Bezug auf Markt und Öffentlichkeit ergibt sich für die Instrumentalperspektive im Marketing die Herausforderung, jeweils beide Perspektiven im Kalkül zu halten. Ein Instrument ist definiert durch seine Funktion. Schaut man sich das Marketing-Instrument Kommunikation an, kann man die Funktion relativ schnell fassen: Das Unternehmen stellt durch den Einsatz von Medien Botschaften bereit, die in seinem Umfeld – Markt und Öffentlichkeit – aufgegriffen werden können. Diese Botschaften müssen im Sinne eines strategischen Instruments zielorientiert sein. Die Ziele wiederum ergeben sich aus den beiden Dimensionen des Umfelds: Im Markt soll das Instrument Kommuni-

---

[3] Das Modell strategischer Unternehmenskommunikation wurde grundlegend in Becker 1998 entwickelt. Der hier referierte Rahmen bezieht sich darauf.

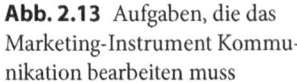

Abb. 2.13 Aufgaben, die das
Marketing-Instrument Kommunikation bearbeiten muss

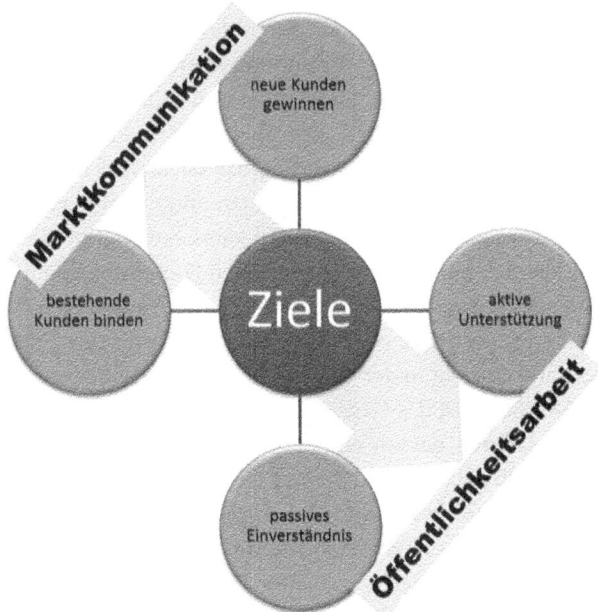

kation Transaktionen ermöglichen, in der Öffentlichkeit soll Kommunikation Akzeptanz
sicherstellen.

Wie kann das Marketing-Instrument Kommunikation diese Funktion umsetzen? Indem es eigene Kommunikationsinstrumente ausbildet, die jeweils einzelne Teilfunktionen
beitragen. Üblicherweise wird in der Literatur das Marketing-Instrument Kommunikation
durch eine Auflistung möglicher Kommunikationsinstrumente bestimmt, die aufgrund
von Gemeinsamkeiten eingeteilt werden. So unterscheidet man beispielsweise hinsichtlich des Grads der Personalisierung, der Frage der Beeinflussung der Botschaft oder dem
adressierten Zielpublikum (vgl. Bruhn 1997, S. 168 ff.). Dies führt zu einer gewissen Beliebigkeit hinsichtlich der Einteilung.

Trennscharf und konsistent kann man Subinstrumente nur über ihren Zielbeitrag fassen
– also die Funktion, die die einzelnen Teilinstrumente im Marketing erfüllen. Denkt man
zunächst an die Zielsetzung, Transaktionen zu ermöglichen, bieten sich zumindest zwei
Extrempunkte an, die es erlauben, eine erste Einteilung vorzunehmen. Um Transaktionen
zu ermöglichen kann man entweder neue Kunden gewinnen (Kundenakquisition) oder
bestehende Kunden zu Folgegeschäften animieren (Kundenbindung). Das Ziel, Akzeptanz
in der Öffentlichkeit sicherzustellen, lässt sich ebenfalls auf zwei Dimensionen verdichten. Es geht darum, aktive Unterstützung aufzubauen und passives Einverständnis für die
unternehmerischen Aktivitäten sicherzustellen. Abbildung 2.13 zeigt den Zusammenhang
auf, aus denen sich zwei große Betätigungsfelder des Marketing-Instruments Kommunikation ergeben, nämlich die Marktkommunikation und die Öffentlichkeitsarbeit.

Um neue Kunden zu gewinnen, also Kunden, die bislang Wettbewerbsprodukte gekauft
haben oder die Bedürfnisse mit ganz anderen Produktklassen gestillt haben, muss das

Marketing-Instrument Kommunikation Aufmerksamkeit schaffen. Diese Aufmerksamkeit kann verschiedene Ausprägungen haben: Aufmerksamkeit im Sinne sachlicher Produktinformation, Aufmerksamkeit für Aspekte, die das Produkt kommunikativ erweitern, Aufmerksamkeit, die direkt zum Kauf aktivieren soll etc. Diese Aufmerksamkeit kann durch den Einsatz unterschiedlicher Maßnahmen erreicht werden, z. B. durch einen Telefonanruf (*outbound sales*), durch einen Außendienstbesuch, durch einen Informationsflyer oder durch einen Werbespot im Fernsehen. Nicht die Maßnahmen sind entscheidend, sondern das Ziel, das hinter den eingesetzten Maßnahmen steht. Kommunikationsmaßnahmen, die eingesetzt werden, um Aufmerksamkeit bei Kunden zu erzielen, sind Maßnahmen des Kommunikationsinstruments Werbung.

Wichtig ist sauber zu unterscheiden zwischen Werbung im Sinne einer einzelnen Werbemaßnahme (Mediawerbung, Direktwerbung, telefonische Kundenwerbung) und Werbung als strategischem Kommunikationsinstrument. Aufmerksamkeit kann man durch viel mehr Maßnahmen als reine Mediawerbung erreichen – z. B. durch Publikation eigener Forschungsergebnisse, durch Platzierung eines völlig unbekannten Produktnamens auf Trikots von Bundesligavereinen oder durch kontroverse Social Media Kampagnen. Andererseits kann man Mediawerbung – also z. B. eine Anzeige, für deren Verbreitung man Anzeigenraum kaufen muss – auch für Ziele einsetzen, die nichts mit Aufmerksamkeit zu tun haben, um neue Kunden zu gewinnen. Dies gilt etwa für die Bewerbung einer Sportveranstaltung, die das Unternehmen unterstützt oder eine Imageanzeige, die herausstellt, dass Atomkraft ökologisch völlig korrekt sei. Nicht der Träger der Botschaft (TV, Radio, Print etc.) oder das Format (Anzeige, Spot, Interview etc.), sondern allein die Zielsetzung entscheidet darüber, ob ein unternehmerisches Kommunikationsangebot sich dem Instrument Werbung zurechnen lässt oder einem ganz anderen Kontext zugeordnet werden muss.

Neben der Gewinnung neuer Kunden ist die Bindung bestehender Kunden an das Unternehmen von zentraler Bedeutung, wenn man die Dimension Transaktion betrachtet. Neukundengewinnung ist regelmäßig teurer als aus bestehenden Kundenkontakten neue Transaktionen abzuleiten. Für die Bindung bestehender Kundenkontakte werden ebenfalls ganz verschiedene Maßnahmen herangezogen. Neben persönlichen Kontakten sind das z. B. oft Messen, Produktion einer eigenen Zeitschrift (Custom Media), personalisierte Kommunikation über Anschreiben, Customer Loyalty Programme wie Miles & More oder Payback. Hier geht es nicht direkt um Transaktionen, sondern um die Beziehung zum Kunden, die zukünftige Transaktionen ermöglichen soll.

Das Kommunikationsinstrument, das die Funktion der Kundenbindung übernimmt, kann man Direktansprache nennen. Direktansprache ist nicht zur verwechseln mit Direktmarketing. Direktmarketing meint den Einsatz des gesamten Marketing-Instrumentariums (also inkl. Produkt, Preis und Placement) für den direkten Vertrieb, wie etwa im Versandhandel oder auch bei vielen Industrieunternehmen mit gewerblichen Kunden üblich. Direktmarketing ist damit ein Gegenbegriff zu Zielgruppenmarketing, das häufig bei Herstellern von *fast moving consumer goods* vorherrscht. Direktmarketing ist die Anwendung des gesamten Marketing-Instrumentariums, um den Absatz direkt zum Verwender des Produkts auszugestalten. Direktansprache dagegen ist ein Kommunikationsinstrument im Marketing-Mix, das durch personalisierte Kommunikation die Bindung zwischen dem Unternehmen und seinen Kunden unterstützt.

In der Zieldimension Akzeptanz kann man ebenso zwei verschiedene Teilaspekte als Leitmuster herausarbeiten. Akzeptanz stellt sich einmal dar in Form aktiver Unterstützung und zum anderen in Form passiven Einverständnisses.

Aktive Unterstützung braucht ein Unternehmen z. B. wenn es in regulierten Märkten operiert und auf ein für sich positives Regelwerk angewiesen ist. Aber auch die aktive Unterstützung durch Meinungsführer, die selbst gar nicht Kunden sind, aber durch ihre Reputation Wirkung auf Gruppen in der Öffentlichkeit haben, kann für ein Unternehmen von hoher Relevanz sein. Um Unterstützung zu erreichen, bedienen sich Unternehmen verschiedener Maßnahmen, etwa die Einflussnahme durch Lobbyisten, die Unterstützung von Veranstaltungen im kulturellen, sportlichen oder ökologischen Umfeld (Sponsoring), der Aufbau von Unterstützergruppen in sozialen Netzwerken oder die Positionierung von Themen im öffentlichen Raum (Issue Advertising). Maßnahmen, die derart für die Erreichung von Unterstützung in der Öffentlichkeit eingesetzt werden, sind Maßnahmen des Kommunikationsinstruments Societal Relations.

Societal Relations beschäftigen sich im Kern mit der Fragestellung, wie sich das Unternehmen in den gesellschaftlichen Kontext einbindet, der über die Grundfunktion des Unternehmens als Organisation im Wirtschaftssystem hinaus weist. Dabei geht es neben der Beeinflussung von anderen gesellschaftlichen Bereichen wie Politik oder Kunst insbesondere auch um die Synchronisierung mit gesellschaftlichen Trends, wie sich dies an Aspekten wie Nachhaltigkeit oder Corporate Social Responsibility beobachten lässt.

Dass Unternehmen das Einverständnis der Gesellschaft benötigen, um ihre Geschäfte auszuüben, klingt zunächst verwirrend. Betrachtet man jedoch einen längeren Zeithorizont, kann man sehen, dass die Verteilung von Reichtum über Jahrhunderte zu Konflikten geführt hat. Dass einzelne erfolgreiche Unternehmen überdurchschnittlich viel Geld verdienen, ist vom Prinzip dazu angelegt, dass alle anderen Gesellschaftsmitglieder diesen Vorteil in Frage stellen und Umverteilung fordern. Dieser implizite Konflikt wird in der Marktwirtschaft dadurch gelöst, dass die Gewinnchancen Einzelner toleriert werden, weil man sich von der Leistungserbringung der Unternehmen selbst einen Vorteil verspricht. Daher sind Unternehmen gut beraten, ihren Beitrag zur gesellschaftlichen Entwicklung so darzustellen, dass die Öffentlichkeit deren Konsequenzen akzeptiert. Das Instrument, das diesen Ausgleich zwischen Unternehmerinteresse und öffentlichem Interesse vermittelt und somit das Unternehmen in der Öffentlichkeit durch Transparenz legitimiert, nennt man Public Relations.

Public Relations sind in ihrer Grundkonstellation dialogorientiert angelegt. Nicht die einseitige Verbreitung von Pressemitteilungen ist das Kernstück der PR, sondern der Dialog mit den Vertretern öffentlicher Kommunikation, die dann ihrerseits die Bedeutung des Unternehmens als Ausbilder, Arbeitgeber, Innovator, Steuerzahler, Förderer etc. verbreiten. Diese Vermittlungsfunktion zwischen Partikularinteresse des Unternehmens und dem

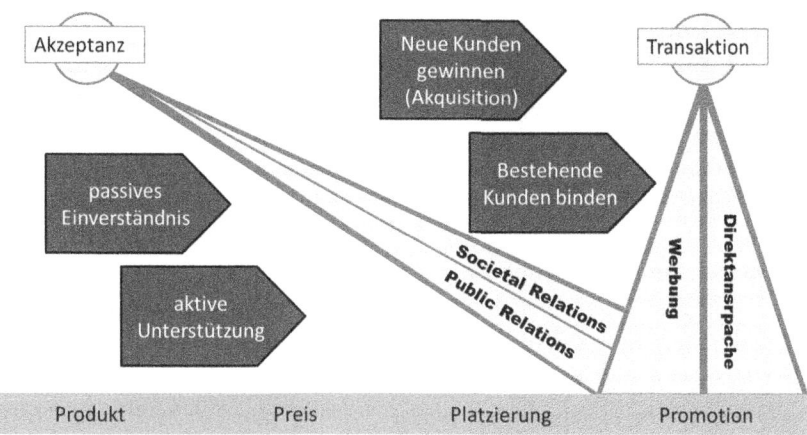

Abb. 2.14 Modell der strategischen Unternehmenskommunikation

Interesse der Öffentlichkeit zeigt sich speziell am Fall der Krisenkommunikation: wenn also etwas schief gegangen ist und das Unternehmen am öffentlichen Pranger steht.

Über diesen vier Teilzielsetzungen – Aufmerksamkeit schaffen, Bindung vertiefen, Unterstützung bilden und Leistung legitimieren – lässt sich ein Modell der strategischen Unternehmenskommunikation entwerfen, das über die Instrumente Werbung, Direktansprache, Public Relations und Societal Relations Kommunikationsangebote in Markt und Öffentlichkeit platziert, um Transaktionen zu ermöglichen und Akzeptanz zu sichern (vgl. Abb. 2.14). Die Aufteilung in vier Teilinstrumente ermöglicht in der Umsetzung die Spezialisierung der Instrumente auf ihren jeweiligen Funktionsbeitrag für das Unternehmen.

Lessons learned

Mit dem Marketing-Instrument Kommunikation stellt ein Unternehmen Botschaften für Markt und Öffentlichkeit bereit, die sich aus konkreten Zielen ableiten. Im Markt ist das oberste Ziel die Aufrechterhaltung bzw. der Ausbau von Transaktionen. Dafür setzt man im Marketing die Kommunikationsinstrumente Werbung und Direktansprache ein. Werbung produziert Aufmerksamkeit für die Produkte, Leistungen und Symbole des Unternehmens, um neue Kunden zu gewinnen (oder Kunden immer wieder neu zu gewinnen). Direktansprache produziert Bindung, um zukünftige Transaktionen wahrscheinlich zu machen.

In der Öffentlichkeit sucht das Unternehmen Akzeptanz. Dafür setzt man im Marketing die Kommunikationsinstrumente Public Relations (PR) und Societal Relations (SR) ein. PR produziert Transparenz, um das passive Einverständnis der Öffentlichkeit sicherzustellen. SR produziert Unterstützungsbereitschaft, um so Vorteile im Wettbewerb zu erreichen.

2.1.8 Werbung

Werbung übernimmt als Kommunikationsinstrument im Marketing-Mix die Funktion, Aufmerksamkeit im Markt zu generieren. Diese Aufmerksamkeit ist nicht wertfrei, sondern dem Ziel untergeordnet, Transaktionen zu schaffen, also üblicherweise Verkäufe zu generieren. Dazu muss Werbung die Marktteilnehmer beeinflussen. Beeinflussung ist kein originäres Feld der Wirtschaft, sondern wird in vielen Bereichen des Zusammenlebens genutzt. Ob man um einen Partner wirbt (Paarungsverhalten in der Biologie), einen Anhänger anwirbt (Mission in der Religion) oder gesellschaftliche Ziele bewirbt (Agitation in der Politik): Werbung kann man als funktionsübergreifendes Universalphänomen beschreiben, das sich in Elementarfunktionen und spezifische Funktionen zerlegen lässt. Zu den Elementarfunktionen, die werbliches Verhalten generell kennzeichnen, rechnet Hundhausen vier Faktoren: Schaffung von Aufmerksamkeit, Erzeugung von Information, Überzeugen für ein Ziel sowie situative Aufgaben (1969, S. 59 ff.). In Kurzform formuliert: Der Werbende macht auf sich aufmerksam, indem er Botschaften bereitstellt, die den Adressaten von einem Ziel überzeugen sollen.

Überzeugung (Persuasion) hat nichts mit Manipulation gemein, wie es im deutschsprachigen Raum vor allem durch die Übersetzung von Vance Packards *The Hidden Persuaders* zu den „geheimen Verführern" über lange Jahre gängige Meinung war (vgl. Packard 1964). Persuasion ist eine Sozialtechnik, die auf die Einstellungen (*attitudes*) des Gegenübers zielt. Man versucht durch Kommunikation Einfluss auf die Psyche zu nehmen. Cialdini (2007) beschreibt dazu sechs Methoden:

- Prinzip der Gegenseitigkeit (*reciprocity*): Man fühlt sich verpflichtet, sich für Gefälligkeiten zu revanchieren. Dieses Prinzip kennt man z. B. bei kostenlosen Warenproben im Supermarkt, für die sich Kunden häufig mit einem Testkauf „bedanken".
- Selbstverpflichtung (*commitment*): Wenn man sich einer Sache verpflichtet fühlt, akzeptiert man passende Angebote, die mit der eigenen Einstellung kongruent sind, was Festinger in der Theorie der kognitiven Dissonanz ausarbeitete (vgl. Festinger 1957). Dieses Prinzip kennt man z. B. beim Verstärken von Wertvorstellungen wie Nachhaltigkeit durch Aufbringen eines entsprechenden „Bio-Siegels".
- Konformität (*social proof*): Man orientiert seine Einstellung gerne an der beobachteten Mehrheitsmeinung, ein Phänomen, das man auch als Asch-Paradigma kennt (vgl. Asch 1955). Es geht um die Vermeidung sozialer Isolation, weshalb man viele Einstellungen anhand der vermeintlichen Mehrheitsmeinung orientiert. Im Alltag ist dieses Paradigma z. B. bei Wahlentscheidungen gut untersucht: Wenn man glaubt, eine Partei werde die Wahl gewinnen, gibt man möglicherweise dieser Partei seine Stimme, um auf der Seite der Sieger zu stehen.
- Autorität (*authority*): Menschen tendieren dazu, eine Autorität zu akzeptieren, selbst wenn deren Anordnungen gegen die eigenen Einstellungen verstoßen, was 1961 im bekannten Milgram-Experiment nachgewiesen wurde (vgl. Milgram 1963). Solche Autorität haben z. B. Testergebnisse und Produktbesprechungen von anerkannten Fachleuten.

- Sympathie (*liking*): Menschen vertrauen Menschen, die sie mögen. Sie umgeben sympathische Menschen mit einer Art Heiligenschein. Thorndike (1920) untersuchte dieses Phänomen der kognitiven Verzerrung und nannte es Halo-Effekt. Ergebnisse dieses Halo-Effekts sind z. B. der Ausstrahlungserfolg emotionaler Marken wie Apple.
- Seltenheit (*scarcity*): Was rar ist oder wer sich rar macht, wird als attraktiv empfunden. Daher sind Produkte, die neu sind, vielfach interessant, weil man sie als Erster in seinem Bekanntenkreis ausprobieren kann. Auch die künstliche Verknappung von Angeboten – nur heute gültig, Sommerschlussverkauf etc. – zahlt auf diese Beeinflussungsmethode ein ebenso wie die knappe Ausstattung mit Produkten zum Marktstart, wie man das von Aldi-PCs und Apple-Smartphones mit langen Schlangen vor den Outlets inszenieren kann.

Einstellungen lassen sich nicht programmieren im Sinne der direkten kausalen Zuordnung von einer Maßnahme auf eine geänderte Einstellung. Dennoch werden in der Forschung zahlreiche Wirkzusammenhänge diskutiert, aus denen man den Prozess der Einflussnahme wenigstens in gewissen Perspektiven ausleuchten kann. Speziell im Hinblick auf die Wirkung von Werbemaßnahmen hat sich schon früh eine Wirkungshierarchie entwickelt, die auch heute noch Basis zahlreicher Werbeplanungen ist, das sogenannte AIDA-Modell. Strong (1925, S. 349) führt das AIDA-Modell zurück auf Elmo Lewis, der bereits 1903 in einem Artikel die Grundidee skizzierte. Demnach wirke eine kommunizierte Botschaft über vier Stufen:

- *attention*: Zunächst gilt es, die Aufmerksamkeit des Zielpublikums zu erreichen.
- *interest*: Dann muss man das Zielpublikum für den Inhalt der Botschaft interessieren.
- *desire*: Dann wird das rationale Interesse in eine emotionale Begierde überführt.
- *action*: Aus der Begierde folgt schließlich die beabsichtigte Handlung.

Stufenmodelle dieser Art entwickelten sich im Laufe der Zeit eine ganze Reihe. Ihnen gemeinsam ist, dass sie hinsichtlich der Wirkung von Kommunikationsangeboten eine Hierarchie unterstellen (vgl. Palda 1966, S. 13), die auf verschiedene Ebenen verweist, die man auch als ABC der Einstellungen kennt (vgl. Solomon 1992): Einstellungen basieren demnach auf *affects* (Verlangen), *behavior* (Verhalten) und *cognition* (Verständnis). Die Reihung dieser Elemente unterscheidet sich in den bekannten Wirkansätzen: vom Lernmodell (AIDA-Formel mit Verständnis-Verlangen-Verhalten) über das Low Involvement Modell (vgl. Krugmann 1965) mit der Reihung Verständnis-Verhalten-Verlangen bis zum Dissonanzmodell (vgl. Festinger 1957), das das Verhalten an oberste Stufe setzt gefolgt von Verlangen und Verständnis (vgl. Tab. 2.2).

Petty und Cacioppo (1986) legten mit dem Elaboration Likelihood Model einen Ansatz vor, der die Verarbeitung persuasiver Botschaften in Abhängigkeit des situativen und individuellen Informationsbedürfnisses (*need for cognition*) beschreibt. Demnach wird eine Botschaft bei einem Empfänger mit hohem Informationsbedürfnis zentral geroutet und bewusst bewertet. Sollte der Empfänger aufgrund der Botschaft seine Einstellung ändern,

AIDA-Modell	Low Involvement	Dissonanztheorie
Cognition	Cognition	Behavior
Affects	Behavior	Affects
Behavior	Affects	Cognition

Tab. 2.2 Wirkungshierarchien im ABC der Einstellungen

führt der elaborierte Umgang mit der Botschaft zu einer stabilen neuen Einstellung. Ist dagegen das Informationsbedürfnis gering, wird die Botschaft peripher geroutet und die Auseinandersetzung erfolgt nur oberflächlich. Sollte es dennoch zu einer Einstellungsänderung kommen, so ist diese eher instabil (vgl. Abb. 2.15).

Als Teilbereich des Konsumentenverhaltens hat sich im deutschsprachigen Raum insbesondere Kroeber-Riel mit den Wirkungen persuasiver Kommunikation auseinandergesetzt. Er empfiehlt zwischen Wirkungskomponenten, Wirkungsdeterminanten und Wirkungsmuster zu unterscheiden (vgl. Kroeber-Riel und Weinberg 1999, S. 587 ff.). Die Wirkungskomponenten sind die Elemente, die Einfluss auf die Einstellung und damit letztlich das Verhalten des Empfängers haben. Die Wirkungsdeterminanten beschreiben das individuelle Involvement (Einbezogenheit) des Empfängers und die Art der Werbung. Wirkungsmuster ergeben sich aus der Kombination der Komponenten und Determinanten.

Generell ist allerdings allen Wirkungsmodellen gemeinsam, dass sie keine belastbaren Aussagen ermöglichen im Sinne der Planbarkeit einer im Markt stattfindenden Änderung von Einstellungen. Wirkungsmodelle sind eher als Erklärungsansätze zu verstehen, die einen Kommunikationsfachmann dafür sensibilisieren sollen, dass Wirkung nicht planbar ist, sondern aus einer unbekannten Vielzahl einzelner – individueller und situativer – Aspekte entsteht. Diese Aspekte sind schon in einem Gespräch unter vier Augen nicht transparent. Ungleich schwieriger ist es, bei einer medial vermittelten und massenhaft verbreiteten Botschaft vorab zu kalkulieren, welche Einstellungen tatsächlich geändert werden und vor allem in welche Richtung. Das führt zu der Einsicht, dass Einstellungsänderungen im Markt zwar Folge von instrumental eingesetzter Kommunikation, nicht aber deren Ziel sein kann.

Die Zieldimension ist im Rahmen strategischer Planung allerdings als erster und wichtigster Entscheidungstatbestand zu klären. Aus dem Instrumentalziel leiten sich die Maßnahmen und Bewertungen ab. Speziell im Bereich Werbung hat sich für diesen Planungszusammenhang ein eigenes Schema entwickelt, das sich nicht in seiner Struktur, aber in seinen Begriffen etwas vom Standard unterscheidet.

Im Werbemanagement müssen in fünf Bereichen Entscheidungen getroffen werden, den sogenannten 5 Ms der Werbeplanung (Kotler und Bliemel 1992, S. 872): *mission* beschreibt, welche Ziele Werbung erreichen soll, *money* die Höhe des Budgets, das dafür aufgewendet wird und *message* die zentrale Botschaft der Werbung. Mit *media* ist die Frage angesprochen, wie die Werbebotschaft zur Zielgruppe kommen soll und *measurement* greift die zuletzt angesprochene Thematik auf: Welche Art von Wirkung kann man messen, um den Erfolg oder Misserfolg von Werbung zu bewerten.

Abb. 2.15 Grundstruktur des
Elaboration Likelihood Model
(ELM)

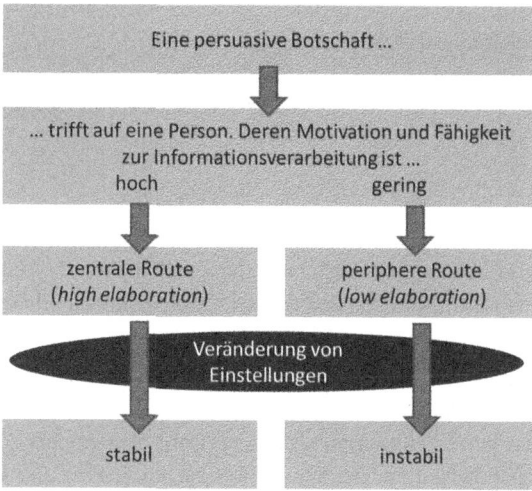

2.1.9   Mission: Festlegung der Werbeziele

Die Festlegung der Werbeziele bildet den Beginn der Planung konkreter Werbemaßnahmen. Ein Werbeziel muss auf oberster Ebene in zwei Dimensionen konsistent sein: Es muss zu den strategischen Zielsetzungen des Unternehmens passen und es muss sich aus seiner instrumentalen Funktion ableiten. Die Funktion von Werbung ist es, Aufmerksamkeit im Markt zu schaffen, um daraus als Folge Zahlungsereignisse zu generieren.

Die Konsistenz zu strategischen Zielen des Unternehmens wird über das Konzept der Positionierung sichergestellt (vgl. Trout 1969). Positionierung bedeutet die Festlegung einer klaren Position der eigenen Leistung in Abhängigkeit vom Wettbewerb und in Bezug zu den möglichen Käufern. Grundüberlegung ist dabei, dass es für jedes Produkt Alternativen gibt – man also Wettbewerb unterstellen kann – und ein Unternehmen im Rahmen seiner Marketingstrategie einen klaren Punkt in der Wahrnehmung der Verwender besetzen muss: „positioning is not what you do to a product. Positioning is what you do to the mind of your prospect. That is, you position the product in the mind of the prospect" (Ries und Trout 1981, S. 2).

Positionierung basiert auf der Überlegung, dass man Märkte – z. B. den Automobilmarkt – sinnvollerweise in einzelne Segmente aufteilt, um so eine differenzierte Marktbearbeitung zu ermöglichen. Die Differenzierung in Marktsegmente folgt dem tatsächlichen Käuferverhalten. Die Käufer werden in Gruppen zusammengefasst, die in sich möglichst homogen und gegeneinander möglichst heterogen sind (vgl. Freter 1983, S. 43 ff.). Zur Bildung solcher Segmente können unterschiedliche Kriterien herangezogen werden, von soziodemografischen Daten wie Alter, Geschlecht oder Wohnort über beobachtbares Kaufverhalten etwa im Hinblick auf Preispunkte oder Einkaufsstätten bis hin zu Faktoren wie Einstellungen, Motive oder Milieuzugehörigkeit.

Die Differenzierung von Zielmärkten in einzelne Marktsegmente lässt sich nicht nur für bestehende Positionierungen bzw. Positionierungsänderungen nutzen, sondern auch

Abb. 2.16 Strategieoptionen
der Marktbearbeitung

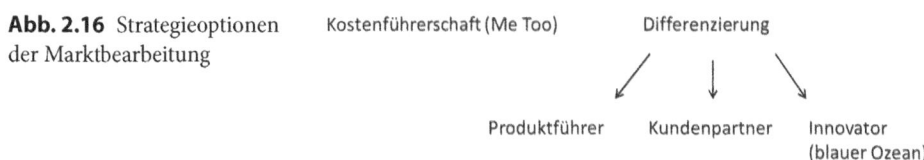

zur Identifikation ganz neuer, bislang nicht bedienter Nutzendimensionen, wie dies Kim
und Mauborgne (2005) mit der Blue Ocean Strategy darstellen. Ziel dieser Strategie ist es,
dem Wettbewerb (den roten Ozeanen) durch Nutzeninnovationen auszuweichen und so
neue Marktkategorien (die blauen Ozeane) zu entwickeln.

Hinsichtlich der Bearbeitung von Marktsegmenten, ergeben sich für ein Unternehmen
unterschiedliche Strategieoptionen (vgl. Abb. 2.16). Nach Porter (1980, S. 35 ff.) kann sich
ein Unternehmen für drei generische Strategieoptionen entscheiden. Dieses Grundstruktur adaptierten Treacy und Wiersema (1995) und benennen die drei Basisstrategien als
Kostenführerschaft, Produktführerschaft und Kundenpartnerschaft. Kostenführerschaft
bedeutet, dass man eine bereits erfolgreich besetzte Marktposition imitiert (Me-Too-Stra-
tegie) oder auch ein neues Marktsegment eröffnet und durch *economies of scale* und opti-
mierte Prozesse dauerhaft eine bessere Kostensituation gegenüber dem Wettbewerb realisieren kann. Die besseren Kosten kann man entweder in bessere Verkaufspreise umsetzen
(wie im Discounthandel) oder für erhöhte Aufwendungen z. B. in der Kommunikation
nutzen, um dadurch einen größeren Anteil am *share of mind* (und nachgelagert am *share
of wallet*) zu erhalten.

Produktführerschaft und Kundenpartnerschaft sind Differenzierungsstrategien. Differenzierungsstrategien können grundsätzlich in drei Richtungen ablaufen. Man kann versuchen, sich durch die Schaffung neuer Märkte vom Wettbewerb zu lösen (blaue Ozeane).
Man kann in einem bestehenden Markt eine nicht optimal bediente Position suchen und
in dieser Nische den Kundenbedarf besser befriedigen als zuvor (Kundenpartnerschaft).
Oder man kann in einer für den Markt relevanten Nutzendimension (Produkteigenschaft,
Image bzw. Marke, Verfügbarkeit etc.) einen dauerhaften Vorteil anstreben (Produktführerschaft).

Die Positionierung des eigenen Leistungsangebots in den relevanten Marktsegmenten
ist eine zentrale Aufgabe der strategischen Planung und nicht Teil der operativen Werbeplanung. Dennoch macht es Sinn, die Positionierungsstrategie im Rahmen der Werbeplanung anzusprechen, nicht nur, weil notwendige Inputfaktoren – gemeinhin Marktforschung genannt – organisatorisch oft in der Werbeabteilung aufgehängt sind, sondern vor
allem weil die Positionierungsstrategie wesentlichen Einfluss auf einen zentralen Faktor
der instrumentalen Zielfestlegung nimmt, nämlich: Welche Zielgruppen werden von dem
Unternehmen adressiert?

Die Zielgruppenbestimmung folgt direkt aus der Einteilung der Zielmärkte in einzelne
Segmente und der Position, die das Unternehmen in der Einstellung der Kunden anstrebt.
Die Zielgruppen ergeben sich aus dem Gebot, dass Marktsegmente intern homogen sein
sollen und sich untereinander möglichst trennscharf abgrenzen lassen (äußere Hetero-

Erfolgsperiode	> 5 Jahre	> 1 Jahr	> 1 Monat	< 1 Monat
Ziel	Symbolischer Mehrwert (Image)	Share of mind	Bekanntheit von Produkt und Marke	Bekanntheit einer Aktion
Funktion	Aufmerksamkeit für Symbolkraft der Marke	Aufmerksamkeit für die Bekanntheit der Marke	Aufmerksamkeit für die Bekanntheit des Produkts	Aufmerksamkeit für eine Facette des Produkts
Messgröße	Markenwert (Brand Equity)	Wiederkäuferrate	Erstkäuferrate	erhöhter Absatz in der Periode (Schweinebauch-Werbung)

Tab. 2.3 Zieldimensionen des Kommunikationsinstruments Werbung

genität). Ein Marktsegment von 20–29jährigen Menschen zu definieren, macht demnach wenig Sinn, weil nicht klar ist, worin sich ein 29jähriger von einem 30jährigen unterscheidet. Die abgrenzenden Faktoren bestimmen im Kern die Frage, welche Zielgruppen durch das Instrument Werbung erreicht werden können.

Die Festlegung von Werbezielen basiert auf den aufgrund von Differenzierung gebildeten Marktsegmenten und den daraus abgeleiteten Zielgruppen. Für jede Zielgruppe können einzelne Zielsetzungen herunter gebrochen werden. Werbeziele werden in der betriebswirtschaftlichen Literatur häufig unterschieden nach ökonomischen und kommunikativen Zielen (vgl. Schweiger und Schrattenecker 1992, S. 49). Dies macht allerdings nur begrenzten Sinn, denn häufig genannte kommunikative Ziele wie Image oder Produktkenntnis sind natürlich nur dann unternehmerische Ziele, wenn sie im direkten Zusammenhang mit einer Kaufabsicht stehen.

Sinnvoller ist die Unterscheidung, die Aaker und Myers (1975, S. 231 ff.) vorschlagen. Sie differenzieren Werbeziele über die Zeit. Kurzfristige Werbeziele produzieren Aufmerksamkeit, um direkt eine Steigerung der Abverkäufe herbeizuführen, wie dies etwa bei Verkaufsförderungsaktionen im Handel, der Bewerbung von Testangeboten oder speziellen Rabattaktionen und auch dem persönlichen Verkauf der Fall ist. Längerfristige Werbeziele dienen dagegen eher den Aufgaben der Positionierung und tragen dazu bei, dem Produkt einen symbolischen Mehrwert zu geben, die Bekanntheit des Produkts zu fördern oder die Positionierung zu verankern (vgl. auch Becker 2002, S. 17; Tab. 2.3).

Da tatsächliche Einstellungsänderungen durch Werbung aufgrund vielfältiger Verzerrungseffekte kaum nachweisbar sind, lässt sich der Erreichungsgrad einer angestrebten Einstellungsänderung nicht als Zielgröße operationalisieren. Dies hat zur Folge, dass in der Praxis Werbeziele häufig über direkt steuerbare Größen (Kontaktmenge, Kontaktqualität, Kontaktintensität), instrumental beeinflussbare Größen (Erinnerungsleistung per Recall oder Recognition, direkt zurechenbare Aktionen wie Testkäufe oder Nutzung von Response-Elementen etc.) und instrumental übergeordnete Größen (Veränderung im Marktanteil, Umsatzwachstum etc.) ausformuliert werden. Wichtig ist wie bei allen Zielformulierungen, dass man die Ziele eindeutig und nachvollziehbar (SMART) operationalisiert, z. B. in der Form: Wir möchten den ungestützten Bekanntheitsgrad unserer Produktklasse „functional cheese" in der Zielgruppe „junge Mütter" von derzeit 37 % innerhalb von vier Wochen und mit einem Budget von € 300.000 auf 42 % steigern, um so mittelfristig unseren Marktanteil zu festigen.

Lessons learned

Die Festlegung der Werbeziele bildet den Beginn der Werbeplanung. Die Werbeziele müssen sich aus den strategischen Zielen des Unternehmens und zugleich aus der instrumentalen Funktion ableiten. Die Konsistenz zu den strategischen Zielen wird über das Konzept der Positionierung sichergestellt. Die Positionierung erfolgt im Hinblick auf unterschiedliche Marktsegmente. Die Marktsegmente lassen sich nach verschiedenen Strategieansätzen bearbeiten (Differenzierung oder Kostenführerschaft). Aus der Positionierung, die man in einem Marktsegment anstrebt, leiten sich die Zielgruppen ab. Für die Bearbeitung der Zielgruppen können Werbeziele mit unterschiedlicher zeitlicher Dimension bestimmt werden. Die Zielgrößen werden in der Praxis als direkt steuerbare Größen (z. B. Kontaktmenge oder Kontaktqualität), instrumental beeinflussbare Größen (z. B. Erinnerungsleistung per Recall) oder instrumental übergeordnete Größen (z. B. Umsatzwachstum oder Marktanteil) festgelegt.

2.1.10 Money: Festlegung des Werbebudgets

Bei der SMARTEN Formulierung von Zielen steht der Buchstabe A für *attainable*, also die Erreichbarkeit des Ziels. Die Erreichbarkeit eines Werbeziels korreliert stark mit dem bereitgestellten Budget. Die Betriebswirtschaftslehre bietet für die Entscheidung über die Höhe der Werbeausgaben grundsätzlich zwei Verfahren an (vgl. Bruhn 1997, S. 272 ff.). Die eine Seite stützt sich auf Modelle, die einen Bezug zwischen Höhe des Werbeetats und Erreichungsgrad der Werbeziele unterstellen. Diese Modelle sind aus verschiedenen Gründen nicht aussagekräftig, insbesondere vor dem Hintergrund, dass die qualitativen Aspekte von Werbebotschaft und Werbestreuung nicht entsprechend modelliert werden können. Auch finden situative Einflüsse (z. B. das aktuelle Verhalten des Wettbewerbs, die Jahreszeit, die Nachrichtenlage etc.), die Kenntnisse und Einstellungen der Zielgruppe, die Positionierung usw. keine Berücksichtigung.

Diese Probleme haben zunächst nichts mit den verwendeten Modellen zu tun, sondern sind genereller Natur. Die modellgestützten Verfahren legen allerdings durch Verwendung mathematischer Beschreibungen nahe, als würde das Budget kausal den Erfolg beeinflussen. Dem ist nicht so. Das Budget kann höchstens (aber auch nicht zwingend) negativ-kausal wirken: Indem man nämlich keine Werbung macht bzw. deutlich unter dem Branchendurchschnitt liegt und daher nicht wahrgenommen wird.

Als zweite Alternative zur Werbebudgetierung haben sich in der Betriebspraxis sogenannte heuristische Verfahren entwickelt. Diese orientieren das Werbebudget an verschiedenen Größen, z. B. Umsatz, Gewinn oder Absatzmengen (*percentage-of-sales* Methoden),
am verfügbaren Finanzrahmen (*all-you-can-afford* Methode) oder den branchenüblichen
Werbeaufwänden (*share-of-voice* Methoden). Diese praktischen Verfahren werden zwar
häufig eingesetzt, haben allerdings keinen Bezug zum Zusammenhang von Werbeziel und
Werbeerfolg.

Die heuristische Verfahren unterstellen implizit, dass Werbung nicht kalkulierbare Kosten darstellen gemäß der bekannten Aussage, die mal Henry Ford, mal dem Kaufhausbe-
sitzer John Wanamaker, mal dem Industriellen John Lever zugesprochen wird: *Half the
money I spend on advertising is wasted; the trouble is I don't know which half.*

Die Grundannahme, dass ein Werbeziel einen messbaren Ergebnisbeitrag liefert und
nur deshalb Mittel für die Zielerreichung bereit gestellt werden, kann man durch die Budgetierung anhand von Zielen und Aufgaben aufgreifen (*objectives and task method*). Diese
Methode leitet das Budget direkt aus messbaren Zielen ab, die wiederum auf klaren Fun-
damenten ruhen: der Positionierungsstrategie und darauf abgeleitet der Bestimmung von
Marktsegmenten und Zielgruppen.

Aus diesen Rahmenbedingungen leiten sich quantifizierbare Werte ab, etwa die absolute Größe der Zielgruppe, die ungestützte Bekanntheit des Produkts innerhalb dieser Zielgruppe und damit der Anteil des Produkts im *relevant set* der Käufer oder die gestützte
Bekanntheit als Wert für die Produktkenntnis. Als Ergebnis nach einer solchen Quanti-
fizierung konkretisiert sich die Aufgabe: Aus der Zielsetzung „Wir wollen in vier Wochen
unseren Anteil am *relevant set* in der Zielgruppe A von 37 % auf 42 % erhöhen" wird die
Aufgabe: „Wir müssen den 2,5 Mio. jungen Müttern in unserem Markt im Zeitraum von
vier Wochen sechs Mal unsere Botschaft übermitteln".

Daran schließen sich Folgeüberlegung an: Über welche Kanäle ist die Zielgruppe zu
erreichen? Wie teuer sind die Kontakte in den möglichen Kanälen? Wie kombiniert man
die Kanäle so, dass man die wenigsten Streuverluste bzw. größte Zielgruppendichte hat?
Ergebnis dieser erfahrungsbasierten Überlegungen ist eine relativ klare Aussage der Art:
„Um unser Ziel zu erreichen, müssen wir mit einem Werbedruck von 600 GRP die Zielgruppe ansprechen. Dies gelingt im gesetzten Zeitraum durch eine TV-Kampagne in verschiedenen Kanälen mit einem durchschnittlichen Tausend-Kontakt-Preis von € 15."

Aus dieser Aussage kann man für das Beispiel die *costs per rating* (CPR) berechnen als Produkt von TKP und Zielgruppenpotenzial geteilt durch 100.000 (€ 15*2.500.000/100.000),
was einem CPR von € 375 entspricht. Bei einem GRP von 600 müsste man dementsprechend ein Budget von € 225.000 (€ 375*600) ansetzen[4].

Als Ziel soll eine Steigerung von 5 % in der ungestützten Bekanntheit erreicht werden.
D. h., nach der Kampagne soll das Produkt bei 125.000 jungen Müttern mehr als vorher im
relevant set enthalten sein. Wenn man dabei unterstellt, dass 15 % dieser Mütter (also im
Beispiel 18.750 an der Zahl) das Produkt aufgrund der Kampagne kaufen und das Produkt

---

[4] Die Fachbegriffe aus der Mediaplanung wie CPR und TKP werden in Kap. 2.2.4 erläutert.

einen Umsatz von € 8 und einen Bruttogewinn von € 1 erzielt, kann man die Rechnung so vervollständigen: Kosten: € 225.000 – direkter Mehrumsatz: € 150.000 – direkter Deckungsbeitrag: € 18.750.

Jetzt müssen zusätzlich die Effekte ins Kalkül gezogen werden, die die Durchführung der Kampagne auf die bestehenden Kunden hat sowie der Umstand, wie oft die 18.750 Neukäuferinnen auch noch in Zukunft das Produkt erwerben werden.

In diese Kalkulation fließen Erfahrungs- und Näherungswerte ein. Sie liefern letztlich aber einen in der Tendenz richtigen Budgetansatz, der in einem iterativen Prozess auch mehrmals durchlaufen und immer wieder neu angepasst werden kann (z. B. durch Diskussion, ob man das Ziel auch mit weniger Werbedruck, in einem anderen Zeitraum oder durch andere Maßnahmen wie Verkaufsförderung am POS erreichen kann). Als Ergebnis dieses Budgetierungsprozesses steht ein Kostenvoranschlag, der neben Streukosten auch die Erstellungskosten und somit die gesamten veranschlagten Durchführungskosten umfasst.

Dieses heuristische Verfahren, das mit Marktdaten und Erfahrungswerten abgesichert ist, wird von situativen Faktoren begleitet, die ebenfalls mit berücksichtigt werden müssen. Kotler und Bliemel (1992, S. 877) weisen dafür auf fünf Dimensionen hin:

- Einen entscheidenden Einfluss auf die Budgetierung hat die Lebenszyklusphase, in der sich das beworbene Produkt und auch das Marktsegment befinden. In reifen, gesättigten Märkten wird meist weniger geworben, als in jungen, kompetitiven Märkten mit hohem Marktwachstum.
- Der eigene Marktanteil ist ein weiteres wichtiges Kriterium, das Einfluss auf die konkrete Höhe des Budgets nehmen kann. Marktführer müssen in Relation zum Umsatz meist weniger investieren. Angreifer, die ihren Marktanteil steigern wollen, müssen überdurchschnittlich viel investieren.
- Generell ist auch die Marktsituation zu berücksichtigen. In „lauten" Märkten mit viel Werbung ist tendenziell mehr Geld nötig, als in „stillen" Märkten.
- Sehr wichtig für die absolute Höhe des Budgets ist die Frage der notwendigen Kontakthäufigkeit, die wiederum stark vom Grad des Involvement innerhalb der Zielgruppe und der Marktstellung des Unternehmens abhängt.
- Schließlich muss man abwägen, wie stark die Produktleistung austauschbar ist. Generell gilt hier: Je höher die Substiuierbarkeit, desto höher die Werbeausgaben.

Lessons learned

Die Erreichbarkeit eines Werbeziels korreliert stark mit dem bereitgestellten Budget. Grundsätzlich gibt es zwei Verfahren zur Budgetplanung. Zum einen gibt es Modelle, die einen berechenbaren, kausalen Bezug zwischen Höhe des Werbeetats und Erreichungsgrad der Werbeziele unterstellen. Qualitative Aspekte und situative Einflüssen werden hierbei nicht berücksichtigt. Zum anderen gibt es heuristische (in der Praxis bewährte) Verfahren, die die Werbebudgets an verschiedenen Größen wie Umsatz, verfügbarem Finanzrahmen oder branchenüblicher Werbeaufwand orientieren.

Beide Modelle haben grundlegende Schwächen. Eine Alternative ist die Ziel-Auf-gaben-Planung (*objectives and tasks method*). Sie bewertet schrittweise auf Basis von Erfahrung und Branchenkennzahlen den Ergebnisbeitrag einzelner Maßnahmen zum Werbeziel.

Die Budgetierung wird durch weitere Faktoren beeinflusst wie die Austausch-barkeit des Produkts, die Marktcharakteristika, den Lebenszyklus von Produkt und Markt, den eigenen Marktanteil und das Involvement der Zielgruppe.

2.1.11   Message: Gestaltung der Werbebotschaft

Liegen Ziele, daraus abgeleitet das Budget und in Verbindung damit das Set der eingesetz-ten Werbemittel fest, geht es um die Gestaltung der Werbebotschaft, die an die Zielgruppe adressiert werden soll. Der Kern der Botschaft muss sich aus der Zielhierarchie ableiten lassen und ist daher dauerhaft angelegt. Er basiert im Wesentlichen auf den Entscheidun-gen, welche Position man im Vorstellungsraum der Kunden einnehmen möchte und auf faktischen – d. h. beweisbaren oder erlebbaren – Produkteigenschaften. D. h. die Gestal-tung einzelner Werbemittel ist zunächst gar nicht als „kreative" oder gar „künstlerische" Aufgabe zu verstehen, sondern als Handwerk.

Für diese Perspektive hat sich in der Werbepraxis das von Rosser Reeves eingeführ-te Konzept der Unique Selling Proposition (USP) bewährt (vgl. Aaker und Myers 1975, S. 418 ff.). Hinter diesem im Deutschen oft mit Alleinstellungsmerkmal übersetzten An-satz steht die Idee, dass jedes Produkt etwas Besonderes für den Kunden bereithält, das entweder im Produkt selbst enthalten ist oder das in der Verwendung des Produkts durch den Kunden erlebt wird. Die zentrale Aufgabe für Werber sei es, herauszufinden, was die-ses Besondere ist und zwar unter drei Aspekten:

- Was unterscheidet das Produkt im Auge des Verwenders vom Wettbewerb?
- Welchen spezifischen Nutzen generiert das Produkt dadurch für den Verwender?
- Dient diese Eigenschaft dazu, das Produkt besser zu verkaufen?

Der USP ist somit eine Art operativer Umsetzung der Positionierungsstrategie und sollte dauerhaft Orientierung für die Werbebotschaft geben. Ein Klient fragte Rosser Reeves ein-mal: „In ihrer Agentur arbeiten 700 Leute und sie lassen seit elf Jahren für mich immer die gleiche Werbung laufen. Was machen diese vielen Leute?" Die Antwort von Reeves: „Sie halten eure Werbeabteilung davon ab, die Werbekampagne zu ändern" (Aaker und Myers 1975, S. 421 f.).

Neben dem USP gibt es eine weitere dauerhafte Begrenzung, in deren Rahmen die Werbemittelgestaltung erfolgt, nämlich die Corporate Identity Vorgaben. Damit ist ganz allgemein angesprochen, dass ein Unternehmen gewisse Elemente – z. B. Firmen- und Produktlogo, eine Hausschrift, bestimmte Farben etc. – aus übergeordneten Gründen ein-

Abb. 2.17 Elemente einer
Copy Strategy

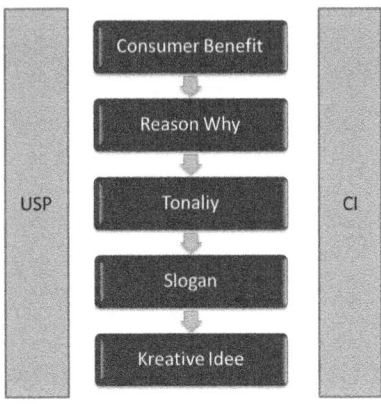

setzt. USP und CI geben quasi die Leitplanken vor, innerhalb der die Werbemittel gestaltet werden können.

Der Gestaltungsprozess des einzelnen Werbemittels im Rahmen einer Werbekampagne orientiert sich meist an den Elementen der sogenannten Copy Strategy. Dieser Begriff aus der Werbebranche bezeichnet die inhaltlichen Elemente der Kreativkonzeption, die als Grundlage für die Ausgestaltung dienen. Eine Copy Strategy umfasst zumeist fünf Elemente: den Consumer Benefit, den Reason Why, die Tonalität, den Slogan und die verbindende kreative Idee (vgl. Abb. 2.17).

Aufgabe des Consumer Benefits ist das Herausstellen des wahrgenommenen Kundennutzens. Kunden kaufen nicht die Bohrmaschine, sondern sie wollen ein Loch in der Wand haben. Der Wunsch nach einem Loch in der Wand begründet sich wahrscheinlich aus dem Wunsch, die Wohnung schöner zu machen und das wiederum spiegelt sich in höherer Lebensqualität wider. Ebenso wird ein Buch meist nicht deshalb gekauft, weil es ein Buch ist, sondern wegen seines Inhalts und von dem verspricht man sich etwa Ablenkung, Anregung der Fantasie, Fakten, Ideen usw. Häufig ist der Consumer Benefit identisch mit dem USP oder direkt aus diesem abgeleitet. Der Benefit gibt die zentrale und damit kaufentscheidende Nutzendimension wider. Aber anders als der USP kann der Consumer Benefit kurzfristig – kampagnenorientiert – changieren und situative Faktoren aufnehmen, wie man dies z. B. aus den Kampagnen des Autovermieters Sixt kennt.

Der Consumer Benefit verweist auf ein möglichst unverwechselbares Nutzenversprechen, der Reason Why untermauert diese Aussage in Bezug auf mögliche Wettbewerbsangebote indem er angibt, warum man genau jetzt das beworbene Produkt kaufen sollte. Der Reason Why erfüllt damit zwei Aufgaben: Er unterstützt die konkrete Markenwahl des Käufers und er aktiviert zum Kauf. Die Markenwahl wird durch Belege unterstützt. Die Aussage: „Trink diesen Orangensaft" wird durch den Hinweis, dass in jeder Flasche Apfelsina der Saft 16 sonnengereifter Orangen verwendet wird, belegt. Qualitätsurteile Dritter (Stiftung Warentest) beweisen vermeintlich sogar den Qualitätsvorsprung der beworbenen Marke. Gleichzeitig animiert der Reason Why zur schnellen Handlung: Jetzt den Testsieger kaufen. Ab sofort jeden Morgen die Extraportion Milch. Kaufen Sie jetzt und erhalten Sie 10 % mehr Inhalt.

Die Tonality der eingesetzten Werbemittel beschreibt den Stil des Werbemittels: Eher jugendlich-forsch, eher sachlich-seriös, eher lustig-sympathisch, eher erschreckend-aktivierend. Die Wahl der Tonality ist relativ stark bestimmt durch die adressierte Zielgruppe und auch durch die geübte Betriebspraxis – also die Art und Weise, wie das Unternehmen sich und seine Produkte bislang präsentiert hat. Tonalitäten unterscheiden sich im Detail auch nach Art des gewählten Werbemittels. Dieselbe Zielgruppe erwartet im Fernsehen eine andere Tonalität als z. B. in sozialen Netzwerken oder bei einem personalisierten Anschreiben. Duzen ist in Netzwerken üblich, im Fernsehen möglicherweise jugendlich und daher akzeptiert, bei Werbeschreiben allerdings selbst für besonders hippe Marken ein *no go*.

Das Herz des Werbemittels ist der Slogan, die zentrale Aussage, die den Kern des Werbemittels in wenige Worte oder Bilder verpackt und so die Erinnerungsleistung stärken soll. Slogans – auch Claims, Taglines, Straplines oder Catch Phrase genannt – sind damit die kreative Umsetzung des USP in eine Werbeaussage, die die wesentliche Nutzendimension leicht verständlich und gut erinnerbar rüberbringt. Klassiker solcher dauerhaften Slogans mit Bezug zum wahrgenommenen Nutzwert sind z. B. „die schmelzen im Mund und nicht in der Hand", „quadratisch, praktisch, gut", „wir machen den Weg frei" oder „wir lieben Lebensmittel". Die Dauerhaftigkeit von Slogans, um die wahrgenommene und kaufrelevante Position des Unternehmens im Markt zu transportieren und zu memorieren, sieht man bei Slogans wie „auf diese Steine können sie bauen", der von der Bausparkasse Schwäbisch Hall bereits seit 1962 genutzt wird.

Die kreative Idee verbindet in der Werbemittelgestaltung Consumer Benefit, Reason Why, Tonalität und Slogan zu einem Gesamtkonzept, das auf den verwendeten Werbeträger abgestimmt ist. In der Praxis haben sich verschiedene gängige Verfahren – Gestaltungstypen – entwickelt, die natürlich nicht die gesamte Breite widerspiegeln, aber dennoch in vielfachen Varianten immer wieder eingesetzt werden.

Die *slice of life* Technik zeigt zufriedene Produktverwender in einer alltäglichen Situation. Man trinkt mit Freundinnen Kaffee (natürlich Jacobs Krönung), bekommt selbst schlimmste Flecken wieder ausgewaschen (wenn man Persil nutzt), kauft seinen Kindern nicht etwas Süßes, sondern die Extraportion Milch. Wenngleich diese Technik nicht zum Gewinn von Kreativpreisen geeignet ist, bemerkt Paczesny treffend (1988, S. 478): „Slice of Life ist das Format mit dem handfesten kommunikativen Paradox: Jedem ist es zuwider, Textern wie Zuschauern, aber erfahrungsgemäß sind die Erfolge nach wie vor beachtlich".

Bei der Testimonial Werbung wird das Produkt von jemand mit vermeintlich hoher Glaubwürdigkeit empfohlen. Das kann ein Prominenter sein, der Nespresso-Kapseln als ultimativen Kaffeegenuss empfiehlt oder eine aus Film und Fernsehen bekannte Schönheit, die auf die Ergebnisse einer Körperlotion aus Frankreich schwört. Aber auch die Katze, die nur Whiskas kaufen würde, der Individualist, der erklärt „Ich trinke Jägermeister, weil…" oder der weißbekittelte Apotheker, der einem das Schlankheitsmittel Almased ans Herz legt, verleihen dem beworbenen Produkt ein – freilich völlig willkürliches – Testat.

Die Lifestyle Technik fokussiert auf die Zugehörigkeit zu einem bestimmten, angestrebten Lebensstil. Wer in ist, trinkt Aperol Spritz, wer zum Jetset gehört, zahlt mit American Express, wer in der bergigen Wildnis das Abenteuer sucht, kleidet sich in Jack Wolfskin

Funktionskleidung, wer Individualist ist, fährt Mini, wer zur digitalen Elite gehört, hat für jedes Problem eine App auf seinem iPhone parat. In der Lifestyle Technik konzentriert sich die Nutzendimension auf den Symbolwert, der den Verwender des Produkts als zugehörig zu gewissen Einstellungen und Überzeugungen ausweist.

Die Markeninszenierung versucht ein Produkt kommunikativ zu emotionalisieren. Das Produkt ist der Star und wird in Szene gesetzt. Diese Technik kommt ohne echte Nutzenversprechen aus wie z. B. bei Werbung für Parfums, Zigaretten, Bier und häufig auch Autos oder Mode – also immer dann, wenn die Einstellung zum Produkt stärker von Gefühlen, als von Wissen geleitet wird.

Die Troubleshooter Technik versucht einen kausalen Zusammenhang zwischen einem bekannten und störenden Problem und einer einfacher Lösung durch das Produkt zu transportieren. Dies ist klassisch bei Reinigungsmitteln aller Art, die Kalk, Urinstein, Fett, Flecken, Gerüche etc. beseitigen. Aber auch Zahnpflegekaugummis, einfache Mobilfunktarife oder rezeptfreie Medikamente werden oft nach dem Muster Problem-Lösung beworben.

Es gibt noch weitere Gestaltungstypen und andere Namen, die dafür im Umlauf sind. Allen ist aber gemeinsam, dass sie die Elemente der Copy Strategy unter eine Leitidee setzen, nach der das Werbemittel tatsächlich produziert wird. Die verschiedenen Gestaltungsansätze werden häufig kombiniert und manchmal auch kreativ durchbrochen. Dennoch fehlt ein klarer Nachweis, dass die Gestaltung einer Werbung erheblichen Einfluss auf die Werbung hat. Sie ist eher das Handwerkszeug, d. h. man kann sie schlecht ausführen und dadurch seine Erfolgschancen reduzieren. Eine kreative Werbung dagegen, die die Werbeziele und die Elemente der Copy Strategy ignoriert, kann zwar der Agentur helfen, sich zu positionieren. Sie dient aber bestimmt nicht dem werbetreibenden Unternehmen.

Wenngleich es gesellschaftlicher Konsens ist, dass Werbekommunikation die Realität schönt, ist es wichtig, sich darüber im Klaren zu sein, dass es rechtliche Schranken gibt, die festlegen, was Werbung nicht darf und was bei Nichtbeachtung schnell zu einer Unterlassungserklärung führen kann. Die Grundregeln sind im Gesetz gegen den unlauteren Wettbewerb (UWG) aufgeführt. U. a. untersagt § 4 sogenannte Angstwerbung, Schleichwerbung und die Herabsetzung des Wettbewerbs, § 5 generelle Irreführung in der Werbung und § 6 setzt enge Regeln für die vergleichende Werbung. Speziell für Lebensmittel oder ganze Branchen greifen darüber hinaus weitere enge Leitplanken.

Lessons learned

Die Werbebotschaft leitet sich aus den strategischen Zielen des Unternehmens ab, was in der Regel die Positionierung des Produkts oder des Unternehmens betrifft. Die Umsetzung der Positionierungsstrategie auf Ebene eines konkreten Kundennutzens führt zu einer Alleinstellung (USP) gegenüber Wettbewerbsangeboten. Neben der Positionierung wird eine weitere Leitplanke durch Vorgaben der Corporate Identity gebildet insbesondere was die Verwendung von Logos, Farben, Schriftarten und die generelle Anmutung angeht. Zwischen diesen beiden Begrenzungen wird die Werbebotschaft aus fünf Elementen entwickelt: Den zentralen Kundennutzen (Consumer Benefit), der Begründung für die konkrete Markenwahl (Reason Why), der Stimmung (Tonality), einer gut erinnerbaren, kurzen Kernaussage (Slogan) und der kreativen Verbindung dieser Elemente zu einem Werbemittel.

2.1.12 Media: Wie kommt die Botschaft zur Zielgruppe?

Weiß man, was (Werbeziel) man mit welchen Mitteln inhaltlich (Werbebotschaft) und finanziell (Werbebudget) erreichen will, stellt sich die Frage, wie man die Zielgruppe erreicht. Dazu kann man auf oberster Ebene eine Unterscheidung treffen, die weitere Aspekte vorsortiert, nämlich die Frage, ob man seine Botschaft aktiv verbreitet (*push*) oder ob man sie der Nachfrage entsprechend verfügbar (*pull*) macht.

Die klassische Form von Werbung, die man auch unter den Namen Reklame (vom französischen *réclamer*: ausrufen, anpreisen) oder Annonce (französisch für Ankündigung) kennt, zielt auf neue Kunden, denen man Werbebotschaften aktiv mitteilen möchte. Da man in der Regel zu neuen Kunden noch keinen direkten, persönlichen Kontakt hat, braucht man einen Träger, der die Botschaft zum Kunden bringt. In der Geschichte der Werbung waren dies seit Mitte des 19. Jahrhunderts zunächst die sich entwickelnden Presseangebote und fast zeitgleich die Möglichkeiten, über Plakate an öffentlichen Plätzen Produkte zu bewerben – die erste Plakatsäule stellte Ernst Litfaß bereits 1854 auf, Leuchtreklame folgte ab 1896.

Im Zuge der Entwicklung weiterer Massenmedien – Kino, Radio, Fernsehen, Internet – haben sich die Möglichkeiten für Unternehmen, ihre Botschaften im öffentlichen Raum zu präsentieren, enorm ausgeweitet. Daraus leitete sich immer stärker die Kernfrage ab, in welchen öffentlichen Räumen das Unternehmen seine Botschaften unter Kosten-Nutzen-Gesichtspunkten präsentieren soll. Diese Fragen werden in der Intermediaselektion behandelt, also der Auswahl der geeigneten Mediengattung, die den Kontakt zu neuen Kunden ermöglicht.

Verwendet man zur Budgetierung die Ziel-Aufgaben-Methode, werden bereits hier grundlegende Entscheidungen zur Intermediaselektion getroffen. Es geht um die generelle Festlegung, welche Medienformen geeignet sind, um die Werbebotschaft zur Zielgruppe zu transportieren. Dazu ist es erforderlich, zu wissen, welche Medienangebote die Zielgruppe nutzt (Zielgruppenaffinität) und welche medialen Erfordernisse die Botschaft braucht, also z. B. Bewegtbild oder direkte Rückkanalmöglichkeiten. Auch die übergeordnete Kostenstruktur entscheidet frühzeitig, ob z. B. Fernsehwerbung überhaupt in den Rahmen der Möglichkeiten einbezogen wird. Weitere Kriterien der Intermediaselektion können die Möglichkeiten zur Belegungsselektion (z. B. Außenwerbung oder Zeitung im lokalen Kontext, Fernsehen nur überregional) oder die tatsächliche Verfügbarkeit des Mediums sein. Plakatwände etwa sind vor Wahlen nur eingeschränkt verfügbar (vgl. Kotler und Bliemel 1992, S. 888 ff.).

	Brand Building	Product Retention	Product Launch	Sales Promotion
Mail	1	1	2	2
Dailies	1	1	2	2
Magazines	3	2	3	1
Trade Journals	2	2	3	1
Radio	1	1	2	2
TV	3	3	2	2
Cinema	2	1	1	1
POS	2	3	3	3
Web Search	1	1	2	3

Long term ⟵⟶ Short term

1 = least fit, 2 = regluar fit, 3 = best fit

Tab. 2.4 Eignung von Werbeträgern für verschiedene Werbeziele in der Zeit

Ein praktisches Werkzeug zur Mediengattungswahl ist die Einteilung der Medienformen hinsichtlich der zeitlichen Dimension der Werbeziele. Je kurzfristiger ein Ziel ist, z. B. die konkrete Umsatzsteigerung zum Quartalsende, desto schnellere Medien werden benötigt. Je langfristiger das Ziel, desto mehr kommt es auf die ästhetische Inszenierung und Betonung der sympraktischen Dimension des Zeichenhaften an (vgl. Kloepfer und Landbeck 1991, S. 89 ff.). Man kann diesen Zusammenhang als Eignung der Mediengattung für das Werbeziel abtragen und so eine für das Tagesgeschäft praktische Wichtungstabelle erstellen (vgl. Tab. 2.4; Becker 2002, S. 21).

Hat man eine Entscheidung über die möglichen Mediengattungen für die Werbekampagne getroffen, muss man sich im Rahmen der Intramediaselektion für die Werbeträger entscheiden, die tatsächlich belegt werden sollen. Hier ist das Kernthema die Frage der Reichweite und der damit verbundenen Kosten. Reichweiten lassen sich in verschiedenen Dimensionen für die Planung operationalisieren. Die erste Frage ist, wie viele Personen durch einen Werbeträger erreicht werden können. Man spricht von der Bruttoreichweite des Werbeträgers als Menge der Kontakte, die mit einer Schaltung in dem Werbeträger erreicht werden. Die Kosten dafür gibt der Tausend-Kontakt-Preis an (TKP bzw. im englischen Sprachgebrauch: CPM für *cost per mille*) als Quotient von Belegungskosten und Bruttoreichweite (vgl. Abb. 2.18).

Da bei Werbemaßnahmen häufig mehrere Kontakte hintereinander angestrebt werden, um die Erinnerungsleistung zu erhöhen (bzw. um überhaupt annehmen zu dürfen, dass das Werbemittel beachtet wird), schaltet man oft mehrere Werbemittel in verschiedenen Ausgaben des gleichen Werbeträgers. Dies führt dazu, dass sich die Kontakte linear aufsummieren, die erreichten Personen aber nicht. Da sich Werbebotschaften an Zielgrup-

Abb. 2.18 Berechnung des Tausendkontaktpreises (TKP bzw. CPM)

$$TKP = \frac{Preis\ der\ Schaltung}{Bruttoreichweite}\ x\ 1.000$$

$Bruttoreichweite = Menge\ aller\ Werbekontakte$

Abb. 2.19 Berechnung des Tausendnutzerpreises (TNP)

$$TNP = \frac{Preis\ der\ Schaltung}{Nettoreichweite}\ x\ 1.000$$

$Nettoreichweite = Menge\ der\ erreichten\ Personen$

Abb. 2.20 Berechnung der Kontaktintensität (OTS)

$$OTS = \frac{Bruttoreichweite}{Nettoreichweite}$$

$OTS\ (opportunity\ to\ see)\ gibt\ die\ Kontaktintensität\ an$

Abb. 2.21 Berechnung des Werbedrucks (GRP)

$GRP = Nettoreichweite\ in\ \%\ der\ Zielgruppe\ x\ OTS$

$GRP\ (gross\ rating\ points)\ gibt\ den\ Werbedruck\ an$

pen (eine Menge von Personen) richten, muss also auch herausgefunden werden, wie viele Personen tatsächlich mit der Botschaft kontaktiert werden. Man spricht von Nettoreichweite und gibt als Preis den Tausend-Nutzer-Preis (TNP) verstanden als Quotient von Belegungskosten und Nettoreichweite an. (vgl. Abb. 2.19).

Die Kontaktmenge und die Zahl der erreichten Personen bilden einen Zusammenhang, den man als Kontaktintensität, Durchschnittskontakt bzw. *opportunity to see* (OTS) kennt. Zur Ermittlung wird die Bruttoreichweite (Menge der Kontakte) durch die Nettoreichweite (Menge der Personen) geteilt (vgl. Abb. 2.20). Häufig liest man die Empfehlung, dass ein Werbemittel erst nach mindestens vier Kontakten bemerkt wird und daher eine Mindestintensität notwendig ist. Dies ist allerdings über die verschiedenen Werbemittel nicht belegt.

Der Zusammenhang von Bruttoreichweite und Kontaktintensität wird in *gross rating points* (GRP) gemessen und bietet die gängige Kenngröße für den Werbedruck (vgl. Abb. 2.21). Die GRPs basieren auf der Nettoreichweite und der Menge der Kontakthäufigkeiten. Werden durch eine Anzeige 40 % der Zielgruppe erreicht, spricht man von 40 GRPs. Wird durch einen Mediaplan mit verschiedenen Zeitschriften und mehrmaliger Belegung 60 % der Zielgruppe im Durchschnitt drei Mal erreicht, erzielt die Kampagne 180 Punkte. Auf Basis der Kontaktpreise der eingesetzten Werbeträger kann man so die Kosten pro Rating (CPR) ermitteln und erhält damit einen Bewertungsmaßstab für die Kosten verschiedener Mediapläne.

Basis für die Zielgruppenabdeckung sind üblicherweise die Daten, die durch Mediaanalysen bereitgestellt werden. Die bekanntesten sind die Deutsche Media Analyse (agma) speziell für Pressemedien, Radio und Plakat, die AGOF speziell für Internet und Mobile, die Allensbacher Markt- und Werbeträgeranalyse (AWA) und die Typologie der Wünsche

(TdW), die medienübergreifend abfragen. Weitere wichtige Datenquellen sind die im GfK-Meter ermittelten Einschaltquoten für Fernsehsendungen und die Informationsgemeinschaft zur Feststellung der Verbreitung von Werbeträgern (IVW), die es mittlerweile nicht nur für Printobjekte, sondern auch für Internetseiten, Events, Kino und Außenwerbung gibt.

Neben der „harten Währung" von Reichweite und Kosten gibt es einen dritten entscheidenden Faktor für die Entscheidung über den geeigneten Werbeträger, nämlich seine Kontaktqualität. Diese lässt sich nicht so einfach quantifizieren, kann aber z. B. als Gewichtungsfaktor mit eingebunden werden. Die Kontaktqualität beschreibt einerseits die Bindung der Nutzer an den Werbeträger und damit die Intensität seiner Nutzung. Andererseits bewertet sie, inwieweit der Werbeträger zur Werbebotschaft passt. Eine Anzeige für Hundefutter ist wahrscheinlich in einer Tierzeitschrift besser aufgehoben als in einem Reisemagazin.

Die Kontaktqualität von klassischen Werbeträgern – Print, Außenwerbung, Rundfunk – lässt sich nicht analog ins Internet übertragen, da Webangebote anders genutzt werden. Während bei Rundfunkangeboten oder Printangeboten häufig der Werbeträger aktiv ausgewählt oder gar gekauft und dann linear – in der vorgesehenen Abfolge – konsumiert wird, sind die Angebote von Internetseiten und Online-Vermarkungskooperationen sehr unterschiedlich. Unter einheitlichen Domains werden sehr verschiedene Angebote – Quizzes und Spiele, Bilderstrecken und Lexika, Foren und *user generated content* – zusammengefasst. Während die gedruckte BILD-Zeitung üblicherweise einmal komplett durchgeblättert wird, ist bild.de ein bunt gemischtes Portal, über das viele Leser durch Suchmaschinen geleitet quer einsteigen. Einmal da, sind die Nutzer redaktioneller Seiten auch schnell wieder weg. Spiegel Online lag im Juli 2012 bei durchschnittlich 5,36 abgerufenen Seiten pro Besuch.

Da die Kontaktqualität bei Webseiten nur schwer bewertet werden kann, hat sich neben der Reichweite, deren Bruttowert im Internet über *page views* (PV, im Deutschen oft auch *page impressions* genannt; PI) und deren Nettowert über *unique visitors* (alternativ *unique users*) ausgegeben werden, eine Alternative entwickelt, die neben der Präsentation eine Handlung des Nutzers auf Basis einer *click through rate* (CTR) vergüten. Die CTR spiegelt damit in gewisser Weise die Werbeträgerqualität im Internet.

Speziell im Umfeld von Produkten, deren Abnehmer Firmen sind, wird Werbung oft personalisiert zugestellt. Neben den Erstellungs- und Versandkosten fallen hier insbesondere die Adresskosten an, deren Nutzung normalerweise ebenfalls auf Basis des TKP abgerechnet wird. Dasselbe gilt für Hauswurfsendungen.

Verkaufsförderungsmaßnahmen am *point of sale* (POS) arbeiten dagegen üblicherweise nicht mit TKPs, sondern sind speziell im indirekten Vertrieb entweder eine spezielle Form der Preisgestaltung oder auch ein versteckter Rabatt an den Intermediär. Verkaufsförderungsaktionen in den eigenen Kundenbestand hinein werden als Thema im Kapitel Direktansprache behandelt.

Neben der aktiven Verbreitung der Werbebotschaft über Werbeträger – egal ob Zeitschrift, Rundfunk, Internet, Plakat oder Direktwerbung – besteht auch die Möglichkeit, Aufmerksamkeit im Markt dadurch zu erzeugen, dass man in Situationen, in denen Marktteilnehmer ihren Bedarf zu stillen versuchen, situationsabhängig Informationen bereit hält. Dieses Pull-Prinzip kennt man im Alltag: Etwas in der Wohnung geht kaputt – man schlägt die Gelben Seiten auf oder startet Google und versucht, den passenden Dienstleister im lokalen Umfeld zu finden. Oder man plant einen Kurzurlaub an den Bodensee und möchte in diesem Zusammenhang etwas über die Hotels vor Ort erfahren und fragt ein Gastgeberverzeichnis an. Oder man benötigt eine spezielle industrielle Dienstleistung und führt dazu eine erste Grobrecherche über Suchmaschine und Branchenverzeichnisse durch.

Für viele Branchen speziell im Dienstleistungsbereich, dem Handwerk und der Zulieferindustrie ist Pull-Werbung der übliche Kommunikationsweg. Kunden und Interessenten suchen gezielt nach Angebotsinformationen und die Unternehmen stellen diese in Form von Prospekten, Webseite, Eintrag in Branchenverzeichnisse, Inbound Call Center, Kataloge, Messestände etc. zur Verfügung.

Man kann bei Pull-Werbung im Wesentlichen zwei große Bereiche unterscheiden. Zum einen der gezielte Abruf von Informationen durch den Kunden z. B. das Anfordern eines Katalogs, den Besuch des Messestands, der Anruf in der Zentrale oder der Aufruf der Webseite. Hier gilt es für das Unternehmen, die verschiedenen Anfragekanäle zu bedienen (*multi channel*), die bereitgestellten Informationen auf aktuellem produktionstechnischen Niveau zur Verfügung zu stellen (*state of the art*) und die relevanten – also verkaufsaktiven – Botschaften leicht zugänglich zu machen (*ease of use*).

Idealerweise realisiert man das durch einen Kommunikationsbaukasten, der die Mission des Unternehmens (in welchem Markt ist das Unternehmen tätig, welche Probleme löst das Unternehmen), die Kernleistungen des Produktportfolios (USPs) und die wichtigsten Botschaften zentral vorhält. So ist sichergestellt, dass die Mitarbeiter an der Telefonzentrale, die Werbeagentur, die den Prospekt umsetzt und die Webseiten-Gestalter sich an gleiche Aussagen und Strukturen halten. Besonders wichtig bei Pull-Werbung ist die Vorwegnahme möglicher Handlungsoptionen: Was soll ein Interessent tun, der von sich aus auf die Webseite des Unternehmens gefunden hat oder einen Prospekt des Unternehmens durchblättert (vgl. Abb. 2.22)?

Der zweite Bereich der Pull-Werbung basiert auf der Teilhabe im öffentlichen Raum. Dazu gehören ganz unterschiedliche Dimensionen: Von der schlichten Kennzeichnung des Betriebs (Praxisschild, Logo, Folienbeschriftung der Firmenwagen etc.) über den Eintrag in Verzeichnisse (Gelbe Seiten, Wer liefert was?, GoogleMaps etc.) und die Werbung im Umfeld von Suchmaschinen bis zur Suchwortoptimierung der eigenen Webseite und der Integration seines Angebots in bestehende Marktplätze.

Suchmaschinenmarketing (*search engine marketing*, SEM, vgl. Abb. 2.23) ist derzeit das wohl wichtigste Kommunikationsmittel, das Unternehmen im Medium Internet nutzen. Dies ist dem Umstand geschuldet, dass das Internet anders als Print oder Rundfunk nicht

Abb. 2.22 Anforderungen an
Pull-Werbung

multi channel
- alle notwendigen Kanäle bedienen (aus Sicht der Interessenten)

state of the art
- qualitatives Mindestniveau einhalten

ease of use
- leichte Zugänglichkeit aller Informationen gewährleisten

basic messages
- Verwendung konsistenter Kernbotschaften sicherstellen

call to action
- Vorwegnahme möglicher Handlungsoptionen

linear aufgebaut ist, sondern eher kollateral und der Zugang zu einzelnen Inhalten nicht in einer vom Sender angelegten hierarchischen Struktur erfolgt, sondern über direkten Zugriff per *deep link* erfolgt. *Deep links* sind über drei Verfahren zugänglich:

- durch die Suche nach speziellen Inhalten und der Ergebnispräsentation als Liste indexierter *deep links* (*search engine result pages*, SERP)
- durch die direkte Verlinkung von anderen Webseiten
- durch die Empfehlung von *deep links* in sozialen Netzwerken

Für ein Unternehmen ist es optimal, in der generischen Suche bei relevanten Suchanfragen von Suchmaschinen möglichst auf Platz 1 gelistet zu sein. Um das zu schaffen, muss man sich zunächst darüber klar werden, welche Suchanfragen für die Produktleistung des Unternehmens eine Rolle spielen. Dazu sollte mit Werkzeugen wie Google Trends, Google Insights oder dem Traffic Estimator bei Google Adwords herausgearbeitet werden, welche Suchbegriffe tatsächlich wie intensiv verwendet werden und wie die besten Kombinationen von Suchbegriffen und Suchphrasen sind.

Auf Basis eines Katalogs zentraler Begriffe und Phrasen kann die eigentliche Optimierung für die Suchmaschine (*search engine optimization*, SEO) durchgeführt werden, die man in *on-page* und *off-page* unterscheidet. Bei *on-page* Maßnahmen geht es vor allem um den inhaltlichen Aufbau von Texten und Bildern und die technische Bereitstellung der Seite, die sich an Standards, wie vom W3C vorgegeben, halten und eine ausreichende Ladegeschwindigkeit (*page speed*) aufweisen. Wichtig ist, dass die Seiten für Suchmaschinen sichtbar und verwertbar sind und dass die Inhalte der Seite zur Suchstrategie der Kunden passen. Dazu gehört u. a. auch die Entscheidung über die Mehrsprachigkeit und die Anpassung an Suchmaschinen, die in lokalen Märkten eine wichtige Rolle haben wie Baidu (China), Naver (Südkorea), Yandex (Russland) oder Seznam (Tschechische Republik).

Off-page Faktoren stellen sicher, dass die Domain und einzelne Seiten der Domain im Internet verlinkt sind. Die allererste *off-page* Maßnahme ist dabei üblicherweise die Anmeldung der Domain bei den wichtigsten Suchmaschinen. Weiterhin geht es darum, dass

Abb. 2.23 Aufbau des Suchmaschinen-Marketing

andere Seiten – möglichst solche von hoher Reputation, was bei Google mit dem Page-Rank gemessen wird – auf das eigene Angebot linken und den Link für Suchmaschinen auch freigeben (*do follow*). Einen schnellen Eindruck über die SEO-relevanten Faktoren einer Webseite kann man sich vielfach direkt im Internet anhand einer Echtzeitanalyse über Backlinks, W3C-Konformität, PageRank, *keyword density* etc. verschaffen.

Manchmal hat man aber keine Möglichkeit, sich per SEO wirksam in Stellung zu bringen. Ein möglicher Grund neben sehr starkem Wettbewerb ist die Tatsache, dass man kaum Inhalte hat, die sich transportieren lassen. Dennoch will man die Sichtbarkeit auf den Ergebnisseiten der Suchmaschinen erhöhen. Dafür kann man für entsprechende Suchanfragen eine Darstellung in dem als Werbung ausgewiesenen Bereich der SERPs sichern. Dieses *keyword advertising* oder *search engine advertising* (SEA) orientiert sich am Wert, den ein Unternehmen für einen Klick auf seinen Link bereit ist zu zahlen, orientiert sich also am *cost per click* (CPC). Je höher dieser ist, desto größer ist der Anteil der Einblendung bei relevanten Suchanfragen. Begrenzen kann man den CPC zusätzlich durch ein Tagesbudget, so dass die Suchmaschine auf Basis dieser beiden Werte die Platzierung der Anzeigen in den SERPs steuern kann.

Keyword-Links haben einen zusätzlichen Vorteil für die werbetreibenden Unternehmen: Man kann nicht nur das Verhältnis aus Anzeigehäufigkeit (Bruttoreichweite) und Aktivierung (*click through rate*) bestimmen, sondern auch das Verhältnis von Klicks auf die Anzeige und tatsächlicher Ausführung einer beabsichtigen Aktion wie z. B. Anforderung von Informationsmaterial oder eines Angebots, Kauf eines Produkts oder Hinterlegen der Adressdaten. Dieses Verhältnis liefert als *conversion rate* nicht nur wichtige Impulse für die ergonomische *on-page* Optimierung (*usability*), sondern auch Rohdaten für

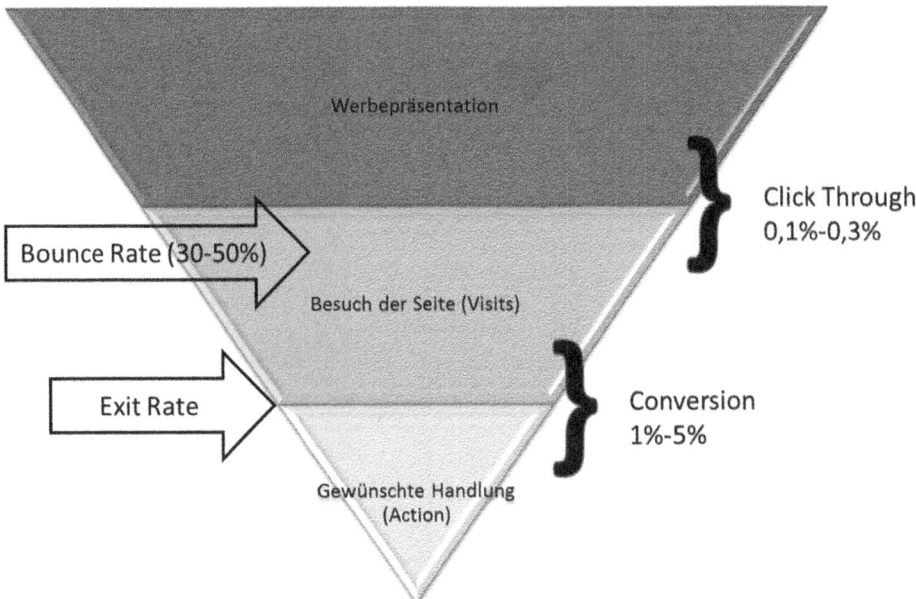

Abb. 2.24 Der Conversion Funnel im Suchmaschinen-Marketing

die Erfolgsmessung (vgl. Abb. 2.24). Interessante Ansatzpunkte ergeben sich etwa aus der *bounce rate* (Verlassen der Seite ohne Aktivität, d. h.: die Seite entsprach nicht der Kunden-erwartung) und der *exit rate* (Verlassen der Seite vor Abschluss der gewünschten Aktion, z. B. eines Kaufs, d. h.: der Kunde ist vom Prozedere der Transaktionsabwicklung verwirrt oder enttäuscht).

Auf Basis von CTR und *conversion* kann man schnell und relativ genau bestimmen, was eine angestrebte Aktion kostet: Bei einem TKP von € 12, einer CTR von 0,3 % und einer *conversion* von 1 % würde pro angestrebter Aktion Kosten von € 400 entstehen. Fällt wie bei der Suchmaschinenwerbung der TKP weg und man muss nur den CTR bezahlen, steht ein Wert von bis zu € 4 zur Verfügung. Liegt man darunter, senkt man direkt die Kosten für jede einzelne angestrebte Kundenreaktion. Steigert man dagegen die CTR durch Optimie-rung der Werbeträgerauswahl und Werbemittelgestaltung auf z. B. 0,8 %, schlägt ein Klick nur noch mit € 1,50 zu Buche und die angestrebte Aktion kostet bei gleicher *conversion* nur noch € 150.

Ein dritter Weg für Pull-Werbung im Internet ist neben eigenen gut auffindbaren In-halten und der Werbung in Suchmaschinen-Ergebnisseiten die Anbindung an bestehende Infrastrukturen. Damit sind Marktplätze oder der öffentliche Raum gemeint, in denen sich Interessenten möglicherweise informieren. Networking-Dienste wie LinkedIn, Google+, Facebook oder Xing, Plattformen wie Ebay und Amazon sowie Marktplätze für bestimmte Marktsegmente wie my-hammer.de, 99designs.com, hrs.de, mobile.de etc. bieten Möglich-keiten, das eigene Unternehmen zu platzieren und bekannt zu machen. Weiterhin wird häufig von sogenannten Affiliate-Netzwerken Gebrauch gemacht, die eigene Angebote breit und ungezielt streuen und den Erfolg dieser Streuung über Abrechnungsmodelle wie *pay per click* (PPC) bewerten.

Lessons learned

Die Werbebotschaft eines Unternehmens kann aktiv verbreitet (*push*) oder der Nachfrage entsprechend verfügbar gemacht (*pull*) werden.

Push-Werbung erfolgt über Werbeträger. Im Rahmen der Intermediaselektion wird entschieden, welche Werbeträgergattung zum Einsatz kommt. Die Intramediaselektion legt fest, welche einzelnen Titel belegt werden. Zu den Kenngrößen der Titelauswahl zählen die Reichweite, der Tausendkontaktpreis (TKP) und die Frequenz (OTS), mit der die Zielgruppe erreicht wird. Die erforderlichen Planungsdaten werden von Mediaanalysen oder in Form von Mediadaten der Werbeträger bereitgestellt.

Pull-Werbung hat die Aufgabe, Informationen bereitzuhalten, wenn Marktteilnehmer diese anfragen. Dafür muss das Unternehmen alle für die Zielgruppe relevanten Kanäle, einfach, auf akzeptablem Qualitätsniveau und mit konsistenten Kernbotschaften vorhalten und klare Handlungsempfehlungen nahelegen (Kommunikationsbaukasten).

Speziell für Informationsanfragen im World Wide Web haben sich Handlungsfelder entwickelt, die man mit dem Begriff Suchmaschinenmarketing (SEM) zusammenfasst. Zum Suchmaschinenmarketing gehören die Optimierung der eigenen Webseite (SEO) und die Schaltung von Anzeigen (SEA) auf Suchmaschinenergebnisseiten (SERP).

Für die Bewertung der Werbeträger im Internet nutzt man die Angaben über *page views* (Bruttoreichweite) und *visitors* (Nettoreichweite) sowie die Aktivierung (*click through rate*). Man kann den Verlauf der Nutzeraktivitäten in einem Konversionstrichter abbilden, der Aufschluss darüber gibt, an welchen Stellschrauben man Effektivität und Effizienz von Online-Werbung steigern kann.

2.1.13 Measurement: Wann ist Werbung erfolgreich?

Die Messung des Werbeerfolgs und damit im Kern die Beurteilung, ob eine Maßnahme wirksam (effektiv) und wirtschaftlich (effizient) war, bezieht sich auf den Erreichungsgrad der zuvor festgelegten Zielgrößen. Als Messpunkte kann man in Analogie zu den Wirkungseffekten am Werbemittel (dem Stimulus), am beobachtbaren Käuferverhalten (dem Response) und den möglichen Änderungen in den Einstellungen (dem Organismus bzw. den intervenierenden Variablen) ansetzen (vgl. Abb. 2.25).

Messungen am Werbemittel führt man als Pre-Test normalerweise vor der Kampagne durch und testet dabei unterschiedliche kreative Umsetzungen des Werbeziels mit der Maßgabe, die Kampagne zu bestimmen, die den größten Zielerreichungsgrad verspricht.

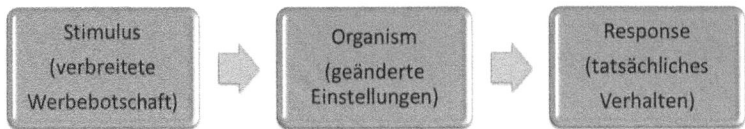

Abb. 2.25 Ansatzpunkte für Werbewirkungsmessung

Die Gefahr bei dieser Art von Copy Testing ist allerdings, dass gute Werbeideen bei dieser Vorfilterung oft durchschnittlichen Konzepten unterliegen: „Texter texten tolle Texte, Tester testen tolle Texte tot" (Paczesny (1988, S. 478).

Das tatsächliche Kaufverhalten lässt sich absolut (durch Verwendung, also eine höhere Absatzmenge) oder relativ (als Änderung im Marktanteil) messen. Änderungen im Marktanteil sind allerdings nur bei vergleichbar hoher Transparenz möglich, etwa bei Unternehmen, die primär über Handelsorganisationen verkaufen. Beobachtet man das tatsächliche Käuferverhalten, entsteht allerdings zumeist ein Zurechnungsproblem zur einzelnen Werbekampagne, die oft von weiteren Maßnahmen – Sonderplatzierung am POS, Rabatten, Pressekampagne etc. – begleitet wird. Man spricht von Spill-Over-Effekten.

Änderungen, die sich auf Bewusstseinsprozesse in der Zielgruppe beziehen, sind am schwersten zu messen. In der Praxis werden dazu Konstrukte gebildet wie Markenbekanntheit oder Image, Kaufabsichten, Einstellungen oder Werbekenntnis. Ellinghausen diskutiert die Verfahren und kommt zu dem Schluss, dass „lediglich bei der Werbeerinnerung von einer starken Reagibilität auf Werbeausgaben ausgegangen werden (kann), und dies auch nur bei der Operationalisierung in Form gestützter Werbeerinnerung" (Ellinghaus 2000, S. 69).

Auch in der Praxis kommt der Werbekenntnis die größte Bedeutung bei Maßzahlen zur Beurteilung von Werbeerfolg zu, schlicht und einfach aus dem Grund, dass sich die Werbekenntnis relativ einfach und standardisiert erheben lässt. Eingesetzt werden im Grunde zwei verschiedene Verfahren, der *recognition test* (gestützte Wiedererkennung) und der *recall* (ungestützte Erinnerung).

Der Ablauf eines Wiedererkennungstests ist einfach beschrieben. Ein Interviewer legt Probanden, z. B. den Lesern einer Zeitschrift, eine aktuelle Ausgabe vor und geht mit diesen die Zeitschrift seitenweise durch, um zu ermitteln, welche Anzeigen den Lesern besonders aufgefallen sind. Dabei kommen die von Starch (1966) eingeführten Wirkungskategorien zum Einsatz (weshalb *recognition tests* in der Praxis oft auch Starch-Test genannt werden):

- *noted* = Anzeige bemerkt
- *seen* bzw. *associated* = Anzeige betrachtet und zumindest den Namen des Objekts erinnert
- *read most* = Anzeige gelesen, der Proband bestätigt, mehr als die Hälfte der Anzeige gelesen zu haben

Eine Bewertung dieses Testverfahrens zeigt hinsichtlich Reliabilität und Objektivität hohe Werte, allerdings ist die Validität zweifelhaft, spätestens seit den Untersuchungen von Simmons (1961) und Marder und David (1961), die experimentell nachwiesen, dass bei Lesern und Nichtlesern der Zeitschrift in etwa gleich große Erkennungsquoten ermittelbar sind.

Bei *recalls* unterscheidet man gestützte und ungestützte Verfahren, d. h. ob wirklich frei abgefragt wird oder unter Zuhilfenahme einzelner Kommunikationselementen, z. B. dem Slogan, dem *key visual* oder einem *color code*. Insbesondere der *aided recall* hat in diesem Sinne eine praktische Bedeutung, da er Aufschluss über den Eindruckswert einzelner Gestaltungselemente erlaubt (vgl. Schweiger und Schrattenecker 1992, S. 234).

Der *unaided recall* erscheint zwar auf den ersten Blick als besonders valide, aber gerade hier entstehen häufig Verzerrungen durch sogenannte Carry-Over-Effekte, also die Übertragung von Erfahrungen mit dem Produkt und der Marke auf die aktuelle Befragungssituation. Insgesamt bescheinigen Untersuchungen auch den Erinnerungstests nur eine äußerst geringe Wertigkeit. Was z. B. die Aussage hinsichtlich einer positiven Korrelation von Erinnerung und Kaufbevorzugung angeht, so konnte Bergler nachweisen, dass hohe Aufmerksamkeit häufig mit negativen Empfindungen einhergeht (vgl. Bergler 1965, S. 26 f.).

Insgesamt hat sich der jahrelange Diskurs über die Frage, welches Verfahren besser geeignet sei, sowohl in der Praxis als auch in der wissenschaftlichen Beschäftigung insoweit neutralisiert, dass die regelmäßig durchgeführten Copy Tests großer Verlagshäuser beide Ansätze integrieren und die Theorievertreter mittlerweile eingesehen haben, dass zwischen beiden Methoden „virtually no empirical evidence" besteht (Du Plessis 1994, S. 75).

Doch trotz der hohen Relevanz beider Testverfahren in der Medienpraxis bleibt zuletzt die Frage offen, ob hohe Werbeerinnerung gleichbedeutend ist mit dem Erreichen der wirtschaftlichen Ziele des Unternehmens. Eine Untersuchung des Marketing Centrums Münster (MCM) zusammen mit der Unternehmensberatung McKinsey fand etwa heraus, dass sich verschiedene Produktgattungen unterschiedlich für den Aufbau von Marken und damit in gewisser Weise auch für werbliche Kommunikation eignen. Das Energieunternehmen E.ON investierte beispielsweise 22,5 Mio. EUR in seine Mix-It-Kampagne mit Arnold Schwarzenegger als Hauptdarsteller und gewann damit 1.100 Neukunden, was Akquisitionskosten von € 20.500 pro Kunde entspricht. Der durchschnittliche Jahresumsatz pro Neukunde liegt bei € 600, so dass für die Refinanzierung dieser Kosten unter betriebswirtschaftlichen Gesichtspunkten ein Menschenleben nicht ausreicht (vgl. Meffert et al. 2002, S. 28).

Ein anderer Gesichtspunkt ist das Phänomen des *variety seeking*, der aktiven Suche nach Wechselkäufen insbesondere bei habitualisierten Kaufprozessen. Hier entstehen Markterfolge mit neuen Produkten ohne Kommunikationsaufwand allein aufgrund der Platzierung in der Nähe des Ursprungsangebots, wie dies Coca Cola mit dem Launch neuer Geschmacksrichtungen seiner Markenlinie Fanta eindrucksvoll belegte (vgl. Koppelmann et al. 2002, S. 47).

Werbeerfolgskontrolle ausschließlich als Messen der Erinnerung einzelner Werbemaßnahmen zu verstehen, greift zu kurz. Einen ganz wesentlichen Aspekt in diesem Kontext spielt der Faktor Zeit. Die Funktion von Werbung, Aufmerksamkeit im Markt zu schaffen,

	> 5 Jahre	> 1 Jahr	> 1 Monat	< 1 Monat
Funktion	Aufmerksamkeit für Symbolkraft der Marke	Aufmerksamkeit für die Bekanntheit der Marke	Aufmerksamkeit für die Bekanntheit des Produkts	Aufmerksamkeit für eine Facette des Produkts
Messung am Kaufverhalten	Markenwert (Brand Equity)	Wiederkäuferrate	Erstkäuferrate	erhöhter Absatz in der Periode (Schweinebauch-Werbung)
Messung an der Erinnerung	Recall Tests (Achtung: Carryover!)		Recognition Tests (Achtung: Spillover!)	

Tab. 2.5 Messverfahren zur Werbewirkung in Abhängigkeit des Kampagnenzeitraums

kann sehr kurzfristige (Verkaufsförderung, Abverkaufspromotion) und auch sehr langfristige Ziele (Image und symbolische Augmentierung des Produktnutzens durch Kommunikation) betreffen, wie das aus anderer Perspektive bereits im Umfeld der Mediengattungswahl thematisiert wurde.

Teilt man die Hauptfunktion von Werbung nach der Zeit in vier Teilfunktionen, geht es um folgende Aufgaben: Marken aufbauen, Produkt aktuell halten, neue Produkte und Funktionen vorstellen und kurzfristige Aktionen bekannt machen. Zu diesen Teilfunktionen lassen sich jeweils Messgrößen stellen, die zwar aufgrund von Spill-Over-Effekten keine direkte Zuordnung von Kosten zu Ergebnissen ermöglichen, aber als Tendenzindikator durchaus hilfreich sind (vgl. Tab. 2.5).

Lessons learned
Die Messung des Werbeerfolgs bezieht sich auf den Erreichungsgrad der festgelegten Zielgrößen. Als Messpunkte kann man an den Wirkungseffekten der Werbemittel, am Käuferverhalten und an Einstellungsänderungen der Käufer ansetzen. Messungen am Werbemittel werden meist vor Durchführung der Kampagne in Form von Copy Tests durchgeführt. Das Käuferverhalten kann absolut (Absatzmenge) oder relativ (Marktanteil) gemessen werden. Einstellungsänderungen sind nur schwer messbar, stattdessen wird die Werbekenntnis über *recognition tests* (gestützte Wiedererkennung) und *recall* (ungestützte Erinnerung) gemessen. Generell orientieren sich geeignete Messverfahren an der Zielsetzung der Werbemaßnahmen, die einen starken zeitlichen Bezug aufweisen.

2.2   Direktansprache

Neben Werbung, die Aufmerksamkeit für Botschaften des Unternehmens im Markt generiert, gibt es ein zweites strategisches Kommunikationsinstrument, das sich an Marktteilnehmer richtet. Die Direktansprache übernimmt für das Unternehmen die Funktion,

Bindung zu seinen Geschäftspartnern – also im Wesentlichen Kunden und Lieferanten – herzustellen, um dadurch langfristig Kontinuität in den Zahlungsströmen zu erreichen. Dies hat seinen Grund in der einfachen und oft empirisch bestätigten Annahme, dass mit Bestandskunden der Großteil des Geschäfts gemacht wird. „Neukundengewinnung kostet Geld, Bestandskunden bringen Geld" ist die griffige Formel, die dahinter steht (Sicking 2010).

Für diesen Aufgabenbereich findet man in der Literatur häufig die Bezeichnung Direktmarketing. Der Begriff Direktmarketing ist allerdings wenig geeignet, um ein strategisches Kommunikationsinstrument zu benennen. Unter Direktmarketing sollte man trennscharf die Anwendung des gesamten Marketing-Instrumentariums (Preis, Promotion, Produkt und Platzierung) im Hinblick auf den direkten Kontakt zum Kunden verstehen, d. h. für die Vermarktung ohne Zuhilfenahme von Intermediären.

Die größte Branche, die Direktmarketing in Deutschland einsetzt, ist der Handel. Der Handel nutzt keine Intermediäre, sondern hat direkt den Kontakt zum Endkunden. Neben dem Handel sind auch andere Branchen fast ausschließlich als Direktvermarkter organisiert, z. B. die Investitionsgüterindustrie, Zulieferer, Freiberufler, Bauhauptgewerbe, Dienstleister, Gastronomie. Sie alle vermarkten ihre Leistung direkt an den Kunden. Sie alle machen Direktmarketing – ob sie wollen oder nicht. Und sie nutzen dabei im Schwerpunkt nicht einmal die gemeinhin üblichen Verdächtigen: Mailings oder Call Center, Onlinemarketing o. ä. Für den stationären Handel z. B. ist eine Kernfrage des direkten Kontakts zum Kunden die Standortwahl – eine Entscheidung des Marketing-Instruments Placement. Die nächstwichtige betrifft das Sortiment, ist also eine Produktentscheidung. Und dieses wird über Werbung (Kommunikation) bekannt gemacht, wobei der Preis im Zentrum der Kommunikation steht.

Jetzt kann man fragen: Wer macht dann eigentlich kein Direktmarketing? Alle Unternehmen, die ihre Waren über Intermediäre vertreiben und auch davon gibt es viele, etwa die Automobilbranche, die Pharmaindustrie, fast alle schnell drehenden Konsumgüter (FMCG) wie Milka, Marlboro oder Maggi, Luxusgüter wie Rolex und auch viele Gebrauchsgüter wie Miele, Nikon oder AEG. Diese Unternehmen machen klassisches Marketing – und das ist im Unterschied zum Direktmarketing Zielgruppenmarketing. Im Zielgruppenmarketing richten sich Produktentwicklung, Marke, Kommunikationsstrategie, Preise etc. an Gruppen aus, die durch sozio- und psychografische Daten, Zugehörigkeit zu Milieus, Funktion im Absatzmix etc. bestimmt sind. Zwar sprechen z. B. auch Autofirmen überaus erfolgreich die Verwender ihrer Produkte direkt und personalisiert an – das aber immer nur im Rahmen des Marketing-Instruments Kommunikation und dann instrumentalisiert für zielgruppenorientierte Aufgaben wie Werbung für das Händlernetz (Einladung zur Probefahrt), Aufbau und Pflege des Markenimage (Kundenmagazin, Flagship-Store) und natürlich die Bindung der Kunden an das Unternehmen.

Aus diesem Grund muss zwischen den Begriffen exakt unterschieden werden. Direktmarketing ist die Anwendung des gesamten Marketing-Instrumentariums, um den Absatz direkt zum Verwender des Produkts auszugestalten. Direktansprache ist ein Werkzeug innerhalb des Marketing-Instruments Kommunikation, das durch personalisierte Kommunikation die Bindung an das Unternehmen, das Produkt und die Marke unterstützt. Ein alternativer Begriff zum Kommunikationsinstrument Direktansprache ist Dialogmarketing. Ich verwende diesen Begriff aus verschiedenen Gründen nicht. Neben theoretischen Schwierigkeiten gibt es auch praktische Nachteile, die die inflationäre Wiedereinführung des Wortes „Marketing" für nachgelagerte Teilaufgaben im Marketing mit sich bringt.

Kundenbindung, so die Grundidee des Kommunikationsinstruments Direktansprache, macht aus einem einmaligen Zahlungsereignis eine Kette von Zahlungen, die in ihrer Summe den *customer lifetime value* (CLV) bilden: den Gewinn bzw. Deckungsbeitrag, den das Unternehmen mit einem Kunden über die gesamte Laufzeit der Geschäftsbeziehung realisiert (vgl. Berger und Nasr 1998). In der Praxis wird der Kundenlebenswert dabei eher prognostisch genutzt, in dem die erwarteten Gewinne der Zukunft auf den heutigen Tag abgezinst werden, um damit die Kosten der Kundenakquisition zu rechtfertigen. Diese Sichtweise wird zu Recht kritisch beurteilt, da die Hochrechnung auf zukünftige Zeitpunkte oft willkürlich erfolgt.

Als Leitidee für einen Handlungsrahmen dienen der *customer lifetime value* und der daraus abgebildete Kundenwert (*customer equity*) aber sehr wohl. Um den *customer lifetime value* zu steigern, benötigt das Unternehmen eine stabile Datenbasis, auf der dann in vier Richtungen Maßnahmen umgesetzt werden können, nämlich um:

- die Dauer der Geschäftsbeziehung zu verlängern
- die Geschäftsintensität zu erhöhen
- die Haltekosten zu senken
- aus Kunden aktive Botschafter (Werber) für Produkt und Unternehmen zu machen und damit neben den realisierten Umsätzen und Kosten in der Geschäftsbeziehung einen erweiterten Mehrwert zu erzielen

2.2.1 Business Intelligence als Basis für Kundenwertsteigerung

Schaut man in ältere Marketingbücher, stößt man noch auf den Ende der 1980er Jahre eingeführten Begriff Database Marketing verstanden als Ansatz, der auf Basis eines „database memory of the customer" die Geschäftsbeziehungen des Unternehmens zu seinen Kunden intensivieren soll (Shaw 1988). Waren es am Anfang im Prinzip bessere Adressverwaltungen, hat sich im Zuge der Digitalisierung der Büroarbeitswelt (vgl. Becker und Hauptmeier 2005, S. 7 ff.) das Database Marketing zu dem weiterentwickelt, was man heute Business Intelligence nennt.

Der Begriff Business Intelligence selbst ist schon etwas älter. Bereits 1958 beschrieb der Informatiker Hans Peter Luhn die Grundzüge eines Konzepts zur selektiven Verbreitung von Informationen als Business Intelligence System: Es ging darum, aus großen Datenbeständen schnell relevante Informationen zu extrahieren – damals vor allem vor dem Hintergrund stark wachsender Bibliotheksbestände und der Notwendigkeit, z. B. Medizinern zeitnah die passenden Informationen in knapper Form vorzulegen. Dies ist auch heute noch die Grundidee der Business Intelligence. Ziel ist es, aufgrund analytischer Fähigkeiten schneller relevante Informationen zu erzeugen, auf dieser Basis bessere Entscheidungen zu treffen und dadurch einen Wettbewerbsvorteil zu erreichen.

Hinsichtlich der Implementierung des Aufgabenbereichs Business Intelligence im Unternehmen kann man zwei Dimensionen unterscheiden. Zum einen geht es um die Verankerung analytischer Erkenntnisgewinne in die Unternehmensstrategie auf Basis der Erfassung des Ist-Zustands der analytischen Leistungsfähigkeit (*analytical capability*) und der Definition des Soll-Zustands (z. B. im Rahmen einer Balanced Scorecard). Zum anderen ist die operative Umsetzung von Business Intelligence Prozessen im Unternehmen angesprochen, wie man sie auch für die Durchführung effizienter Direktansprache-Maßnahmen benötigt.

Zur Erfassung des Ist-Zustands und der darauf basierenden Ableitung des Soll-Szenarios schlagen Davenport und Harris (2007) das DELTA-Modell vor. Es gliedert sich in fünf Dimensionen, die ein Assessment hinsichtlich der analytischen Leistungsfähigkeit eines Unternehmens auch in Richtung auf Kundenbeziehungen ermöglicht:

- *data*: In welchem Umfang und in welcher Qualität liegen Kundendaten vor und wie leicht sind die Daten zugänglich?
- *enterprise*: Ist Business Intelligence und die Analyse von Kundendaten in der Unternehmenskultur verankert, oder wird Analyse nur in „Daten-Silos" betrieben, die „großen" Entscheidungen jedoch am Bauchgefühl orientiert?
- *leadership*: Hat das Unternehmen die Möglichkeit, in seinem Wettbewerbsumfeld eine Führungsposition in Sachen Business Intelligence einzunehmen? Wie stark sind die Führungskräfte im Unternehmen selbst *analytical driven*?
- *targets*: In welchen Bereichen und für welche Ziele werden Daten und Analysen eingesetzt, um Entscheidungen zu treffen? Sind das die Bereiche, die auf Basis von Analysen einen entscheidenden Beitrag zur Wettbewerbsposition liefern?
- *analysts*: Wie viele Mitarbeiter im Unternehmen sind ausgebildet, um komplexe Analysemodell zu entwickeln und zu implementieren?

Auf operativer Ebene lässt sich die analytische Leistungsfähigkeit des Unternehmens in fünf Bereichen steigern (vgl. Abb. 2.26). Es geht um die Aufbereitung von Daten (Data Warehouse), deren Auswertung (Reporting), Nutzung (OLAP) und die Möglichkeit, neue Informationen zu gewinnen (Data Mining), um auf dieser Basis Daten zur Grundlage der strategischen Entwicklung zu machen (Business Analytics).

Die Aufgabe, Daten zentral in einem Datenlager (Data Warehouse) bereitzustellen, nennt man auch Information Retrieval. Grundaufgabe des Information Retrieval ist das Zusammenführen verschiedener Datenquellen über den ETL-Prozess: *extract, transform and load*, also auslagern der Daten aus Quellsystemen, Überführen in einheitliche Formate und Laden der Daten in eine neue Datenbank. Mögliche Quelldaten für die Direktansprache von Kunden liefern neben ERP (Warenwirtschaft, Lagerhaltung und Finanzbuchhaltung) und CRM (Kundenkontaktmanagement) vor allem das Issue Ticketing System (ITS,

Abb. 2.26 Arbeitsbereiche der
Business Intelligence

Support Datenbank mit Anbindung an Kundenforen, ACD-Anlage etc.), das Enterprise Content Management (ECM, z. B. optisches Archiv von Mailings und Werbemitteln), Groupware und PIM-Anwendungen (E-Mail-Korrespondenz und Chatprotokolle), Web-Analytics, Logfiles, Facebook Fan Pages etc. Ziel des Customer Data Warehouse ist die Zusammenführung einer Analyse-Datenbank über das Kundenverhalten, das für spezielle Zwecke auch in kleinere Einheiten (Data Marts) aufgeteilt werden kann (vgl. Abb. 2.27).

Auf Basis des Customer Data Warehouse können Auswertungen und Abfragen erstellt werden, sogenannte Reports. Ziel des Reportings ist es, die Informationen auszuwerten. Die zentrale Herausforderung besteht darin, aus den vorliegenden Daten die geeigneten Key Performance Indicators (KPI) zu identifizieren, also Leistungskennzahlen, auf die man strategisch Einfluss nehmen kann, um die Ergebnisse des Unternehmens zu beeinflussen (vgl. Parmenter 2007).

Speziell bei infrastrukturabhängigen Services mit hoher Wettbewerbsintensität wie in den Märkten für Telefonie und Internetzugang werden solche kundenspezifischen KPIs z. B. in Bezug auf die Abwanderungsquote (*churn rate*) oder den durchschnittlichen Umsatz pro Kunde (*average revenue per user*, ARPU) entwickelt. Auch die Öffnungsrate eines per E-Mail verschickten Newsletter, die Anzahl gewonnener Neukunden in der Periode oder die gemittelte Dauer der Kundenbeziehung können solche KPIs sein, die aus dem Data Warehouse als Report regelmäßig zur Verfügung gestellt werden.

Um wichtige Kennzahlen direkt im Zugriff zu haben und im Tagesgeschäft schnell auf Veränderungen reagieren zu können, werden Management Dashboards eingesetzt. Dashboards unterstützen die Anwendung der KPIs durch grafische Aufbereitung. Sie basieren auf Überlegungen, die seit Mitte der 1970er Jahre im Rahmen von IT-basierten Entscheidungsfindungssystemen erarbeitet wurden (vgl. Keen und Scott Morton 1978).

Ein Report ist eine dauerhaft wiederkehrende und fest definierte Abfrage, damit man die Ergebnisse in zeitlicher Entwicklung vergleichen kann. Häufig entstehen im Tagesgeschäft oder im Rahmen der taktischen oder strategischen Planung aber auch völlig neue Fragen, die man schnell und auf Basis des tatsächlichen Kundenverhaltens beantworten möchte. Dazu nutzt man das Online Analytical Processing (OLAP), das einen direkten Zugriff auf vorher zugeschnittene Datenbereiche – sogenannte OLAP-Cubes –ermöglicht. Ein OLAP-Cube ist ein mehrdimensionaler Datenbereich, der einzelne Fakten (*measures*) in verschiedene Eigenschaften (*dimensions*) aufteilt und so unterschiedliche Sichtweisen auf die Fakten in Echtzeit ermöglicht. OLAP bringt nicht generell neue Erkenntnisse. Die-

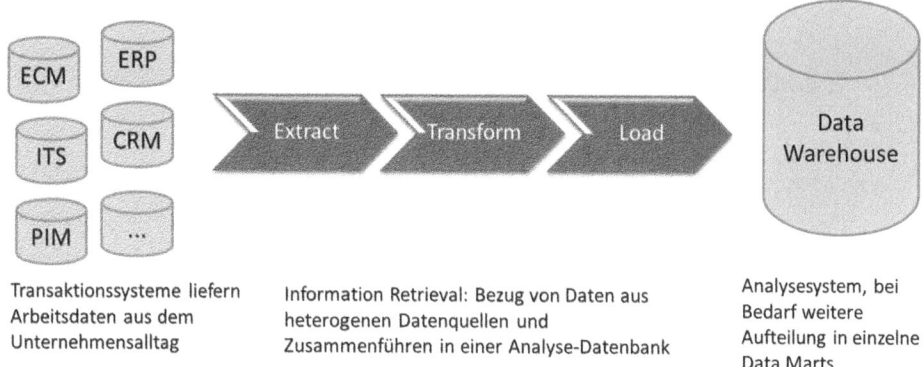

Abb. 2.27 Aufbau eines Data Warehouse

se könnten ebenso durch SQL-Abfragen auf dem Transaktionssystem erfolgen. OLAP erleichtert im Kern den Zugang zu den Daten und macht diese auch für Anwender ohne fundierte Fachausbildung nutzbar, da die Datenstruktur schon mit der Ergebnislogik versehen ist.

Während bei OLAP der Prozess immer noch der ist, dass erst eine Frage im Raum steht und diese mit Hilfe der multidimensionalen Datensicht beantwortet wird, geht es beim Data Mining nicht mehr um Fragen und Antworten, sondern um das Entdecken und Fördern neuer und überraschender Informationen – sowohl *ex post* als Beschreibung und Erklärung von Handlungsmustern als vor allem auch *ex ante* zur Prognose von Verhalten. Mit verschiedenen Methoden sollen in großen Datenbeständen Muster aufgedeckt werden, die es ermöglichen, neue Annahmen zu treffen und dadurch echte Wettbewerbsvorteile zu erzielen. Die wichtigsten Methoden im Data Mining sind (vgl. Fayyad et al. 1996, S. 44 f.):

- Ausreißer erkennen (*change detection*): Ungewöhnliche Datensätze identifizieren und damit Datenbestände säubern bzw. auch neue Muster entdecken
- Abhängigkeiten erkennen (*dependency modeling*): Bildung von Zusammenhängen, in denen einzelne Variablen Abhängigkeiten aufweisen
- Gruppen bilden (*clustering*): Bildung von Strukturen aufgrund der Ähnlichkeit von Daten
- Klassifizierung (*classification*): Bekannte Strukturen durch neue, bislang nicht eingeordnete Daten ergänzen
- Variablen prognostizieren (*regression*): Identifikation von Beziehungen zwischen einer abhängigen Variable (Messgröße) und einer oder mehreren unabhängigen Variablen (Stellgrößen), um daraus Prognosen über die Messgröße zu treffen
- Daten zusammenfassen (*summarization*): Reduktion des Datensatzes ohne wesentlichen Informationsverlust z. B. durch Verdichtung in einem Report, einer Kennzahl oder einer Grafik

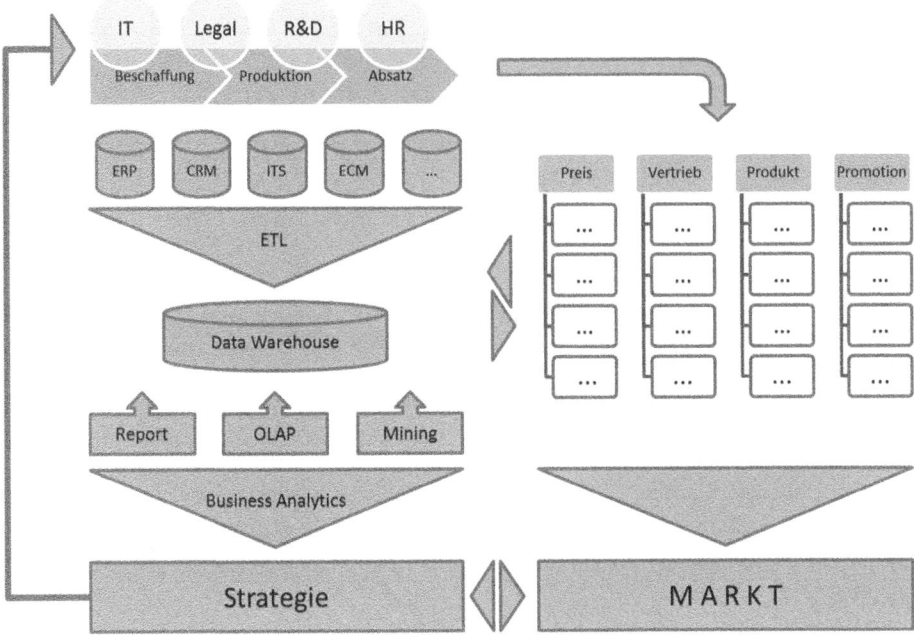

Abb. 2.28 Einbindung der Business Intelligence Verfahren in die Organisation

Data Warehouse und die darauf aufbauenden Methoden des Reporting von Key Performance Indikatoren, der Onlineanalyse multidimensionaler Daten und dem Aufspüren neuer Zusammenhänge und Strukturen sind Werkzeuge für das operative Tagesgeschäft und die taktische Planung (vgl. auch Abb. 2.28).

Bezieht man Kunden- und Geschäftsdaten auch konsequent in die strategische Planung mit ein und versucht damit auf Basis von Daten langfristige Prognosen abzuleiten, ist man auf dem wenig konkret beschriebenen Feld der Business Analytics aktiv. Erkennt man etwa als Tageszeitungsverlag, dass das Durchschnittsalter der Abonnenten bei knapp 60 Jahren liegt, kann man belastbare Aussagen über die Geschäftsentwicklung der nächsten Jahre treffen.

Business Analytics haben auch eine kurzfristige Komponente, wenn es z. B. möglich ist, aufgrund externer Daten kurzfristige Vorhersagen (*forecasts*) über den Geschäftsverlauf zu tätigen. Der Klassiker ist für Ausflugsagastronomie, Eisdielen, Glühweinstände oder Agrarproduktion der Wetterbericht. Es gibt aber auch andere Beispiele wie z. B. die dynamischen Preisprognosen bei Ebay-Auktionen (vgl. Wang et al. 2008) oder die Ableitung von Ticketverkaufszahlen aus Filmbesprechungen (vgl. Dellarocas et al. 2007).

Lessons learned

Business Intelligence bezeichnet als Oberbegriff unterschiedliche Verfahren, deren Ziel es ist, aufgrund im Unternehmen vorliegender Daten Informationen zu erzeugen, die zu besseren Entscheidungen führen. Neben der strategischen Implementierung datenbasierter Entscheidungsfindung, die man über das DELTA-Modell bewerten kann, gibt es operativ fünf wichtige Arbeitsbereiche. Im Data Warehouse werden die Daten verschiedener Quellsysteme einheitlich aufbereitet. Auf dieser Basis können standardisierte Reports über Kennzahlen (KPI) erstellt, mehrdimensionale Analysen (OLAP) durchgeführt und neue Erkenntnisse (Data Mining) erzeugt werden. Die Nutzung von Business Intelligence Methoden für die strategische Planung und hier insbesondere für die Vorhersage von Marktentwicklungen nennt man Business Analytics.

2.2.2 Intensivierung der Kundenbeziehung durch Direktansprache

Die Organisation der Datenbestände im Rahmen der Business Intelligence muss für die operative Anwendung im Kommunikationsinstrument Direktansprache konkretisiert werden. Dies erfolgt in einem ersten Schritt in Richtung auf die Intensivierung der Geschäftsbeziehung zu den Bestandskunden. Dazu werden zunächst die Kunden gruppiert, da man die Kunden zwar direkt und personalisiert, aber meist nicht individuell ansprechen will. Für die verschiedenen Kundengruppen werden dann geeignete Aktionen umgesetzt. Damit sind zwei Arbeitsbereiche angesprochen, die Teilgebiete des weiter angelegten Customer Relationship Management (CRM) sind (vgl. Abb. 2.29).

Customer Relationship Management versteht sich ähnlich wie Total Quality Management als durchgängiges Führungskonzept, das in einem Unternehmen eingesetzt werden kann und neben Aufgaben der Kundenbindung auch Neukundenakquisition, Produktentwicklung, Prozessinnovationen etc. umfassen kann (vgl. Rapp 2000, S. 40 ff.). So sind die Grundideen zu CRM in erster Linie nicht kommunikationsgetrieben, sondern umfassen Kernüberlegungen des Verkaufsprozesses, namentlich die Idee des Verkaufstrichters (*sales funnel*, vgl. Abb. 2.30), der sich von Kontakten über Interesse hin zu Präsentation, Verhandlung und Abschluss hinzieht und technisch durch sogenannte Sales Force Automation Software unterstützt wird (vgl. Spiro et al. 2008[5]).

Da das Vertriebsinstrument nicht nur zur Neukundenakquisition, sondern auch für die Auftragsgenerierung im Kundenstamm eingesetzt wurde, entwickelte sich bereits im Rahmen der Sales Force Automation die Bildung von Kundengruppen – ein Aspekt, den

---

[5] Bereits 1924 zog William Townsend einen Vergleich zwischen dem Verkaufstrichter und dem AIDA-Modell der Werbewirkung (Townsend 1924, S. 109).

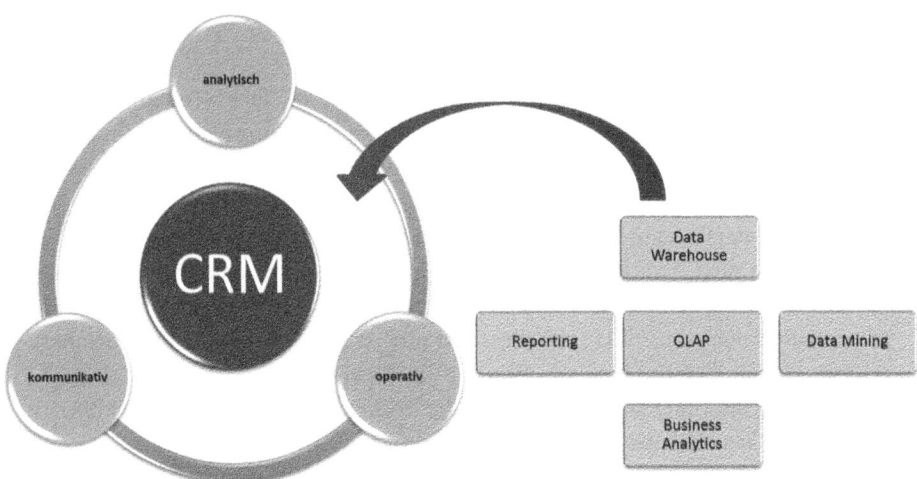

Abb. 2.29 CRM basiert auf Business Intelligence Anwendungen

Verkaufsstufe	Kontakte
Prospects (potenzielle Kontakte)	750
Kontaktaufnahme	500
Folgegespräche	45
Angebotsphase	25
Kundenfeedback	20
Verhandeltes Angebot	12
Mündliche Zusage	8
Unterschriebene Bestellung	6
Lieferung und Bezahlung	5

Abb. 2.30 Stufen eines Verkaufstrichters

man heute als analytisches CRM behandelt. Im analytischen CRM geht es um die kunden-
zentrierte Anwendung von Business Intelligence Verfahren.

Ganz grundlegend lassen sich z. B. Reports über das Kaufverhalten der Kunden ermitteln. Dazu kann man eine ABC-Analyse durchführen, die die Kunden nach generier-
tem Umsatz oder Deckungsbeitrag auf Basis des Pareto-Prinzips (vgl. Dickie 1951) in drei
Gruppen einteilt. Idealtypisch geht man davon aus, dass 20 % der Kunden für 80 % des Umsatzes verantwortlich sind, 30 % der Kunden weitere 15 % Umsatz beisteuern und die rest-
lichen 50 % der Kunden lediglich noch 5 % des Umsatzes repräsentieren (vgl. Abb. 2.31).

Etwas griffiger arbeitet die im Versandhandel entwickelte RFM-Methode, die Kunden
nach drei Kriterien beschreibt: Wann war der letzte Kauf (*recency*), wie oft kauft der Kunde (*frequency*) und wie groß ist das Geschäftsvolumen (*monetary*). Diese Dimensionen
werden bewertet und aufsummiert, so dass eine Maßzahl (*score*) entsteht, mit der man

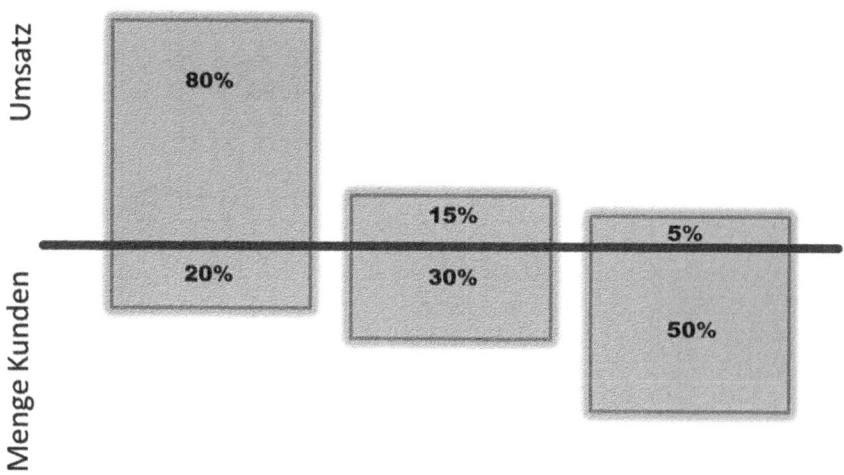

Abb. 2.31 Kundengruppierung nach dem Pareto-Prinzip

die Kunden gruppiert. Welche Kriterien zur Bildung von Kundengruppen herangezogen werden, ist Ergebnis der Analyse der im Data Warehouse zusammengezogenen Daten. Was aber neben Kaufereignissen und dadurch generierten Zahlungsströmen häufig herangezogen wird, ist das typische Kundenverhalten.

Aus dem tatsächlichen Kundenverhalten lässt sich ein Customer Lifecycle modellieren, der versucht, Zusammenhänge zwischen einem aktuellen Ereignis und vergangenen Aktionen anderer Kunden herzustellen. So werden z. B. Cross Selling Potenziale ermittelt oder man erkennt, wann ein Kunde kurz davor ist, die Geschäftsbeziehung zu beenden, so dass das Unternehmen gezielt vorbeugen kann.

Die analytisch gebildeten Kundengruppen werden im operativen CRM bearbeitet. Dazu bedient man sich zweier Verfahren: Dem aktiven Kampagnenmanagement und dem automatisierten Kontaktmanagement (vgl. Abb. 2.32). Kontaktmanagement bedeutet, dass Kundenkontakte – z. B. der Versand von Rechnungen, der Geburtstag des Kunden, der Anruf eines Kunden im After Sales Service, die Beschwerde eines Kunden etc. eine definierte Reaktion auslösen, z. B. den Versand einer Glückwunschkarte, die Vorstellung eines bestimmten Produkts oder die Vergabe eines Wertcoupons. Die Entwicklung des Regelwerks und die Einbindung in den Arbeitsablauf der Sachbearbeiter, die mit den Kunden in direktem Kontakt stehen, ist das Kernstück entsprechender Softwarelösungen, die in Bruchteilen von Sekunden den Kunden anhand verschiedener Gruppenzugehörigkeiten für eine geeignete Maßnahme qualifiziert.

Auch ohne Softwareunterstützung können Kundengruppen gezielt bearbeitet werden, in dem das Unternehmen diese Kunden aktiv von sich aus informiert, um dadurch die Intensivierung der Zahlungsereignisse zu steigern. Dafür werden bei der Direktansprache häufig Kampagnen durchgeführt, d. h. mehrere Kommunikationsmittel kommen sequentiell zum Einsatz, um dadurch quasi einen kommunikativen Verkaufstrichter zu formen.

Abb. 2.32 Umsetzung von
operativem CRM

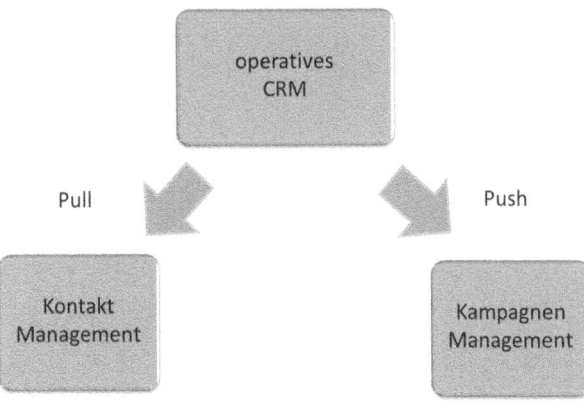

Abb. 2.33 Conversion
Funnel im operativen
Kampagnenmanagement

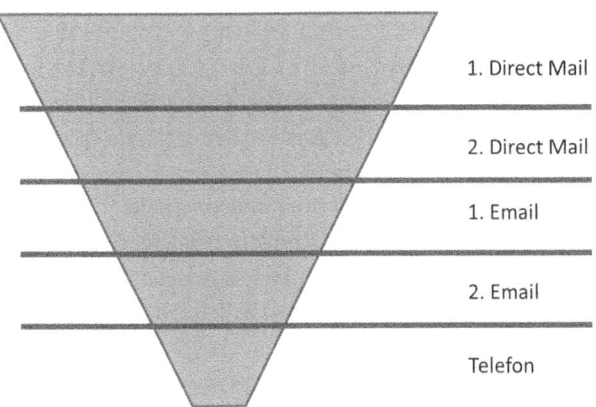

Klassisch ist etwa die Kombination Anschreiben, um damit ein Thema für ein späteres
Telefonat zu haben, indem man einen Außendiensttermin vereinbart (vgl. auch Abb. 2.33).

Die generelle Planung einer Kampagne unterscheidet sich nicht von der Planung von
Werbemaßnahmen. Das Ziel muss festgelegt sein, das Budget ist allokiert, die Botschaft
wird ausgearbeitet, der geeignete Mix an Kommunikationsmitteln bestimmt und die
Kampagne nachher anhand der Erreichung der angestrebten Ziele evaluiert. Wesentliche
Unterschiede ergeben sich aus der personalisierten Ansprache eigener Kunden. So lässt
sich die Erfolgsmessung deutlich klarer fassen, wenngleich auch hier Spill-Over- und Carry-Over-Effekte nachweisbar sind. Trotzdem ist die Zurechnung von Aktion und Ergebnis sehr klar über das Kaufverhalten des adressierten Kunden nachzuvollziehen. Dies gilt
speziell bei Kommunikationsmitteln, die über Internet verteilt werden. So lässt sich bei
einem E-Mailing nicht nur die abschließende Bestellrate ermitteln, sondern auch, wie oft
die E-Mail geöffnet wurde (*open rate*), wie oft ein Link auf die entsprechende Angebotsseite im Internet angewählt wurde (*click rate*), wie der Weg auf der Webseite verlief (*in-page
analysis*) und ob das Angebot schlussendlich genutzt wurde (*conversion rate*).

Abb. 2.34 Prinzip des closed
loop

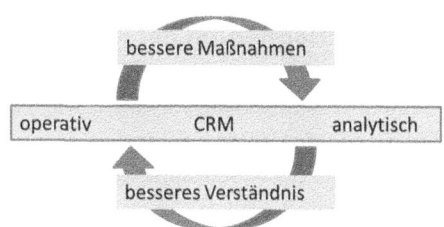

Hinsichtlich der Verbreitung der Botschaft nutzt Direktansprache bestehende Infrastrukturen, mit denen sich einzelne Kunden gezielt erreichen lassen, also insbesondere
Internet (E-Mail, Facebook-Fans, Twitter Follower etc.), Telefon und Postdienste. Die
Streukosten sind dabei relativ statische Parameter. Von den Streumöglichkeiten hängt ab,
welche Kommunikationsmittel konkret genutzt werden. Klassisch sind Direct Mail, Call
Center bzw. Telesales und E-Mail. Für die Gestaltung des Kommunikationsmittels dreht
sich in der Direktansprache alles zwischen den zwei Polen: Keep it short and simple (bekannt als KISS-Prinzip[6]) und „length is not significant, content is" (Nash 1986, S. 274).

Dadurch, dass die Datenbestände für das analytische CRM kontinuierlich durch Ergebnisse des operativen CRM fortgeschrieben werden, entsteht etwas, was man einen *closed
loop* nennt (vgl. Hirschowitz 2001). Es fließen konkrete Einsichten über Kundenwünsche
und Kundenverhalten in den Datenbestand des Unternehmens zurück, die nun über Business Intelligence Verfahren Rückschlüsse für andere Bereiche des Marketing ermöglichen,
etwa hinsichtlich der Markenbilds oder speziellen Eigenschaften des Produkts. Grundidee
dieses *closed loop* Marketing ist das Erreichen einer Win-Win-Situation, in der das Unternehmen besser als alle Wettbewerber die Bedürfnisse und den Bedarf seiner Kunden kennt
und erfüllt und dadurch dauerhaft zum bevorzugten Lieferanten für den Kunden wird
(vgl. Abb. 2.34).

Lessons learned
Im analytischen CRM werden auf Basis von Business Intelligence Erkenntnissen
Kundengruppen gebildet, z. B. hinsichtlich ihres Kaufverhaltens (RFM-Methode)
oder hinsichtlich ihres Wertbeitrags (ABC-Analyse). Im operativen CRM werden
diese Kundengruppen dann bearbeitet. Dies geschieht über ereignisgesteuertes Kontaktmanagement und aktives Kampagnenmanagement, bei dem das Unternehmen
seine Kunden in Form oft mehrstufiger Aktionen anspricht. Die Datenbestände werden für das analytische CRM kontinuierlich durch Ergebnisse aus dem operativen
CRM fortgeschrieben, so dass bei guter Umsetzung ein *closed loop* entsteht, der über
die Zeit dem Unternehmen klare Wettbewerbsvorteile sichert.

---

[6] Dieses KISS-Prinzip geht auf Kelly Johnson zurück und heißt eigentlich: Keep it simple, stupid (vgl.
http://en.wikipedia.org/wiki/KISS_principle abgerufen am 7.9.2013).

2.2.3　Verlängerung der Kundenbeziehung durch Direktansprache

Kundenbeziehungen sind endlich. Das hat verschiedene Gründe: Der Kunde kann z. B. durch Tod oder Insolvenz aus dem Markt ausscheiden oder die Bedarfssituation hat sich geändert und der Kunde kann die Leistung des Unternehmens schlicht nicht mehr nutzen. Das sind Gründe, die das Unternehmen nicht beeinflussen kann. Oft endet eine Kundenbeziehung aber aus anderen Gründen. Neben einem geändertem Wettbewerbsumfeld und schlechter Produkterfahrung ist das z. B. der Umstand, dass das Unternehmen es nicht verstanden hat, die Kunden über Kommunikationsmittel an sich zu binden und zwar im doppelten Sinn: einerseits, um den Kunden dauerhaft über die Existenz des Unternehmen und seiner Produkte in Kenntnis zu setzen und dabei gleichzeitig ein definiertes Markenbild zu transportieren. Andererseits, um den Kunden immer wieder konkrete Anreize für Folgekäufe zu bieten.

Die erste Dimension dieser Teilfunktion der Direktansprache, nämlich den dauerhaften Kontakt zu Kunden durch Kommunikationsmittel sicherzustellen, ist Aufgabe des Content Marketing, also der Nutzung von Inhalten zum Zwecke des Marketing, oder um es mit dem Content Marketing Institute zu formulieren: „Content marketing's purpose is to attract and retain customers by consistently *creating and curating relevant and valuable content* with the *intention of changing or enhancing consumer behavior*. It is an *ongoing process* that is best integrated into your overall marketing strategy, and it focuses on *owning media*, not renting it"[7].

Das wesentliche Instrument innerhalb des Content Marketing ist das Corporate Publishing. Dieser nur im deutschsprachigen Raum genutzte Begriff umfasst im Prinzip die Gesamtheit aller Verlagserzeugnisse, die ein Unternehmen veröffentlicht und damit selbst als Verleger agiert. Darunter ist zu verstehen, dass das Unternehmen neben seinen eigenen Botschaften (z. B. Prospekte, Webseite, Werbung, Pressemitteilungen etc.) auch Botschaften Dritter veröffentlicht. Damit kanalisiert das Unternehmen die Kommunikation zwischen Autor und Nutzer – wird also selbst verlegerisch tätig. Entgegen der Sichtweise des deutschen Branchenverbands[8] muss man in dieser Sichtweise allerdings Angebote wie Mitarbeiterzeitschriften, Geschäftsberichte und Broschüren aus dem Begriff Corporate Publishing ausnehmen.

Durch die Erstellung eigener Verlagsangebote (im englischsprachigen Umfeld deshalb auch Custom Media genannt) versuchen die Unternehmen, eigene Öffentlichkeiten herzustellen und dadurch unabhängiger von externen Werbeträgern zu werden. Dies gelingt jedenfalls auf der Angebotsseite recht eindrucksvoll. So sind Custom Media Titel mittlerweile nach Publikumszeitschriften der Werbeträger mit den höchsten Auflagen im Printbereich[9]. Sieht man sich den Gesamtmarkt an, kann man sogar davon ausgehen, dass mittlerweile deutlich mehr kostenfreie Printtitel verbreitet werden, als Verkaufstitel: Der

---

[7] http://contentmarketinginstitute.com/what-is-content-marketing/ abgerufen am 3.10.2013.

[8] Vgl. http://www.forum-corporate-publishing.de abgerufen am 18.9.2012.

[9] Vgl. IVW http://www.ivw.de/index.php?menuid=37 abgerufen am 19.9.2012.

Branchenverband Forum Corporate Publishing spricht für 2011 von einer Gesamtauflage pro Erscheinungsintervall im deutschsprachigen Raum von 855 Mio. Stück, die sich auf über 15.000 Titel verteilen (vgl. CP Basisstudie III 2012).

Wie alle Kommunikationsinstrumente kann Custom Media unterschiedliche Kommunikationsmittel nutzen. Am bekanntesten sind sicherlich die gedruckten Erzeugnisse, vom Bordmagazin der Lufthansa über die in Zügen der Deutschen Bundesbahn ausgelegte Zeitschrift DB mobil bis hin zu den verschiedenen Zeitschriften der Krankenkassen. Manche Custom Media Erzeugnisse erfreuen sich sogar hoher Beliebtheit wie etwa das BMW Magazin oder Mini-International. Solche Titel zeigen, wie Custom Media dazu beitragen kann, eigene Öffentlichkeiten zu bilden, die passgenau auf die Zielgruppenstrukturen passen und die ein gutes Umfeld bieten, auch werbliche Kommunikation oder Public Relations Botschaften zu transportieren.

Dies gelingt verständlicherweise nur, wenn die Kommunikationsmittel die Erwartungshaltung des Publikums treffen. Sie müssen sich letztlich also mit der Publikumspresse oder Fachzeitschriften vergleichen lassen. Daher ist der erfolgreiche Einsatz von Custom Media ein kostenintensives Kommunikationsinstrument. Aus diesem Grund haben sich schon früh neben unternehmenseigenen Verlagsangeboten auch branchenweite Kundenzeitschriften entwickelt. Ob Bäckerblume[10] oder Apotheken Umschau[11], Schrot & Korn[12] oder Lukullus[13]: Solche Branchenzeitschriften sind ein Mittel, mit dem man auch in kleinteilig organisierten Wirtschaftszweigen Öffentlichkeiten herstellen kann, wenngleich nicht wirklich klar ist, wie stark ein einzelnes Unternehmen tatsächlich profitiert[14].

Aber Custom Media funktioniert natürlich nicht nur als Zeitschrift, sondern z. B. auch in Form von Büchern – sogenannte *branded books*. Überdurchschnittlich bekannt wurden beispielsweise der 1900 erstmals gedruckte Guide Michelin – damals noch eine kostenfrei verteilte Firmenpublikation, die Werkstätten und Tankstellen auflistete – und das deutsche Pendant, der seit 1957 veröffentlichte Varta-Führer. Weniger mit Essen, als mit gesteigertem Getränkekonsum, beschäftigt sich das Konzept des Guinness Book of Records, das seit 1955 intensive Gespräche und Wetten in bierseeliger Atmosphäre unterstützen soll.

Neben *branded books* sind genauso eigene Audio- oder Videoproduktionen möglich wie auch der Betrieb eines redaktionellen Corporate Blogs oder die Herausgabe von E-Magazines, E-Books und Content Apps. Im Kontext des Kommunikationsinstruments

---

[10] 1954 gegründete Zeitschrift, die in gut 3.500 Bäckereien ausliegt und mit einer Auflage von rund 65.000 Exemplaren verbreitet wird (vgl. http://www.brmedien.de/baeckerblume.htm abgerufen am 19.9.2012).

[11] 1956 gegründete Zeitschrift, die mit einer Auflage von 9,8 Mio. Stück über Apotheken verteilt wird (vgl. http://www.ivw.de abgerufen am 19.9.2012).

[12] 1985 gegründete Zeitschrift, die kostenlos in rund 2.800 Bioläden ausgelegt wird und eine Auflage von 725.000 Stück erreicht (vgl. http://www.bioverlag.de/mediadaten/SK.pdf abgerufen am 19.9.2012).

[13] Zeitschrift für das Metzgerhandwerk mit einer Auflage von 225.000 Exemplaren (vgl.: http://www.brmedien.de/lukullus.htm abgerufen am 19.9.2012).

[14] Vgl. http://www.dradio.de/dlf/sendungen/marktundmedien/1669669/ abgerufen am 19.9.2012.

Direktansprache ist lediglich wichtig, welche Funktion das Kommunikationsmittel erfüllt. Dient es der Bildung einer eigenen Öffentlichkeit, um den dauerhaften Kontakt zu Kunden zu gewährleisten, handelt es sich um eine Teilfunktion der Direktansprache, die zumeist über die Bereitstellung verlegerischer Inhalte an die Kunden arbeitet.

Die zweite Dimension des Aufgabenbereichs, den Kundenlebenszyklus zu verlängern, betrifft die Notwendigkeit, Kunden Möglichkeiten für Folgeaufträge aktiv anzutragen. Auf inhaltlicher Ebene geschieht dies im Aufgabenfeld „Geschäftsintensivierung durch Kampagnen- und Kontaktmanagement". Hier werden konkrete Angebote in Abhängigkeit zur Kundengruppe formuliert und dem Kunden offeriert. Im Aufgabenfeld „Kundenlebensdauer durch Kommunikation erhöhen" geht dies insbesondere durch sogenannte Customer Loyalty Programme.

Loyalty-Programme übernehmen innerhalb der Kundendirektansprache die Funktion, Kunden unabhängig von einer konkreten Kaufabsicht ein Motiv für einen späteren Folgekauf zu geben. Dies geschieht dadurch, dass mit einem Kauf automatisch ein späterer Folgekauf belohnt wird. Solche Incentivierungen lassen sich bis ins 18. Jahrhundert zurückverfolgen. Was in der ersten Hälfte des 20. Jahrhunderts noch Rabattmarken und Zigarettenbildchen waren, sind heute Kundenkarten, Bonusprogramme und Kundenclubs.

Während klassische Kundenkarten – z. B. für die Ausleihberechtigung in einer Videothek oder die Zugangskarte zum Großhandel – schlicht der Identifikation des Kunden und damit verbunden einer bestimmten Berechtigung dienen, sind Bonusprogramme vor allem ein Instrument der Preispolitik. Identifikation und Bonifizierung sind wichtige Momente von Loyalty-Programmen, zentral aber ist der Aspekt, dass über das Loyalty-Programm kommuniziert werden kann und dies in Form von zusätzlichen Kaufanreizen[15] (vgl. Abb. 2.35).

Ein gutes Beispiel für derart in drei Dimensionen entfaltete Loyalty-Programme sind die Frequent Flyer Angebote der Fluggesellschaften. Erstmals 1981 durch American Airlines aufgelegt, gehören Systeme wie Miles & More (Lufthansa), Executive Club (British Airways) und Skymiles (Delta) zum festen Marketing-Instrumentarium der Branche. Sie bieten für die Airlines Kundenkontaktmöglichkeiten, die sich nicht inhaltlich auf das nächste Reiseziel, sondern strukturell auf die Nutzung der Airline für die nächste Reise fokussieren inkl. begleitender Leistungen wie Zutritt zu exklusiven Räumlichkeiten, besseres Check-In Prozedere oder den Bezug nützlicher Reiseutensilien. Allein bei der Lufthansa nahmen Stand 2011 gut 20 Mio. Kunden an Miles & More teil[16]. Mittlerweile hat sich das Loyalty-Programm der Lufthansa sogar von einem Kosten- zu einem Profitcenter entwickelt. Nur aufgrund des Loyalty-Programms konnte die Lufthansa 2012 einen Gewinn von € 500 Mio. ausweisen, ansonsten hätte das Geschäftsjahr mit einem operativen Verlust von € 200 Mio. abgeschlossen werden müssen (vgl. Kiani-Kress und Stölzel 2013, S. 44).

---

[15] Vgl. zu den drei Dimensionen von Kundenkarte, Kundenclub und Rabattsystem Krafft und Klingsporn 2007, S. 15.

[16] Vgl. http://presse.lufthansa.com/de/meldungen/view/archive/2011/february/11/article/1875.html abgerufen am 19.9.2012.

Abb. 2.35 Elemente der
Kundenloyalität

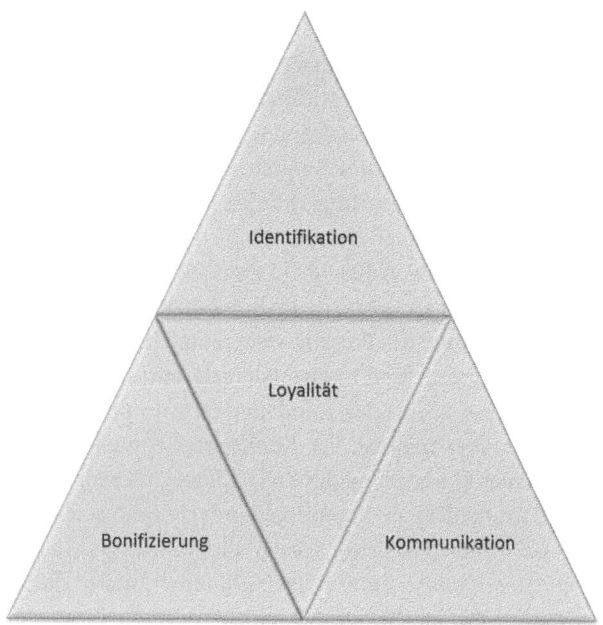

2.2.4   Gestaltung der Kundenbeziehung durch Direktansprache

Direktansprache wird nicht nur genutzt, um neues Geschäft im bestehenden Kundenstamm zu entwickeln, sondern auch um die Kundenbeziehung über die Zeit auszugestalten. Die Idee dahinter ist einfach: Je zufriedener ein Kunde ist, desto weniger Aufwand
muss das Unternehmen betreiben, um Folgekäufe zu initiieren. Daher gehört zu den zentralen Teilaufgaben der Direktansprache die Rückkopplung zum Markt, um herauszufinden, welche Aspekte letztlich die Kundenzufriedenheit bestimmen.

Dies hört sich trivial an, denn Zufriedenheit wird in der Regel als Abgleich der individuellen Kundenerwartung (Soll) mit der wahrgenommenen Produktleistung (Ist) konzipiert. Allerdings weiß das Unternehmen üblicherweise weder, was ein einzelner Kunde erwartet, noch wie das angebotene Produkt wahrgenommen wird. Qualität und Zufriedenheit sind im Auge des Kunden vor allem eines: subjektiv und relativ. Sie hängen mit der persönlichen Erfahrung, mit den verfügbaren Alternativen, mit eigenen Ansprüchen etc. zusammen. Daher versagen einfache Werkzeuge zur Messung der Kundenzufriedenheit wie z. B. der von Reichheld eingeführte Net Promoter Score (Reichheld 2003). Der Net Promoter Score versucht die Kundenzufriedenheit über eine einzige Frage zu messen: Würde der Kunde das Produkt weiterempfehlen. Dieser Aspekt ist zwar leicht zu erheben, aber seine Aussagekraft ist ebenfalls sehr leichtgewichtig.

Man muss zuallererst Kundenerwartung und die wahrgenommenen Produkteigenschaften sauber trennen. Die Kundenerwartung kann man z. B. auf Basis des Kano-Modells – einer Erweiterung der Zwei-Faktoren-Theorie von Herzberg et al. (1959) – in fünf Qualitätsdimensionen unterscheiden (vgl. Kano et al. 1984):

- *must-be quality*: notwendige Grundmerkmale, die als selbstverständlich angesehen werden (implizite Erwartungen). Werden diese *must-be* Faktoren nicht erfüllt, entsteht Unzufriedenheit, werden sie erfüllt, entsteht aber noch keine Zufriedenheit! Die Nutzensteigerung im Vergleich zur Differenzierung am Wettbewerber ist sehr gering.
- *attractive quality*: Begeisterungsmerkmale, die über das Erwartete (*must-be*) hinausgehen und das Produkt dadurch auch vom Wettbewerb (der Markterwartung) abgrenzen. Begeisterungsmerkmale steigern die Zufriedenheit, führen bei Fehlen aber nicht zu Unzufriedenheit.
- *one-dimensional quality*: sie beschreiben die Leistung in einer Dimension entweder als gut und erfüllt oder als schlecht und unerfüllt. Sie haben direkten Einfluss auf Zufriedenheit und Unzufriedenheit und sind das, was letztlich in standardisierten Befragungen gemessen wird.
- *indifferent quality*: diese Merkmale sind für die Kundenzufriedenheit unerheblich. Sie können daher keine Zufriedenheit stiften, führen aber auch zu keiner Unzufriedenheit.
- *reverse quality*: führen bei Vorhandensein zu Unzufriedenheit; bei Fehlen jedoch nicht zu Zufriedenheit und sind damit das logische Gegenstück zu den Begeisterungsmerkmalen.

Schon die Beschreibung der Kundenerwartung in diesen fünf Dimensionen wird in vielen Branchen zu Schwierigkeiten führen. Ungleich schwerer ist aber dann die Zurechnung einzelner Aspekte auf das Gesamtkonstrukt der Kundenzufriedenheit unter Nutzung standardisierter Befragungsmethoden. Möglicherweise lassen sich durch Kennzahlen wie Net Promoter Score oder Benchmarks wie den American Customer Satisfaction Index (ACSI[17])

---

[17] Vgl. http://www.theacsi.org abgerufen am 21.9.2012.

und dem Kundenmonitor Deutschland[18] Entwicklungen aufzeigen. Verlässliche Aussagen hinsichtlich der tatsächlichen Kundenzufriedenheit werden so aber nicht ermittelt. Vavra beschreibt diesen Aspekt anhand der Erfahrungen in der Automobilindustrie: „They recognize that in order to produce a *quality* product, to get customers to become repeat customers, and to get customers to recommend their automobile to potential customers, *they must invite an open dialogue with their customers*" (Vavra 1992, S. 143).

Die Möglichkeiten, mit den Kunden tatsächlich in einen Dialog – in die direkte Interaktion – einzusteigen, sind speziell durch die Möglichkeiten, die das Internet bietet, enorm gewachsen. Über spezielle Gruppen (Foren), eigene Nachrichtendienste (Blogging), Nutzernetzwerke (Social Networks), Chats, Videotelefonie und Möglichkeiten der Kollaboration durch virtuelles Prototyping lassen sich heute Produkteigenschaften und deren Bedeutung für die Zufriedenheit der Kunden in großem Umfang diskutieren und analysieren. Diese Entwicklungen werden unter dem Begriff Open Innovation (vgl. Chesbrough 2003) zunehmend in der Praxis eingesetzt und stellen letztlich ein Bindeglied zwischen dem produktbezogenen Innovationsmanagement und der kundenbezogenen Direktansprache dar.

Um die Kunden zumindest bis zu einem gewissen Grad in unternehmerische Prozesse z. B. bei der Produktentwicklung einzubeziehen, muss das Unternehmen spezielle Kommunikationsstile handhaben. Das resultiert daraus, dass die Kunden in der Regel (komplexe Zulieferketten und Ko-Entwicklungen ausgenommen) deutlich weniger Zeit haben, sich mit Details in der Tiefe zu beschäftigen. Um die Kunden metaphorisch gesprochen mit ins Boot zu holen, nutzen die Unternehmen z. B. Verfahren wie Campaigning (dramaturgische Inszenierung zukünftiger Produkt- oder Prozesseigenschaften), Framing (Bereitstellung von Deutungsrastern für den Dialog), Analogien (Vergleich mit bekannten Verfahren oder Abläufen aus anderen Bereichen) und Storytelling (Übersetzung komplexer Inhalte in einfach, zumeist bildhafte Geschichten; vgl. Huck-Sandhu 2009).

Eine Möglichkeit, die Kundenbeziehung durch Einbeziehung in unternehmensinterne Prozesse zu gestalten, ist das Customer Advisory Council. Dieses Werkzeug bietet sich speziell für den *business to business* Bereich an und nutzt im Kern das von Robert Merton entwickelte Instrument der Fokusgruppe (vgl. Merton und Kendall 1946; Merton 1987). Man lädt die Führungskräfte seiner Kunden – bewusst nicht die Einkäufer oder operativen Ansprechpartner – regelmäßig ein und versucht mit ihnen in der Gruppe zu erörtern, wie sich der Markt mittelfristig entwickeln wird und wie man als Lieferant seine Kunden auf dem Weg aktiv unterstützen kann. Neben der inhaltlich begründeten Bindung, die dadurch zwischen den Unternehmen entsteht, kann ein Customer Advisory Council auch ein gutes Forum für Networking zwischen den beteiligten Personen bieten.

Zur Ausgestaltung einer aktiven Kundenbeziehung gehört es schließlich, verlorene Kunden zurückzugewinnen. Aus der Erfahrung mit Customer Winback bzw. Customer Recovery Programmen weiß man, dass die aktive Rückgewinnung von Kunden zu einer deutlich höheren Loyalität führt, als sie vorher selbst bei einer zufriedenen Kundenbe-

---

[18] Vgl. http://www.servicebarometer.net/kundenmonitor/ abgerufen am 21.9.2012.

Abb. 2.36 Vergleich Customer
Relationship Management
und Customer Experience
Management

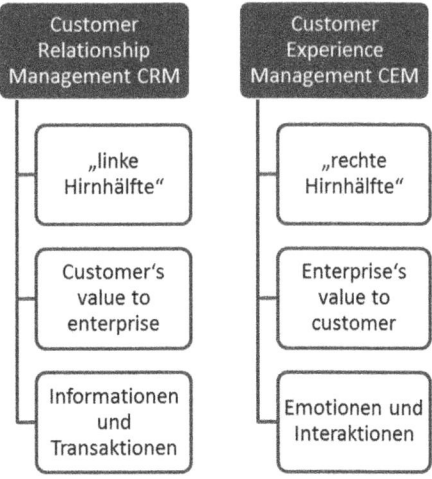

ziehung bestanden hat. Die Rückholung wird offensichtlich als Zeichen besonderer Mühe und gesteigerten Interesses gewertet und gewürdigt (vgl. Schüller und Fuchs 2009; Griffin und Lowenstein 2001; Homburg und Schäfer 1999).

Die Thematisierung der Produkteigenschaften und Entwicklungsmöglichkeiten vor dem Hintergrund eines nutzerzentrierten Designs sind letztlich ein Aspekt eines tiefer greifenden Customer Experience Management. Ziel ist es, alle Kontaktpunkte zwischen Produkt und Unternehmen auf der einen Seite und dem Kunden auf der anderen Seite durchgängig konsistent und auf Basis von Qualitätsmaßstäben zu gestalten, um aus zufriedenen Kunden loyale Kunden und aus loyalen Kunden begeisterte Kunden zu machen (vgl. Schmitt 2003). Das Customer Experience Management ist in dieser Form das emotionale Gegenstück zum rationalen Customer Relationship Management (vgl. Abb. 2.36).

Lessons learned

Die Kundenzufriedenheit beeinflusst direkt den Wert der Kundenbeziehung. Kundenzufriedenheit ist subjektiv und relativ. Daher sollten Unternehmen durch Direktansprache den Einfluss von Produkt- und Prozesseigenschaften auf die Zufriedenheit im Dialog mit den Kunden erörtern, was sich speziell im Internet durch aktive Teilnahme an Social Networks o. ä. realisieren lässt. Die verschiedenen Dimensionen von Kundenzufriedenheit beschreibt das Kano-Modell. Die aktive Rückgewinnung bereits verlorener Kunden (Customer Winback) führt nachgewiesenermaßen zu einer großen Zufriedenheit. Der Aufgabenbereich, die Kundenzufriedenheit aktiv über alle Kundenkontaktpunkte zu gestalten, wird als Customer Experience Management bezeichnet.

2.2.5 Virale Kommunikation: Aus Kunden Botschafter machen

Die hohe Schule der Direktansprache ist es, wenn man die Kunden dabei unterstützt, ihre Zufriedenheit oder Begeisterung aktiv zu kommunizieren. Der Kunde nimmt dabei freiwillig aus Überzeugung die Rolle eines Missionars ein. Die Kunden werden zu Evangelisten der Marke, einer Plattform, einer Technologie oder eines Produkts. Solche Customer Evangelists sind – so die Autoren Ben McConnell und Jackie Hubba – eine Art freiwillige Vertriebsmannschaft, die die eigenen Ressourcen des Unternehmens multiplizieren können (vgl. McConnel und Hubba 2003).

Es nimmt nicht Wunder, dass der Begriff Evangelism Marketing im Zuge der Digitalisierung der Gesellschaft entstanden ist, vor allem im Zuge der ersten großen Verbreitungswelle im Internet und der kompletten Durchdringung von Büros und Haushalten mit Computertechnik um die Jahrtausendwende. Kunden, die freiwillig und oft auch ohne Gegenleistung für das Unternehmen oder seine Produkte in ihrem gesellschaftlichen Umfeld missionieren, gab es zwar schon immer. Die Möglichkeit, sich mitzuteilen und damit einen öffentlichen Effekt zu erzeugen, sind durch die Netzwerktechnologien gleichwohl viel wahrscheinlicher geworden. Es gibt im Zuge der Digitalisierung immer wieder „Glaubenskämpfe": Ob Internet Explorer vs. Netscape Navigator bei der Browser-Technologie[19], Sony vs. Nintendo vs. Microsoft bei den Spielkonsolen, Windows vs. Linux vs. MacOS bei den Betriebssystemen, DVB vs. VDSL bei TV-Übertragungsstandards, MPEG2 vs. MPEG4 bei Videokompression usw.

Eine erste Vorstufe zu Kunden, die für das Unternehmen missionieren, ist die aktive Bewertung von Produktleistungen im öffentlichen Raum durch sogenannte *recommendations*. Man kennt diese Bewertungsschemata nicht nur bei Amazon, wo die Kunden neben einem einfachen Rating bei Bedarf auch gleich eine Rezension mitliefern können, sondern auch bei einer Vielzahl von Märkten und Plattformen im Internet. Ob es sich um Restaurants, Hotels, Verkäufer bei Ebay, Babysitter, Werkstätten oder Wandertouren handelt: Durch die Möglichkeit, schnell, ohne Aufwand und auf Wunsch meist auch anonym seine Erfahrung mit einem Produkt oder einer Marke zu kommunizieren, gewinnen diese Empfehlungen der Verwender für spätere Interessenten einen hohen Grad an Glaubwürdigkeit und Verlässlichkeit.

Speziell für kleinere Unternehmen mit entsprechenden Budgets unterhalb des Marktdurchschnitts, kann durch *recommendations* dokumentierte Kundenzufriedenheit einen positiven Hebeleffekt auf die eigenen Marketingausgaben ausüben.

Aus dieser Kenntnis heraus, versuchen Unternehmen, nicht nur passiv abzuwarten, dass die Verwender die genutzte Leistung tatsächlich positiv bewerten. Man versucht vielmehr über weitere Impulse zu unterstützen, dass Kunden über Marke und Produkt reden und dadurch eine schnelle und kostengünstige Verbreitung von Botschaften zu erreichen.

---

[19] Bekannt geworden als der Browserkrieg 1995–1998 (vgl. http://de.wikipedia.org/wiki/Browserkrieg abgerufen am 7.9.2013).

In Analogie zur Ausbreitung eines viralen Infekts spricht man deshalb auch von viralem Marketing[20].

Virales Marketing basiert auf dem umgangssprachlich als Mundpropaganda benann-ten Phänomen: Eine Botschaft verbreitet sich wirksamer über Menschen (direkte Inter-aktion), als über Medien[21]. Wirksamkeit meint hier, dass man einer Botschaft, die man aus dem persönlichen Kontakt erhält, eine höhere Relevanz zumisst und diese auch lieber und einfacher weiter erzählt. Was *word-of-mouth* allerdings im Kontext strategischer Unter-nehmenskommunikation schwierig macht, ist das Problem der mangelnden Steuerbarkeit. *Word-of-mouth* funktioniert *consumer-to-consumer*. Das *business* ist hier außen vor.

Deshalb ist der Erfolg von Maßnahmen, die eine Mundpropaganda initiieren sollen, generell nicht planbar im Sinne einer echten Kalkulation. Dazu kommt das Risiko, dass virales Marketing sich auch gegen den Urheber richten kann, wenn nämlich die einzelne Maßnahme bei den Kunden oder innerhalb der Öffentlichkeit selbst thematisiert wird. Und schließlich können sich auch ganz ohne aktives Zutun des Unternehmens virale Ef-fekte abspielen, die sich direkt gegen das Unternehmen, eine Marke, eine Partei, eine Per-son oder eine Idee richten (man denke etwa an Gerhard Schröders Formulierung vom „Professor aus Heidelberg[22]" oder das Phänomen von Shitstorms bzw. *flamings* in sozialen Netzwerken).

Dennoch gibt es einige Erfahrungen im Umgang mit viralen Maßnahmen. Im Prinzip kann man zwei grundlegende Phasen unterscheiden. Es gibt das *seeding*, d. h. man muss Impulse setzen, aus denen heraus eine virale Verbreitung überhaupt erst entstehen kann. Das kann ein Aufruf oder eine Unterschriftenaktion sein, aber ebenso die bewusste Auf-forderung, ein genutztes Angebot zu bewerten und darüber zu erzählen oder – schon ganz im Sinne eines Marketing Buzz[23] – z. B. Inhalte bereit zu stellen, die sich eignen, expansiv weiterverteilt zu werden.

In der Seeding-Phase geht es im Schwerpunkt darum, ein Kommunikationsziel so in einen Inhalt (die Botschaft) zu übertragen, dass die Botschaft freiwillig und gerne weiter-verbreitet wird. Anders als bei einer klassischen Werbemaßnahme, wo sich ein Sender den massenhaften Zugang zu Empfängern erkauft und daher die Botschaft sehr viel stärker direkt auf sein Kommunikationsziel zuschneiden kann, muss im viralen Kontext oft ein

---

[20] Erstmals verwendet wurde der Vergleich der viralen Verbreitung einer Marketingidee von Ray-port (1996), dann aber wesentlich geprägt von Godin (2000) und Montgomery (2001).

[21] Ganz grundlegend wurde die Einsicht von Katz und Lazarsfeld (1955) empirisch nachgewiesen, die Mundpropaganda einen siebenfach höheren Wirkungsgrad gegenüber einer Printanzeige nach-wiesen.

[22] Vgl. z. B. www.tagesspiegel.de/politik/paul-kirchhof-der-professor-aus-heidelberg/4334590.html abgerufen am 7.9.2013. Bundeskanzler Gerhard Schröder disqualifizierte das an sich durchdachte und solide berechnete Steuerkonzept des früheren Bundesverfassungsrichter durch seine Bemer-kung, dass das Konzept von einem Professor aus Heidelberg – also einem verstaubten Kauz ohne soziales Gewissen – stammt.

[23] Marketing Buzz wird im englischen Sprachraum quasi synonym zu viralem Marketing gebraucht. Siehe dazu auch Rosen (2000).

Umweg genommen werden, um den Inhalt interessant genug für die freiwillige Verteilung zu machen.

Im zweiten Schritt geht es um die virale Verbreitung selbst. Die Botschaft muss durch Boten (*messenger*) verbreitet werden. Hier kommt es zu dem Effekt, der als Tipping Point[24] bezeichnet wird: Der Punkt, aus dem aus einer kleinen Sache plötzlich das *big thing* wird. Gladwell (2000) führt das auf einfache Regeln zurück, wobei insbesondere das *law of the few* eine zentrale Stellung einnimmt, was im Kern eine Reformulierung des Small-World-Experiments [25] mit neuen Nuancen ist. Gladwells mit Beispielen belegte – damit gleichwohl weder reliabel noch valide anwendbaren – Aussagen helfen, die Macht epidemischer Effekte zu verstehen, sollten jedoch nicht als Handbuch zur Durchführung erfolgreicher Kampagnen missverstanden werden.

Dass, was zwischen *message* und *messengers* passiert, ist nicht steuerbar, sondern nur im Ergebnis *ex post* zu bewerten. Idealtypisch gibt es vier Szenarien, die Kaplan und Haenlein (2011) über die beiden Dimensionen „Auslöser" und „Auswirkung" entwerfen. Auslöser können Kunden oder das Unternehmen sein, Auswirkungen positiv oder negativ. Daraus ergeben sich vier typische Arten viraler Kampagnen:

- Glücksfälle (Kunde löst erfolgreichen Buzz aus)
- Triumphe (Unternehmen löst erfolgreichen Buzz aus)
- Albträume (Kunde löst *bashing* aus)
- hausgemachten Fehler (Unternehmen löst *bashing* aus)

Beide Aspekte – Seeding und Tipping Point – werden vor allem mit den Möglichkeiten des Internet und hier insbesondere der sozialen Netzwerke besprochen. Das resultiert u. a. aus der Einfachheit, sich in virtuellen Gruppen zu organisieren und auszutauschen (vgl. Shirky 2008). Zum anderen aber sind es vor allem die Gruppengrößen, die virale Effekte schnell in Dimensionen einer Epidemie vorstoßen lassen. Wenn etwas auf Facebook rundgeht, kann es potenziell bis zu 1 Milliarde Mitglieder betreffen (vgl. Fowler 2012). Ohne Werbung und ohne größere Begleitmaßnahmen wurde der Video-Clip „Kony 2012" über den ugandischen Rebellenführer Joseph Kony in sechs Tagen 100 Mio. Mal angeschaut (vgl. Padilla 2012) und der Gangnam Style des südkoreanischen Rappers Psy erhielt von Juli bis Dezember 2012 mehr als eine Milliarde Aufrufe im Videoportal YouTube (vgl. Gruger 2012).

---

[24] Erstmals so verwendet von Grodzins (1958) bei Untersuchungen zu Phänomenen der Rassentrennung. Populär wurde der Begriff speziell durch das gleichnamige Buch von Gladwell (2000).

[25] Das Small World Experiment wurde auf Basis einer längeren Forschungstradition von Stanley Milgram durchgeführt wurde. Auf Basis seiner Veröffentlichung in einer populärwissenschaftlichen Zeitschrift (Milgram 1967) wurde daraus die umgangssprachliche Phrase der *six degrees of separation* („über sieben Ecken kennt jeder jeden"), was zu einem zentralen Konstrukt sozialer Netzwerk im Internet wurde.

Dennoch scheint es bislang keine tragfähigen Konzepte zu geben, wie man *word of mouth* als zentrales Element vermeintlicher Social Media Marketing Ansätze tatsächlich planbar in die Unternehmenskommunikation integriert. Tragfähiger und in direktem Bezug auf die Zielsetzung „Kundenbeziehung verlängern" ist der von Mutinga et al. (2011) vorgelegte Ansatz der *consumers' online brand-related acitivities* (COBRAs). Hier geht es im Kern darum, die verschiedenen Aktivitätsgrade, die ein Kunde annehmen kann – *consumer, contributor, creator* – aktiv zu unterstützen und das führt zentral zu der Aufgabe, immer wieder neu markenbezogene Inhalte bereitzustellen (vgl. a. a. O., S. 36 f.). Inhalte sind das, was Sernovitz (2009) als Topics beschreibt. Topics sind eines der als Fünf Ts beschriebenen zentralen Elemente des *word of mouth* Marketing: Man braucht demnach:

- *talker*: Leute, insbesondere Kunden, die bereit sind, über einen zu sprechen.
- *topics*: Themen, über die man sprechen kann, letztlich also immer wieder neue Inhalte (Content Marketing, Custom Media, Memes).
- *tools*: Hilfsmittel, um die Verbreitung der Topics zu unterstützen, z. B. gute (frei nutzbare) Grafiken, Video-Clips, Bilder und Logos, Cartoons, Texte etc.
- *taking part*: Man sollte als Unternehmen nicht nur Impulse bereitstellen, sondern aktiv an entstehenden Diskussionen und Konversationen teilnehmen.
- *tracking*: Wie immer im Geschäftsleben: Ohne Beobachtung und Messung gibt es keinen Lerneffekt und damit auch keinen Ausbau der eigenen Fähigkeiten.

Trotz der starken Fokussierung auf die sozialen Netzwerke ist *word of mouth* bzw. der Aspekt, dass Kunden aktive Botschafter für das Unternehmen und seine Produkte werden, nicht auf das Internet begrenzt oder erst im Zuge der Digitalisierung entstanden. Speziell im geschäftlichen Umfeld gilt das Referenzmarketing als einer der zentralen Erfolgshebel, um neue Kunden zu gewinnen. Man kennt das durch die Referenzlisten, die speziell kleinere Unternehmen aktiv nutzen, um auf ihre Lösungskompetenz hinzuweisen oder die Gemeinschaftsanzeigen von Architekten und Handwerkern bei Fertigstellung eines größeren Bauprojekts. Hibbard (2009) verbindet diese klassische Methode mit dem Storytelling zu einem aktiven Vertriebskonzept.

Ebenfalls ein wichtiger Aspekt in der Bemühung, eine Kaufentscheidung durch vermeintliche Aussagen neutraler Dritter zu unterstützen, ist die Überlegung, dass Kaufentscheidungen nicht nur im Markt, sondern auch in der Öffentlichkeit beobachtet werden. Im Kaufentscheidungsprozess haben so möglicherweise viele Personen einen Einfluss, was Brown und Hayes (2007) unter dem Begriff Influencer Marketing diskutieren und dafür unterschiedliche Rollenkonzepte beschreiben. So ist möglicherweise etwas, was in der engen Gruppe von Technikjournalisten per *word of mouth* als Hype interpretiert wird, durch anschließende Veröffentlichungen mitentscheidend, für welche Technologien sich selbst Großkonzerne entscheiden (also z. B. das lizenzpflichtige und proprietäre Microsoft Windows vs. den lizenzkostenfreien und offenen Linux-Betriebssystemen).

Eine besondere Form des *word of mouth* ist es, wenn Kunden die Marke des Unternehmens nutzen, um Elemente der eigenen Identität durch die Markennutzung zu kommunizieren. Die Verwendung von Produkten generell ist ein ganz wesentliches Element von *word of mouth*, was u. a. rückgekoppelt ist mit Thematisierungsüberlegungen und Kanonisierung: Bestseller-Listen, Verkaufsrekorde etc. bieten Themen, um darüber zu sprechen und dem Gegenüber unterstellen zu können, dass er in etwa weiß, worüber man da spricht.

Neben diesem Mainstream-Ansatz ist auch das Gegenstück – die Teilhabe an einer exklusiven Gruppe – eine Möglichkeit, *word of mouth* zu inszenieren. Schaut man sich die Anfänge von „Apple 2.0" an, also der Neuerfindung des Computerunternehmens hin zu einem Anbieter von Unterhaltungselektronik, dann haben die weißen Ohrhörer mit weißen Kabeln der iPods sicherlich Einiges an Erfolgsbeitrag geleistet. Die Werbung inszenierte das Produkt als cool, neu und trendy. Der Nutzer dokumentierte seine Teilhabe durch die auffälligen Kabel und Ohrhörer, ohne dabei aufdringlich zu sein – also *sophisticated*. Ein perfektes Zusammentreffen von Exklusivität, Massenware, Werbung und *word of mouth*.

Markenbotschafter wird man aber nicht nur durch die Verwendung des Produkts im öffentlichen Raum. Das hieße ja, dass große Teile der Wirtschaft keine Möglichkeit hätten, Markenbotschafter zu unterstützen, weil ihre Produkte gar nicht öffentlich wahrgenommen werden. Um das auszugleichen, hat sich die Werbeartikelindustrie entwickelt. Allein in Deutschland produzieren und vertreiben rund 5.000 Unternehmen *promotional items* – vom bedruckten Plastikkuli bis zum individuellen Kundengeschenk – und setzen damit knapp € 3,5 Mrd. um (vgl. GWW 2012). Damit liegt die Werbeartikelbranche als Werbeträger in etwa auf Augenhöhe mit den Werbeerlösen der Tageszeitungen in Deutschland.

Lessons learned

Wenn begeisterte Kunden aktiv von Produkten und Unternehmen schwärmen – sie also als Evangelisten die Marketing-Botschaften freiwillig weiterverbreiten –, entstehen positive Effekte, die im Idealfall den Tipping Point überschreiten und zu einem viralen Effekt bis hin zu einer Epidemie führen. Von einfachen Bewertungssystemen (*recommendations*) bis zum geplanten *seeding*, um Viralität zu unterstützen, haben Unternehmen verschiedene Möglichkeiten, Mundpropaganda zu instrumentalisieren.

Die kundenbezogenen Aktivitäten im Internet (sogenannte COBRAs) erfolgen über verschiedene Handlungsrollen: Vom passiven Nutzer über den aktiven Beitrag bis zur Schaffung neuer eigener Inhalte. Unternehmen unterstützen den Aktivierungsgrad über den Einsatz der fünf Ts im *word of mouth* Marketing.

Auch außerhalb der konsumorientierten Vermarktung, lassen sich positive Kundenerfahrungen instrumentalisieren z. B. im Rahmen des Referenz-Marketing oder des Influencer Marketing. Aber auch klassische Kommunikationsmittel wie Werbeartikel gehören in den Werkzeugkasten, mit denen Kunden als Botschafter ausgerüstet werden.

2.3 Public Relations (PR)

Nach den Erläuterungen zu den beiden Hauptinstrumenten der Marktkommunikation erfolgt der Schwenk zur Öffentlichkeitsarbeit. Öffentlichkeitsarbeit ist ein Teilbereich des Marketing-Instruments Kommunikation und zielt darauf ab, außerhalb der direkten, im Markt beobachtbaren Transaktionsbeziehungen Akzeptanz in der Öffentlichkeit herzustellen. Akzeptanz stellt sich einmal dar in Form aktiver Unterstützung und zum anderen in Form passiven Einverständnisses. Um für diese Art von passivem Einverständnis zu sorgen, nutzen Unternehmen das Kommunikationsinstrument Public Relations oder kurz PR. Die Leistung, die das Instrument Public Relations für das Unternehmen übernimmt, ist die Herstellung von Transparenz, die das Handeln der Organisation innerhalb der Öffentlichkeit rechtfertigt.

Sehr viel stärker als die hierarchisch angelegte Werbung („ein aktiver Sender richtet sich an viele passive Empfänger"), setzt PR auf Dialog, denn die Aufgabe, Transparenz zu schaffen, kann oft nicht direkt vom Unternehmen aus direkt gesteuert werden, sondern braucht die Vermittlung des eigenen Standpunkts durch andere Organisationen wie Redaktionen, Banken, Parteien, Verbände etc. Die Selbstbeschreibung der PR-Branche bringt dies sehr gut auf den Punkt. Die Public Relations Society of America definiert: „Public relations is a strategic communication process that builds mutually beneficial relationships between organizations and their publics" (PRSA 2012).

Der Prozess des Beziehungsaufbaus zwischen einer Organisation und ihren Öffentlichkeiten verzahnt das Unternehmen mit seinem gesellschaftlichen Umfeld (vgl. Abb. 2.37). Damit ist PR auf der einen Seite zwar klar ein an strategischen Zielen ausgerichtetes Instrument, das dem Unternehmen hilft, Profit zu machen. Um aber dieses Ziel zu erreichen, orientieren sich Public Relations stark an einer anderen Branche, dem Journalismus. Dieses Spannungsfeld zwischen journalistischen Methoden und ökonomischen Interessen charakterisiert das Arbeitsfeld der Public Relations.

Mancherorts wird die Einsicht geäußert, PR sei eine soziale Grundtechnik und schon im alten Ägypten nachweisbar (vgl. Smith 2004). Doch man sollte nicht alles, was sich im Kern darauf zurückführen lässt, dass man „dem Volk aufs Maul schaut" und dem Volk Brot und Spiele gibt, als PR bezeichnen. Public Relations sind zwar kein ureigener Bereich der Wirtschaft, sondern werden auch von vielen anderen Organisationen eingesetzt. Doch ihre Aufgabe hängt zuallererst damit zusammen, dass sich die Gesellschaft in verschiedene Funktionsbereiche ausdifferenziert und erst dadurch ein Konzept von Öffentlichkeit als gemeinsam geteilter Umwelt getrennter Funktionssysteme entsteht. Dieser Prozess setzt etwa ab Beginn der Neuzeit an (also etwa grob ab der Reformation im 16. Jahrhundert) und erst in diesem Kontext, in der die Versorgung der Gesellschaft mit knappen Gütern durch Organisationen erfolgt, die aufgrund des Rechtsinstituts privaten Eigentums sehr eigene Vorstellungen darüber haben, was richtig und was falsch ist, entstehen Berührungspunkte, die die instrumentale Reaktion der Unternehmen erzwingt.

Die Einsicht, dass sich ein Unternehmen mit den übergeordneten gesellschaftlichen Zielen synchronisieren muss, ist dem Wirtschaftssystem nicht immanent, sondern ent-

Abb. 2.37 PR als Verzahnung
der Organisation mit ihrer
Öffentlichkeit

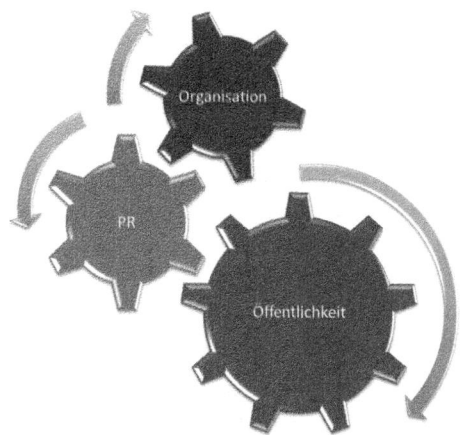

"Public relations is a strategic communication process that builds
mutually beneficial relationships between organizations and their
publics"

stand durch einen Lern- und Anpassungsprozess. Public Relations als eigener Aufgabenbereich entwickeln sich so recht spät, erst etwa Anfang des 20. Jahrhunderts, und sie entstehen in einer Branche (monopolistische Strukturen und *big money*) und in einem Land
(freier Markt als Ideal), die es ermöglichen, dass sich die Partikularinteressen weit von den
allgemeinen Interessen entfernen.

Der Eisenbahnbau im späten 19. Jahrhundert wurde in den USA mit harten, durchaus
auch illegalen Bandagen geführt. Und der Stärkste der Starken war William Henry Van-
derbilt (1821–1885), seinerzeit reichster Mann der Welt. Er wird in einem Interview von
1882 wie folgt zitiert: „The public be damned. I don't take any stock in that twaddle about
working for the good of anybody but ourselves" (vgl. Dow 2006, S. 287). Doch es zeichnete
sich in den Folgejahren ab, dass sich diese Sichtweise nicht aufrechterhalten lassen kann.
Es kam zur Besetzung erster Stellen in den Großkonzernen (neben den Eisenbahngesell-
schaften u. a. auch bei Edisons General Electric), die sich den Beziehungen zur Öffentlichkeit widmen sollten. Die erste eigenständige PR-Agentur wurde im Jahr 1900 gegründet[26].

In den frühen Tagen der PR entwickelte sich vor allem rund um drei Personen das
Konzept der Public Relations als strategisch planbares Instrument zur Erreichung organisatorischer Ziele. Ivy Lee (1877–1934) gilt vielen als Gründer der PR als Profession. In
einer Zeit, als der Journalismus selbstbewusster wurde und Publizisten wie Joseph Pulitzer
und William Randolph Hearst Auflagenzahlen durch investigativen Journalismus nach
oben trieben, gerieten Organisationen immer stärker unter Beobachtung der sogenannten
muckrakers[27]. Ivy Lee, selbst Journalist, wechselte das Lager und beriet Firmen, wie sie ihr

---

[26] Vgl. zur Geschichte der PR auch Bates 2006.

[27] Muck-rake ist der englische Begriff für Mistgabel und weist darauf hin, dass die Journalisten in
der Zeit von 1900–1914 sich intensiv darum bemühten, Dreck aufzuwühlen. Der Begriff soll auf

Bild in der Öffentlichkeit in Szene setzen konnten. Er entwickelte 1906 die erste Presse-mitteilung im heutigen Sinn: also als aktive Information einer breiten Gruppe von Jour-nalisten, damit diese entsprechend über den Sachstand berichten können. Die New York Times veröffentlichte die Pressemitteilung im Wortlaut, was als *proof of concept* der PR als Instrument gelten kann (vgl. Jarboe 2006).

Auch Krisenkommunikation im Sinne der schnellen Reaktion auf unangenehme Frage-stellungen wurde wohl erstmals – jedenfalls in dokumentierter Form – von Ivy Lee durch-geführt. Öl-Milliardär John D. Rockefeller jr. beauftragte Lee, die Wogen der Empörung zu glätten, die es nach einem Aufstand an einer Miene der Rockefellers gab, den die Familie durch die Nationalgarde niederschießen ließ. Es gab zwanzig Tote beim Ludlow Massacre und Ivy Lee versuchte die Lage zu beruhigen, indem er die Toten nicht einer Schießerei, sondern einem umgestürzten Ofen zuschrieb. Nach dieser sehr eigenwilligen Informa-tionspolitik gegenüber der Presse, wurde Ivy Lee später auch gerne Poison Ivy[28] genannt.

Ivy Lees großer Gegenspieler in den Anfangstagen der PR war Edward Bernays (1891–1995), ein Neffe von Sigmund Freud. Bernays gehörte dem Creel Committee an, das im Ersten Weltkrieg die Propaganda der USA koordinierte (vgl. Creel 1920) und dabei neben Zeitungen auch Radio, Kino und Plakate bediente sowie nicht nur innerhalb der USA, sondern auch international arbeitete. Seine Nähe zu Freud ließ Bernays (1947) ein Kon-zept entwickeln, dessen Ziel die Formung der öffentlichen Meinung war: das *engineering of consent* (die Technik der Zustimmungsbereitschaft – also eine grundlegende Arbeit für die später in diesem Buch behandelten Societal Relations). Schon vorher befand Bernays, dass Public Relations eine Technik sei, die Erkenntnisse der Massenpsychologie anwende. Nicht als exakte Wissenschaft, aber als Kombination von Theorie und Erfahrung „we can effect some change in public opinion with a fair degree of accuracy by operating a certain mechanism, just as the motorist can regulate the speed of his car by manipulating the flow of gasoline" (Bernays 1928, S. 47).

Während Ivy Lee die journalistische Methodik und Edward Bernays die manipulativen Aspekte in die Öffentlichkeitsarbeit einführt, gewann die Professionalisierung der PR als Kommunikationsinstrument insbesondere durch Arthur W. Page Kontur. Page war von 1927–1947 als Vice President Public Affairs and Public Relations bei AT&T. Page hatte folgendes Grundverständnis von PR: „All business in a democratic country begins with public permission and exists by public approval. If that be true, it follows that business should be cheerfully willing to tell the public what its policies are, what it is doing, and what it hopes to do. This seems practically a duty" (Bates 2006, S. 14). Aus der Arbeit von Page resultieren die Page Principles genannten sieben Prinzipien moderner PR-Arbeit[29]:

---

eine Rede des US-Präsidenten Theodor Roosevelt zurückgehen (vgl.: http://en.wikipedia.org/wiki/Muckraker abgerufen am 7.9.2013).

[28] Englische Bezeichnung für Gift-Efeu.

[29] Zitiert nach Arthur W. Page Society (o. J.); vgl. auch The Arthur W. Page Center (o. J.).

- *Tell the truth*: PR orientiert sich zwar an der Sichtweise des Unternehmens, agiert aber mit wahren Aussagen (manipuliert oder leugnet also nicht).
- *Prove it with action*: 90 % der Wahrnehmung einer Organisation erfolgt über ihre Handlungen und nur 10 % über ihre Aussagen.
- *Listen to the customer*: Die PR-Abteilung koppelt die öffentliche Meinung mit der Unternehmensleitung und vermittelt eine *outside-in* Perspektive.
- *Manage for tomorrow*: Antizipation zukünftiger Reaktionen in der Öffentlichkeit sind wesentlicher Bestandteil der PR-Arbeit.
- *Conduct public relations as if the whole company depends on it*: Die Abhängigkeit von der öffentlichen Meinung führt dazu, dass PR als Managementaufgabe für das gesamte Unternehmen dient und keine Partikularinteressen verfolgt. Dies ist der Grund, warum PR oft als Stabstelle direkt der Geschäftsleitung berichtet.
- *Realize a company's true character is expressed by its people*: Erste Zielgruppe der PR ist die Öffentlichkeit der eigenen Belegschaft, weil es die Mitarbeiter sind, die von anderen Öffentlichkeiten mit dem Unternehmen gleichgesetzt werden.
- *Remain calm, patient and good-humored*: Speziell bei Krisen oder schwierigen Situationen gilt es, ruhig und sachlich zu bleiben.

Um die Zielsetzung der Public Relations, Transparenz aufzubauen, zu erreichen, vermittelt PR als Instrument das unternehmerische Handeln jeweils passgenau an die relevanten Teilöffentlichkeiten. Solche Teilöffentlichkeiten ergeben sich aus der Analyse, welche Gruppen in der Gesellschaft für das Unternehmen von Bedeutung sind. Dieser Ansatz, neben den Interessen der Eigentümer des Unternehmens auch weitere Anspruchsgruppen (Stakeholder) in der strategischen Planung zu berücksichtigen, entwickelte insbesondere Freeman (1984). Welche Anspruchsgruppen ein Unternehmen oder innerhalb eines Unternehmens eine Geschäftseinheit oder ein Projektteam konkret berücksichtigen sollte, lässt sich nur im Einzelfall ermitteln. In einer generalisierten Perspektive gibt es jedoch ein relativ festes Set an Anspruchsgruppen, aus denen sich die verschiedenen Arbeitsfelder der Public Relations ableiten lassen. Es geht um (potenzielle) Kunden und Lieferanten, es geht um Mitarbeiter und ihre Familien, es geht um die publizistischen Medien, die Politik und das kommunale Umfeld sowie um Investoren und Banken. Aus diesen fünf Gruppen leiten sich die Hauptarbeitsgebiete der Public Relations ab (vgl. Abb. 2.38).

2.3.1   Publicity: Öffentlichkeit für die Produkte, Marken und das Unternehmen

Publicity ist das Brot- und Buttergeschäft innerhalb der Public Relations. Es wird versucht, Produkte, Technologien, Marken oder das gesamte Unternehmen geregelt – also unter eigenen Zielvorstellungen – als Thema in der Öffentlichkeit zu platzieren. Dafür wird im Wesentlichen ein Kommunikationsmittel eingesetzt, die Pressemeldung bzw. alternativ auch *announcement* oder *press release* genannt. Darunter ist die strukturiert aufgebaute

Stakeholder eines Unternehmens　　Aufgabenfelder der PR

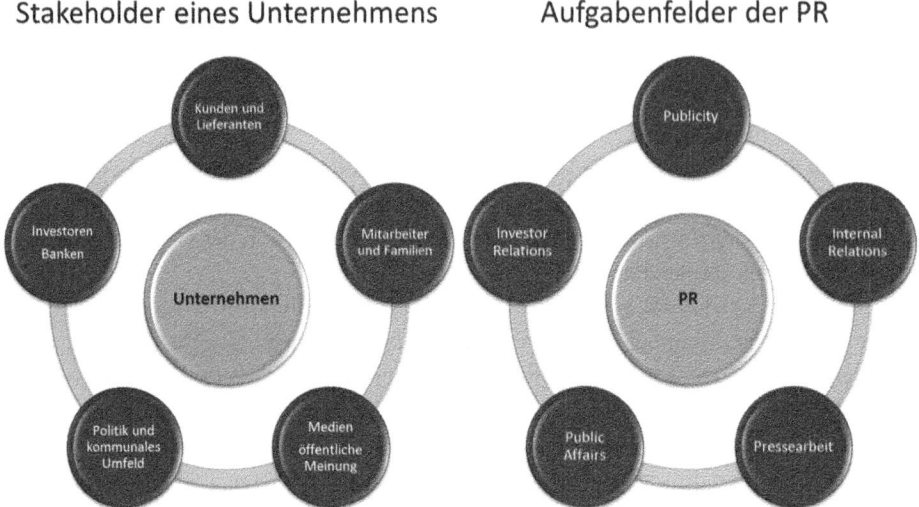

Abb. 2.38 Ableitung der Aufgaben der PR aus der Stakeholder-Analyse

Information zu verstehen, die an Pressevertreter und weitere Multiplikatoren verschickt wird, um Themen des Unternehmens zu veröffentlichen.

Der Aufbau der Pressemeldung orientiert sich am journalistischen Nachrichtenstil, so dass im Prinzip die Pressemeldung unredigiert in einem redaktionellen Medium veröffentlicht werden könnte. Eine Pressemeldung ist grob in sechs Elemente aufgeteilt:

- *headline*: Die Überschrift fasst den zentralen Aspekt der Nachricht zusammen und sollte nach Möglichkeit aufmerksamkeitsstark formuliert sein.
- *dateline*: Eine Pressemitteilung sollte immer mit einem Gültigkeitsdatum versehen werden. Dieses kann auch in der Zukunft liegen, was man als Sperrvermerk kennzeichnet, der allerdings rechtlich nicht bindend ist.
- Intro bzw. *lead*: Die Einleitung beantwortet im klassischen Stil die Fragen, wer wann wo warum was gemacht hat (auch bekannt als die fünf journalistischen W-Fragen, ggf. ergänzt um die Frage, welche Quelle das belegt).
- *body*: Der Textkörper greift den Lead auf und erläutert weitergehende Aspekte z. B. durch Statistiken, wörtliche Zitate, Einordnung in einen größeren Zusammenhang etc.
- *boilerplate*: Zu jeder Pressemitteilung gehört eine klare Urheberkennzeichnung, die ggf. um beschreibende Aspekte über das Unternehmen ergänzt wird.
- *contact*: Da sich eine Pressemitteilung an Multiplikatoren wendet, die ihrerseits über das Thema berichten sollen, ist es notwendig, klare Kontaktdaten über die verschiedenen technischen Kanäle (Telefon, E-Mail, postalisch etc.) anzugeben, damit Rückfragen schnell und problemlos geklärt werden können.

Hat man eine Pressemitteilung verfasst, ist der nächste Schritt, diese zu verbreiten. Dafür gibt es drei notwendige Schritte. Zuallererst stellt man die Nachricht auf seiner eigenen

Webseite ein. Manchmal vergisst man das oder hat auf seiner Webseite gar keinen Presse-bereich eingerichtet, was ein kardinaler Fehler ist. Als Urheber einer Nachricht sollte man diese zeitlich als erster veröffentlichen und die Veröffentlichung unbegrenzt als Nachrich-tenarchiv bzw. elektronische Pressemappe verfügbar halten.

Der zweite Schritt, ist die Kanäle zu bespielen, die im direkten Zugriff des Unterneh-mens liegen. Das sind üblicherweise Blogs oder Microblogs wie Twitter, interne Boards wie im Intranet und Netzwerkprofile wie die Facebook-Seite des Unternehmens.

Erst dann verteilt man die Pressemitteilung an weitere Multiplikatoren. Hier ist natür-lich zuallererst ein gepflegter Presseverteiler zu nennen, den das Unternehmen auf seine jeweilige Marktstellung hin individuell aufbauen muss. Man kann darüber hinaus aber auch verschiedene Presseportale wie openPR.de oder Dienste der Nachrichtenagenturen wie den Original Text Service (OTS) der dpa-Tochter news aktuell für die Verbreitung nutzen.

Die Form der Verbreitung ist im Kern der wesentliche Unterschied zur Werbung, die ebenfalls Aufmerksamkeit erzeugen will, dafür aber bezahlten Raum nutzt. PR geht über Intermediäre – in der Regel Journalisten, heute aber auch immer stärker über unabhängige Blogger, Interessensgruppen oder Produktbotschafter – und hat keinen direkten Einfluss darauf, ob und wie die Pressemitteilung tatsächlich veröffentlicht wird. Dafür profitiert PR aber von höherer Glaubwürdigkeit, die einer Nachricht dann zugeschrieben wird, wenn sie von einer unternehmensfremden Stelle kommt. Mit diesem Aspekt der Glaubwürdigkeit begründen Al und Laura Ries ihre These, dass PR der Werbung den Rang abläuft und be-gründen dies mit zahlreichen Beispielen: von Red Bull, The Body Shop und Harry Potter über Microsoft, Google und Amazon bis hin zu Technologieunternehmen wie Oracle, Ci-sco und SAP (vgl. Ries und Ries 2002).

Lessons learned
Über Publicity wird versucht, Produkte, Technologien, Marken oder das ganze Unternehmen als Thema in der Öffentlichkeit zu platzieren. Dies geschieht haupt-sächlich über Pressemeldungen, die an Pressevertreter und weitere Multiplikatoren verschickt werden. Der Aufbau einer Pressemitteilung orientiert sich an journalisti-schen Prinzipien. Die Verarbeitung von Pressemeldungen sollte drei Schritte umfas-sen: die Veröffentlichung der Nachricht auf der eigenen Webseite, das Einstellen im direkten Zugriffsbereich des Unternehmens (Blogs, Social Networks etc.) und schließlich die Weiterverteilung an Multiplikatoren.

2.3.2   Internal Relations: Unternehmensinterne Öffentlichkeit

Eine der wichtigsten Öffentlichkeiten eines Unternehmens sind die eigenen Mitarbeiter. Diese sind zwar über Entgelte transaktional an das Unternehmen gebunden und somit Teil der Marktbeziehungen eines Unternehmens was den Austausch von Zahlung eines Lohns oder Gehalts und die Leistungserbringung angeht. Die eigenen Mitarbeiter sind darüber hinaus aber auch Meinungsführer, wenn das Unternehmen zum Thema im öffentlichen Raum wird, z. B. im regionalen Umfeld des Standorts oder ganz einfach bei einem Gespräch an einer Hotelbar oder auf einem Kongress, in dem man gefragt wird, wo man arbeitet und dann automatisch – selbst in der unbezahlten Freizeit – als Repräsentant und Experte für das Unternehmen und die jeweilige Branche interpretiert wird.

Alle Mitarbeiter sind – *on-duty* und *off-duty* – Repräsentanten des Unternehmens sowie wie alle katholischen Christen Repräsentanten ihres Glaubens und Mitglieder des FC Bayern München Repräsentanten ihres Vereins sind.

Neben den Repräsentationsaspekt tritt eine weitere Dimension, die man aus dem weitverzweigten Netz der Motivationsforschung kennt. Es geht um den Einfluss von Informationen auf das Zugehörigkeitsgefühl des einzelnen Mitarbeiters zur Organisation. Diese *affiliative motives* genannte Gruppe von inneren Antriebskräften zählt McClelland zu den großen drei Motivgruppen (vgl. 1985), die sich sogar biochemisch durch Dopaminausschüttungen nachweisen lassen (vgl. McClelland 1987).

Ein dritter Aspekt schließlich lässt sich durch die klassischen Hawthorne-Experimente begründen (vgl. Mayo 1933). Die Beobachtung von Mitarbeitern bei der Leistungserbringung, scheint die Leistung selbst positiv zu ändern, was man darauf zurückführen kann, dass die Beobachteten indirekt Wertschätzung erhalten und informelle Strukturen entwickeln, die letztlich die Arbeitsleistung für das Unternehmen erhöhen.

Die Notwendigkeit, die eigenen Mitarbeiter über formale Entscheidungen und Sichtweisen des Unternehmens zu informieren und die Mitarbeiter ggf. auch selbst zu Themen der internen Öffentlichkeit im Unternehmen zu machen, begründen die Notwendigkeit, Public Relations für diese Anspruchsgruppe durchzuführen. Dazu gehört ganz operativ, dass offizielle Statements frühzeitig an die eigenen Mitarbeiter ausgegeben werden, bevor diese die Neuigkeiten über die Presse erfahren. Weitere Maßnahmen wie etwa die Verbreitung formaler Kommunikation über Mitarbeiterinformationssysteme wie Intranet, Schwarzes Brett oder Mitarbeiterzeitschriften gehören ebenso zu den Internal Relations, die oft gar nicht in der Öffentlichkeitsarbeit, sondern auch in der Personalabteilung oder einem einzelnen Geschäftsbereich oder einer Abteilung aufgehängt sein können. Operative Aspekte der Umsetzung einzelner Werkzeuge der Internal Relations sind Gegenstand des Buchkapitels 3.

Lessons learned
Die Mitarbeiter eines Unternehmens sind eine wichtige Öffentlichkeit. Sie stellen Repräsentanten für das Unternehmen auch außerhalb der Geschäftszeiten dar. Speziell der strukturierte Einsatz formaler Kommunikation – Selbstbeschreibungen der Organisationen gegenüber ihren Umwelten – gehört in den Arbeitsbereich der Internal Relations.

2.3.3   Media Relations: Dialog mit Journalisten und Meinungsführern

Das Kernstück der Public Relations verstanden als bilateraler Ausgleichsmechanismus zwischen Öffentlichkeit und Unternehmen ist die Pressearbeit, oder trennschärfer formuliert: die Media Relations. Media Relations dienen nicht in erster Linie dazu, dass Journalisten oder Meinungsführer über das Unternehmen und seine Produkte direkt berichten. Ziel der Media Relations ist es vielmehr, ein stabiles Kontaktnetzwerk zu Vertretern der für das Unternehmen relevanten Medien so aufzubauen, dass man sich auch ohne konkretes Interesse an einem Bericht bei den Journalisten positioniert und für den Bedarfsfall weiß, wen man in welcher Angelegenheit wie ansprechen muss. Johnston beschreibt Media Relations daher treffend und sehr breit als die Förderung der Beziehungen zwischen Personen, Gruppen oder Organisationen auf der einen und der Presse auf der anderen Seite (vgl. Johnston 2007, S. 4).

Damit sind Media Relations in gewisser Weise vergleichbar zur Business Intelligence im Instrumentalbereich Direktansprache: ein Unternehmen kann auch ohne Media Relations Pressemitteilungen verschicken oder auf Krisen reagieren. Dies geschieht ohne Media Relations aber unplanbar und mit zufälligen Erfolgsaussichten. Strategisch eingesetzte Public Relations basieren auf dem direkten Draht zu den für das Unternehmen entscheidenden Multiplikatoren.

Basis der Media Relations ist das Kontaktnetzwerk, das das Unternehmen personalisiert über seinen Pressesprecher oder z. B. Mitglieder der Geschäftsführung unterhält. Das Kontaktnetzwerk ist etwas grundlegend anderes als ein Presseverteiler wie er z. B. für die Publicity benötigt wird. Während ein Presseverteiler vor allem die breite Verteilung einer Botschaft an möglichst viele Empfänger anstrebt, ist ein Kontaktnetzwerk sehr viel selektiver und basiert darauf, dass sich Unternehmensvertreter und Pressevertreter persönlich kennen.

Besonders gut funktionieren Media Relations dann, wenn eine Person des öffentlichen Lebens den Kontakt zu den Medien sucht und aufbaut, wie man dies aus der Politik oder im Bereich von *celebrities* der Unterhaltungsbranche kennt. Dies funktioniert deshalb so gut, weil beide Seiten direkt und intensiv in der Öffentlichkeit stehen und daher symbiotisch voneinander profitieren. Will dagegen ein Unternehmen einen vergleichbaren Kontakt zu Meinungsführern herstellen, ist im ersten Schritt die Einsicht notwendig, dass nicht die Organisation, sondern eine oder mehrere von ihr dafür bestimmte Mitglieder (z. B. der Pressesprecher oder Medienreferent) persönlich den Kontakt zu einem Journalisten aufbauen und im Zweifelsfall auch mitnehmen, wenn diese Personen der Organisation den Rücken kehren. Dennoch ist es von zentraler Bedeutung, dass das Unternehmen – wenngleich die Kontakte personalisiert entstehen – den Zugriff auf die Kontaktdaten hat, um im Falle eines Personalwechsels wenigsten zu wissen, wen man ansprechen kann.

Das Kontaktnetzwerk zu den Medienvertretern basiert auf dem persönlichen Kennenlernen beider Seiten und der Aufnahme einer mehr oder weniger intensiven Arbeitsbeziehung. Um jemand in der Art kennenzulernen, muss man natürlich zuvor die Kontaktwilligkeit signalisieren. Daher sind im Kontaktnetzwerk zumindest zwei Stufen zu unterscheiden nämlich monologische und dialogische Kontakte. Erstere sind die, die man zwar persönlich anspricht – z. B. per telefonischer Einladung –, zu denen es aber keinen näheren (persönlichen) Kontakt gibt. Dialogische Kontakte dagegen sind die wirklich wichtigen Kontakte, nämlich die, die man auch ohne tieferen Grund anrufen kann, mit denen man sich zwanglos zu einem Abendessen trifft und denen man auch Informationen „unter 2 oder unter 3" (vgl. Föderl-Schmid 2004) gibt – also Informationen vertraulich weiterleitet, was man im internationalen Kontext auch als Chatham House Rule kennt: „When a meeting, or part thereof, is held under the Chatham House Rule, participants are free to use the information received, but neither the identity nor the affiliation of the speaker(s), nor that of any other participant, may be revealed" (vgl. Chatham House o. J.).

Ein weiteres Einteilungskriterium für das Kontaktnetzwerk ist die Frage, welche Bedeutung oder Multiplikatorwirkung der einzelne Pressekontakt für die Ziele des Unternehmens hat. Dafür können unterschiedliche Perspektiven herangezogen werden, die über die Zugehörigkeit zu einer bestimmten Redaktion deutlich hinausgehen. Manchmal sind es freie Journalisten, die aufgrund ihrer Expertenstellung deutlich mehr Hebelwirkung haben, als der festangestellte Redakteur. Manchmal sind es Autoren kleiner Publikationen oder Sender, die aber wiederum innerhalb der Medienbranche als Experten und damit als Multiplikatoren angesehen werden und so einen einzelnen Beitrag als Ausgangspunkt eines Diskurses setzen können.

Wichtig ist, dass das Kontaktnetzwerk durch persönliche Ansprache aufgebaut und – für die dauerhafte Verwendung in der Organisation – möglichst gut dokumentiert wird. Daher empfiehlt es sich, für die Media Relations nicht mit einfachen Adresslisten, die durch einige zusätzliche Selektionskriterien erweitert sind, zu arbeiten. Besser ist es, ein System einzusetzen, dass die Kontaktgeschichte im Sinne eines Dossiers gesammelt vorhält. Im technischen Sinn würde sich daher eine kleine CRM-Software als Datenbecken für die Media Relations anbieten.

Das Dossier als Grundlage des Kontaktnetzwerks enthält die Verlaufsgeschichte des Kontakts: Wann wurde der Kontakt erstmals angesprochen, wann hat man sich kennengelernt, welche teils auch vertraulichen Informationen hat man weitergegeben, welche erhalten und vor allem: welches offizielle Material hat man dem Kontakt über die Laufzeit bereitgestellt und was hat dieser daraus gemacht. Nur wenn man diese Informationen möglichst lückenlos zuordnet, ist es möglich, die Personenabhängigkeit des Unternehmens von seinem Pressesprecher und dessen Kontakten zu relativieren.

Auf Basis des Kontaktnetzwerks lassen sich zum Aufbau, zur Pflege und zur Vertiefung des Kontakts verschiedene Teilinstrumente einsetzen. Bekannt vor allem durch ihre Institutionalisierung als Bundespressekonferenz ist das Instrument der Pressekonferenz (PK). Doch anders als die Bundesregierung haben Unternehmen selten regelmäßig etwas von öffentlichem Interesse zu verkünden[30], weshalb PKs von Unternehmen insbesondere in

---

[30] Dass durch Journalisten kanalisierte öffentliche Interesse an Äußerungen der Bundesregierung ist so groß, dass die Bundespressekonferenz nicht durch die Bundesregierung organisiert wird, sondern die Parlamentskorrespondenten sich 1949 zusammenschlossen und seitdem die Regierungssprecher, Minister und Kanzler zur Pressekonferenz im eigenen Gebäude laden.

den Rahmen anderer Aktivitäten eingebunden sind, z. B. als Pressekonferenz zur Produkteinführung im Rahmen eines Messeauftritts oder als Bilanzpressekonferenz bei großen Unternehmen. Speziell für das Gros an Kleinunternehmen und Mittelständlern ist eine PK aber für das Tagesgeschäft sicher nicht das erste Instrument, wenngleich man speziell in der weitverzweigten Blogosphäre[31] mit Online-Pressekonferenzen ein geeignetes Mittel hat, um kostengünstig und medienadäquat ein Nachrichtenereignis zu inszenieren.

Eher durchzuführen sind informelle Pressegespräche. Diese können als Redaktionsbesuch ausgestaltet sein z. B. wenn man als Unternehmen einen tatsächlichen Anlass hat, der die persönliche Informationsweitergabe rechtfertigt. Dies kann z. B. die Vorstellung eines neuen Produkts sein oder auch die erstmalige Vorstellung des Pressesprechers bei dem Redakteur. Speziell Unternehmen, die ihren Standort abseits der großen Zentren haben, können regelmäßig mehrere Redaktionsbesuche in Form von Redaktionstouren organisieren und die wichtigen Fachpressevertreter so quasi in Form einer „iterativen Pressekonferenz" treffen.

Noch informeller sind Pressegespräche, wenn nicht mehr ein aktueller Anlass der Auslöser ist, sondern man sich z. B. regelmäßig mit Pressevertretern der Region oder Fachjournalisten im Rahmen von größeren Events wie Messen oder Konferenzen in einer institutionalisierten Form trifft. Man kennt dies als Journalistenstammtisch oder Kamingespräche. Hier geht es eher um den gegenseitigen Austausch in lockerer Atmosphäre, der vor allem der Festigung der Beziehung dient.

Wenn der Berg nicht zum Propheten kommt, kann man ein Pressegespräch auch andersherum aufbauen und eine Gruppe von Journalisten zu einem Termin ins Unternehmen einladen. Dies hat den Vorteil, dass man z. B. Produktionsanlagen zeigen und auch Gespräche mit unterschiedlichen Gesprächspartnern organisieren kann (Vorstand, Forschung und Entwicklung, Vertrieb etc.). Solche Presseeinladungen oder Pressereisen bieten sich speziell dann an, wenn man etwas zeigen will, was sich nur schlecht über Bildmaterial und Text transportieren lässt. Deshalb sind Pressereisen u. a. ein beliebtes Instrument in der Touristik.

Ein Instrument der Media Relations, das sich dagegen unabhängig von Branche, Standort und Unternehmensgröße immer empfiehlt, ist der Aufbau eines Angebots von Pressematerial zur freien Verwendung durch Journalisten. Neben textlichen Basisinformationen zum Unternehmen (*facts & figures*) empfiehlt es sich besonders solches Material zu erstellen und vorzuhalten, dass Journalisten bei Recherchen rund um Produkte und Märkte des Unternehmens gut verwenden können.

Ein wesentlicher Punkt, speziell durch das gestiegene Kostenbewusstsein in den Redaktionen und den erhöhten Aktualitätsdruck, ist der Aufbau einer Bilddatenbank (*image stock*) mit lizenzfreien Motiven zur direkten Verwendung im Internet, in Zeitschriften, Zeitungen und Fernsehen. Basis sind Bildmotive mit direktem Bezug zum Unternehmen also Bildern von Gebäuden oder Büros (Betriebsstandorte), von den leitenden Mitarbeitern (mindestens Geschäftsführer bzw. Vorstand und dem Presseverantwortlichen) und von den wichtigsten Produkten.

---

[31] Als Blogosphäre bezeichnet man die Gesamtheit aller Blogs und ihrer Querverbindungen (vgl. http://de.wikipedia.org/wiki/Blogosph%C3%A4re abgerufen am 14.3.2013).

Als interessanter Partner für die Medien positioniert man sich auch dann, wenn man einen Bestand an Motiven vorhält, die für die gesamte Branche, Technologie oder den Markt sprechen, in denen das Unternehmen aktiv ist. Journalisten benötigen heute immer stärker Bildmaterial zur Illustration einer Geschichte, also Bildmaterial, das nicht authentisch einen eigenen Nachrichtenwert darstellt, sondern einfach dem textlichen Bericht eine visuelle Komponente mitgibt, um insgesamt freundlicher zu wirken. Über die einfache und schnelle Bereitstellung solcher atmosphärischen Bilder *from stock* kann sich ein Unternehmen dauerhaft als Partner der Redaktionen etablieren.

Ähnlich verhält es sich mit Bewegtbildmaterial, dem sogenannten *footage*. Darunter versteht man die Bereitstellung von Filmmaterial von schwer (und damit teuer und langwierig) abzudrehenden Sequenzen, z. B. von Flugzeugen in der Luft, Hochgeschwindigkeitsaufnahmen, mikroskopische Aufnahmen technischer Verfahren oder Luftbildaufnahmen. Solches *footage* wird heute standardisiert in der TV-Produktion von Reportagen, Magazinen und Nachrichten eingesetzt, solange das Material professionell produziert ist. Eine spezielle Art von *footage* ist z. B. die Verwendung von Satelliten- und Luftbildern auch in den öffentlich-rechtlichen Nachrichtensendungen unter Ausweis von Google als Quelle der Bilder.

Ebenfalls Pressematerial im eigentlichen Sinne, darüber hinaus aber auch die Möglichkeit, selbst Nachrichten zu produzieren, ist die Erstellung und Bereitstellung von grafisch hochwertig aufbereiteten Illustrationen. Die visuelle Aufbereitung von Informationen hat lange Tradition etwa hinsichtlich der Erstellung von Karten. Tufte (1983, S. 40) weist auf eine Illustration hin, die 1896 veröffentlicht wurde und die Entwicklung der Truppenstärke des napoleonischen Heeres darstellt und in ihrer Präsentation schon stark an die aktuellen Infografiken, die auf Pinterest und anderen Internetdiensten verlinkt werden, erinnert.

Speziell mit der Verbreitung von Computern und den Möglichkeiten, komplexe Daten grafisch auszugeben (*charts*), hat sich die Datenvisualisierung weiter entwickelt. Informationsgrafiken sind in den letzten Jahren und im Zuge der Entwicklung sozialer Netzwerke ein wichtiges Element journalistischer Arbeit, denn sie eignen sich gut für die virale Verbreitung. Unternehmen haben die Möglichkeit, Daten und Zusammenhänge ihrer Branche grafisch so aufzubereiten, dass die erstellte Infografik selbst als Nachrichtenwert Eingang in die Berichterstattung findet.

Lessons learned
Ziel der Media Relations ist es, ein stabiles Kontaktnetzwerk mit Medienvertretern aufzubauen. Dies kann nicht strukturell, sondern muss über einzelne Personen umgesetzt werden, z. B. die Geschäftsleitung oder einen eigenen Pressesprecher. Es gibt monologische und dialogische Kontakte. Letztere sind entscheidend für den Erfolg der Media Relations. Die Verlaufsgeschichte eines Kontakts sollte in einem Dossier aufgezeichnet werden. Generell kann die Bereitstellung von Pressematerial für Journalisten, das in unternehmensunabhängigen Berichten verwendet werden kann, hilfreich sein, besonders das Vorhalten von Bilddatenbanken (*image stock*), Filmmaterial (*footage*) und Datenvisualisierungen (Informationsgrafiken).

2.3.4 Public Affairs: Zielgerichteter Kontakt zu Politik und Verwaltung

Die Beziehungen eines Unternehmens zum politischen und veraltungstechnischen Umfeld werden im Aufgabenfeld der Public Affairs organisiert. Public Affairs stehen in einer engen Beziehung zu den Kommunikationsinstrumenten Lobbying und Spinning des Instrumentalbereichs Societal Relations. Anders als diese versuchen Public Affairs aber nicht direkt Einfluss zu nehmen, sondern dienen der gegenseitigen Vermittlung von Interessen und Standpunkten, um so auf der einen Seite zu verstehen, wie das politische Umfeld Rahmenbedingungen setzt und auf der anderen Seite die eigene Perspektive an die politischen Handlungsträger zu vermitteln.

Historisch gesehen hat sich das Betätigungsfeld Public Affairs nach dem Zweiten Weltkrieg in den USA entwickelt, als Präsident Eisenhower versuchte, ein Gegengewicht zu den Gewerkschaftsorganisationen zu schaffen und Unternehmen einlud, sich zusammenzuschließen und gemeinsam ihre Interessen zu artikulieren. Diese Zielsetzung, im deutschen Sprachraum als Interessensvertretung oder Verband bezeichnet, deutet die enge Verzahnung zum Lobbyismus an.

Um einen trennscharfen Begriff von Public Affairs als instrumentalem Aufgabenbereich der PR zu gewinnen, ist jedoch ein engeres Verständnis sinnvoll. In dem Sinne verwende ich den Begriff Public Affairs zur Bezeichnung eines strategischen Kommunikationsinstruments, das durch den organisierten, nicht zufälligen Kontakt zu Vertretern des politischen Systems – vor allem der Legislative und Exekutive – die Sichtweise des Unternehmens nach außen vermittelt und die Perspektive des politischen Systems ins Unternehmen rückmeldet. Public Affairs unterscheiden sich damit von Instrumenten der Societal Relations – speziell Lobbying und Spinning –, weil sie nicht aktiv Einfluss auf Entscheidungen innerhalb von Politik und Verwaltung nehmen, sondern im Sinne der Produktion von Transparenz zwischen den Systemen vermitteln. Dabei werden in den Public Affairs noch nicht einmal ausschließlich Politiker und leitende Mitarbeiter der Exekutive als Zielgruppe adressiert, sondern auch die Presse und organisierte Interessensvertretungen (Verbände; vgl. Siedentopp 2007, S. 26 ff.). Public Affairs sind in diesem Sinne eine Vorstufe zur gezielten Einflussnahme im Lobbying.

Public Affairs sind ein Instrument, das der Vermarktung der Produkte eines Unternehmens dient. Die Themen der Public Affairs entstammen aber nicht nur aus dem operativen Umfeld des Unternehmens, sondern werden speziell durch den Leistungsbeitrag des Unternehmens für die Gesellschaft geprägt. Diesen Leistungsbeitrag eines Unternehmens über seinen wirtschaftlichen Grundauftrag – die Versorgung mit knappen Gütern – hinaus, beschreibt man mit der Metapher des Unternehmens als Bürger (*corporate citizenship*; vgl. Gossett 1957, Crane et al. 2008).

In diesem Kontext diskutiert man in den letzten Jahren verstärkt die sogenannte Corporate Social Responsibility (CSR), ein Begriff aus dem Bereich der Unternehmensethik, wie Bassen et al. (2005, S. 231) herleiten. Für die Public Affairs und auch andere Bereiche der Unternehmenskommunikation bieten CSR-Aspekte eine willkommene Ausweitung möglicher Themenangebote.

Abb. 2.39 Triple Bottom Line
der Nachhaltigkeit

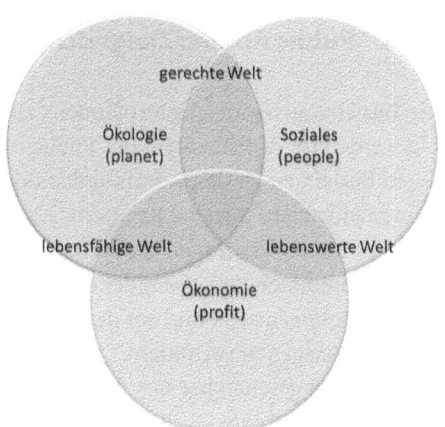

Corporate Social Responsibility basiert auf der Verbreiterung des Bezugsrahmens für das Handeln eines Unternehmens in der Gesellschaft. Um diesen Effekt zu beschreiben, hat sich das Konzept der Triple Bottom Line durchgesetzt (vgl. Abb. 2.39): Es gilt, drei Dimensionen zu bilanzieren, um den gesellschaftlichen Beitrag eines Unternehmens angemessen zu würdigen. Diese drei Dimensionen kann man mit den Begriffen *profit*, *people* und *planet* zusammenfassen (vgl. Elkington 1997). Die Bewertung von Profit in Form der Rechnungslegung als stichtagsbezogener Bilanz und periodenbezogener Gewinn-und-Verlust-Rechnung ist seit dem Merkantilismus geübte Praxis. Anders sieht es mit der Bewertung des Einflusses des Unternehmens auf *people* und *planet* aus.

Die Dimension *people* bezieht sich stark auf die Anspruchsgruppe der eigenen Mitarbeiterschaft. Hier hat sich im deutschen Sprachraum in den 1970er Jahren das Instrument der Sozialbilanz entwickelt (vgl. Dierkes 1974), das versucht, soziale Kosten (z. B. Arbeitsunfälle, Umweltverschmutzung) und sozialen Nutzen (z. B. Gehälter, Produkte) gegenüberzustellen. Mit deutscher Gründlichkeit wollte man dies mit Zahlen machen, also gleichwertig zu einer wirtschaftlichen Bilanz, was letztlich einer der Gründe war, warum sich die Sozialbilanz in ihrer Ursprungsform nicht durchgesetzt hat. Was überlebt hat – nicht zuletzt auch im Zuge der Erweiterung strategischer Festlegungen mittels einer Balanced Scorecard – ist ein Social Reporting oder Social Auditing, in dem etwas freier auf Basis von Bewertungen eingeordnet wird, wie ein Unternehmen als Arbeitgeber, Lieferant und Kunde mit Menschen umgeht (vgl. Spreckley 1981).

In der Dimension *planet* wird heute immer stärker Nachhaltigkeit und ökologische Verträglichkeit der gesamten Lieferkette betrachtet, indem man ein Life Cycle Assessment (LCA) durchführt, das den Werdegang eines Produkts analysiert, entweder *from the cradle to the grave*, bei einzelnen Wertschöpfungsschritten *from gate to gate* oder im Falle des Recycling sogar *from the cradle to the cradle*. Life Cycle Assessments sind als ISO 14040 genormt und werden auch im Europäischen Rahmen durch Bereitstellung zahlreicher Materialien unterstützt[32].

---

[32] Vgl. http://lca.jrc.ec.europa.eu/lcainfohub/index.vm abgerufen am 18.3.2013.

Life Cycle Assessments und Social Audits können als Teilbereiche der Corporate Social Responsibility als gut einsetzbare Themen für Public Affairs instrumentalisiert werden. Sie sind aber letztlich auch Mittel, um im Unternehmen ein Bewusstsein dafür zu schaffen, dass metaökonomische Ziele durchaus operationalisiert werden können. Porter und Kramer verknüpfen die Erwartungen der Gesellschaft an das Unternehmen mit der Wettbewerbsstrategie zu einem gemeinsamen Konstrukt, dem sogenannten Creating Shared Value. „The concept of shared value can be defined as policies and operating practices that enhance the competitiveness of a company while simultaneously advancing the economic and social conditions in the communities in which it operates" (Porter und Kramer 2011, S. 66).

Lessons learned
Public Affairs organisieren die Beziehungen eines Unternehmens zum politischen Umfeld der Legislative und Exekutive. Die eigenen Interessen werden gegenüber der Politik vertreten und es wird versucht die Sichtweise der Politik in das Unternehmen zurück zu spiegeln. Es geht darum, Transparenz zwischen den Systemen zu schaffen. Public Affairs sind ein Instrument, das für die Vermarktung den Beitrag eines Unternehmens für sein gesellschaftliches Umfeld im Sinne der Corporate Social Responsibility mit Maßnahmen wie Life Cycle Assessments und Social Audits darstellen kann.

2.3.5 Investor Relations: Die Beziehung zu Geldgebern

Eine wichtige Anspruchsgruppe jedes Unternehmens sind seine Geldgeber. Hierbei sind zwei Gruppen zu unterscheiden: Die Eigentümer (Investoren bzw. Eigenkapitalgeber) und die Kreditgeber (Banken bzw. Fremdkapitalgeber). Mancherorts werden diese beiden Gruppen auch begrifflich unterschieden und man spricht nur auf der Eigenkapitalseite von Investor Relations, auf der Fremdkapitalseite dagegen von Creditor Relations (vgl. Barrantes 2009). Diese Unterscheidung wird im internationalen Kontext aber nicht durchgängig verwendet, weshalb auch ich dem allgemeinen Verständnis folge und Investor Relations als umfassendes Feld der Kommunikation des Unternehmens mit dem Kapitalmarkt im öffentlichen Raum vorstelle (vgl. Wöhe et al. 2009, S. 121).

Bei den Investor Relations sind zwei große Teilbereiche zu unterscheiden: Es gibt Publizitätspflichten als Teilbereich der Compliance und freiwillige Angaben. Speziell die Pflichtveröffentlichungen von Unternehmen werden dabei oft nicht von der Kommunikations-, sondern durch die Finanzabteilung bereitgestellt, was etwas damit zu tun hat, dass es im Kern um standardisierte, zahlenbasierte Informationen geht, die direkt im Rechnungswesen erzeugt werden.

Zu den Pflichtveröffentlichungen von Unternehmen, die als Körperschaft des privaten Rechts organisiert sind, zählt in Deutschland vor allem die in § 325 HGB geforderte Offenlegung des Jahresabschlusses, der seit 2007 elektronisch publiziert werden muss und jedermann frei zugänglich ist[33]. Auch Personengesellschaften und Einzelunternehmer sind zur Veröffentlichung verpflichtet, wenn ihr Geschäftsbetrieb bestimmte Schwellengrößen überschreitet[34].

Kapitalgesellschaften, deren Anteile öffentlich an Börsen gehandelt werden, unterliegen weiteren kapitalmarktrechtlichen Publizitätspflichten. Hierzu zählen insbesondere das Directors' Dealing, also Transaktionen des Managements mit Anteilsscheinen oder Derivaten des eigenen Unternehmens[35], die Stimmrechtsmitteilung, also die Bekanntgabe des Besitzes einer bestimmten Menge von Stimmrechten[36], die Finanzberichterstattung[37], Informationen zu Terminen und wesentlichen Entscheidungen wie Dividendenausschüttung[38] und die sogenannte Ad-hoc-Publizität[39].

Unter Ad-hoc-Publizität versteht man die Verpflichtung, relevante Informationen, die Einfluss auf die Kursentwicklung der Anteilsscheine nehmen, weiterzugeben, damit die anderen Marktteilnehmer nicht gegenüber Insidern benachteiligt werden. Inlandsemittenten sind daher verpflichtet, unverzüglich –ad hoc – der Öffentlichkeit Umstände aus ihrem Unternehmen zur Kenntnis zu bringen, wenn diese geeignet sind, auf den Preis des Finanzinstruments einzuwirken und wenn sie den Emittenten unmittelbar betreffen (vgl. § 15 WpHG). Zur Veröffentlichung muss sich ein Inlandsemittent laut Gesetz eines weit verbreiteten elektronisch betriebenen Informationsverbreitungssystems und eines Bündels von Medien zur europaweiten Distribution bedienen. Zudem müssen die Unternehmen diese Veröffentlichungen an das Unternehmensregister weiterleiten, welche es speichert (vgl. BaFin o. J.).

Über solche gesetzlichen Vorgaben hinaus, fertigen Unternehmen auf Basis der bilanziellen Kennzahlen Geschäftsberichte (*annual reports*) an, die neben dem Zahlenwerk auch textuell und visuell das Unternehmen für seine Kapitalgeber in Szene setzen. Wie ein Geschäftsjahr positioniert wird, ist dabei im Kern die Funktion des Briefs an die Aktionäre (*shareholder letter*), indem der Geschäftsführer oder Vorstandsvorsitzender seine Sicht der Dinge nahelegt und dies oft auch explizit für verschiedene Stakeholder macht[40]. Diese Kombination aus Pflichtveröffentlichungen wie der Bilanz und der Gewinn- und Verlustrechnung, der direkten Ansprache der Kapitalgeber durch den Aktionärsbrief und die Er-

---

[33] Vgl. Gesetz über elektronische Handelsregister und Genossenschaftsregister sowie das Unternehmensregister (EHUG).

[34] Vgl. § 1 Abs. 1 PublG.

[35] Vgl. § 15a WpHG.

[36] Vgl. § 21 WpHG.

[37] Vgl. §§ 37 ff. WpHG.

[38] Vgl. §§ 30a-g WpHG.

[39] Vgl. § 15a WpHG.

[40] Vgl. etwa http://www.microsoft.com/investor/reports/ar12/shareholder-letter/index.html (abgerufen am 19.3.2013). Hier spricht CEO Steve Ballmer konkret als Adressaten des Shareholder Letter die Anteilseigner, Kunden, Partner und Mitarbeiter an.

gänzung um gut aufbereitete Fakten zum Geschäftsbetrieb haben aus dem Geschäftsbericht ein professionelles Kommunikationsinstrument gemacht, für das Unternehmen tief in die Tasche greifen (vgl. Keller 2006[41]).

Eine besondere Form der Investor Relations findet statt, wenn ein Unternehmen neues Kapital einwerben will. Dies kann zu unterschiedlichen Zeitpunkten und vor verschiedenen Hintergründen erfolgen. Bekannt im öffentlichen Raum sind die Angaben, die ein Unternehmen im Rahmen eines Börsengangs (*initial public offering; IPO*) oder bei Auflage von Finanzierungsinstrumenten, die frei gehandelt werden, machen muss: die Bereitstellung des sogenannten Wertpapierprospekts (*prospectus*), der wesentliche Angaben zu den angebotenen Wertpapieren macht und der gesetzlichen Regelungen unterliegt, die einklagbar sind (Prospekthaftung).

Wer zu Beginn des Geschäftsbetriebs Kapital akquirieren will, setzt dafür als Kommunikationsmittel den Business Plan ein. Hier ist zu unterscheiden zwischen einem Business Plan als internem Fahrplan und Hilfsmittel der Unternehmensführung und einem Business Plan als Kommunikationsmittel, um potenzielle Investoren (Eigenkapitalgeber wie auch Banken) von einem im Aufbau befindlichen Geschäft zu überzeugen. Letzteres ist Teil der strategischen Unternehmenskommunikation, während das Erstgenannte als generelles Werkzeug im Managementprozess zu verstehen ist.

Ein als Kommunikationsmittel genutzter Business Plan hat drei „Aggregatszustände": Es gibt ihn als Elevator Pitch, als Pitch Deck und als schriftliche Ausarbeitung mit entsprechenden Planungsszenarien. Der Elevator Pitch ist eine prägnante Kurzzusammenfassung der Geschäftsidee und des finanziellen Nutzens für den Investor. Die Darstellung sollte wie ein *lead* bei einem Zeitungsartikel alle wesentlichen Informationen benennen und dafür nicht mehr als 45 Sekunden bis maximal drei Minuten Zeit beanspruchen. Idealerweise lässt sich ein Elevator Pitch sowohl schriftlich unformatiert (also per Mail o. ä.) als auch mündlich verwenden, d. h.: Kurze Sätze, Prägnanz durch gute Analogien oder Metaphern, Beschränkung auf das Wesentliche und Verwendung gut erinnerbarer Formulierungen.

Das Pitch Deck ist die visuelle Übersetzung der schriftlichen Ausarbeitung in die zentralen Eckpunkte des Konzepts. Grundsätzlich sollte ein Pitch Deck vor allem eines: Verkaufen. Daher sollte ein Pitch Deck vor allem eines nicht: Langweilen. Es empfiehlt sich daher, bei der Aufbereitung eines Pitch Deck den Empfehlungen von Guy Kawasaki zu folgen und die 10-20-30-Regel zu berücksichtigen (vgl. Kawasaki 2005): Zehn Folien für eine Präsentation in zwanzig Minuten mit dreißig Punkt großer Schrift zu verwenden. Was auf den zehn Folien stehen sollte, sagt Kawasaki auch (vgl. Kawasaki 2004):

- *problem*: Was ist das Kundenproblem?
- *your solution*: Welche Lösung bietet das Unternehmen?
- *business model*: Wie wird Geld verdient?

---

[41] Keller erwähnt in einem Interview, dass Geschäftsberichte in Deutschland schnell zwischen € 500.000 und 2.000.000 kosten, vgl.: http://www.abendblatt.de/wirtschaft/article360453/Geschaeftsberichte-haeufig-viel-zu-kompliziert.html abgerufen am 13.3.2013.

- *underlying magic/technology*: Was sind die Treiber des Geschäfts?
- *marketing and sales*: Wie kommt man an die Kunden?
- *competition*: Wo kaufen die Kunden heute bzw. welche Wettbewerber gibt es?
- *team*: Wer wird die Idee umsetzen und warum sollten diese Leute das schaffen?
- *projections and milestones*: Was sind die großen Ziele für die nächsten Jahre?
- *status and timeline*: Wo steht man heute und wann erreicht man die Ziele?
- *summary and call to action*: Die Kernidee des Unternehmens als Slogan zusammenfassen und die nächsten Schritte festlegen.

Das Pitch Deck soll potenzielle Investoren überzeugen, sich die Mühe zu machen, die schriftliche Ausarbeitung des Business Plans zu lesen. Diese Ausarbeitung kann schnell bis zu fünfzig Seiten umfassen, da sie je nach Geschäftsidee unterschiedlich tief argumentiert werden muss. Generell ist die schriftliche Ausarbeitung eines Business Plans frei und wird wenn überhaupt vom Empfänger vorgegeben (z. B. bei Business-Plan-Wettbewerben oder von Venture Capitalists). Konstituierende Elemente eines Business Plans sind aber zumindest eine einleitende Zusammenfassung der wesentlichen Aspekte (*executive summary*), die Vorstellung des Teams, die Beschreibung des Produkts bzw. der Geschäftsidee, Potenzial und Wettbewerbssituation im Zielmarkt sowie Planungen für die Markteinführung, den Vertrieb, Kosten, Umsatz und Liquidität.

Lessons learned
Investor Relations bearbeiten als Instrument die Kommunikation des Unternehmens mit seinen Kapitalgebern. Man unterscheidet zwei Zielgruppen: Eigentümer bzw. Investoren (Eigenkapital) und Kreditgeber (Fremdkapital). Neben verpflichtenden Angaben (Publizitätspflichten) können Unternehmen Investor Relations vor allem nutzen, um sich als Unternehmen im Kapitalmarkt zu positionieren z. B. durch die Anfertigung professioneller Geschäftsberichte oder in der Startup-Phase durch die Nutzung von Business Plan, Pitch Deck und Elevator Pitch als Kommunikationsmittel zur Einwerbung von Kapital.

2.3.6 Krisenkommunikation

Unabhängig von der Einteilung der Subinstrumente der Public Relations nach den verschiedenen Anspruchsgruppen, gibt es Situationen, die für alle Handlungsfelder ähnlich sind, z. B. dann, wenn ein Unternehmen in eine Krise gerät und die verschiedenen Anspruchsgruppen dasselbe Interesse eint: Wie geht das Unternehmen mit der Krise um bzw. mit welchen Mitteln wird die Krise zu welchen Kosten bis wann gelöst? Als Krise kann man ganz allgemein Situationen verstehen, die ein bestehendes System (z. B. ein Unternehmen oder eine Geschäftseinheit) bedrohen. Es gibt wenig Zeit, zu handeln und die Situation ist nicht klar strukturiert, so dass ohne Richtungsentscheidungen, die das weitere

Vorgehen festlegen, die Situation nicht aufgelöst werden kann (vgl. Mishra 1996, S. 262). Dabei ist eine Krise zunächst nicht per se etwas Negatives, denn im Wort Krise versteckt sich etymologisch auch der Hinweis[42], dass eine Krise durch eine Entscheidung immer ein Wendepunkt ist und ein Wendepunkt führt zu etwas Neuem, was sowohl schlechter, aber auch besser als das Gewesene sein kann.

Aus kommunikationsinstrumentaler Sicht ist zunächst entscheidend, ob die Krise durch das Unternehmen ausgelöst wird z. B. durch die Ankündigung von Entlassungen, einer Werkschließung, einer Gewinnwarnung etc. oder ob der Krisenimpuls außerhalb des Unternehmens mit einem Überraschungseffekt entsteht wie z. B. bei verunreinigten Lebensmitteln, schadhaften Produkten oder illegalen Machenschaften, die aufgedeckt werden. Im ersteren Fall kann man die Kommunikation unangenehmer Nachrichten planen und damit Einfluss darauf nehmen, wann und mit welchen beschreibenden Worten und Bildern die Krise in den öffentlichen Raum eintritt.

Doch auch wenn man selbst durch eigenes Handeln (oder oft: Nichthandeln) die Krise auslöst: Zumeist sind Krisen keine Situationen weniger Stunden, sondern mehrerer Tage und Wochen. Das Unternehmen muss in dieser Zeit für die verschiedenen Anspruchsgruppen erreichbar sein und konsistente Botschaften verbreiten. Um dies sicherzustellen, ist das wichtigste Werkzeug, um in einer Krise professionell zu kommunizieren, die Ausarbeitung entsprechender Krisenpläne, die bei Eintreten der Krise widerspruchsfrei abgearbeitet werden können.

Ziel der Krisenkommunikation ist die schnelle und über Verbreitungsmedien vervielfältigte Information der Anspruchsgruppen über Ursachen, Auswirkungen und Folgen einer Krise, um durch transparentes Verhalten Vertrauen und Glaubwürdigkeit zu festigen (vgl. BMI 2008). Um dies sicherzustellen, empfiehlt es sich, Krisenkommunikation als Teilaspekt eines übergeordneten Krisenmanagements zu verstehen, dem die Kommunikationsabteilung zunächst nur fachlich zuarbeitet. Krisenmanagement bedeutet im Unterschied zum Risikomanagement nicht die Vermeidung oder finanztechnische Absicherung von Bedrohungen, sondern die bewusste Beschäftigung mit Bedrohungen und möglichen Reaktionen darauf. Krisenmanagement als eine organisationsweite Aufgabe wird entweder durch eine eigene Abteilung oder in Form eines Projekts im Unternehmen bearbeitet. Das PR-Team kann auf Basis der Idee, dass in Krisen der Kommunikation zu Anspruchsgruppen eine wesentliche Bedeutung zukommt, gut die Führung in solchen Projekten übernehmen.

Zentrale Elemente des Krisenkommunikationsplans sind die Organisation des Workflows (Zuständigkeiten und Abläufe), die Bereitstellung notwendiger Basisinformationen sowie ein passender Aktionsplan (vgl. BMI 2008, S. 22). Speziell die Regelung der Zu-

---

[42] Das altgriechische Κρίσις bedeutet soviel wie Beurteilung oder Entscheidung. Gerne bei Motivationsseminaren eingesetzt ist auch der Hinweis, dass das Chinesische Wort für Krise 危机 sowohl Gefahr wie auch Gelegenheit bedeutet und damit die Ambivalenz des Begriffs anschaulich spiegelt (vgl. de.wikipedia.org/wiki/Krise; en.wikipedia.org/wiki/Chinese_word_for_%22crisis%22 abgerufen am 20.3.2013).

ständigkeiten ist von besonderer Bedeutung, denn Krisen erfordern trotz häufig unklarer Informationslage schnelle Kommunikation durch das Unternehmen. Unterbleibt dies aufgrund mangelnder Berichtswege und Klarheit, wer das Mandat hat, die verschiedenen Kommunikationswege zu nutzen, wird die Sachkrise um die Dimension einer Kommunikationskrise erweitert. Geschwindigkeit und Authentizität sind wichtige Aspekt bei der Mitteilung unangenehmer Wahrheiten oder wie Lanny Davis es auf den Punkt bringt: *Tell it early, tell it all, tell it yourself* (vgl. Davis 1999[43]).

Um sich einen Geschwindigkeitsvorteil zu verschaffen, gilt es nicht nur, schnell zu reagieren, sondern vor allem auch die Krise schnell zu bemerken. Das klingt zunächst unspektakulär, doch Irvine weist zu Recht darauf hin, dass es zwei grundsätzlich unterschiedliche Arten von Organisationskrisen gibt: Die plötzlichen Krisen (*sudden crisis*) und die schwelenden Krisen (*smoldering crisis*). Schwelende Krisen entstehen langsam und werden erst dadurch zur Krise, dass sie im Frühstadium nicht bemerkt werden bzw. dass sie falsch behandelt werden (vgl. Irvine 1997).

Um frühzeitig Anzeichen einer schwelenden Krise zu bemerken, empfiehlt sich die Einrichtung eines Frühwarnsystems, das Signale auswertet und daraus möglichst automatisiert einen Impuls (*alert*) generiert, auf den die Organisation reagieren kann. Man kann diese Form eines Früherkennungssystems mit in die Business Intelligence Infrastruktur integrieren und z. B. so aus Eskalationsroutinen im Kundenservice oder durch verstärkte Nennungen von Firmen-, Produkt- oder Markennamen in sozialen Netzwerken Auslöser an für die Krisenprävention zuständige Mitarbeiter senden. Auch das Training der Mitarbeiter auf den Umgang mit potenziellen Krisen (also die testweise Exekution von Krisenkommunikationsplänen) oder das Durchspielen einer hypothetischen Krisensituation mittels Szenarioanalyse (*stress testing*) sind geeignete Mittel, die im Bereich der Krisenprävention anzusiedeln sind.

Eine besondere Form der Krise ist es, wenn ein Unternehmen in ein öffentlich diskutiertes Gerichtsverfahren involviert ist. In diesem Kontext hat sich als spezieller Teilbereich der Krisenkommunikation die Litigation PR entwickelt. Litigation PR entstand als Teilbereich der Public Relations im Zuge der Gerichtsverfahren, die in den USA in den 1980er Jahren gegen verschiedene Tabakkonzerne geführt wurden. Das Ziel der Litigation PR ist neben der Beeinflussung der Teilnehmer am Gerichtsverfahren vor allem die kommunikative Abfederung der Folgen des Gerichtsverfahrens für das Unternehmen (vgl. Holzinger und Wolff 2009, S. 19).

Krisen sind ein natürliches Phänomen und daher ist es nicht unwahrscheinlich, dass ein Unternehmen im Laufe der Zeit Krisenphasen durchläuft, die verschiedene Ursachen haben können: Von einer Naturkatastrophe, über Missgunst von Marktteilnehmern bis zu persönlichen Krisen von wichtigen Mitarbeitern, die direkten Einfluss auf die Leistungsfähigkeit des Unternehmens nehmen können[44]. Dieser Umstand ist keinesfalls neu. Was

---

[43] So der Untertitel der von Davis veröffentlichten Erfahrungen aus seiner Arbeit als Sprecher von Bill Clinton.

[44] Lerbinger etwa nennt acht Typen von Krisen (vgl. Lerbinger 2012, S. 17).

sich aber in den letzten Jahren ändert, ist der kommunikative Umgang mit Krisen. Bis zur Verbreitung sozialer Netzwerke und kollaborativer Dienste im World Wide Web, die es ermöglichen, ohne räumliche, zeitliche oder finanzielle Hürden Gruppen zu organisieren[45], war der kommunikative Umgang mit Krisen im Wesentlichen eine Beziehung zwischen dem Unternehmen und der Presse als vermeintlichem Advokat der Öffentlichkeit.

Diese Konstellation hat sich durch das Internet massiv geändert. Betroffene und auch gar nicht mit der Krise in Bezug stehende Personen können sich in sozialen Netzwerken zu neuen Gruppen organisieren und haben die Möglichkeit, als „Amateur" in die Krise einzugreifen und Stellung zu beziehen, z. B. Handlungen oder Statements einzufordern bzw. andere Marktteilnehmer aufzufordern, Druck auszuüben oder Produkte zu meiden. Es entsteht eine Empörungswelle (*chorus of outrage*), die im deutschsprachigen Raum auch als Shitstorm bezeichnet wird. Für den Kommunikationsmanager ist eine solche im Internet entstehende Empörungswelle schwierig zu handhaben, weil anders als bei „professionellen" Medienvertretern, unorganisierte Empörung schwer einzudämmen ist. Es gibt keine zentrale Anlaufstelle und man weiß auch nichts über die individuellen Motive der einzelnen Autoren oder Multiplikatoren.

Es gibt einige Phänomene, die Empörungswellen unterstützen und dadurch die Viralität eines Shitstorms steigern. Man diskutiert im Zusammenhang mit Empörungswellen z. B. Effekte wie:

- Streisand Effect: Benannt nach der Schauspielerin und Sängerin Barbra Streisand, die 2003 einen Fotografen auf $ 50 Mio. verklagte, weil auf einem seiner Bilder das Haus der Streisand zu sehen war. Streisand wollte vermeiden, dass ihr Haus im Internet dargestellt ist, aber erst durch die Klage selbst nahm man Kenntnis von dem Bild und es verbreitete sich in Windeseile. Die Moral: Das Zurückziehen oder Unterbinden von Informationen führt im Internet genau zum Gegenteil des beabsichtigten Effekts. Für Unternehmen ist dieser Umstand sehr wichtig, da man schnell dazu tendiert, störende Aussagen im eigenen Außenauftritt schlicht zu löschen. Dies löst aber selten das Problem, sondern stachelt es erst richtig an (vgl. Greenberg 2007).
- Godwin's Law: Mike Godwin untersuchte in den frühen 1990er Jahren Newsgroup-Diskussionen und stellte fest, dass egal, welches Thema debattiert wurde, irgendwann immer jemand einen Vergleich zum Dritten Reich zog[46]. Ein ähnliches Phänomen beschrieb auch schon Strauss (1953, S. 42 f.) und nannte es *reductio ad Hitlerum*: Eine Ansicht werde nicht dadurch widerlegt, dass sie zufällig von Hitler geteilt worden ist. Für Unternehmen kann man sich Godwin's Law insoweit zunutze machen, dass man auf die Selbstreinigungskräfte einer Empörungswelle setzt und gar nichts unternimmt, in der Annahme, dass die hitzige Debatte sich schnell selbst diskreditiert.
- Fisking: Benannt nach dem Nahost-Korrespondenten Robert Fisk. Seine negativen Kommentare zur Außenpolitik der USA wurden von Konservativen Absatz für Absatz

---

[45] Vgl. Shirky (2008).
[46] Vgl. www.wired.com/wired/archive/2.10/godwin.if_pr.html abgerufen am 20.3.2013.

zitiert und mit Gegenargumenten angegriffen. Diese Punkt-zu-Punkt-Widerlegung wird oft in Blogs angewendet und dient weniger der rationalen Argumentation, als der Schwächung des gegnerischen Standpunkts, da man vermeintlich alle Argumente wegschieben kann. Für Unternehmen heißt das: Man sollte speziell in Krisen (z. B. kritischer Berichterstattung in den Massenmedien) kurze und prägnante Aussagen veröffentlichen. Diese können nicht so einfach „gefiskt" werden[47].

- Herostratismus: Herostratus ist eine Figur der griechischen Antike, der aus Geltungssucht einen Tempel anzündete. Dieses Phänomen, negative Dinge zu tun, um Bekanntheit zu erlangen, kennt man nicht nur von Amokläufen oder Mordanschlägen auf Prominente, sondern auch bei der Bereitschaft, im Internet vor Publikum (in der Öffentlichkeit) Missstände selbst mit illegalen Mitteln anzuprangern, wie etwa bei der Enthüllungsplattform Wikileaks. Für Unternehmen kann das bedeuten, dass man gegen eine gewisse Art von individuell motivierten Angriffen nicht ausschließlich mit kommunikativen Mitteln, sondern möglicherweise auch strafrechtlich vorgehen muss.

Die Übertragung bekannter Effekte ins Internet verbunden mit den technologischen Möglichkeiten, dass jeder sie nutzen kann, auch ohne organisatorische Einbindung oder auf Basis eines professionellen Ethos, ließe sich noch fortsetzen. Wichtig ist jedoch nicht ein einzelner Effekt, sondern der Umstand, dass das Medium Internet die gewohnten hierarchischen Strukturen der Bildung der öffentlichen Meinung aufweicht. Man verliert in diesem Umfeld als Unternehmen wie auch als Partei, Kirche oder Behörde seine direkten Einflussmöglichkeiten.

Wichtig im Sinne der Krisenprävention ist es auf jeden Fall, über Alert-Systeme regelmäßig und umfassend zu beobachten, ob im Internet Themen diskutiert werden, die im direkten Bezug zum Unternehmen stehen. Man kann über Key Performance Indicators relativ stabile Aussagen darüber treffen, welche Auswirkungen auf das Image zu befürchten sind und daran mögliche Maßnahmen ausrichten (vgl. Köster 2012).

Die systematisierte Beobachtung der veröffentlichten Meinung im Internet und auch den klassischen Massenmedien (Zeitung, Zeitschriften, Radio und Fernsehen) hinsichtlich Äußerungen zum Unternehmen und seinen Produkten und Marken ist Aufgabe des Media Monitoring (speziell im Printbereich auch Ausschnittdienst oder Clipping genannt). Während man dafür früher oft eigene Dienstleister benötigte, die die Menge an Veröffentlichungen durcharbeitete, kann man heute aufgrund der Zweitverwertung vieler Inhalte im Internet eigentlich ausschließlich mit elektronischen Verfahren arbeiten, die man im einfachsten Fall z. B. über den Alert-Dienst von Google einrichten kann. Erst bei Konzernen, die international agieren und bei denen die Wahrscheinlichkeit groß ist, dass über sie auch regelmäßig im Rundfunk berichtet wird, macht die Auslagerung des Media Monitoring an einen eigenen Dienstleister Sinn.

---

[47] Ein schönes Beispiel, dass man Fisking auch seriös einsetzen kann: dish.andrewsullivan.com/2012/12/19/the-neocons-rally-against-hagel/ abgerufen am 20.3.2013.

Hat man die Krisenprävention organisiert und Krisenkommunikationspläne für verschiedene Szenarien ausgearbeitet und möglicherweise sogar mit Mitarbeitern trainiert, bleibt noch eine letzte große Hürde für die PR-Abteilung: Die wichtigsten Mitarbeiter des Unternehmens sind in der Krise die Chefs und die müssen in kritischen Situationen selbst den Pressevertretern Rede und Antwort stehen – und das auch vor Mikrofonen und Kameras. Während gute Nachrichten einfach gute Nachrichten sind, werden schlechte Nachrichten noch schlechter, wenn der Bote die Nachricht verantwortet und bei ihrer Mitteilung einen schlechten Eindruck macht. Man erinnert sich z. B. dauerhaft an den Auftritt von Deutsche Bank Chef Kopper, der offene Handwerkerrechnungen, die viele kleine Handwerksbetriebe in die Insolvenz trieb, als Peanuts (Kleinkrams) abwertete[48] oder Tony Hayward, CEO von BP, der das von der Ölplattform Deepwater Horizon ausgelöste Leck und die ausgelaufenen 800 Mio. Liter Erdöl als relativ unbedeutend im Vergleich zur Größe des Golfs von Mexiko abtat[49].

In diesem Sinne ist die PR-Abteilung dafür zuständig, die wichtigsten Unternehmensrepräsentanten für solche Ernstfälle zu schulen – weniger inhaltlicher Natur, als hinsichtlich der Fragestellung, welche Symbole man durch bestimmte Worte, Gesten, Mimik oder auch schlichte Äußerlichkeiten transportiert – man denke nur an Gerhard Schröders Gummistiefel, denen manch ein Beobachter den Wahlsieg von Rot-Grün bei der Bundestagswahl 2002 zuspricht[50]. In Krisen schlägt die Stunde der Exekutive, da ist Empathie gefragt, da braucht man Macher, die zupacken, da braucht man Symbole, die die Botschaft wortlos transportieren können. Dafür sensibel zu sein und dies gekonnt zu inszenieren, ist die zentrale Aufgabe des Medientrainings, das die PR-Abteilung als Service für die Führungsetagen organisieren muss.

Lessons learned

In einer Krise muss das Unternehmen für seine Anspruchsgruppen erreichbar sein und konsistente Botschaften verbreiten. Um das sicherzustellen, müssen als Teil des übergeordneten Krisenmanagements Krisenkommunikationspläne erarbeitet werden, die die Zuständigkeiten und Abläufe bei Eintritt einer Krise klar definieren. Es gibt schwelende Krisen und plötzliche Krisen. Um schwelende Krisen zu vermeiden bzw. frühzeitig zu erkennen, empfiehlt es sich, Frühwarnsysteme einzusetzen. Besonders im Internet verliert man schnell den direkten Einfluss und sollte deshalb über Alert-Systeme und Media Monitoring die Entwicklungen kontinuierlich beobachten.

---

[48] Vgl. http://www.spiegel.de/spiegel/print/d-13684057.html abgerufen am 20.3.2013.

[49] Vgl. http://www.guardian.co.uk/business/2010/may/13/bp-boss-admits-mistakes-gulf-oil-spill abgerufen am 20.3.2013.

[50] Vgl. http://www.sueddeutsche.de/panorama/sommerloch-ein-tag-in-gummistiefeln-1.768236 abgerufen am 20.3.2013.

Speziell im Internet können sich tatsächliche Krisen auch schnell zu Kommunikationskrisen ausweiten. Eine Reihe bekannter Effekte dokumentieren den zentralen Unterschied zwischen einer Empörungswelle (Shitstorm) im Netz, die durch „Amateure" getragen wird, und dem „professionellen" Umgang mit Krisen auf Ebene des Journalismus.

Neben Frühwarnung und Krisenplänen ist das Auftreten der Verantwortlichen während Krisen entscheidend. Aus diesem Grund gehört die Organisation von Medientrainings für leitende Angestellte mit in den Aufgabenbereich der PR.

2.4 Societal Relations (SR)

Neben der Gestaltung der Beziehungen des Unternehmens zu seinen Anspruchsgruppen, um durch die Produktion von Transparenz das eigene Handeln zu legitimieren, gibt es ein zweites Instrument in der Öffentlichkeitsarbeit von Unternehmen, das ich mit dem Begriff Societal Relations beschreibe. Die Wahl für diesen Begriff erklärt sich aus zwei Aspekten: Zum einen reflektiert der Begriff Societal Relations die Zielsetzung des Instruments, Unterstützung für eigene Ideen innerhalb wichtiger gesellschaftlicher Gruppen zu erhalten. Er korrespondiert mit den Begriffen *societal attitudes* und *societal values*, auf die das Instrument Einfluss nehmen will.

Der zweite Aspekt, der es nahelegte, den Aspekt der Öffentlichkeitsarbeit, der sich um gesellschaftliche Einflussnahme bemüht, Societal Relations zu nennen, hat etwas mit der Geschichte des Instruments zu tun. Societal Relations haben sich aus dem Aufgabengebiet der Public Relations entwickelt. Hier wie dort geht es um die Beziehungen (*relations*) des Unternehmens zur Öffentlichkeit, nur ist einmal die Öffentlichkeit als Summe der Anspruchsgruppen eines Unternehmens angesprochen. Anspruchsgruppen haben einen – teilweise gesetzlich geregelten – Anspruch auf Informationen durch das Unternehmen, ziehen also die Informationen an und reagieren passiv mit Einverständnis. Auf der anderen Seite wird die Öffentlichkeit – also die sozialen Systeme, die in der Umwelt des Unternehmens liegen – für die Gestaltung der und Einflussnahme auf die öffentliche Meinung adressiert. Das Unternehmen versucht seine Meinung aktiv (unaufgefordert) in wichtige Gruppen der Gesellschaft zu transportieren und will so gezielt Einfluss nehmen auf Entscheidungen, die in anderen sozialen Systemen getroffen werden bzw. sich aktiv in der öffentlichen Meinung positionieren und dadurch marktrelevantes Verhalten vorbereiten.

Die Verwandtschaft zwischen Societal Relations und Public Relations begrenzt sich nicht auf Terminologie oder die Zugehörigkeit zum Kommunikationsinstrument Öffentlichkeitsarbeit. Die Societal Relations sind quasi ein Kind der Public Relations, haben sich aus diesen heraus entwickelt. Dies kann man mit einem der legendärsten *publicity stunts* der Geschichte illustrieren: PR-Pionier Edward Bernays arbeitete 1929 für die American Tobacco Company, damals eines der größten Unternehmen der USA. Um Wachstum zu generieren, wollte man Frauen zum Rauchen motivieren. Bernays entwickelte dafür die *torches of freedom* genannte Aktion: Er engagierte Models, die während der Osterparade in New York öffentlich rauchten, was damals noch verboten war. Bernays ließ Fotos machen, verschickte sie weltweit und packte drumherum die Geschichte von den Fackeln der Freiheit: Frauen sollten sich emanzipieren und als Symbol ihrer Unabhängigkeit öffentlich rauchen. Jede Zigarette sei eine Fackel der Freiheit. Der Anteil der Raucherinnen in den USA stieg nach dieser Aktion gewaltig. Gingen vorher rund 5 % aller verkauften Zigaretten an Raucherinnen, stieg dieser Anteil 1929 auf 12 %, erreichte 1935 18 % und pendelt sich seit den 1960er Jahren bei gut einem Drittel ein[51].

Ein weiteres klassisches Beispiel einer zu dem Zeitpunkt noch nicht ausdifferenzierten PR ist die Erfindung der Homestory durch Edward Bernays (übrigens ein nur im deutschen Sprachraum verwendeter Anglizismus, der im internationalen Umfeld nicht genutzt wird). Bernays versuchte den hölzernen Präsidentschaftskandidaten der Republikaner – Calvin Coolidge, auch genannt Silent Cal – für den Wahlkampf menschlicher wirken zu lassen. Dafür lud er *celebrities* aus Hollywood ins Weiße Haus ein und brachte den Hausbesuch in die Medien, die begeistert titelten: Coolidge Entertained Actors. Der trockene Coolidge war also doch ein toller Hecht und wählbar. Vier Wochen später wurde Coolidge mit deutlichem Vorsprung wiedergewählt (vgl. Schnee o. J.).

Diese Art von zielgerichteter Einflussnahme auf die öffentliche Meinung, um Unterstützung zu erreichen und dadurch marktrelevante Handlungen vorzubereiten – z. B. Erwerb und Konsum von Zigaretten durch Frauen – unterscheidet sich von dem heutigen Selbstverständnis der PR als dialogorientierter Partner der verschiedenen Anspruchsgruppen des Unternehmens, etwa in der Form, wie dies der Regierungssprecher für den Politikbetrieb übernimmt. Er transportiert Sichtweisen und sorgt dafür für Transparenz. Seine Aufgabe ist es aber nicht, gezielten Einfluss auf Institutionen oder Zielgruppen zu nehmen.

Man könnte in der konkreten Ausprägung der durch Societal Relations verwendeten Kommunikationsmittel auch einen Bezug zum Instrument Werbung herstellen, speziell wenn es um Kommunikationsmittel wie das Product Placement oder Sponsoring geht. Im deutschsprachigen Raum hat sich hierfür die Bezeichung *below the line* ausgebildet und meint damit werbliche Äußerungen eines Unternehmens außerhalb der Massenmedien (vgl. Esch o. J.). Im englischsprachigen Raum ist mit *below the line* vor allem eine Verkaufstechnik gemeint. Beide Aspekte führen allerdings nicht zu hilfreichen Aussagen, denn wenn man von dem „über" und „unter" einer Linie spricht, sollte man zumindest die Linie sauber definieren können, was sich spätestens in Zeiten, in denen Internet das Leitmedium der Gesellschaft ist, wohl kaum über das Konstrukt der „klassischen Medien" realisieren lässt. Ich verwende den Begriff *below the line* daher schlicht als Trennlinie, ob sich der instrumentale Kommunikationseinsatz öffentlich abspielt, oder hinter verschlossenen Türen stattfindet.

Societal Relations bieten ein Instrument, das im Rahmen der Marketingstrategie eingesetzt werden kann. Dabei ist es nicht entscheidend, ob man Marketing für Produkte mit Gewinnerzielungsabsicht oder Marketing für Themen und Ideen betreibt, wie dies Nonprofit-Organisationen wie Parteien, Religionsgemeinschaften oder Interessenverbände machen. Dass Nonprofit-Organisationen (NPO) sich des Marketing-Instrumentariums

---

[51] Vgl. en.wikipedia.org/wiki/Torches_of_Freedom abgerufen am 21.3.2013.

bedienen können, um eigene Zielsetzungen zu erreichen, wurde nach dem Zweiten Weltkrieg u. a. durch Wiebes legendäre Frage ausgelöst: „Why can't you sell brotherhood and
rational thinking like you can sell soap?" (Wiebe 1951, S. 679).

Kotler und Zaltman legten Anfang der 1970er Jahre ihr Konzept des Social Marketing
vor, das sie so beschrieben: „Social marketing is the design, implementation, and control of
programs calculated to influence the acceptability of social ideas and involving considera-
tions of product planning, pricing, communication, distribution, and marketing research"
(Kotler und Zaltman 1971, S. 5). Societal Relations sind ein Kommunikationsinstrument
innerhalb des Marketing-Mix und als solches sind Societal Relations im Social Marketing
genauso einsetzbar wie im Business Marketing.

Ein weiterer ähnlich klingender Begriff zu Societal Relations ist Societal Marketing.
Auch diese perspektivische Erweiterung des Marketing-Begriffs geht von Kotler aus, der
zusammen mit Sidney Levy 1969 den Artikel *Broadening the Concept of Marketing* veröffentlichte. Die Autoren stellten hier Überlegungen vor, die den Bezugsrahmen des Marketing über den Markt hinaus in den gesellschaftlichen Bereich übertragen, was heute auch
unter dem Stichwort Corporate Social Responsibility diskutiert wird. Diese Erweiterung
des Bezugsrahmens, lässt sich durch alle Marketing-Instrumente – insbesondere natürlich
im Instrumentalbereich Produkt – durchdeklinieren und hat nichts mit dem Instrument
Kommunikation zu tun.

Societal Relations zielen als Kommunikationsinstrument auf die Zielgröße Akzeptanz
und anders als die Public Relations, die durch Transparenz Einverständnis schaffen, versuchen Societal Relations Unterstützung für eigene Zielsetzungen in der Öffentlichkeit zu
erzielen, um dadurch letztlich Vorteile im Wettbewerb zu schaffen. Man kann sich das gut
verdeutlichen, wenn man daran denkt, welchen Einfluss Nichtraucher auf den Markt für
Zigarettenhersteller haben. Wenn das Rauchen selbst durch Nichtraucher gesellschaftlich
anerkannt ist wie in der Zeit zwischen Zweitem Weltkrieg und etwa den 1980er Jahren, ist
das für einen Zigarettenhersteller wichtiger, als ein Prozentpunkt Marktanteil mehr oder
weniger. Wenn aber die Nichtraucher durchsetzen, dass Rauchen im öffentlichen Raum
nicht mehr erlaubt ist, wird es selbst für den Marktführer unter den Herstellern schwierig.
Ähnlich verhält es sich mit Verboten (Atomkraft in Deutschland, herkömmliche Glühbir-
ne in Europa, Alkoholprohibition in den USA etc.): Hat man als Unternehmen oder Branche die Öffentlichkeit gegen sich, werden alle anderen Anstrengungen obsolet. Hat man
dagegen öffentlichen Rückenwind (Neuer Markt oder alternative Energien in Deutschland, Biolandwirtschaft in Europa, Gasproduktion in den USA etc.) kann man kaum noch
Fehler machen. Societal Relations kümmern sich proaktiv darum, Gegenwind für das
Unternehmen zu vermeiden und nach Möglichkeit Rückenwind zu erzeugen.

Um den Aufgabenbereich der Societal Relations zu strukturieren, kann man ein Raster
über zwei Dimensionen entwerfen. Auf der einen Ebene geht es um die Frage, ob Societal Relations im öffentlichen Raum oder vertraulich – *below the line* – ablaufen. Die
andere Ebene gliedert die Handlungsbereiche der Societal Relations hinsichtlich der Dimension, ob die Unterstützung für Themen angestrebt wird, die das Organisationssystem
(das Unternehmen) oder das Funktionssystem (die Branche) betreffen. Aus diesen beiden

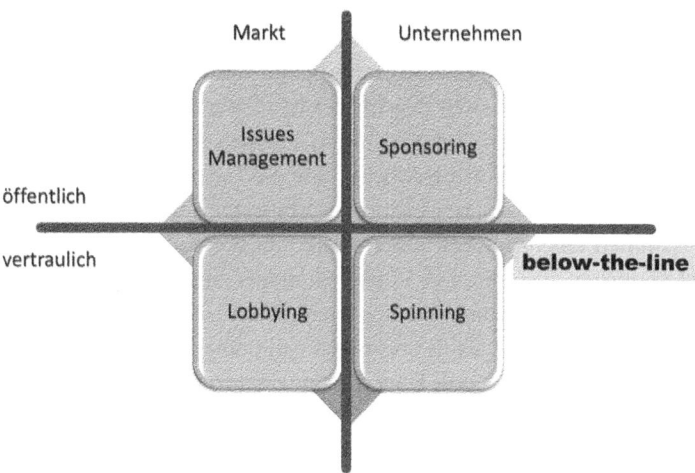

Abb. 2.40 Instrumente der Societal Relations above and below the line

Kriterien lassen sich vier Handlungsfelder entwickeln, in denen auch tatsächlich heute Kommunikationsleistungen erbracht werden: Issue Advertising, Sponsoring, Lobbying und Spinning (vgl. Abb. 2.40).

2.4.1   Issue Advertising: Die Positionierung von Unternehmen zu Themen

Wenn Unternehmen öffentlich für gemeinsame Interessen Flagge zeigen, dann geht es um das Werben um Aufmerksamkeit für Themen, die einen Wirtschaftszweig gegenüber anderen Bereichen der Wirtschaft eint. Diese Form des unternehmerischen Agenda Setting wird unter verschiedenen Begriffen verhandelt. Im Politikbetrieb kennt man die Bezeichnung Advocacy, speziell auf die Wahrnehmung von Personen bezogen spricht man von Impression Management. Als strategisches Kommunikationsinstrument der Societal Relations bietet sich die Bezeichnung Issue Advertising an, denn es geht um Themen (*issues*) und für diese soll Aufmerksamkeit (Werbung) in der Öffentlichkeit produziert werden.

Es gibt verschiedene Möglichkeiten, wie sich Unternehmen zusammenschließen können, um Themen im öffentlichen Raum zu instrumentalisieren. Je nach Grad der Verbindlichkeit und Dauerhaftigkeit sind zumindest drei Formen zu unterscheiden:

• man kann sich spontan organisieren
• man kann eine Kooperation bilden
• man kann eine Interessensvertretung bzw. einen Verband gründen

Dann ist eine zweite Dimension zu berücksichtigen, die sich darauf bezieht, ob die Unternehmen selbst ein Thema setzen wollen oder ob auf bestehende Themen reagiert wird. Letzteres ist Teil des weiter gefassten Begriffs des Issue Management.

Sich spontan zu organisieren, um gemeinsam Themen zu setzen oder zu erwidern, ist geübte Praxis. Wenn der Stadtrat beschließt, dass die Gastronomen ab 21.00 Uhr ihren Außenbereich schließen müssen, ist es selbst bei erbitterter Konkurrenz recht naheliegend, dass man zusammen einen Versuch unternimmt, auf das Kommunalparlament und die öffentliche Meinung einzuwirken. Der Vorteil spontaner Absprachen ist es, das man keine laufenden Kosten hat und nur dann handelt, wenn ein Auslöser gegeben ist. Der Nachteil ist auf der anderen Seite der Medaille abgebildet: Spontane Zusammenschlüsse haben oft nicht die Durchschlagskraft, wie eine längerfristige organisierte und dadurch auch professionalisierte Formierung.

Solche Formen der Ad-hoc Kooperation kennt man auch als konzertierte Stellungnahmen von Unternehmen, die keinem Verband angehören oder ihre Anliegen nicht ausreichend vertreten fühlen. Ad-hoc Kooperationen sind aber auch von sehr öffentlichkeitswirksamen und kostspieligen Stellungnahmen bekannt z. B. in Form des sogenannten Advocacy (also Parteinahme für eine politische Partei in Wahlkampfzeiten wie z. B. durch die Frogs, die legendären Friends of Gerd Schröder[52]) oder als offener Brief, wie etwa die gemeinsame Stellungnahme von Wirtschaftsführern und Personen des öffentlichen Interesses, die in einer weithin beachteten Anzeige für die längerfristige Nutzung der Kernenergie warben[53].

Eine besondere Art der überbetrieblichen Zusammenarbeit ist die Kooperation, um gemeinsam Themen zu besetzen. Dieses Phänomen kennt man vor allem als Gemeinschaftsmarketing, wie dies bei genossenschaftlich organisierten Strukturen (Edeka, Rewe, Volksbanken), Einkaufs- oder Vertriebskooperationen (Euronics, Fleurop), Franchise-Systemen (McDonalds, Obi, Fressnapf) und extra dafür gebildeten Marketinggesellschaften wie der früheren Centralen Marketing-Gesellschaft der deutschen Agrarwirtschaft (CMA) der Fall ist, die für die heute noch gut erinnerten Slogans „Fleisch ist ein Stück Lebenskraft" und „Milch macht müde Männer munter" bekannt ist (vgl. Niehaus 2010). Solche Partnerschaften sind nicht auf den Konsumgüterbereich beschränkt. 2005 gründeten Markenhersteller der PBS-Branche (Papier, Büroartikel, Schreibwaren) den Office-Gold-Club als gemeinsame Marketingplattform, der gezielt die Einkäufer mittelständiger Unternehmen adressiert[54].

Kooperationen können durchaus sehr festen Charakters sein, wie bei den genannten Beispielen, wo die Kooperation konstituierender Bestandteil des jeweiligen Geschäftsbe-

---

[52] Vgl. z. B. www.handelsblatt.com/unternehmen/industrie/gazprom-umgarnt-rwe-putins-unmoralisches-angebot-seite-3/3488886-3.html abgerufen am 7.9.2013.

[53] Vgl. www.handelsblatt.com/unternehmen/industrie/offener-brief-top-manager-rebellieren-gegen-merkels-energiepolitik-seite-all/3519416-all.html abgerufen am 7.9.2013.

[54] Vgl. www.office-gold-club.de/Wir-ueber-uns.313.0.html abgerufen am 21.3.2013.

triebs ist: Wer Edeka-Kaufmann ist, ist gleichzeitig Kunde des Edeka-Marketing aus der Zentrale.

Kooperationen können aber natürlich auch deutlich kurzlebiger oder enger zugeschnitten ausfallen. Z. B. arbeitet die AOK Hessen mit dem Hessischen Wanderverband zusammen. Beide positionieren das Thema „Wandern ist gesund" in der Öffentlichkeit, der eine mit stärkerem Fokus auf die Aktivität des Wanderns und die Möglichkeit, bei Vereinswanderungen geldwerte Bonuspunkte bei der AOK gutschreiben zu lassen, der andere mit stärkerem Fokus auf die Gesundheitsprävention im Generellen[55]. Diese Kooperation ist zwar langfristig als Partnerschaft angelegt, aber für beide Parteien nicht konstituierend.

Eine dritte Form von Kooperation ist das kollaborative Marketing, kurz Co-Marketing. Damit ist gemeint, dass sich zwei oder mehrere Unternehmen kurzfristig für ein gemeinsames Thema zusammenschließen, um dadurch zeitpunktbezogen kommunikative Synergien zu heben. Co-Marketing kommt in verschiedenen Ausprägungen vor.

Am bekanntesten und am intensivsten genutzt im Co-Marketing sind Werbepartnerschaften, die man auch unter der Bezeichnung Cross Marketing kennt. Cross Marketing ist ein in der Praxis häufig genutzter Begriff, der immer dann herhalten muss, wenn man sich Partner sucht, um ein Produkt besser zu verkaufen. Doch auch hier sollte man terminologisch exakt sein. Cross Marketing (Überkreuz-Marketing) ist kurzfristig und aktionsgetrieben angelegt, also eine operative Maßnahme. Die gemeinsame Entwicklung von Produkten wie jahrelang prägend in der Computerindustrie (Wintel[56]), dauerhafte Markenkooperationen (McDonald's und Coke) oder gar Lizenzierung von Marken wie in der Mode- und Parfümbranche üblich, haben nichts mit Cross Marketing zu tun. Cross Marketing ist auch nicht auf Werbung beschränkt, sondern liefert vielmehr meist selbst die Botschaft, die in werblichen Aussagen, aber auch in Aussagen auf der Produktverpackung, am Point of Sale oder in der Direktansprache aufgegriffen wird. Bekannte Cross Marketing Maßnahmen sind etwa Product Bundles, die zu speziellen Anlässen (*back to school*, Weihnachtsgeschäft, Valentinstag etc.) für einen Aktionszeitraum geschnürt werden.

Eine andere Form des Co-Marketing sind sogenannte Medienpartnerschaften, d. h. die Zusammenarbeit zum gegenseitigen Vorteil zwischen einem Leistungsanbieter und einem Verlag oder Rundfunkanbieter. Diese Form der Zusammenarbeit basiert auf einer exklusiven Bevorzugung des Medienpartners durch das Unternehmen. Der Medienpartner revanchiert sich durch eine umfangreiche (und positive) Berichterstattung. Diese Form des Co-Marketing ist immer dann interessant, wenn das Unternehmen ein Thema besetzen will, das über eine öffentliche Veranstaltung kommunizierbar ist, z. B. eine Messe, einen Kongress oder eine kulturelle Veranstaltung.

Intensiver und langfristiger erfolgt die Positionierung von Unternehmen gegenüber Themen in der Öffentlichkeit durch die Gründung bzw. Mitgliedschaft in Interessensvertretungen und Verbänden. Eine Interessensvertretung ist ein institutionalisierter Zusammenschluss natürlicher oder juristischer Personen, die am politischen Entscheidungspro-

---

[55] Vgl. www.wanderverband-hessen.de/partner.htm abgerufen am 22.3.2013.

[56] Vgl. en.wikipedia.org/wiki/Wintel abgerufen am 22.3.2013.

zess teilhaben, ohne selbst politische Verantwortung zu übernehmen. Die Verwandtschaft des Issue Advertising zum Lobbyismus ist beim Instrument der Interessensvertretung offensichtlich. Während aber Lobbying in unserem Verständnis im Verborgenen arbeitet, ist Issue Advertising die transparente Artikulation der Interessen einzelner Gruppen, um einen nachvollziehbaren Interessensausgleich zwischen verschiedenen Gruppen herzustellen. Es geht z. B. um die Beteiligung einer Branche im Gesetzgebungsverfahren, bei dem auch Umweltverbände oder Arbeitnehmervertreter bzw. kommunale Vertreter gehört werden.

Diese Beteiligung von gesellschaftlichen Interessensvertretungen an der Ausübung von Macht im Politiksystem wird unter dem Begriff Korporatismus als geordnete und dauerhafte Struktur moderner Gesellschaften gesehen (vgl. Czada 1994), weshalb es auch nicht wundert, dass in Deutschland rund 5.000 Verbände an der politischen Willensbildung teilhaben[57] und auf Bundesebene derzeit 2.130 Verbände in der offiziellen Lobbyliste des Bundestags eingetragen sind[58]. Die Interessensvertretungen haben die Aufgabe, die gemeinsamen Ziele ihrer Mitglieder in der Öffentlichkeit so zu positionieren, dass das gesellschaftliche Regelwerk (Gesetze und Verordnungen) möglichst gute Umfeldbedingungen für die Mitgliedsorganisationen bietet. Dazu nutzen Interessensverbände ihre Rolle als Artikulationsinstrument einer gesellschaftlichen Gruppe im politischen Willensbildungsprozess z. B. durch Beratung der politischen Handlungsträger. Interessensverbände nehmen aber häufig auch direkt am öffentlichen Diskurs teil etwa als Interviewpartner oder als Talkshowgast.

Was die Interessensvertretungen für eine Gruppe von Unternehmen ist, ist das Issue Management für das einzelne Unternehmen. Beim Issue Management geht es um die Gestaltung des Umgangs mit öffentlichen Themen, die einen Bezug zum Geschäft des Unternehmens haben. Chase (1977) führte den Begriff Issue Management als strukturierte Erweiterung der PR ein. Issue Management soll als strategischer Prozess die *outside-in* Perspektive so gestalten, dass das Unternehmen sich bestmöglich an seine Umwelt anpassen kann (vgl. Dutton und Ottensmeyer 1987). Dies geschieht dadurch, dass das Unternehmen aktiv öffentliche Themen beobachtet, analysiert und ggf. Handlungsprogramme auflegt, um sich in den öffentlichen Diskurs einzuklinken.

Öffentliche Themen durchlaufen meist eine einheitliche Karriere, der sich als Issue Lifecycle darstellen lässt. Ein Thema kommt in die Öffentlichkeit, erhält – wenn sein Nachrichten- oder Unterhaltungswert hoch ist – Aufmerksamkeit, wird über einen gewissen Zeitraum diskutiert und verlässt dann aufgrund mangelnden Interesses die öffentliche Arena. Gesteuert über die Aufmerksamkeitskurve sinkt der Handlungsspielraum der Betroffenen und steigen die Kosten für die Einflussnahme auf die Themenkarriere (vgl. Liebl 2003, S. 63).

Issue Management wird in der Praxis zumeist nach dem von Jones und Chase (1979) beschriebenen Grundmodell in einzelne Aufgabenfelder eingeteilt. Grundüberlegung von

---

[57] Vgl. www.bpb.de/themen/BWDJ3P,0,0,Interessenverb%E4nde.html abgerufen am 25.3.2012.
[58] Vgl. www.bundestag.de/dokumente/lobbyliste/index.html abgerufen am 25.3.2013.

Jones und Chase: Die Einflussnahme durch Unternehmen auf Themen im öffentlichen Raum kann nur auf Basis eines regelmäßigen Planungsszenarios erfolgen, denn „it is obviously impossible to manage issues that are the predictable result of unforeseen trends" (Jones und Chase 1979, S. 3). Der Issue Managementprozess sieht demnach vor, zunächst öffentliche Themen mit Bezug zum Unternehmen zu identifizieren, sie zu analysieren, einen Plan zum Umgang mit dem Thema zu entwickeln, den Plan umzusetzen und abschließend das Ergebnis zu kontrollieren.

Issue Management kann in dieser Sichtweise auch als vorgelagerte Stufe der Krisenkommunikation bzw. als Monitoring-System für Frühindikatoren einer potenziellen Krise dienen. Ansoff nennt das auch Management strategischer Überraschungen (vgl. Ansoff 1976). Um mit ihnen umzugehen, müssen Diskontinuitäten in der Umwelt bereits erkannt werden, wenn die Signale noch schwach sind und dann frühzeitig in den unternehmerischen Planungsprozess integriert werden. So wird das Unternehmen gegenüber volatilen Umwelten stabilisiert.

Lessons learned
Issue Advertising verfolgt das Ziel, für Themen Aufmerksamkeit in der Öffentlichkeit zu produzieren, um Unterstützung für ihre Sicht zu erreichen. Unternehmen tun dies, indem sie sich spontan organisieren, kooperieren oder sich in einer Interessenverbindung bzw. einem Verband zusammenschließen. Issue Advertising ist eingebunden in den weiteren Kontext des Issue Management verstanden als Umgang mit unternehmensrelevanten Themen und strategischer Absicherung gegen Überraschungen.

2.4.2   Lobbying: Einflussnahme auf politische Entscheidungen

Während Issue Advertising im Sinne eines gelebten Korporatismus die Interessen mehrerer Unternehmen bündelt, um öffentlich Einfluss auf politische Entscheidungsprozesse zu nehmen, ist Lobbying deren intransparentes Gegenstück. Man versucht im vertraulichen Gespräch, seine Argumente zu platzieren und unterstützt dieses Ansinnen häufig durch Annehmlichkeiten wie Einladungen zu Essen oder Reisen[59]. Der fraktionsfreie EU-Abgeordnete Martin veröffentlicht seit 2011, welche Einladungen er aufgrund seiner Tätigkeit als Parlamentarier erhält. Die Liste ist beeindruckend umfangreich und beinhaltet auch durchaus Informationsreisen mit Übernachtung im 5-Sterne-Hotel und privatem Chauffeur im Wert von über € 10.000[60].

---

[59] ZurEthymologie des Begriffs Lobbying vgl. http://www.npr.org/templates/story/story.php?storyId=5167187 abgerufen am 25.3.2013.
[60] Vgl. http://www.hpmartin.net/content/der-lobby-ticker-die-t%C3%A4glichen-verlockungen abgerufen am 25.3.2013.

Ob Atomindustrie, Finanzwirtschaft, Automobilsektor, Gesundheitswesen, Rüstung oder Agrar: Neben der öffentlichen, dokumentierten Seite der Einflussnahme spielt sich viel über nicht-öffentliche Kanäle ab und hier liegt der Nutzen des Lobbying für die Unternehmen genauso wie das Risiko des Lobbying für die Gesellschaft. „Der gesellschaftliche Trend der Individualisierung korrespondiert mit der Aufwertung des Interessenbegriffs und der Verfolgung legitimer Eigeninteressen" (Leif und Speth 2003, S. 23). Wenn die legitimen Eigeninteressen der Unternehmen mit genügend Kapitalkraft ausgestattet sind, führt das im Ergebnis zu Tendenzen, die in der Öffentlichkeit z. B. als Bestechlichkeit oder Mauschelei bewertet werden und dementsprechend negativ konnotiert sind. Alemann und Eckert sprechen in diesem Zusammenhang vom grauen und schwarzen Sektor der Interessensvertretung (vgl. Alemann und Eckert 2006, S. 6).

Über das Lobbying-Geschehen in Berlin und speziell in Brüssel lässt sich nichts Verlässliches sagen, insbesondere was den schwarzen Sektor angeht. Die Lobbybranche will zwar auf die Öffentlichkeit einwirken, sie tut dies aber im Wesentlichen außerhalb der Öffentlichkeit. „Lobbyismus vollzieht sich abseits öffentlicher Aufmerksamkeit, er ist schwer zu fassen und wirkt diskret. Es gehört zu den professionellen Grundsätzen der Lobbyisten, nicht die Scheinwerfer und Mikrophone zu suchen" (Leif und Speth 2003, S. 28).

Das Prinzip, über das Lobbying zu seinen Zielen kommt, kann man als Principal-Agenten-Modell entwickeln, wobei die Rollen zwischen Lobbyist und den politischen Organen frei, von Projekt zu Projekt aufgeteilt werden können. In der klassischen Lobbying-Struktur ist der Lobbyist der Principal, der den Politiker als Agenten mit Änderungen oder Ergänzungen beauftragt, die ins Gesetzgebungsverfahren einfließen sollten. Als Anreize stehen dem Lobbyisten vier Möglichkeiten zur Verfügung (vgl. Priddat und Speth 2007, S. 34):

- direkte Bezahlung (Korruption)
- bessere Informationen für Entscheidungsalternativen, um so die eigene Macht zu festigen
- Steigerung der Reputation, um die Karriere aktiv zu fördern
- spätere Bezahlung durch Bereitstellung hoch dotierter Posten nach der aktiven politischen Karriere

Ebenso kann aber auch der Politiker die Rolle des Prinzipals übernehmen und die Lobbyisten beauftragen, Fakten oder Hintergrundinformationen aus der Branche für die Nutzung im politischen Prozess bereitzustellen. In dieser Sichtweise ist Lobbying ein Ausgleichsprozess zwischen Interessen durch die gegenseitige Instrumentalisierung, wie es Michalowitz (2004) beschreibt.

Lobbying als Kommunikationsinstrument wird im Wesentlichen durch den persönlichen Kontakt – das Beziehungsnetzwerk des Lobbyisten – geprägt. Anders als Issue Advertising, das prinzipiell auch kleinen Unternehmen durch Beitritt zu einem Verband möglich ist, ist Lobbying als Beziehungsnetzwerk im politischen Betrieb, über das direkt auf politische Entscheidungen Einfluss genommen werden soll, nur für größere Unternehmen bzw. Oligopolstrukturen nutzbar. Dort, wo Lobbying allerdings aktiv eingesetzt wird – in der Sozial- und Gesundheitswirtschaft oder den großen Infrastrukturbereichen wie Energie, Telekommunikation und Verkehr – ist Lobbying meist das wichtigste, weil effektivste Kommunikationsinstrument.

> **Lessons learned**
> Lobbying ist nur für größere Unternehmen oder Oligopolstrukturen nutzbar. Es wird durch den persönlichen Kontakt geprägt und spielt sich im nicht-öffentlichen Raum ab. Der Lobbyist versucht, seine Argumente in einem vertraulichen Gespräch zu platzieren und das eigene Ansinnen durch Annehmlichkeiten zu unterstützen, z. B. Einladungen oder Unterstützung bei der Karriere des Beeinflussten. Lobbying ist speziell in stark regulierten Branchen das zentrale Kommunikationsinstrument.

2.4.3   Sponsoring: Unterstützung geben, um Unterstützung zu erhalten

Issue Advertising und Lobbying sind zwei Instrumente, bei der in der Regel mehrere Unternehmen zusammen vorgehen bzw. ein großes Unternehmen für seine Branche spricht. Will ein Unternehmen dagegen Societal Relations betreiben, um seine eigenen speziellen Interessen in Opposition zum Wettbewerb zu platzieren, stehen zwei weitere Subinstrumente zur Verfügung: Spinning und Sponsoring. Ethymologisch leitet sich der Begriff Sponsoring aus dem Lateinischen her und bedeutet Bürge oder Garantiegeber. Heute meint man etwas terminologisch erweitert mit Sponsor allgemein einen Unterstützer. Ein Sponsorship verbindet das Unternehmen mit unterschiedlichen Zielgruppen:

- Mitarbeiter (Project Sponsorship, Personalentwicklung)
- Prominente (Endorsement oder auch Kopfsponsoring)
- Interessensgruppen (Cause Marketing)
- andere Unternehmen
- Nonprofit-Organisationen (Corporate Sponsorship)

Die gemeinsame Basis verschiedener Sponsorships ist das Grundprinzip, dass der Sponsor von seinem Sponsoree für das Sponsorship eine Gegenleistung einfordert (vgl. Abb. 2.41). Das unterscheidet Sponsoring von philanthropisch motivierter Unterstützung wie sie etwa ein Mäzen, ein Gönner, ein Spender (Corporate Giving) oder ein Förderer leistet. Sponsoring dient immer der Erreichung unternehmerischer Ziele durch die „Bereitstellung von Geld, Sachmitteln oder Dienstleistungen durch Unternehmen zur Förderung von Personen und/oder Organisationen" (Bruhn 1987, S. 21).

Während der erste Punkt der oben genannten Liste (Projekt Sponsorship) im Personalmanagement bzw. in der Führungskultur des Unternehmens verankert ist, sind die anderen genannten Formen des Sponsoring Bestandteil des Kommunikationsinstruments

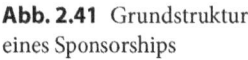

Abb. 2.41 Grundstruktur
eines Sponsorships

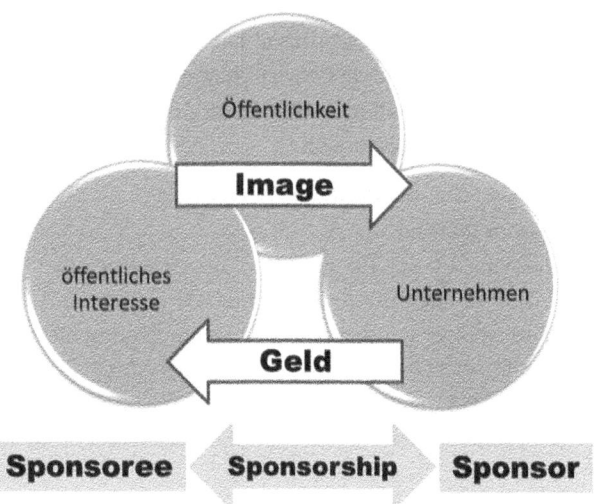

Societal Relations, dessen Aufgabe es ist, in der Öffentlichkeit Unterstützung für die Ziele des Unternehmens zu produzieren. Sponsoring ist heute ein wichtiger Bestandteil der Öffentlichkeitsarbeit von Unternehmen. Bei den 4.000 größten Unternehmen in Deutschland stehen gemittelt 16 % des gesamten Kommunikationsbudgets für Sponsoring bereit (vgl. Hermanns und Lemän 2010, S. 42).

Die Budgets lassen sich dabei verschiedenen inhaltlichen Blöcken zuordnen: Man kann Personen, Unternehmen und Organisationen aus den Bereichen Sport (Leistungssport, Breitensport), Kultur (Kunst, Religion, Medien), Soziales (Bildung, Gesundheit, Sicherheit), Wissenschaft (Forschung und Lehre) und Umwelt unterstützen. In zeitlicher Perspektive ist weiterhin zu unterscheiden, ob ein Sponsorship zeitraumbezogen oder zeitpunktbezogen z. B. für ein Event oder den Abschluss eines Projekts angelegt ist (vgl. auch Abb. 2.42).

Sportsponsoring ist der mit Abstand größte Bereich im internationalen Sponsoringgeschäft. In Deutschland investieren die Unternehmen rund € 2,5 Mrd. direkt in das Sportsponsoring und damit fast doppelt so viel wie in die gesamte Werbung in Publikumszeitschriften[61]. Diese Summe kommt deshalb zusammen, weil sehr viele auch kleine Unternehmen ins Sportsponsoring auf regionaler Ebene investieren. Jedes dritte Unternehmen in Deutschland betätigt sich als Sportsponsor. Insgesamt fließen vom Sportsponsoring in Deutschland gut zwei Drittel in den Breitensport (vgl. BMWi 2012).

Die Spielarten sind im Sportsponsoring schon aufgrund der Marktgröße sehr vielfältig. Von der Unterstützung eines örtlichen Sportvereins über das Verbandssponsoring bis hin zur kompletten wirtschaftlichen Ausstattung einer Mannschaft, die dann auch den Namen des Sponsors trägt, gibt es viele Möglichkeiten, sich einzubringen, um durch die

---

[61] 2012 betrugen die Werbeerlöse von Publikumszeitschriften in Deutschland laut ZAW € 1,281 Milliarden, vgl. http://www.zaw.de/index.php?menuid=33 abgerufen am 23.9.2013.

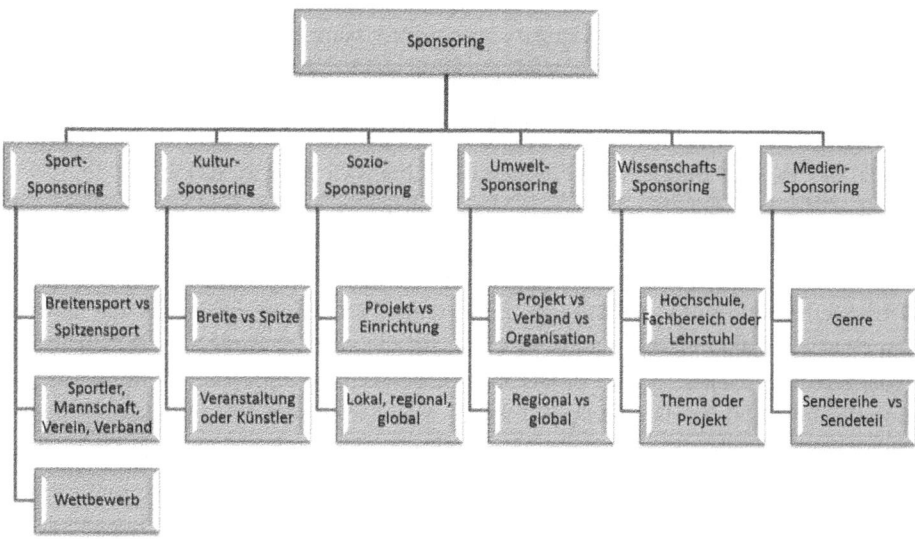

Abb. 2.42 Überblick über verschiedene Arten von Sponsoring

Sponsoring-Investitionen einen positiven Effekt für das Unternehmen bzw. seine Marken zu erzielen.

Speziell in Richtung auf den Spitzensport steigen allerdings nicht nur die Einstiegsbeträge, sondern auch die Risiken. Denn der Imagetransfer hängt nicht unwesentlich am *zukünftigen* sportlichen Erfolg des Sponsorees, während sich die Höhe des Sponsorships durch *vergangene* Erfolge bemisst.

Eine besondere Form, die man im Sportsponsoring antrifft, ist das Endorsement: die Unterstützung prominenter Einzelsportler, um sich mit ihrem Erfolg zu schmücken oder um sie als Testat für die eigenen Produkte zu gewinnen. So erhielt im Zeitraum Juni 2011 bis Juli 2012 Golfprofi Tiger Woods $ 55 Mio., Tennisspieler Roger Federer $ 45 Mio., Fußballer David Beckham $ 37 Mio. und Sprintweltrekordler Usain Bolt $ 20 Mio. an Endorsement-Einnahmen[62].

Da es bei Spitzensport wie den Olympischen Spielen, Weltmeisterschaften oder Champions League meist auch um Spitzensummen geht, um als Sponsor dabei zu sein, hat sich neben dem offiziellen Sponsorship ein Bereich ausgebildet, der sich im Sinne eines aktiven Guerilla Marketing an Großereignisse anlehnt und versucht, ohne größere Lizenzzahlungen oder Sponsorships davon zu profitieren. Für diese teils kreativen, teils auch plumpen Ansätze, hat sich der Begriff Ambush Marketing durchgesetzt. Bekannte Ambush Marketing Aktivitäten entstehen oft im Umfeld der Olympischen Spiele: „Nike, who were not official sponsors of the 1984 Olympic Games held in Los Angeles, launched a marketing campaign revolving around the theme 'I love LA'. In 1988, American Express discontinued its sponsorship of the Olympic Games at which point Visa took over the category of official

---

[62] Vgl. http://www.forbes.com/athletes/list/ abgerufen am 26.3.2013.

credit card sponsor. American Express subsequently launched an advertising campaign featuring former Olympic athletes. Visa's response was to advertise the fact that American Express cards were not accepted at the Games. American Express then retaliated by suggesting that it was possible to purchase items with their card and there was no necessity to have a 'visa' to enjoy the Games" (Thwaites und Chadwick 2004, S. 362).

Die Zielsetzungen, die man mit Sportsponsoring verbindet, sind im Detail so verschieden wie die jeweiligen Ausprägungsformen. Es geht aber letztlich immer um Unterstützung innerhalb der Öffentlichkeit und um öffentliche Positionierung gegenüber dem Wettbewerb. Diese kann man über das Endorsement eines Spitzensportlers, das Sponsoring einer Fußballbundesligamannschaft oder die Trikotausstattung eines örtlichen Volleyballvereins erreichen, jeweils immer in Abhängigkeit zur konkreten Wettbewerbssituation. Bruhn empfiehlt den Erfolgsbeitrag von Sponsoring zum Kommunikationsmix im Unternehmen durch das Konstrukt der Sponsoring Excellence zu operationalisieren, die in vier Bereichen planbar und messbar ist (vgl. Bruhn 2008, S. 170 f.):

- Sponsoringobjekt: Wie stark vertritt der Sponsoree tatsächlich die vom Unternehmen adressierten Imagewerte wie Stärke, Verlässlichkeit, Spitzenleistung etc.?
- Sponsoringdruck: Wie stark fällt das Sponsorship des Unternehmens der Öffentlichkeit ins Auge? Was bringt z. B. die Bandenwerbung in einem Fußballstadion, wenn die Zuschauer und Fernsehkameras die Spieler im Fokus haben, die gerade in der Allianz-Arena antreten?
- Sponsoringfit: Wie gut passt die Zielgruppe des Sponsorships (etwa Fußballzuschauer) zu den wirtschaftlichen Zielgruppen des Unternehmens (z. B. Toilettenpapierhersteller)?
- Sponsoringmedialisierung: Wie stark wird das Sponsorship medial über Multiplikatoren weiter transportiert, oder bezieht sich das Sponsorship nur auf die tatsächlich Anwesenden?

Im Zusammenhang mit Sponsoring wird im deutschen Sprachraum als Zielgröße oft von einem angestrebten Imagetransfer gesprochen. Dieser Begriff macht nicht nur konzeptionell Schwierigkeiten, da man Images nicht übertragen kann. Er ist auch wenig zielführend, da es offensichtlich keinen belastbaren Zusammenhang z. B. zwischen sportlicher Leistung und Auswirkung auf die Einstellungen zum Sponsor gibt, wie man z. B. am Zusammenspiel von VW und dem VfL Wolfsburg sehen kann[63]. Es gibt sehr wohl ein Risiko, wenn z. B. alle Verlierer mit Sportschuhen von Puma, alle Gewinner mit solchen von Adidas laufen würden. Es mag auch so etwas wie einen undifferenzierten Sympathiebonus geben,

---

[63] Vgl. www.handelsblatt.com/sport/fussball/nachrichten/trikotsponsoring-die-telekom-ist-deutscher-fussballmeister-seite-all/6587426-all.html abgerufen am 27.3.2013.

etwa dass Sponsoren bei den Anhängern des Sponsorees beliebter sind, als beim Rest der Bevölkerung[64], was allerdings auch mit vielen anderen Faktoren zu tun haben kann.

Stärker trägt die Annahme, dass Sponsoring ein wichtiges Instrument ist, um die Bekanntheit (*awareness*) einer Marke dauerhaft auf hohem Niveau zu halten, denn eine Marke wird im Kontext einer positiv besetzten Veranstaltung sehr gut erinnert. Anders als bei Werbung, kann die Marke im Sponsoring nicht mit direkten Botschaften verbunden werden. Die Marke muss schon über eine Grundbekanntheit verfügen. Dann aber lässt sich durch reine Logo-Präsenz mittels Sponsoring die *brand retention* wenigstens in den Gruppen, die sich für den Sponsoree interessieren, sicherstellen. Und *brand retention* bzw. *awareness* zahlen letztlich auf den Markenwert (*brand equity*) und damit indirekt auf die Loyalität ihrer Verwender ein.

Auch als Thema für die Bespielung weiterer Kommunikationsmaßnahmen des Unternehmens ist Sponsoring ein geeignetes Instrument. Cornwell nennt das Sponsorship-linked Marketing verstanden als „the orchestration and implementation of marketing activities for the purpose of building and communicating an association to a sponsorship" (Cornwell 1995, S. 15). Cornwell et al. führen die erfolgreiche Implementierung von Sponsorships in die strategische Unternehmenskommunikation im Kern auf zwei Faktoren zurück: die Kongruenz zwischen Sponsor und Sponsoree (als Produkt aus Sponsoringobjekt und Sponsoringfit) und die Artikulation des Sponsorships (als Produkt aus Sponsoringdruck und Sponsoringmedialisierung). Daraus ergibt sich hinsichtlich der Erinnerungsleistung, dass die Erinnerung mit höherer Kongruenz und stärkerer Artikulation des Sponsorships steigt (vgl. Cornwell et al. 2006, S. 319).

In diesem Zusammenhang kann man eine besondere Form des Sponsoring diskutieren, das Product Placement oder generischer gefasst: Embedded Marketing. „Product placement means any form of audiovisual commercial communication consisting of the inclusion of or reference to a product, a service or the trade mark thereof so that it is featured within a programme, in return for payment or for similar consideration. Product placement, in contrast to sponsorship messages, is, built into the action of a programme whereas sponsor references may be shown during the programme but are not part of the plot" (EU AVMS 2010).

Die Einbeziehung von Produkten und Marken in den Handlungsablauf fiktionaler Formate oder auch Dokumentationen oder Nachrichtensendungen hat für die Unternehmen einen wichtigen Vorteil, wird das Produkt doch in einem konkreten Verwendungszusammenhang durch indirekte Testimonials präsentiert. In Filmproduktionen fürs Kino ist die kostenpflichtige Platzierung von Produkten erlaubt, in TV-Produktionen unterliegen sie im Rahmen der EU-Richtlinie zu audiovisuellen Medien einigen Beschränkungen, die sich auch in der 13. Änderung des Rundfunkstaatsvertrags[65] widerspiegeln.

Was die Marktgröße des Product Placement angeht, sind große regionale wie mediale Unterschiede festzustellen. Vom gesamten Placement-Markt im Volumen von $ 8,25 Mrd.

---

[64] Vgl. www.wiwo.de/unternehmen/dienstleister/brandindex-fussball-sponsoring-verbessert-image-seite-all/6540024-all.html abgerufen am 7.9.2013.

[65] Vgl. www.urheberrecht.org/law/normen/rstv/RStV-13/text/ abgerufen am 27.3.2013.

entfallen allein 64 % ($ 5,28 Mrd.) auf den US-Markt. In den USA wiederum erhalten den größten Anteil der Placement-Ausgaben die TV-Produktionen[66]. In Deutschland dagegen werden im Fernsehen trotz Liberalisierungen gerade einmal etwa zwischen € 10 und 25 Mio. an Placement-Umsätzen erzielt[67].

Product Placement eignet sich im Sinne des Sponsorship-linked Marketing zur Wiedereinführung als Thema in andere Instrumente des Kommunikationsmix eines Unternehmens. So verhält es sich auch mit einer weiteren Spielart des Sponsoring, dem Cause Marketing. Der Begriff wird seit den 1980er Jahren verwendet und bezeichnet die direkte Verbindung aus Transaktion (Produktverkauf) und Akzeptanz (Sponsorship), indem pro Verkaufseinheit ein Anteil an einen Zweck öffentlichen Interesses weitergeleitet wird. „Cause-related marketing is the process of formulating and implementing marketing activities that are characterized by an offer from the firm to contribute a specified amount to a designated cause when customers engage in revenue-providing exchanges that satisfy organizational and individual objectives" (Varadarajan und Menon 1988, S. 60).

Ganz praktisch kennt man Cause Marketing aus Aktionen wie dem Krombacher-Regenwald-Projekt (durch den Kauf eines Kastens Krombacher Bier wird ein Quadratmeter Regenwald geschützt[68]) oder der Zusammenarbeit zwischen Pampers (Procter & Gamble) und dem UN-Kinderhilfswerk UNICEF[69].Kritische Stimmen sprechen bereits von einer konsumgetriebenen Philantropie, die Eigenverantwortung per Produktkauf kompensiert und dabei übersieht, dass der gestiegene Konsum erst eine große Menge der durch Cause Marketing wieder zu beseitigenden Probleme schafft (vgl. Eikenberry 2009).

Lessons learned
Ein Sponsorship ist eine wirtschaftliche Transaktion, die auf dem Prinzip Geldzahlung gegen Leistung beruht und nichts mit Förderung oder Corporate Giving zu tun hat. Sponsorhip kann man in ganz unterschiedlichen Themenfeldern betreiben. Strukturell geht es im Sponsorship um die Verbindung des Unternehmens mit seinen Öffentlichkeiten, für den Zweck, seine Bekanntheit zu steigern bzw. aufrechtzuerhalten (brand retention) und möglicherweise von Transfereffekten durch das Image des Sponsoree zu profitieren. Die Auswahl geeigneter Sponsorships für die Positionierung des Unternehmens in der Öffentlichkeit, kann man über das Konstrukt der Sponsoring Excellence bestimmen.

---

[66] Vgl. http://www.pqmedia.com/globalproductplacementforecast-2012.html abgerufen am 27.3.2013.

[67] Vgl. http://www.horizont.net/aktuell/specials/pages/protected/Markt-fuer-Produktplatzierungen-entwickelt-sich-zaghaft_111083.html abgerufen am 27.3.2013.

[68] Vgl. durchaus kontrovers: www.spiegel.de/spiegel/print/d-27564398.html abgerufen am 27.3.2013.

[69] Vgl. www.pg.com/de_DE/nachhaltigkeit/soziale-verantwortung/pampers-unicef.shtml abgerufen am 27.3.2013.

Speziell bei Ereignissen mit großer öffentlicher Aufmerksamkeit wie Olympi-schen Spielen oder Weltmeisterschaften, versuchen Unternehmen auch ohne direk-ten Leistungsaustausch von diesen Themen zu profitieren. Man nennt diese Form des Guerilla Marketing auch Ambush Marketing.

Die Inszenierung eigener Produkte in dramaturgische Handlungen von media-len Produktionen wie Filmen, Videospielen oder Fernsehserien, versucht man über Product Placement zu realisieren. Die direkte Verbindung des Produktkaufs mit der Unterstützung von Themen öffentlichen Interesses ist Aufgabe des Cause Marketing.

2.4.4 Spinning: Den wichtigen Themen den richtigen Dreh geben

Die Ausdifferenzierung der Societal Relations aus den Public Relations wird besonders deutlich beim Kommunikationsinstrument Spinning. Als Vater der Spinning gilt PR-Pio-nier Edward Bernays, der auf Basis psychoanalytischer Erkenntnisse die Öffentlichkeit nicht nur als Stakeholder mit berechtigtem Interesse an Transparenz verstand, sondern durch die Inszenierung von Themen bewusst Einfluss auf die öffentliche Meinung nahm.

Bernays wurde zum Spiritus Rector für die Propagandamaschinerie, die Joseph Goeb-bels ab der Regierungsübernahme der NSDAP 1933 befeuerte. Hitler wurde zur Marke inszeniert. Goebbels bediente sich aller erdenklichen Mittel, um die Idee des National-sozialismus unters Volk zu bringen. Der Kandidat Hitler wird per Flugzeug durchs Reich geflogen, das Konterfei mit Stirnlocke und Quadratbärtchen reduziert die Botschaft auf einfache Symbole, Veranstaltungen werden durch Fackelzüge und Musik zu einprägsamen Erlebnissen, die aus Sympathisanten Gläubige machen. 2.000 Mitarbeiter hat das Reichs-propagandaministerium und mit dieser Mannschaft im Hintergrund gibt Goebbels den Zeitthemen den richtigen Dreh, den Spin, wie bei seiner 1943 gehaltenen Rede im Berliner Sportpalast, in der er der Vernichtung der 6. Armee in Stalingrad und der sich abzeich-nenden Niederlage eine neue Wendung verpasst und die Deutschen für die Vorzüge des totalen Kriegs begeistert (vgl. Smoltczyk 2005).

Nach dem Zweiten Weltkrieg wurden die Erfahrungen der Propaganda nicht vergessen, sondern in neuen Zusammenhängen wieder aufgegriffen, z. B. der Kampagnenführung in wichtigen Wahlkämpfen. Aus diesem Kontext entwickelte sich Ende der 1970er, An-fang der 1980er Jahre der Begriff des Spinning und die Bezeichnung Spin Doctor für die Personen, die das Spinning für Kandidaten, Parteien oder Unternehmen als Berater über-nehmen (vgl. Kamps 2007).

Spinning ist als Kommunikationsinstrument nicht einheitlich definiert. Man kann jedoch herausarbeiten, dass es im Spinning im Unterschied zur Werbung, die sich mit Persuasion beschäftigt, stärker um Manipulation geht, also der kalkulierten Beeinflussung von Menschen, damit diese gegen ihre eigentlichen Interessen handeln (vgl. Arens 1973). Dieses negativ konnotierte Verhalten wird gemeinhin nicht in einer eigenen Abteilung des Unternehmens organisiert, sondern wird von herausgehobenen Personen – dem Presse-sprecher oder dem Geschäftsführer – bzw. durch externe Dienstleister übernommen.

In der Praxis werden im Spinning sehr unterschiedliche Techniken eingesetzt, die sich häufig aus klassischen *lessons learned* der Rhetorik befüttern. Dazu gehören etwa:

- *Cherry Picking the Evidence*: Man konzentriert sich auf die Argumente, die plausibel die eigene Sichtweise darlegen und unterschlägt wichtigere oder zielgenauere Argumente mit der Absicht der Täuschung[70].
- *Non-denial denial*: Man formuliert so, dass es wie ein Dementi klingt, obwohl es keines ist. Die bekannteste Variante eines Non-denial denial geht auf US-Präsidenten Bill Clinton zurück, der betonte: „I did not have sexual relations with that woman", was juristisch zweifelsfrei stimmte, aber nicht der Wahrheit entsprach[71].
- *Mea Culpa*: Es wurden Fehler gemacht. Diese „entlastende Vergangenheitsform" wurde im politischen Washington zugleich zu einem eigenen Tempus erhoben, dem *past exonerative tense*. Durch die passive Formulierung und die Vergangenheitsform wird persönliche Verantwortung in eine diffuse Generalverantwortung überführt[72].
- *Begging the question*: Eine Behauptung wird durch Aussagen begründet, die die Behauptung als solche schon als wahr voraussetzen, die klassische argumentative Figur der *petitio principii*. Wenn man die gleichgeschlechtliche Ehe ausschließt, weil die Ehe eine Institution zwischen Mann und Frau sei, nimmt man als Begründung den zu beweisenden Satz, nämlich dass eine Ehe nur zwischen Mann und Frau zu führen sei[73].
- Euphemismus: Wenn etwas nicht gut klingt, dann nennen wir es anders, z. B. anstatt Entlassungen Freistellungen, anstatt Atomkraft Kerntechnik, anstatt Mülldeponie Entsorgungspark[74].
- *Burying bad news*: Wenn die Gelegenheit günstig ist – sprich große Themen die öffentliche Meinung beschäftigen –, versucht man im allgemeinen Pulverrauch schlechte Nachrichten zu beerdigen. Dies nahm sich auch Jo Moore zu Herzen, Pressesprecherin der britischen Labour Party, die per Rundschreiben empfahl, im Zuge der 9/11-Attentate schnell ein paar unliebsame Themen rauszubringen und damit gleich zu beerdigen[75].

Spinning, also Themen in der Öffentlichkeit den gewünschten Dreh mitgeben, damit sie sich richtig entwickeln, wird auch jenseits klassischer öffentlicher Statements eingesetzt, z. B. in dem Versuch, Reputation im öffentlichen Raum durch gefälschte (selbst verfasste) Bewertungen der eigenen Produkte bei E-Commerce Portalen wie amazon.com aufzubauen oder in einem ausgewiesenen neutralen Bewertungsportal Bewertungen zu kaufen (vgl. Voß 2013).

---

[70] Vgl. www.iep.utm.edu/fallacy/#SuppressedEvidence abgerufen am 27.3.2013.

[71] Vgl. news.bbc.co.uk/2/hi/uk_news/magazine/6570941.stm abgerufen am 27.3.2013.

[72] Vgl. www.nytimes.com/2007/03/14/washington/14mistakes.html abgerufen am 27.3.2013.

[73] Vgl. www.iep.utm.edu/fallacy/#BeggingtheQuestion abgerufen am 27.3.2013.

[74] Vgl. de.wikipedia.org/wiki/Euphemismus abgerufen am 27.3.2013.

[75] Vgl. www.guardian.co.uk/media/2001/oct/09/terrorismandthemedia.Whitehall abgerufen am 27.3.2013.

Speziell im Zuge der Internetverbreitung lässt sich ein dem Spinning zuzurechnendes Phänomen in den letzten Jahren verstärkt beobachten, das man mit dem Begriff Astroturfing bezeichnet. Astroturf, eine bekannte Marke für Kunstrasen, steht in Opposition zu sogenannten Grassroot Movements, also Initiativen, die aus gesellschaftlichem Engagement heraus *bottom-up* entstehen (vgl. Ekins 1992). Bekannte Grassroot Movements sind z. B. die Friedensbewegung, die Atomkraftgegner oder die Gloablisierungskritiker.

Solche authentische Formen bürgerlicher Artikulation greifen Unternehmen und Organisationen anderer Funktionsbereiche auf, versuchen also Authentizität nachzuahmen und die wahre Urheberschaft der Botschaften dadurch zu verschleiern. Die Einflussnahme auf die öffentliche Meinung durch bezahlte Fürsprecher – eine Art Tarnkappen-Manipulation – ist nicht neu. Durch die technischen Möglichkeiten im öffentlichen Raum des Internet, solche Bewegungen einigermaßen unauffällig und kostengünstig zu nutzen, um den Wettbewerb zu diskreditieren oder Unterstützung für die eigenen Produkte zu erhalten, wird Astroturfing aber offensichtlich immer intensiver genutzt – und große Unternehmen investieren bereitwillig Millionenbeträge in diese Form des Spinning, wie etwa die Deutsche Bahn AG, die 2007 allein für € 1,3 Mio. positive Blogbeiträge, Leserbriefe und andere Meinungsäußerungen in ihrem Sinne kaufte[76] oder Steuersoftwarehersteller Intuit, der $ 11,5 Mio. dafür ausgab, dass die Steuerformulare in den USA nicht einfacher werden[77].

Ebenfalls zum Instrument des Spinning gehören die Dark Public Relations, deren Ziel es ist, mit den Mitteln der PR, Wettbewerbern oder störenden Interessensgruppen durch negative Berichterstattung zu schaden. Basis der Dark PR ist ein System der Competitive Intelligence, also die strukturierte Sammlung von Informationen zu Wettbewerbern. Competitive Intelligence ist zunächst eine hilfreiche Basis, um strategische Entscheidungen im Unternehmen abzusichern. Sie kann aber auch wie bei Geheimdiensten dazu missbraucht werden, gezielt Wettbewerber in der Öffentlichkeit in Misskredit zu bringen (vgl. Burt 2012).

> **Lessons learned**
> Die Aufgabe des Spinning ist Manipulation im Sinne der Beeinflussung der öffentlichen Meinung entgegen der vermuteten Interessenlage der Gesellschaft. Dazu werden im Wesentlichen rhetorische Mittel eingesetzt, aber auch der Kauf von Fans in Netzwerken oder die vermeintliche neutrale Bewertung von eigenen Produkten auf Shoppingplattformen oder die Imitation echten Bürgerbegehrens in Form des Astroturfing zählen zum Spinning. Spinning als Kommunikationsinstrument ist in der Regel nicht organisationsintern ausgestaltet, sondern man nutzt externe Dienstleister.

---

[76] Vgl. www.handelsblatt.com/unternehmen/handel-dienstleister/leserbriefe-blog-beitraege-umfragen-bahn-zahlte-millionen-fuer-taeuschung/3187290.html abgerufen am 27.3.2013.
[77] Vgl. http://techcrunch.com/2013/03/27/turbotax-maker-funnels-millions-to-lobby-against-easier-tax-returns/ abgerufen am 28.3.2013.

Literatur

Aaker, D., & Myers, J. G. (1975). *Advertising management. Practical perspectives.* Englewood-Cliffs: Prentice Hall.

von Alemann, U., & Eckert, F. (2006). Lobbyismus als Schattenpolitik. *Aus Politik und Zeitgeschichte, 15–16*, 3–10. http://www.bpb.de/apuz/29792/verbaende-und-lobbyismus. Zugegriffen: 25. März 2013.

Angermeier, G. (2008). SWOT-Analyse. *Projekt Magazin,* (2). https://www.projektmagazin.de/artikel/die-swot-analyse_7062.

Ansoff, H. I. (1965). *Corporate strategy, an analytic approach to business policy for growth and expansion.* New York: McGraw-Hill.

Ansoff, H. I. (1976). Managing strategic surprise by response to weak signals. *California Management Review, 18*(2), 21–33.

Arens, K. (1973). *Manipulation. Kommunikationspsychologische Untersuchung mit Beispielen aus Zeitungen des Springer-Konzerns* (2. Aufl.). Berlin: Verlag Volker Spiess.

Arthur, W. Page Society. (o. J.). The page principles. http://www.awpagesociety.com/about/the-page-principles/. Zugegriffen: 8. März 2013.

Asch, S. (1955). Opinions and social pressure. *Scientific American, 193,* 31–35.

BaFin Bundesanstalt für Finanzdienstleistungsaufsicht. (o. J.). Ad-hoc-Publizität. http://www.bafin.de/DE/Aufsicht/BoersenMaerkte/Transparenzpflichten/Ad-hoc-Publizitaet/ad-hoc-publizitaet_node.html. Zugegriffen: 19. März 2013.

Barrantes, E. (2009). *Theorie und Praxis der creditor relations Kommunikation mit Fremdkapitalgebern im Kontext der Neuen Institutionenökonomie.* München: AVM.

Bartels, R. (1962). *The development of marketing thought.* Homewood: Irwin.

Bassen, A., Jastram, S., & Meyer, K. (2005). Corporate Social Responsibility. Eine Begriffserläuterung. *Zeitschrift für Wirtschafts- und Unternehmensethik, 6*(2), 231–236. http://www.zfwu.de/fileadmin/pdf/2_2005/6_2_14_%20Bassen_Jastram_Meyer_Ideenforum.pdf.

Bates, D. (2006). „Mini-Me" history: Public relations from the dawn of civilization. http://www.instituteforpr.org/iprwp/wp-content/uploads/MiniMe_HistoryOfPR.pdf. Zugegriffen: 8. März 2013.

Becker, T. (1998). *Die Sprache des Geldes. Grundlagen strategischer Unternehmenskommunikation.* Opladen: Westdeutscher Verlag.

Becker, T. (2002). *No Mercy. Werbeerfolgskontrolle im Internet.* Berlin: Thomas Becker Verlag.

Becker, T./Hauptmeier, H. (2005). *TV 2010 Reloaded. Die Wohnzimmer-Revolution hat begonnen.* Siegen: FAM Fortbildungsakademie Medien.

Berger, P. D., & Nasr, N. I. (1998). Customer lifetime value: Marketing models and applications. *Journal of Interactive Marketing, 12*(1), 17–30.

Bergler, G. (1965). *Werbung und Gesellschaft.* Essen: Giradet.

Bernays, E. (1928). *Propaganda.* New York: Horace Liveright. http://ia600804.us.archive.org/4/items/Porpaganda/PropagandaedwardBernays1928.pdf.

Bernays, E. (1947). The Engineering of Consent. *The ANNALS of the American Academy of Political and Social Science March, 1947*(250), 113–120. http://gromitinc.com/lego/Library/Engineering_of_consent.pdf.

BMI. (2008). *Krisenkommunikation. Leitfaden für Behörden und Unternehmen.* Berlin: Bundesministerium des Innern. http://www.bmi.bund.de/SharedDocs/Downloads/BVS/DE/Krisenkommunikation/Krisenkommunikation.pdf. Zugegriffen: 19. März 2013.

BMWi. (2012). Wirtschaftsfaktor Sport. Die wirtschaftliche Bedeutung des Sports in Deutschland. http://www.bmwi.de/Dateien/BMWi/PDF/Monatsbericht/Auszuege/02-2012-I-4. Zugegriffen: 26. März 2013.

Boston Consulting Group. http://www.bcg.com/about_bcg/history/history_1968.aspx. Zugegriffen: 22. Aug. 2012.

Brown, D., & Hayes, N. (2007). *Influencer marketing: Who really influences your customers?* Amsterdam: Elsevier Butterworth-Heinemann.

Bruhn, M. (1987). *Sponsoring. Unternehmen als Mäzene und Sponsoren.* Frankfurt a. M.: Frankfurter Allgemeine.

Bruhn, M. (2008). Der Beitrag von Sponsoring zur Erreichung von Markenzielen am Beispiel eines Telekommunikationsanbieters. In M. Bruhn, & B. Stauss, (Hrsg.), *Dienstleistungsmarken* (S. 163–187). Wiesbaden: Gabler.

Bruhn, M. (1997). *Kommunikationspolitik. Bedeutung, Strategien, Instrumente.* München: Vahlen.

Burt, T. (2012). *Dark art: The changing face of public relations.* London: Elliott & Thompson.

Chandler, A. (1962). *Strategy and structure: Chapters in the history of industrial enterprise.* Cambridge: M.I.T. Press.

Chase, H. T. (1977). Public Issue Management: The New Science. *Public Relations Journal, 33*(10), 25–26.

Chatham House. (o. J.). Chatham House Rule. http://www.chathamhouse.org/about-us/chathamhouserule. Zugegriffen: 14. März 2013.

Chesbrough, H. W. (2003). *Open innovation. The new imperative for creating and profiting from technology.* Boston: Harvard Business School Press.

Cialdini, R. B. (2007). *Influence: The psychology of persuasion.* New York: Collins.

von Clausewitz, C. (1832). *Vom Kriege. Hinterlassenes Werk des Generals Carl von Clausewitz.* Berlin: Ferdinand Dümmler, zitiert nach. http://gutenberg.spiegel.de/buch/4072/1. Zugegriffen: 24. Aug. 2012.

Collins, J. C., & Porras, J. I. (1994). *Built to last: Successful habits of visionary companies.* New York: Harper Business.

Cornwell, T. B. (1995). Sponsorship-linked marketing development. *Sport Marketing Quarterly, 4*(4), 13–24.

Cornwell, T. B., Humphreys, M. S., Maguire, A. M., Weeks, C. S., & Tellegen, C. L. (2006). Sponsorship-linked marketing: The role of articulation in memory. *Journal of Consumer Research, 33,* 312–321. http://eprints.qut.edu.au/44952/1/Sponsorship-LinkedMarketing.pdf. Zugegriffen: 27. März 2013.

CP Basisstudie, I. I. I. (2012). *Corporate Publishing Basisstudie 03. Unternehmensmedien im Raum DACH.* München: Forum Corporate Publishing. www.forum-corporate-publishing.de/index.php/de/cp-markt/studien/item/download/28_2c682f80504a4b786808843972c73bf4.

Crane, A., Matten, D., & Moon, J. (2008). *Corporations and citizenship.* Cambridge: University Press.

Creel, G. (1920). *How we advertised America: The first telling oft he amazing story of the committee on public information that carried the gospel of americanism to every corner of the globe.* New York: Harper. http://archive.org/stream/howweadvertameri00creerich#page/n9/mode/2up. Zugegriffen: 8. März 2013.

Czada, R. (1994). Konjunkturen des Korporatismus: Zur Geschichte eines Paradigmenwechsels in der Verbändeforschung. In W. Streeck (Hrsg.), *Staat und Verbände, Politische Vierteljahresschrift, Sonderheft 25* (S. 37–63). http://www.politik.uni-osnabrueck.de/download/czada.konjunkturen.des.korporatismus.pdf.

Davenport, T. H., & Harris, J. G. (2007). *Competing on analytics. The new science of winning.* Boston: Harvard Business School Press.

Davis, L. J. (1999). *Truth to tell: tell it early, tell it all, tell it yourself. Notes from my White House education.* New York: Free Press.

Dellarocas, C., Zhang, X., & Awad, N. F. (2007). Exploring the value of online product reviews in forecasting sales: The case of motion pictures. *Journal of Interactive Marketing, 21*(4), 23–45.

Dichtl, E. (1991). *Der Weg zum Käufer. Das strategische Labyrinth* (2. Aufl.). München: Beck.

Dickie, H. F. (1951). ABC inventory analysis shoots for dollars. *Factory Management and Maintenance, 109*(7), 92–94.

Dierkes, M. (1974). *Die Sozialbilanz: Ein gesellschaftsbezogenes Informations- und Rechnungssystem.* Frankfurt a. M.: Herder.

Doran, G. T. (1981). There' a S.M.A.R.T. way to write management's goals and objectives. *Management Review, 70*(11), 35–36.

Dow, A. (2006). *Dow's dictionary of railway quotations.* Baltimore: Johns Hopkins University Press.

Drucker, P. F. (1954). *The Practice of Management.* New York: Harper & Row.

Du Plessis, E. (1994). Recognition versus recall. *Journal of Advertising Research, 34*(May/June), 75–91.

Dutton, J. E., & Ottensmeyer, E. (1987). Strategic issue management systems: Forms, functions and contexts. *Academy of Management Review, 12*(2), 355–365. http://webuser.bus.umich.edu/janedut/Issue%20Selling/strategicissuemgmt.pdf.

Eikenberry, A. M. (2009). The hidden costs of cause marketing. *Stanfort Social Innovation Review, 18*(Summer), 51–55.

Ekins, P. (1992). *A new order. Grassroot movement for global change.* London: Routledge.

Elkington, J. (1997). *Cannibals with forks: The triple bottom line of 21st century business.* Oxford: Capstone.

Ellinghaus, U. (2000). *Werbewirkung und Markterfolg. Marktübergreifende Werbewirkungsanalyse.* München: Oldenbourg.

Esch, F.-R. (o. J.). *Below-the-Line-Kommunikation.* Gabler Wirtschaftslexikon. http://wirtschaftslexikon.gabler.de/Archiv/81565/below-the-line-kommunikation-v6.html. Zugegriffen: 21. März 2013.

EU AVMS. (2010). Audiovisual Media Services Directive. ec.europa.eu/avpolicy/reg/tvwf/advertising/product/index_en.htm. Zugegriffen: 27. März 2013.

Fayyad, U., Piatetsky-Shapiro, G., & Smyth, P. (1996). From data mining to knowledge discovery in databases. *AI Magazine, 17*(3), 37–54.

Festinger, L. (1957). *A theory of cognitive dissonance.* Stanford: Stanford University Press.

Föderl-Schmid, A. (2004). Unter eins, zwei oder drei. http://www.taz.de/1/archiv/archiv/?dig=2004/05/03/a0204. Zugegriffen: 14. März 2013.

Fowler, G. A. (2012). Facebook: One billion and counting. *The Wall Street Journal.* http://online.wsj.com/article/SB10000872396390443635404578036164027386112.html#. Zugegriffen: 6. März 2013.

Freeman, R. E. (1984). *Strategic management: A stakeholder approach.* Boston: Pitman.

Freeman, R. E., & Reed, D. L. (1983). Stockholders and stakeholders: A new perspective on corporate governance. *California Management Review, XXV*(3), 88–106. http://trebucq.u-bordeaux4.fr/Stock & stakeholders.pdf. Zugegriffen: 8. März 2013.

Freter, H. (1983). *Marktsegmentierung.* Stuttgart: Kohlhammer.

Gladwell, M. (2000). *The tipping point: How little things can make a big difference.* Boston: Little, Brown.

Godin, S. (2000). Unleashing the Ideavirus. www.sethgodin.com/ideavirus/downloads/IdeavirusReadandShare.pdf. Zugegriffen: 5. März 2013.

Gossett, W. T. (1957). *Corporate citizenship.* Lexington: Washington and Lee University.

Greenberg, A. (2007). The streisand effect. www.forbes.com/2007/05/10/streisand-digg-web-techcx_ag_0511streisand.html. Zugegriffen: 20. März 2013.

Griffin, J., & Lowenstein, M. W. (2001). *Customer winback: How to recapture lost customers and keep them loyal.* San Francisco: Jossey-Bass.

Grodzins, M. (1958). *The metropolitan area as a racial problem.* Pittsburgh: University Press.

Gruger, W. (2012). PSY's ‚Gangnam Style' Video Hits 1 Billion Views, Unprecedented Milestone. Billboard. http://www.billboard.com/biz/articles/news/1483733/psys-gangnam-style-video-hits-1-billion-views-unprecedented-milestone. Zugegriffen: 6. März 2013.

Gutenberg, E. (1983). *Grundlagen der Betriebswirtschaftslehre. Erster Band: Die Produktion* (24. Aufl.). Heidelberg: Springer.

GWW. (2012). *Werbeartikel-Monitor 2013.* Köln: Gesamtverband der Werbeartikel-Wirtschaft e. V. http://www.gww.de/fileadmin/user_upload/dateien/Werbeartikel%20Monitor%202013%2005%20WEB.pdf. Zugegriffen: 7. März 2013.

Henderson, B. (1970). *The product portfolio.* Boston Consulting Group.

Hermanns, A., & Lemän, F. (2010). *Sponsoring Trends 2010.* Bonn: BBDO. http://www.bbdo-live.com/wp-content/uploads/2011/01/101127_Web_Sponsoring-Trends-2010-Highres.pdf. Zugegriffen: 26. März 2013.

Herzberg, F., Mausner, B., & Snyderman, B. B. (1959). *The motivation to work* (2. Aufl.). New York: Wiley.

Hibbard, C. (2009). *Stories that sell: Turn satisfied customers into your most powerful sales & marketing asset.* Boulder: Aim Publishers.

Holzinger, S., & Wolff, U. (2009). *Im Namen der Öffentlichkeit. Litigation-PR als strategisches Instrument bei juristischen Auseinandersetzungen.* Wiesbaden: Gabler.

Hirschowitz, A. (2001). Closing the CRM loop: The 21st century marketer's challenge: Transforming customer insight into customer value. *Journal of Targeting, Measurement and Analysis for Marketing, 10*(2), 168–178.

Homburg, C., & Schäfer, H. (1999). *Customer Recovery: Profitabilität durch systematische Rückgewinnung von Kunden.* Mannheim: IMU.

Howard, J. A. (1957). *Marketing management: Analysis and decision.* Homewood: Irwin.

Huck-Sandhu, S. (2009). Innovationskommunikation in den Arenen der Medien – Campaigning, Framing und Storytelling. In A. Zerfaß, & K. M. Möslein (Hrsg.), *Kommunikation als Erfolgsfaktor im Innovationsmanagement. Strategien im Zeitalter der Open Innovation* (S. 195–208). Wiesbaden: Gabler

Hundhausen, C. (1969). *Werbung. Grundlagen.* Berlin: de Gruyter.

Irvine, R. B. (1997). What's a Crisis, Anyway? Communication World, 15. July 1997.

Jarboe, G. (2006). The 100th Birthday of the Press Release. http://searchenginewatch.com/article/2067724/The-100th-Birthday-of-the-Press-Release/. Zugegriffen: 8. März 2013.

Johnston, J. (2007). *Media relations. Issues and strategies.* Crow's Nest: Allen & Unwin.

Jones, B. L., & Chase, H. D. (1979). Managing public issues. *Public Relations Review, 5*(2), 3–23.

Kamps, K. (2007). *Politisches Kommunikationsmanagement. Grundlagen und Professionalisierung moderner Politikvermittlung.* Wiesbaden: VS Verlag für Sozialwissenschaften.

Kano, N., Seraku, N., Takahashi, F., & Tsuji, S. (1984). Attractive quality and must-be quality. *Journal of the Japanese Society for Quality Control, 14,* 39–48.

Kaplan, A. M., & Haenlein, M. (2011). Two hearts in three-quarter time: How to waltz the social media/viral marketing dance. *Business Horizons, 54*(3), 253–263.

Kaplan, R. S., & Norton, D. P. (1996). *The balanced scorecard: Translating strategy into action.* Boston: Harvard Business School Press.

Katz, E., & Lazarsfeld, P. F. (1955). *Personal influence. The part played by people in the flow of mass communications.* Glencoe: Free Press.

Kawasaki, G. (2004). *The art of the start: The time-tested, battle-hardened guide for anyone starting anything.* New York: Portfolio.

Kawasaki, G. (2005). The 10/20/30 Rule of PowerPoint. http://blog.guykawasaki.com/2005/12/the_102030_rule.html. Zugegriffen: 19. März 2013.

Keen, P. G. W., & Scott Morton, M. S. (1978). *Decision support systems: An organizational perspective.* Reading: Addison-Wesley.

Keller, R. (2006). *Der Geschäftsbericht: Überzeugende Unternehmenskommunikation durch klare Sprache und gutes Deutsch*. Wiesbaden: Gabler.

Kiani-Kress, R., & Stölzel, T. (2013). Keine böse Absicht, aber mit System. *Wirtschaftswoche, 9*, 44–49.

Kim, W. C., & Mauborgne, R. (2005). *Der Blaue Ozean als Strategie. Wie man neue Märkte schafft, wo es keine Konkureenz gibt*. München: Hanser.

Kloepfer, R., & Landbeck, H. (1991). *Ästhetik der Werbung. Der Fernsehspot in Europa als Symptom neuer Macht*. Frankfurt a. M.: Fischer.

Koppelmann, U., Brodersen, K., & Volkmann, M. (2002). Wie Sie von der Neugier Ihrer Kunden profitieren (Teil II). *absatzwirtschaft, 1*, 44–47.

Köster, A. (2012). Das Phänomen „Shitstorm". http://www.big-social-media.de/news_publikationen/meldungen/2012_06_04_Shitstorm.php. Zugegriffen: 20. März 2013.

Kotler, P. (1972). A generic concept of marketing. *Journal of Marketing, 36*, 46–54.

Kotler, P., & Bliemel, F. (1992). *Marketing-Management: Analyse, Planung, Umsetzung und Steuerung* (7. Aufl.). Stuttgart: Poeschel.

Kotler, P., Keller, K. L., & Bliemel, F. (2007). *Marketing-Management. Strategien für wertschaffendes Handeln* (12. Aufl.). München: Pearson Studium.

Kotler, P., & Levy, S. J. (1969). Broadening the concept of marketing. *Journal of Marketing, 33*(January 1969), 10–15.

Kotler, P., & Zaltman, G. (1971). Social marketing: An approach to planned social change. *Journal of Marketing, 35*(July), 3–12.

Knight, F. H. (1921). *Risk, uncertainty and profit*. Boston: Houghton Mifflin Company. http://openlibrary.org/books/OL6636118M/Risk_uncertainty_and_profit.

Krafft, M., & Klingsporn, B. (2007). *Kundenkarten. Kundenkartenprogramme erfolgreich gestalten*. Düsseldorf: Handelsblatt.

Kroeber-Riel, W./Weinberg, P. (1999). *Konsumentenverhalten* (7. Aufl.). München: Vahlen.

Krugmann, H. E. (1965). The impact of television advertising: Learning without involvement. *Public Opinion Quarterly, 29*, 349–356.

Leif, T., & Speth, R. (2003). Anatomie des Lobbyismus. Einführung in eine unbekannte Sphäre der Macht. In T. Leif & R. Speth (Hrsg.), *Die stille Macht. Lobbyismus in Deutschland* (S. 7–32). Wiesbaden: Westdeutscher Verlag. http://wdr.de/tv/monitor/dossiers/pdf/leif_speth_lobbyismus.pdf. Zugegriffen: 25. März 2013.

Lerbinger, O. (2012). *The crisis manager. Facing disasters, conflicts, and failures* (2. Aufl.). New York: Routledge.

Levitt, T. (1960). Marketing myopia. *Harvard Business Review, 38*(Jul-Aug), 45–56. http://academy.clevelandclinic.org/Portals/40/LHC%202012-13/Marketing%20Myopia.pdf.

Levitt, T. (1972). Improving Sales through product augmentation. In P. Kotler, & K. K. Cox (Hrsg.), *Readings in marketing management* (S. 3–14), Englewood-Cliffs: Prentice Hall.

Liebl, F. (2003). Erkennen, abschätzen, Maßnahmen ergreifen: Issues Management auf dem Weg zum integrierten Strategiekonzept. In M. Kuhn, G. Kalt, & A. Kinter (Hrsg.), *Chefsache Issues Management: Ein Instrument zur strategischen Unternehmensführung. Grundlagen, Praxis, Trends*. Frankfurt a. M.: FAZ Institut. http://www.issuesmanagementgesellschaft.de/downloads/Erkennen,%20absch%E4tzen,%20Ma%DFnahmen%20ergreifen.pdf.

Lucke, D. (1995). *Akzeptanz. Legitimität in der „Abstimmungsgesellschaft"*. Opladen: Leske + Budrich.

Luhn, H. P. (1958). A business intelligence system. *IBM Journal of Research and Development, 2*(4), 314–319.

Marder, E., & David, M. (1961). Recognition of Ad elements: Recall or projection? *Journal of Advertising Research, 1*(6), 23.

Markowitz, H. (1952). Portfolio selection. *The Journal of Finance, 7*(1), 77–91.

Mayo, E. (1933). *The human problems of an industrial civilization*. New York: Macmillan.

McCarthy, E. J. (1960). *Basic marketing. A managerial approach*. Homewood: Irwin.

McClelland, D. C. (1985). *Human Motivation.* Glenview: Scott, Foresman.

McClelland, D. C. (1987). The relationship of affiliative arousal to dopamine release. *Motivation and Emotion, 11*(1), 51–66.

McConnell, B., & Hubba, J. (2003). *Creating customer evangelists: How loyal customers become a volunteer sales force.* Chicago: Dearborn Trade.

Meffert, H., Schröder, J., & Perrey, J. (2002). Lohnt sich Ihre Investition in die Marke? *absatzwirtschaft, 10,* 28–35.

Merton, R. K. (1987). The focussed interview and focus groups. *Public Opinion Quarterly, 51,* 550–566.

Merton, R. K., & Kendall, P. L. (1946). The focused interview. *American Journal of Sociology, 51,* 541–557.

Michalowitz, I. (2004). Lobbying as a Two-way Strategy: Interest Intermediation or Mutual Instrumentalisation? In: A. Warntjen & A. Wonka (Hrsg.), *Governance in Europe. The role of interest groups* (S. 75–92). Baden-Baden: Nomos. http://www.bigsss-bremen.de/fileadmin/gsss/homepages/awonka/warntjen_wonka_governance_in_e.pdf. Zugegriffen: 25. März 2013.

Milgram, S. (1963). Behavioral Study of Obedience. *Journal of Abnormal and Social Psychology, 67,* 371–378.

Milgram, S. (1967). The small world problem. *Psychology Today,* 2(1), 60–67. http://measure.igpp.ucla.edu/GK12-SEE-LA/Lesson_Files_09/Tina_Wey/TW_social_networks_Milgram_1967_small_world_problem.pdf.

Mishra, A. K. (1996). Organizational responses to crisis: The centrality of trust. In R. M. Kramer & T. R. Tyler (Hrsg.), *Trust in organizations. Frontierts of theory and research* (S. 261–287). Thousand Oaks: Sage. http://195.130.87.21:8080/dspace/bitstream/123456789/105/1/Organizational%20responses%20to%20crisis%20Mishra.pdf. Zugegriffen: 19. März 2013.

Montgomery, A. L. (2001). Applying quantitative marketing techniques to the internet. *Interfaces, 31*(2), 90–108. web.archive.org/web/20070212093004/http://pubsonline.informs.org/feature/pdfs/0092.2102.01.3102.90.pdf. Zugegriffen: 5. März 2013.

Muntinga, D. G., Moorman, M., & Smit, E. G. (2011). Introducing COBRAs. Exploring motivations for brand-related social media use. *International Journal of Advertising, 30*(1), 13–46. http://brandprogramming.nl/wp-content/uploads/2011/04/Muntinga-Moorman-Smit-2011.pdf. Zugegriffen: 6. März 2013.

Nash, E. L. (1986). *Direct marketing. Strategy, planning, execution* (2. Aufl.). New York: McGraw-Hill.

Niehaus, J. (2010). Vom Fleisch gefallen. *FOCUS, 34,* 72–77.

Packard, V. (1964). *Die geheimen Verführer. Der Griff nach dem Unbewußten in jedermann.* Frankfurt a. M.: Ullstein.

Paczesny, R. (1988). Was ist geheim an der Verführung? Strategien, Techniken und Materialität der Werbung. In H. U. Gumbrecht, & K. Ludwig Pfeiffer (Hrsg.), *Materialität der Kommunikation* (S. 478–483). Frankfurt a. M.: Suhrkamp.

Padilla, C. A. (2012). Kony 2012: 6 days, 100 million hits. The Hawk. http://hawkhillnews.com/news/2012/03/21/kony-2012-6-days-100-million-hits/. Zugegriffen: 6. März 2013.

Palda, K. S. (1966). The hypothesis of a hierarchy of effects: A partial evaluation. *Journal of Marketing Research, 3,* 13–24.

Parmenter, D. (2007). *Key performance indicators. Developing, implementing, and using winning KPIs.* Hoboken: John Wiley.

Petty, R. E., & Cacioppo, J. T. (1986). *Communication and persuasion: Central and peripheral Routes to attitude change.* New York: Springer.

Porter, M. E. (1980). *Competitive strategy: Techniques for analyzing industries and competitors.* New York: Free Press.

Porter, M. E. (1985). *Competitive advantage: Creating and sustaining superior performance.* New York: Free Press.

Porter, M. E., & Kramer, M. R. (2011). Creating shared value. How to reinvent capitalism – and unleash a wave of innovation and growth. *Harvard Business Review, 89*(1/2), 62–77.

Prahalad, C. K., & Hamel, G.: (1990). The Core Competence of the Corporation. *Harvard Business Review, 68*(3), 79–91.

Priddat, B. P., & Speth, R. (2007). *Das neue Lobbying von Unternehmen: Public Affairs*. Düsseldorf: Hans-Böckler-Stiftung. http://www.boeckler.de/pdf/p_arbp_145.pdf. Zugegriffen: 25. März 2013.

PRSA. (2012). Public relations defined: A modern definition for the new era of public relations. http://prdefinition.prsa.org/index.php/2012/04/11/the-modern-definition-of-public-relations/. Zugegriffen: 8. März 2013.

Rapp, R. (2000). *Customer Relationship Management. Das neue Konzept zur Revolutionierung der Kundenbeziehungen*. Frankfurt a. M.: Campus.

Raynor, M. E. (2007). *The strategy paradox. Why committing to success leads to failure (and what to do about it)*. New York: Doubleday.

Rayport, J. F. (1996). *The virus of marketing*. Ney York: Fast Company. www.fastcompany.com/27701/virus-marketing. Zugegriffen: 6. März 2013.

Reichheld, F. F. (2003). One number you need to grow. *Harvard Business Review, 12*, 47–54.

Ries, A., & Ries, L. (2002). *The Fall of advertising and the rise of PR*. New York: Harper.

Rosen, E. (2000). *The anatomy of buzz. how to create word-of-mouth marketing*. New York: Doubleday/Currency.

Rothwell, P. (2010). What is a SWOT-analysis? http://www.freshbusinessthinking.com/business_advice.php?AID=5743&Title=What+Is+A+SWOT+Analysis? Zugegriffen: 22. Aug. 2012.

Schmitt, B. (2003). *Customer experience management. A revolutionary approach to connecting with your customers*. New York: John Wiley.

Schnee, P. (o. J.). PR-Erfinder Edward Bernays: Der Überzeugunstäter. einestages.spiegel.de/static/topicalbumbackground/5048/der_ueberzeugungstaeter.html. Zugegriffen: 21. März 2013.

Schon, D. A. (1967). *Technology and change. The new heraclitus*. Oxford: Pergamon Press.

Schüller, A. M., & Fuchs, G. (2009). *Total Loyalty Marketing: Mit begeisterten Kunden und loyalen Mitarbeitern zum Unternehmenserfolg* (5. Aufl.). Wiesbaden: Gabler.

Schweiger, G., & Schrattenecker, G. (1992). *Werbung. Eine Einführung* (3. Aufl.). Stuttgart: Günter Fischer.

Seltznick, P. (1957). *Leadership in administration. A sociological interpretation*. Evanston: Row Peterson.

Sernovitz, A. (2009). *Word of mouth marketing: How smart companies get people talking*. New York: Kaplan.

Shaw, R. (1988). *Database marketing. Strategy and implementation*. New York: John Wiley.

Shirky, C. (2008). *Here comes everybody. The power of organizing without organizations*. London: Allen Lane.

Sicking, M. (2010). Warum es besser ist, alte Kunden zu behalten, als nur neue zu „jagen". Bestandskunden machen mehr Umsatz als Neukunden. http://heise.de/-1131586. Zugegriffen: 17. Sept. 2012.

Siedentopp, J. (2007). *Public Affairs Management in Deutschland. Entwicklungen und Perspektiven, Berliner Reihe zum Marketing, Arbeitspapier Nr. 3*. Berlin: Freie Universität. http://www.wiwiss.fu-berlin.de/institute/marketing/Dateianhang/Arbeitspapier_3_Siedentopp.pdf?1353073239.

Simmons, W. R. (1961). Controlled recognition in the measurement of advertising perception. *Public Opinion Quarterly, 25*, 470–471.

Smith, R. (2004). Public Relations History. http://faculty.buffalostate.edu/smithrd/PR/history.htm. Zugegriffen: 8. März 2013.

Smoltczyk, A. (2005). Die Marke Hitler. *Der Spiegel, 7*, 60–72. http://www.spiegel.de/spiegel/print/d-39367927.html. Zugegriffen: 27. März 2013.

Solomon, M. R. (1992). *Consumer behavior. Buying, having, and being*. Boston: Allyn and Bacon.

Spiro, R. L., Stanton, W. J., & Rich, G. A. (2008). *Management of a sales force* (12. Aufl.). Boston: McGraw-Hill.

Spreckley, F. (1981). *Social audit. A management tool for co-operative working.* Leeds: Beechwood College.

Starch, D. (1966). *Measuring advertising readership and results.* New York: McGraw-Hill.

Strauss, L. (1953). *Natural right and history.* Chicago: University of Chicago Press.

Strong, E. K. (1925). *The psychology of selling and advertising.* New York: McGraw-Hill.

The Arthur W. Page Center. (o. J.). Words from a „Page" in History: The Arthur W. Page Speech Collection. http://pagecenter.comm.psu.edu/index.php/research-resources/page-speeches. Zugegriffen: 8. März 2013.

Thorndike, E. L. (1920). A constant error in psychological ratings. *Journal of Applied Psychology, 4,* 25–29.

Thwaites, D., & Chadwick, S. (2004). Sport sponsorship and endorsements. In J. Beech & S. Chadwick (Hrsg.), *The business of sport management.* Harlow: Pearson.

Townsend, W. W. (1924). *Bond salesmanship.* New York: Arno Press.

Treacy, M., & Wiersema, F. D. (1995). *The discipline of market leaders: choose your customers, narrow your focus, dominate your market.* Reading: Addison-Wesley.

Trout, J. (1969). „Positioning" is a game people play in today's me-too market place. *Industrial Marketing, 54,* 51–54.

Trout, J., & Ries, A. (1981). *Positioning. The battle for your mind.* New York: McGraw-Hill.

Tufte, E. R. (1983). *The visual display of quantitative information.* Chesire: Graphics Press.

Varadarajan, P. R., & Menon, A. (1988, July). Cause-related marketing: A coalignment of marketing strategy and corporate philantropy. *Journal of Marketing, 52,* 58–74. http://course.sdu.edu.cn/G2S/eWebEditor/uploadfile/20120821212720444.pdf. Zugegriffen: 27. März 2013.

Vavra, T. G. (1992). *Aftermarketing. How to keep customers for life through relationship marketing.* Burr Ridge: Business One Irwin.

Voß, O. (2013). Krieg der Sterne. *Wirtschaftswoche, 11,* 72–75.

Wang, S., Jank, W., & Shmueli, G. (2008). Explaining and forecasting online auction prices and their dynamics using functional data analysis. *Journal of Business & Economic Statistics, 26*(2), 144–160.

Welch, J., & Byrne, J. A. (2001). *Jack: Straight from the gut.* New York: Warner Books.

Wiebe, G. D. (1951). Merchandising commodities and citizenship on television. *Public Opinion Quarterly, 15,* 697–691.

Wöhe, G., Bilstein, J., Ernst, D., & Häcker, J. (2009). *Grundzüge der Unternehmensfinanzierung* (10. Aufl.). München: Vahlen.

Medienmanagement als Führungsinstrument

Zusammenfassung

Neben dem strategischen Einsatz von Medien und Kommunikation als Instrument der Vermarktung, geht es bei Medienmanagement um Kommunikation und den Einsatz von Medien als Führungsinstrument im Unternehmen. Um das herzuleiten, entwickele ich über die vier zentralen Handlungsfelder, die Organisationen ausgestalten müssen, und den Bezug zu drei unterschiedlichen Ebenen von Kommunikation ein Modell der internen Unternehmenskommunikation. Auf dieser Basis werden dann beispielhaft zwölf Instrumente der internen Unternehmenskommunikation vorgestellt. Diese spannen den Rahmen auf, in dem Kommunikation als Führungsinstrument genutzt wird: Von Vertragsverhandlungen über Meetings zur Entwicklung einer Corporate Identity Strategie, vom Umgang mit Wissen im Unternehmen über die Nutzung von leistungsfähigen Werkzeugen in der Projektkommunikation bis zur Anwendung von Design Thinking im Innovationsprozess. Kommunikation ist der zentrale Erfolgshebel für die Leistungserzeugung in Organisationen und damit zugleich die zentrale Aufgabe von Führung.

3.1 Kommunikation in Unternehmen

Neben der nach außen gerichteten (externen) Unternehmenskommunikation, werden Medien und Kommunikation natürlich noch wesentlich umfangreicher innerhalb der Unternehmen selbst eingesetzt. Um zu beschreiben, welchen Einfluss Medien und Kommunikation auf die Arbeitsweise der Organisation haben, muss man sich zunächst mit der Frage beschäftigen, was Unternehmenskommunikation ist bzw. was wir als Unternehmenskommunikation verstehen wollen. Die Beliebigkeit, die mit dieser Formulierung einhergeht, kommt nicht von ungefähr. Wir haben es bei Unternehmenskommunikation wie bei vielen anderen Dingen, mit denen wir täglich konfrontiert sind, mit dem Umstand zu tun, dass unser Alltagsverstand den Begriff sofort nach dem individuellen Erfahrungshintergrund

T. Becker, *Medienmanagement und öffentliche Kommunikation*,
DOI 10.1007/978-3-658-00887-1_3, © Springer Fachmedien Wiesbaden 2014

einordnet und sich zwar ein konkretes, aber zugleich sehr individuelles Bild davon erzeugt. Unternehmenskommunikation, das ist Werbung im Fernsehen, das sind die Adwords im Internet, die Werbebriefe und -prospekte, die den Briefkasten verstopfen, die Logos, das Gespräch mit dem Chef und das Gespräch über den Chef und natürlich auch der Werbe-kuli, den man auf der Messe von der netten Hostess bekommt.

Was dem Alltagsverstand durch tägliche Erfahrung schnell zugänglich ist, birgt immer auch ein Risiko – das Risiko, dass man bei der Beschäftigung mit dem Thema auf sehr un-terschiedliche Erwartungshorizonte trifft und diese auf der Ebene der operativen Anwen-dung nicht ausgleichen kann. Daher empfiehlt es sich, selbst für solche alltäglichen Dinge wie die Kommunikation in Unternehmen zunächst darüber nachzudenken, worüber wir eigentlich sprechen. Ein erster und legitimer Ansatz, sich dem Thema zu nähern, ist die Auflösung des Kompositums Unternehmenskommunikation in seine zwei Aspekte: Kom-munikation und Unternehmen.

3.1.1   Kommunikation bildet Gemeinschaft

Was ist Kommunikation? Auch hier liefert die Alltagserfahrung schnell erste Antworten: Kommunikation, das ist Fernsehen, Reden, Telefonieren, Surfen, Lesen, Schreiben. Kom-munikation, so kann man in der Wikipedia lesen, ist der Austausch oder die Übertragung von Informationen. Es geht offensichtlich u. a. um die Nutzung von Sprache, um sich mit anderen Leuten auszutauschen. Das passt gut zur Herkunft des Begriffs Kommunikation, der aus dem lateinischen Verb *communicare* abgeleitet ist, was bedeutet, etwas gemein-schaftlich zu tun. Man findet diese ursprüngliche Bedeutung z. B. in Worten wie exkom-munizieren (aus der Gemeinschaft ausschließen) oder in der kirchlichen Lithurgie: *Gratia Domini nostri Iesu Christi, et caritas Dei, et communicatio Sancti Spiritus sit cum omnibus vobis* (Die Gnade unseres Herrn Jesus Christus, die Liebe Gottes des Vaters und die *Ge-meinschaft* des Heiligen Geistes sei mit euch[1]). Auch die Ableitungen aus dem Adjektiv *communis* (gemeinsam) sind heute in Worten wie Kommune (Gemeinde) oder Kommu-nismus (Vergemeinschaftung) durchaus lebendig. Erst später, ungefähr ab dem 16. Jahr-hundert, erhält der Begriff Kommunikation die deutlich eingeschränkte Bedeutung, dass das gemeinschaftliche Tun auf Grundlage einer Mit-Teilung geschieht[2].

Das Wort Mitteilung legt nahe, dass jemand etwas Bestimmtes mit einem anderen teilt. Damit ist der Kern vieler Kommunikationsmodelle angesprochen, die von einem Sen-der ausgehen, der etwas mitteilt, das üblicherweise Information genannt wird und sich ethymologisch vom lateinischen Wort *informare* (gestalten, formen, bilden) ableitet und heute oft synonym mit dem Begriff Nachricht gebraucht wird[3]. Diese Begriffsverengung – Kommunikation als Mitteilung einer Nachricht – führte einhergehend mit der Verbreitung

---

[1] Zitiert nach home.datacomm.ch/adamosb/messe/paul.htm abgerufen am 28.3.2013.

[2] Vgl. www.dwds.de/?kompakt=1&qu=Kommunikation abgerufen am 28.3.2013.

[3] Vgl. www.dwds.de/?qu=information abgerufen am 28.3.2013.

von Rundfunk seit dem Beginn des 20. Jahrhunderts zur Beschäftigung mit dem Thema Kommunikation aus ganz unterschiedlichen Richtungen: Es geht um störungsfreie Übertragung in der Nachrichtentechnik, es geht um Machtverhältnisse und Wirkungen (der Sender beeinflusst die Empfänger, wer darf festlegen, wer senden darf), es geht um richtiges Ausdrücken und Verstehen und um vieles mehr.

Durch diese Ausdifferenzierung in kleinteilige Disziplinen ist vielfach der Blick auf den Gesamtzusammenhang verloren gegangen, nämlich das Kommunikation nicht so sehr mit Rundfunk und Sprache und schon gar nichts mit Übertragung zu tun hat, sondern das Kommunikation das zentrale und entscheidende Prinzip ist, aus dem heraus sich Gesellschaft entwickelt, Gesellschaft ganz simpel verstanden als Gruppe von getrennten Lebewesen, die sich miteinander und in Bezug aufeinander verhalten. Und dieses Prinzip ist nicht auf menschliche Gesellschaft beschränkt, sondern auch in Tiergesellschaften entwickelt (vgl. z. B. Eibl-Eibesfeldt 1984; Monod 1971; Lorenz 1973; Sebeok 1977). Ob es um gemeinsame Jagd im Rudel geht, gemeinsames Fluchtverhalten in Herden, gemeinsame Tarnung wie bei Schwärmen, Bildung eines Staats mit Arbeitsteilung oder schlicht und einfach um die Partnerwahl, um sich gemeinsam fortzupflanzen: Kommunikation ist das zentrale Verhaltenskonzept des (tierischen) Lebens. Kommunikation ist „das gegenseitige Auslösen von koordinierten Verhaltensweisen unter den Mitgliedern einer sozialen Einheit. Damit verstehen wir unter Kommunikation eine besondere Klasse von Verhaltensweisen" (Maturana und Varela 1990, S. 210).

Der Begriff Gesellschaft leitet sich etymologisch von der räumlichen Vereinigung von Personen und zwar insbesondere der Gesellen mit ihrem Meister ab. Dann wurde aus der räumlichen Gemeinschaft die Gruppe der Gesellen (also die Gesellenschaft), die ihre Interessen gegenüber dem Meister artikulierten und noch später die allgemeine Bedeutung der organisierten Vereinigung einer größeren Anzahl von Individuen (vgl. Strasser 2011, S. 216). Gesellschaft als Gruppe von Personen, die etwas Gemeinsames verbindet – die miteinander *kommuniziert* sind, z. B. durch Mitgliedschaft in einem Verein oder einer Kirche, Besitz (Aktiengesellschaft), Zugehörigkeit zu einer Kommune, einem Land, einem Staat und einer Staatengemeinschaft etc. Die Verbindung muss dabei nicht zwingend am selben Ort zur selben Zeit stattfinden. Man kann auch eine Kommunität mit verstorbenen oder woanders lebenden Menschen bilden, indem man sich etwa der Musik des Bebop verbunden fühlt und sich als Beatnik versteht. Kommunikation macht Gesellschaft, indem sie gewisse Mechanismen zur Verfügung stellt, durch deren Anwendung zwei oder mehr Menschen es schaffen, sich als Gemeinschaft zu verstehen.

Dass dabei auch gesprochen, gemailt und Fernsehen geschaut werden kann, ist naheliegend, aber nicht zwingend. Wenn ich im stillen Kämmerlein einen Liebesbrief schreibe, ihn mir selbst vorlese und dann verbrenne, trage ich das mit mir alleine aus und teile das Geschriebene ganz bewusst nicht mit anderen. Anders herum ist der Akt körperlicher Liebe ganz offensichtlich etwas, das man gemeinschaftlich erlebt und bei dem man sich koordiniert, bei dem aber der Vortrag eines Shakespeare-Sonetts eher störend wirkt und man sich sprachlos meist besser vergemeinschaftet.

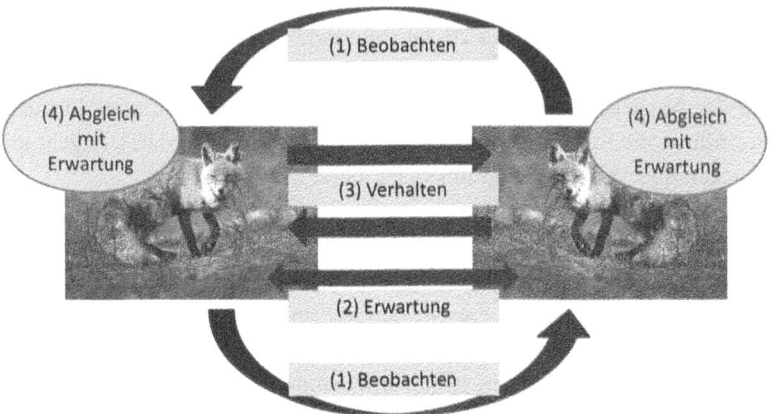

Abb. 3.1 Grundprozess der Kommunikation. (Foto entnommen aus Wikimedia Commons, © Martin Mecnarowski)

Das Grundverständnis, das ich demnach von Kommunikation für die weitere Erörterung ansetze, lässt sich wie folgt beschreiben. Zwei Lebewesen, sagen wir zwei Füchse, treffen aufeinander. Sie beobachten einander und erzeugen dabei jeweils individuell für sich eine Information, nämlich das gegenüber ein Fuchs auf einer Lichtung steht. Sie erzeugen in der Situation noch weitere Informationen, nämlich ob es sich um einen möglichen Paarungspartner, einen möglichen Mitstreiter, einen Konkurrenten um das Revier etc. handelt. Aus dieser Information leiten sie eine Erwartung ab, die festlegt, wie sie sich verhalten. Dann knurrt der eine Fuchs und der andere dreht sich um und schleicht von dannen – übersetzt in eine abstraktere Form: Der eine Fuchs teilt sich mit, der andere Fuchs gleicht die Mitteilung mit seiner Erwartung ab und verhält sich der Situation angepasst. Das, was hier stattfindet, ist Kommunikation: das Auslösen von Verhalten zwischen getrennten Lebewesen innerhalb einer sozialen Einheit (vgl. Abb. 3.1).

> **Lessons learned**
> Kommunikation ist das Auslösen von koordiniertem Verhalten zwischen unabhängigen Lebewesen. Damit ist Kommunikation eine besondere Art von Verhalten, die nicht auf Menschen oder technische Systeme beschränkt ist, sondern generell zwischen Lebewesen stattfindet, um gemeinschaftlich agieren zu können. Kommunikation macht Gesellschaft, indem sie die Verfahren zur Verfügung stellt, durch die zwei oder mehr Lebewesen ihr Verhalten gemeinschaftlich koordinieren können.

3.1.2   Medien erleichtern die erfolgreiche Kommunikation

Versteht man Kommunikation in diesem Sinne als das grundlegende Verfahren, wie Einzelne (Individuen) sich gemeinschaftlich verbinden können, stellt sich die Frage, wie Kommunikation bei uns Menschen funktioniert. Eine zentrale Bedeutung hat der Begriff Erwartung. Wie kann ein Individuum annehmen, dass es mit einem anderen Individuum etwas gemein hat? Indem es aufgrund seines eigenen Erfahrungsstands erwartet, dass sein Gegenüber in etwa ähnlich funktioniert und ähnliche Erwartungen hat. Mit dieser Erwartung von Erwartungen ausgestattet ist es z. B. möglich, in einen Supermarkt zu gehen und dort die Verkäuferin zu fragen, wo die Fleischtheke ist. Dieselbe Frage würde man aufgrund von Erwartungen eher nicht dem Bundespräsidenten auf einem Neujahrsempfang stellen. Erwartungen schränken demnach Möglichkeiten ein und diese Einschränkung wird über Sinn koordiniert. Macht es Sinn, den Bundespräsidenten nach der Fleischtheke zu fragen? Nein. Also stelle ich mich lieber vor und beglückwünsche ihn zu seiner erfolgreichen Amtsausübung.

Was aber nun, wenn der Bundespräsident plötzlich taub geworden ist und mich nicht versteht, obwohl ich aufgrund meiner sinnvollen Erwartungsreduktion eigentlich das Richtige mache? Hilfreich ist es, über etwas zu verfügen, was es mir ermöglicht, meine Absicht so darzustellen, dass mein Gegenüber eine Chance hat, diese Absicht entgegenzunehmen. Dafür eignen sich Zeichen, die für etwas stehen, was beide Seiten kennen. So können dem plötzlich ertaubten Präsidenten ein herzlicher Händedruck und ein nach oben gerichteter Daumen nahelegen, dass man ihn begrüßt und seine Amtsführung lobt.

Die Verwendung von Zeichen erleichtert das gemeinsame Verhalten enorm und durch ihre Verwendung wird Kommunikation deutlich wahrscheinlicher. Zeichen sind also so etwas wie ein Beschleuniger oder Vereinfacher oder Katalysator der Kommunikation. Entstehen aus einzelnen Zeichen ganze Verbünde von Zeichen, die nach gemeinsam geteilten Regeln genutzt werden, hat man ein mächtiges Werkzeug, das Kommunikation – gemeinsames Erleben und Handeln – leistungsfähig macht. Diese gemeinsam geteilten Zeichensysteme nennt man auch Medien, im Wortsinne Mittler oder Träger von Prozessen, hier also dem Prozess aus Beobachtung, Erwartung, Verhalten und Abgleich der Reaktion des Gegenüber mit den eigenen Erwartungen.

Das wichtigste Medium der Gesellschaft ist die Sprache, das gesprochene Wort. Hier entscheidet sich vor über 100.000 Jahren ein wichtiger Schritt in der Evolution: Der Homo sapiens bildet als einzige Art innerhalb der Familie der Menschenaffen anatomisch die Möglichkeit zum Sprechen (zum Erzeugen differenzierter akustischer Zeichen) aus und nutzt diese fortan, um sich gemeinsam zu koordinieren.

Im Zuge der weiteren Entwicklung blieb es aber nicht beim gesprochenen Wort, das nur auf engem Raum und zur selben Zeit funktioniert. Schon früh entwickeln sich visuelle Zeichen, zunächst in Form von einfachen Malereien, etwa 4.000 Jahre vor unserer Zeitrechnung dann auch in Form von Schriftsystemen, mit denen die Verwendung von Zeichen entörtlicht und entzeitlicht wird. Und erst durch die Verwendung von Schrift entsteht die Möglichkeit, über Familienverbände und Sippen hinaus größere Gemeinschaften – Staaten – zu bilden.

Staaten brauchten aber noch größere Symbole. Wer hat die Macht im Staat, woran bemisst sich die Macht (Legitimation durch Religion), wie wird bei Dürre mit knappen Lebensmitteln umgegangen? Auch für solch komplexe Fragen entwickelten sich Zeichensysteme wie Geld, die Zurechnung von Macht durch Symbole (Insignien) oder Institutionen oder die institutionalisierte Wahrheit in Form von Kirchen.

Auf Basis sinnvoller Erwartungen und der Nutzung von Medien beschleunigen und intensivieren sich die Möglichkeiten, gemeinsam vorzugehen und durch Kommunikation Gesellschaft zu sein und als Gesellschaft sich sinnvoll zu verhalten. Kommunikation verbindet zumindest temporär Individuen. Medien unterstützen das, aber Medien sind so wenig Kommunikation, wie ein nicht mitgeteilter Gedanke. Kommunikation ist aktiv und sie umfasst mehrere Bausteine.

Nehmen wir noch einmal das Beispiel mit dem präsidialen Empfang. Die Situation bzw. das Gegenüber bestimmt meine Erwartungen, auf deren Basis ich aktiv werden kann. Ich unterstelle, dass ein Lob über die Amtsführung eine passende Mitteilung wäre, die ich nun durch Nutzung eines Mediums – der Sprache – meinem Gegenüber tatsächlich mitteile in der Erwartung, dass mein Gegenüber mich versteht und sein Verständnis durch eine Erwiderung ausdrückt. Formuliert man das technisch, kann man auch sagen: Ich erzeuge aufgrund von Erwartungen an die Erwartungen meines Gegenübers eine Information, teile diese in der Erwartung, verstanden zu werden, mit. Diese drei Schritte – Information, Mitteilung, Verstehen – sind der Prozess, der es uns ermöglicht, uns mit dem Bundespräsidenten zu unterhalten und so eine temporäre Gemeinschaft zu entwickeln.

Den Dreiklang Information, Mitteilung und Verstehen kann man analog den im Fuchs-Beispiel genannten Begriffen zuordnen: Die Erzeugung von Information entsteht durch Beobachtung, die Unterstellung, das man verstanden wird, entsteht durch Erwartung und die Mitteilung ist Verhalten.

Die präsidiale Unterhaltung endet nach wenigen Sekunden, aber ich habe die Möglichkeit, die Kommunikation selbst als Thema für eine neue Kommunikation mit meinem Freund am Telefon, mit meine Frau beim Abendessen und vor meinen Kollegen im Unternehmen einzuführen und so immer wieder neu Gemeinschaften herzustellen oder zu erneuern. Kommunikation erzeugt Kommunikation und immer, wenn es um ein Miteinander (oder Gegeneinander) geht, geht es um Kommunikation.

Lessons learned
Kommunikation ist ein Prozess aus drei Schritten: der Erzeugung von Information durch Beobachtung, dem Unterstellen von Verständnis durch Erwartung und der Mitteilung einer Botschaft durch Verhalten. Die Erwartung – die Unterstellung, dass man mich verstehen wird – wird über Sinn koordiniert wobei Sinn die im Bewusstsein aktivierte Erfahrung auf die soziale Situation anwendet. Die Leistungsfähigkeit der Mitteilung wird durch die Verwendung von Zeichen enorm gesteigert, weil man durch Zeichen auch etwas über Dinge mitteilen kann, die nicht in der konkreten Situation anwesend sind. Die für die Unterstützung von Kommunikation entwickelten Zeichensysteme nennt man Medien. Medien unterstützen wie ein Katalysator das erfolgreiche Zustandekommen von Kommunikation. Sie selbst verbrauchen sich nicht, steigern aber die Chancen auf Kommunikation. Die wichtigsten Medien der Menschheit sind Sprachen und Schrift – durch Konvention festgelegte Zeichensysteme.

3.1.3   Unternehmen: Organisationen im Wirtschaftssystem der Gesellschaft

So verstanden wundert es nicht, dass man ein Unternehmen als eine durch Kommunikation entstandene Kommunität (Gemeinschaft mit gemeinsamen Aufgaben) beschreiben kann. *Build to Last* heißt ein Erfolgsbuch des ehemaligen McKinsey Beraters Jim Collins und seines Mitautoren Jerry Porras (1994) und tatsächlich: ein Unternehmen wird üblicherweise für einen längeren Zeitzusammenhang gegründet und erhält deshalb in der Regel auch eine eigene Form als Körperschaft in gewisser Unabhängigkeit zu seinen Gründern. In einem Unternehmen versammeln sich über einen gewissen Zeitraum Menschen und arbeiten gemeinsam an einem gemeinsam akzeptierten Zweck und unterwerfen sich dafür gemeinsam akzeptierten Regeln.

Diese grobe Beschreibung passt nicht nur zu Unternehmen. Man kann diese Form der dauerhaften zweckgerichteten Zusammenarbeit z. B. auch beim Militär, der Kirche und der öffentlichen Verwaltung beobachten. Wir haben es bei Organisationen offensichtlich mit einer besonderen Form der Bildung von Gemeinschaft zu tun, die über eine kurzfristige Situation und sogar über das Lebensalter des einzelnen Individuums deutlich hinausgeht.

Es macht daher Sinn, Organisationen als eine besondere Entwicklungsform der Kommunikation zu sehen[4]. Auch Organisationen funktionieren über den Dreischritt aus Information, Mitteilung und Verstehen, um Gemeinschaft herzustellen, sie sind aber durch einen besonderen Typ dieses Dreischritts gekennzeichnet, der verstanden als Regelwerk den Erwartungszusammenhang deutlich einschränkt. Diese gemeinschaftlich akzeptierten Regeln kann man Entscheidungen nennen. Entscheidungen grenzen Optionen ein und ermöglichen dadurch, Kommunikation (Gemeinschaftlichkeit) effizienter anzuwenden. Wenn man Hauptmann in einer Armee ist und einen Angriffsbefehl erhält, diskutiert man nicht, sondern marschiert.

Das Wort Organisation kommt vom griechischen ὄργανον, altgriechisch für Werkzeug. Aus dem Begriff wurde später auch das Wort Organ abgeleitet wurde. Ein Organ stellt eine abgegrenzte Funktionseinheit innerhalb eines vielzelligen Lebewesens dar und dieses Bild lässt sich gut auf die Bedeutung der Organisation für die Gesellschaft übertragen. Eine Organisation übernimmt eine spezielle Aufgabe innerhalb der Gesellschaft, für deren Erledigung mehrere Menschen zusammenarbeiten müssen.

Wie die Organisation ihre Aufgaben erledigt, ist Gegenstand der weitverzweigten Organisationsforschung. Ganz generell lassen sich jedoch vier große Gestaltungsräume identifizieren, die jede Organisationen für sich bearbeiten muss, um quasi ihr Betriebssystem gegenüber der Umwelt festzulegen (vgl. Abb. 3.2). Organisationen müssen sich kümmern um:

- Hierarchie, um festzulegen, wer welche Entscheidungen treffen darf.
- Kooperation, um sicherzustellen, dass der Organisationszweck umgesetzt wird.
- Stabilität gegenüber ihrer Umwelt, um verlässlich zu operieren.
- Flexibilität gegenüber ihrer Umwelt, um sich an veränderte Bedingungen anzupassen.

---

[4] Ich folge hier Luhmann, der drei grundlegende Arten sozialer Systeme unterscheidet, nämlich Interaktion, Organisation und gesellschaftliches Funktionssystem (vgl. 1984, S. 16 ff.).

Abb. 3.2 Arbeitsfelder der
Organisation

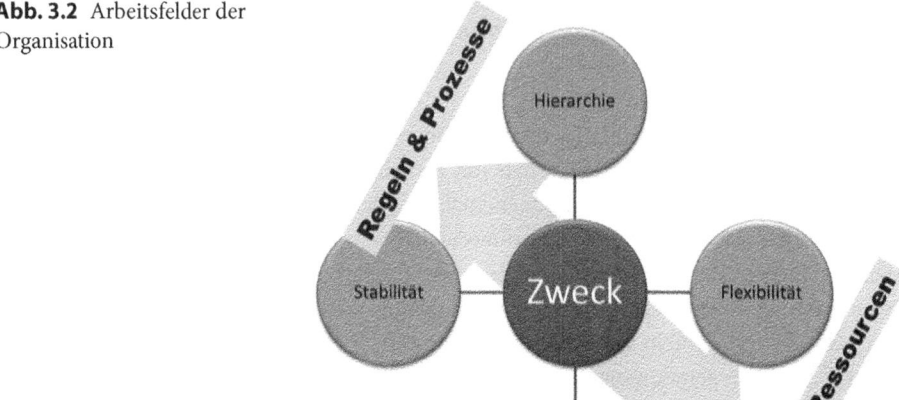

Es gibt sehr unterschiedliche Arten von Organisationen: Kirchen und Religionsgemeinschaften, Vereine und Verbände, Parteien und Parlamente, Armee und Polizei, Hochschulen und Gerichte, Behörden und Unternehmen. Sie entstehen durch Entscheidungen (der
Gründungsentscheidung), rekrutieren ihre Mitglieder durch Entscheidungen (Arbeitsver-
trag, Mitgliedschaft, Einberufung etc.) und treffen fortlaufend Entscheidungen, die festlegen, was wann wie gemacht wird. Dennoch unterscheiden sich offensichtlich Unternehmen von Schulen und Parteien von Kirchen.

Das war nicht immer so: In den frühen Hochkulturen wie in Ägypten war der Pharao in
Personalunion oberster Religionsführer, Staatsoberhaupt, Oberbefehlshaber, höchste Ge-
richtsbarkeit und wahrscheinlich noch einiges mehr. Im Zuge der gesellschaftlichen Entwicklung haben sich für die Erfüllung solcher unterschiedlichen Aufgaben nach und nach
verschiedene Bereiche ausgebildet. Für die Grundanforderungen des Zusammenlebens
entwickelten sich eigene Funktionsbereiche. Die Kirche kümmert sich um Sinnhaftigkeit
und Seelenheil, die Wirtschaft um die Versorgung mit knappen Gütern und den Waren-
austausch, Gerichte um das Schlichten von Streitigkeiten und die Verurteilung von Regelverstößen.

Die Vorteile dieser funktionalen Differenzierung ist nachvollziehbar, denn sie ermöglicht neue und weitere Formen der Bildung von Gemeinschaft und dadurch eine erhöhte
Leistungsfähigkeit der Gesellschaft, denn die einzelnen Funktionsbereiche können sich
durch Spezialisierung immer intensiver um die Erfüllung ihrer Aufgaben kümmern. Die
Spezialisierung in einzelne Funktionsbereiche, die wichtige Aufgaben für die Gesellschaft
übernehmen, führt *vice versa* zu höherer Komplexität, und um mit der gestiegenen Komplexität umzugehen, braucht man Katalysatoren: Man nutzt Symbole, die vormals komplexe Kommunikationssituationen vereinfachen.

Schauen wir uns den Bereich der Wirtschaft an, so sieht man, worum es geht. Ressourcen sind seit der Vertreibung aus dem Paradies knapp. Wasser, Lebensmittel, Waffen, Kleidung, Alltagsgegenstände, Werkzeuge: Schnell kam man darauf, dass Spezialisierung Vorteile bringt. So entstanden die Handwerksberufe: der Schmied kümmerte sich um Hufeisen und Werkzeuge, der Müller stellte die Versorgung mit Mehl sicher, der Schuster fertigt Schuhe usw. Durch Spezialisierung konnte man sich aber nicht mehr um alles selbst kümmern, also musste man seine Leistung – Schmieden einer Sichel – gegen das, was man selbst brauchte – stabile Schuhe – eintauschen. Wenn aber der Schuster keine Sichel brauchte, wurde es problematisch und man musste wie Hans im Glück verschiedene Tauschhändel akzeptieren, um irgendwann das zu haben, was der Schuster als Gegenleistung akzeptierte.

Aus diesem ineffizienten Prozess entstand die Idee, den Tausch von Ware A gegen Ware B gegen Ware C und die dadurch ständig neuen Verhandlungen zu vereinfachen, indem man ein Symbol nutzte: Geld war geboren. Für Geld verstanden als gemeinhin anerkanntes – also sozial legitimiertes – Wertäquivalent kann man A, B oder C kaufen, und das einzige, was dann noch zählt, ist der Preis, den man zahlen muss. So wurde Geld – zunächst meist ein Stück Metall – zu einem Symbol, das man wie Sprache oder Schrift einsetzen kann, um die gemeinsame Auseinandersetzung über etwas zu vereinfachen. Geld ist das Medium, das die Wirtschaft nutzt, um die Verständigung über knappe Güter zu vereinfachen. Und Geld hat eine ganz besondere Eigenschaft: Es beziffert den Wert einer Leistung und ermöglicht es so, Rentabilität und Profit zu erzeugen. Der Wert einer Leistung wird – wenn nicht anderweitig festgelegt – frei und fließend dadurch ermittelt, dass man feststellt, wer welchen Preis dafür zu zahlen bereit ist. Geld als Medium steigert also nicht nur die Möglichkeiten von Kommunikation, sondern schafft Transparenz und Wettbewerb durch die Beobachtung von Preisen im Markt (vgl. Luhmann 1988).

Kommen wir zurück auf Unternehmen, so kann man sagen, dass Unternehmen Organisationen im Funktionsbereich Wirtschaft sind. Sie entstehen wie alle Arten von Gemeinschaft durch Kommunikation. Sie nutzen wie alle Arten von Organisationen Entscheidungen, um ihren Handlungsspielraum einzugrenzen. Sie kümmern sich als Teil des Funktionsbereichs Wirtschaft um die Versorgung der Gesellschaft mit knappen Gütern. Die Versorgung mit knappen Gütern wird durch das Medium Geld vereinfacht. Der Wert von Leistungen eines Unternehmens wird in Preisen am Markt beobachtet.

Lessons learned
Unternehmen entstehen und bestehen wie alle Organisationen durch Kommunikation. Auf Ebene der Organisation nimmt Kommunikation die Form von Entscheidungen an: Sie schränkt Wahlfreiheiten ein und orientiert sich dabei an dem Zweck der Organisation. Dafür muss sie vier große Bereiche durch Entscheidungen strukturieren: Auf der einen Dimension Hierarchie und Kooperation, auf der anderen Dimension Stabilität und Flexibilität gegenüber der Umwelt.

Der Zweck von Organisationen verweist auf die Funktion, die die Organisation für die Gesellschaft bearbeitet. Unternehmen sind Organisationen der Wirtschaft. Sie versorgen die Gesellschaft mit knappen Gütern, um dadurch Gewinn zu erzielen. Auf der Ebene ihrer Funktionserfüllung nutzen Unternehmen das symbolische Medium Geld, das es ermöglicht, die Leistungserbringung zu kalkulieren und ihren Wert mittels Preisen im Markt zu beobachten.

3.1.4 Modell der internen Unternehmenskommunikation

Unternehmen entstehen und existieren durch Kommunikation. Unternehmen organisieren verschiedene Individuen durch Entscheidungen. Unternehmen basieren auf Zusammenarbeit durch Kommunikation (koordiniertes Verhalten). Unternehmen versorgen andere mit Leistungen und zwar Leistungen, für die Zahlungsbereitschaft vorliegt, was meint, dass die Leistung als knapp empfunden wird und dass das Unternehmen somit für die Gesellschaft die Funktion übernimmt, Knappheit gegen Zahlung eines Preises zu beseitigen. Diese drei Zusammenhänge – Zusammenarbeit, Organisation und Funktion für die Gesellschaft – bilden die Blaupause für die analytische Beobachtung von Kommunikation in Unternehmen und für die Instrumentalisierung von Kommunikation durch die Unternehmen.

Schauen wir uns zunächst die analytische Seite an. Es gibt verschiedene Möglichkeiten, sich mit Sachverhalten auseinanderzusetzen. Man könnte Kommunikation in Unternehmen z. B. über die Lautstärke von Gesprächen messen, alle sprachlichen Äußerungen hermeneutisch analysieren oder die Menge von gesprochenen Worten pro Kopf in Bezug zur Profitabilität setzen. Dies klingt alles nicht sehr überzeugend. Eine Theorie mit besserer Passform für die Beobachtung von Kommunikation im Bezugsrahmen einer Organisation des Funktionsbereichs Wirtschaft kann die allgemeine Theorie sozialer Systeme bieten (vgl. vor allem Luhmann 1984; Luhmann 2000).

Vereinfacht zusammengefasst geht es bei der allgemeinen Theorie sozialer Systeme um eine besondere Art von Beobachtungsvorschrift. Man beschreibt seinen Untersuchungsgegenstand als ein System. Das Wort System kommt vom Griechischen σύστημα und meint das Verbundene. Genau das versteht man auch in der Systemtheorie unter einem System: Elemente, die miteinander verbunden sind und die klar in einer Umwelt abgegrenzt sind. In dieser Form hat Niklas Luhmann die Gesellschaft als System beschrieben, ein System, das sich aus einzelnen Kommunikationsereignissen immer wieder neu erzeugt.

Wenn man die Gesellschaft so als Summe ihrer Elemente (einzelner Kommunikationsereignisse) und der Beziehungen untereinander beschreiben will, gewinnt man einen nicht unerheblichen Vorteil: Man kümmert sich nur um die Kommunikation und lässt die Menschen außen vor – so wie der Biologe den Zellteilungsprozess unabhängig davon beschreibt, ob die Zelle zu Petra oder zu Sophia gehört.

Schaut man sich analytisch nur die Kommunikationsereignisse an, die im Zusammenhang einer Wirtschaftsorganisation entstehen, sich aufeinander beziehen und auch abbrechen, dann ist es naheliegend, diese Kommunikationsereignisse in drei unterschiedlichen Dimensionen zu beobachten, nämlich in Abhängigkeit zu ihrem Systembezug:

- Kommunikation unter Anwesenden in der Interaktion („von Mensch zu Mensch")
- Kommunikation der Organisation („von Organisation an Mensch")
- Kommunikation in Bezug auf die gesellschaftliche Umwelt, für die eine Funktion übernommen wird („von Organisation an Welt")

Nimmt man dieses Raster, dann kann man Kommunikation in Unternehmen beobachten

- auf der Ebene der Interaktion als formelle Kommunikation (Mitarbeiter kommunizieren miteinander)
- auf der Ebene der Organisation als formalisierte Kommunikation (das Unternehmen kommuniziert durch Entscheidungen mit den Mitarbeitern)
- auf der Ebene der Funktion als formale Kommunikation (das Unternehmen kommuniziert durch seine Selbstbeschreibung in Bezug auf Markt und Öffentlichkeit)

Man kann allen drei Dimensionen natürlich noch jeweils eine gegenteilige Ausprägung mitgeben, denn auf der Ebene der direkten Interaktion wird natürlich nicht nur formell, sondern auch informell kommuniziert und auf der Ebene der Organisation gibt es neben Formularen auch die teilweise mehr als formlosen Innovationsprozesse. Es ist letztlich aber nicht entscheidend, wie man den Beobachtungsgegenstand nennt oder ob man nur die eine Ausprägung oder beide Seiten beobachtet. Wichtig ist, dass es einen Unterschied macht, ob man sich als Beobachter auf der Ebene der Interaktion, der Organisation oder der Funktion bewegt.

In der betrieblichen Anwendung interessiert Kommunikation aber nicht als das konstituierende Element von Unternehmen und seine Beobachtung in verschiedenen Systemzusammenhängen. Es interessiert die Nutzbarmachung von Kommunikation für die Ziele des Unternehmens, die ganz am Ende immer und ausschließlich dem Streben nach Gewinn verpflichtet sind. Geht es um die Nutzbarmachung von Kommunikation im Sinne ihrer geplanten Anwendung für die Erreichung unternehmerischer Ziele, dann sprechen wir von Kommunikation als Instrument. Ein Instrument ist ein Arbeitsmittel, das im betrieblichen Alltag eingesetzt und bezahlt wird und letztlich zu Resultaten führt.

In diesem allgemeinen Verständnis denkt man bei instrumentalisierter Kommunikation eines Unternehmens zunächst an das Vermarktungsinstrument Kommunikation mit seinen Teildisziplinen Werbung, Direktansprache, Public Relations und Societal Relations. Hier werden Kommunikationsangebote des Unternehmens im Markt und in der Öffentlichkeit sichtbar, die für Produkte und Leistungen Aufmerksamkeit, Bindung, Transparenz und Unterstützung erzielen sollen. Als Teilbereich des Marketing ist Kommunikation häufig organisatorisch verortet, d. h. es gibt oftmals eine Abteilung, die sich um Kommunikation kümmert und es gibt zahlreiche externe Dienstleister, die Kommunikationsleistungen für die Unternehmen anbieten. Beides sind Indikatoren, die darauf hinweisen, dass Unternehmenskommunikation mit Bezug auf den Output von Unternehmen gut organisiert ist.

Sehen wir uns aber den unternehmerischen Leistungserstellungsprozess (Throughput) an, dann fällt auf, dass es für den organisationsinternen Einsatz von Kommunikation keinen vergleichbaren Konsens in der Literatur gibt, der einen Kanon ausgearbeiteter Instrumente mit je eigenem Zielbeitrag zur Aufgabenerfüllung im Unternehmen beschreibt. Scholes (1997, S. xviii) weist im Handbuch für interne Kommunikation daraufhin, dass es bei interner Kommunikation vor allem auf das Management dieser Prozesse ankommt und Mast (vgl. 2008, S. 254) listet über verschiedene Dimensionen die Ziele interner Unternehmenskommunikation auf:

- Bereitstellung von Informationen, damit die Mitarbeiter ihre Aufgaben erfüllen können
- Mobilisierung des Know-how der Mitarbeiter
- Steigerung der Zufriedenheit der Mitarbeiter und ihrer Identifikation mit der Organisation
- Herstellung von Glaubwürdigkeit und Steigerung von Vertrauen der Mitarbeiter in das Unternehmen
- Akzeptanz von Entscheidungen und Personen innerhalb der Organisation
- Optimierung der Kommunikationswege

Ein einheitliches Raster über Instrumente und Ziele der internen Unternehmenskommunikation entsteht so aber nicht. Um einen Bezug zur Entwicklung eines Instrumentalrahmens zu gewinnen, lohnt deshalb der Blick auf den analytischen Kontext von Kommunikation in Unternehmen. Den kann man in Analogie zur Output-orientierten Kommunikation (Kommunikation als Instrument im Marketing-Mix) über eine Zielmatrix entwerfen und so die Throughput-orientierte Kommunikation als zentrales Instrument der unternehmerischen Leistungserbringung beschreiben.

Die nach außen gerichtete, instrumentalisierte Kommunikation (externe Unternehmenskommunikation), kann man über die Zurechnung über zwei Dimensionen beschreiben (vgl. Becker 1998, S. 169 ff.). Es geht um zwei verschiedene Arten von Umweltbezug, nämlich den Markt (die Umwelt, die als Kunde, Wettbewerb oder Ressource in Preisen beobachtet wird) und die Öffentlichkeit (die Umwelt, die als Stakeholder, Meinungsführer, potenzielle Neukunden oder Journalisten als öffentliche Meinung beobachtet wird). Um die Umweltabhängigkeiten zu managen, bieten sich dem Unternehmen verschiedene Werkzeuge. In Richtung Markt werden Transaktionen gesichert, in dem neue Kunden gewonnen und bestehende Kunden gehalten werden. In Richtung Öffentlichkeit wird Akzeptanz gesichert, in dem bei den Anspruchsgruppen des Unternehmens Legitimation und bei den Meinungsführern in der Öffentlichkeit Unterstützung sichergestellt wird. Aus diesem Doppelbezug lassen sich vier Instrumente ableiten, die jeweils eine eigene Leistung für das Unternehmen erbringen:

- Werbung erzeugt Aufmerksamkeit für die Akquisition von Transaktionen
- Direktansprache erzeugt Bindung für die Dauerhaftigkeit von Transaktionen
- Public Relations erzeugen Transparenz für die Akzeptanz durch Legitimation
- Societal Relations erzeugen Unterstützung für die Akzeptanz durch Reputation

Will man eine ähnliche Struktur für die interne Unternehmenskommunikation entwerfen, kann man auf der einen Seite die organisatorische Struktur oder Verfassung und auf der anderen Seite den Umgang der Organisation mit der Komplexität ihrer Umwelt als ordnende Elemente abtragen. Die organisatorische Verfassung lässt sich hinsichtlich der Organisation von Hierarchie und der Organisation von Kooperation unterscheiden, der Umgang mit Unsicherheiten in der Umwelt durch Stabilität und Flexibilität. Diese vier Dimensionen ließen sich ebenfalls mit Instrumenten verbinden, die man so benennen könnte:

- Delegation (Arbeitsteilung) resultiert aus Hierarchie und reduziert Komplexität
- Adaption (Anpassung) resultiert aus Kooperation und steigert Komplexität
- Redundanz (mehrfache Absicherung) resultiert aus Stabilität und schafft Verlässlichkeit
- Emergenz (plötzliches Entstehen neuer Strukturen) basiert auf Flexibilität und schafft Innovation

Dieses Erklärungsmodell für interne Kommunikation vermittelt einen Einblick in die Wirkweise von Kommunikation als zentralem Produktionsfaktor in Unternehmen. Die weitere Operationalisierung gestaltet sich aber über die vier Instrumentalkategorien ungleich schwieriger als im Feld der strategischen, nach außen gerichteten Unternehmenskommunikation, denn die Instrumente werden innerhalb einer Organisation nicht getrennt behandelt. Delegation braucht es für Produktions- und Verwaltungsaufgaben, für die Organisation von Team Events und die Gestaltung der Forschungs- und Entwicklung Abteilung. Die analytisch getrennten Zielkomplexe greifen im betrieblichen Alltag tatsächlich ständig ineinander.

Um interne Kommunikation als zentrales Aufgabenfeld der betrieblichen Leistungserbringung auch auf operativer Ebene – also der Nutzung einzelner Kommunikationsmaßnahmen, um Resultate zu erzielen – zu beschreiben, bietet sich als Strukturkriterium deshalb eher die Unterscheidung nach Systembezug an, also die Differenzierung nach Kommunikation unter Anwesenden (Interaktion), Kommunikation durch Entscheidungen (Organisation) und Kommunikation als Selbstbeschreibung des Systems und seines spezifischen gesellschaftlichen Beitrags (Funktion). Dies führt zu einer Betrachtung von drei Gruppen interner Kommunikation nämlich formeller, formalisierter und formaler Kommunikation. Diese drei Gruppen lassen sich dann jeweils beispielhaft in den vier

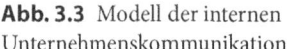

Abb. 3.3 Modell der internen
Unternehmenskommunikation

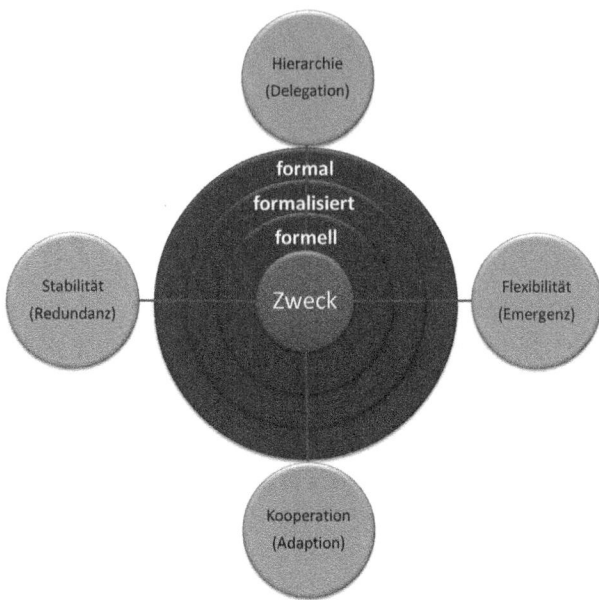

Zieldimensionen – Hierarchie, Kooperation, Stabilität und Flexibilität – beschreiben (vgl.
Abb. 3.3).

Ich werde in den anschließenden Kapiteln für jedes einzelne Handlungsfeld jeweils exemplarisch ein Instrument beschreiben.

- auf der Ebene der Hierarchie bzw. im Instrument Delegation:
  - Meetings (formell)
  - Organigramm (formalisiert)
  - Mitarbeiterinformationssystem (formal)
- auf der Ebene der Kooperation bzw. im Instrument Adaption:
  - Präsentation (formell)
  - Projektkommunikation (formalisiert)
  - Unternehmenskultur (formal)
- auf der Ebene der Stabilität bzw. im Instrument Redundanz:
  - Verhandlungsführung (formell)
  - Organisationshandbuch und Prozessnotation (formalisiert)
  - Corporate Identity (formal)
- auf der Ebene der Flexibilität bzw. im Instrument Emergenz:
  - Small Talk (formell)
  - Design Thinking (formalisiert)
  - Wissensmanagement (formal)

Lessons learned
Kommunikation als Instrument der Unternehmensführung lässt sich in vier Arbeits-
bereiche aufteilen: Delegation (Hierarchie), Adaption (Kooperation), Redundanz
(Umweltstabilität) und Emergenz (Umweltflexibilität). In den vier Arbeitsberei-
chen muss man den Einsatz von Kommunikation jeweils unterscheiden, ob er auf
Ebene der direkten Interaktion, der Organisation (Entscheidungsfindung) oder der
Funktion (Versorgung mit knappen Gütern, um Gewinne zu erzielen) stattfindet.
In diesen Modellrahmen lassen sich unterschiedliche Kommunikationsinstrumente
strukturiert einordnen und hinsichtlich ihres Ergebnisbeitrags diskutieren.

3.1.5 Sprache: das zentrale Zeichensystem von Gesellschaft und Bewusstsein

In der internen Unternehmenskommunikation kommt einem Medium besondere Bedeutung zu nämlich der Sprache hier in der ganz praktischen Bedeutung als gesprochenes
Wort. In Organisationen wird viel geredet und anders als bei der strategischen, nach außen
gerichteten Unternehmenskommunikation, die Sprache nur in einem sehr eingeschränkten, auf formal freigegebene Slogans und Statements reduzierten Umfang nutzt, ist die
Kommunikation in Organisationen selbst in einem stark formalisierten Kontext wie in
einer Behörde im Kern durch das gesprochene Wort geprägt. Man fertigt zwar Gesprächs-
notizen als formalisierte Artefakte, aber um zusammenzuarbeiten, muss man tatsächlich
eines: viel reden.

Sprache als Medium für die Verständigung über gemeinsame Absichten oder Interessen zu nutzen, ist wie Kommunikation keine ausschließlich menschliche Errungenschaft.
Auch Tiere entwickeln Sprachen, vom Walgesang bis zum Tanz der Honigbienen[5], allerdings unterscheidet sich die menschliche Sprache in ihrem Aufbau (ihren Design Features)
wesentlich von allen bekannten tierischen Sprachen z. B. durch ihre doppelte Gliederung
und die Möglichkeit zur Reflexion (vgl. Hockett 1977). Die Funktionsweise von Sprache
ist Thema der Linguistik im engeren bzw. der Semiotik als allgemeiner Wissenschaft der
Zeichensysteme im weiteren Sinne.

Auf Basis des Prozessbegriffs der Kommunikation als Einheit von Information, Mitteilung und Verstehen ist die Verwendung von Zeichen zur Steigerung der Kommunikationsfähigkeit zunächst eine recht unpraktische Sache, denn Zeichen sind willkürlich und müssen dementsprechend gelernt werden, um zu funktionieren. Das macht ihre Verwendung
unwahrscheinlich, denn am Anfang des Kommunikationsprozesses steht die Erwartung,
dass der Gegenüber einen versteht. Wenn ich die von mir erzeugte Information durch ein
spontan eingerichtetes Symbol mitteile, ist die Wahrscheinlichkeit, verstanden zu werden,
äußerst gering.

---

[5] Vgl. von Frisch (1967). Nach wie vor lesenswert zum Thema: Hinde (1972).

Dennoch haben sich Zeichensysteme evolutionär entwickelt und die Sprache ist das leistungsfähigste von ihnen. Die Funktionsweise von Sprache als Medium der Kommunikation hängt eng zusammen mit der Zurechnung von Bedeutung über Sinn, denn durch Sinn werden zwei getrennte Bereiche gekoppelt: Bewusstsein (offensichtlich etwas, was innerhalb eines Menschen mental erzeugt wird) und Kommunikation, verstanden als Koordination zwischen füreinander getrennten Individuen.

Die Interpretation von Wahrnehmung hinsichtlich ihres Sinns ermöglicht es, eigenes sinnhaftes Bewusstsein auch beim Gegenüber zu unterstellen und ebenso das Verhalten des Anderen so wahrzunehmen, dass Handlungen immer auf ihren Sinn hin interpretiert werden. Das Bewusstsein des Einzelnen und die Kommunikation miteinander bleiben voneinander getrennte Systeme, aber sie finden als Umwelt Eingang in die systeminterne Verarbeitung. Ob ich im stillen Kämmerlein allein über das Wetter nachdenke oder im Meeting mit Kollegen die Entwicklung der Rohstoffpreise analysiere – immer wird Verhalten und Handeln mit Sinn in Beziehung gesetzt. Sinnfreie Kommunikation gibt es nicht, auch wenn manches Kunstprojekt uns das glauben machen möchte. Bewusstsein und Kommunikation sind über Sinn verbunden und sie beide benötigen ein biologisches System als Umwelt, in der sie existieren können. Alles drei zusammen – Körper, Psyche und Gesellschaft – bilden dann das Konstrukt, was wir gemeinhin Mensch oder Persönlichkeit nennen.

Die Verbindung von Bewusstsein und Sozialität über Sinn ist ganz praktisch nachvollziehbar, wenn man sich den Begriff der Kommunikation als Einheit dreier Prozessschritte vor Augen führt. Kommunikation heißt: Erzeugen von Information und deren Mitteilung auf Basis der Erwartung, verstanden zu werden. So wie man für die Mitteilung offensichtlich das biologische System für die Artikulation von Phonemen oder das Ausführen einer Geste braucht, braucht man für die Erzeugung der Information und das Verständnis der Mitteilung das psychische System. Dennoch bleiben die Systeme voneinander getrennt. Man kann seinem Gegenüber nicht in den Kopf schauen, man kann nicht bewusst die chemischen und mechanischen Prozesse steuern, die zum Formulieren eines Satzes gebraucht werden und das Gehirn kann nicht sprechen. Obwohl die Systeme nur nach ihren eigenen Regeln arbeiten können, kommen über Sinnzurechnung und die Verwendung von Zeichen (Worten, Bildern, Symbolen, symbolischen Generalisierungen etc.) die Systeme nicht ohne einander aus.

Dies wird besonders deutlich im Prozessschritt des Verstehens: Dadurch, dass man unterscheiden kann, wer wann was sagt und dem Gesagten dadurch einen Sinn gibt, ist Kommunikation möglich. Und dasselbe passiert bei Beobachtung ohne Kommunikation: Das Bewusstsein unterscheidet das Beobachtete von seiner Umwelt und erzeugt so Informationen, die dann möglicherweise wieder als Mitteilung Eingang in Kommunikation finden.

Wenn wir in Bezug auf formelle Kommunikation in Organisationen von Verstehen sprechen, geht es um Interaktionssysteme als Situation unter Anwesenden. Das bedeutet in enger Auslegung: Interaktion findet nur bei physischer Anwesenheit aller Beteiligten am selben Ort statt wie etwa auf einem Kongress oder in einem Meeting. Man kann aber ohne Schwierigkeiten die Bedingung der Anwesenheit insoweit virtualisieren, dass man

Abb. 3.4 Das Organon-Modell der Sprache

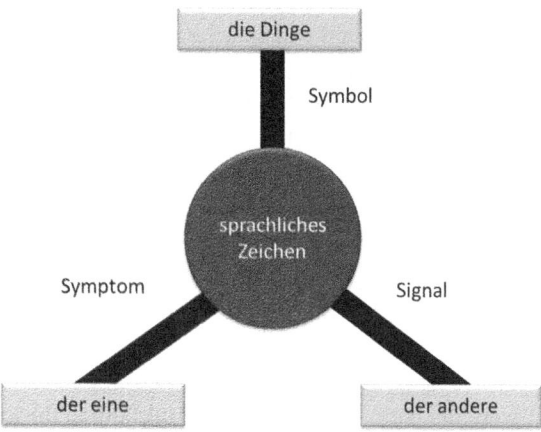

von Interaktion als kommunikativem System immer dann spricht, wenn die Kommunikationssituation „wie unter Anwesenheit" stattfindet, was Telefon- und Videokonferenzen ebenso wie Chats u. ä. mit einschließt.

Interaktionssysteme zeichnen sich dadurch aus, dass alle Beteiligten das Verhalten, die Handlungen und die Aussagen der anderen Beteiligten beobachten können und in der Regel vergleichbare Umweltbedingungen vorfinden. Dennoch weiß man nicht zuletzt aus eigener Erfahrung, dass es in Interaktionen oft zu Missverständnissen kommt: Man redet aneinander vorbei, man muss moderieren oder mediativ eingreifen, es kommt zu Streitigkeiten, man argumentiert unter der Gürtellinie etc. Was zunächst als Problem der Beteiligten in einer „Live-Situation" interpretiert werden könnte, entpuppt sich im Kern als ein ambivalentes Problem von Sprache: Zum einen durch die Verwendung des Zeichensystems selbst, zum anderen durch den Umstand, dass sich Kommunikation (das Miteinander) und Bewusstsein (die einzelne Persönlichkeit) den Mechanismus teilen, mit denen sie Informationen interpretieren.

Der erste Aspekt betrifft das Problem, welche Funktion eine Sprache als Zeichensystem übernimmt. Bereits Platon beschäftigte sich im 4. Jahrhundert vor unserer Zeitrechnung mit dieser Fragestellung und entwickelte im Kratylos-Dialog die Vorstellung, dass das sprachliche Zeichen ein Werkzeug (Organon) sei, mit dem der eine dem anderen etwas über die Dinge mitteilt. Dieses Modell griff der Sprachtheoretiker Karl Bühler 1934 auf und entwickelte daraus das Organon-Modell der Sprache. Sprache hat demnach drei Funktionen (vgl. Bühler 1982, S. 28 f.; Abb. 3.4):

- Sprache ist Symbol für das, worauf sie sich bezieht (den Inhalt, den sie darstellt)
- Sprache ist Symptom für denjenigen, der spricht (die Art und Weise, wie er sich ausdrückt)
- Sprache ist Signal für denjenigen, der angesprochen wird (in dem er das Gesprochene als Aufforderung interpretiert)

Die Symboldimension von Sprache zeigt sich in der willkürlichen Wahl der Codierung. Es ist ein Schallereignis, das in verschiedenen Erdregionen durchaus völlig verschieden klingt, um dieselbe Sachlage zu beschreiben. Es sind Konventionen, die festlegen, wie „Sonne" in Uganda, Malaysia, Ecuador, Saudi-Arabien oder Deutschland klingt. Das beschäftigt die Semiotik, die die Zeichenverwendung nach der von Morris (1938) eingeführten Unterscheidung in drei Dimensionen untersucht:

- Semantik als Beziehung der Zeichen zu den Dingen, die sie bezeichnen im Sinne ihrer Bedeutung (z. B. die richtige inhaltliche Zuordnung der Redewendung „den Marsch blasen").
- Syntaktik als Beziehung der Zeichen untereinander in ihrer formalen Struktur (z. B. weist der Satz „ich gehe auf die Bank" durch die lokale Präposition darauf hin, dass ein Geldinstitut und nicht die Sitzbank gemeint ist).
- Pragmatik als Beziehung der Zeichen zu den von ihnen ausgelösten Effekten in der konkreten Situation im Sinne der Sprecherabsicht (z. B. wird die höfliche Aufforderung „legen Sie doch ab" in der Sauna anders interpretiert als an der Theatergarderobe).

Ein willkürlich festgelegtes Zeichen (Schall) bezeichnet einen Gegenstand, sagt etwas über den Sprecher aus und gibt dem Zuhörer ein Signal. Dies tut es im Zusammenhang mit einem konkreten Bezug zur Sachlage, in einem Kontext, in einer praktischen Situation. Man kann erahnen, wie schwierig Kommunikation eigentlich ist: Wenn z. B. ein Berliner bei Bergen an den 66 Meter hohen Kreuzberg denkt und begeistert einen Bekannten aus dem Berchtesgadener Land zu einer Bergtour einlädt, wird dieser sich wundern. Ähnlich überrascht dürfte der Berliner sein, wenn er mit seinem Bekannten das vielgepriesene Stadtleben von Bad Reichenhall erkundet. Dann mag es sein, dass man sich verulkt vorkommt (Signal) oder den Sprecher als provinziell einordnet (Symptom). Das wiederum hängt stark von der konkreten Situation ab. Im Internet beschäftigen sich beispielsweise Hunderte von Forenbeiträgen mit der Frage, welchen Bezug die Formulierungen „ich liebe dich" und „ich habe dich lieb" auf den tatsächlichen Liebesgrad in einer Partnerschaft haben. Und wir sprechen hier immer noch von Kommunikation unter Anwesenden. Ungleich schwieriger wird der Kommunikationserfolg, wenn durch Schrift, technische Medien oder Kommunikationssymbole der tatsächliche Beobachtungsraum der Interaktion entzogen ist.

Diese generelle Schwierigkeit eines sehr breiten, ständig erweiterbaren und anpassbaren Zeichensystems wie der Sprache wird durch einen zweiten Aspekt gesteigert: dem Zusammenspiel von psychischen und sozialen Systemen. Zunächst klingt das unspektakulär. Es ist doch klar, sagt der Alltagsverstand, dass Menschen miteinander sprechen und dass man auch in sprachlichen Begriffen denkt (manchmal sogar laut) und dass daher Sprache zwischen Menschen gut funktionieren müsste, sobald man sich über die Konventionen verständigt hat. Das ist aber nicht so. Zwei Menschen bleiben zeitlebens füreinander undurchschaubar, selbst wenn der eine von ihnen ein geschulter Psychologe ist. Man bildet sich immer selbst einen Begriff von seinem Gegenüber und dieser Begriff mag manchmal

Abb. 3.5 Nachrichtenquadrat
nach Schulz von Thun

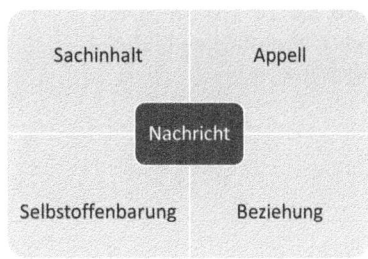

eine gute Prognosevalidität haben, manchmal nicht. Es hat aber weniger mit dem Gegenüber als objektiver Realität zu tun, als vielmehr mit seinen eigenen subjektiven Erfahrungen. Niemals aber weiß man, was ein anderer denkt, fühlt oder wie er sich gleich verhalten
wird. Man hat nur eine Vermutung oder Hypothese darüber, aber kein Wissen wie man es
z. B. hat, wenn man Salz in Wasser löst und dann *immer* eine Salzlösung erhält.

Diese Schwierigkeit getrennter Systeme, die uns aber nicht getrennt vorkommen, führen zu einigen Komplikationen. Watzlawick et al. (1967) stellten im Rahmen ihrer Arbeiten zur Familientherapie diesen Zusammenhang in Form von fünf Grundsätzen vor, die
als die Watzlawick-Axiome bekannt geworden sind:

- Man kann nicht nicht kommunizieren als Verweis darauf, dass in einer Interaktion auch
  nicht-sprachliches Verhalten als Kommunikation interpretiert wird.
- Jede Mitteilung hat einen Inhalts- und einen Beziehungsaspekt, wobei der letztere dominant ist.
- Kommunikation ist nicht kausal, sondern konzentrisch: Die Festlegung, was Aktion
  und was Reaktion bzw. was Ursache und was Wirkung ist, legt jeder Kommunikations-
  teilnehmer individuell und damit meist unterschiedlich fest.
- Verbale Kommunikation bedient den „digitalen" Modus für Sachinformationen, non-
  verbale Kommunikation den „analogen" Modus für Beziehungsinformationen. Werden
  die Modi nicht kongruent bedient, kommt es zu Störungen.
- Kommunikation ist entweder symmetrisch oder komplementär angelegt. Beides geht,
  muss aber von beiden Seiten akzeptiert sein.

Aus der Verbindung des Bühlerschen Sprachmodells und dem zweiten Watzlawick-Axiom
entwickelte Schulz von Thun das Nachrichtenquadrat (vgl. Abb. 3.5) als praktisches Werkzeug zur Erklärung von Störungen in Interaktionssystemen[6]. Das Nachrichtenquadrat
nimmt an, dass jede sprachliche Äußerung immer vier Dimensionen umfasst (vgl. Schulz
von Thun 1981, S. 25 ff.):

---

[6] Eine Randnotiz: Bühler, Watzlawick und Schulz von Thun kommen aus der Psychologie, weshalb
man diese Sichtweise auch als Kommunikationspsychologie oder Psychologie der Kommunikation
bezeichnet.

Abb. 3.6 Die vier Ohren, mit
denen man eine sprachliche
Nachricht hört

- Sachinhalt (worüber spreche ich)
- Selbstoffenbarung (was gebe ich dabei von mir zu erkennen)
- Beziehung (was halte ich von dir)
- Appell (was möchte ich bei dir erreichen)

Immer, wenn jemand redet, sendet er im übertragenen Sinn zeitgleich auf diesen vier Kanälen. Dabei gilt auch hier das erste Watzlawick-Axiom: Man kann nicht nicht kommunizieren. Man kann nicht einen oder mehrere Kanäle stumm schalten, sondern bedient immer synchron alle vier Dimensionen von Sprache. Und so, wie der Sprecher auf allen vier Kanälen synchron sendet, so hört der Empfänger auf allen vier Kanälen zu und erzeugt auf jeder Ebene die für ihn relevanten Informationen (vgl. Abb. 3.6).

Im betrieblichen Alltag versucht man sich natürlich auf die Sachebene zu konzentrieren und unterstellt indirekt, die anderen drei Ebenen ausblenden zu können. Das funktioniert freilich weder bei informeller Kommunikation in der Kantine noch bei einer Vorstandssitzung, weder bei einer Betriebsversammlung noch bei einem Turn-Over-Meeting. Immer werden in der Erzeugung von Sinn neben dem Sachaspekt weitere Botschaften gehört: Wie ist der Chef denn heute drauf? Warum macht der mich so von der Seite an? Soll ich jetzt etwa die Fehler von Kollege Meier ausbügeln? Botschaften dieser Art erzeugt der Empfänger parallel und synchron zur Aussage: „Herr Müller, haben Sie schon die aktuellen Umsatzzahlen für diese Woche"?

Aus der Art und Weise, wie man die vier Dimensionen einer Nachricht „hört", bildet sich die Antwort – von Kopfschütteln und Weggehen über eine kurze, höfliche Replik bis zum trotzigen Angriff. Und das nimmt natürlich der Initiator des Gesprächs auch wieder auf vier Ebenen wahr und macht sich durch Zurechnung von Sinn und Erzeugung von Information seinen Reim darauf.

Macht man sich dieser Art des Beobachtungsrasters für Interaktionssysteme zu eigen, ergeben sich einige interessante Aspekte, die man zum Verstehen und Verbessern formeller bzw. informeller Kommunikation in der direkten Interaktion nutzen kann. Schon Watzlawick hat in seinem zweiten Kommunikationsaxiom herausgearbeitet, dass der Beziehungsaspekt von Kommunikation den Inhaltsaspekt bestimmt. D. h. innerhalb von Organisationen, dass es einen sehr großen Unterschied macht, ob der Satz „Ich hab keinen Bock mehr, komm, wir gehen jetzt auf ein Bier" zwischen gleichgestellten Kollegen gesprochen wird oder ob es der Chef zur Sekretärin oder die Sekretärin zum Chef sagt. Neben der faktischen Einladung, gemeinsam ein Lokal aufzusuchen (Sachdimension), steckt in der Mitteilung die Botschaft, dass man sich selbst aufgeregt hat, dass man den anderen auffordert mitzukommen und dass man sich auf Augenhöhe (oder darüber) mit dem Empfänger glaubt. Diese Art von Botschaft kann explizit – so wie beschrieben – oder implizit erfolgen etwa durch eine Geste. Und man kann dabei lächeln und die Aussage als Scherz maskieren oder seine Stifte in die Ecke knallen, um zu verdeutlichen, dass man extrem schlechte Laune hat und keinen Widerspruch duldet.

Auf der Empfängerseite kann dieses Bündel aus Gesagtem mit seinen vier Dimensionen und dem begleitenden Verhalten natürlich völlig unterschiedlich empfangen werden. Etwa wenn man den Appell besonders deutlich hört (ich will mit dir ausgehen) und einen das empört, weil man es unanständig oder unangemessen findet. Wie die Mitteilung verstanden wird, hängt dabei u. a. davon ab, ob die Mitteilung in allen Dimensionen und auch non-verbal stimmig (kongruent) ist, oder ob Gesagtes und Verhalten stark differieren. Die gegenseitige Beobachtung der Sprecher erfolgt auf einer Metaebene, die die Kommunikation selbst zum Thema hat. Alle Sprecher beobachten gegenseitig die Situation und rechnen zu, ob Gesagtes mit den anderen vorliegenden Situationsvariablen übereinstimmt. Die Zurechnung erfolgt über vier Methoden, bei denen Schulz von Thun auf Haley (1963) zurückgreift:

- Qualifikation über den Kontext (Formulierung „schönes Wetter heute" bei stürmischem Nieselregen)
- Qualifikation durch die Formulierung („ich dachte, ich müsse sterben" bei der Frage, ob man die Erkältung gut überstanden habe)
- Qualifikation durch non-verbale Signale wie Mimik oder Gestik (Trauermine bei der Frage, ob man glücklich mit seiner neuen Liebe ist)
- Qualifikation durch den Tonfall („wie war gleich ihr Name" fragte er schnippisch)

So kann man auf die Frage, wie es einem geht, leise antworten: Gut. Wenn man dabei mit trauriger Miene in die Welt schaut, stimmen Mitteilung und Beobachtung der Mitteilung nicht überein. Das führt für den Empfänger zu einem Problem, denn jetzt muss er interpretieren, ob Mitteilung oder Metaebene überwiegt und angemessen reagieren. Die Mitteilung legt als Appell nahe: Es ist alles in Ordnung, lass mich in Ruhe. Die Metaebene legt nahe, dass der Kollege ihn implizit auffordert, nachzufragen und sich um ihn zu kümmern. Man hat selbst bei diesem Trivialbeispiel schon eine Wahrscheinlichkeit von 50 %, falsch zu reagieren. Das kann mit der Komplexität der Kommunikation natürlich deutlich ansteigen (vgl. auch Abb. 3.7: Wie kann die Botschaft „Du, da vorne ist die Ampel grün" beim Gegenüber empfangen werden?).

Für Kommunikationsprozesse führen diese Beobachtungen zu zwei Blickwinkeln: Es geht einerseits darum, kompetent zuzuhören. Und andererseits sollte man natürlich selbst seine Mitteilungen möglichst kongruent ausgestalten und daran denken, dass nicht der Sachaspekt (das Was) entscheidend ist, sondern die Art und Weise, wie man die Beziehung zu seinem Gegenüber sprachlich ausgestaltet.

Abb. 3.7 Vier Arten, eine
einfache Nachricht zu
interpretieren

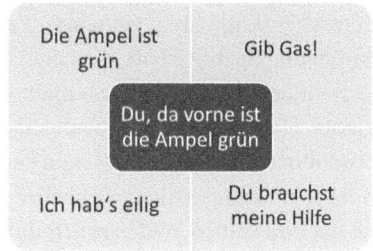

Schauen wir uns zunächst die Seite des Zuhörens an. Für jede Dimension einer Mitteilung – Sache, Beziehung, Selbstoffenbarung und Appell – hat man bildlich gesprochen ein Ohr, mit dem man diese Dimension hört. Diese „bildlichen Ohren" hören allerdings unterschiedlich gut. Wer versucht, sich nur auf den Sachaspekt zu konzentrieren – oft eine Angewohnheit von Akademikern und Führungskräften –, verpasst bei einer Vielzahl von Mitteilungen den eigentlichen Kern der Botschaft. Ebenso ist es aber auch nicht förderlich, jede Mitteilung darauf hin abzuklopfen, wie der Sender meine Person sieht.

Als wichtigster Ratschlag zum Thema Zuhören gilt der Hinweis, sich zu verdeutlichen, dass das Verstehen einer Mitteilung in der Verantwortung des Empfängers liegt. Er nimmt die Mitteilung wahr, trifft eine eigene Interpretation und entwickelt dabei immer auch Gefühle (gereizt, geschmeichelt, geborgen, gefordert etc.). Alle drei Prozesse finden beim Empfänger statt. „Die innere Reaktion auf eine Nachricht erweist sich hier als ein Wechselwirkungsprodukt zwischen der Saat (gesendeter Nachricht) und dem psychischen Boden, auf den diese Saat beim Empfänger fällt" (Schulz von Thun 1981, S. 69) und weiter: „Die Reaktion des Empfängers auf die Nachricht ist zu einem guten Teil sein eigenes Werk" (a. a. O., S. 79).

Hinsichtlich der eigenen Art zu kommunizieren, ist es natürlich hilfreich, möglichst widerspruchsfrei zu kommunizieren und seine Mitteilung so auszugestalten, dass der Empfänger eine gute Chance hat, die Nachricht ohne zu große Abweichungen von der Intention des Sprechers zu verstehen. Ein wichtiger Punkt ist dabei Kongruenz von verbalen und non-verbalen Signalen. Fehlt diese, hat das häufig etwas damit zu tun, dass der Sprecher zum Zeitpunkt des Sprechens noch nicht für sich geklärt hat, was er eigentlich will – eine Situation, in die nicht nur Politiker, sondern auch Führungskräfte häufig und regelmäßig kommen. Während Politiker aber mit dieser Situation nur umgehen und grobe Fehler vermeiden müssen, müssen Führungskräfte mit ihren Worten Resultate erzielen.

Die Situation wird dadurch noch komplexer, dass man in Interaktionen innerhalb von Organisationen auch noch weitere Schwierigkeiten zu meistern hat, die mit Geschlechterrollen, unterschiedlichem Bildungshintergrund und Zugehörigkeit zu verschiedenen gesellschaftlichen Schichten, einer breiten Altersstreuung und Mitgliedern aus verschiedenen kulturellen Kreisen zu tun hat.

Hat man den Eindruck, dass ein Gespräch in die völlig falsche Richtung läuft, kann man zu bewährten Hilfsmitteln greifen, um die wahrgenommene Kommunikationsstörung zu beheben. Dazu zählen etwa:

- Vermeidung von Du-Botschaften (vgl. Gordon 1970, S. 103 ff.). „Dein Vorschlag macht überhaupt keinen Sinn" klingt deutlich aggressiver als die Formulierung „Ich verstehe nicht, wie dieser Vorschlag jetzt unserem gemeinsamen Ziel hilft".
- Wird ein Sprecher als authentisch wahrgenommen, erhöht das die Chancen, Störungen zu vermeiden. Daher sollte man den von Ruth Cohn gegebenen Hinweis „sprich per ich" beherzigen (1975, S. 116). Formulierungen, die mit „man" oder „wir" beginnen, führen auf der Beziehungsebene schnell zu einem wahrgenommenen Ungleichgewicht und damit zu Störungen der Kommunikation.
- Um Störungen zu vermeiden, bietet sich auch die Technik der Paraphrasierung an: der Wiederholung der Botschaft des Gegenübers in eigenen Worten, um damit als Feedbackschleife sicherzustellen, wie man das Gesagte verstanden hat.
- Störungen entstehen auch durch die Verwendung von Totschlagargumenten, wie man sie etwa als Beamten-Dreisatz kennt: Das haben wir immer so gemacht. Das haben wir noch nie gemacht. Da könnte ja jeder kommen[7].
- Nicht nur auf der Beziehungsebene kann es zu Missverständnisse kommen. Auch auf der Sachebene sind durchaus Störungen zu erwarten. Hier ist das große Feld der Verständlichkeit angesprochen, das dadurch charakterisiert ist, dass Sprecher und Schreiber offensichtlich nicht nur verstanden werden wollen, sondern gerne auch so formulieren, dass sie nicht so einfach verstanden werden, um damit Kompetenz auszustrahlen (Fachchinesisch, gehäufte Verwendung von *buzzwords* etc.) und durch die Wortwahl andere bewusst auszuschließen, worauf schon Nietzsche in seiner „Fröhlichen Wissenschaft" hinwies[8].
- Läuft eine Kommunikation offensichtlich aus dem Ruder, empfiehlt es sich, die Ebene zu wechseln und sich bildlich gesprochen auf den „Feldherrenhügel der Kommunikation" (Schulz von Thun 1981, S. 91 ff.) zu begeben. Damit ist gemeint, dass man die Interaktion selbst zum Thema macht im Sinne der Kommunikation über die Kommunikation (Ruesch und Bateson 1951, S. 209). Metakommunikation bietet den Vorteil, zusammen mit dem Gesprächspartner aktiv die wahrgenommene Störung zu thematisieren und damit gemeinsam eine Lösung zu entwickeln.

Abschließend zu der Betrachtung der Sprache als zentrales Zeichensystem sowohl der Kommunikation als Prozess der Gesellschaftserzeugung (interpersonell) als auch des Bewusstseins als Prozess zur Konstitution des psychischen Systems (intrapersonell) sei ein Hinweis erlaubt, der den Zusammenhang gut dokumentiert. Es geht um die Erklärung, warum wir uns als Erwachsene nur an Dinge zurückerinnern können, die passiert sind, nachdem wir etwa drei Jahre alt waren, während Babies natürlich schon früher ein Erinnerungsvermögen haben, sonst wären Lernprozesse kaum möglich[9]. Offensichtlich „ver-

---

[7] Vgl. wissen.spiegel.de/wissen/image/show.html?did=43063017&aref=image035/0545/cqsp196003063-P2P-063.pdf abgerufen am 4.4.2013.

[8] Vgl. www.zeno.org/nid/20009254331 abgerufen am 4.4.2013.

[9] Babies erinnern sich auch an Ereignisse, die vor der Geburt passiert sind, Geräusche etwa, vgl. DeCasper und Prescott 1984.

lernt" man im Laufe von Kindheit und Adoleszenz, sich an diese frühen Erlebnisse zu erinnern. Mark Howe und Mary Courage (1993) führen dieses Phänomen der infantilen Amnesie darauf zurück, dass parallel zur Ausdifferenzierung des Selbst über das erkennende Selbst (*self as a knower* oder *I*) und das erkannte Selbst (*self as known* oder *me*; vgl. *James 1890, S. 291 ff.*) die Sprachentwicklung stattfindet. Sprache wirkt quasi als Encoder für den späteren Abruf von Erinnerungen. Diese These wird auch durch die Erfahrung unterstützt, die man mit Wolfskindern – weitgehend ohne menschlichen Einfluss aufgewachsenen, sogenannten wilden Kindern – gemacht hat: Sie können Erinnerungen an ihre sprachlose Kindheit selbst bei späterem Erwerb der Sprache nicht abrufen (vgl. Zimmer 1989, S. 21 ff.). Das heißt extrem und radikal verkürzt: Erst durch Sprache wird der Mensch zum Mensch, alles andere ist nachgelagert.

Lessons learned
Sprache ist ein Zeichensystem, das auf Vereinbarungen über ihre Verwendung beruht. Sprachliche Zeichen symbolisieren die Dinge, die sie repräsentieren, sie dienen dem Gegenüber als Signal und sie lassen sich als Symptom über denjenigen verwenden, der spricht.

Die Nutzung sprachlicher Zeichen untersucht die Semiotik in drei Dimensionen: der Semantik als Beziehung der Zeichen zu ihrer Bedeutung, der Syntaktik als Beziehung der Zeichen untereinander und der Pragmatik als Beziehung der Zeichen zu ihrer Verwendung.

In fünf Grundsätzen, den sogenannten Watzlawick-Axiomen, entwickelt die Psychologie Ansätze, die erklären, warum sprachliche Kommunikation oft scheitert und erläutert dies u. a. mit dem Umstand, dass in Interaktionssituationen auch non-verbales Verhalten als Kommunikation interpretiert wird und dass der sachliche Inhalt einer Aussage weniger wichtig ist, als das, was das Gespräch über die Beziehung der Gesprächspartner vermittelt.

Schulz von Thun führt diese Sichtweisen zum Nachrichtenquadrat zusammen und legt dar, dass wir das gesprochene Wort in der Interaktion immer mit vier Ohren hören und demnach alles, was wir sagen, auch mit vier Zungen mitteilen. Durch diese unterschiedlichen Dimensionen entstehen Störungen, die man durch Methoden wie Paraphrasierung, „sprich per ich" oder Metakommunikation auflösen kann.

3.2 Formelle Kommunikation

Formelle und informelle Kommunikation finden auf der Ebene der Interaktion statt. Interaktion meint im Unterschied zu Organisation und Funktion einen speziellen Systemtyp, der dadurch gekennzeichnet ist, dass er temporär angelegt ist und synchron verläuft. In der Regel wird als Medium das gesprochene Wort genutzt, aber auch durch *near-time* Kommunikation mittels Messaging- oder Mail-Diensten werden Interaktionen erzeugt. Formelle Kommunikation führt eine Interaktion planmäßig herbei, um ein bestimmtes Ziel zu erreichen: Der Vorgesetzte will in einem Personalgespräch seinem Mitarbeiter kritisches Feedback geben, der Experte hält eine Präsentation, um ein Thema oder ein Produkt zu forcieren oder der Personalleiter verhandelt mit einer Führungskraft Vertragskonditionen.

Die Frage, wann interaktive Kommunikation formell oder informell ist, entscheidet sich über die Bedeutung von Symmetrie. Selbst wenn eine offizielle Gleichstellung hinsichtlich des Rangs besteht, ist formelle Kommunikation immer asymmetrisch geprägt bzw. bildet eine komplementäre oder metakomplementäre Beziehung im Sinne Haleys (1963, S. 113 ff.). Das folgt aus dem Kriterium, dass eine formelle Kommunikation immer mit einer Zielsetzung verbunden ist. Selbst wenn dieses Ziel „Fachaustausch" oder „Expertengespräch" oder „Krisengespräch mit einem Kollegen" heißt: Bei formeller Kommunikation führt in der Interaktion eine Seite, wenngleich dies nicht bedeutet, dass der führende Kommunikationspartner auch einen kommunikativen Erfolg davonträgt. Es geht hier um die Rollenverteilung innerhalb der Interaktion.

Der informellen Kommunikation als Gegenstück der formellen Kommunikation fehlt diese direkte Zielbindung. Informelle Kommunikation verläuft symmetrisch, wobei auch informelle Gespräche und Kontakte einen Zweck erfüllen, nämlich bestehende Beziehungen zu festigen und neue Beziehungen zu knüpfen. Informelle Kommunikation prägt bildlich gesprochen die kommunikative Atmosphäre der Organisation. Informell sollte dabei nicht mit den Adjektiven heimlich oder vertraulich verwechselt werden. Informelle Kommunikation kann sehr öffentlich und auch geplant sein, wie z. B. bei der Weihnachtsfeier, einem Betriebsausflug oder dem After-Work-Umtrunk.

Durch informelle Kommunikation wird innerhalb der Organisation festgelegt, wie Reputation verteilt wird, was einen entscheidenden Einfluss auf die informale Organisation des Unternehmens nimmt[10]. Wer sind die Kollegen, die etwas drauf haben, wem zollt man Respekt, welcher Chef hat wirklich das Sagen? Die öffentliche Meinung innerhalb des Unternehmens wird durch informelle Kommunikation gebildet und weiter entwickelt.

Um einen Eindruck über die Anwendung formeller und informeller Kommunikation im Unternehmen zu haben, stellte ich anhand der instrumentalen Zielhorizonte der internen Unternehmenskommunikation beispielhaft vier Kommunikationsmittel vor: Die Durchführung eines Meetings mit Bezug zum Zielkomplex Hierarchie, die Ausarbeitung einer Rede mit Bezug zum Zielkomplex Kooperation, die Verhandlung mit Bezug zum Zielkomplex Stabilität und der informelle Small Talk mit Bezug zum Zielkomplex Flexibilität.

3.2.1 Meetings – das Herzstück unternehmensinterner Kommunikation

„80 % aller höheren Manager geben bei Befragungen an, über 60 % ihrer Zeit in Sitzungen zuzubringen. Und 80 % aller Manager geben an, dass 60 % aller Sitzungen ineffizient und unproduktiv seien. Das ist, egal aus welcher Perspektive gesehen, ein inakzeptabler Zustand" (Malik 2000, S. 280).

---

[10] Follett unterscheidet den formellen Institutionenblick von der informellen Zusammenarbeit innerhalb der Institution. „The study of democracy has been based largely on the study of institutions; it should be based on the study of how men behave together" (Follett 1918, S. 19).

In Organisationen arbeiten Menschen zusammen, um gemeinsam einen übergeordneten Zweck zu erfüllen. Neben Strukturen wie der Aufbauorganisation (Hierarchie) und der
Ablauforganisation (Prozesse), ist das entscheidende Element der Arbeitsorganisation die
zeitnahe Abstimmung über die Erledigung von Aufgaben, die im Tagesgeschäft anfallen
und nicht durch Prozessroutinen und Hierarchie abgefangen werden. Diese Art der zeit-
nahen und aufgabenzentrierten Koordination der Ressourcen auf ein Ziel hin erfolgt in
der Regel durch Meetings.

Ich verwende den Begriff Meeting nicht nur, weil er im Betriebsalltag geläufig ist, sondern weil Meeting verstanden als Treffen viel breiter die verschiedenen Ausprägungen der
Koordinierungsgespräche in einem Unternehmen aufnimmt. Deutsche Worte wie Besprechung (man bespricht sich nicht immer, sondern in manchen Meetings werden nur Entscheidungen getroffen) oder Sitzung (man muss nicht sitzen, um sich abzustimmen) sind
weniger gut als Oberbegriff geeignet.

Dass Meetings heute in fast allen Branchen zum wichtigsten Kommunikationsmittel
der internen Unternehmenskommunikation zählen, ist dem Umstand geschuldet, dass
sich Arbeit in Industriegesellschaften immer stärker in Richtung Dienstleistung und Kun-
denorientierung entwickelt und sich dadurch die durch Organisation unterstützte Routine
von Arbeitsleistungen in Richtung auf eine projekt- oder auftragsbezogene Arbeitsweise verschiebt. Dies korrespondiert mit der Veränderung im Marktgeschehen, das heute
im Wesentlichen durch Käufermärkte bestimmt ist. Als Käufermarkt bezeichnet man den
Überhang an Angeboten und die daraus gegebene Stärkung der Verhandlungsposition des
Käufers. Das führt zu gestiegener Konkurrenz der Anbieter um die Kaufkraft der Nachfrager, so dass der Nachfrager in die Situation kommt, kundenspezifische Wünsche durchsetzen zu können und sich die Produktion von Serienfertigung (*one size fits all*) immer
stärker in Richtung kundenindividueller Sonderfertigung verschiebt (*tailor made*).

Ein zweiter Aspekt, der die Bedeutung von Koordination durch Besprechungen fördert,
ist die gestiegene Bedeutung des Dienstleistungsanteils in der Wirtschaft. Auch Dienstleistungen sind zwar häufig standardisiert, sie erfordern aber in der Regel einen höheren
Abstimmungsaufwand zwischen den Beteiligten, wie man dies etwa aus den Übergabebe-
sprechungen im Krankenhaus kennt. Ein dritter Grund für die gestiegene Bedeutung von
Meetings ist schließlich der gestiegene Markt- und Innovationsdruck, der zu erhöhtem
Abstimmungsbedarf zwischen Fachabteilungen führt.

Ohne auf genaues Zahlenmaterial zurückgreifen zu können, erscheint es offensichtlich,
dass Meetings heute in den entwickelten Industriegesellschaften (G20) über alle Branchen
hinweg das wichtigste Kommunikationsinstrument innerhalb von Unternehmen sind und
damit zugleich auch eines der wichtigsten Führungswerkzeuge darstellen.

Die erste Frage, die uns beschäftigt, ist die Überlegung, was genau ein Meeting ist und
wovon es sich im betrieblichen Alltag unterscheidet. Als Instrument der formellen Kommunikation in Organisationen ist ein Meeting zunächst dadurch gekennzeichnet, dass es
ergebnisorientiert ist, d. h. man verbindet mit einem Meeting explizit oder häufig auch un-
ausgesprochen ein Ziel. Durch die Zielorientierung ist ein Meeting zweitens immer asymmetrisch angelegt: Es gibt einen *meeting owner*, meist der, der zum Meeting eingeladen hat.

Tab. 3.1 Rollen, Elemente und Strukturen von Meetings

Rollen	Elemente	Struktur
meeting owner	meeting objective	work vs. ad-hoc
meeting participant	meeting agenda	staff vs. Team
meeting scribe	minutes of meeting	one-time vs. recurring
	meeting outcomes	on-site vs. off-site

Weiterhin ist für ein Meeting die gleichzeitige Anwesenheit der Teilnehmer obligatorisch – physisch oder elektronisch unterstützt wie bei einer Telefon- oder Videokonferenz. Um eine gewisse Trennschärfe zu erreichen, wollen wir zudem ein viertes Kriterium einführen: Ein Meeting besteht aus mehr als zwei Teilnehmern. Eine Besprechung zwischen zwei Teilnehmern – klassisch: das Mitarbeitergespräch, um z. B. eine Zielvereinbarung zu treffen oder ein Telefonat mit einem Kunden – wollen wir nicht als Meeting bezeichnen.

Ein Meeting ist demnach charakterisiert durch seinen Bezug zu einem Ziel (*meeting objective*), der asymmetrischen Struktur (*meeting owner* bzw. *meeting facilitator*) und der Anwesenheit von mindestens zwei weiteren Teilnehmern (*meeting participants*).

Meetings können in sehr unterschiedlicher Form stattfinden, weshalb wir auch als Oberbegriff dieses Kommunikationsinstruments das Wort Meeting wählen, was allgemein genug ist, um verschiedene Unterformen zuzulassen. Schaut man sich die Betriebspraxis an, kann man grob verschiedene Arten von Meetings unterscheiden (vgl. dazu auch zusammenfassend Tab. 3.1).

Das *work meeting* ist die klassische Form eines Arbeitstreffens. Es wird geplant, hat also einen Planungsvorlauf, zu dem eingeladen und die Zustimmung der Eingeladenen abgefragt wird. Das *work meeting* hat ein formuliertes Ziel, z. B. die Abwicklung eines Kundenauftrags oder die Festlegung der Themen einer Zeitschrift. Das Ziel wird innerhalb des *work meetings* so bearbeitet, das einzelne *tasks* (Aufgaben bzw. *action items*) formuliert und Verantwortliche für die Umsetzung namentlich bestimmt werden. Die Besprechungsergebnisse werden üblicherweise in einem schriftlich fixierten Ergebnisprotokoll (*minutes of meeting*) zusammengefasst und allen Teilnehmern nach dem Meeting zur Verfügung gestellt.

Je nach Zusammensetzung der Teilnehmer kann man das *work meeting* unterscheiden in *staff meetings*, bei denen ein Vorgesetzter seine Mitarbeiter einlädt, um Arbeitsaufträge abzustimmen, und *team meetings*, bei denen hierarchisch gleichgestellte Mitarbeiter untereinander die Bearbeitung von Themen besprechen (wobei natürlich auch hier eine asymmetrische Struktur innerhalb des Meetings notwendig ist). Weitere spezielle Formen hinsichtlich der Besetzung eines Meetings sind z. B. *board meetings* (Aufsichtsratssitzung oder Gesellschafterversammlung) und Management Meetings (ein *team meeting*, bei dem alle Teilnehmer dem Leitungskreis angehören, also Abteilungsleiter, Bereichsleiter, Executives etc. sind).

Hinsichtlich der Frequenz kann man Meetings in dreierlei Hinsicht unterscheiden: Klassisch ist zunächst das einzelne *work meeting*, das nur einmal stattfindet, um eine Aufgabe zu besprechen und ein Handlungsraster abzuleiten. Ein Meeting kann aber auch regelmäßig stattfinden. Dabei unterscheidet man grundsätzlich zwischen dem Jour fixe (*series meeting*) und dem periodischen Meeting (*recurring meeting*). Der Jour fixe ist ein fester Zeitpunkt, an dem sich eine Gruppe von Teilnehmern trifft, um jedes Mal neue Themen zu besprechen. Das periodische Meeting dagegen hat jedes Mal das gleiche Thema wie z. B. bei der Redaktionskonferenz bei einer Zeitung oder der monatlichen Umsatzplanung mit den Vertriebsmitarbeitern.

Vielfach werden Meetings ohne gesonderten Planungsvorlauf spontan einberufen, etwa durch Zusammenrufen des Teams oder der Bitte des Chefs per E-Mail, seine Gruppenleiter zu sprechen. Diese Art von Meetings nennt man *ad-hoc meeting*. Sie unterscheiden sich von *work meetings* vor allem durch den fehlenden Planungsvorlauf und daraus resultierend einer fehlenden inhaltlichen Struktur und fehlender Vorbereitungszeit der Teilnehmer. Da sich *ad-hoc meetings* aber zumeist nur um eine Fragestellung drehen und bewusst die Teilnehmer hinzugezogen werden, die genau diese Fragestellung kennen und aktuell bearbeiten, kann man *ad-hoc meetings* in gewisser Weise auch als triviale Form eines *work meetings* einschätzen.

Neben *work meetings* und *ad-hoc meetings* gibt es eine Reihe weiterer Meetings, die sich hinsichtlich ihrer inhaltlichen Ausgestaltung unterscheiden. Die wichtigsten Formen im betrieblichen Alltag sind dabei:

- Das Kick-Off Meeting zum Start eines größeren Projekts. Beim Kick-Off werden erstmals alle Teilnehmer des Projekts zusammengeführt und der Auftraggeber des Projekts (intern oder extern) hinzugeladen, um die Ziele des Projekts und die Rollen der Teilnehmer abzustimmen. Da Kick-Offs häufig als Event außerhalb des Unternehmens stattfinden, verbinden sie Aspekte formeller und informeller Kommunikation und dienen letztlich auch der Motivation der Teilnehmer.
- Workshops sind Meetings, die eine spezielle Methodik anwenden, wie z. B. eine Brain Storming Sitzung zur Entwicklung kreativer Ansätze oder ein Strategie-Meeting, das einen bestimmten analytischen Ablauf einhält.

Weitere Unterscheidungen kann man hinsichtlich der Menge der Teilnehmer (Besprechung oder Versammlung), der Dauer (Meeting oder Tagung oder Konferenz oder Kongress) und hinsichtlich des Orts (*on-site* und *off-site*) finden, diese Unterscheidungen haben aber eher für Planung und Organisation, nicht aber für die Struktur des Meetings Bedeutung.

Egal mit welcher Art von Meeting man es konkret zu tun hat, geht es definitionsgemäß immer um Ziele (*objectives*) oder Zwecke (*purposes*). Um diese zu erreichen, muss das Meeting als Führungs- und Kommunikationsinstrument die Ziele in konkrete Handlungen (*actions*) oder Aufgaben (*tasks*) auflösen, um letztendlich das zu erreichen, wobei es bei Führung immer ankommt: Ergebnisse (*outcomes*). Um den Dreiklang *objectives – tasks*

Tab. 3.2 Checkliste zur Durchführung von Meetings

Aufgabe	Was ist zu berücksichtigen?
✓ Ziel des Meetings festlegen	Ziele sollten SMART formuliert sein
✓ Teilnehmerkreis festlegen	Jeder Teilnehmer produziert Kosten, daher: nur die Personen einladen, die man für die Bearbeitung des Ziels braucht.
✓ Verfügbarkeit prüfen und terminieren	Ort, Startzeitpunkt, Dauer
✓ Ziel in Agenda überführen	Agenda muss den Teilnehmern mit genügend Vorlauf zugestellt werden, damit diese sich vorbereiten können
✓ Meeting durchführen	Pünktlich und störungsfrei. Zu Beginn des Meeting festlegen, wer das Ergebnisprotokoll schreibt
✓ Agenda Topics in Action Items überführen	Wer macht was bis wann?
✓ Minutes of Meeting	Innerhalb von 24 Stunden nach dem Meeting bereitstellen
✓ Task Management	Überprüfen, dass die beschlossenen Aufgaben in der festgelegten Zeit realisiert werden

– *outcomes* erfolgreich zu gestalten, bedarf es einer gründlichen Vorbereitung, einer professionellen Durchführung und einer konsequenten Nachverfolgung des Meetings (vgl. Tab. 3.2).

Ganz am Anfang der Planung eines Meetings – möglicherweise Wochen bevor das Meeting stattfindet – steht eine Kernfrage, nämlich: Welches Ziel ist mit dem Meeting verbunden? Ein Meeting löst keine Aufgaben, ist also keine Gruppenarbeit mit Gruppenergebnis. Ein Meeting bearbeitet Ziele, indem es Aufgaben identifiziert und verteilt, die nach dem Meeting erledigt werden. Ein Meeting dient der Delegation von Aufgaben. Die Ziele, die ein *work meeting* verfolgt, haben üblicherweise einen kurzen Zeithorizont und werden im Englischen deshalb auch treffend als *objectives* bezeichnet[11]. Egal, wie operativ und kurzfristig ein solches Ziel ist, sollte es sich an den von George Doran (1981) entwickelten SMART-Kriterien messen lassen, nämlich

- spezifisch im Sinne von eindeutig und präzise sein
- messbar im Sinne von überprüfbar sein
- anwendbar im Sinne von durchführbar oder erreichbar sein
- relevant im Sinne von wichtig für die Ergebnisse sein
- terminierbar im Sinne von zeitpunktbezogen sein

---

[11] Zur Unterscheidung von *objective* und *goal* vgl. www.diffen.com/difference/Goal_vs_Objective abgerufen am 8.4.2013.

Liegt ein solches Ziel vor, das man nicht alleine erreichen kann, beruft man ein Meeting ein und wird damit zum Besitzer des Meeting: dem *meeting owner*. Als *meeting owner* ist es notwendig, den geeigneten Teilnehmerkreis (*meeting participants*) zu bestimmen. Jeder Teilnehmer zu viel ist ineffizient, jeder Teilnehmer zu wenig ineffektiv. Hat man eine Liste der benötigten Teilnehmer, kann man mit Hilfe eines Personal Information Managers (PIM) wie MS Outlook oder Thunderbird die benötigten Teilnehmer einladen und deren Verfügbarkeit überprüfen. Dabei ist zu berücksichtigen, dass die *meeting participants* in der Regel als Funktionsträger und nicht als Person eingeladen werden. D. h. wenn man den Debitorenbuchhalter Müller einlädt, braucht man die Kompetenz „Debitoren Buchhaltung" und nicht zwingend die Person Müller. Sollte es Schwierigkeiten mit der Terminkoordination geben, kann man daher ggf. auf andere, von ihrer Rolle her gleichwertige Personen ausweichen.

Bevor man die Einladung tatsächlich abschickt, sollte man immer – egal wie kurz das Meeting auch angesetzt sein mag – eine Agenda verfassen. Die *meeting agenda* ist die Auflistung der Punkte, die man besprechen will, um das Ziel zu bearbeiten. Eine gute Agenda hat wenige, aber dafür klar formulierte Punkte, denn die Teilnahme am Meeting ist ein Kostenfaktor, der nur dadurch zu rechtfertigen ist, dass alle Teilnehmer möglichst zu allen Punkten etwas beitragen können. Bevor man also ein Mammut-Meeting macht und sich die halbe Zeit die Hälfte der Teilnehmer langweilt, sollte man mehrere kurze Meetings organisieren und jeweils die passenden Teilnehmer einladen. Generell sollte man Meetings auf neunzig Minuten begrenzen, was häufig als durchschnittliche Konzentrationsspanne eines Erwachsenen gesehen wird. Wer länger zusammensitzt, produziert keine Ergebnisse, sondern Müdigkeit.

Hat man ein klar definiertes Ziel des Meetings, sollte sich die Agenda ausschließlich auf dieses Ziel konzentrieren und jeder einzelne Punkt einen klaren Bezug zu diesem Ziel haben. Jeder einzelne Punkt der Agenda sollte so verständlich formuliert sein, dass die Teilnehmer sich gezielt darauf vorbereiten können.

Zur Durchführung eines Meetings sind einige Regeln hilfreich, die idealerweise in der Unternehmenskultur verankert sind. Der *meeting owner* ist in der Regel auch der Leiter des Meetings und für die Durchführung verantwortlich. Er sollte darauf achten, dass

- pünktlich begonnen wird. Möglicherweise arbeitet man mit einer symbolischen Strafe (Geldzahlung bei Zuspätkommen) oder man schließt die Tür und beginnt einfach, um dadurch so etwas wie sozialen Druck aufzubauen.
- keine Störungen hingenommen werden. Meetings, in denen Mobiltelefone klingeln, die Teilnehmer in Laptops und Tablets starren oder Kurznachrichten getippt werden sind ähnlich wirksam wie Meetings, in denen die Teilnehmer Zeitung lesen oder ihren Mittagsschlaf halten.
- klare Regeln eingehalten werden. Der Leiter des Meetings erteilt das Wort und entzieht es auch wieder. Ein Meeting ist kein gesellschaftlicher Event, bei dem sich einzelne Teilnehmer durch Wortgewandtheit und Rhetorik profilieren können, sondern ein Werkzeug, um ein Ziel zu erreichen.

- die einzelnen Punkte strukturiert abgearbeitet werden. Das bedeutet: Jeder Agenda-Punkt endet mit der Festlegung von einer oder mehreren Aufgaben (*action items* bzw. *tasks* bzw. *to dos*), die einer Person (einem Namen) zugeordnet und mit einem Liefertermin versehen sind. Kann dies nicht erfolgen aufgrund mangelnder Informationen oder Dissens, sind anstelle von *tasks* die Gründe des Scheiterns zu dokumentieren, damit generell gilt: Kein Agenda-Punkt ohne Ergebnis. Das oftmals geübte schmerzfreie Vertagen von Punkten der Agenda ist eine Kardinalsünde.
- der Zeitrahmen keinesfalls überschritten wird. Dafür ist es hilfreich, wenn man vorher jeden einzelnen Agenda-Punkt mit einem Zeitbudget versieht, damit man nach neunzig Minuten nicht ohne Ergebnis immer noch am ersten Punkt sitzt. Sollte man innerhalb des Zeitbudgets nicht zum Ergebnis kommen, kann man ggf. einen kleinen Puffer einrechnen oder strikt abbrechen.
- das Ergebnis des Meetings – die *tasks* – protokolliert werden. Bei *work meetings* reicht in der Regel ein Ergebnisprotokoll (*minutes of meeting*), dass neben einem formalen Rahmen (Ort, Zeit, Teilnehmer, Thema) die besprochenen Aufgaben, die verantwortlichen Personen und die Zeiten, bis zur Erledigung auflistet. Der Leiter des Meetings muss nicht selbst protokollieren, wenn er zu Beginn des Meetings einen Protokollanten (*meeting scribe*) bestimmt. Wenn er dies nicht tut, ist der Leiter in der Verantwortung zu dokumentieren. Nach Ablauf eines Meetings nachträglich einen Teilnehmer aufzufordern, ein Protokoll anzufertigen, ist ein weiterer Kardinalfehler.
- das Protokoll kurzfristig – empfehlenswert ist noch am gleichen Tag, machbar aber auch innerhalb von 24 h – allen Teilnehmern vorgelegt wird mit Bitte um Prüfung und ggf. Widerspruch innerhalb eines gesetzten Zeitrahmens. Ansonsten gelten die *tasks* als verbindlich vereinbart.

Nach dem Meeting beginnt die eigentliche Arbeit. Die Beschlüsse im Sinne der definierten und zugewiesenen *tasks* müssen auf termingerechte Einhaltung überprüft werden. Um es mit Malik zu formulieren: „Wenn man wirksam sein will, muss im Management alles auf die *Tat* ausgerichtet sein. Manager werden nicht für ihre *Entscheidungen* bezahlt, so wichtig diese auch sein mögen. Sie werden für die *Realisierung* der Entscheidungen bezahlt" (Malik 2000, S. 294). Die Umsetzung von Entscheidungen, die in Meetings durch die Formulierung von Aufgaben getroffen wurden, geschieht im Rahmen des Task Managements und kann durch To-Do-Listen oder softwarebasiert über Personal Information Manager (z. B. den Task Manager in MS Outlook) unterstützt werden.

Im Unterschied zu *work meetings*, die einmalig stattfinden, haben *recurring meetings* eine feste Agenda und bieten durch die Regelmäßigkeit den Vorteil, dass auch die Überprüfung der Ergebnisse im Rahmen des Meetings erfolgen kann. Kürzere Vorbereitungszeit und Nachbereitung im Folgemeeting machen das *recurring meeting* weniger arbeitsintensiv. Allerdings besteht die Gefahr, dass der ursprüngliche Zweck des Meetings über die Zeit verwässert wird und dadurch Ineffizienz entsteht. Deshalb sollte man diese periodischen Meetings regelmäßig kritisch hinterfragen und nur dann einsetzen, wenn die behandelte Aufgabe – z. B. die Planung der Themen in einer Redaktion oder die Besprechung von Umsatz, Liquidität und Ertrag in einem Finanz Meeting – tatsächlich regelmäßig anstehen.

Eine Besonderheit, die im betrieblichen Alltag allerdings sehr häufig vorkommt, sind *ad-hoc meetings*: Das Telefon klingelt, der Kunde droht mit dem Entzug eines Auftrags. Sofort ruft der Chef die zuständigen Kollegen zusammen, um das Problem ad hoc zu lösen. Durch ihre spontane Einberufung, fehlt eine Agenda und damit eine Struktur des Meetings. Daher sollten ad hoc einberufene Meetings sich ausschließlich auf eine Frage konzentrieren (quasi auf das Thema, das zur Einberufung geführt hat). Selbst wenn *ad-hoc meetings* häufig in einem kurzen Zeitrahmen stattfinden und durch ihre Spontanität manchmal auch konspirativ wirken können, sollte man peinlich darauf achten, dass man auch hier die Ergebnisse des Meetings festhält – und sei es, das man eine kurze formlose E-Mail schreibt, in der Aufgaben, Verantwortlichkeiten und Termine festgehalten und diese Fakten an die Teilnehmer des Meetings verschickt werden.

Generell sollte immer gelten: Das Ergebnis eines Meetings ist die Aufteilung einer umfassenden Aufgabe in einzelne Arbeitspakete. Diese werden im Protokoll in der Form „wer macht was bis wann" festgehalten. Die Kosten für die Durchführung eines Meetings führen erst dann zu einem betriebswirtschaftlichen Resultat, wenn die im Meeting vorgenommene Aufteilung in konkrete Aufträge tatsächlich durchgeführt wird, d. h. konkret: ein Meeting ist ein Instrument, um Resultate zu erzeugen. Das Meeting selbst aber ist zunächst nur ein Kostenfaktor. Erst die Bearbeitung der im Meeting festgelegten Aufträge führt zu Produktivität.

Viele Meetings im betrieblichen Alltag sind oft nicht in dieser Form instrumentalisiert. Dies gilt speziell für Terminserien. Dies ist prinzipiell kein Problem, solange man sich darüber bewusst ist, dass diese Art von Meetings keine formellen Meetings im Sinne einer Ziel- und Ergebnisorientierung sind, sondern informelle Zusammenkünfte, um sich gegenseitig über Themen auszutauschen und ein Forum für die Diskussion kontroverser Themen zu haben. Solche informellen Zusammenkünfte sind sehr wichtig, sollten aber nicht den Blick dafür trüben, dass man die dort geübte Praxis nicht auf formelle – also zielorientierte – Meetings überträgt und so das Instrument ineffizient nutzt.

Lessons learned

Meetings sind als Instrument der formellen Unternehmenskommunikation durch vier Kriterien definiert: Sie sind zielorientiert (dienen einem konkreten Ergebnis), sie sind asymmetrisch (der *meeting owner* gibt das Ziel vor), sie benötigen die Anwesenheit der Teilnehmer und es müssen mehr als zwei Teilnehmer sein. Die Aufgabe eines Meetings ist es, ein Ziel (*objective*) in eine Agenda zu überführen (Struktur) und diese Agenda in abzuarbeitende Aufgaben (*tasks*) aufzulösen, um so durch Delegation konkrete Resultate (*outcomes*) zu erzielen.

Es gibt unterschiedliche Arten formeller Meetings. Allen ist gemein, dass sie zu einem Ergebnis führen, das in Form eines Ergebnisprotokolls festgehalten wird, das festlegt: Wer macht was bis wann? Das Meeting als Instrument bereitet die Bearbeitung eines Ziels vor. Die Umsetzung ist die Aufgabe des Task Managements, dem Nachverfolgen der in den *minutes of meeting* festgelegten Arbeitspakete.

3.2.2 Ansprache – die Kunst, eine Gruppe zu überzeugen

Formelle Kommunikation in Richtung auf den instrumentalen Zielkomplex Kooperation lässt sich beispielhaft am Kommunikationsmittel der Ansprache darstellen. Als Ansprache versteht man grob gesagt eine längere sprachliche Aussage, die ein Einzelner an eine Gruppe richtet, um damit übergeordnete Ziele zu erreichen. Für diese Form der interaktiven Kommunikation (Kommunikation unter Anwesenden) hat sich bereits in der Antike eine eigene Lehre entwickelt, die Rhetorik. Die Rhetorik verbindet strukturelle und inhaltliche Elemente, die zum Erfolg einer Ansprache beitragen.

Wenngleich die freie Rede mit der Durchsetzung von Schriftlichkeit ihre vormals zentrale Bedeutung als Instrument der Beeinflussung verloren hat, ist sie selbst heute noch in wichtigen Bereichen von großer Bedeutung, insbesondere in der Politik (Parlamentsdebatte, Parteitagsrede), der öffentlichen Präsentation von Fakten (Produktpräsentationen, Pressekonferenzen, Fachvorträge) und bei feierlichen Anlässen (Festansprache, Trauerrede).

Generell kann man bei einer Ansprache zwischen vorbereiten und spontanen Ansprachen unterscheiden. Die vorbereiteten Ansprachen orientieren sich an dem, was man heute in vielen Ratgeberbüchlein als Rhetorik bezeichnet, damit wenngleich nicht den über Jahrhunderte entwickelten Diskurs der Rhetorik meint, sondern eher allgemeine Tipps zur Vorbereitung und dem Aufbau einer öffentlichen Rede versteht. In diesem eingeschränkten Verständnis dient der Begriff Rhetorik heute zumeist als Synonym für die Vorbereitung und Durchführung einer Ansprache vor Publikum.

Vorbereitete Ansprachen dienen unterschiedlichen Zwecken. Grob unterscheiden lassen sich

- die klassische Rede im Sinne der Positionierung einer Person zu einem Thema (Parteitagsrede, Key Note, Fachvortrag etc.)
- die Präsentation im Sinne der zumeist illustrierten Vorstellung einer Idee, eines Produkts oder eines Themas, um dieses zu „verkaufen"
- der Redebeitrag im Sinne der Ansprache zu einem bestimmten Anlass, von Geburtstagen oder Trauerfällen über eine Laudatio bis hin zu Betriebs- oder Hauptversammlungen

Den unterschiedlichen Ansprachen ist gemeinsam, dass sie alle ein klar definiertes Ziel haben. Um dieses zu erreichen, ist es notwendig, die Rede konsequent auf das Ziel hin zu strukturieren. Dafür empfiehlt sich das Schema, das eine Ansprache in fünf aufeinander aufbauende Teile gliedert:

- Einleitung (*exordium*): Die Eröffnungssequenz, deren Aufgabe es ist, die Zuhörer „auf Empfang" zu schalten und damit den Boden zu bereiten, dass die folgenden Darstellungen fruchtbar aufgenommen werden.

- Darstellung des Themas (*narratio*): Danach leitet man zum Thema der Rede über und stellt die Sachlage vor.
- Gliederung (*propositio*): Der Einstieg in sein persönliches Redeziel bildet die Gliederung, die vorstellt, wie das Sachthema nun im Weiteren besprochen wird.
- Argumentation (*argumentatio*): Jetzt folgen die einzelnen Argumente, die das Publikum einladen, der eigenen Sichtweise zu folgen. Hier wird der eigene Standpunkt festgelegt und versucht, die eigenen Zielsetzungen zu erreichen.
- Redeschluss (*conclusio*): Der Redeschluss ist wie das Postscriptum bei einem Werbebrief: Er wird besonders stark erinnert. Daher empfiehlt es sich, in der Schlusssequenz das Ziel der Rede noch einmal als Quintessenz zu pointieren und ggf. in einen emotionalen Leitsatz zu bringen.

Bei der Vorbereitung einer Ansprache ist es ratsam, zuerst darüber nachzudenken, was man zum Schluss sagen will, denn in der Konklusion spiegelt sich das zentrale Redeziel wider. Will ich mein Team für ein ambitioniertes Projekt oder das bevorstehende Pokalfinale begeistern, will ich einen Kunden auffordern, einen Beratungsworkshop zu buchen, will ich in einer Evangelisationsveranstaltung Zuhörer dazu zu bewegen, sich zu bekehren, will ich einer Trauergemeinde Anteilnahme und Respekt zollen oder will ich die Parteifreunde dazu bringen, mich zu wählen: Erst wenn feststeht, welches Resultat die Rede erbringen soll, lässt sich eine professionelle Rede vorbereiten.

Ist man sich über sein Ziel klar, kann man seine Ansprache im Sinne der klassischen Rhetorik in fünf aufeinander aufbauenden Stadien umsetzen. Diese Struktur ist generell sehr hilfreich, weil man mit ihr auch andere Kommunikationsmittel erfolgreich produzieren kann, vom Verfassen einer Studienarbeit über einen Fachartikel bis hin zu einer technischen Informationsschrift. Wichtig ist die streng hierarchische Abfolge der einzelnen Produktionsstadien: Man beginnt eine Produktpräsentation nicht, indem man Folien gestaltet, sondern indem man überlegt, was (*inventio*) man wie (*dispositio*) sagen will, um das zuvor festgelegte Ziel der Rede zu erreichen.

1. Stoffsammlung für die Ansprache (*inventio*): Zunächst muss man sich mit dem Themengebiet auseinandersetzen und zwar so, dass man nicht nur seine eigenen Ziele vor Augen hat, sondern möglichst umfassend auch widersprechende Sichtweisen und ergänzende Punkte durchleuchtet. Dazu bieten sich verschiedene Methoden an, z. B. die Visualisierung möglicher Argumente ausgehend vom Redeziel in Form semantischer Netze oder Mind Maps und die Sammlung von Pro- und Kontraargumenten in Form eines T-Rahmens. Ergebnis der Stoffsammlung ist der möglichst umfassende Blick auf Argumente: eigene und solche, die das Publikum oder ein „Gegner" aufwerfen könnte.

2. Argumentationsaufbau der Ansprache (*dispositio*): Die gefundenen Argumente müssen gewichtet, bewertet und in einen zeitlichen Ablauf gebracht werden. Daraus entsteht der Aufbau des Hauptteils der Rede. Idealerweise baut sich die Argumentationskette widerspruchsfrei auf und inszeniert einen Spannungsbogen. Um die Argumente richtig aufzubauen, bietet es sich z. B. an, die Argumente in einer ABC-Analyse hinsichtlich ihrer Bedeutung für das Redeziel zu gewichten.

In Praxis-Ratgebern werden gerne beispielhafte Ablaufpläne besprochen, die speziell für Einsteiger eine recht gute Orientierung bieten. Bilinski (2006, S. 60 ff.) etwa nennt acht Basisbaupläne für Reden:

- Argumentationsreihe: Eingebettet zwischen Ausgangsfrage und Konklusion stehen die Argumente in gleicher Gewichtung nebeneinander.
  („Ich sage Argument 1, ich sage Argument 2, ich sage Argument 3 und deshalb empfehle ich Ihnen Folgendes…")
- Argumentationskette: Die Argumente bauen aufeinander auf.
  („Ich sage Argument 1, daraus folgt Argument 2, daraus folgt Argument 3 und deshalb kann ich Ihnen nur Folgendes empfehlen…").
- Chronologische Argumentation, auch bekannt als Drei-Zeiten-Formel:
  („Gestern galt Argument 1, heute gilt Argument 2, morgen gilt Argument 3, deshalb sollten Sie …")
- Dialektische Argumentation: Aufarbeitung von Für und Wider, um daraus einen Schluss zu ziehen.
  („Argument 1 sagt A, Argument 2 sagt B. Daraus kann man Argument 3 als Synthese ableiten und deshalb sollten Sie …").
- Linie der Gegenthese: Man beginnt mit der Antithese (dem Kontraargument) und bringt dann seine Argumente getreu dem Motto: Was zuletzt gesagt wird, prägt sich ein.
  („Wir kennen Argument 1, aber ich sage Ihnen Argument 2 und Argument 3 und deshalb …")
- Rückkehr zur Ausgangsthese: Man führt ein zentrales Gegenargument zu seiner eigenen Position an und kann es entkräften, so dass das eigene Argument stehenbleibt.
  („Ich sage Argument 1, es gibt aber auch Argument 2. Aber Argument 2 stimmt nicht, deshalb gilt Argument 1 und ich empfehle…")
- Deduktion (vom Allgemeinen zum Besonderen): Mit dieser Argumentation leitet man von (unbestrittenen) allgemeinen Fakten zu Detailaspekten und gewinnt dadurch Glaubwürdigkeit.
  („Sie wissen, Argument 1 ist allgemein bekannt, deshalb gilt wohl auch Argument 2, und wenn das gilt muss auch Argument 3 richtig sein und daher …")
- Induktion (vom Besonderen zum Allgemeinen): Das Gegenstück argumentiert über ein plastisches Einzelbeispiel und kommt dann zum Allgemeinen.
  („Wir wissen alle, dass Argument 1 gilt. Dann aber müssen auch Argument 2 und 3 gelten und deshalb …")

Ein praktisches Hilfsmittel zum Aufbau guter Argumentationslinien ist das von Stephen Toulmin (1958) eingeführte *model of argument*. Es folgt der Grundannahme, dass ein Argument dann gut sei, wenn es gut begründet ist. Die Begründungsqualität analysiert Toulmin mit Hilfe von sechs Komponenten:

- *claim*: Was ist die These (das Argument), das begründet werden soll (z. B.: Ich bin Deutscher)?
- *facts*: Welche Daten und Fakten sichern das Argument ab bzw. gibt es eine gesicherte Ausgangslage, die das Argument glaubhaft machen (z. B.: Ich wurde in Berlin geboren)?
- *warrant*: Ist die Absicherung des Arguments durch die Fakten berechtigt (z. B.: Wer in Deutschland geboren wird und dessen Eltern in Deutschland leben, hat automatisch die deutsche Staatsbürgerschaft)?
- *backing*: Muss die Berechtigung zusätzlich gestützt werden (z. B.: Dies gilt selbst für Kinder von Ausländern, solange diese eine Aufenthaltsberechtigung haben)?
- *rebuttal*: Wie lässt sich das Argument widerlegen (z. B.: Wer zufällig bei einer Durchreise in Deutschland geboren ist, hat deshalb noch lange nicht die deutsche Staatsangehörigkeit)?
- *qualifier*: Welche Sicherheit vermittelt die Argumentation (z. B. wirkt die Aussage „Ich bin garantiert Deutscher" glaubwürdiger und sicherer als die Aussage „Ich bin vermutlich Deutscher").

Ein anderes Beispiel der praktischen Anwendung der Toulmin-Methode lässt sich mit folgender Aussage dokumentieren: Hans wird es weit bringen (*claim*), denn er ist ein guter Schüler (*facts*). Mit seinen Noten wird er das Abitur schaffen (*warrant*) und das Abitur ist der Start für eine erfolgreiche Karriere, wie Statistiken deutlich zeigen (*backing*). Wenn seine Leistungen nicht nachlassen (*rebuttal*), wird er bestimmt (*qualifier*) Karriere machen.

3. Ausgestaltung der Ansprache (*elocutio*): Ist der Argumentationsaufbau klar, kann man die Ausgestaltung der Rede beginnen. Häufig ist es so, dass eine hervorragende Ausgestaltung eine schwache Argumentation kompensieren kann, während eine schwache Präsentation selbst eine brillante Argumentation unterläuft. Zahlreiche rhetorische Figuren sind seit der Antike bekannt. Zumeist ersetzt eine rhetorische Figur die schlichte Sachlage. Je nachdem, wie der Grundfakt ersetzt wird, unterscheidet man vier Gruppen rhetorischer Figuren:

- Zugabe (*figurae per adiectionem*). Bekannt sind etwa der Pleonasmus (Dopplungen wie die weibliche Kanzlerin und der weiße Schimmel), die Enumeration (Aufzählungen wie mit Haut und Haar oder durch Tür und Tor), die Parenthese (ein Einschub: Heute – anders als früher – gilt...) oder die Anapher (Wortwiederholung am Anfang eines Satzes: Scipio hat Numantia vernichtet. Scipio hat Karthago zerstört, und Scipio hat Frieden gebracht).
- Auslassung (*figurae per detractionem*). Z. B. die Ellipse (gezielte Auslassung von Wörtern wie bei „[Das] Ende [ist] gut, alles [ist] gut" oder „Ohne [ein] Wenn und [ohne ein] Aber").
- Vertauschung (*figurae per transmutationem*). Der Chiasmus vertauscht etwa gezielt die Reihung von Satzobjekten wie bei dem Satz: Der Einsatz war groß, klein war der Gewinn.

- Ersetzung (*figurae per immutationem*). Bekannt sind z. B. die Allegorie (bildhafte Umschreibung eines Sachverhalts, z. B. Gleichnis des Sämanns im Markus-Evangelium) und die Metapher (Sinnübertragung eines Wortes wie bei Wüstenschiff für Kamel), der Euphemismus (Beschönigung wie bei Freisetzung statt Entlassung, Kernkraft statt Atomkraft, entschlafen statt gestorben), das *pars pro toto* (ein Teil symbolisiert das Ganze wie bei „Ein Dach über dem Kopf haben" für Haus oder „pro Kopf" für pro Mensch) oder die Periphrase (Umschreibungen wie z. B. das Auge des Gesetzes, die fleißigen Bienen, der Vater des Wirtschaftswunders).

Neben den rhetorischen Figuren und Stilmitteln wie der Rhetorischen Frage gibt es für die Ausgestaltung einer Ansprache weitere generelle Tipps, die sich vor allem am Unterschied zwischen Schriftsprache und gesprochenem Wort orientieren. Im Gegensatz zur „Schreibe" empfehlen Bartsch et al. (2005, S. 55) für die Rede:

- Kürze: Kein Satz mit mehr als zwanzig Wörtern. Viele kurze Sätze oder anders: Viele Punkte, wenig Kommas.
- Einfachheit: Genereller Verzicht auf Fremdwörter und Fachbegriffe.
- direkte Ansprache des Publikums („Sehr verehrte Damen und Herren, wer von Ihnen kennt nicht folgende Situation…")
- Anordnung: Beim gesprochenen Wort ist es wichtig, wie die Argumente angeordnet sind, denn man vergisst ähnlich schnell wie man hört. Das Wichtigste muss also ans Ende.
- Pointierung: Damit man gesprochenes Wort überhaupt erinnert, muss man Aussagen zuspitzen und prägnante Sätze nutzen.
- Gegenwart: Möglichst viel in der Gegenwartsform sprechen, Vergangenheit erinnert an Märchen, korrekte Futurbildung klingt zu kompliziert und gestelzt.
- Aktiv reden: Bei Ansprachen sollte man passive Formulierungen generell meiden und auch Konjunktive sparsam einsetzen.
- Wiederholungen: Anders als bei Texten, sind bei Reden Wiederholungen äußerst wichtig, um die wesentlichen Inhalte hervorzuheben.

Ein drittes großes Arbeitsgebiet der Ausgestaltung ist schließlich die Frage, mit welchen Hilfsmitteln (Präsentationstechnik) man das gesprochene Wort unterstützen kann. Erst hier und nur hier sollte man sich mit der Frage beschäftigen, ob und wie man Sachverhalte visualisiert, ob man Musik oder Videomaterial präsentiert, ob man einzelne Allegorien oder Analogien mit echten Gegenständen verdeutlicht oder ob man gezielt – wie der Zauberer bei einer Vorführung – das Publikum aktiv einbezieht.

4. Training der Ansprache (*memoria*): Eine Ansprache, die erfolgreich sein soll, muss geübt werden. Das A und O ist dabei, dass man die Argumentationskette verinnerlicht. Manche sprechen völlig frei und ohne Präsentationstechnik, viele mit statischen Foliensätzen oder mit ausformulierten Manuskripten. Die Form der Unterstützung hat u. a. mit dem Ort der Rede zu tun: Ohne Vortragspult kann man schlecht mit einem mehrseitigen DIN A 4 Skript arbeiten. Da auch die Körpersprache und der Kontakt zum Publikum wichtig ist, gilt sicherlich: Je freier die Rede gehalten wird, desto professioneller wirkt der Redner. Die Verwendung von Stichworten auf Karteikarten ist ein praktisches Mittel, das freies Sprechen mit Netz und doppeltem Boden ermöglicht.

5. Vortrag der Ansprache (*actio*)**:** Wie eine Ansprache, wie monologisch gesprochenes Wort beim Publikum ankommt, hat neben den Inhalten fast ebenso viel mit der Art und Weise zu tun, wie der Redner auftritt. Zum gelungenen Auftritt zählen eine Reihe von Elementen, die wiederum sehr stark vom jeweiligen Ort des Auftritts abhängen. Zu den Faktoren, die für einen professionellen und erfolgreichen Auftritt entscheidend sind, zählen z. B.:

- Äußere Wirkung des Redners: Abhängig vom Publikum sollte die Garderobe passend gewählt sein und Respekt vor dem Publikum ausdrücken. Sollte man vor der Rede im Auditorium sitzen, vermittelt der Gang zum Rednerpult sehr viel über das, was man vermeintlich vom Redner erwarten kann. Empfehlenswert ist es, sich kurz vor der Rede mental zu präparieren: Sitzen Kleidung und Frisur, ist das Manuskript geordnet und vollständig, ist das Redeziel klar, passt die Eröffnung zur Situation etc.
- Stimme des Redners: Artikulation, Lautstärke und Tempo. Eine Rede lebt davon, dass sie gehört wird. Das betrifft die Artikulation und die angemessene Lautstärke. Beides lässt sich trainieren z. B. durch Übungen, die auf den Redner Demosthenes zurückgehen: Sprechen von Texten mit einer Möhre im Mund, sprechen beim Treppensteigen oder Dauerlauf etc. Auch ein korrektes Tempo lässt sich trainieren. Man empfiehlt allgemein 100-130 Wörter pro Minute und kann daraufhin mit einer Stoppuhr in Übungen seine Redegeschwindigkeit optimieren. Generell gilt: Lieber zu langsam, als zu schnell sprechen.
- Körpersprache des Redners: Mimik (Mienenspiel, speziell durch Augen und Mund) und vor allem Gestik (Gebärden, Körperbewegung als sprachliches Symbol) werden bei einer öffentlichen Rede stark wahrgenommen. Man sollte in diesem Kontext die 7-38-55-Regel beherzigen, die in Bezug auf die emotionale Annahme oder Ablehnung von inkonsistenten Botschaften nachgewiesen hat, dass die Gestik (55 %) entscheidend ist noch vor der Stimme (38 %) und insbesondere vor dem Inhalt (7 %) (vgl. Mehrabian 1971). Die Körpersprache trainiert man ganz praktisch, indem man Reden vor einem großen Spiegel hält und sich selbst beobachtet bzw. Reden auf Video aufzeichnet, analysiert und versucht, Details ständig zu verbessern.
- Eröffnung: Neben dem visuellen ersten Eindruck bilden die ersten Sätze der Rede den inhaltlichen ersten Eindruck und entscheiden über die Kategorisierung des Redners durch das Publikum. Oft ist es ratsam, den ersten Satz tatsächlich spontan aus der Situation zu bilden, um die Zuhörer passend abzuholen und dann in den vorbereiten Start zu führen. Als vorbereiteter Start bieten sich dann verschiedene Einstiegsmuster ein: Vom aktuellen Ereignis, einem persönlichen Erlebnis, einer spannenden Frage, einer überraschenden Tatsache, einer provokanten These, einer Paradoxie, einer Geschichte

bis hin zur trockenen, aber manchmal auch angebrachten schlichten Begrüßung und der direkten Fortführung in die *narratio*.

Es gibt neben den vorbereiteten Reden immer wieder auch die Anforderung oder Aufforderung, eine Rede spontan zu halten, die sogenannte Stegreifrede. Im Prinzip unterscheidet sich der Aufbau einer Stegreifrede in struktureller und inhaltlicher Sicht nicht von einer vorbereiteten Rede. Allein die Vorbereitung fehlt.

Thematisch werden Stegreifreden häufig als Ansprache zu einer besonderen Gelegenheit benötigt. Z. B. wird man aufgefordert, bei einem Geburtstag ein paar Worte zu sprechen. Für diese Arten von Stegreifreden ist die ABBA-Formel hilfreich (vgl. Flume und Mentzel 2012, S. 12): Man sollte die Gäste anreden, eine Begründung für seine kurze Rede geben, eine Beschreibung des Themas der Veranstaltung liefern und einen guten Abschluss finden. Wichtig sind dabei vor allem die ersten beiden Punkte, die dem Stegreifredner Zeit verschaffen, um sich parallel zum Sprechen einige Argumente für die Beschreibung als Kernelement zurechtzulegen:

- A wie Anrede: „Sehr geehrte Gäste, liebe Kolleginnen und Kollegen und vor allem: Lieber Herr Müller …"
- B wie Begründung: „… wir sind hier zusammen gekommen, um auf Ihr 25jähriges Dienstjubiläum bei uns anzustoßen".
- B wie Beschreibung: „25 Jahre, ein Vierteljahrhundert: Was ist da alles passiert? Herr Müller, Sie haben noch mit dem Faxgerät die Aufträge in die Produktion geschickt. Wenn Sie unterwegs beim Kunden waren, haben Sie drei Mal am Tag Telefonzellen gesucht, um im Büro anzurufen. Und als Sie bei uns eingestiegen sind, da hatte unsere Firma gerade fünfzig Mitarbeiter".
- A wie Abschluss: „Herzlichen Dank für den dauernden Einsatz. Lassen Sie uns das Glas erheben auf die nächsten 25 Jahre – denn so lange wird es bestimmt noch dauern, bis wir in Rente gehen dürfen".

Eine weitere Form der Stegreifrede kennt man auch als Statement oder Bericht: Man wird in einer Runde aufgefordert, etwas zu einem Sachthema wie z. B. einer neuen Technologie, aktuellen Marktzahlen, einem Kundenbesuch oder dem Fortschritt eines Projekts zu erläutern. Wenngleich auch hier insbesondere die Struktur und der Aufbau der Argumentation wesentlich ist, bietet es sich an, zu allererst und in aller Kürze über das nachzudenken, was man bei Journalisten auch als Küchenzuruf kennt[12]: Damit ist der Knalleffekt gemeint, den eine Geschichte braucht, um dafür geeignet zu sein, aus dem Wohnzimmer in die Küche gerufen zu werden („Mensch, die spinnen, jetzt wollen die schon wieder die Steuer erhöhen"). Diese zentrale Botschaft kann für spontane Statements sehr nützlich sein, weil sie sich als Leitidee eignet. Der folgende Dialog zeigt, wie man mit einer Leitidee („die

---

[12] Vgl. www.wegweiser-journalistenpreis.de/das-handwerkszeug/der-journalismus/der-kuechenzuruf/. abgerufen am 17.4.2013.

Kunden lieben den neuen Heinzelmann") auf eine durchaus kritische Frage des Chefs auf
Basis eines Küchenzurufs (fett hervorgehoben) antworten kann:

> Chef: „Herr Müller, wie sieht es derzeit bei der Entwicklung des neuen Heinzelmann A-300
> aus? Sind wir im Plan? Berichten Sie doch bitte kurz!"
> Herr Müller: „Gerne. Bei der Entwicklung des neuen Heinzelmann A-300 treten wir in die
> Phase des Prototyping ein. Und was soll ich sagen: Unsere Annahmen werden durch erstes
> Anwender-Feedback gestützt und sogar übertroffen. **Die Kunden lieben den neuen Heinzel-
> mann!** Allerdings laufen wir derzeit aus dem Projektplan. Nach aktuellem Stand werden wir
> den Fertigstellungstermin nicht einhalten. Allerdings haben wir bereits Gegenmaßnahmen
> eingeleitet, um die Markteinführung nicht zu gefährden und trotzdem keine Kompromisse
> bei der Qualität zu machen. Aber wie gesagt: Das erste reale Feedback von Kunden zu unse-
> rem neuen Lösungsansatz ist vielversprechend und überzeugend. **Die Kunden lieben den
> neuen Heinzelmann**. Mit dem Heinzelmann A-300 starten wir eine Erfolgsgeschichte."

Nicht nur um seine spontanen Redefähigkeiten zu trainieren, sondern auch speziell für
thematisch definierte Redebeiträge zu bestimmten Anlässen, ist es sinnvoll, eine über Jahrhundert bewährte Rhetorik-Übung aufzufrischen, die Chrie. Die Chrie greift eine Spruch-
weisheit als Thema auf und baut auf dieser Basis eine Rede über acht Elemente, die man
sich im Lateinischen mit dem Merksatz *quis, quid, cur, contra, simile ac paradigmata, testes*
merkt: Wer hat was warum gesagt? Was ist dagegen zu sagen, wer hat etwas Vergleichbares
gesagt, was ist ein Beispiel für das Gesagte und wer kann die Aussage unterstützen (vgl.
Schoell 1830, S. 532)?

Als Beispiel für eine Chrie mag die folgende Ausführung dienen über eine Aussage
aus Kennedys Antrittsrede als Präsident der USA 1961: „Frage nicht, was Dein Land für
Dich tun kann, sondern was Du für Dein Land tun kannst"[13]. Dazu leiten Kemmann et al.
folgende Chrie ab (kursive Hervorhebungen sind als Strukturmerkmal von mir ergänzt):

> J. F. Kennedy, der berühmte Präsident der Vereinigten Staaten, war nicht nur damals durch
> seine fortschrittliche Politik der Hoffnungsträger Amerikas – erinnert werden bis heute auch
> seine glänzenden Reden und Sprüche (*quis*).
> Besonders berühmt ist ein Satz aus seiner Antrittsrede, in der er die Bürger daran erinnert,
> dass das Land, in dem sie leben, ihre Hilfe brauche und dass sie nicht nur auf Hilfe durch ihr
> Land warten dürften (*quid*).
> Er hat mit dieser Aufforderung Recht, denn ein Land besteht schließlich aus seinen Bür-
> gern. Nur wenn alle zusammenhalten und auch an das Gemeinwohl denken, werden sie in
> einem schönen und gesunden Land leben (*cur*).
> Denn wie kann denn ein Land, das von niemandem unterstützt wird, selbst noch jemanden
> unterstützen? Selbst wenn die Politiker alles in ihrer Macht Stehende tun und für eine vorbild-
> liche Verteilung der Güter unter ihren Bürgern sorgen, können doch auch sie nur verteilen,
> was vorher von jemandem eingebracht worden ist (*contra*).
> So sieht man auch im Tierreich, wie sich einzelne Tiere für das Wohl ihrer Gruppe oder
> Familie aufopfern, nur damit alle zusammen möglichst gut leben können (*simile*).

---

[13] Vgl. www.stern.de/politik/geschichte/us-antrittsreden-visionen-und-wiederhall-535362.html abgerufen am 17.4.2013.

Und auch Kennedy selbst hat nicht danach gefragt, ob sein Tun als Präsident ihn vielleicht einmal das Leben kosten könnte, sondern alles in seiner Macht Stehende getan, damit alle Amerikaner und sogar alle Menschen auf der Welt besser leben konnten (*ac paradigmata*).

Selbst Goethe war wohl schon dieser Meinung, wenn er schreibt: ‚Wer ist das würdigste Glied des Staats? Ein wackerer Bürger. Unter jeglicher Form bleibt er der edelste Stoff'. Denn er hat nicht die Herrscher und Politiker gelobt, sondern den einfachen Bürger, der seine Pflicht gegenüber dem Land tut (*testes*).

Kennedys Ausspruch sollte uns also mit Recht ein Vorbild sein und wenn wir uns das nächste Mal fragen, warum der Staat dies nicht tut und das Land das nicht, dann denken wir vielleicht auch einmal daran, dass wir es sind, die den kleinen Anfang und den großen Unterschied machen können. (Kemmann et al. 2004, S. 18)

Lessons learned

Als Ansprache versteht man eine längere sprachliche Aussage, die ein Einzelner im Monolog an eine Gruppe richtet. Man kann zwischen vorbereiteten und spontanen Reden unterscheiden. Zu den vorbereiteten Reden zählt man die klassische Rede, die Präsentation und den Redebeitrag.

Eine Ansprache hat eine feste Struktur: Einleitung, Themendarstellung, Gliederung, eigene Argumentation und Schlusssequenz. Kernelement ist die Argumentation, mit der man versucht, sein Redeziel zu erreichen. Der Weg zu einer erfolgreichen Ansprache gliedert sich in fünf Phasen: die Recherche, die Gliederung der Argumentation, die stilistische Ausgestaltung, das Training und schließlich der Vortrag selbst.

Für spontane Stegreifreden empfiehlt sich als Methode die ABBA-Formel, für schnelle Statements der Küchenzuruf, für Redebeiträge zu bestimmten definierten Anlässen die Chrie-Übung.

3.2.3 Vertragsverhandlung – Kommunikation, um Stabilität zu erzeugen

In der organisationsinternen Kommunikation werden vier Zielkomplexe instrumentalisiert: es geht um Hierarchie und Kooperation und es geht um Stabilität und Flexibilität. Ein Kommunikationsmittel, um in der Interaktion Umweltstabilität herzustellen, ist die Aushandlung von Verträgen oder Vereinbarungen, mit denen man sich gemeinsam auf eine zukünftige Vorgehensweise festlegt und damit Planungssicherheit herstellt. Solche Arten von Verhandlungen gehören neben der hierarchischen Anordnung, wie man sie durch eine direkte Arbeitsanweisung oder die Festlegung eines Arbeitsprozesses vornimmt, zum alltäglichen Handwerkszeug innerhalb von Organisationen.

Man benötigt Vertragskommunikation bzw. Verhandlungstechnik im organisationsinternen Umfeld nicht nur für die Einbindung von Mitarbeitern in Form der Aushandlung von Anstellungsverträgen, Werkverträgen und Zielvereinbarungen. Auch wenn man mit Kollegen anderer Abteilungen auf Augenhöhe z. B. in einem Projektteam zusammen arbeiten muss, muss man Sachthemen aushandeln und kann nicht für jedes Detail auf hierarchische Entscheidungen warten. Auch in speziellen Abteilungen bzw. Aufgabenbereichen wie der Forschung und Entwicklung oder der strategischen Planung kommt man selten mit Befehlen zu guten Ergebnissen. Selbstverständlich unterscheidet sich die Bedeutung von Vertragskommunikation nach Branchen und Bereichen. Während man im öffentlichen Dienst oder in der Finanzbuchhaltung eher weniger verhandelt, ist das in entwicklungsgetriebenen Wirtschaftszweigen und in mit Fachspezialisten besetzten Abteilungen durchaus Tagesgeschäft.

Verhandeln kann man als eine universelle Grundtechnik sprachlicher Kommunikation auffassen, die von Verhandlungen mit den Kindern am Frühstücktisch über Verhandlungen, wer als nächster im Büro Kaffee kocht bis zu Verhandlungen mit Freunden auf dem Tennisplatz reicht, wenn die Frage zu klären ist, ob ein Ball im Aus ist oder nicht (vgl. Cohen 1980). Auf seiner Webseite definiert Verhandlungsexperte Cohen sein Verständnis von Verhandeln: „Above all, negotiation is a pervasive process in which people ultimately attempt to reach joint decision on matters of common concern in situations in which there is initial disagreement. Thus, a negotiation always requires both shared interests and issues of conflict[14]".

Verhandlungen spielen sich zwischen zwei Ankerpunkten ab: der Zielsetzung, einen Konflikt (unterschiedliche Interessen, *disagreement*) in einen Konsens zu überführen (gemeinsame Interessen, *shared interests*). In dieser Grundkonstellation, einen Konflikt in Konsens zu überführen, kann man zwei verschiedene Arten von Verhandlungsszenarien betrachten, die distributive und die integrative Verhandlung (vgl. Walton und McKersie 1965):

- das Muster der distributiven Verhandlung ist die Annahme, dass es einen Kuchen gibt, den es zu verteilen gilt. Alles, was man selbst gewinnt, verliert der Gegenüber, weshalb man diese Art der Verhandlung auch Win-Lose-Verhandlung nennt.
- die integrative Verhandlung orientiert sich dagegen an der Metapher, dass durch die Verhandlung selbst ein Wert entsteht und damit der gemeinsame Kuchen vergrößert wird. Man versucht eine Win-Win-Situation zu erzielen, also einen Status zu erreichen, aus dem beide Seiten einen Vorteil erzielen.

Win-Win und Win-Lose sind dabei zwei Eckpunkte möglicher Konfliktlösungsstrategien, die auch zur Option des Lose-Lose führen können (vgl. Glasl 1990). In der Praxis haben sich zahlreiche Verhandlungstaktiken entwickelt. Einige bekannte[15] Verhandlungstaktiken sind z. B.:

- Das Spiel mit dem Feuer (*brinkmanship*): Man bezieht eine Verhandlungsposition, an der die Gegenseite entweder zustimmen oder die Verhandlung abbrechen muss.
- Ablenkung (*bogey*): Man gibt am Anfang der Verhandlung Themen vor, die zwar unwichtig sind, denen man aber vermeintlich eine hohe Bedeutung zumisst. Diese tauscht man im Laufe der Verhandlung gegen wirklich wichtige Forderungen ein.

---

[14] Vgl. http://www.herbcohenonline.com/negotiation.htm abgerufen am 21.01.2013.
[15] Vgl. http://en.wikipedia.org/wiki/Negotiation abgerufen am 8.9.2013.

- Verteidigung in der Tiefe: Man schiebt immer neue Entscheider-Ebenen ein. Auf jeder Ebene wird ein weiteres Entgegenkommen erwartet, um die Verhandlung erfolgreich abzuschließen.
- Fristsetzung: Man bringt unnötigen Zeitdruck in die Verhandlung, um so eine Entscheidung zu beschleunigen bzw. ignoriert bewusst Fristen, um damit Stärke gegenüber dem Fristsetzer zu dokumentieren.
- *good guy, bad guy*: Wenn man mit mehreren Personen eine Verhandlungsposition vertritt, kann ein Vertreter überzogene und allgemein unfreundliche Forderungen stellen, während der andere Vertreter vernünftige und umsetzbare Positionen bezieht und so die Gegenseite zum Einlenken bringt.
- *highball* (bzw. *lowball*): Man eröffnet die Verhandlung mit einem unverhältnismäßig hohen (Verkäufer) oder tiefen (Einkäufer) Angebot, um damit die Gegenseite dazu zu bringen, ihr Eröffnungsangebot höher (oder tiefer) zu setzen, als ursprünglich gewollt.
- *flinching*: Der bewusste Einsatz von Körpersprache z. B. durch Schweißausbruch oder Schnappatmung als Reaktion auf ein Angebot. Da Körpersprache höher (und ehrlicher) bewertet wird als das gesprochene Wort, wirkt *flinching* authentisch.
- das Schlusshäppchen (*the nibble*): Ganz am Ende der Verhandlung fordert man Entgegenkommen in Fragen, die zuvor gar nicht Thema der Verhandlung waren.
- Verschleierung (*snow job*): Man überfordert die Gegenseite mit Informationen und Fachtermini, so dass die wichtigen Eckpunkte untergehen.
- Salamitaktik: Größere Ziele in viele kleine Forderungen aufteilen und ggf. in mehreren Verhandlungen über einen längeren Zeitraum erreichen.

Keine eigene Verhandlungstaktik, aber doch eine gar nicht so selten gebrauchte Methode, die sich Verhandlungen zunutze macht, ist die arglistige Verhandlung (*bad faith negotiation*; vgl. Stuart und Starr 1981). Hier tritt man in eine Verhandlung ein, ohne selbst ein eigenes Verhandlungsziel zu verfolgen. Dies macht man z. B., um eine gewisse Außenwirkung zu erzeugen (im politischen Umfeld recht häufig) oder um Informationen zu erhalten, die sonst nicht zugänglich wären (Scheinverhandlungen zwischen Kunde und potenziellen neuen Lieferanten, um machbare Konditionen zu erfragen bzw. zwischen Arbeitgeber und Bewerber, um vertrauliche Informationen über Wettbewerber zu erhalten).

Bevor man sich um Verhandlungstaktiken bemüht, sollte man herausfinden, was die bestmögliche Alternative ist, falls die Verhandlung scheitert. Dieser Punkt – auch BATNA (*best alternative to negotiated agreement*) genannt – bietet die Orientierung, zu wissen, ob eine Verhandlung überhaupt zu Vorteilen führt oder ob man die Verhandlung abbrechen sollte. Das BATNA-Konzept wurde von Fisher und Ury (1981) auf Basis spieltheoretischer Überlegungen in den Kontext der Verhandlungsführung eingeführt. BATNA basiert auf dem Nash Equilibrium für nicht-kooperative Spiele (vgl. Nash 1950). Das Nash Equilibrium besagt, das in einem Spiel, in dem man sich nicht abstimmen kann, dann eine ausgewogene Situation eintritt, wenn die Strategien der Spieler so gewählt werden, dass kein

Tab. 3.3 Auszahlungsmatrix im Nash Equilibrium

	gesteht	gesteht nicht
gesteht	4 / 4	1 / 5
gesteht nicht	5 / 1	2 / 2

einzelner Spieler für sich einen Vorteil erzielen kann, indem er einseitig von seiner Strategie abweicht.

Bekannt ist das Nash Equilibrium aus dem Gefangenendilemma (vgl. z. B. Dixit und Nalebuff 1997): Zwei Gefangene werden beschuldigt, eine Straftat begangen zu haben, für die es fünf Jahre Haft gibt. Beiden Gefangenen wird ein Handel angeboten, über den beide Seiten informiert sind. Wenn einer allein gesteht und somit seinen Partner mitbelastet, kommt er mit einem Jahr Strafe davon und der andere muss die vollen fünf Jahre absitzen. Entscheiden sich beide zu schweigen, bleiben nur Indizienbeweise und beide werden zu zwei Jahren Haft verurteilt. Gestehen beide die Tat, erwartet jeden eine Gefängnisstrafe von vier Jahren. Nun werden die Gefangenen unabhängig voneinander befragt. Zwar ist es optimal für die beiden Gefangenen, wenn sie beide schweigen. Diese Strategie-Kombination ist aber nicht stabil, weil sich ein einzelner Gefangener durch ein Geständnis einen Vorteil für sich verschaffen kann. Stabil im Sinne eines Nash-Gleichgewichtes ist die Strategie-Kombination, bei der beide Gefangene gestehen: Dann kann sich kein Einzelner einen Vorteil verschaffen, so dass ein Nash Equilibrium vorliegt (vgl. Tab. 3.3).

Das Aufstellen von Handlungsalternativen und die Kenntnis der eigenen roten Linie (BATNA) bestimmen auch im Kern die integrativen Verhandlungsstrategien, die sich besonders dann eignen, wenn eine längerfristige und konstruktive Zusammenarbeit angestrebt wird. Die Bezeichnung integrative Verhandlung ist im Deutschen selten. Meist wird hier plakativer vom Harvard-Konzept oder der Harvard-Methode gesprochen. Diese an der Harvard Law School entwickelten Einsichten in einen Verhandlungsstil, der für beide Seiten ein gutes Ergebnis zum Ziel hat, ist seit der Veröffentlichung *Getting to Yes* (Fisher und Ury 1981) Thema vieler Ratgeber und Schulungen. Der Getting-to-Yes-Approach von Fisher und Ury basiert auf fünf Grundüberlegungen:

- *Separate the people from the problem*: Erfolgreiche Verhandlungen orientieren sich nicht an Sympathie und Antipathie zwischen den Verhandelnden, sondern allein an den Themen, die es zu lösen gilt.
- *Focus on interests, not positions*: Das ist quasi eine Fortführung der ersten Überlegung, insoweit Positionen mit Personen verbunden sind, eine erfolgreiche Verhandlung sich jedoch nur auf die Interessen (und damit das Ergebnis) konzentrieren sollte.
- *Invent options for mutual gain*: Man sollte Entscheidungsmöglichkeiten erarbeiten, die für beide Seite Vorteile bringen (Win-Win-Situation). Dies macht es beiden Seiten einfacher, zuzustimmen.

- *Insist on using objective criteria*: Durch Objektivierung wird wiederum die Verhandlung von persönlichen Dingen entbunden. Man definiert in der Verhandlung die Elemente, die wichtig sind, und versucht darüber eine einvernehmliche Regelung zu treffen.
- *Know your BATNA*: Man sollte keine faulen Kompromisse eingehen und immer im Hinterkopf haben, was die beste Alternative ist, wenn die Verhandlung scheitert. Dieser Punkt sollte in einer Verhandlung nicht unterschritten werden.

Als Fortführung des Getting-to-Yes-Approach speziell im Hinblick auf schwierige Verhandlungspartner hat Ury (1991) das Buch *Getting Past No* geschrieben, das sich speziell schwierigen Verhandlungssituationen widmet und auch dafür einige Handlungsempfehlungen vorschlägt, die man plakativ zusammenfassen kann:

- *Don't react: Go to the Balcony*: Bei einer aggressiven Konfrontation während einer Verhandlung sollte man mental einen Schritt zurückgehen, die Verhandlung verlangsamen und das Ziel im Blickfeld halten (*keep your eyes on the prize*).
- *Don't argue: Step to their Side*: Bei einem Angriff erwartet der Gegenüber einen Gegenangriff. Überraschend ist dagegen, wenn man der Gegenseite auf der Sachebene zustimmt. Empfehlungen sind hier z. B. nicht „aber", sondern „ja und…" zu sagen, Ich-Botschaften zu nutzen und zu paraphrasieren.
- *Don't reject: Reframe*: Besser als eine Forderung abzulehnen, ist es, sie umzuformulieren und dabei aktiv den Gegenüber mit einzubinden.
- *Don't push: Build them a Golden Bridge*: Pushen im Sinne von Druck ausüben kann eine Verhandlung auch zum Scheitern bringen. Oft ist es besser, das Tempo herauszunehmen und dem Gegenüber Brücken zu bauen, die es ihm einfach machen, zu folgen.
- *Don't escalate: Use power to educate*: Drohungen führen zu Eskalation. Eskalation führt zu Konflikt. Eine Verhandlung sollte einen Konflikt lösen. Deshalb ist es in Verhandlungen besser, den Gegner nicht in die Knie zu zwingen, sondern ihm seine eigenen Vorteile klar zu machen und zu zeigen, wo man selbst aussteigen muss.

Zwei praktische Hinweis, wie man Verhandlungen gut vorbereitet, gibt Portner (vgl. 2010, S. 46 ff.): Sie nennt die Informationsmatrix und die Konzessionsmatrix als Planungswerkzeuge. In beiden Fällen werden vier Felder eröffnet. Bei der Informationsmatrix trägt man darin ab:

- Welche Informationen geben wir im Laufe der Verhandlung preis (*give*)?
- Welche Informationen werden wir auf jeden Fall für uns behalten (*keep*)?
- Welche Informationen müssen wir bekommen, um die Verhandlung abschließen zu können (*get*)?
- Welche Informationen können während der Verhandlung überraschend auftauchen (*surprise*)?

In gleicher Systematik kann man strukturieren, welche Zugeständnisse man während der Verhandlung von seiner Position aus macht. Dazu trägt man in einer Konzessionsmatrix ab:

- Was ist man bereit zu geben (*give*)?
- Was will man auf jeden Fall für sich behalten (*keep*)?
- Was will man bekommen (*get*)?
- Welche überraschende Forderungen können während der Verhandlung auftauchen (*surprise*)?

Eine Besonderheit bei Verhandlungen ist die Verhandlung zwischen größeren Gruppen, d. h. wenn nicht mehr einzelne Verhandlungsführer (Personen) miteinander verhandeln, sondern Teams. In diesem Kontext ergibt sich empirisch nachgewiesen die Problematik, dass Gruppen anders entscheiden und sich anders verhalten als einzelne Abgesandte. Dieses als Groupthink (vgl. Janis 1972) beschriebene Phänomen zeigt sich u. a. darin, dass in Gruppen die Sehnsucht nach Harmonie und Konformität dazu führt, kritische Gedanken wie bei einer inneren Zensur zu ignorieren. Die Intelligenz der Gruppe ist geringer als die Summe der Intelligenzen der Gruppenmitglieder, könnte man provokativ formulieren. Groupthink kann bis hin zu übersteigertem Selbstbewusstsein und Irrationalität führen.

Beispiele für Groupthink sind etwa im politischen Kontext (Invasion in der Schweinebucht, was der Anlass für die Untersuchung von Janis war), aber auch im wirtschaftlichen Umfeld beschrieben wie bei der Pleite der Schweizer Fluglinie Swiss Air (vgl. Hermann und Rammal 2010). Interessant sind auch die Ergebnisse, die Stasser und Titus ermittelten (1985): Sie stellten fest, das bei Gruppenentscheidungen Fakten verloren gehen, was man als Prozessverlust diskutiert.

Im Zusammenhang mit Verhandlungsführen, speziell im Hinblick auf distributive Verhandlungen, wo es gilt, einmalig einen bestehenden Kuchen aufzuteilen, werden immer wieder auch Techniken erörtert, die man unter den Begriffen Manipulation und Persuasion thematisiert. Manipulation und Persuasion werden oft synonym verwendet, sind jedoch speziell im englischen Sprachraum grundverschieden belegt. Persuasion ist eine offene Beeinflussung durch Überzeugungstechniken, Manipulation eine verborgene Beeinflussung durch Täuschung[16]. Methoden der Persuasion werden im Kontext der Werbeplanung (vgl. Kap. 2.2) besprochen.

Will man den Komplex manipulativer Verhandlungstechniken grob zusammenfassen, kann man sagen, dass sprachliche Manipulationen häufig von Lügen ausgehen. Dieser Art von Manipulationen – also intentionalen Falschaussagen – kann man nicht wirksam vorbeugen. Man kann sie allerdings unwirksam machen, indem man alle relevanten Fakten, die in der Vertragsverhandlung eine Rolle spielten, schriftlich fixiert und als Anhang zu einem integralen Bestandteil des Vertrags macht. So ist man im Falle eines Falles in der Lage, schnell vom Vertrag zurückzutreten, das Geschäft rückabzuwickeln bzw. Schadenersatz zu beanspruchen.

---

[16] Vgl. dazu die entsprechenden Einträge in der englischsprachigen Wikipedia (en.wikipedia.org/wiki/Psychological_manipulation, en.wikipedia.org/wiki/Persuasion, abgerufen am 22.01.2013).

Lessons learned

Verhandlung kann man als universelle Kommunikationstechnik verstehen, bei der man unterschiedliche in gemeinsame Interessen überführt. Grundsätzlich unterscheidet man distributive Verhandlungen (Win-Lose) und integrative Verhandlungen (Win-Win).

Es gibt zahlreiche Verhandlungstaktiken, die man einsetzen kann. Speziell für integrative Verhandlungen, die eine längerfristige Zusammenarbeit ausgestalten, empfiehlt sich als Methode der Getting-to-Yes Approach, auch bekannt als Harvard-Methode der Verhandlungsführung. Ein wichtiges Element dieser Methode ist das BATNA (*best alternative to negotiated agreement*), das wie eine rote Linie wirkt, die man bei einer Verhandlung nicht unterschreiten sollte.

Hilfreiche Planungsmittel für eine erfolgreiche Verhandlung sind die Informationsmatrix und die Konzessionsmatrix. Bei Verhandlungen, die Teams führen, lässt sich der Effekt des Groupthink beobachten: dass die Gruppe schlechter verhandelt als ein Einzelner. Manipulationsversuchen bei Verhandlung beugt man durch eine Protokollierung der Verhandlungsführung vor, die man bei Vertragsschluss zu einem festen Vertragsbestandteil machen kann.

3.2.4 Small Talk – Kommunikation als Gruppen-Kitt und Ideenpool

Kommunikation unter Anwesenden kann formell sein – d. h. asymmetrisch geordnet und zielgeleitet. Kommunikation unter Anwesenden kann aber auch informell sein, was bedeutet, dass man auf Augenhöhe kommuniziert und mit der Kommunikation nicht direkt ein Ziel ansteuert und ein Ergebnis erwartet. Dennoch hat informelle Kommunikation eine wichtige Aufgabe, weshalb man sie unter der Bezeichnung Small Talk auch dem Instrumentalbereich Emergenz zuordnen kann. Denn Small Talk ermöglicht durch seine spezifische Funktion erst den gemeinsamen Grund, auf dem neue Ideen entstehen.

Small Talk – das kurze Gespräch – wird im Deutschen oft mit negativer Attitüde als Plausch oder Alltagsgespräch übersetzt. Small Talks kommen im betrieblichen Umfeld in vielen Kontexten vor: Vom Pausengespräch über den Flurfunk und den Klatsch am Kaffeevollautomaten bis zu einleitenden oder verabschiedenden Phasen formeller Gespräche wie Verhandlungen, Fachtagungen oder Job Interviews. Man kann es nicht exakt empirisch belegen, aber die Alltagserfahrung legt nahe, dass Small Talk in Organisationen deutlich häufiger vorkommt, als funktionale Konversation: also zielgerichtete, formelle Kommunikation.

Small Talks sind unabhängig von Wirtschaft im Speziellen und Organisationen im Allgemeinen ein wichtiger Baustein zur Konstitution von Gesellschaft, also dem koordinierten Zusammenleben von Menschen. Bei einem Small Talk festigen sich auch ohne eine konkrete Mitteilungsabsicht allein durch den Prozess des Sprechens – dem Austausch von Worten – gesellschaftliche Strukturen. Man nennt dieses Phänomen nach den Arbeiten

Bronislaw Malinowskis auch phatische Kommunikation. Damit ist gemeint, dass der Einsatz eines Mediums wie der Sprache nicht nur der Mitteilung einer vermeintlich wichtigen Botschaft dient, sondern auch unwichtige Plaudereien zentral den Aufbau und Ausbau der gesellschaftlichen Beziehung unterstützt. „Each utterance is an act serving the direct aim of binding hearer to speaker by a tie of some social sentiment or other" (Malinowski 1923, zitiert nach Maybin 1994, S. 10).

Vor dem Hintergrund dieser Funktion ist erklärbar, dass Small Talk im Prinzip nur als Interaktion – also unter Anwesenheit der Beteiligten in Echtzeit oder maximal *near-time* stattfinden kann wie bei der Nutzung sozialer Netzwerke und Messenger. Small Talk als phatische Kommunikation funktioniert nur im Miteinander *hic et nunc*. Anders als formelle Kommunikation, die häufig asymmetrisch abläuft wie bei einer Anordnung, ist Small Talk auf gleichwertige Teilnahme aller angelegt. Es geht nicht um Wissensvermittlung oder thematische Tiefe, sondern um das Festigen von Bindungen unter Anwesenden.

Das Beherrschen von Small Talk in unterschiedlichen Situationen wird oft als Beleg kommunikativer Kompetenz gewertet. Wer gut ist im Small Talking, der ist beliebt, der ist bekannt und hat die besseren Chancen auf Erfolg – so legen es die meisten Ratgeber zum Thema nahe. Dies lässt sich jedoch nicht belastbar nachweisen. Was aber in direktem Zusammenhang zur Kompetenz beim Small Talk mit unterschiedlichen Menschen in unterschiedlichen Konstellationen steht, ist die Fähigkeit, sich durch Small Talk mehr Kontaktchancen zu eröffnen und somit eine wichtige Komponente für den Aufbau eines aktiv nutzbaren Netzwerks im beruflichen und gesellschaftlichen Umfeld zu befördern.

Häufig wird Small Talk aufgrund seiner mangelnden Zielorientierung als reine Aneinanderreihung von Floskeln, Nettig- und Nichtigkeiten assoziiert. Dies ist, speziell wenn man sich z. B. die Inhalte von Kurztelefonaten („Hallo Schatz, ich bin angekommen"), SMS-Nachrichten oder dem reinen *liken* und *sharen* von Beiträgen anschaut, auch nachvollziehbar. Floskeln und einfache Schemata bilden das Fundament, auf dem Small Talk entwickelt werden kann.

Um über Floskeln hinaus in einen Gesprächsfluss zu kommen, braucht man zunächst die gegenseitige Aufmerksamkeit der Gesprächsteilnehmer, die man durch verschiedene Signale anzeigen kann, etwa indem man sich zu einer Gesprächsrunde hinzu stellt oder indem man beim Zuhören nickt und den Gegenüber anschaut. Dueck (2012) stellt dieses Schalten auf Aufmerksamkeit am Beispiel von Social Media dar: „Wenn jemand ‚Heute regnet es überall! Bei euch auch?' twittert, zeigt (sic!), dass er jetzt seine Aufmerksamkeit in die weite Welt richtet. Er ist da. Er passt auf. Er kümmert sich".

Ist Aufmerksamkeit signalisiert, ist der leichteste Weg, aktiv Small Talk zu betreiben, den Beiträgen des Gegenübers zuzustimmen. Zustimmung ist bei Small Talk wichtiger, als strikte Faktenorientierung. Das liegt daran, dass die soziale Funktion phatischer Kommunikation eben nicht darauf angelegt ist, Informationen zu erzeugen und gemeinsames Handeln zu koordinieren, sondern soziale Bindung zu stabilisieren und die Distanz zwischen Individuen zu überbrücken.

Allein Zustimmung führt noch zu keinem Gespräch. Man selbst muss auch Beiträge leisten und diese Beiträge sollten das Interesse am Gespräch signalisieren. Dies erreicht

Abb. 3.8 Fünf konstituierende
Elemente des Small Talk

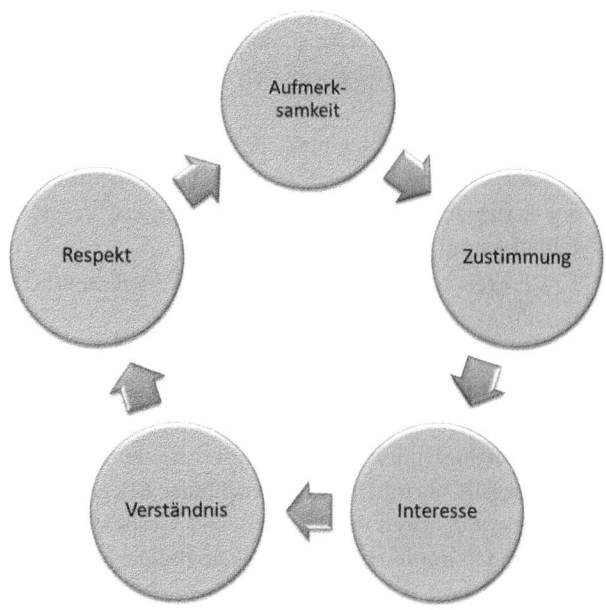

man am besten durch Fragen. Fragen sind ein sicheres Mittel, um zielfreie Kommunikation immer und immer wieder zu erneuern. Dies gilt insbesondere, wenn man Frageformen verwendet, die dem Gegenüber die Möglichkeit bieten, breit zu antworten, also sogenannte Sesamstraße-Fragen, die mit den Fragewörtern wer, wie, was, wieso, weshalb und warum beginnen.

Die Themen im Small Talk sind recht beliebig und es geht nicht darum, einzelne Aspekte in der Tiefe zu erörtern, sondern das Gespräch aufrecht zu erhalten. Anders als bei Diskussionen, wo die Kontroverse gefragt ist, oder Verhandlungen, wo Gegenpositionen aufgebaut werden, gelingt Small Talk nur dann, wenn man unabhängig von der konkreten Sachlage zunächst einmal für die Äußerungen seines Gegenübers Verständnis aufbringt. Rechthaberei, Ratschläge geben, versteckte Vorwürfe oder Sarkasmus sind bekannte Mittel, einen Small Talk zum Scheitern zu bringen.

Verständnis ist die eine Seite von Wertschätzung, die andere ist es, seinem Gesprächspartner Respekt zu zollen. Dazu zählt etwa, dass – auch wieder in klarer Opposition zur Streitkultur – man sein Gegenüber nicht unterbricht und dass die Gesprächsanteile der Teilnehmer am Small Talk in etwa ausgeglichen sind. Monologe sind das Gegenteil phatischer Kommunikation.

Diese fünf Elemente – Aufmerksamkeit, Zustimmung, Interesse, Verständnis und Respekt – konstituieren Small Talk, bei dem man gegenseitig Bindungen schafft und Distanzen austariert. Man kann sie als Kreislauf visualisieren, der ohne Anfang und Ende sich immer wieder neu fortsetzt (vgl. Topf 2012, S. 99 ff.; Abb. 3.8).

Small Talk ist ein praktisches Thema. Man muss sich an Small Talks beteiligen, um Erfahrung und Routine zu bekommen. Dennoch gibt es einige Aspekte, die man als Leitfaden einzeln aufarbeiten kann. Ganz generell ist es hilfreich, wenn man seine Fähigkeiten zum Small Talk verbessern will, sich das Small-Talk-BASF zu merken[17]:

- B = beobachten, Blickkontakt aufnehmen und begrüßen („Hallo.")
- A = ansprechen („Warten Sie auch auf den Zug nach Frankfurt?")
- S = Statement abgeben („Scheint wieder mal Verspätung zu haben. Ich sag' nur: Die Bahn kommt!")
- F = Fragen stellen („Fahren Sie durch bis Frankfurt oder müssen Sie schon vorher raus?")

Mit welchen Themen startet man einen Small Talk? Wir sind hier auf der Ebene der Floskeln. Das Wort Floskel geht auf das lateinische *flosculus* (Blümchen) zurück und verweist auf sprachliche Figuren, die zur Ausschmückung genutzt werden. Heute ist der Begriff Floskel negativ als inhaltsleere Sprachhülse belegt, dabei haben Floskeln durchaus einen Sinn: Sie ermöglichen den Beginn eines Gesprächs, ohne dass zuvor gemeinsame Themen gefunden werden müssen. Floskeln fungieren also als Eröffnungssequenzen für einen Small Talk. Dazu gehören Begrüßungsfloskeln, aber auch floskelhafte Formulierungen über das Wetter oder die Jahreszeit oder das floskelhafte Aufgreifen aktueller Ereignisse („der Pokal hat seine eigenen Gesetze") oder gemeinschaftlich erlebter Situationen („wie fanden Sie den Redner?").

Besonders gute Floskeln, mit denen man eine Small Talk Situation eröffnen kann, nennt man auch Eisbrecherfloskeln. Um eine Eisbrecherfloskel zu entwickeln, bietet es sich an, das ohnehin Offensichtliche innerhalb der Interaktion zu artikulieren. Dadurch gibt es schon mal keine Unklarheiten über den Inhalt und der Gegenüber kann sich ganz auf den phatischen Aspekt konzentrieren und z. B. Zustimmung und Interesse signalisieren.

Oft wird im Zusammenhang mit der Eröffnung eines Small Talk auch darüber nachgedacht, ob man sich duzen oder siezen soll. Hier gilt: Sobald man sich unsicher ist, wie man sich verhalten sollte, ist Siezen angebracht. In Unternehmen gibt der Ranghöhere vor, ob man sich duzt. Bei hierarchischer Gleichstellung bietet der Ältere dem Jüngeren das Du an.

Jeder Mensch ist in der Lage, Small Talk zu betreiben. Es gehört zum Grundrepertoire des Zusammenlebens. Aber: Die meisten Menschen haben Angst vor dem Gedanken, in einer neuartigen Umgebung Small Talk zu betreiben. Man fürchtet, sich zu blamieren, indem man etwas Falsches sagt oder dass die anderen Gesprächsteilnehmer die eigenen Beiträge ignorieren. Vielfach wird auch vorgeschoben, dass Small Talk zu oberflächlich sei oder man schlicht kein Interesse daran habe, sich mit Fremden oder losen Bekannten über unwichtige Themen zu unterhalten. In diesem Zusammenhang hilft zunächst die Einsicht, dass solche Formen von Unwohlsein zumeist sehr abstrakt sind und verschwinden, wenn man versucht, dieses Unwohlsein gedanklich zu konkretisieren. In der praktischen Umset-

---

[17] Vgl. www.berufsstrategie.de/bewerbung-karriere-soft-skills/small-talk-kommunikation-furcht.php abgerufen am 17.4.2013.

zung hilft darüber hinaus die intensive Verwendung von Fragen, denn diese werden meist wohlwollend aufgenommen, weil sich das Gegenüber in seiner Person respektiert fühlt.

Häufig hört man, dass bestimmte Themen im Small Talk tabu seien, z. B. Tod, Geld, Politik und Religion. Dies ist allerdings nicht wirklich begründbar. Wenn man z. B. weiß, dass der Vorgesetzte zugleich für das Stadtparlament kandidiert – und sich also für Lokalpolitik engagiert –, warum sollte man das Thema nicht aufgreifen? Und wenn man erfährt, dass der Gegenüber einen ähnlichen Schicksalsschlag wie man selbst erlitten hat, warum sollte man das nicht anschneiden? Ob ein Thema für einen Small Talk tabu ist, oder nicht, hängt nicht vom Thema ab, sondern von der Situation und der Gesprächsgruppe. Generell sollte man sich als Tipp mitnehmen: Je unverfänglicher ein Thema ist, desto eher ist es für Small Talk geeignet. Aber echte *no-gos* gibt es kaum.

Wie bei allen Arten der Interaktion, erfolgt Kommunikation auch beim Small Talk nicht allein über das Medium Sprache, sondern auch durch das Verhalten, was man oft unter dem Aspekt der Körpersprache diskutiert. Hier kann man einige Dinge beachten, die auf Elemente wie Interesse, Respekt und Aufmerksamkeit einzahlen: Blickkontakt bedeutet „ich bin aufmerksam". Ein gewisser Abstand – man sagt häufig die Länge des ausgestreckten Arms – bedeutet Respekt. Körperkontakte wie Antippen, am Arm fassen oder auf die Schultern klopfen gehören nicht zum Repertoire von Small Talk im beruflichen Umfeld. Gesten und Mimik, die der Gegenüber als ungeduldig wahrnimmt, sind nicht förderlich. Die Verwendung gestischer Symbole ist nur in gesellschaftlich homogenen Gruppen sinnvoll. So bedeutet das „OK-Zeichen" (Ring aus Daumen und Zeigefinger, übrige Finger gestreckt) in Japan „Geld", in Frankreich „Null", in Mexiko „Sex", in Äthiopien „Homosexualität" etc. Zur Körpersprache gehört schließlich auch die Mode, die Signale aussendet, und der Geruch: Die olfaktorische Wahrnehmung bestimmt, ob man jemanden gut riechen kann, und das ist durchaus mehrdeutig zu verstehen.

Eine Zusammenstellung praktischer Grundregeln zur Körpersprache wird in der Beratungspraxis als HABLAS-Formel bezeichnet (vgl. Lermer und Kunow 2011, S. 185 f.):

- Haltung: aufrecht und verkrampft wirkt souverän.
- Abstand: Abstand einerseits (Armlänge), aber gleichzeitig Körperzuwendung zeigen Respekt und Achtung.
- Blickkontakt: Schauen Sie Ihren Gegenüber an, zeigen Sie Aufmerksamkeit.
- Lebendigkeit: Sprechen Sie „mit Händen und Füßen", unterstreichen Sie Ihre Worte mit Gestik und Mimik.
- Anteilnahme: Spiegeln Sie die Gestik und Mimik Ihres Gegenübers, dann zeigen Sie Verständnis.
- Signale: Versuchen Sie, die Körpersprache Ihres Gegenübers zu verstehen und setzen Sie selbst bewusst Körpersprache ein, um Signale zu senden.

Ebenfalls eine praktische Hilfe, um seine persönlichen Small Talk Skills zu steigern, ist die Anwendung des von Thomas Gordon für die Management-Praxis adaptierten Konzepts des Active Listening[18] (vgl. Gordon 1977). Beim Active Listening geht es nicht so sehr ums Zuhören (*hearing*), sondern um das Erzeugen von Bedeutung aufgrund ausgesendeter Signale. Diese Bedeutungen werden als Mitteilung wieder zurückgespielt und z. B. in eine Frage verpackt, auf die der Gegenüber wiederum etwas Ähnliches sagen kann. Man unterscheidet beim Active Listening drei Stufen:

- Wiederholung (repeating: exactly the same)
- Umschreibung (paraphrasing: rendering the message using similar words)
- Reflexion (reflecting: rendering the message using your own words and sentence structure)

Small Talk dient wie informelle Kommunikation überhaupt der Aufrechterhaltung und Festigung sozialer Beziehungen und Strukturen. Das ist der phatische Aspekt informeller Kommunikation. Informelle Kommunikation ist aber noch etwas anderes: Sie bietet so etwas wie eine soziale Nährlösung für Themen, die in andere Bereiche wieder einfließen, stellt damit also punktuelle Interaktionsöffentlichkeiten her, aus denen sich Konstruktionen über die Realität verfestigen. Das bedeutet plastisch gesprochen: das Konzept, das wir von anderen Menschen in ihren Rollen z. B. als Unternehmer, Arzt oder Jurist haben, wird nicht nur durch die öffentliche Kommunikation geprägt, sondern zu großen Teilen durch die Reflexion der öffentlichen Kommunikation in der Verarbeitung vieler und unterschiedlicher Small Talk Situationen. Ähnliches gilt übrigens auch für die Imagebildung im Hinblick auf Organisationen und Marken. Wir entwickeln unser Bild von der Welt durch den Austausch untereinander in Interaktionen.

Formelle Kommunikation unterstützt diesen Aspekt kaum. Man kann als Chef nicht anordnen, einen Kollegen, einen Kunden oder eine Technologie zu mögen. Man kann als Chef auch nicht anordnen, jetzt mal kreativ zu sein und eine durchschlagende Idee zu haben. Formelle Kommunikation ist zu erwartbar und thematisch zu sehr eingegrenzt. Informelle Kommunikation dagegen unterstützt Kreativität und damit letztlich Flexibilität als Ziel der Organisation, um sich an Umweltgegebenheiten anzupassen.

Wenn informelle Kommunikation diese Bedeutung hat, führt dies direkt zu der Frage, ob man informelle Kommunikation gezielt im Unternehmen fördern kann. Dazu gibt es viele Ansätze, insbesondere natürlich das Schaffen von Räumen und Gelegenheiten, an denen man sich trifft, also vom Billardtisch im hippen Startup-Unternehmen zur Kaffeemaschine im Büro bis zur Kantine im klassischen Industriebetrieb. Einen Aspekt möchte ich gesondert hinausgreifen: Inwieweit ist es auch möglich, durch technische Medien – die Anwesenheit überflüssig machen – Interaktionssituationen zu schaffen, in denen informelle Kommunikation aktiv gefördert wird?

Dazu liegt es nahe, die in den letzten Jahren entwickelten und immer stärker genutzten sozialen Medien instrumental einzusetzen und zwar insbesondere diese, die sich weg von einer themenzentrierten hin zu einer personenzentrierten Kommunikation bewegen. Per-

---

[18] Ursprünglich eine Technik der von Rogers entwickelten Klientenzentrierten Psychotherapie (vgl. Rogers 1946).

sonenzentrierte Kommunikation ist hier zu verstehen als moderne Entsprechung des mittelalterlichen Autorenkonzepts. Das Wort Autor ist eng verwandt mit dem Wort Autorität. Beide Begriffe gehen zurück auf das lateinisch *auctor*, was so viel heißt wie Urheber, Vorbild und Bürge (vgl. Georges 1913[19]). Im Übergang von der mündlichen zur schriftlichen Kultur wird dem Autor eine besondere Autorität zugerechnet. Es werden nur Werke von Autoren veröffentlicht, die in den gebildeten Kreises als Autorität in ihrem Gebiet gelten. Verkürzt kann man personenzentrierte Kommunikation so zusammenfassen: Wer etwas schreibt, ist wichtiger, als was er schreibt.

Dies steht im Widerspruch zu themenzentrierter Kommunikation, wie man sie aus Tageszeitungen, Zeitschriften, dem Fernsehen, dem Radio und großen Teilen der Sachbuchliteratur kennt. Auch Wikipedia ist ein gutes Beispiel für themenzentrierte Kommunikation: Der Autor, der bei der kollaborativen Enzyklopädie zumeist eine Gruppe von Autoren ist, steht im Hintergrund, das Lemma und seine fachlich ausgewogene Darstellung im Vordergrund.

Überträgt man diese Unterscheidung auf die zur Kommunikation genutzten Verbreitungsmedien, sieht man, das personenzentrierte Kommunikation, die jahrzehntelang medial gesehen ein Schattendasein führte, durch die Verbreitung sozialer Medien eine Renaissance erlebt. Social Networks wie Facebook, der Kurznachrichtendienst Twitter und die schon länger bestehende Möglichkeit, ein persönliches Logbuch (Blog) zu führen, sind drei exponierte Beispiele für die personenzentrierte Kommunikation im Internet, die von den Mitarbeitern außerhalb der Arbeit häufig intensiv genutzt wird. Es stellt sich die Frage, inwieweit soziale, personenzentrierte Medien instrumental informelle Kommunikation unterstützen können?

Small Talk dient der Festigung der Beziehungen untereinander und kann eine Nährlösung für die Schaffung kreativer Lösungen sein. Im Small Talk werden Positionen gefestigt und immer wieder austariert, die z. B. Kompetenzen („der Meier, der ist echt ein Datenbank-Crack"), Kreativität („geh doch mal zum Fischer, der hat immer gute Ideen") oder Macht zurechnen („da soll sich Müller drum kümmern, der hat den besten Draht zum Chef"). Dieses informelle Attribuieren von Eigenschaften auf Personen wird speziell bei Teamarbeit – also z. B. in Projekten oder in der Entwicklung – benötigt.

Um in diesem Kontext durch den Einsatz von sozialen Medien den Small Talk innerhalb eines Teams zu fördern, benötigt man ein Netzwerk, in dem die informelle Kommunikation stattfinden kann. Hier stellt sich ganz praktisch die Frage, in welchem Netzwerk wird kommuniziert? Ein offenes Netzwerk, in dem die Mitarbeiter bereits privat kommunizieren, mag sich anbieten. Dies führt allerdings zu nicht kontrollierbaren Nebeneffekten, denn prinzipiell sind die Kommunikationsinhalte natürlich dadurch öffentlich, was dazu führt, dass keine Unternehmensinterna behandelt werden können oder noch schlimmer: interne Informationen öffentlich zugänglich sind.

Bleibt als Alternativszenario der Aufbau eines eigenen Netzwerks. Für Konzerne kann dies eine reale Option sein z. B. als Ergänzung bzw. Feature einer Business Software, an die alle relevanten Mitarbeiter ohnehin angeschlossen sind. Z. B. können Kunden der

---

[19] Zum Rechtsbegriff der Auctoritas vgl. auch Heinze (1925).

Vertriebssoftware Salesforce über das lizenzfreie Tool Chatter ähnliche Funktionen wie in Facebook nutzen: Man kann Kollegen folgen, man kann Nutzerprofile anlegen, Gruppen gründen und moderieren und erhält Statusmeldungen in Echtzeit – also quasi unter Anwesenheitsbedingungen. Allerdings werden solche personenzentrierten Kommunikationsumgebungen als Bestandteil von Standardsoftware erst ab Unternehmensgrößen von tausend Mitarbeitern aufwärts wirklich interessant.

Eine mögliche Alternative ist der Aufbau eines eigenen Social Networks innerhalb des Unternehmens. Hier bietet sich quasi etwas wie ein Kurznachrichtendienst an, der wie in einem Content Live Stream aktuelle Nachrichten an angeschlossene Mitarbeiter sendet. Blendet man aus, dass diese Dauerbeschallung natürlich auch mit erheblichen Einbußen an Aufmerksamkeit einhergehen kann, hat sie doch auch etwas Positives. Speziell im Themengebiet Projektmanagement etwa empfiehlt man sogenannte osmotische Kommunikation (vgl. Cockburn 2005). Darunter versteht man, dass Inhalte selbst dann aktiv verarbeitet werden können, wenn sie nur als Hintergrundrauschen wahrgenommen werden. Die Unterstellung: Relevante Informationen filtert man automatisch aus dem Hintergrundrauschen aus und kann diese selektiv nutzen.

Ähnlich wie bei Facebook ist aber die Nutzung von Twitter als Nachrichtendienst für solche osmotischen Kommunikationsprozesse nur eingeschränkt zu empfehlen. Es gibt allerdings Tools, die speziell für diesen Zweck eigene Social Networks innerhalb von Unternehmen einrichten wie etwa das 2008 im Markt eingeführte Yammer, das sich selbst als *enterprise social network* positioniert.

Der Vorteil des Einsatzes von internen Social Media Plattformen liegt sicherlich in der möglichst störungsfreien Kommunikation sowohl *top-down* als auch *bottom-up*. Wie bei Twitter oder Facebook kann man sich ungefiltert direkt mit der Unternehmensleitung oder seinem Abteilungsleiter vernetzen und der Vorgesetzte kann – wenn es die Menge der Beiträge und die Kultur im Unternehmen zulässt – ungefiltert an der Kommunikation teilnehmen und damit auch kritische Punkte herauslesen.

Gegen den Einsatz von Social Media Plattformen in Unternehmen spricht die Tendenz, dass man möglicherweise durch zu intensive Nutzung solcher Plattformen tatsächlich von der Arbeit abgelenkt wird und Einsatz und Administration solcher Systeme einen nicht unerheblichen Kostenfaktor darstellen.

Lessons learned
Small Talk ist ein informelles Kommunikationsinstrument, das als phatische Kommunikation den Aufbau und die Aufrechterhaltung von Bindungen zwischen Gruppenmitgliedern fördert. Das Beherrschen von Small Talk wird gemeinhin als kommunikative Kompetenz gewertet. Die fünf Grundelemente von Small Talk sind Aufmerksamkeit, Zustimmung, Interesse, Verständnis und Respekt. Um einen Small Talk zu beginnen, empfiehlt sich die BASF-Formel: Beobachten, ansprechen, Statement abgeben und Fragen stellen.

Im Small Talk ist die Körpersprache sehr wichtig. Hier kann man sich die HABLAS-Regel zu Nutze machen: Haltung zeigen, Abstand wahren, Blickkontakt herstellen, lebendig sprechen, Anteilnahme zeigen und Signale setzen. Auch die Methode des aktiven Zuhörens lässt sich in Small Talk Situationen gut anwenden.

Zur Instrumentalisierung von Small Talk im Unternehmen kann man zwei Maßnahmen ergreifen: Zum einen Räume bzw. Gelegenheiten schaffen, in denen man sich ungezwungen symmetrisch (auf Augenhöhe) unterhalten kann. Zum anderen lassen sich soziale Medien im Sinne einer osmotischen Kommunikation einsetzen: Man ist Teil eines fortlaufenden Nachrichtenstroms, aus dem man sich jeweils individuell die relevanten Aspekte herausgreift und sich dann selbst einbringen kann.

3.3 Formalisierte Kommunikation

Formalisierte Kommunikation findet auf der Ebene der Organisation statt. Organisation meint im Unterschied zu Interaktion und Funktion einen speziellen Systemtyp, der dadurch gekennzeichnet ist, dass er auf Dauer angelegt ist und die temporären Interaktionssysteme ordnet bzw. in Form bringt. Ordnung kann man hier ganz im Weberschen Sinne als Handlungsmaximen verstehen (vgl. Weber 1980, S. 16), an die sich die Mitglieder einer Organisation halten bzw. deren Nichteinhalten zu Konsequenzen bis zum Ausschluss aus der Organisation führt.

Formalisierte Kommunikation bedient sich im Wesentlichen des Mediums Schrift oder anderer geeigneter Zeichensysteme, da die getroffenen Entscheidungen, ihre Ausführung und ihre Bewertung z. B. im Rahmen einer Zielvereinbarung dokumentiert sein müssen, um wirksam zu sein. Typische Kommunikationsmittel formalisierter Kommunikation sind wie es der Name nahelegt Formulare oder formularähnliche Schriftstücke wie Urlaubsanträge, Beförderungen, Zielvereinbarungen oder Abmahnungen, die direkten Bezug auf die Mitgliedschaft in der Organisation nehmen. Aber auch das Führen eines Prozesshandbuchs im Rahmen des Qualitätsmanagements, die Übergabe eines Projektauftrags in Form eines Kick-Off-Meetings mit daraus abgeleitetem Lastenheft und dokumentierte Reviews im Projektmanagement sind formalisierte Kommunikationsmittel.

Den Organisationsgrad eines Unternehmens kann man u. a. daran ablesen, wie breit und tief die Arbeitsroutinen formalisiert sind und damit quasi als Replikationsmodus die organisatorische DNA bilden. Auch wenig formalisierte Organisationen sind in der Lage, organisiert aufzutreten. Sie greifen dabei aber weniger auf Routinen zurück, sondern entscheiden formlos im Einzelfall. Dies macht die Organisation zwar anpassungsfähiger an ihre Umwelt, zugleich ist der Mangel an Form aber auch riskant und begünstigt Fehloperationen[20]. Formalisierte Kommunikation findet im Prozess der Entscheidungsbildung statt und wird in der Regel dokumentiert, so dass sie Eingang in die Entscheidungsgeschichte

---

[20] Ein erhellender Aufsatz über die Vorteile der Routinisierung durch Formalisierung ist nach wie vor Luhmanns Lob der Routine (vgl. Luhmann 1975).

– das Gedächtnis der Organisation – findet. Formlose Kommunikation findet ebenfalls im Prozess der Entscheidungsbildung statt, findet aber aufgrund fehlender Dokumentation kaum Eingang in die Entscheidungsgeschichte der Organisation.

Man kann die Anwendung formalisierter Kommunikation beispielhaft an den vier Zielkomplexen interner Unternehmenskommunikation durchspielen. Formalisierte Kommunikation für die Festigung von Hierarchie ist z. B. das Organigramm, das die Aufbauorganisation mit ihren Entscheidungsebenen formalisiert. Stabilität wird in der formalisierten Kommunikation z. B. innerhalb eines Organisationshandbuchs dokumentiert. Der Zielbereich Kooperation lässt sich am Beispiel der Kommunikation in Projekten darstellen und zur Erreichung von Flexibilität stelle ich beispielhaft den Design Thinking Prozess vor.

3.3.1   Organigramm – die Ordnung der Organisation

Eine Organisation ist eine auf Dauer angelegte Form koordinierten Verhaltens durch Kommunikation. Um diese zu ermöglichen, braucht die Organisation eine Ordnung im Sinne eines Regelwerks und die erste und wichtigste Ordnungsleistung ist die Aufgliederung des Organisationszwecks in einzelne Tätigkeiten (Arbeitsteilung) und die Abbildung der Entscheidungsstruktur (Hierarchie). Arbeitsgliederung und Entscheidungsstruktur sind die beiden Elemente, die die Aufbauorganisation kennzeichnen. Die Aufbauorganisation ist eine Entscheidung der Organisation und orientiert sich an der strategischen Zielsetzung der Organisation. Die Leistung der Aufbauorganisation ist die Aufteilung des Unternehmenszwecks in eine möglichst effiziente Struktur und deren Tiefe, was die Entscheidungsbefugnisse angeht. Es geht um die analytische Teilung des Unternehmenszwecks in Einzelaufgaben und deren Zusammenspiel bzw. Synthese (vgl. Wöhe 2002, S. 146). Die Aufgabenanalyse kann man in fünf Dimensionen beschreiben (vgl. Kosiol 1962, S. 43):

- durch die Art der notwendigen Tätigkeit (z. B. Produktion)
- durch das Objekt, auf das sich die Tätigkeit bezieht (z. B. Bearbeitung des Rohmaterials)
- durch die notwendigen Hilfsmittel (z. B. eine Maschine)
- durch ihren räumlichen Bezug (z. B. im deutschen Werk)
- durch ihren zeitlichen Bezug (z. B. vor der Endmontage)

Die so beliebig feingliedrig aufgespalteten Aufgaben im Unternehmen werden in einem zweiten Schritt zu Stellen verdichtet, d. h. so kombiniert, dass sie von einzelnen Mitarbeiten (arbeitsteiligen Einheiten) erbracht werden können. Dabei orientiert man sich üblicherweise an drei Kriterien (vgl. Gaugler 1966): dem normalen Leistungspotenzial, der normalen Leistungsbereitschaft und den aufgabenbedingten Grundsätzen, was meint, dass eine Stelle ausreichend flexibel gegenüber geänderten Umweltbedingungen angelegt ist. Ergebnis ist ein Stellenplan, der Kommunikationsmittel im internen Gebrauch der Organisation, vor allem aber ein Werkzeug für die Personalplanung ist. Als Kommunikationsmittel dokumentiert der Stellenplan die Aufbauorganisation auf Basis der tatsächlich vorhandenen Mitarbeiter.

Aufgaben in einer Organisation unterscheiden sich grundlegend nach Ausführungs- und Leitungsaufgaben. Werden demnach verschiedene Stellen zusammengefasst und erhalten eine zentrale Leitung, entsteht eine Instanz, d. h. eine Stelle, die Leitungsaufgaben für eine Reihe rangniederer Stellen übernimmt. Instanz und zugehörige Stellen bilden eine Abteilung. Wird ein Teil der Leitungsaufgaben mehrerer Instanzen wiederum zu einer weiteren Instanz verdichtet, entsteht eine neue übergeordnete Abteilung. So entwickelt sich die Entscheidungsstruktur, die dokumentiert, wie die Organisation Anordnungen exekutiert (vgl. Wöhe 2002, S. 149).

Die Form der Dokumentation selbst wird zumeist nicht als Fließtext vorgenommen, sondern grafisch visualisiert: Man bildet Stellen, Instanzen und Struktur über ein Organigramm (alternativ auch *organizational chart* oder Organisationsschaubild) ab. Dafür hat sich in der Praxis *de facto* ein Notationsstandard entwickelt. Die vier wichtigsten Elemente sind

- Rechteck für Leitungsstellen und Ausführungsstellen
- Kreis für Leitungshilfsstellen (Stabsstelle, Assistenzen)
- durchgezogene Linie für die hierarchische Ordnung
- gestrichelte Linie für die fachliche Ordnung

Organigramme lassen sich auf unterschiedlichen Verdichtungsebenen anlegen: Vom Stellenplan (z. B. auf Ebene einer Abteilung) bis zur Managementstruktur, die ausgehend von den einzelnen Vorstandsressorts die zugeordneten Bereiche bzw. Hauptabteilungen darstellt. Im Sinne eines Werkzeugs der formalisierten Kommunikation in Unternehmen, ist darauf zu achten, dass es die Aufgabe eines Organigramms ist, den von der Organisation gewählten Aufbau ihrer selbst für die Mitglieder der Organisation transparent zu machen. Deshalb sollte ein Organigramm immer auf einer DIN A 4 Seite Platz finden. Bei größeren Unternehmen wird man deshalb kein umfassendes Organigramm der gesamten Organisation finden, sondern entsprechende Management-, Bereichs- und Abteilungsorganigramme.

Die Primärorganisation gibt den normalen (routinisierten) *modus operandi* der Organisation wider. Dieser ist, wie individuell auch jeweils ausgestaltet, immer eine Ordnung, die die Entscheidungswege linearisiert. Man unterscheidet häufig drei Arten hierarchischer Ordnung innerhalb von Organisationen (vgl. Wöhe 2002, S. 152 ff.):

- Einliniensystem: Jede Stelle ist nur einer Instanz, jede Instanz nur einer weiteren übergeordneten Instanz zugeordnet. So entsteht ein klarer Entscheidungsweg (auch Dienstweg oder Weg durch die Instanzen genannt). Der Dienstweg legt unmissverständlich fest, wer von wem Entscheidungen erhält und diese befolgen muss und wer an wen *bottom-up* berichten muss (vgl. Abb. 3.9).

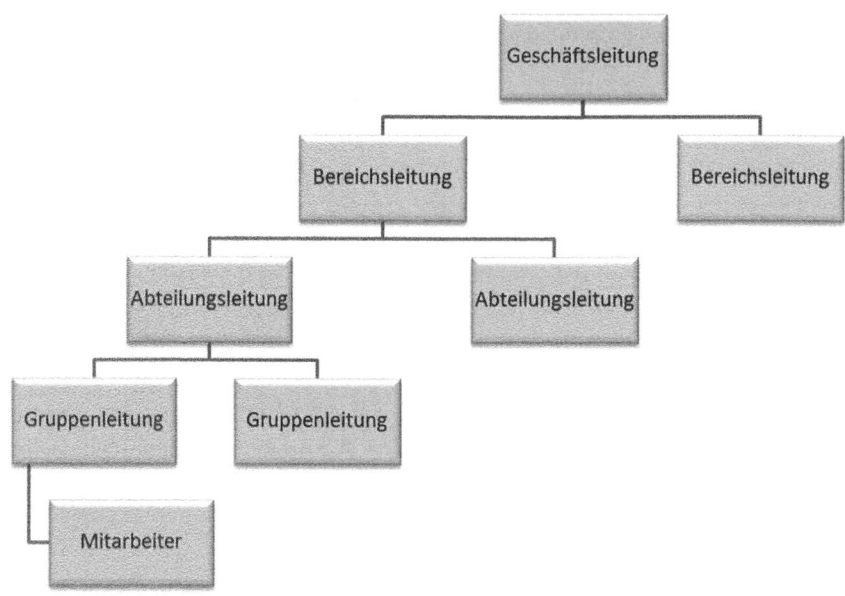

Abb. 3.9 Organigramm eines Einliniensystems mit direktem Berichtsweg

- Mehrliniensystem: Eine Stelle kann je nach Aufgabe, die zu erfüllen ist, von verschiedenen Instanzen Weisungen erhalten. Als Mehrliniensystem sind häufig kleinere Betriebe wie im Handwerk oder in Agenturen organisiert. Eine Sonderform des Mehrliniensystems ist die Matrixorganisation, die Stellen sowohl hierarchisch wie auch fachlich (z. B. nach Produktgruppen) gliedert und so per se immer zwei Vorgesetzte ausweist (vgl. Abb. 3.10).
- Stabliniensystem: Als Alternative zum Mehrliniensystem – der tatsächlichen Unterordnung unter verschiedene Instanzen – kann man das Stabliniensystem interpretieren, dass gewisse Aufgabenbereiche aus dem Instanzenweg herauslöst und als Stabsstelle abbildet, die außerhalb der Linie agieren. Gibt man diesen Stabsstellen Weisungsbefugnis, erhält man ein Liniensystem mit Querfunktionen. Klassisch kennt man das von der Personalabteilung, die neben dem Linienvorgesetzten dem Mitarbeiter wenigstens in gewissen Bereichen ebenfalls Weisungen erteilen kann (vgl. Abb. 3.11).

Neben Aufgabenbereichen und Entscheidungsstrukturen, die über Stellen und deren Zuordnungen abgebildet sind, kann man ein Organigramm auch um weitere Strukturinformationen ergänzen bzw. auf Basis eines anderen Gliederungsmerkmals bilden, nämlich in der Abbildung von Gremien. Ein Gremium ist eine Gruppe von Personen, die für die Bearbeitung einer speziellen Fragestellung zusammengestellt wird. Während temporär angelegte Gremien z. B. ein Steering Committee im Projektmanagement, ein Arbeitsausschuss oder ein Runder Tisch üblicherweise nicht mit einem Organigramm erfasst werden, gibt es dauerhafte Gremien mit Weisungsbefugnis. Solche Gremien sind z. B. der Betriebsrat

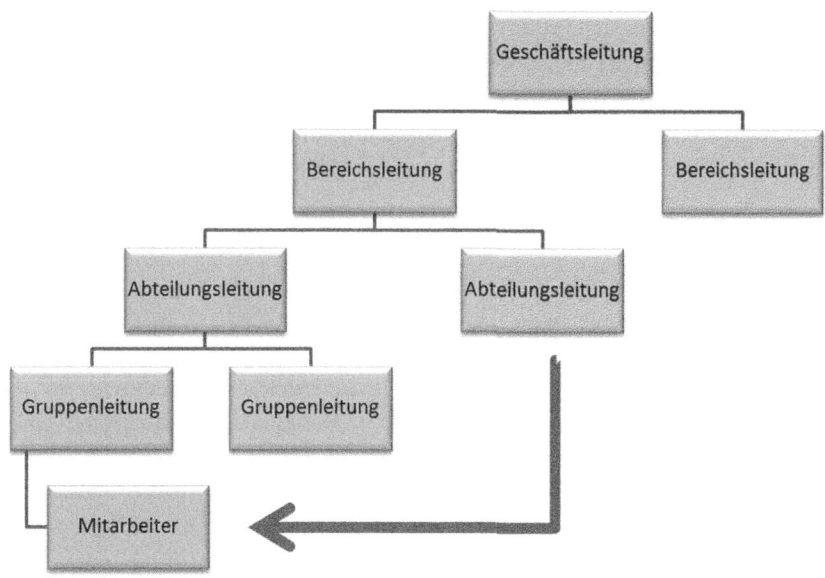

Abb. 3.10 Organigramm eines Mehrliniensystems mit doppeltem Berichtsweg

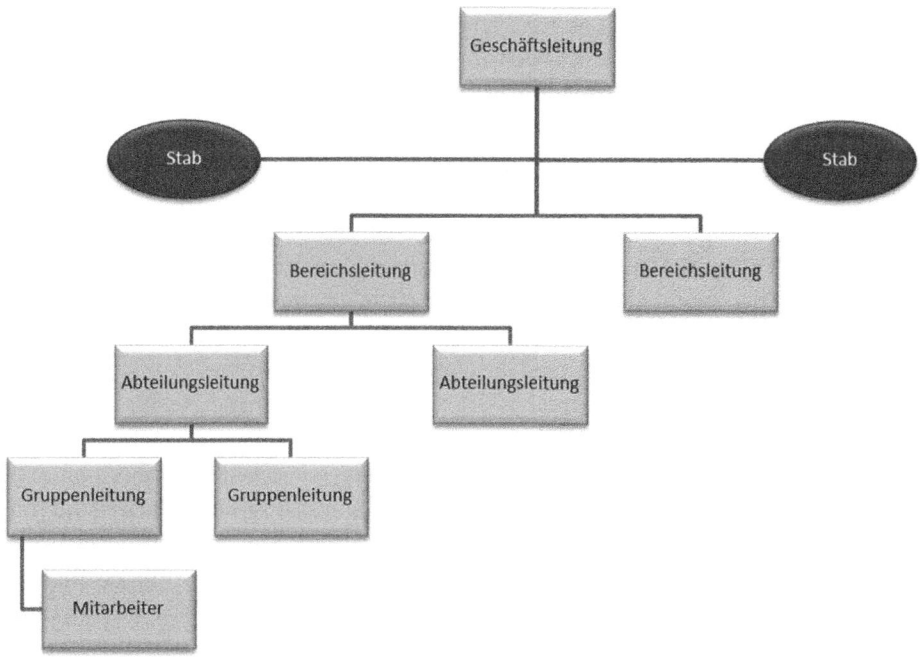

Abb. 3.11 Organigramm eines Stabliniensystems

in einem Unternehmen, der Prüfungsausschuss an einer Hochschule, der Rundfunkrat der öffentlich-rechtlichen Rundfunkanstalten in Deutschland, der Sicherheitsrat der Vereinten Nationen oder der Aufsichtsrat einer Gesellschaft. Gremien dieser Art lassen sich entweder in einem eigenen Gremien-Organigramm abbilden oder sie werden – wenn es die Übersichtlichkeit zulässt – in das funktionale Organigramm integriert.

Lessons learned

Die Entscheidungsstruktur einer Organisation kann man über das Instrument Organigramm kommunizieren. Kernidee eines Organigramms ist die Abbildung der Entscheidungswege, damit für jede einzelne Stelle im Unternehmen klar ist, wie der Berichtsweg (*bottom up*) und die Entscheidungsdelegation (*top down*) ist. Für Organigramme verwendet man eine einheitliche Notation aus Rechtecken, Kreisen, durchgezogenen und gestrichelten Linien.

Man unterscheidet grundsätzlich drei Arten von Ordnungsprinzipien: Einliniensystem, Mehrliniensystem und Stabliniensystem. Organigramme können ergänzt werden um Gremien, die an der Entscheidungsfindung beteiligt sein können.

3.3.2 Organisationshandbuch – das Betriebssystem der Organisation

Formalisierte Kommunikation dient den Unternehmen zur effizienten Fortsetzung ihrer Entscheidungsgeschichte, indem formalisierte Kommunikation Entscheidungen dokumentiert und dadurch Strukturen festigt. Typische Kommunikationsmittel formalisierter Kommunikation sind wie es der Name nahelegt Formulare oder formularähnliche Schriftstücke. Ein Kernelement, das den Strukturauftrag formalisierter Dokumentation besonders in den Fokus rückt, ist das Business Process Modeling (BPM).

Die Modellierung von Geschäftsprozessen wird sehr unterschiedlich betrieben und genutzt. Eingang in die betriebliche Praxis findet die Dokumentation der Geschäftsprozesse seit den 1950er Jahren, als immer stärker neben das einzelne Produkt komplexe technische Infrastrukturen traten. Es bestand die Notwendigkeit, Zusammenhänge und Abläufe (Workflows) so zu kommunizieren, dass Schnittstellen und Abhängigkeiten schnell und übersichtlich erkennbar waren.

Bekannt wurde Business Process Modeling vor allem seit den 1990er Jahren im Zuge zweier Entwicklungen: Auf der einen Seite der Bemühung, die Qualität betrieblicher Abläufe verlässlich und messbar sicherzustellen und dadurch die Kundenerwartungen besser zu erfüllen. Auf der anderen Seite durch den Versuch, durch Business Process Re-Engineering Effizienzpotenziale zu heben und Wettbewerbsvorteile auf Kostenbasis zu erzielen.

Die Erfassung und Dokumentation von Geschäftsprozessen ist ein geeignetes Kommunikationsinstrument speziell in Branchen, die durch eine gewisse Personalfluktuation geprägt sind oder sich stark auf spezialisierte Marktsegmente fokussieren. Während die

Abb. 3.12 Prozessklassen in
Organisationen

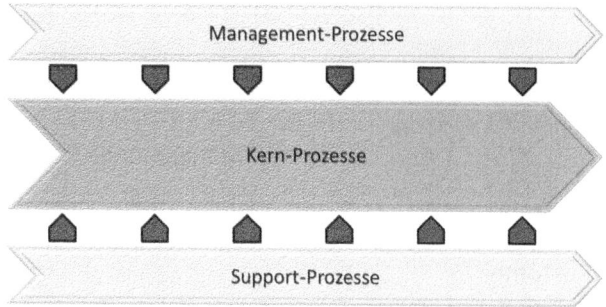

Prozesse in einer Verwaltung, in einem Krankenhaus oder im Handwerk von Betrieb zu
Betrieb relativ vergleichbar sind, unterscheiden sich die Prozesse eines Spezialmaschinen-
bauers mit hundert Kunden rund um den Globus und einer hochspezialisierten Technologie von einem Zulieferer, der Metallteile im Auftrag stanzt oder einer Werbeagentur, deren
Fokus Kommunikation von Themen für die öffentliche Hand ist.

Ein Unternehmen, egal welcher Größe oder welcher Branche, hat durch die Erfassung
und Dokumentation seiner Prozesse einen Wettbewerbsvorteil, was sich z. B. bei der internen Versetzung von Mitarbeitern (höhere Flexibilität) oder den kürzeren Einarbeitungs-
zeiten neuer Mitarbeiter ausdrückt. Auch kann die kontinuierliche Verbesserung von Prozessen oder die Entwicklung neuer Geschäftsmodelle auf Basis bestehender Prozesse zu
Vorteilen im Wettbewerb führen. Dies ist der Grund, warum ich Prozessmodellierung als
eines der zentralen Instrumente interner Unternehmenskommunikation betrachte. Erst
durch die Modellierung wird die Ablauforganisation transparent und damit zu einem
Gegenstand, auf den Management Einfluss nehmen kann.

Als Idealzustand kann man annehmen, dass ein Unternehmen sich selbst komplett
durch Prozesse beschrieben hat. D. h. es ist dokumentiert, wie das Unternehmen funktioniert und in welcher Art und Weise Routinen ausgelöst werden, die zu erwartbaren Ergebnissen und damit Umweltstabilität führen. Liegen die Prozesse einheitlich dokumentiert
über das ganze Unternehmen vor, erhält man ein Organisationshandbuch, das quasi das
Betriebssystem eines Unternehmens darstellt (vgl. grundlegend BMI 2013).

Sieht man ein Organisationshandbuch in diesem Sinn als Kommunikationsinstrument,
sollte man den Aufbau in einer gut erfassbaren Struktur und einer empfängerorientier-
ten Sprache vornehmen. Als Strukturelement bietet sich zunächst die Gliederung in drei
Prozessklassen ein, wie man sie im Qualitätsmanagement vornimmt. Darin unterscheidet man Kernprozesse, die den eigentlichen Kundenwert erzeugen, Supportprozesse, die
die betrieblichen Ressourcen bereitstellen und Managementprozesse, die Entscheidungen
liefern und die Abläufe steuern und kontrollieren (vgl. z. B. Garvin 1998; Schmelzer und
Sesselmann 2008; Abb. 3.12).

Das zentrale Element des Betriebssystems eines Unternehmens – der Core – sind die
Kernprozesse, die sich mit der Leistungserbringung für den Kunden beschäftigen. Die
Kernprozesse wiederum kann und sollte man weiter unterscheiden. Diese Unterscheidung
hängt stark von der Branche ab und kann z. B. nach Kundengruppen, Vertriebswegen oder

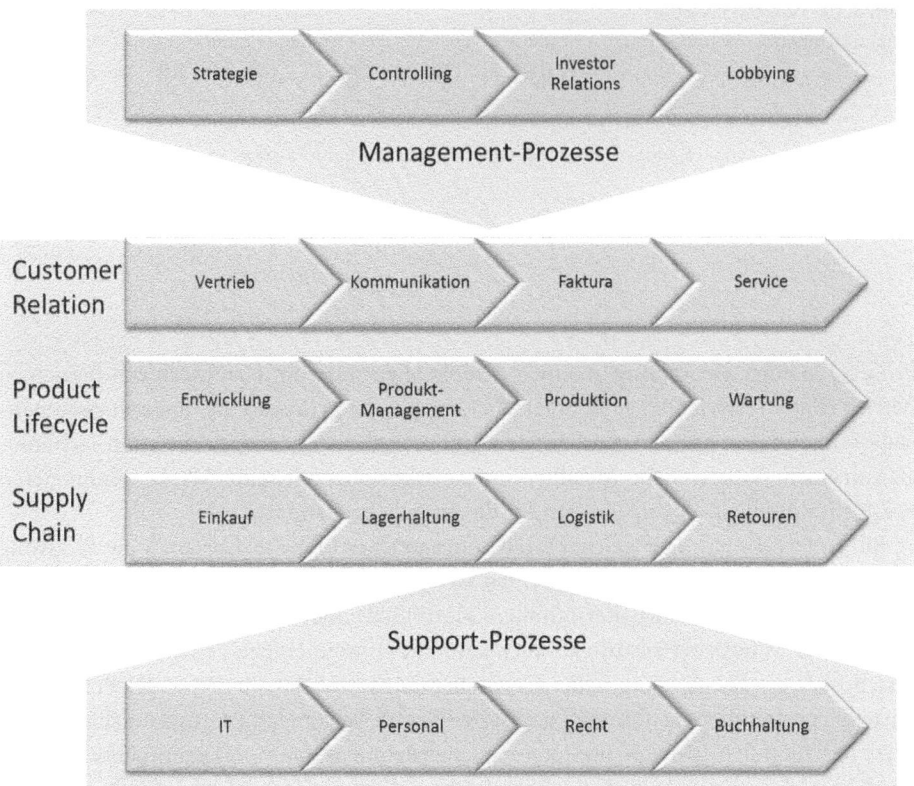

Abb. 3.13 Prozesslandkarte mit Management-, Support- und Kernprozessen

Produktgruppen differenziert werden. Auf genereller Ebene werden die Kernprozesse eines Unternehmens häufig in drei Dimensionen geordnet (vgl. Abb. 3.13):

- Customer Relationship Management: beschreibt die Prozesse im Umgang mit dem Kunden von der Akquisition über die Auftragserfassung und Faktura bis zur Kundenbetreuung.
- Product Lifecycle Management: beschreibt die Prozesse, die rund um das Produkt nötig sind, von der Planung eines neuen Produkts, über dessen Ausstattung bis zur Wartung und Instandhaltung.
- Supply Chain Management: beschreibt die Prozesse, die von der Beschaffung der produktbezogenen Ressourcen im Einkauf über die Wege im Unternehmen bis zur Auslieferung an den Kunden ineinander greifen (Lieferkette).

Das Ergebnis dieser Strukturierung ist eine Prozesslandkarte, die die Grundstruktur der Ablauforganisation eines Unternehmens zusammenfasst. Zusammen mit einem Organigramm als Darstellung der Aufbauorganisation eines Unternehmens bildet die Prozesslandkarte die Basis des Organisationshandbuchs.

Auf Grundlage der Prozesslandkarte können Prozesse weiter in die Tiefe strukturiert werden. Hier geht im Wesentlichen um zwei Aspekte:

- Prozesse sind zeitlicher Natur und spiegeln einen Verlauf wider. Dieser wird von einem Anfangsereignis und dem Ergebnis geprägt. Zur sinnvollen Beschreibung von Prozessen ist daher immer die Angabe von Input und Output notwendig.
- Prozesse sind im Kontext von Organisationen (Geschäftsprozesse) als wiederholbarer Ablauf verschiedener Einzelaktivitäten zu verstehen und daher Routinen im Sinne fester Abläufe. Sie unterscheiden sich von Einzelereignissen, die zwar ebenfalls prozessual verlaufen, damit aber noch kein Geschäftsprozess sind.

Ein beispielhafter und verbreiteter Prozess in diesem Sinne ist etwa die Faktura. Der Input ist ein Auftrag (formalisiert oder formlos z. B. als Bestellung über E-Mail oder Telefon), der Output die Rechnung. Der Prozess selbst besteht in der Übertragung der Auftragsdaten in die Rechnung ggf. unter Anlage eines neuen Debitors (als verknüpfter Prozess) und der Anlage entsprechender Informationen im Rechnungswesen (Zahlungsziel, besondere Rabatte, Skonti und Boni). Dagegen ist der Vortrag des Geschäftsleiters auf einer Tagung seines Branchenverbands kein Prozess, da er einmaliger Natur ist (das Thema kann natürlich mehrfach gehalten werden, die Tagung als Rahmenbedingung dagegen ist aber ein Zeitpunkt) und auch die Input-Output-Beziehung ist nicht wirklich eindeutig zu beschreiben (ist die Einladung der Input, oder eine fachliche Expertise oder die Stellung des Unternehmens im Verband).

Prozesse lassen sich in unterschiedlicher Tiefe beschreiben. Die Granularität, die geeignet ist, wählt man unter Abwägung von Kosten-Nutzen-Gesichtspunkten. Eine ideale Prozessbeschreibung kennt man in der Gastronomie: Für eine definierte Menge an Zutaten (Input) wird eine Handlungsanweisung (Prozessbeschreibung, hier: ein Rezept) gegeben, die zum fertigen Gericht (Output) führt. Auch hier könnte man noch feingranularer vorgehen und z. B. die Anweisung „Eier trennen" als eigenen Prozess beschreiben. Dies führt jedoch zu einer Unübersichtlichkeit und einem Dokumentationsaufwand, der nicht angemessen erscheint. Beim oben genannten Beispiel Faktura müsste man im Einzelfall prüfen, ob z. B. die Anlage der Rechnung im IT-System (Aufruf der Transaktionsmaske und deren Befüllung), die Aufgaben der IT (Zahlungsziele, Eintrag in die offenen Posten, Dokumentation, Überprüfung der Bonität), das Drucken, Versenden und Ablegen als Elementarprozesse abzubilden sind, oder ob man es mit der Verdichtungsebene „Rechnungserstellung" belässt.

Die Beschreibung von Prozessen kann rein sprachlich erfolgen und ist dann sehr stark abhängig vom Autor der Beschreibung. Da zumeist mehrere Autoren zum Zuge kommen (z. B. aus jeder Abteilung einer), unterscheidet sich zudem die Qualität und Tiefe der einzelnen Prozessbeschreibungen. Dennoch wird speziell zum Einsatz in Qualitätshandbüchern oft die Form der Prozesstabelle verwendet, die z. B. im Aufbau Spalten für Prozessnummer, Tätigkeit, Zuständigkeit, Beschreibung und Ergebnis vorsieht (vgl. Tab. 3.4). Prozessta-

Tab. 3.4 Muster einer Prozesstabelle

Nr.	Tätigkeit	Ausführender	Beschreibung	Ergebnis	Anmerkung
1	Post befördern	Bote	Post auf Wagen sortieren, eingehende Post verteilen, ausgehende Post einsammeln	Eingangspost verteilt, Ausgangspost eingesammelt	Drei Botengänge pro Tag
2	Pakete annehmen	Zentrale	Anschrift prüfen, ggf. Paket annehmen, Annahmen bestätigen, Empfänger benachrichtigen	Empfänger ist benachrichtigt	Kleinere Pakete werden über die Hauspost verteilt, größere müssen abgeholt werden
3	...	...	...	...	...

bellen sind besser als gar keine Prozessbeschreibung. Dennoch tendieren sie speziell bei umfangreichen Dokumentationen eher zu Unklarheit, als zu Transparenz. Daher hat sich für Prozessbeschreibungen in der betrieblichen Praxis eine eigene Notation entwickelt.

Am bekanntesten und häufig auch in Lehrbüchern zu finden und vielfach für die Beschreibung einer Prozesslandkarte genutzt sind Wertschöpfungskettendiagramme. Sie verbinden Abläufe (zeitliche Perspektive) und Hierarchien (formalisierte Perspektive), eignen sich jedoch nur für ein hohes Abstraktionsniveau.

Wertschöpfungsketten sind hinsichtlich ihrer Notation ein Spezialfall der *event driven process chain* (EPC), die 1992 an der Universität des Saarlands entwickelt und später speziell im SAP-Umfeld intensiv genutzt wurde (vgl. Keller et al. 1992). Grundlegend unterscheidet man in der ereignisgesteuerten Prozesskette Ereignisse (sechseckig dargestellt) und Funktionen (dargestellt als Rechteck mit abgerundeten Ecken), die in einem zeitlichen Ablauf stehen und über Konnektoren aufgespalten und wieder vereinigt werden können. Die Prozesskette kann um weitere Elemente ergänzt werden, speziell um Organisationseinheiten (Ellipse mit senkrechtem Strich am linken Rand) und Informationen (Rechteck). Die zentrale Grundannahme der *event driven process chain* ist es, dass die Ereignisse (passiv) Funktionen (aktiv) auslösen (vgl. Abb. 3.14).

Die ereignisgesteuerte Prozesskette wurde im Rahmen der breiter angelegten Architektur integrierter Informationssysteme (ARIS) ausgearbeitet (vgl. Scheer 1991). Das ARIS-Konzept wird eingesetzt, um die Anforderungen an ein betriebliches Informationssystem möglichst umfassend zu beschreiben. Dazu wird die Organisation in fünf Schichten beschrieben: Funktionen, Organisation, Daten, Leistung und Steuerung, wobei in letztgenannter die ereignisgesteuerte Prozesskette zum Tragen kommt.

Ein alternatives Notationsverfahren ist *business process model and notation* (BPMN), das unter Federführung des IBM-Mitarbeiters Stephen A. White entwickelt wurde (White 2004). BPMN arbeitet ähnlich wie EPC, ist aufgrund der verwendeten Symbole und der Nutzung sogenannter *swimlanes* aber etwas leistungsfähiger und übersichtlicher. Die BPMN-Grundelemente sind *flow objects* (Elemente im Flussdiagramm), *connecting objects* (Verbindungen), *pools* und *swimlanes* (Organisationseinheiten) sowie *artifacts* (Dokumentation und Information). Als Elemente werden verwendet:

Abb. 3.14 Event Driven Process Chain (EPC)

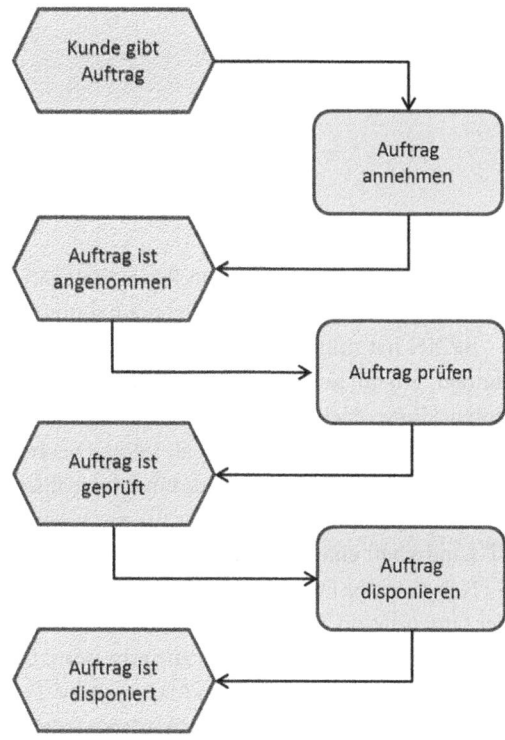

- Aktivitäten (Rechteck mit gerundeten Ecken) im Sinne einzelner Aufgaben (*task*) oder miteinander verknüpfter Aufgaben (*subprocess*), die kollabiert (aufklappbar) oder expandiert (aufgeklappt) dargestellt werden.
- Gateways (Rhombus) sind Weichen, an denen Aktivitäten zusammenlaufen (*merging*) oder sich trennen (*forking*).
- Ereignisse (Kreis) sind Umstände, die sich innerhalb des Prozesses ereignen können, z. B. das Eintreffen einer Nachricht, das Erreichen eines bestimmten Datums oder das Auftreten einer Ausnahmesituation.

Die Elemente werden durch Sequenzen (Pfeil) verbunden, können aber auch durch Botschaften in Kontakt mit anderen Prozessen in anderen Abteilungen stehen (Pfeil mit gestrichelter Linie) oder einfach mit weitergehenden Informationen verbunden sein (gestrichelte Linie).

Ein entscheidender Vorteil für *business process model and notation* ist die Berücksichtigung verschiedener organisatorischer Einheiten durch Verwendung der Konzepte *pool* und *swimlane*. Ein *pool* umschreibt die übergeordnete Organisationseinheit, z. B. einen Betriebsstandort. Der *pool* ist eingeteilt in verschiedene Bahnen (*lanes*), die die unterschiedlichen Handlungsrollen symbolisieren, z. B. Lager, Montage und Versand. So lassen sich Prozesse modellieren, die die Beteiligung verschiedener Handlungsrollen benötigen,

Abb. 3.15 Deming-Kreis
(PDCA-Zyklus)

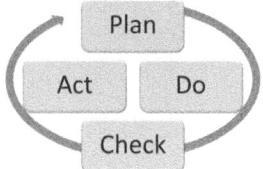

etwa die Angebotserstellung im Projektgeschäft mit Projektbeschreibung (Fachabteilung), Kalkulation (Controlling, Finanzbuchhaltung) und Freigabe (Geschäftsleitung).

BPMN hat mittlerweile Eingang in die Standards der Object Management Group gefunden, einem Konsortium der führenden IT-Hersteller, das für die Beschreibung der Entwicklung objektorientierter Software den UML-Standard (*unified modeling language*) entwickelt hat (vgl. Jacobson et al. 1999). Dieser gibt ein noch umfangreicheres Instrumentarium an die Hand, ist im Sinne eines formalisierten Kommunikationsinstruments jedoch zu komplex und eignet sich eher für die Modellierung von Funktionen, die innerhalb der IT-Landschaft eines Unternehmens implementiert werden sollen.

Neben seiner Funktion als formalisierter Dokumentation der Entscheidungsgeschichte der Organisation, ist die Dokumentation der Geschäftsprozesse eine notwendige Grundlage, um Prozesse kontinuierlich zu verbessern. Damit zählt das Prozessdesign zu den resultatorientierten Werkzeugen im Management. Populär gemacht wurde diese Sichtweise von einem der Pioniere des Qualitätsmanagements, William Edwards Deming. Er entwarf eine zyklische Perspektive auf die Prozesse eines Unternehmens, die kontinuierlich optimiert und an Umweltbedingungen angepasst werden müssen, um die Effizienz im Hinblick auf den Wettbewerb zu steigern. Bekannteste Anwendung ist dabei der Deming-Kreis (auch PDCA-Zyklus oder Shewhart Cycle genannt, vgl. Abb. 3.15), der als schrittweise Problemlösung vier aufeinander aufbauende Stufen nutzt (vgl. Shewhart und Deming 1939):

- *plan* – Planung einer Prozessverbesserung
- *do* – Umsetzung der Prozessverbesserung in einem begrenzten Testszenario
- *check* – Prüfung, ob die Prozessverbesserung zu Ergebnissen im Sinne einer positiven Entwicklung geführt haben
- *act* – falls Ja: Einführung des neuen Prozesses als Standard und Überprüfung, dass der neue Prozess eingehalten wird (Auditing)

Das Organisationshandbuch kann neben der Prozesslandkarte, einem Organigramm und der Dokumentation der wichtigsten Prozesse – speziell der Kernprozesse – weitere sinnvolle Ergänzungen enthalten. Neben der Zusammenführung ohnehin vorhandener Dokumente, die hier Sinn machen können, wie Bedienungsanleitungen, Datenschutzrichtlinien, Umweltschutzbestimmungen etc. sind vor allem folgende beide Aspekte sehr nützlich, um das Gesamtdokument in einen verständlichen Bezugsrahmen zu setzen:

- Beschreibung des Geschäftszwecks (*mission statement*; vgl. Bart 1997) mit den Dimensionen
  - In welchem Markt ist das Unternehmen tätig?
  - Welchen Beitrag leistet das Unternehmen für die Kunden?
  - Was macht die Leistung des Unternehmens einzigartig?
- Beschreibung der langfristigen Perspektive und einer weitreichenden Zielvorstellung (*business vision*; vgl. Collins und Porras 1996)

Lessons learned

Das Organisationshandbuch fasst als Kommunikationsinstrument zentrale Aspekte der Aufbau- und Ablauforganisation sowie der bedienten Märkte und angestrebten Ziele zusammen. Dadurch liefert das Organisationshandbuch einen wichtigen Beitrag zur Selbstbeschreibung der Organisation und zur Sicherstellung von Redundanz. Zum Organisationshandbuch gehören auf jeden Fall ein Organigramm und eine Prozesslandkarte, die die Kernprozesse, die Managementprozesse und die Unterstützungsprozesse übersichtlich darstellt. Speziell die Kernprozesse sollten dabei im Hinblick auf die Kundenbeziehung, den Produktlebenszyklus und die Lieferkette aufgegliedert werden.

Um Prozessabläufe auf höherem Detailgrad abzubilden, empfiehlt es sich, eine eigene Notation wie die *event driven process chain* (EPC) oder *business process model and notation* (BPMN) zu verwenden. Dadurch wird das Überarbeiten (Re-Engineering) bestehender Prozesse erleichtert und man kann, wie im PDCA-Zyklus beschrieben, Prozessverbesserung als dauerhafte Aufgabe bearbeiten.

3.3.3 Kommunikation in Projekten

Ein Organisationshandbuch befasst sich aufgrund seiner Aufgabe, die Strukturen der Organisation zu dokumentieren, im Wesentlichen mit Standards, Routinen und Prozessen im Sinne wiederholbarer Sequenzen einzelner Arbeitsschritte. Neben Routine (der „Serienfertigung") gibt es in vielen Unternehmen aber auch Projekte, sozusagen den „Sonderbau". Projekte werden dabei sowohl für interne Aufgaben wie die Einführung einer neuen Software, den Umbau der Firmenräumlichkeiten oder die Entwicklung eines Trainee-Programms genutzt, als auch im Umgang mit Kunden und Lieferanten eingesetzt, wie beispielsweise in der individuellen Software-Entwicklung, der Architektur, oder der Unternehmensberatung.

Projekte sind üblicherweise definiert durch ihre Orientierung auf ein einmaliges Ziel, das zu einem bestimmten Zeitpunkt mit begrenzten Ressourcen erreicht werden soll (vgl. PMI 2013). Damit bilden Projekte das logische Gegenstück zum Produkt. Während ein Produkt – selbst wenn es sich wie im Sinne der *mass customization* (vgl. Pine 1993) um ein Unikat handelt – Ergebnis der dauerhaften Geschäftstätigkeit und damit im Prinzip zeitlos ist, sind Projekte – selbst wenn sie über Jahrzehnte dauern – von vornherein auf ihren Abschluss angelegt. Projekte und Produkte basieren dabei auf Prozessen, lassen sich also in einzelne Tätigkeiten dekomponieren.

Man kann sich den Zusammenhang zwischen Produkt, Projekt und Prozess am Beispiel einer Blinddarmentzündung veranschaulichen. Die Behandlung des Patienten ist das Projekt mit klarem Projektergebnis und definierten Ressourcen. Für die Behandlung kommen Produkte zum Einsatz z. B. verschiedene Medikamente, Durchführung einer Sonografie, Bestimmung des Blutbilds und die Operation selbst – Produkte, die sich im Laufe der Zeit ändern mögen, die aber von ihrer Anlage her zeitlos sind. Für beides – das Projekt und die Produkte – sind Prozesse nötig. Auf Projektebene wäre das etwa der klassische Dreischritt Anamnese-Diagnose-Therapie, auf Produktebene die Anwendung verschiedener Routinen z. B. für die Pflegetätigkeiten.

Klassisches Projektgeschäft dominiert nicht nur im Gesundheitswesen. Auch in anderen Branchen, z. B. der Architektur, dem Anlagenbau, den beratenden Berufen wie Juristen, Steuerberater, Unternehmensberater etc. sind Projekte Tagesgeschäft. Sie alle setzen für die Durchführung ihrer Projekte Prozesse ein, in denen Produkte verwendet werden.

Klassisches Produktgeschäft dagegen kennt man vor allem bei Verbrauchsgütern (z. B. den *fast moving consumer goods*, aber auch Schrauben, Heizöl oder Kopierpapier), Gebrauchsgütern (z. B. Autos, Smartphones und Kleidung) und Dienstleistungen (z. B. Tourismus, Banken und Versicherungen). Sie setzen für die Herstellung ihrer Produkte Prozesse ein, brauchen darüber hinaus aber auch Projekte wie z. B. die Produktentwicklung mit der erstmaligen Markteinführung (Product Launch), den Relaunches bei Produktverbesserung, den Eintritt in neue Märkte, die Errichtung neuer Standorte oder die Einführung einer neuen ERP Software.

Dadurch, dass Projekte auf Zeit angelegt sind, unterscheiden sie sich hinsichtlich ihrer Organisation von dem klassischen Instanzenansatz mit funktionalen Befehlslinien. Üblicherweise ist es so, dass für die Durchführung von Projekten temporär eine neue Organisation eingerichtet wird. Dies kann natürlich als eigene Unternehmung geschehen wie z. B. bei Filmprojekten und bei größeren Infrastrukturprojekten, die von einer Arbeitsgemeinschaft aller beteiligten Bauunternehmen realisiert werden und bei denen die Beteiligten tatsächlich während der Projektphase ausschließlich diesem einen Projekt verpflichtet sind. Der Regelfall ist allerdings die Einrichtung eines Projektteams aus Mitgliedern, die neben der Projektrealisation weiter in der funktionalen Linie eingebunden sind.

Projektteams können komplett aus einer Linie bestückt werden, können sich interdisziplinär aus Mitgliedern verschiedener Linien einer Organisation oder auch interorganisational aus Mitgliedern der eigenen Organisation und anderer Organisationen (z. B. der Lieferanten oder der Kunden) zusammensetzen. Je unterschiedlicher die Teambesetzung ist, desto größer ist die Herausforderung, aus der auf Zeit angelegten Parallelorganisation tatsächlich eine schlagkräftige Arbeitsgruppe zu bilden. Die Gruppenbildung führt zu einer Dynamik, die u. a. Bruce Tuckman anschaulich in vier Phasen beschrieben hat (vgl. Tuckman 1965):

- *forming*: Bildung des Teams und Durchlaufen einer Orientierungsphase, in der die Teammitglieder versuchen, sich in ihre Rolle einzufinden.
- *storming*: Sobald man sich im Arbeitsprozess kennengelernt hat, gehen die anfänglichen Höflichkeiten in offene Konfrontation über. Machtkämpfe entstehen und man versucht, sein Territorium abzugrenzen.
- *norming*: Durch die Konfrontation starker „Ichs" entwickelt sich idealerweise aufgrund des gemeinsamen Ziels ein Wir-Gefühl und das Team tritt in die Kooperationsphase ein, in der Einzelinteressen zugunsten der Teaminteressen untergeordnet werden.
- *performing*: Erst danach entsteht in der Wachstumsphase ein echter Mehrwert der Teamarbeit und die Gruppe leistet mehr als die Summe ihrer Teile.

In allen Phasen muss das Projektteam und speziell der Projektleiter intensiv kommunizieren und die Ergebnisse dokumentieren – also formalisieren –, um eine gemeinsame Entscheidungsgeschichte für das Projekt sicherzustellen. Dafür bietet sich eine Vielzahl praktischer Werkzeuge an, von denen ich einige exemplarisch vorstelle.

Die entscheidenden Risiken für ein Projekt sind laut dem durchaus kritisch[21] eingeschätzten Chaos-Report stark auf unvollständige und sich im Projektverlauf ändernde Zielvorgaben für das Projektergebnis zurückzuführen (vgl. Standish Group 1995). Um dem vorzubeugen, bietet es sich an, speziell für die Definition, Überwachung und Bewertung von Projekten, ein mächtiges Werkzeug einzusetzen. Eines dieser großen Werkzeuge ist der Logical Framework Approach oder kurz Logframe. Der Logical Framework Approach wurde in den USA für die Projektierung von Entwicklungshilfeaufträgen entwickelt (vgl. Rosenberg et al. 1970).

Das Logframe ist eine Matrix mit vier Spalten und vier Zeilen, in denen die Kernelemente des übergeordneten Projektplans übersichtlich abgetragen werden können. Es geht um die Projektziele, die wichtigsten externen Einflüsse auf die Ziele, die Überprüfung und schließlich die Bewertung des Ergebnisbeitrags einzelner Maßnahmen (vgl. Tab. 3.5). Da die Projektziele die oberste Priorität haben, wird die Logframe-Methode oft auch zielorientierte Projektplanung (*objectives oriented project planning*) genannt. Bei der weiteren Vorstellung der Logframe-Methode orientiere ich mich am Vorschlag der Europäischen Kommission (vgl. EuropeAid 2004).

Die erste Spalte des Logframe bricht die Projektziele in einer kausalen Ableitung herunter. Die Annahme ist: Es wird dann ein Beitrag zu dem übergeordneten Ziel (*objective*) geleistet, wenn der Zweck (*purpose*) für den Kunden erreicht wird. Um den Zweck zu erreichen, müssen Ergebnisse (*results*) erzeugt werden. Um Ergebnisse zu erzeugen, müssen unterschiedliche Maßnahmen (*activities*) umgesetzt werden und für die Durchführung dieser Maßnahmen müssen Ressourcen bereitgestellt werden.

---

[21] Der Chaos-Report bezieht sich explizit auf Software-Entwicklungsprojekte, wird aber dennoch gerne auf Projektmanagement im Allgemeinen übertragen. Die Methodik des Chaos-Reports wird kritisch eingeschätzt, auch aufgrund fehlender Transparenz, womit sich Objektivität, Reliabilität und Validität nicht herstellen lassen. Vgl. Eveleens und Verhoef (2010).

Tab. 3.5 Aufbau eines Logframes zur Erfassung der Projektziele

Project Description	Indicators	Source of Verification	Assumptions
overall objective: Übergeordnetes Unternehmensziel	Wie wird der Beitrag zu den übergeordneten Zielen in Menge, Qualität, Zeit gemessen?	Wie, wann von wem werden die Indikatoren überprüft?	
purpose: Zweck für die Zielgruppe	Wie wird der Zweck in Menge, Qualität, Zeit gemessen?	Wie, wann von wem werden die Indikatoren überprüft?	Welche Annahmen müssen zutreffen, damit der Zweck die Unternehmensziele realisiert?
results: Konkrete Resultate	Wie werden die Ergebnisse in Menge, Qualität, Zeit gemessen?	Wie, wann von wem werden die Indikatoren überprüft?	Welche Annahmen müssen zutreffen, damit die Ergebnisse den Zweck umsetzen?
activities: Maßnahmen, die durchgeführt werden			Welche Annahmen müssen zutreffen, damit die Maßnahmen zu den Resultaten führen?

Abb. 3.16 Funktionsweise des Logframe

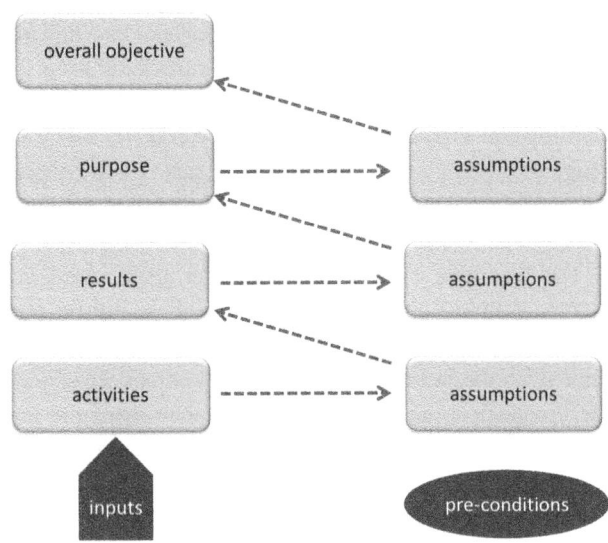

Die vierte Spalte des Logframe beinhaltet Annahmen (*assumptions*), die als externe Faktoren den Erfolg eines Projekts beeinflussen, ohne dass sie vom Projektteam direkt gesteuert werden können. Die vertikale Logik des Logframe basiert auf der Überlegung, dass das Erreichen der Ziele (erste Spalte) von diesen Umweltfaktoren abhängt, die entsprechend überwacht werden müssen und Eingang in das Risikomanagement eines Projekts finden (vgl. Abb. 3.16).

Die Definition von Annahmen über die Umwelt erfolgt im Rahmen eines Assessments möglicher Annahmen. Zunächst wird unterschieden zwischen für das Projektziel wichtigen und unwichtigen Annahmen. Die wichtigen werden dann hinsichtlich ihrer Belast-

Abb. 3.17 Prüfung der
Annahmen für die Aufnahme
ins Logframe

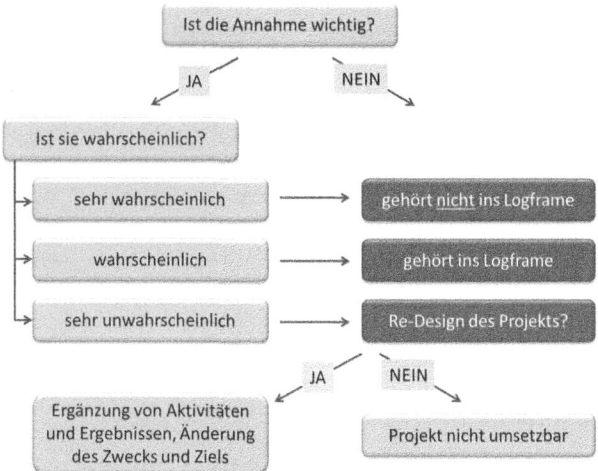

barkeit bewertet. Als sicher geltende Annahmen (stabile Faktoren) werden nicht in den Logframe aufgenommen. Grundlegende Annahmen, die nicht belastbar sind (unprüfbare Annahmen), können den Projekterfolg im Kern gefährden und führen dazu, die Projektziele zu hinterfragen. Die Realisierungswahrscheinlichkeit (*feasibility*) steht in Frage, was zu einem Re-Design der Ziele führt. Annahmen, die wahrscheinlich sind, finden dagegen Eingang in den Logframe und werden überwacht (vgl. Abb. 3.17).

Die zwei und dritte Spalte des Logframe dienen der Überprüfbarkeit der Projektergebnisse. In der zweiten Spalte werden objektiv überprüfbare Indikatoren (*objectively verifiable indicators*, OVI) eingetragen, die in Zeit, Menge oder Qualität (*quantity, quality, time*, QQT) messbar sind. Die dritte Spalte umfasst die Methoden, mit denen die Indikatoren erhoben werden und sollten darlegen, wer (Zuständigkeit), wann (Periodizität) wie (Quellen und Verfahren) die Indikatoren überprüft. Tabelle 3.6 zeigt, in welcher Reihenfolge ein Logframe zu bearbeiten ist, um belastbar den Projektauftrag darzustellen.

Der Logframe ist ein sehr praktisches und gut strukturiertes Mittel für die interne Kommunikation in Projekten. Er verschafft einen gemeinsam geteilten Einblick über die Ziele und die dafür zu erbringenden Resultate, deren Erreichbarkeit und die Abhängigkeit von externen Faktoren. Wird der Logframe zur Definition der Projektziele eingesetzt, herrscht von Beginn an Klarheit über Richtung (Ziele), den Weg (Prozesse) und mögliche Gefahren von außen (Risiken) zwischen Projektauftraggeber, Projektleiter und Projektmitgliedern. Weiterhin ist konkret festgelegt, wie die Umsetzung tatsächlich überprüft wird, mit welchen Mitteln also konkret die Güte der Projektergebnisse festgestellt wird.

Neben den Projektzielen ist die gute Aufarbeitung der Randbedingungen, die zur Einrichtung des Projekts in seinem konkreten Rahmen geführt haben, ein wesentlicher Punkt, um die Projektmitglieder schnell „mit an Bord zu holen". Es gibt verschiedene Werkzeuge für die Projektumfeldanalyse (PUMA). Die Werkzeuge unterscheiden sich dabei im Kern von ihrem jeweiligen Bezugsrahmen. Man kann z. B. für den externen Umweltbezug des Projekts eine PEST-Analyse durchführen, für die externen und internen Anspruchsgrup-

Tab. 3.6 Bearbeitungsschritte im Logframe

Project Description	Indicators	Source of Verification	Assumptions
overall objective (1)	(8)	(9)	
purpose (2)	(10)	(11)	(7)
results (3)	(12)	(13)	(6)
activities (4)			(5)

Abb. 3.18 Elemente der PEST-Analyse

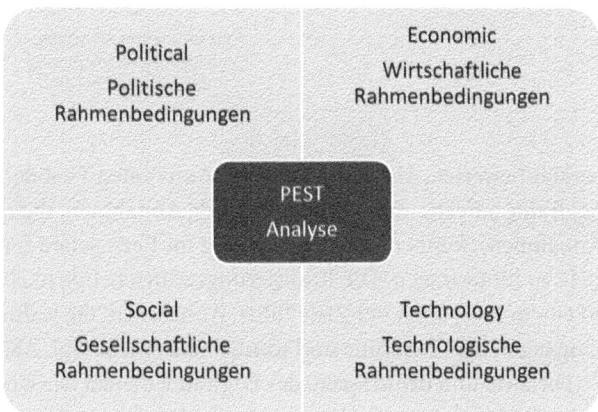

pen an das Projekt eine Stakeholder-Analyse und für die Bestimmung des Projekts als eigenständiges System Basisdefinitionen in Form einer CATWOE-Analyse bilden.

Die PEST-Analyse entwickelte sich aus der Beschäftigung mit generellen Umfeldfaktoren eines Unternehmens, wie sie Aguilar (1967) aufwarf. Daraus entwickelte sich in der Managementpraxis schnell ein Akronym, das man wahlweise als STEP, PEST oder mit Erweiterungen versehen als PESTLE u. ä. verwendet. Bei der PEST-Analyse geht es im Kern um die Darstellung von Einflussfaktoren aus Politik (*political analysis*), Wirtschaft (*economic analysis*), Gesellschaft (*social analysis*) und Technologie (*technological analysis*), wie es Abb. 3.18 zusammenfasst.

Die Beschreibung von Makrotrends und großen Entwicklungslinien wird im betrieblichen Umfeld sehr plakativ verwendet, also nicht im Sinne einer fundierten Analyse, sondern als Integration gesellschaftlicher Randbedingungen und ihrer möglichen Änderung auf die konkrete Geschäftsplanung. In diesem Sinn fließen Ergebnisse einer PEST-Analyse häufig verdichtet auf einzelne Schlagworte als Chancen und Risiken in eine SWOT-Analyse ein. Das Verbot herkömmlicher Glühlampen ist z. B. für den Hersteller von Leuchtmitteln ein erheblicher Umfeldeinfluss, der technologische, politische (bzw. rechtliche) und wirtschaftliche Implikationen hat.

Als Teilbereich einer PUMA ist die PEST-Analyse insbesondere dann geeignet, wenn das Projekt einen starken externen Fokus hat, wie z. B. bei der Erschließung einer neuen Marktregion oder der Entwicklung eines neuen Produkts. In diesem Kontext kann eine PEST-Analyse die Projektteilnehmer schnell und übersichtlich über wesentliche Kategorien aufklären setzen, die entweder als Auslöser oder wesentliche Beeinflusser des Projekts interpretiert werden können. Diese sind z. B.

- *politics*: Regulation im Markt, Technologieverbote, Förderprogramme, Zölle, Stabilität, Sicherheit etc.
- *economy*: volkswirtschaftliche Wachstumsdaten, Patente, Finanzierungskosten, Inflationsrate etc.
- *society*: Gesellschaftswachstum, Demografie, Einstellungen, Lebensstile, Mode etc.
- *technology*: Einstellung zu Forschung und Entwicklung, Verbreitung neuer Technologien z. B. Digitalisierung im Medienbereich, Gentechnik, disruptive Innovationen etc.

Während eine PEST-Analyse z. B. bei Einführung eines neuen Reservierungssystems in einem Hotel nicht zwingend sinnvoll erscheint, ist eine Stakeholder-Analyse als Teilbereich der PUMA immer zu empfehlen. Der Begriff Stakeholder wurde von Freeman (1984) in die Managementtheorie eingeführt und erweitert den Bezugsrahmen der Personen oder Institutionen, denen ein Unternehmen verpflichtet ist. Ging man bis in die 1970er Jahre davon aus, dass die Anteilseigner (Shareholder oder Stockholder) diejenigen sind, für die das Unternehmen letztlich Gewinne erwirtschaften soll und die damit zugleich als einziger Bezugspunkt unternehmerischen Handelns dienen, erweitert der Stakeholder-Ansatz den Rahmen in Richtung auf weitere Anspruchsgruppen wie Kunden, Lieferanten, die Nachbarschaft, Politiker, Manager, Mitarbeiter etc. (vgl. Freeman und Reed 1983). Im Projektmanagement wird dieses Konzept der Anspruchsgruppen übernommen, um als Teilbereich formalisierter Kommunikation darzustellen, wer welchen Einfluss auf das Projekt nimmt.

Die Stakeholder-Analyse versucht pragmatisch, die verschiedenen Anspruchsgruppen zu sortieren und zu priorisieren. Zunächst geht es um eine möglichst umfassende Aufstellung aller Stakeholder. Dazu bietet sich eine Unterscheidung in aktive und passive Stakeholder an. Aktive Stakeholder sind die am Projekt beteiligten Mitarbeiter in ihren Rollen als

- Projektleiter
- Projektmitarbeiter (Kernteam und erweitertes Projektteam)
- Kunden, Benutzer
- Auftraggeber
- Sponsoren, Macht- und Fachpromotoren

Passive Stakeholder sind vom Projekt nur indirekt betroffen wie etwa die Anrainer bei einem Bauprojekt, Verbände oder Journalisten.

Die Einbindung der Stakeholder-Analyse ins Projektmanagement wurde insbesondere durch Cleland (1986) befördert, der die Behandlung der verschiedenen Interessensgrup-

Abb. 3.19 Mendelow-Matrix
(Power-Interest Grid)

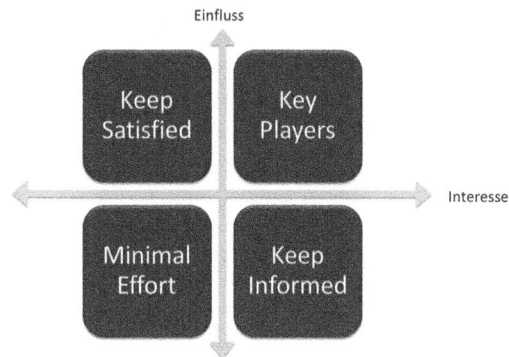

pen nicht nur als statisches Thema der Analyse, sondern als kontinuierlichen Managementprozess im Projekt ausgestaltet. Das Project Stakeholder Management umfasst verschiedene Handlungsfelder:

- Identifikation der unterschiedlichen Anspruchsgruppe
- Recherche über die verschiedenen Anspruchsgruppen
- Ableitung der jeweiligen Zielsetzungen der einzelnen Anspruchsgruppen
- Bestimmung der Stärken und Schwächen der Anspruchsgruppen
- Analyse der Strategien, mit denen die Anspruchsgruppen das Projekt begleiten
- Vorhersage des Verhaltens der einzelnen Anspruchsgruppen im Laufe des Projekts
- Ausarbeitung einer geeigneten Stakeholder-Management Strategie

Um die Abhängigkeit bzw. die Beziehungen der Anspruchsgruppen in Bezug auf das Projekt zu kommunizieren, setzt man sogenannte Mapping-Techniken ein. Verbreitet ist z. B.
das ursprünglich von Aubrey Mendelow im Rahmen einer Konferenz 1981 vorgestellte
Environmental Mapping (vgl. Mendelow 1991), das Johnson und Scholes (2002) bekannt
machten. Im sogenannten Power-Interest-Grid bzw. einer Mendelow-Matrix werden die
Stakeholder nach Einfluss auf das Projekt und ihrer Einstellung zum Projektziel in vier
Gruppen eingeteilt (vgl. Abb. 3.19). Für die vier verschiedenen Cluster werden jeweils
Handlungsempfehlungen ausgesprochen:

- *key player* (aktives Einbeziehen in die Projektkommunikation): Großer Einfluss und
  zugleich großes Interesse am Gelingen des Projekts
- *keep satisfied*: Großer Einfluss, aber nur moderates Interesse
- *keep informed*: Geringer Einfluss, aber hohes Interesse
- *minimal effort* (passives Einbinden): Geringer Einfluss und geringes Interesse.

Ebenfalls häufig verwendet wird das 1997 von Mitchell et al. vorgelegte PLU-Mapping, das
sich an drei Kriterien orientiert:

- *power* (direkte Einflussmöglichkeiten auf das Projekt durch Hierarchie)
- *legitimacy* (indirekte Einflussmöglichkeiten auf das Projekt durch Reputation)
- *urgency* (dynamische Einflussmöglichkeiten auf das Projekt durch den Projektverlauf in der Zeit)

Diese drei Attribute lassen sich verbinden, um daraus eine Typologie von Anspruchsgruppen abzuleiten. Grundannahme ist dabei, dass ein Stakeholder umso mehr Einfluss auf das Projekt hat, je mehr Attribute zusammentreffen. Folgende Rollen lassen sich dabei unterscheiden (vgl. Mitchell et al. 1997, S. 874 ff.):

- *definitive stakeholder*: Wenn eine Anspruchsgruppe über Macht (z. B. als Mitglied der Geschäftsführung) und Reputation (z. B. als Vertriebsvorstand den Kunden ursprünglich akquiriert hat) verfügt, wird sie zum bestimmenden Stakeholder, wenn sie ein drängendes, aktuelles Problem thematisiert. Der Projektleiter muss dieser Anfrage höchste Priorität widmen.
- *dominant stakeholder*: Dominant ist ein Stakeholder, wenn er nicht nur Macht besitzt, sondern zugleich einen hohen Grad an Reputation, wie z. B. der ursprüngliche Entwickler einer Software, der nun als Leiter der Forschung und Entwicklung disziplinarisch dem Entwicklerteam vorgesetzt ist.
- *dangerous stakeholder*: Gefährlich ist eine Anspruchsgruppe, wenn sie aus einer machtvollen Position heraus ein dringliches Problem anspricht, ohne entsprechende Legitimität zu besitzen. So etwas kann beispielsweise passieren, wenn der Betriebsrat (prinzipiell mächtig, im Bezug zum Projekt aber keine Legitimität), den erhöhten Krankenstand aufgrund psychischer Probleme mit dem verstärkten Einsatz von Projektmanagement in Beziehung setzt.
- *dependent stakeholder*: Abhängig ist ein Stakeholder, wenn er ein aktuelles Problem anspricht und dafür als legitim angesehen wird, ihm aber die notwendige Macht fehlt, um seine Sichtweise durchzusetzen und sich daher Verbündete suchen muss. Dies geschieht beispielsweise, wenn ein Linienvorgesetzter, der mehrere Mitarbeiter für die Projektarbeit abstellen musste, auf einmal anmerkt, dass ein wichtiger Kunde abzuspringen droht, weil aufgrund mangelnder Personalressourcen Fehler gemacht wurden. Direkt kann der Linienvorgesetzte nicht auf das Projekt einwirken, durch Legitimität und Aktualität aber gewinnt er trotzdem großen Einfluss.
- *dormant stakeholder*: Schlafende Anspruchsgruppen haben zwar Macht, aber weder Legitimität in Bezug auf das Projekt noch einen aktuellen Anlass. So könnte man die Öffentlichkeit plakativ als schlafende Anspruchsgruppe in Bezug auf die Atomwirtschaft sehen, die sich vor dem Nuklearunfall in Fukushima hinsichtlich der Verlängerung der Laufzeiten für Atomkraftwerke ruhig verhielt, dann aber durch einen aktuellen Anlass ihre Macht als Wähler in vorauseilende Entscheidungen durch die Politik umsetzen konnte.
- *discretionary stakeholder*: Wenn eine Anspruchsgruppe zwar Reputation genießt, aber weder einen aktuellen Anlass noch die Macht hat, etwas im Projekt zu bewirken, ist der Umgang mit ihnen Ermessenssache.

- *demanding stakeholder*: Fordernde Anspruchsgruppen nutzen die Dringlichkeit von Situationen, können aufgrund fehlender Reputation und Macht aber keinen direkten Einfluss auf das Projekt ausüben.
- *nonstakeholder*: Wer in Bezug auf das Projekt weder Macht, noch Legitimität bzw. Reputation noch einen aktuellen Anlass hat, ist kein Stakeholder.

Ein drittes, sehr praktisches Werkzeug, um die Interessengruppen zu klassifizieren, ist die RACI-Matrix, die die Verantwortlichkeiten an einem Projekt als strukturierendes Element heranzieht, was speziell bei internen Projekten hilfreicher ist, als eine komplexe Stakeholder-Analyse mit externen Bezügen. Die RACI-Matrix basiert auf der Zuteilung von Rollen (also nicht von Personen oder Anspruchsgruppen) auf Verantwortlichkeiten. Die Rollen leiten sich jeweils aus einem konkreten Bezugsrahmen ab – einem Prozess, einem Meilenstein oder dem gesamten Projekt – und werden mit vier unterschiedlichen Stufen in Beziehung gesetzt:

- *responsible*: Diejenigen, die die Resultate erbringen und das Erstellen von Ergebnissen verantworten (Durchführungsverantwortung).
- *accountable*: Diejenigen, die die Ressourcen bereitstellen (Kostenstellen, Kostenträger) und damit rechenschaftspflichtig sind (Kostenverantwortung).
- *consulted*: Diejenigen, die man ins Projekt als Ratgeber einbinden muss, um die Ergebnisse zu erreichen (Fachverantwortung).
- *informed*: Diejenigen, die mit dem Projekt verbunden sind, aber nicht in direkter Verantwortung stehen (Informationsrecht).

Egal, mit welchem Mapping man die Stakeholder-Struktur darstellt, geht es nachgelagert immer um die Frage, wie die Anspruchsgruppen während des Projektverlaufs kommunikativ eingebunden werden können. Dafür entwickelt man einen separaten Projektkommunikationsplan als Teil des übergeordneten Projektplans. Der Projektkommunikationsplan legt fest, wer wann aus welchem Grund mit welchen Kommunikationsmitteln über was informiert wird (vgl. Tab. 3.7). Grundlage ist die Stakeholder-Analyse, aus der sich die verschiedenen Empfängergruppen ableiten lassen.

An Kommunikationsmitteln werden zumeist formelle Instrumente wie Meetings mit entsprechender Protokollierung sowie formalisierte Instrumente wie die Aktualisierungen der Pläne und Berichte verwendet. Speziell bei größeren Projekten empfiehlt es sich, aus dem nach Stakeholdern gegliederten Projektkommunikationsplan eine Stakeholder-Kommunikationsmittel-Matrix abzuleiten, die die im Projekt verwendeten Kommunikationsmittel auflistet und jeweils festlegt, welche Stakeholder obligatorisch oder optional in welchen Zyklen informiert werden. Diese Stakeholder-Kommunikationsmittel-Matrix kann dann als Grundlage für den Aufbau von Verteilern und die Terminierung von Kommunikationsanlässen genutzt werden (vgl. Tab. 3.8).

Neben der belastbaren Beschreibung des Projektauftrags mit Hilfe des Logframes und der Projektumfeldanalyse im Makroumfeld (PEST-Analyse), dem Stakeholder-Umfeld mit dem Mapping per Power-Interest-Grid und hinsichtlich der Attribute *power*, *legitimacy*

Tab. 3.7 Muster eines Projektkommunikationsplans

Gesprächspartner	Art und Umfang der Information	Wie oft	Form	Zeitpunkt, Ort
Teammitglieder	Statusmeeting	Wöchentlich, 30 Min	Besprechung	Freitag 15:00, Raum 3
GL	Projektfortschritt	monatlich	Bericht, per Email verteilen	Immer erster MO im Monat
Entwickler	Sprintmeeting	Täglich, 15 Min	Besprechung	8:30
...	....	...	...	...

Tab. 3.8 Kommunikationsmittel-Stakeholder-Matrix

	Stakeholder A	Stakeholder B	Stakeholder C	Stakeholder D	...
Kommunikationsplan	B	B	B	b	
	m	m	M	M	
Newsletter		w	W	w	
Berichte		T	t		
Teammeeting	B	b	b		
Protokolle			b		
Präsentationen	w		W		
Reviews	B	B	b		
Milestone Berichte	b	b			
Schedule	W		W		
Jour fixe					

	obligatorisch	optional
täglich	T	t
wöchentlich	W	w
monatlich	M	m
quartal	Q	q
bei Bedarf	B	b

und *urgency* sowie der Verteilung der Verantwortlichkeiten im Projekt (RACI-Matrix) gibt es einen dritten Bezugsrahmen für die Formalisierung der Kommunikation in Projekten, nämlich die Bestimmung des Projektrahmens in Form sogenannter *root definitions*. Die Bildung solcher grundlegender Definitionen zur Selbstbestimmung eines selbst nicht formal definierten Systems ist Teil der Soft Systems Methodology (vgl. Checkland und Scholes 1999).

Die besondere Betonung der „weichen Systeme" geschieht in Abgrenzung zu Systemen, die als Entität durch gesetzte Grenzen beobachtbar sind, wie etwa eine Organisation, ein Mensch oder ein Computer. Weiche Systeme dagegen sind Systeme, die wahrnehmbare Probleme als System behandeln. Damit eignet sich die Soft Systems Methodology speziell für Projekte, die ohne formalisierten Planungs- und Einsetzungsprozess durchgeführt werden. Dies widerspricht zwar im Kern den Aussagen jeglicher Projektmanagement-Methodik, kommt in der betrieblichen Praxis jedoch häufiger vor, als man denkt.

Wie man die Wurzeln eines solchen weichen Systems definiert, ist eine Entscheidung, die so oder anders ausfallen kann. Die Definitionsleistung erfolgt demnach in einer bestimmten Interpretationsschablone, die Smyth und Checkland Weltanschauung nennen und darauf hinweisen, dass systemische Beschreibungen des Problems und die Entwicklung passender Lösungskonzepte „are not concerned with describing reality, but with working out the implications of adopting a particular world-view" (1976, S. 77).

Um Basisdefinitionen eines Projekts im Sinne eines problemorientierten Lösungssystems zu entwickeln, sind – u. a. wegen der Abhängigkeit zur sehr subjektiv geprägten Weltanschauung und der Notwendigkeit, dass *root definitions* weitere kooperative Aktivitäten koordinieren sollen – möglichst präzise Beschreibung des Systems nötig. Diese werden neben der Weltanschauung über fünf weiteren Dimensionen entwickelt, die man auch mit dem Akronym CATWOE benennt:

- *customers*: Wer profitiert oder leidet unter den Auswirkungen des Projekts?
- *actors*: Wer handelt in dem Projekt?
- *transformation*: Wie wird Input in Output verwandelt?
- *weltanschauung*: Warum und in welchem größeren Rahmen wird dieses Projekt durchgeführt? Was ist das *taken-for-granted framework*?
- *owner*: Wer kann das Projekt einstellen oder seine Ziele und Ressourcen verändern?
- *environment*: Welche nicht beeinflussbaren Grenzen bilden den Rahmen des Projekts?

Eine handwerklich solide durchgeführte CATWOE-Analyse zur Bildung einer Basisdefinition ist meist in kurzer Zeit erledigt und verhilft – formalisiert gegründeten Projektteams und formlos eingerichteten Arbeitsgruppen – zu einer klaren Sicht über die Dinge. CATWOE eignet sich aber auch für die Beschreibung anderer Sachverhalte und kann in vielfältigen Kontexten angewendet werden.

Lessons learned
Projekte dienen der Umsetzung eines terminierten Ziels. Dafür wird temporär eine eigene Organisationsform eingerichtet, das Projektteam. Ein zentraler Erfolgsbaustein für erfolgreiche Projekte, ist die klare Festlegung des Projektauftrags. Dazu eignet sich als Instrument die Logframe-Analyse. Um das Umfeld, in dem das Projektteam arbeitet, zu beschreiben, wird eine Projektumfeldanalyse (PUMA) durchgeführt. Neben der PEST-Analyse dient hier als wesentliches Element die Stakeholder-Analyse. Man kann Stakeholder hinsichtlich ihres Bezugs zum Projekt im Power-Interest-Grid abtragen oder ein PLU-Mapping durchführen und den einzelnen Anspruchsgruppen Rollen zuordnen. Für interne Projekte kann man anstelle einer Stakeholder-Analyse auch auf das einfachere Instrument der RACI-Matrix zurückgreifen. Hat man Transparenz über die Stakeholder, leitet man daraus einen Projektkommunikationsplan ab. Für die Beschreibung des Projekts als eigenständiges System im Unternehmen, kann man sogenannte *root definitions* mit der CATWOE-Analyse erstellen.

3.3.4 Design Thinking – formalisierte Kreativität

Formalisierte Kommunikation klingt sehr trocken, was sie faktisch nicht sein muss. Dies wird augenscheinlich, wenn man das Innovationsmanagement in Unternehmen betrachtet. Auch hier geht es um formalisierte Kommunikation: Kommunikation, die auf Ebene der Organisation durch Entscheidungen den Handlungsrahmen ihrer Mitglieder festlegt. Diese Kommunikation erinnert aber nicht mehr an Formulare, sondern nutzt andere Medien: andere Sprachen wie die Mathematik oder Chemie, um z. B. Innovationen im Bereich Werkstoffe, Pharmazie oder Raumfahrttechnik zu beschreiben und andere Formen wie z. B. die starke Einbindung grafischer und dinglicher Elemente, schaut man sich etwa Zeichnungen und Modelle in der Architektur an.

Innovationen sind als Kurzform verdichtet das Ergebnis aus Invention und Exploitation (vgl. Roberts 2007) und damit das Produkt aus einer Idee, die auf ein Bedürfnis verweist und deren Umsetzung zu einer Lösung, die zu tatsächlichem Bedarf führt. Ein erster Schritt im Rahmen der Formalisierung von Innovationen ist der Prozess der Ideenfindung. Aus der Vielzahl an Kreativitätstechniken haben Malorny und Schwarz (1997) die sieben zentralen Kreativitätswerkzeuge zusammengestellt, die sie als K7 bezeichnen:

- Mind Mapping: Werkzeug, um ein Themengebiet zu strukturieren und dabei Zusammenhänge in ein Bild zu bringen (vgl. Buzan und Buzan 1996).
- Progressive Abstraktion: Stringentes Hinterfragen von Problemen mit der Leitfrage: Worum geht es hier eigentlich (vgl. Schlicksupp 1981)?
- Morphologischer Kasten: Zerlegung eines Problems in seine einzelnen Bestandteile, so dass es in mehreren Dimensionen klassifiziert ist (vgl. Zwicky 1959).
- Methode 635: Eine strukturierte Form des Brainstorming, bei der sechs Personen jeweils drei Ideen in fünf Minuten formulieren und dieses Verfahren mehrfach durchlaufen (vgl. Rohrbach 1969).
- Synektik-Sitzung: Übertragen fremder Strukturen auf die Problemstellung, um damit das Fremde vertraut und das Vertraute fremd zu machen (vgl. Gordon 1961).
- Visuelle Synektik: Durchführung einer Synektik auf Basis von Bildmotiven (vgl. Hwang und Lin 1987).
- Reizwortanalyse bzw. Bisoziation: Konfrontation der Gruppe mit zufälligem Input, dessen Anwendung auf das Problem und dadurch Förderung der Entwicklung neuer Strukturen (vgl. Koestler 1966).

An Ideen – jedenfalls, wenn man damit lose Einzelaspekte meint – mangelt es aber meist nicht. Ideen entstehen aus Technologie (Forschung und Entwicklung), durch Kreativität (strukturiert erarbeitet oder zufällig entstanden) oder als Feedback von Verwendern bestehender Produkte. Spannend werden Ideen erst, wenn sie zu einem tragfähigen Konzept verdichtet werden, das nicht mehr vage, sondern hinreichend konkret ist, um herauszufinden, ob es für das Produkt einen Markt gibt. Hier setzt der Produktentwicklungsprozess an, für den der Kognitionswissenschaftler Donald Norman (1988) in einer Analyse der psychologischen Fallstricke des Alltags die Forderung des *user-centered design* ableitet: „Design should make use of the natural properties of people and of the world; it should exploit natural relationships and natural constraints. As much as possible, it should operate without instructions or labels" (Norman 1988, S. 188).

Innovationen benötigen Flexibilität in Bezug auf die Umwelt und diese Anpassungsfähigkeit an sich ständig ändernde Umweltfaktoren muss die Organisation durch formalisierte Kommunikation sicherstellen. Eine Methode, um Umweltflexibilität herzustellen und für den Innovationsprozess zu formalisieren ist das Design Thinking (vgl. Rowe 1987), das Kelley und Littman (2001) als die Kunst der Innovation beschreiben.

Der Ansatz des Design Thinking entwickelte sich in den 1970er Jahren. Eine der grundlegenden Überlegungen steuerte Herbert Simon (1969) bei. Simon arbeitete heraus, dass das seit Newton gängige Wissenschaftsbild zwar für die Untersuchung von Natur tauge, nicht aber zur Untersuchung von Dingen, die durch den Menschen neu geschaffen werden, sogenannte Artefakte. Geld, Organisation, Religion, Verkehrsinfrastruktur, Autos, Kaugummis, Computer, Smartphones, Politik etc. lasse sich laut Simon nicht mit einfachen analytischen Mitteln beikommen, die der Überzeugung folgen, „complexity, correctly viewed, is only a mask for simplicity; to find pattern hidden in apparent chaos" (1969: 1).

Vom Menschen geschaffene Artefakte unterscheiden sich wesentlich von natürlichen Phänomenen, denn es geht bei ihnen nicht darum, wie sie sind, sondern *warum* sie so sind, wie sie sind. Während Naturwissenschaften der Frage nachgehen, wie eine Blume entsteht, wächst und eingeht, interessiert die Wissenschaft von den geschaffenen Objekten (*sciences of the artificial*), warum Blumenvasen entwickelt wurden und warum man für diese von wenigen Cent bei IKEA bis zu mehreren tausend Euro bei einer Antiquitätenauktion bezahlen kann. Dies führt Simon zu dem wesentlichen Unterschied des wissenschaftlichen Ansatzes: Naturwissenschaften haben es mit Analyse zu tun, die *sciences of the artificial* mit Synthese, mit dem Erstellen oder dem Design eines greifbaren oder gedanklichen Artefakts, das immer auch einem bestimmten Zweck dient.

Design wird damit als Prozess verstanden, der nicht nur das Aussehen eines Objekts betrifft, sondern den gesamten Erstellungsprozess meint, der aus unterschiedlichen Komponenten etwas jeweils Neues synthetisiert. Um in diesem Erstellungsprozess nicht nur auf Zufall oder Genie angewiesen zu sein, braucht man Verfahren, mit denen man verlässlich Neues entwickeln kann. Man braucht Konstrukteure (*design engineers*), die auf Basis von Verfahren unterschiedliche Elemente so arrangieren können, dass eine maßgeschneiderte neue Lösung herauskommt.

Das Medium, das Konstrukteure dafür einsetzen, ist weniger die Schrift, als die Zeichnung oder abstrakter formuliert: die Visualisierung. Visual Thinking, so McKim (1972), basiert auf den drei Kernelementen sehen (wahrnehmen), vorstellen (etwas Neues entwickeln) und skizzieren (das Neue bildlich darstellen, damit andere es sehen und sich daraus eine Vorstellung ableiten können). Im Kontext mit den Arbeiten von Faste, der u. a. einen empirischen Zusammenhang zwischen kreativer Leistungsfähigkeit und den Fähigkeiten zur Visualisierung darstellen konnte (vgl. Faste 1972), entwickelt sich das Konzept des Design Thinking in Opposition zum Analytical Thinking der Naturwissenschaften.

Analytical Thinking setzt an einem wahrgenommenen Problem an und analysiert dieses, zerlegt es also in seine Einzelteile, ordnet, untersucht und bewertet diese und entwickelt daraus einen Lösungsansatz. Design Thinking dagegen setzt an einer beabsichtigten Lösung an und versucht diese aus bestehenden Elementen zu synthetisieren. Es geht um den Aufbau bzw. die Konstruktion einer Idee, aus der heraus eine Innovation entwickelt werden kann.

Als Methode ist Design Thinking vor allem in der Praxis und hier durch die Arbeiten der Designagentur IDEO weiter entwickelt worden. Kelley und Littman (2001) beschreiben die von IDEO verwendete Design Thinking Methode in fünf aufeinander aufbauenden Schritten:

- **Verstehen**: Wie funktionieren Markt, Kunde, Technologie und die Randbedingungen. Dies ist *de facto* auch eine Art Analyse, die allerdings nicht auf die Dekomposition einzelner Elemente fokussiert, sondern dazu dient, einen Überblick über das Betätigungsfeld zu gewinnen.
- **Beobachten**: Wie gehen Menschen in der konkreten Situation um, was stört sie, was nutzen sie, was hassen sie, was sind die Bedürfnisse, die ihrem Handeln zugrunde liegen. Es geht hier nicht um klassische Marktforschungsmethoden wie Befragungen oder Laborexperimente, die große Themen in einzelne Elemente aufspalten, um sie beobachtbar und hinterfragbar zu machen. Die Nähe zum Kunden heißt im Design Thinking Prozess, Kunden dort zu beobachten, wo sie mit dem Produkt in Berührung kommen denn „inspiration comes from being close to the action" (Kelley und Littman 2001, S. 31).
- **Visualisieren**: Ideen, die im Rahmen der Beobachtung oder durch separates Brainstorming entstehen, müssen optisch erlebbar sein. Man kann Kunden nicht in Worten etwas völlig Neues beschreiben, allein aus dem Grund, weil nicht transparent ist, welches Bild ein Kunde aus den Worten erzeugt. Besser ist es, direkt das beabsichtigte Bild zu zeigen bzw. einen Prototypen zu bauen, der die Kernidee anfassbar und erlebbar macht.
- **Weiterentwickeln**: Integraler Bestandteil der Design Thinking Methode ist die Unterstellung, dass die erste Idee nicht die letzte sein kann. Die Prototypen müssen mit Kunden bewertet und kontinuierlich weiter entwickelt werden. Möglichst viele Varianten liefern Rückschlüsse darauf, was in welcher Kombination funktioniert. Inkrementelle Verbesserung ist der Schlüssel, um den Weg von einer Idee zu einer Innovation zu festigen.
- **Umsetzen**: Wenn klar ist, welche Idee funktionieren wird, muss diese für die Vermarktung aufbereitet werden. Hier passiert es oft, dass die Idee durch Machbarkeitsabwägungen und Kosteneinschätzungen verwässert wird. Die Implementierung wird im Design Thinking Prozess daher als sehr wichtig eingeschätzt und stark durch Technologie- und Prozesswissen beeinflusst.

Als Methode formalisierter Kommunikation ist der Design Thinking Prozess vor allem aus der Perspektive interessant, dass Kommunikation nur am Rande über Schrift vermittelt wird, sondern stark auf Visualisierung – Bilder, Modelle, Muster etc. – setzt. Auch diese gehen in die Entscheidungsgeschichte der Organisation ein. Sie setzen bei den Organisationsmitgliedern aber andere Fähigkeiten voraus, als man sie in klassischen Ausbildungsgängen lernt.

Vor allem an zwei Stellen unterscheidet sich der Design Thinking Prozess markant von gängigen, entweder sehr strukturierten oder sehr individuellen, einem Erfinder-Genius zugerechneten Innovationsmethoden. Bei der Ideenfindung setzt Design Thinking zentral auf die Beobachtung der Zielgruppe im Sinne von Verwendern und potenziellen Verwendern eines Produkts. Dies steht im Unterschied zu klassischen Kundenbefragungen (eigene Kunden) oder Marktforschung (Verwender und Nicht-Verwender). Design Thinking fokussiert bei der Ideengenerierung auf qualitative Methoden und nicht auf die üblichen quantitativen und damit auch quantifizierbaren Ansätze. Quantifizierbarkeit ist eine Eigenschaft, die im zahlendominierten Wirtschaftsumfeld von großer Bedeutung ist. Nicht umsonst verweist man in allen passenden Situationen auf das verschiedenen Quellen zugeschriebene Bonmot: *If you can't measure it, you can't manage it.* Doch hier unterscheidet sich Design Thinking massiv, insoweit es auf der Annahme beruht, dass man vor dem Einsatz quantitativer Methoden qualitative Methoden nutzen muss, um überhaupt zu einem Lösungsansatz zu kommen. Dies erinnert an die bekannte Studie von William Whyte (1943) über ein italienisches Einwanderergebiet in einer US-amerikanischen Großstadt, der erst durch teilnehmende Beobachtung in der Lage war, sein Forschungsprogramm inkrementell zu entwickeln.

Die zweite Komponente, mit der sich Design Thinking deutlich von der geübten Betriebspraxis unterscheidet, ist der Fokus auf frühzeitige Visualisierung und schnelles Prototyping der Idee, um diese mit Angehörigen der Zielgruppe tatsächlich auszuprobieren, bevor der eigentliche Produktentwicklungsprozess überhaupt gestartet wird. Kelley und Littman nennen Prototyping eine Sprache – also ein Medium, mit dem man sich dem Ziel nähert. Sind Innovationsprozesse forschungsgetrieben oder von einem Product Manager analytisch entwickelt, wird eine Idee oft direkt in die Entwicklung gegeben und erst ganz am Ende des Prozesses möglichen Kunden und den Vorgesetzten präsentiert. Dies führt zu Alles-oder-Nichts-Ergebnissen. Und da die Entwicklung bis hierhin viel Geld gekostet hat, wird auch versucht, ein offensichtlich nicht marktfähiges Produkt im Markt einzuführen.

Design Thinking dreht die Vorgehensweise um, indem mögliche Verwender so früh wie irgendwie möglich mit Skizzen, Mockups, Experimenten und Modellen konfrontiert werden und diese Muster vom Verständnis her nicht als fertig, sondern als ständig verbesserbar konzipiert sind. „What counts is moving the ball forward, achieving some part of the goal" (Kelley und Littman 2001, S. 103). Im Rahmen dieses als mehrfache Feedback-Schleife angelegten Prototyping-Prozesses lassen sich auch quantitative Methoden einsetzen und messbare Aussagen generieren, bevor es tatsächlich zu einer Entscheidung über die Entwicklung eines neuen Produkts kommt.

Lessons learned

Im Innovationsprozess unterstützt formalisierte Kommunikation die Kreativitäts-förderung z. B. mit Werkzeugen wie der Mind Map, dem morphologischen Kasten oder der Methode 635. Um Ideen in eine Innovation zu überführen, verstanden als Produkt von Invention und Exploitation, bietet sich Design Thinking als Methode an. Das Kernprinzip von Design Thinking beruht auf der Beobachtung von Verwendern bei der Nutzung der Produkte, der schnellen Visualisierung neuer Produkte, einem konsequenten Prototyping und einem iterativen Verbesserungsprozess mit ständigem Kundenfeedback.

3.4 Formale Kommunikation

Kommunikation ist dann formal oder informal, wenn sie der Selbstbeschreibung der Organisation gegenüber ihren funktionalen Umwelten dient – bei Unternehmen also auf den Markt oder die Öffentlichkeit zielt. In diesem Sinne lassen sich wesentliche Teile der strategischen Unternehmenskommunikation mit den Instrumenten Werbung, Direktansprache, PR und Societal Relations als formale Kommunikation interpretieren. Aber auch im Bereich interner Kommunikation spielt formale Kommunikation eine wichtige Rolle, denn in Bezug auf die Beobachtungsdimension der Funktion, die eine Organisation für die Gesellschaft übernimmt, zählen die Mitarbeiter entweder zum Markt: wenn sie in ihrer Rolle als per Entgeltzahlung eingekaufte Ressource angesprochen sind. Oder die Mitarbeiter zählen zur Öffentlichkeit, dann nämlich wenn sie die innere Öffentlichkeit des Unternehmens bilden und über die Verteilung von Aufmerksamkeit die Themensetzung und das Selbstverständnis der Organisation manifestieren.

Diese zunächst sehr abstrakt klingende Einordnung lässt sich in einfachen Worten so formulieren: Wenn die Organisation ihre Identität gegenüber der Außenwelt formt, geht es um formale Kommunikation. Beispielhaft ausgedrückt: Was Recht ist, wird formal durch Gesetze festgelegt und informal durch Sitte und Moral in der Öffentlichkeit gefestigt. Wie ein Unternehmen sich selbst sieht und gegenüber seinen Mitarbeitern präsentiert, legt das Management durch Vorgaben wie das Corporate Design Manual, die Architektur des Firmengebäudes, Büromöbel oder Kleiderordnung fest. Wie ein Unternehmen tatsächlich auftritt, ergibt sich aus der Art und Weise, wie Mitarbeiter untereinander, wie Chefs mit Untergebenen und wie Mitarbeiter mit Kunden und Lieferanten umgehen. Beide Perspektiven zusammen – formale und informale Kommunikation – bilden letztlich das Bild (Image), das Markt und Öffentlichkeit von dem Unternehmen und seinen Produkten hat.

Der Begriff Image wird speziell im deutschen Sprachraum genutzt, um das Bild, das sich jemand von etwas anderem, z. B. einem Unternehmen oder seinen Produkten macht, zu beschreiben[22]. Es geht um die subjektive Erzeugung von Umwelteindrücken, auf deren

---

[22] In Folge eines psychologischen Marktmodells, wie dies etwa Spiegel (1961) vorlegte.

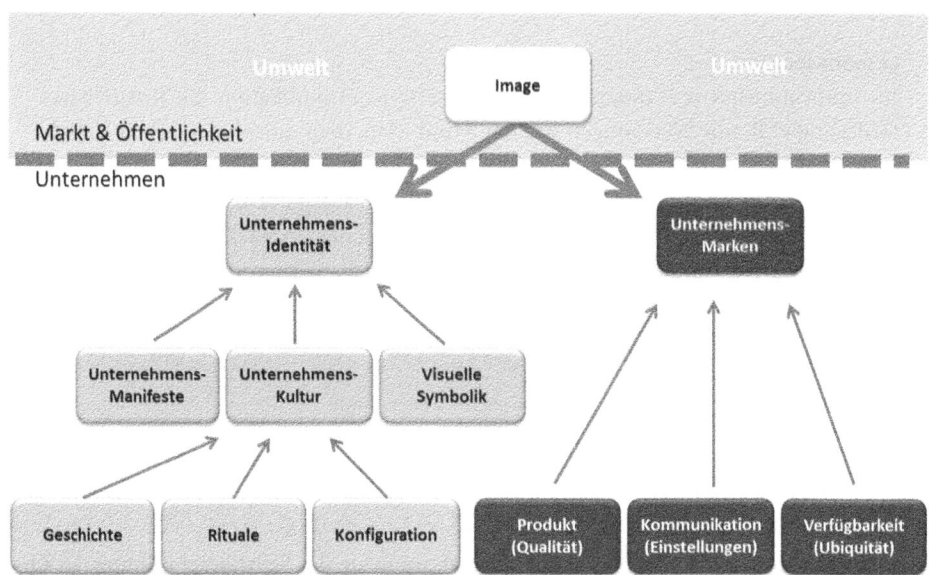

Abb. 3.20 Image ist ein Produkt aus Identität und Marken

Basis Verhalten orientiert wird. Im betriebswirtschaftlichen Kontext heißt das konkret: Images sind ein wesentlicher Parameter für Kaufentscheidungen und müssen deshalb gezielt beeinflusst werden. Ich verwende hier im Weiteren den Begriff Image, um der in Deutschland entwickelten Begriffsgeschichte gerecht zu werden, obwohl Einstellung (*attitude*), Wahrnehmung (*perception*) oder Markenerfahrung (*brand experience*) m. E. passender wären.

Das Image eines Unternehmens stellt sich letztlich als hoch verdichtetes Symbol dar, das aus sehr unterschiedlichen Quellen gespeist wird. Dabei sind zumindest zwei Bereiche zu unterscheiden (vgl. Abb. 3.20):

- Images werden wesentlich durch Produktmarken geprägt, die sich wiederum aus erfahrener Qualität, Ubiquität und Einstellungen gegenüber der Marke ergeben (vgl. Becker 2000, S. 195).
- Images beruhen auf dem Bild, das sich die Umwelt vom Unternehmen macht. Dieses Bild ist eine Spiegelung der Identität, die aus verschiedenen Dimensionen entsteht.

Das Image entsteht im Auge des Betrachters. Jeder Mitarbeiter, vom Inhaber über die Abteilungsleiter bis zur Hilfskraft, hat so *per definitionem* ein Image von „seinem" Unternehmen und der Alltagsverstand legt nahe, dass diese Bilder nicht deckungsgleich sind. Wenn aber schon die Mitarbeiter als innere Umwelt des Unternehmens kein einheitliches Bild des Unternehmens haben, wie sollen sie im Kontakt mit der äußeren Umwelt – Kunden, Lieferanten, Freunde und Familie etc. – ein einheitliches Bild vermitteln?

Genau in dieser Fragestellung ist formale Kommunikation verortet. Formale Kommunikation betrifft die Arten von Kommunikation, mit denen die Organisation sich gegenüber ihrer funktionssysteminternen Umwelt (bei Unternehmen also ihr Markt) und der gesellschaftlichen Umwelt (in der Öffentlichkeit) positioniert. Und dies geschieht nicht nur „nach draußen" in Richtung auf Außenstehende der Organisation, sondern auch in Richtung auf die Mitarbeiter in ihren Rollen als Ressource (Markt) und Meinungsbildner (Öffentlichkeit).

Formale Kommunikation lässt sich über die vier Zielkomplexe interner Unternehmenskommunikation beispielhaft beschreiben. Geht es um die Festigung von Hierarchie, greift z. B. das Mitarbeiterinformationssystem als Kommunikationsinstrument. Kooperation wird wesentlich durch die Unternehmenskultur bestimmt. Stabilität gegenüber der Umwelt erfolgt etwa durch Festlegung einer Corporate Identity Strategie und im Hinblick auf die Flexibilität gegenüber der Umwelt lässt sich das Wissensmanagement im Unternehmen darstellen.

3.4.1 Mitarbeiterinformationssystem – so sieht die Organisation sich selbst

Ein Unternehmen ist ein Organisationssystem, das im gesellschaftlichen Funktionssystem Wirtschaft operiert. D. h. neben den Entscheidungen, die die Organisation als Organisation spezifizieren, geht es immer auch um die Aufrechterhaltung von Zahlungsfähigkeit, um so die Funktion des Unternehmens, knappe Güter bereitzustellen, sicherzustellen. Der Funktionszusammenhang einer Organisation im Wirtschaftssystem lenkt den Blick auf die spezielle Umweltkonstellation, in der eine Organisation operiert.

Eine Organisation ist nicht die Summe ihrer Mitarbeiter, sondern die Summe ihrer Entscheidungen, die damit zugleich auch die Summe ihrer Aktiva – die Verwendung ihrer Finanzmittel – repräsentiert. Gut ausgebildete Mitarbeiter, langjährige Kundenbeziehungen oder exzellente Einkaufskonditionen gehören nicht zu den Assets eines Unternehmens, obwohl sie offensichtlich wesentlichen Einfluss auf den Erfolg des Unternehmens haben. Man könnte zugespitzt formulieren: Alles, was für ein Unternehmen wichtig ist, gehört nicht zum Unternehmen, sondern liegt in seiner Umwelt und ist nur durch Kommunikation (z. B. vertraglich fixierte Entscheidungen) mit dem Unternehmen gekoppelt.

Eine Organisation ist in dieser Perspektive eine formale Hülle, die für die verschiedenen Umweltbezüge mit Bedeutung aufgeladen werden muss. Dazu braucht es formale Kommunikation, die die durch Entscheidungen legitimierten Selbstbeschreibungen des Systems anfertigt, auf die sich Umwelten beziehen können.

Die beiden wichtigsten Systemumwelten für ein Unternehmen sind ihre Kunden (da, wo das Geld herkommt, um Liquidität aufrecht zu erhalten und Gewinn zu erwirtschaften) und ihre Mitarbeiter (die die Leistung erstellen, für die die Kunden zahlen). Während die Selbstbeschreibung des Unternehmens in Bezug auf Kunden einerseits durch strategische Unternehmenskommunikation und andererseits durch Interaktion der Grenzstellen (vgl. Luhmann 1964, S. 220 ff.) einer Organisation (also Vertriebsmitarbeitern, Kundendienst,

Geschäftsführer, Unternehmenssprecher etc.) mit den Grenzstellen anderer Organisationen gekennzeichnet ist, nutzt formale Kommunikation in Bezug auf die Mitarbeiter vor allem Instrumente, die die Selbstbeschreibung des Systems als Einheit über verschiedene Abteilungen und Standorte sicherstellen.

Als Oberbegriff für Instrumente, die den Mitarbeitern eine hierarchisch legitimierte Selbstbeschreibung des Unternehmens liefern sollen, kann man den Terminus Mitarbeiterinformationssystem einführen. Unter einem Mitarbeiterinformationssystem soll demnach die Art und Weise verstanden werden, wie eine Organisation durch Entscheidungen legitimiert Informationen selektiert, die innerbetrieblich als Themen der Kommunikation aufbereitet werden. Dabei geht es im Kern um zwei miteinander verbundene Aufgaben:

- Die Identifikation der Mitarbeiter mit dem Unternehmen unterstützen, indem Mitarbeiter (oder Abteilungen, Standorte etc.) zum Thema gemacht werden: „Wir sind die Organisation und die Organisation sind wir" (Identifikation als Teilen eines gemeinsamen Sinnzusammenhangs).
- Relevanz für die Mitarbeiter vermitteln, indem das zum Thema gemacht wird, was dem Unternehmen wichtig ist: „Das ist das, was wir tun und wie wir es tun und was uns erfolgreich macht" (Relevanz im Sinne der Bewertung von Erfolg als Leitmuster eines gemeinsamen Erwartungsraums).

Diese beiden Aufgaben versuchen Unternehmen durch Mitarbeiterinformationssysteme zu lösen, die damit mehr sind, als reine Instrumente der innerbetrieblichen Informationspolitik[23], bei denen es im Kern um die Informationen zur Verrichtung notwendiger Aufgaben geht und man daher eher von Arbeitsplatz- oder Stelleninformationssystem sprechen sollte. Im Rückblick war es vor allem die Mitarbeiterzeitschrift, die die Aufgaben eines Mitarbeiterinformationssystems abdecken sollte, wobei Mitarbeiterzeitschriften aufgrund ihrer Erstellungs- und Produktionskosten niemals ein flächendeckendes Kommunikationsinstrument waren und oft nur von Konzernen und Großbetrieben genutzt wurden.

Mitarbeiterzeitschriften entstanden als eigenes Instrument formaler Kommunikation in den Unternehmen Ende des 19. Jahrhunderts – also in den Hochzeiten der Industrialisierung. Zunächst patriarchalisch geprägt – der Unternehmer will seinen Mitarbeitern praktische Empfehlungen für ein besseres Leben geben –, betonten seit den Human Relations Ansätzen in Folge der 1927-32 durchgeführten Hawthorne-Experimente bei General Electric (vgl. Mayo 1933) Mitarbeiterzeitschriften den Aspekt der Werkfamilie und mündeten später in die Werkzeitschrift aller Mitarbeiter, die nicht nur die Sicht der Leitung verbreiteten, sondern auch Aspekte „von der Front" integrierten[24].

Heute, entbunden von der kostenintensiven Notwendigkeit, gedruckt zu werden, finden die Zielsetzungen der Mitarbeiterzeitschrift, die Unternehmensidentität zu stärken und einen gemeinsamen Werterahmen zu vermitteln, auch bei kleineren Unternehmen

---

[23] Vgl. zu innerbetrieblicher Informationspolitik z. B. Ackermann et al. (1959).

[24] Vgl. zur Geschichte der Mitarbeiterzeitschriften im Überblick http://www.medialine.de/deutsch/wissen/medialexikon.php?snr=6639 abgerufen am 9.9.2013.

Eingang, speziell im Bereich der internen Netzwerke (Intranet oder Groupware). Relevante, identitätsstiftende Informationen können zeitnah und zu geringen Kosten an die Mitarbeiter verbreitet werden und dienen so als Instrument sowohl der Kommunikationspolitik als auch im Rahmen der Personalpolitik im Sinne des seit einiger Zeit diskutierten Employer Brandings (vgl. Ambler und Barrow 1996).

Speziell bei multinationalen Unternehmen (verschiedene Muttersprachen und kulturelle Unterschiede der einzelnen nationalen Standorte) wie auch bei Integrationsprojekten z. B. im Rahmen von Re-Engineering-Prozessen oder nach einem *merger* bzw. einer Akquisition gewinnen die identitätsstiftenden Aufgaben eines Mitarbeiterinformationssystems stark an Bedeutung und können wichtige, jedoch nicht ausschließliche Hilfsmittel bei der geplanten Beeinflussung der Unternehmenskultur sein, wie Wortmann (2006) am Beispiel des Konzerns EADS herausarbeitete.

Ähnlich wie journalistische Produkte als Ergebnis der Bearbeitung der Leitdifferenz Nachricht/keine Nachricht entstehen, so sind auch Mitarbeiterinformationssysteme dafür da, relevante Nachrichten zu verbreiten, die allerdings wie bei einer Fachzeitung eine inhaltliche eng gefasste Klammer haben: das Unternehmen. Vor dem Hintergrund der instrumentalen Zielsetzung, sind es natürlich besonders die Nachrichten, die den Erfolg des Unternehmens dokumentieren und sich dafür eignen, daraus allgemeine Schlüsse zu ziehen. Wenn ein wichtiger Kunde gewonnen wurde, wenn eine neue Auslands-Dependance eröffnet wird, wenn einer der Azubis Jahrgangsbester wurde oder wenn ein Patent erteilt wurde, dann sind dies Nachrichten, die direkt zurückspielen auf das, was von dem Unternehmen als gut und wichtig eingeschätzt wird. Daher verwundert es nicht, dass die Themenauswahl von Mitarbeiterinformationssystemen nicht rein journalistisch erfolgt, sondern es die spezielle Aufgabenstellung erfordert, dass eine leitende Instanz – Geschäftsführer, Leiter Kommunikation, Leiter Marketing, Personalleiter etc. – die Themenselektion wesentlich mit beeinflusst.

Durch technologische Entwicklungen ist es heute zunehmend möglich, die Aufgaben eines Mitarbeiterinformationssystems in elektronischer Form und damit vergleichsweise kostengünstig zu erledigen. Dies kann entweder durch die komplette redaktionelle und satztechnische Erstellung der Mitarbeiterzeitschrift geschehen, wobei die drucktechnische Produktion aber zugunsten der Verteilung als PDF per Email entfällt. Oder man bildet die Aufgabenstellung losgelöst von einer verlegerischen Einheit durch Aufbau und Pflege eines Systems, das man im Intranet veröffentlicht und pflegt.

Mitarbeiterzeitschriften alter Prägung wurden zahlreiche Aufgaben zugeschrieben. Mast und Fiedler (2005) fassen diese zu vier Blöcken zusammen:

- Information
- Motivation
- Imagemanagement
- Förderung des Dialogs

Dies erscheint allerdings eher einer euphemistischen Beschreibung des für die Budgetfreigabe zuständigen Managements zu sein, die Mitarbeiterzeitschriften im Hinterzimmer oft als „Sozialklimbim" (Nimsdorf 1997, S. 25) einschätzen, dann aber auf Nachfrage gute Zielgrößen für die Bewertung des Erfolgs einer Mitarbeiterzeitschrift im Kontext des Personalmanagements benennen.

Mitarbeiterinformationssysteme, zu denen eine klassische Mitarbeiterzeitschrift als eines ihrer Kommunikationsmittel zählt, können sicherlich nicht das Ziel umsetzen, Mitarbeiter zu motivieren oder den Dialog zu fördern. Motivation realisiert sich in der Arbeitssituation und wird durch direkte Kollegen und insbesondere das Führungsverhalten des direkten Vorgesetzten beeinflusst. Und um Dialoge zu fördern, müsste ein Mitarbeitsinformationssystem anecken bzw. pointieren, was es üblicherweise nicht macht.

Daher sollte man die Aufgaben des Kommunikationsinstruments Mitarbeiterinformationssystem allein auf die Perspektiven Identifikation und Relevanz fokussieren. Beide Aufgaben können durch verschiedene Medien bedient werden. So ist es sicherlich für Relevanz in Bezug auf die Einschätzung, was für ein Unternehmen wichtig ist, nicht schlecht, wenn man z. B. kurzfristig Erfolgsnachrichten wie einen gewonnen Großauftrag oder eine besondere Auszeichnung für die Produktqualität oder die Prüfungserfolge des aktuellen Ausbildungsjahrgangs kommuniziert und nicht auf das Erscheinen einer „Zeitschrift" – auch digital – wartet. Dies kann z. B. durch Aushänge (in Betrieben mit wenigen PC-Arbeitsplätzen wie stationärer Handel oder Produktion) oder eine E-Mail an alle Kollegen einer Abteilung, eines Standorts oder einer Firma (z. B. in Branchen wie Banken oder Telekommunikation) geschehen. Solche ereignisgesteuerten Nachrichten für ein monatlich erscheinendes Magazin zu sammeln, macht wenig Sinn – so wie sich die Form Zeitschrift nicht so sehr für aktuelle Nachrichten, als vielmehr für thematisch abgegrenzte „Stories" eignet.

Ergänzen kann man diese *breaking news* um regelmäßige Hintergrundinformationen – z. B. aktuelle Zahlen und Analysen zur Geschäftsentwicklung, Kundenzufriedenheit, Kundenanzahl etc. oder ein wöchentliches oder monatliches Statement der Geschäftsleitung. Solche Zahlen, die für das Management genutzt werden und ohnehin Zielgrößen sind, würden die Relevanz einzelner Aspekte für das Unternehmen über die gesamte Organisation verbreiten und bei Periodizität dauerhaft manifestieren.

Für den Aspekt Identifikation dagegen mag es auch heute noch hilfreich sein, eine Zeitschrift zu drucken. So kann man – in Analogie zu Lifestyle-Magazinen und Zeitschriften mit *human touch* – den emotionalen Aspekt der Wertschätzung und Bindung besser kommunizieren. Wenn z. B. über besondere Projekte von Mitarbeitern berichtet wird, einzelne Abteilungen vorgestellt oder mitarbeitergetriebene Initiativen wie gemeinsame Sportaktivitäten dargestellt werden.

Als Instrument der formalen Kommunikation innerhalb von Unternehmen unterscheiden sich Mitarbeiterinformationssysteme grundlegend von anderen Formen der internen Kommunikation wie z. B. Mitarbeitergesprächen (formell) oder Arbeitsanweisungen (formalisiert). Mitarbeiterinformationssysteme dienen der Manifestation des Selbstbilds, das ein Unternehmen von sich zeichnen möchte. Sie sollen einen gemeinsam geteilten Werterahmen vermitteln und dadurch einen unternehmensweiten Sinnzusammenhang herstellen, der es den Mitarbeitern als Zielgruppe erlaubt, sich mit dem Unternehmen zu identifizieren oder anders formuliert: sich als Teil des Ganzen zu sehen und sich entsprechend zu verhalten.

Damit übernimmt das Mitarbeiterinformationssystem die Aufgabe, für die Mitglieder der Organisation einen Referenzrahmen für die Interpretation von Umwelt zur Verfügung zu stellen. Dies lässt sich für Deutschland insoweit plausibel begründen, bedenkt man, dass die ab den 1920er Jahren zunächst bei Großunternehmen eingeführten Mitarbeiterzeitschriften schon relativ bald zu Propagandamitteln umfunktionalisiert wurden und in dieser neuen Rolle durchaus erfolgreich den Werktätigen ihren Beitrag für die Umsetzung der nationalsozialistischen Ideologie erklärten (vgl. Kalmus 1998, S. 60).

Ein interessanter Erklärungsansatz, um zu verstehen, welchen Beitrag Mitarbeiterzeitschriften als Mittel formaler Kommunikation leisten können, liefert die Theorie des Coordinated Management of Meaning (vgl. Pearce und Cronen 1980). Die Koordination von Bedeutungen wird hier als zentrales Element konzipiert, das Regeln bereitstellt, auf deren Basis Wahrnehmung und Kommunikation interpretiert wird. Ganz praktisch formuliert: Um in der konkreten Situation zu wissen, wie man mit Kollegen, Kunden oder Krisen umgeht, muss man auf Regeln zurückgreifen, die man flexibel und adäquat anwenden kann. Dabei kann man konstituierende Regeln von regulierenden Regeln unterscheiden. Regulierende Regeln bestimmen den Handlungsrahmen und legen fest, wie man angemessen reagiert. Konstituierende Regeln dagegen beziehen sich auf den Bedeutungsrahmen und legen fest, wie man eine Situation (eine Wahrnehmung, eine Botschaft etc.) interpretiert. Speziell um solche konstituierenden Regeln zu etablieren, eignen sich Mitarbeiterinformationssysteme.

In diesem Kontext wird deutlich, dass Mitarbeiterinformationssysteme deutlich umfassender zu konzipieren sind und nicht nur eine Mitarbeiterzeitschrift als Kommunikationsmittel einsetzen können. Speziell im Bereich der Unternehmensführung haben sich beispielsweise Management Informationssysteme (MIS) entwickelt, die über Kennzahlen steuern, wo Handlungsfelder bestehen und wie Entscheidungen getroffen werden müssen. Es ist ein erheblicher Unterschied, ob ein Unternehmen sich schwerpunktmäßig an Umsatzzahlen (Größe) oder Gewinn (Profitabilität), Absatz (Vergangenheit) oder Kundenzufriedenheit (Zukunft) orientiert.

Lessons learned

Mitarbeiterinformationssysteme sind Instrumente, die den Mitarbeitern eine Selbstbeschreibung des Unternehmens liefern. Es geht darum, bei den Mitarbeitern das durch Entscheidungen legitimierte Selbstbild der Organisation zu manifestieren. Die Aufgabe von Mitarbeiterinformationssystemen ist die Unterstützung der Identifikation der Mitarbeiter mit dem Unternehmen und die Vermittlung von Relevanz. Welche Kommunikationsmittel die Mitarbeiterinformationssysteme nutzen, orientiert sich neben Kosten vor allem auch an der Eignung eines Kommunikationsmittels für das angestrebte Ziel. Während Relevanzfaktoren meist durch kurzfristige Erfolgsnachrichten unterstützt werden, die man digital oder durch Aushang bereitstellt, brauchen Identifikationsfaktoren eher visuelle oder haptische Kommunikationsmittel.

3.4.2   Cultural Change – wie kann man die Unternehmenskultur beeinflussen?

Der Übergang von formaler Kommunikation zur Festigung der Hierarchie in Form z. B. von Mitarbeiterinformationssystemen zu formaler Kommunikation, die die Art und Weise der Zusammenarbeit koordiniert, ist fließend. Letzteres wird aber zumeist in einem anderen Kontext diskutiert: dem der Unternehmenskultur. Fasst man Kultur zunächst sehr abstrakt als Programm auf, das die Interpretation und Bewertung des Wirklichkeitsmodells einer Gesellschaft steuert (vgl. Schmidt 1996, S. 35 ff.; Hofstede 1980, S. 13), ergibt sich, dass sich eine Gesellschaft nicht losgelöst von Kultur, sondern nur gemäß ihrer Kultur entwickelt. Gesellschaft und Kultur sind gegenseitig aufeinander angewiesen. Daraus folgt auch, dass die Kultur innerhalb eines Unternehmens *nicht* eingeführt und aktiv geplant werden kann, sondern sich ab der Gründung des Unternehmens zusammen mit der Organisation entwickelt. Unternehmenskultur ist also kein klassisches Instrument, um erwartbare Resultate zu erzeugen, sehr wohl aber eine Gegebenheit, auf die sich Einfluss nehmen lässt. Dies wird immer dann deutlich, wenn ein Unternehmen analysiert, dass seine aktuelle Unternehmenskultur seinen zukünftigen Erfolgspotenzialen im Weg steht.

Um einen operationalisierbaren Begriff von Unternehmenskultur zu erhalten, sollte zunächst eine grundlegende Unterscheidung getroffen werden zwischen den Aspekten, die ein Unternehmen als wirtschaftlichen, ethischen oder ökologischen Rahmen vorgibt und zu einem Zeitpunkt fixiert und der Unternehmenskultur als dem jederzeit flexiblen Ergebnis aus der Zusammenarbeit von Organisationsmitgliedern in der konkreten Situation. Den fixierten Rahmen kann man mit Begriffen wie Leitbild, Unternehmensphilosophie, Corporate Governance, *business mission*, Corporate Identity oder Vision belegen. Sie sind Aspekte formaler Kommunikation mit Zielrichtung auf Stabilität. Unternehmenskultur im Sinne eines Programms zur Interpretation und Bewertung der Unternehmenswirklichkeit weist aber auf den Zielkomplex Kooperation hin. Während die Rahmenbeschreibung meist schriftlich ausgearbeitet und für einen längeren Zeitraum gültig ist, ist die Unternehmenskultur nicht fixierbar und damit auch nicht messbar, sondern nur situativ zu beschreiben. Kultur ist nicht reliabel, führt also unter identischen Bedingungen nicht zu identischen Ergebnissen.

Ein zweiter wesentlicher Aspekt, der die These der Co-Evolution von Gesellschaft und Kultur unterstützt, ist eine Beobachtung, die Arnold (1937) als die Psychologie sozialer Institutionen beschreibt: Ausgehend vom Nationenbegriff sieht er ein Muster, wie gegenläufige Partikularinteressen gewaltfrei vereint werden. Er nennt diese Muster Credo, also ein Glaubensbekenntnis, das die Mitglieder freiwillig anerkennen, weil es ihren emotionalen Bedürfnissen entspricht. Solche Credos sind unabhängig von einem spezifischen Inhalt und einer stringenten Logik. Sie geben vielmehr – im Sinne des oben eingeführten Begriffs von Kultur als Programm – vor, welche Mechanismen wirken, um Zusammenhalt und Kooperation zu ermöglichen. Credos „*have no meaning whatever* apart from the organization to which they are attached" (Arnold 1937, S. 23). Arnold arbeitet vier Elemente heraus, die ein Credo für eine Organisation ausmachen:

- Rituale, die dazu dienen, dass das einzelne Mitglied der Organisation sich als integraler Bestandteil der Gruppe sieht
- Einstellungen, die gemeinsam geteilt werden und die es ermöglichen, Eigeninteressen mit den Interessen der Gruppe zu koordinieren
- Gewohnheiten, die jenseits einer bewussten individuellen Entscheidung Zusammenarbeit ermöglichen
- Mythen, die das Credo erhöhen, indem sie begründen, dass das Credo nicht allein menschengemacht, sondern einem größeren Ziel verpflichtet ist

Ohne diese Elemente, so Arnold, gibt es keine dauerhaft erfolgreiche Organisation, weil die Organisation ansonsten nur durch Gewalt aufrechterhalten werden kann. Das Credo ist damit eine Art sozialer Klebstoff, der es ermöglicht, Organisationen auf Dauer anzulegen und damit letztlich das, was wir heute als Unternehmenskultur verstehen, nämlich die Selbstbeschreibungs- und Selbstthematisierungskapazität einer Organisation (vgl. Drepper 1992, S. 140).

Was meint Selbstbeschreibung und Selbstthematisierung? Sich selbst beschreiben und thematisieren zu können, setzt voraus, sich selbst als Selbst wahrnehmen zu können, also eine Identität in Differenz zu etwas anderem zu entwickeln. Von der Perspektive der Unternehmenskultur bedeutet das insbesondere die Abgrenzung der durch Mitgliedschaft an die Organisation gebundenen Mitarbeiter zum Wettbewerb, zu den Lieferanten und den Kunden. Hat ein Unternehmen eine hohe Kapazität, Beschreibungen zu liefern, die es gegenüber relevanten Umwelten abgrenzt, und diese zu thematisieren, dann bietet sie dadurch ihren Mitgliedern eine kollektive Identität, das Gefühl, als Einzelner oder als Gruppe Teil eines größeren Ganzen zu sein. Damit das funktioniert, muss die kollektive Identität genügend Interpretationsspielraum bieten. Sie ist „etwas, das auf nichts Konkretes verweist und dem gerade wegen seiner Unbestimmtheit jeder mögliche Sinn zugewiesen werden kann" (Giesen und Seyfert 2013).

Dennoch ist die kollektive Identität nicht beliebig oder unbegrenzt flexibel, sondern wird auf den jeweiligen Kontext angepasst, wird quasi „kulturalisiert". Dies geschieht bei Organisationen im Wesentlichen auf drei Dimensionen:

- der Geschichte des Unternehmens
- der Konfiguration des Unternehmens
- den Ritualen, die im Unternehmen gepflegt werden

Die Unternehmensgeschichte bezieht sich stark auf das, was man auch den Gründungsmythos des Unternehmens nennen kann. Es geht um die häufig verklärte, immer aber im Sinne des Unternehmens interpretierte und dadurch instrumentalisierte Deutung des initialen Impulses, der Gründerpersönlichkeit oder eines charismatischen Führers und möglicherweise ergänzend historischer Meilensteine in der Unternehmensentwicklung, die Mitarbeiter wie Kunden und Lieferanten klar machen sollen, dass das Unternehmen stringent und geradlinig einen wesentlichen Zweck für die Gesellschaft erfüllt.

Coca-Colas Apotheker John Pemberton (in Wahrheit ein morphiumsüchtiger Kriegsveteran, der ein kokainhaltiges Gebräu anrührte, um seine Schmerzen aushalten zu können) wird in Atlanta als freundliches Krämerlein verklärt, das im Stile einer mittelalterlichen Kräuterhexe eine geniale Mixtur ertüftelte. Walt Disney (in Wahrheit ein engstirniger, sentimentaler Weltflüchtling) gilt in Orlando und anderswo als tierlieber Visionär und ewigjunger Märchenonkel. Und Ikea-Gründer Ingvar Kamprad (in Wahrheit ein Pfennigfuchser, der nach eigenen Angaben mit einer Lese-Rechtschreib-Schwäche und dem ‚Dämon Alkohol' kämpft) wird von seinen 100.000 Angestellten routinemäßig als bescheidener Firmenpapa gefeiert, der sich gern mit den devoten Worten vorstellt: ‚Ich heiße Ingvar und bin ein Bauernjunge aus Älmhult'. Pemberton, Disney, Kamprad – sie alle dienen Konzernen als quasi religiös verehrte Identifikationsfiguren. (Grimm 2011)

So wie die Gründer Roms durch eine Wölfin gesäugt werden (Symbol wilder Kraft), steht hinter Apple das universelle Genie von Steve Jobs, hinter Daimler die qualitätsbesessene Ingenieurskunst von Gottlieb Daimler und Carl Benz und hinter Bosch die einzigartige Mischung aus Erfindergeist und sozialem Engagement eines Robert Bosch. Der Gründungsmythos ergänzt um zentrale Meilensteine der Unternehmensentwicklung bilden zusammen eine quasireligiöse Sinnstiftung für die Mitglieder der Organisation, was auch im Gegenteil funktioniert: Das Fehlen einer gemeinsamen Geschichte kann ebenfalls sinnstiftend wirken, was oft bei Startups zu sehen ist.

Der zweite Aspekt, durch den Unternehmen ihre Kultur spezifizieren, ist die faktische Konfiguration der Organisation. Damit sind verschiedene Ebenen angesprochen, die Kirsch in vier Bereiche unterteilt (Kirsch 1990, S. 364 ff.):

- Funktionsbereiche: Die Gliederung der Organisation in Abteilungen und Verantwortlichkeiten (Aufbauorganisation) und deren gegenseitige Abhängigkeit erlauben einen direkten Rückschluss darauf, was dem Unternehmen wichtig ist und wie sich unternehmerische Grundhaltungen niederschlagen. Z. B. kann ein Unternehmen seine Produktentwicklung marktorientiert oder technologieorientiert strukturieren und seinen Vertrieb direkt oder indirekt gestalten.
- Ressourcen: Der Umgang des Unternehmens mit Ressourcen erlaubt einen Rückschluss auf Fragen wie der Technologiefreundlichkeit (*early bird* vs. *follower*) und der Einstellung gegenüber den Mitarbeitern und Lieferanten (Mitarbeiter als austauschbare und rein durch Kosten beschriebene Ressource vs. individuelle Leistungsträger, die einen effektiven Wettbewerbsvorteil darstellen).
- Strukturen: Die vom Unternehmen genutzten Systeme und Strukturen geben Einblick in die Prioritäten, die in der Leistungserbringung (Ablauforganisation) zählen, z. B. der aktive Einsatz von Qualitätsmanagementsystemen, um dauerhaft eine hohe Kundenzufriedenheit zu gewährleisten oder die Automatisierung von Kundensupportprozessen, um Unternehmensfehler effizient zu lösen.
- Standort: Schließlich hat der Ort der Leistungserbringung einen starken Einfluss auf die Konfiguration des Unternehmens. Damit ist nicht so sehr der gesellschaftliche Standort (Verantwortung) angesprochen, als der tatsächliche Standort und die Frage, wie neue

Standorte erschlossen werden (Verlagerung von Produktion ins Ausland, Joint-Ventures, Auftragsfertigung, Einsatz von freien Handelsvertretern etc.).

Diese Elemente der Unternehmenskonfiguration werden besonders stark im Rahmen der Gründung eines Unternehmens festgelegt. Hier werden oft ad hoc aus dem Bauch und als Reaktion auf Kundenerwartung und Marktsituationen Entscheidungen getroffen, die wesentliche Weichen für die Zukunft stellen. Amazon-Gründer Jeff Bezos weist speziell auf die Bedeutung der Mitarbeiter der ersten Stunde hin, die stärker als alles andere die Kultur des Unternehmens prägen: „Cultures aren't so much planned as they evolve from that early set of people" (DocBlock 2013). Die Mitarbeiter entwickeln die Unternehmenskultur im Miteinander und speziell die ersten Mitarbeiter eines Unternehmens bilden die Grundlagen für das Programm, mit dem neue Mitarbeiter in die Wirklichkeit des Unternehmens integriert werden – oder nicht.

Man kann die Konfiguration eines Unternehmens auch von einer anderen Perspektive in den Blick nehmen. Deal und Kennedy (1982) etwa ordnen Unternehmen nach zwei Dimensionen, die sich auf die Art und Weise konzentrieren, wie die unternehmerische Leistung erbracht wird. Die beiden Dimensionen liegen im Belohnungssystem (Mitarbeiterfokus) und dem Risikograd des Geschäfts (Marktfokus). Daraus entwickeln Deal und Kennedy eine plakative Typologie, die man dazu nutzen kann, die Konfiguration eines Unternehmens schnell zu erfassen:

- *Work hard, play hard*: Schnelle Belohnung bei geringem Risiko. Viel dreht sich um die Arbeitsmenge wie z. B. bei der Akkordentlohnung in der Produktion oder dem auf Trinkgeld angewiesenen Kellner eines Restaurants.
- *Tough guy macho culture*: Schnelle Belohnung bei gleichzeitig hohem Risiko. Man setzt auf Alles oder Nichts und ist dabei sehr gegenwartsbezogen und weniger auf zukünftige Entwicklung orientiert wie z. B. als Trainer in der Bundesliga, als Börsenhändler, als Politiker etc. Blitzkarrieren sind ebenso möglich wie der schnelle Totalabsturz.
- *Process culture*: Verzögerte Belohnung und niedriges Risiko. Klassisch für Verwaltungen aller Art. Man orientiert sich wesentlich an Abläufen und Verfahren. Das Einhalten der Verfahrenswege sichert – um es provokant zu sagen – die Pension. Diese Konfiguration wird als sehr stabil und damit im Gegenzug auch als sehr unflexibel wahrgenommen.
- *Bet-the-company*: Verzögerte Belohnung, aber hohes Risiko. Diese Konfiguration lässt sich bei Unternehmen beobachten, deren Erfolg an langfristigen Richtungsentscheidungen hängt wie z. B. in der Rohstoffgewinnung oder im Großanlagenbau. Man weiß nicht, ob die Arbeit zum Erfolg führt und Belohnung gibt es nur im Erfolgsfall. Also sichert man den langen Weg bis zum Erfolg möglichst intensiv ab.

Eine dritte Perspektive neben dem Gründungsmythos und der Konfiguration des Unternehmens, die die Unternehmenskultur greifbar macht, betrifft Rituale, die man als Medium verstehen kann, die zwischen primärer Wahrnehmung und sozialer Erfahrung vermitteln, so „dass sich die Existenz der sich entwickelnden sozialen Realitäten den Status gemeinsam wahrnehmbarer und damit verbindlicher Wirklichkeiten" sichern (Singer 2011, S. 70). Oder wie Bell es ausdrückt: „Ritual is a type of critical juncture wherein some pair of opposing social or cultural forces come together" (Bell 1992, S. 16).

Rituale verortet man zumeist in anderen Kontexten als der Betriebsführung. Man kennt religiöse Rituale wie Taufe oder bestimmte Zeremonien zu hohen Feiertagen, man kennt Alltagsrituale wie Begrüßungsformeln oder Beileidsbekundungen, man kennt politische Rituale wie sie z. B. bei der Haushaltsdebatte zum Budget des Bundeskanzleramts ablaufen, man kennt Reiserituale, wie den als Flugversicherung bekannten Umtrunk vor dem Antritt einer Fernreise. Aber auch in Unternehmen werden – oftmals weniger bewusst – Rituale breitflächig eingesetzt. Wie werden neue Mitarbeiter in das Unternehmen eingeführt, wie „verkauft" der Chef das Jahr bei der Weihnachtsfeier, wie werden Unternehmenserfolge gefeiert, wie wird mit Rückschlägen umgegangen: All das richtet sich nach einer geübten Betriebspraxis und vermittelt den Mitarbeitern das Wirklichkeitsbild der Organisation.

Die Geschichte des Unternehmens und ihre eigenen Mythen, die konkrete Konfiguration, die sich z. B. über Typologien erfassen lässt, und ritualisierte Handlungen bilden zusammen die Kultur eines Unternehmens, die als ungeschriebenes und damit individuell interpretierbares Regelwerk (Programm) festlegt, wie die Mitglieder einer Organisation das Selbstbild der Organisation für sich konkretisieren. Unternehmenskultur sind die „shared learning experiences that lead to shared, taken-for-granted basic assumptions held by the members of the group or organization" (Schein 1985, S. 21).

Wir kommen nun zur entscheidenden Frage, wie man Einfluss auf die Unternehmenskultur nehmen kann bzw. wie man einen *cultural change* anstößt und begleitet. Dies lässt sich über die Beeinflussung der drei konstituierenden Elemente erreichen, wobei die Interpretation der Unternehmensgeschichte durch Gründungs- und Erfolgsmythen ebenso wie die Einführung neuer und Abschaffung bestehender Rituale nur dann greifen, wenn die Unternehmenskonfiguration geändert wird. Stellt man sich ein Unternehmen mit hundert Mitarbeitern vor, die alle seit der Gründung vor zwanzig Jahren an Bord sind, wird man die Unternehmenskultur nicht an den Ansatzpunkten Mythen und Rituale zielgerichtet beeinflussen können. Der entscheidende Hebel ist die Unternehmenskonfiguration. Unternehmenskultur ändert sich, wenn man die Unternehmenskonfiguration ändert. Man kann zwar *ex ante* nicht scharf definieren, was genau sich ändern wird. Wenn aber das Top-Management ausgetauscht wird, Abteilungen aufgelöst oder zusammengelegt werden, sich Zuständigkeiten ändern, Mitarbeiter rollieren oder der Firmensitz in ein anderes Land verlegt wird, dann ändert sich die Unternehmenskultur auf jeden Fall.

Mit anderen Worten kann man formulieren: Massive Änderungen im Betrieb führen zu massiven Änderungen in der Kultur. Damit ist nicht gesagt, wie die personellen oder strukturellen Änderungen genau auf die Kultur durchschlagen, weshalb Unternehmenskultur auch nicht als Instrument – also als ein Mittel für die planbare Zielerreichung – zu verstehen ist. Wenn eine Fußballmannschaft eine schlechte Saison spielt, ändert der Trainer zunächst die Spielaufstellung, dann ändert der Verein den Trainer und der neue Trainer ändert den Kader. Das alles ändert die Kultur der Mannschaft, wobei aber kein direkter Rückschluss möglich ist, welche einzelne Maßnahme welchen einzelnen Ergebnisbeitrag liefert.

Der Sport mit seinen kurzen Erfolgszyklen ist dabei noch ein äußerst dynamisches Beispiel. Schaut man sich an, wie lange Nationen brauchten, um Fragen wie die Einstellung zur Sklaverei, zu Homosexualität oder zu anderen Religionen und Konfessionen zu ändern, sieht man, dass kultureller Wandel zwar möglich und auch initiierbar ist. Kultureller Wandel ist aber nicht planbar und er ist nicht aus dem operativen Tagesgeschäft zu entwickeln, sondern erfordert eine starke Führung, die einhergeht mit einer grundlegenden Neukonfiguration des Unternehmens. „It requires an effective leader on top. He or she must have both an outsider's openness to new ideas and an insider's power base. This leader must create a perceived need for change even if most people believe all is well. He must create and communicate effectively a new vision and set of strategies, and then behave accordingly on a daily basis. He must motivate an increasingly large group of people to help with this leadership effort. These people must find hundreds or thousands of opportunities to influence behavior. And the resulting actions on the part of a growing group of people must produce positive results; if they do not, the whole effort loses critical credibility" (Kotter und Heskett 1992, S. 101).

Lessons learned
Unternehmenskultur entsteht durch die Geschichte und die Konfiguration des Unternehmens sowie durch die Rituale, die im Unternehmen gepflegt werden. Speziell die Konfiguration hat einen wesentlichen Einfluss auf die Kultur, aber auch die Interpretation des Gründungsmythos (Geschichte) oder die bewusste Einführung neuer Rituale kann der Unternehmenskultur wichtige Impulse geben. Generell lässt sich Unternehmenskultur aber nicht in Gänze instrumentalisieren, sondern ist das Programm, nachdem die Organisation sich selbst vollzieht.

3.4.3 Corporate Identity: Gestaltung des unternehmerischen Selbstbilds

Die Unternehmenskultur als Programm, wie Mitarbeiter das Unternehmen, seinen Markt und seine Öffentlichkeit verstehen und gemäß dieses Programms alltägliche Anforderungen lösen, ist der zentrale, aber wenig gestaltbare Bereich, der das Selbstbild des Unternehmens prägt. Die Unternehmenskultur wird aber von zwei weiteren Handlungsbereichen flankiert, die deutlich operativer sind (vgl. Abb. 3.21).

Auf der einen Seite gibt es die Selbstbeschreibungen, die als Selbstverpflichtungen wirken, die also festlegen, was die Organisation ist und wie sie handeln will. Auf dieser Seite finden sich formulierte und fixierte Regelwerke wie der Code of Conduct (Verhaltenskodex), Richtlinien zur Corporate Governance, Festlegung von Mission und Vision etc. Es gibt für diese Instrumente keinen eingeführten und einheitlich genutzten Überbegriff. Passend könnte die Bezeichnung Corporate Manifesto sein, da die verschiedenen Regelwerke vor allem einen wesentlichen Unterschied zur Corporate Culture aufweisen: sie sind

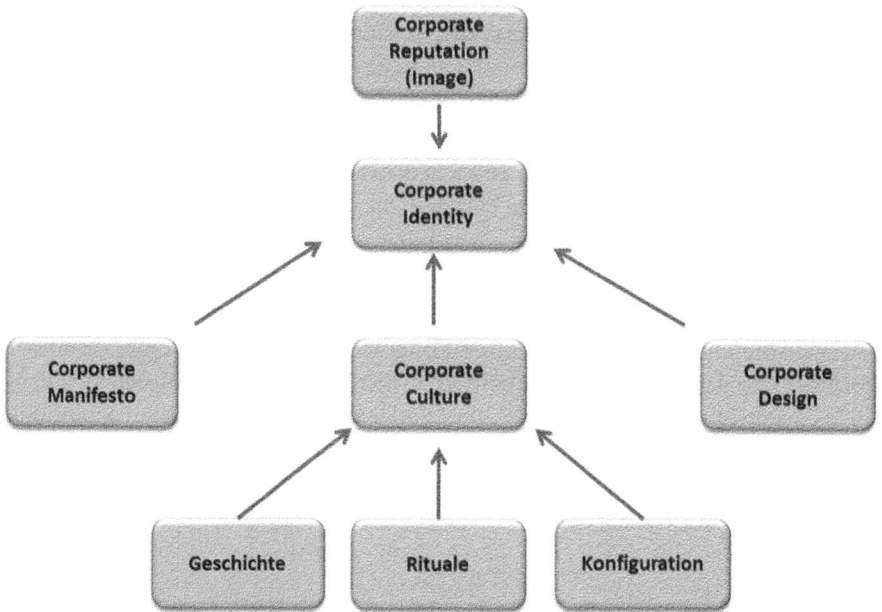

Abb. 3.21 Konstituierende Elemente der Corporate Identity

Manifestationen, die den Rahmen der Entscheidungen innerhalb der Organisation ein-schränken.

Auf der anderen Seite gibt es die Selbstbeschreibungen, die das Unternehmen von sich in Form sichtbarer Artefakte anfertigt. Dabei handelt es sich im Wesentlichen um die Vi-sualisierung von Werten und Ambitionen des Unternehmens, um von den Umwelten als Einheit erkannt zu werden. Solche Visualisierungen sind z. B. das Logo des Unternehmens, die Verwendung von Farben und Formen oder auch die generelle Gestaltungsprinzipien, die sich in den Produkten des Unternehmens wiederfinden.

Alle drei Bereiche – Manifestationen, Kultur und Visualisierung – bilden zusammen die Identität eines Unternehmens im ganz wörtlichen Sinne verstanden als die Elemen-te, die eine Einheit (Entität) als Einheit präsentieren, die also ermöglichen festzustellen, dass es sich um Unternehmen A und nicht Unternehmen B handelt. Speziell im deutsch-sprachigen Raum hat sich für die Ausgestaltung dieser identitätsstiftenden Merkmale der Begriff Corporate Identity ausgebildet (vgl. Birkigt und Stadler 1980; Antonoff 1982). Das Grundkonzept der Corporate Identity Ansätze verfolgt eine schlichte Analogisierung, die auf der Idee basiert, dass die „Identität eines Unternehmens durch die Summe seiner cha-rakteristischen Eigenschaften gebildet wird, die es von allen andere Unternehmen gleicher Branche und Größe unterscheidet". Diese Elemente strahlen „kontinuierlich nach innen (auf die Mitarbeiter) und nach außen (auf die Umwelt) aus. Diese ‚Ausstrahlung' (dabei wird wiederum eine Parallelität von Persönlichkeit und Unternehmen deutlich) produziert in der Öffentlichkeit ein spezifisches ‚Image', ein Abbild der Identität" (Trux 2000, S. 68).

Dieser Zusammenhang von Image und Identität ist eine der Leitfiguren des Corporate Identity Konzepts. Unter Image versteht man im Englischen schlicht ein Bild (Foto, Zeichnung, Gemälde etc.). Im deutschsprachigen Raum wurde dieser recht neutrale Begriff im Kontext der sogenannten Marktpsychologie aufgeladen (vgl. Bergler 1962) und schaffte es in seiner erweiterten Bedeutung als öffentlich geteiltes Stimmungsbild sogar in die Liste der hundert Wörter des Jahrhunderts[25]. Im Kontext der Unternehmensidentität ist aber letztlich nicht ein Bild (Image) gemeint, sondern der Eindruck, den die Identitätsmerkmale in den Umwelten des Unternehmens in Form von Einstellungen hinterlassen.

Ein Image ist wie ein fotografischer Schnappschuss ein einmaliges, temporäres Abbild eines einzelnen Aspekts, der fokussiert wird. Reputation dagegen fasst viele verschiedene Einzelbilder zu einem Gesamteindruck zusammen, ist also um es bildlich auszudrücken das Bild, dass man von Schottland hat, nachdem man einen ganzen Bildband betrachtet hat. Viele einzelne Bilder ergeben einen Eindruck, und dieser Eindruck dient als „prediction about future behaviour" (Wilson 1985, S. 27). Corporate Reputation kann man demnach mit Charles Fombrun definieren als „perceptual representation of a company's past action and future prospects that describes the firm's overall appeal to all of its key constituents when compared with other leading rivals" (Fombrun 1996, S. 72).

Zusammenfassend und abweichend von den gängigen Begrifflichkeiten, die die Corporate Identity in die Elemente Corporate Communication, Corporate Behaviour und Corporate Design aufteilen (vgl. Birkigt und Stadler 1980), schlage ich eine andere, m. E. besser geeignete Struktur vor: die Corporate Identity wird gebildet aus den manifestierten Regelwerken (Corporate Manifesto), dem Programm, nachdem die Mitarbeiter die Aufgaben des Unternehmens erledigen (Corporate Culture) und der Visualisierung der Artefakte, über die das Unternehmen in seiner Umwelt erkannt wird (Corporate Design). Die Corporate Identity kann vom Unternehmen wenigstens in den Bereichen Corporate Manifesto und Corporate Design planbar gestaltet werden. Die Wahrnehmung der identitätsstiftenden Eigenschaften des Unternehmens in seiner Umwelt (Mitarbeiter, Lieferanten, Kunden, Eigentümer, Öffentlichkeit etc.) schlagen sich in der Corporate Reputation nieder, die den Umwelten hilft, das Agieren des Unternehmens für sich selbst berechenbar zu gestalten.

Corporate Manifesto dient als Überbegriff für die formalen Selbstbeschreibungen des Unternehmens, die den Bezugsrahmen bilden, in dem das Verhalten der Mitglieder beobachtet werden kann. Dazu zählen verschiedene Elemente. Zu den wichtigsten zählen:

- Unternehmensleitbild, im Englischen häufig durch die Begriffe *company mission* und *business vision* abgebildet. Das Unternehmensleitbild beschreibt, wie das Unternehmen sich selbst sieht (wer sind wir?), welchen Beitrag es für die Gesellschaft leistet (was machen wir?) und welche langfristigen Entwicklungen es aktiv mitgestalten will (wie sehen wir die Zukunft?). Das Unternehmensleitbild gibt dabei im Kern einen Idealzustand an, der nicht die Gegebenheiten, wie sie sind, sondern wie sie sein sollen, beschreibt.

---

[25] Vgl. http://de.wikipedia.org/wiki/100_W%C3%B6rter_des_20._Jahrhunderts abgerufen am 30.5.2013.

- Code of Conduct oder Verhaltenskodex, eine Sammlung von Regeln, wie sich die Mitglieder des Unternehmens verhalten sollen. Dazu zählen etwa die Kleiderordnung (IBM wurde zur Big Blue, weil die Vertriebsmitarbeiter angehalten waren, bei Kundenbesuchen in dunkelblauen Anzügen anzureisen), die Regeln, wie man sich am Telefon meldet, wie man mit Beschwerden umgeht (Kulanzregeln) oder die Grundsätze, wie man seine Arbeit ordnungsgemäß erfüllt im Sinne eines Berufskodex.
- Corporate Governance im Sinne der Anwendungsvorschriften, wie die Einhaltung gesetzlicher Vorschriften und eigener Regelwerke im Unternehmen sichergestellt wird (Compliance). Dies betrifft im Wesentlichen Vorschriften zur ordnungsgemäßen Rechnungslegung (*accounting principles*), aber auch den Umgang mit Korruption, die Berichtspflichten gegenüber den Eigentümern und anderen Anspruchsgruppen sowie weitere spezielle Regeln, wie etwa Nachfolgeregelungen bei Familienunternehmen.
- Business Ethics als zusammenfassende Perspektive auf die Art und Weise, welche Weltsicht das Unternehmen hat und welche Verhaltensweisen – unabhängig von festen Regelwerken – das Unternehmen akzeptiert und welche nicht. Dies betrifft z. B. die Interpretation von Fairness und Anstand. Oder wie es Jennings formuliert: „Ethics is honesty, fairness, and justice. The principles of ethics, when honored, ensure that the playing field is level, that we win by using our own work and ideas" (Jennings 2011, S. 12).
- Sprachregelungen, im deutschsprachigen Raum oft auch Wording genannt bzw. fälschlich als Corporate Language bezeichnet (was allerdings die offizielle Unternehmenssprache in einem multinationalen Konzern meint). Generelle Sprachregelungen legen z. B. fest, wie die Mitarbeiter über den Wettbewerb, relevante Technologien, Geschäftszahlen etc. sprechen.

Neben den diversen Regelwerken, die das Verhalten der Organisationsmitglieder orientieren sollen, gibt es einen zweiten großen Bereich, der durch die Organisation selbst festgelegt wird und der einen wesentlichen Anteil an der Konstruktion der unternehmerischen Identität hat: die Visualisierung des Unternehmens, um als Einheit wahrgenommen zu werden. Es geht darum sicherzustellen, das Erscheinungsbild des Unternehmens umfassend, widerspruchsfrei und dauerhaft zu gestalten. Abgeleitet aus dem Arbeitsfeld des (produktbezogenen) Industriedesigns, hat sich für die vielfältigen Gestaltungsaufgaben jenseits der Produktentwicklung der Begriff Corporate Design entwickelt. Das Corporate Design legt Grundregeln für den gestalterischen Auftritt des Unternehmens fest. Diese werden üblicherweise in einem Style Guide oder Manual of Style (in Deutschland auch Design Manual) aufgelistet und umfassen im Wesentlichen folgende Elemente:

- Logo, das grafische Zeichen, mit dem das Unternehmen seinen Namen präsentiert. Ein Logo kann sowohl rein typografisch (gestalteter Text), rein bildlich (Signet) oder als Kombination von Bildzeichen und Text erstellt werden. Das Logo ist ein Symbol für den komplexer angelegten Begriff der Marke, die über Einstellungen, Qualitätsempfinden und Verfügbarkeit gebildet wird.

- Typografie bzw. Hausschrift, legt fest, in welcher Schriftart Briefe, Verträge, Broschüren etc. verfasst werden, mit welchem Schriftschnitt man arbeitet, welche Absatzformate (Überschrift, Fließtext, Zwischentitel etc.) und Zeilenabstände genutzt werden, wie man einzelne Worte hervorhebt etc.
- Bildsprache legt fest, wie Abbildungen verwendet werden, welchen Stil die verwendeten Abbildungen haben, ob und wie Piktogramme, Charts oder Tabellen eingesetzt werden etc.
- Layouts geben vor, wie Texte und Bilder in unterschiedlichen Kommunikationsmitteln arrangiert werden. Dies kann in Form von *grids* verstanden als grobes Raster oder verbindlicher in *templates* (Schablonen) erfolgen.
- Farbkodierung bzw. Hausfarben bestimmen, wie Farben eingesetzt werden. So können beispielsweise verschiedene Geschäftsbereiche eines Unternehmens farblich unterschieden werden. Hausfarben leiten sich oft aus dem Logo ab und bestehen aus Leitfarbe und Schmuck- bzw. Kontrastfarben.
- Architektur: Unternehmen mit vielen Standorten und speziell auch bei Ladengeschäften verwenden einheitliche Architekturmerkmale, sowohl für die Raumgestaltung als auch für die Fassade bzw. den generellen Baustil.

In welcher Form man diese Festlegungen zur visuellen Selbstbeschreibung einer Organisation aufarbeiten kann, lässt sich beispielhaft am 1999 per Kabinettsbeschluss verabschiedeten Style Guide der deutschen Bundesregierung nachvollziehen[26].

Lessons learned

Die Identität eines Unternehmens lässt sich als Resultat dreier Handlungsfelder beschreiben: die fixierten Selbstbeschreibungen (Corporate Manifesto), die gelebte Kultur (Corporate Culture) und Visualisierungen, die als Symbol wirken (Corporate Design). Corporate Manifesto und Corporate Design sind vom Unternehmen instrumentalisierbar, während die Corporate Culture nur beeinflussbar, nicht aber planbar ist. Die Identität wird von den Umwelten des Unternehmens als Image (Corporate Reputation) wahrgenommen.

3.4.4 Wissensmanagement – wie man individuelle Erfahrungen organisatorisch nutzt

Organisationen entstehen und „leben" (im Sinne der ständigen Reproduktion, wie von Maturana und Varela als Autopoiesis beschrieben[27]) durch Entscheidungen, die sich auf

---

[26] Vgl. http://styleguide.bundesregierung.de abgerufen am 30.5.2013.

[27] Vgl. Maturana und Varela (1972). Die originale Definition lautet: „An autopoietic machine is a machine organized (defined as a unity) as a network of processes of production (transformation and

die Umwelten der Organisation beziehen – zuvorderst die Lieferanten, Mitarbeiter und Kunden, dann aber auch auf die Interessen der Stakeholder und die Beziehung zum Wettbewerb und der Öffentlichkeit. Daraus folgt, dass die Organisation ihre Umweltbezüge formal nur durch Entscheidungen manifestieren und im Sinne seiner eigenen Entscheidungsgeschichte als organisatorisches Wissen (also als Themenreservoir, über das entschieden wurde) erzeugen kann.

Darunter fällt schon sehr viel – z. B. alle Themen, die mit Technologieentscheidungen, Angebotsstrukturen (Kalkulation, Kundendatenbanken), Einkaufskonditionen (Verträge, Zahlungsziele) etc. zu tun haben. Aber dennoch ist dies nur ein – zumeist kleiner – Teil des Problemlösungspotenzials, das ein Unternehmen über die Zeit aufbaut. Dieses Problemlösungspotenzial kann man auch als das Wissen der Organisation verstehen. Organisationswissen meint dabei unterschiedlichen Aggregatszustände, in denen Wissenselemente vorliegen: Als bloße Daten, als zu Informationen verdichtete Daten, als zu Wissen kombinierte Informationen oder als durch Anwendung von Information entstandene Weisheit (Anwendungswissen). Dieses hierarchische Wissensmodell kennt man nach den englischen Bezeichnungen *data*, *information*, *knowledge* und *wisdom* auch als DIKW-Hierarchie des Wissens (vgl. Ackoff 1989; Zeleny 2005; Rowley 2007; Abb. 3.22).

Setzt man auf diesem Erklärungsansatz an, stellt sich die Frage, warum das Unternehmen mehr Lösungspotenziale haben kann, als es tatsächlich über Wissen verfügt. Hier schließt sich ein Modell an, das Michael Polanyi in den Diskurs eingeführt hat. Er unterscheidet zwischen zwei offensichtlich verschiedenen Arten von Wissen: zum einen das Wissen, das als solches thematisiert wird und damit als gestaltbare Ressource zur Verfügung steht. Zum anderen gibt es Wissen, das zwar offensichtlich in der Anwendung vorhanden ist, das aber nicht bewusst artikuliert werden kann. Dieses implizite Wissen beschreibt Polanyi als *tacit knowing* (heute meist *tacit knowledge*; vgl. Polanyi 1966).

Speziell mit dem massiven Übergang von Verkäufermärkten zu Käufermärkten – unterstützt durch die Internationalisierung der Handelsbeziehungen und die Digitalisierung von Transaktionsmöglichkeiten – offenbart sich der Bedarf, solches implizites Wissen als Vorteil im Wettbewerb nutzbar zu machen und damit zu instrumentalisieren. Dafür hat sich seit den 1990er Jahren immer stärker das Arbeitsgebiet des Wissensmanagement in Unternehmen etabliert. In unserem Kontext ist darunter zu verstehen, dass Selbstbeschreibungen der Organisation in Bezug auf ihre Umwelten durch Mitglieder der Organisation auch ohne explizite Entscheidungswege Eingang in den Leistungserstellungsprozess der Organisation finden. Oder alltagstauglich formuliert: Man will die Erfahrung der Mitarbeiter im Umgang mit Kunden, Lieferanten und anderen Mitarbeitern speichern und für andere Mitarbeiter über einen längeren Zeitraum nutzbar machen. Der Vollzug des unternehmerischen Auftrags durch die Mitarbeiter soll als Information im Unternehmen

---

destruction) of components which: (i) through their interactions and transformations continuously regenerate and realize the network of processes (relations) that produced them; and (ii) constitute it (the machine) as a concrete unity in space in which they (the components) exist by specifying the topological domain of its realization as such a network" (1972, S. 78).

Abb. 3.22 DIKW-Wissens-
hierarchie

verfügbar gemacht werden, und dafür setzt man Instrumente der formalen (oder hier besser: der informalen) Kommunikation ein, um Flexibilität gegenüber der Umwelt sicherzustellen.

Ikujiro Nonaka führte 1991 mit dem Artikel *The Knowledge-Creating Company* die
Thematik in die Managementliteratur ein. Seine Grundüberlegung fasst Nonaka so zusammen: „New knowledge always begins with the individual. (…) Making personal knowledge available to others is the central activity of the knowledge-creating company. (…)
Tacit knowledge is highly personal. It is hard to formalize and, therefore, difficult to communicate to others. Or, in the words of the philosopher Michael Polanyi, ‚We can know
more than we can tell.' (…) Tacit knowledge consists partly of technical skills – the kind of
informal, hard-to-pin-down skills captured in the term ‚know-how'" (Nonaka 1991, S. 97).

Dieses implizite Wissen, das die Mitglieder der Organisation tragen, über das die Organisation aber nicht aktiv verfügen kann, soll durch Externalisierung für die Organisation
sichtbar, mit anderen Wissensbausteinen verknüpft und dann gelernt werden, um schließlich über Sozialisation im Miteinander genutzt zu werden. Diese vier Elemente bilden das
SECI-Modell (vgl. Abb. 3.23), das den Prozess der Wissenserzeugung im Organisations-
kontext beschreibt und auch als Wissensspirale Eingang in die Diskussion gefunden hat
(vgl. Nonaka und Hirotaka 1995):

- *Socialization* bedeutet, implizites Wissen implizit durch Erfahrung aufzunehmen (*lear-
ning by viewing*).
- *Externalization* bedeutet, implizites Wissen durch Nutzung von Medien (Sprache, Text,
Bild, Bewegtbild etc.) in explizites Wissen zu wandeln.
- *Combination* bedeutet, explizites Wissen mit explizitem Wissen zu verbinden, um da-
durch neues Wissen zu schaffen.
- *Internalization* bedeutet, explizites Wissen in implizites Wissen zu wandeln, also: Wis-
sen anzuwenden (*learning by doing*).

Speziell der Schritt der Externalisierung impliziten Wissens ist eine Kommunikationsauf-
gabe, denn hier kann mit Kommunikationsmitteln der Übergang von unausgesprochenem
(und meist auch nicht formulierbarem) Erfahrungswissen ohne feste Struktur in doku-

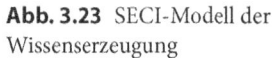

Abb. 3.23 SECI-Modell der
Wissenserzeugung

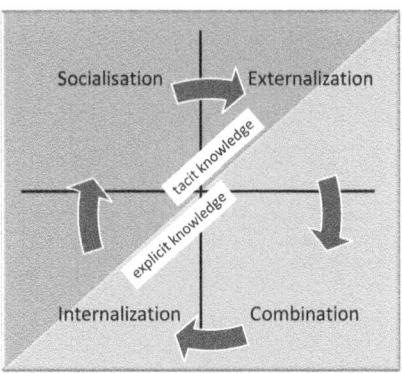

mentiertes Fachwissen der Organisation im Sinne einer Struktur von Erwartungen unterstützt werden (vgl. Luhmann 1984, S. 450). Da implizites Wissen selten einfach bewusst gemacht und weitergeleitet werden kann, eignet sich ein *top-down* Verfahren offensichtlich nicht für die Externalisierung. Die Führung kann nicht anordnen, unbekanntes, verborgenes Wissen zu externalisieren, weil es nicht um ein beabsichtigtes Verschweigen wichtiger Informationen geht, sondern um die Schwierigkeit, sich selbst verborgenes Wissen bewusst zu machen. Erfolgsversprechender für die Externalisierung impliziten Wissens sind Konzepte wie die Communities of Practice (vgl. Lave und Wenger 1991).

Communities of Practice sind im Kern nichts anderes als Gruppen, die durch Zusammenarbeit und Anwendung von Problemlösungskompetenzen voneinander lernen. Die Einführung von Communities of Practice in Unternehmen kann beispielsweise bedeuten, dass man Organisationsmitglieder, die an ähnlichen Problemen arbeiten z. B. durch Technologie, Prozesse oder Strukturen zu einer Arbeitsgruppe zusammenfasst. Hat ein Unternehmen etwa mehrere Grafiker, die sich in verschiedenen Abteilungen (Druckvorbereitung, Internetauftritt, Messegestaltung etc.) um Designaufgaben kümmern und dafür entsprechende Werkzeuge einsetzen, kann diese Gruppe durch offenen Austausch gegenseitig von ihrer Erfahrung an konkreten Aufgabenstellungen lernen – und bildet so automatisch eine Community of Practice.

Dabei wird auch klar, dass sich Communities of Practice deutlich von klassischen Organisierungsformen wie dem Projektteam oder einer Fachabteilung unterscheiden. Nicht Hierarchie oder Rolle sind entscheidend, sondern Akzeptanz in der Fachgruppe. Man kann hier mit McDermott (1999) aufgrund der Stärke der Gruppenidentität unterscheiden zwischen (vgl. Abb. 3.24):

- Interessensgruppen (z. B. Personalsachbearbeiter informieren sich in Foren über Anwendung von Richtlinien)
- Netzwerke (z. B. Nachwuchs-Manager besprechen in einem lockeren Rahmen Erfahrungen und Probleme aus ihrer Tätigkeit und tauschen sich aus)
- Communities of Practice (z. B. alle Mitarbeiter einer Werbeagentur die für Kunde A arbeiten, arbeiten zusammen in einem Büro und lernen voneinander, wie Text, Kreation, Kundenkontakt etc. miteinander verwoben sind)

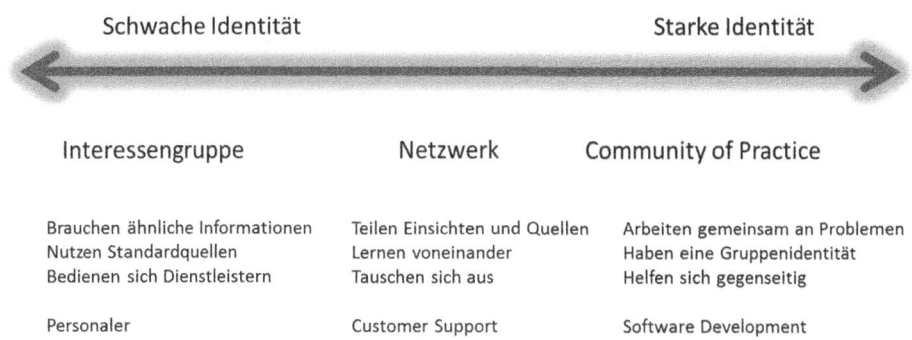

Abb. 3.24 Grad der Community Identity

Ebenfalls typisch ist der eher temporäre Verbund einer Community of Practice, d. h. ihre Ausrichtung an einem temporären Zweck. Dies wird durch Wenger et al. (2002) durch einen Ablauf von Phasen beschrieben:

- Potenzial entsteht, indem sich mehrere Personen einer Thematik annehmen
- Struktur entsteht durch die Möglichkeit der informalen Zusammenarbeit
- Produktivität der Gruppe durch Wissensaufbau und Austausch
- Verantwortung als Wissenspool für neue Teilnehmer (es werden mehr Informationen entnommen als eingefügt)
- Umwandlung schließlich lässt die Gruppe nach neuen Verbindungen suchen und auseinanderfallen, weil die Thematik oder die Gruppe an Bedeutung verloren hat

Eine weitere Sichtweise fokussiert auf das implizite Anwendungswissen. Wasko und Faraj (2000) lokalisieren Anwendungswissen als materialisiert wie in einer Bedienungsanleitung oder einem How-To, personalisiert – also in einer Person als individuelles Anwendungswissen verankert – oder als Gruppenwissen wie man es heute in anderem Kontext auch unter den Stichwort Schwarmintelligenz oder Smart Mobs (vgl. Rheingold 2003) diskutiert.

Die Art und Weise, wie in Communities of Practice kommuniziert wird, ist stark abhängig von digitalen Medien – Foren, Blogs, Chats, Wikis etc. Der Austausch der Mitglieder der Community of Practice ist allein auf das Problem fokussiert und hinsichtlich der Beiträge und Stilistik äußerst individuell. D. h. die Community selbst kann noch nicht als Kommunikationsinstrument aufgefasst werden. Was aber durch die Förderung dieser Fachgruppenkultur z. B. im Marketing, Vertrieb, Recht, Entwicklung oder IT ansetzen kann, ist die Auswertung und Konversation der Beiträge „für die Nachwelt". Damit stellen Communities of Practice ein großes Potenzial dar, um verborgenes Anwendungswissen durch Beobachtung der Interaktion in der Gruppe und Auswertung der Kommunikationsbeiträge zu erschließen.

Um diese Aufgabe zu bewältigen, eignen sich eine Vielzahl von IT-Systemen, die in ihrem Zusammenwirken das Organizational Memory Information System (OMIS) bilden,

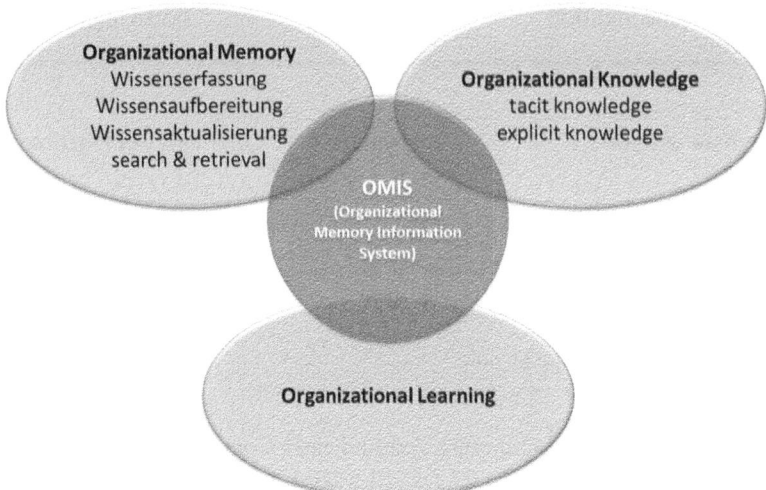

Abb. 3.25 OMIS: Organizational Memory Information System

das die Wissenserfassung und -verarbeitung in Unternehmen strukturiert (vgl. Abb. 3.25). Stein beschreibt ein solches Organizational Memory Information System als „system that functions to provide a means by which knowledge from the past is brought to bear on present activities, thus resulting in increased levels of effectiveness for the organization" (Stein 1995, S. 17). Man kann für den Einsatz und die Struktur eines OMIS generell drei Ebenen unterscheiden:

- Organizational Memory im Sinne eines Systems, das Wissen erfasst (*acquisition*), Wissen aufbereitet und aktualisiert (*maintenance*) sowie Wissen verfügbar macht (*search and retrieval*).
- Organizational Knowledge als den gegenwärtigen Status des verfügbaren Wissens – implizit und explizit – in einer Organisation. Explizit wird das Wissen z. B. über Wissensdatenbanken, FAQ-Systeme, Repositories, Intranet, Entscheidungssysteme etc. nutzbar gemacht.
- Organizational Learning im Sinne der Systeme und Methoden, durch deren Anwendung die Mitglieder von Organisationen Wissen für sich nutzbar machen und dadurch Zusammenarbeit im Sinne einer lernenden Organisation ausgestalten (vgl. dazu auch Senge 1990).

Für die Wissensaufbereitung bieten sich am besten elektronische Systeme an, die z. B. Diskussionsverläufe (*threads*) zu einzelnen Artikeln in einem Blog oder Wiki verdichten und dann mit Links auf die Ursprungsbeiträge referenzieren. Solche Formen der informalen Kommunikation sind praktisch eine Art besonderer Fachjournalismus, der auf Basis zahlreicher, uneinheitlicher und auch widersprüchlicher Aussagen eine fachliche Einordnung vornimmt und auf Kernaspekte zuspitzt. Wird solch eine redaktionelle Auswertung technisch durch ein leistungsfähiges Indexierungssystem (*tagging*) und Taxonomien ergänzt und verfügbar gemacht, stehen die Chancen nicht schlecht, auch unausgesprochenes, individuelles Erfahrungswissen für die Organisation nutzbar zu machen.

Eine besondere Form, Erfahrungswissen in der Organisation verfügbar zu machen, ist die konsequente (also tatsächlich und regelmäßig angewendete) Bewertung von Ergebnissen aus der Geschäftstätigkeit, also z. B. nach dem Abschluss von Projekten, nach einer gewonnenen Ausschreibung oder nach einer Marketingkampagne. Räumt die Organisation für die kritische Betrachtung von Erfolg und Misserfolg entsprechende Ressourcen ein, kann die Dokumentation und Bereitstellung sogenannter *lessons learned* ein effektives und zugleich effizientes Mittel sein, die notwendige Umweltflexibilität immer wieder neu und zeitnah zu aktualisieren. In bestimmten Zusammenhängen lassen sich solche *lessons learned* auch aus der Beobachtung vergleichbarer Unternehmen gewinnen. Verfügt man über entsprechende Vergleichspunkte (Benchmarks; vgl. Camp 1989), kann man auch *best practices* in den expliziten Wissensbestand des Unternehmens überführen.

Außerhalb der Implementierung von Wissensmanagement-Systemen gibt es aber auch Instrumente, die man fallweise einsetzen kann, um Erfahrungswissen untereinander verfügbar zu machen und dann ggf. auch zu dokumentieren. Dazu kann man z. B. die Open Space Methode nutzbar machen. Deren Kerngedanke ist es, eine Gruppe ohne konkrete Agenda an einem Ort zusammenzubringen und dann die Gruppe selbst eigenverantwortlich die Themen, über die gesprochen werden soll, aushandeln zu lassen. Die Open Space Methode entwickelte sich in den 1980er Jahren als Reaktion auf die Erfahrung, dass sich bei vielen Konferenzen die wirklich wichtigen Gespräche während der Kaffeepausen entwickeln. Open Space beruht im Kern auf vier Leitsätzen (vgl. Owen o. J.):

1. Whoever comes is the right people
2. Whatever happens is the only thing that could have
3. Whenever it starts is the right time
4. When it's over it's over

Angewendet wird die Open Space Methodik u. a. von den seit 2005 immer stärker eingesetzten Barcamps. Ein Barcamp ist das Gegenstück zu einer Konferenz, bei der Teilnehmer eingeladen werden und ein Programm den Tagesablauf streng strukturiert. Zu Barcamps kann man dagegen ohne Einladung kommen, wenn einen das Thema interessiert und was im Rahmen des Barcamps diskutiert wird, entwickelt sich vor Ort. Diese Struktur einer Ad-Hoc-Versammlung kann man in den Unternehmensalltag integrieren, z. B. als festen Termin (Jour fixe), bei dem alle Mitarbeiter des Unternehmens, einer Abteilung oder eines Teams eingeladen sind, sich zwanglos zu treffen und über spannende Themen der abgelaufenen Woche zu sprechen. Auch die Veranstaltung von Barcamps unter Einbeziehung von wichtigen Kunden oder Lieferanten kann dazu führen, verborgenes Wissen hervorzubringen und für das Unternehmen als Ressource zu gewinnen.

Ebenfalls für die unkonventionelle Aufbereitung verborgenen Wissens eignet sich als Methode das Knowledge Café. Hier ist die Grundidee, dass man eine größere Gruppe in kleine Gruppen zu vier oder fünf Personen aufteilt und sie an kleine runde Tische setzt – wie in einem Café. Hier diskutieren die kleinen Gruppen. Nach einer festgelegten Zeit werden die Gruppen neu gebildet und das Spiel geht in anderer Tischbesetzung von vorne los (vgl. Brown und Isaacs 2005).

Ebenfalls eine neue Bezeichnung für ein seit alters her genutztes Instrument, das man fallweise einsetzen kann, um implizites Wissen zu externalisieren, ist das Storytelling (vgl. Denning 2000). Dabei geht es um das Verpacken eines komplexen Zusammenhangs, z. B. einer technologischen Innovation, in eine Geschichte oder eine Fabel. Storytelling lässt sich in zwei Dimensionen einsetzen: Zum einen kann man die Methode nutzen, um Mitarbeitererfahrungen zu erheben, wobei die freie Erzählung meist bessere Ergebnisse liefert, als die strukturierte Befragung mittels eines Interviewleitfadens. Zum anderen kann man Storytelling als Führungsinstrument einsetzen, um Visionen oder komplexe Zusammenhänge an das Team zu vermitteln.

Storytelling basiert auf den jahrtausendealten Prinzipien oraler Kulturen: dass man sich Geschichten besser merken kann, als reine Fakten. Die Erinnerbarkeit wiederum hat einen direkten Einfluss auf die Anwendung von Wissen: „Therefore, anything that tends to make information more memorable will have a greater likelihood of assuming significance. (…) In addition, because of the rich contextual details encoded in stories, they are ideal carriers of tacit dimensions of knowledge" (Swap et al. 2001, S. 103).

> **Lessons learned**
> Eine Organisation baut über die Zeit durch Erfahrung ein Problemlösungspotenzial auf. Dieses ist als Wissen der Organisation zu verstehen. Organisationswissen kann in unterschiedlichen Aggregatszuständen vorliegen (DIKW-Hierarchie). Welche Form auch immer Wissen annimmt: Neben dem expliziten (verfügbaren) Wissen bleibt ein Großteil des Wissens der Organisation an Personen gebunden und liegt nur als implizites Wissen (*tacit knowledge*) vor. Das SECI-Modell hilft zu verstehen, wie man implizites Wissen externalisieren kann. Zur Unterstützung für diesen Prozess bieten sich Communities of Practice und die Einführung eines Organizational Memory Information Systems an. Als Methoden empfehlen sich die strukturierte Nutzung von *lessons learned* und *best practices* sowie Barcamps, Knowledge Café und Storytelling.

Literatur

Ackermann, A., Feuer, W., & Ulrich, H. (1959). *Innerbetriebliche Information als Führungsaufgabe.* Bern: Haupt.
Ackoff, R. L. (1989). From data to wisdom. *Journal of Applied Systems Analysis, 16*, 3–9.
Aguilar, F. J. (1967). *Scanning the business environment.* Johannesburg: Macmillan.

Ambler, T., & Barrow, S. (1996). The employer brand. *The Journal of Brand Management, 4*(3), 185–206.

Antonoff, R. (1982). *Corporate identity*. Frankfurt a. M.: Frankfurter Allgemeine Zeitung Verlag.

Arnold, T. W. (1937). *The Folklore of Capitalism*. New Haven: Yale University Press.

Bart, C. K. (1997). Industrial Firms and the Power of Mission. *Industrial Marketing Management, 26*(4), 371–383.

Bartsch, T.-C., Hoppmann, M., Rex, B. F., & Vergeest, M. (2005). *Trainingsbuch Rhetorik*. Paderborn: Ferdinand Schöningh.

Becker, Thomas (1998): Die Sprache des Geldes. Grundlagen strategischer Unternehmenskommunikation, Opladen: Westdeutscher Verlag

Becker, Thomas (2000): Effizienz durch Integration, in: Bruhn Manfred / Schmidt, Siegfried J. / Tropp, J.: Integrierte Kommunikation in Theorie und Praxis. Betriebswirtschaftliche und kommunikationswissenschaftliche Perspektiven, S. 177-204, Wiesbaden: Gabler

Bell, C. (1992). *Ritual theory, ritual practice*. New York: Oxford University Press.

Bergler, R. (1962). *Psychologie des Marken- und Firmenbildes*. Göttingen: Vandenhoeck & Ruprecht.

Bilinski, W. (2006). *Rhetorik – das Trainingsbuch. Sicher und überzeugend auftreten bei jedem Anlass*. Freiburg: Haufe.

Birkigt, K., & Stadler, M. M. (1980). *Corporate Identity. Grundlagen, Funktionen, Fallbeispiele*. Landsberg am Lech: Verlag Moderne Industrie.

BMI. (2013). Handbuch für Organisationsuntersuchungen und Personalbedarfsermittlung. www.orghandbuch.de/. Zugegriffen: 1. Mai. 2013.

Brown, J., & Isaacs, D. (2005). *The World Café. Shaping our futures through conversations that matter*. San Francisco: Berrett-Koehler.

Bühler, K. (1982). *Sprachtheorie. Die Darstellungsfunktion der Sprache*. Stuttgart: Gustav Fischer.

Buzan, T., & Buzan, B. (1996). *Das Mind-Map Buch. Die beste Methode zur Steigerung ihres geistigen Potenzials*. Landsberg am Lech: MVG.

Camp, R. C. (1989). *Benchmarking: The search for industry best practices that lead to superior performance*. Milwaukee: Quality Press.

Checkland, P., & Scholes, J. (1999). *Soft systems methodology in action*. Chichester: Wiley.

Cleland, D. I. (1986). Project stakeholder management. *Project Management Journal, 17*, 36–44.

Cockburn, A. (2005). *Crystal clear: A human-powered methodology for small teams*. Boston: Addison-Wesley. (st-www.cs.illinois.edu/users/johnson/427/2004/crystalclearV5d.pdf).

Cohen, H. (1980). *You can negotiate anything*. Secaucus: Lyle Stuart.

Cohn, R. C. (1975). *Von der Psychoanalyse zur themenzentrierten Interaktion : von der Behandlung einzelner zu einer Pädagogik für alle*. Stuttgart: Klett-Cotta.

Collins, J. C., & Porras, J. I. (1994). *Built to last: Successful habits of visionary companies*. New York: HarperBusiness.

Collins, J. C., & Porras, J. I. (1996). Building Your Company's Vision. *Harvard Business Review, 1996*, 65–77. (Sep-Oct)

Deal, T. E., & Kennedy, A. A. (1982). *Corporate cultures. The Rite and Rituals of Corporate Life*. Reading: Addison-Wesley.

DeCasper, A. J., & Prescott, P. A. (1984). Human newborns' perception of male voices: Preference, discrimination, and reinforcing Value. *Developmental Psychobiology, 17*(5), 481–491.

Denning, S. (2000). *The Springboard: How storytelling ignites action in knowledge-era organizations*. Oxford: Butterworth-Heinemann.

Dixit, A. K., & Nalebuff, B. J. (1997). *Spieltheorie für Einsteiger. Strategisches Know-how für Gewinner*. Stuttgart: Schäffer-Poeschel.

DocBlock. (2013). 5 Erfolgstipps für Startups von Amazon-Gründer Bezos. http://docbecker.blogspot.de/2013/05/5-erfolgstipps-fur-startups-von-amazon.html. Zugegriffen: 24. Mai. 2013.

Doran, G. T. (1981). There' a S.M.A.R.T. way to write management's goals and objectives. *Management Review, 70*(11), 35–36.

Drepper, Christian (1992): Unternehmenskultur. Selbstbeobachtung und Selbstbeschreibung im Kommunikationssystem „Unternehmen", Frankfurt am Main: Peter Lang.

Dueck, G. (2012). Phatische Kommunikation, das Smartphone und Facebook/Twitter. www.omnisophie.com/day_166.html. Zugegriffen: 3. Jän. 2013.

Eibl-Eibesfeldt, I. (1984). *Die Biologie des menschlichen Verhaltens. Grundriß der Humanethologie.* München: Piper.

EuropeAid. (2004). *Aid Delivery Methods. Volume 1: Project Cycle Management Guidelines.* Brüssel: EuropeAid Cooperation Office. (ec.europa.eu/europeaid/multimedia/publications/documents/tools/europeaid_adm_pcm_guidelines_2004_en.pdf).

Eveleens, J. L., & Verhoef, C. (2010). The rise and fall of the Chaos report figures. *IEEE Softwar, 27*(1), 30–36.

Faste, R. A. (1972). The role of visualization in creative behavior. *Journal of Engineering Education, 63*(2), 124–127, 146. (www.fastefoundation.org/publications/the_role_of_visualization.pdf).

Fisher, R., & Ury, W. (1981). *Getting to Yes: Negotiating Agreement without Giving In.* Boston: Houghton Mifflin.

Flume, P., & Mentzel, W. (2012). *Rhetorik* (2. Aufl.). München: Haufe.

Follett, M. P. (1918). *The new state: Group Organization, the Solution of Popular Government.* London: Longmans, Green and Co.

Fombrun, C. J. (1996). *Reputation. Realizing value from the corporate image.* Boston: Harvard Business School Press.

Freeman, R. E. (1984). *Strategic management: A stakeholder approach.* Boston: Pitman.

Garvin, D. A. (1998). The processes of organization and management. *Sloan Management Review, 39*(4), 33–50.

Gaugler, E. (1966). *Instanzenbildung als Problem der betrieblichen Führungsorganisation.* Berlin: Duncker und Humblot.

Georges, K. E. (1913). *Ausführliches lateinisch-deutsches Handwörterbuch, Band 1.* Hannover: Hahnsche Buchhandlung.

Giesen, B., & Seyfert, R. (2013). Kollektive Identität. http://www.bpb.de/apuz/156774/kollektive-identitaet?p=all. Zugegriffen: 22. Mai. 2013.

Glasl, F. (1990). *Konfliktmanagement: ein Handbuch zur Diagnose und Behandlung von Konflikten für Organisationen und ihre Berater.* Bern: Haupt.

Gordon, W. J. J. (1961). *Synetics. The development of creative capacity.* New York: Harper.

Gordon, T. (1970). *Parent effectiveness training; the tested new way to raise responsible children.* New York: P.H. Wyden.

Gordon, T. (1977). *Leader effectiveness training, L.E.T.: The No-Lose way to release the productive potential of people.* New York: P.H. Wyden.

Grimm, I. (2011). Erfundene Gründungsmythen von Firmen. www.haz.de/Nachrichten/Kultur/Uebersicht/Erfundene-Gruendungsmythen-von-Firmen. Zugegriffen: 30. Mai. 2012.

Haley, J. (1963). *Gemeinsamer Nenner Interaktion. Strategien der Psychotherapie.* München: Pfeiffer.

Heinze, R. (1925). Auctoritas. *Hermes Zeitschrift für klassische Philologie, 60,* 348–366.

Hermann, A., & Rammal, H. G. (2010). The grounding of the „Flying Bank". *Management Decision, 48*(7), 1048–1062.

Hinde, R. A. (1972). *Non-verbal communications.* Cambridge: University Press.

Hockett, C. F. (1977). *The view from language. Selected Essays 1948–1974.* Athens: University of Georgia Press.

Hofstede, G. H. (1980). *Culture's consequences. International differences in work-related values.* Beverly Hills: Sage.

Howe, M. L., & Courage, M. L. (1993). On resolving the enigma of infantile amnesia. *Psychological Bulletin, 113*(2), 305–326. (http://163.238.8.180/~sekerina/MEM2004/Child_Amnesia_1993. pdf).

Hwang, C.-L., & Lin, M.-J. (1987). *Group decision making under multiple criteria: Methods and applications.* Berlin: Springer.

Jacobson, I., Booch, G., & Rumbaugh, J. (1999). *The unified software development process.* Reading: Addison-Wesley.

James, W. (1890). *The principles of psychology.* New York: Holt. (http://psychclassics.yorku.ca/James/ Principles/).

Janis, I. L. (1972). *Victims of groupthink: A psychological study of foreign-policy decisions and fiascoes.* Boston: Houghton Mifflin.

Jennings, M. M. (2011). *Business ethics: Case studies and selected readings* (7th Aufl.). Mason: South-Western.

Johnson, G., & Scholes, K. (2002). *Exploring corporate strategy* (6th Aufl.). Harlow: Prentice-Hall.

Kalmus, M. (1998). *Praxis der internen Kommunikation. Vom Schwarzen Brett zum Intranet.* Essen: Stamm.

Keller, G., Nüttgens, M., & Scheer, A.-W. (1992). Semantische Prozeßmodellierung auf der Grundlage „Ereignisgesteuerter Prozeßketten (EPK)". Veröffentlichungen des Institut für Wirtschaftsinformatik (IWi), Heft 89. Saarbrücken: Universität des Saarlands. (www.uni-saarland.de/fileadmin/user_upload/Fachrichtungen/fr13_BWL/professuren/PDF/heft89.pdf).

Kelley, T., & Littman, J. (2001). *The art of innovation. Lessons in creativity from IDEO, America's Leading Design Firm.* New York: Doubleday.

Kemmann, A., Wagner, T., Hielscher, F., & Rebmann, F. (2004). *Jugend debattiert 2005. Ergänzungen zum Lehrerbegleitheft.* Frankfurt a. M.: Gemeinnützige Hertie-Stiftung. (www.spengler-priv.de/ Jugend%20debattiert/Lehrer_Ergaenzungen_B05_-_Ausgabe_2.pdf).

Kirsch, W. (1990). *Unternehmenspolitik und strategische Unternehmensführung.* München: Kirsch.

Koestler, A. (1966). *Der göttliche Funke. Der schöpferische Akt in Kunst und Wissenschaft.* Bern: Scherz.

Kosiol, E. (1962). *Organisation der Unternehmung.* Wiesbaden: Gabler.

Kotter, J. P., & Heskett, J. L. (1992). *Corporate culture and performance.* New York: The Free Press.

Lave, J., & Wenger, E. (1991). *Situated learning: Legitimate peripheral participation.* Cambridge: Cambridge University Press.

Lermer, S., & Kunow, I. (2011). *Small Talk. Nie wieder sprachlos. Das Trainingsbuch.* Freiburg: Haufe.

Lorenz, K. (1973). *Die Rückseite des Spiegels. Versuch einer Naturgeschichte menschlichen Erkennens.* München: Piper.

Luhmann, N. (1964). *Funktionen und Folgen formaler Organisation.* Berlin: Duncker & Humblot.

Luhmann, N. (1975). *Lob der Routine. Luhmann, Niklas: Politische Planung. Aufsätze zur Soziologie von Politik und Verwaltung* (2. Aufl, S. 113–142). Opladen: Westdeutscher Verlag.

Luhmann, N. (1984). *Soziale Systeme. Grundriß einer allgemeinen Theorie.* Frankfurt a. M.: Suhrkamp.

Luhmann, N. (1988). *Die Wirtschaft der Gesellschaft.* Frankfurt a. M.: Suhrkamp.

Luhmann, N. (2000). *Organisation und Entscheidung.* Opladen: Westdeutscher Verlag.

Malik, F. (2000). *Führen, leisten, leben. Wirksames Management für eine neue Zeit.* Stuttgart: Deutsche Verlagsanstalt.

Malinowski, B. (1923). *The problem of meaning in primitive languages. Maybin, Janet: Language and Literacy in Social Practice: A Reader (1994)* (S. 1–10). Clevedon: Multilingual Matters.

Malorny, C., & Schwarz, W. (1997). Die sieben Kreativitätswerkzeuge (K7): Innovationsfähigkeit stärken. In T. Biermann & G. Dehr (Hrsg.), *Innovation mit System. Erneuerungsstrategien für mittelständische Unternehmen* (S. 79–103). Berlin: Springer.

Mast, C. (2008). *Unternehmenskommunikation* (3. Aufl.). Stuttgart: Lucius & Lucius.

Mast, C., & Fiedler, K. (2005). *Mitarbeiterzeitschriften im Zeitalter des Intranet. Ergebnisse einer Umfrage bei Banken und Versicherungen (Kommunikation und Management Band 5)*. Stuttgart: Universität Hohenheim (http://opus.ub.uni-hohenheim.de/volltexte/2005/86/pdf/kommunikation5.pdf).

Maturana, H. R., & Varela, F. J. (1972). *Autopoiesis and cognition. The realization of the living*. Dordrecht: Reidel.

Maturana, H. R., & Varela, F. J. (1990). *Der Baum der Erkenntnis. Die biologischen Wurzeln des menschlichen Erkennens*. München: Goldmann.

Mayo, Elton (1933): The human problems of an industrial civilization, New York: Macmillan.

McDermott, R. A. (1999). How to get most out of human networks: Nurturing three dimensional communities of practice. *Knowledge Management Review, 2*(5), 26–30. (www.co-i-l.com/coil/knowledge-garden/cop/dimensional.shtml).

McKim, R. H. (1972). *Experiences in visual thinking*. Monterey: Brooks/Cole Pub. Co.

Mehrabian, A. (1971). *Silent messages*. Belmont: Wadsworth Pub. Co.

Mendelow, A. L. (1991). Stakeholder Mapping, Proceedings of the 2nd International Conference on Information Systems, Cambridge.

Mitchell, R. K., Agle, B. R., & Wood, D. J. (1997). Toward a theory of stakeholder identification and salience: Defining the principles of who and what really counts. *The Academy of Management Review, 22*(4), 853–886. (courses.washington.edu/ilis580/readings/Mitchell_et_al_1997.pdf).

Monod, J. (1971). *Zufall und Notwendigkeit. Philosophische Fragen der modernen Biologie*. München: Piper.

Morris, C. W. (1938). *Foundations of the theory of signs*. Chicago: University of Chicago Press.

Nash, J. F. (1950). Non-cooperative games, Dissertation: Princeton University. (http://www.princeton.edu/mudd/news/faq/topics/Non-Cooperative_Games_Nash.pdf).

Nimsdorf, U. (1997). *Handbuch Mitarbeiterzeitschriften. Praxisratgeber für Unternehmensredakteure: Analysen, Anleitungen, Arbeitsbeispiele*. Starnberg: IfU.

Nonaka, I. (1991). The knowledge creating company. *Harvard Business Review, 69*, 96–104.

Nonaka, I., & Hirotaka, T. (1995). *The knowledge-creating company: How Japanese companies create the dynamics of innovation*. New York: Oxford University Press.

Norman, D. A. (1988). *The psychology of everyday things*. New York: Basic Books.

Owen, H. (o. J.). Opening Space for Emerging Orders. http://www.openspaceworld.com/brief_history.htm. Zugegriffen: 15. Mai. 2013.

Pearce, W. B., & Cronen, V. E. (1980). *Communication, action, and meaning: The creation of social realities*. New York: Praeger.

Pine, B. J. (1993). *Mass customization: The new frontier in business competition*. Boston: Harvard Business School Press.

PMI. (2013). *A guide to the project management body of knowledge* (PMBOK Guide, 5th Aufl.). Newton Square: Project Management Institute.

Polanyi, M. (1966). *The tacit dimension*. Garden City: Doubleday.

Portner, J. (2010). *Besser verhandeln. Das Trainingsbuch*. Offenbach: Gabal.

Rheingold, H. (2003). *Smart mobs: The next social revolution*. Cambridge: Perseus Pub.

Roberts, E. B. (2007). Managing invention and innovation. *Research Technology Management, 50*(1), 35–54.

Rogers, C. (1946). Significant aspects of client-centered therapy. *American Psychologist, 1*, 415–422. (psychclassics.yorku.ca/Rogers/therapy.htm).

Rohrbach, B. (1969). Kreativ nach Regeln. Methode 635, eine neue Technik zum Lösen von Problemen. *absatzwirtschaft Oktober, 1969*, 73–76.

Rosenberg, L. J., Posner, L. D., & Hanley, E. J. (1970). Project Evaluation and the Project Appraisal Reporting System, Volume One: Summary. http://pdf.usaid.gov/pdf_docs/PNADW881.pdf. Zugegriffen: 3. Mai. 2013.

Rowe, P. (1987). *Design thinking.* Cambridge: MIT Press.

Rowley, J. (2007). The Wisdom Hierarchy. Representations of the DIKW-Hierarchy. *Journal of Information Science, 33*(2), 163–180.

Ruesch, J., & Bateson, G. (1951). *Communication. The social matrix of psychiatry.* New York: Norton.

Scheer, A.-W. (1991). *Architektur integrierter Informationssysteme. Grundlagen der Unternehmensmodellierung.* Berlin: Springer.

Schein, E. H. (1985). *Organizational culture and leadership: A dynamic view.* San Francisco: Jossey-Bass.

Schlicksupp, H. (1981). *Innovation, Kreativität und Ideenfindung.* Würzburg: Vogel.

Schmelzer, H. J., & Sesselmann, W. (2008). *Geschäftsprozessmanagement in der Praxis. Kunden zufrieden stellen, Produktivität steigern, Wert erhöhen* (6. Aufl.). München: Hanser.

Schmidt, S. J. (1996). *Die Welten der Medien. Grundlagen und Perspektiven der Medienbeobachtung.* Braunschweig: Vieweg.

Schoell, F. (1830). *Geschichte der griechischen Litteratur (2. Band). Von der frühesten mythischen Zeit bis zur Einnahme Constantinopels durch die Türken.* Berlin: Duncker und Humblot.

Scholes, E. (1997). *Gower handbook of internal communication.* Aldershot: Gower.

Schulz von Thun, F. (1981). *Miteinander reden 1: Störungen und Klärungen.* Reinbek: Rowohlt.

Sebeok, T. A. (1977). *How animals communicate.* Bloomington: Indiana University Press.

Senge, P. M. (1990). *The fifth discipline: The art and practice of the learning organization.* New York: Doubleday/Currency.

Shewhart, W. A., & Deming, W. E. (1939). *Statistical method from the viewpoint of quality control.* Washington: The Graduate School.

Simon, H. A. (1969). *The sciences of the artificial.* Cambridge: MIT Press.

Singer, W. (2011). Entstehung und Bedeutung von Ritualen. Ein Versuch. In C. Tewes & K. Vieweg (Hrsg.), *Natur und Geist. Über ihre evolutionäre Verhältnisbestimmung* (S. 67–73). Berlin: Akademie Verlag.

Smyth, D. S., & Checkland, P. B. (1976). Using a systems approach: The structure of root definitions. *Journal of Applied System Analysis, 5*(1), 75–83.

Spiegel, B. (1961). *Die Struktur der Meinungsverteilung im sozialen Feld. Das psychologische Marktmodell.* Bern: Huber.

Standish Group. (1995). Chaos. The Standish Group Report. http://www.projectsmart.co.uk/docs/chaos-report.pdf. Zugegriffen: 3. Mai. 2013.

Stasser, G., & Titus, W. (1985). Pooling of unshared information in group decision making: Biased information sampling during discussion. *Journal of Personality and Social Psychology, 48*(6), 1467–1478. (personal.stevens.edu/~ysakamot/creativity/information%20sampling.pdf).

Stein, E. W. (1995). Organizational memory: Review of concepts and recommendations for management. *International Journal of Information Management, 15*(2), 17–32.

Strasser, H. (2011). Gesellschaft. In D. Nohlen & F. Grotz (Hrsg.), *Kleines Lexikon der Politik* (5. Aufl., S. 216–218). München Beck.

Stuart, D., & Starr, H. (1981). The „Inherent Bad Faith Model" Reconsidered: Dulles, Kennedy, and Kissinger. *Political Psychology, 3*(3/4), 1–33.

Swap, W., Leonard, D., Shields, M., & Abrams, L. (2001). Using mentoring and storytelling to transfer knowledge in the workplace. *Journal of Management Information Systems, 18*(1), 95–114. (www.learningwiki.com/files/Session-250-at-Learning-2011/Using+mentoring+and+storytelling.pdf).

Topf, C. (2012). *Small talk* (2. Aufl.). München: Haufe.

Toulmin, S. (1958). *The uses of argument.* Cambridge: University Press.

Trux, W. (2000). Unternehmensidentität, Unternehmenspolitik und öffentliche Meinung. In K. Birkigt, M. M. Stadler, & H. J. Funck (Hrsg.), *Corporate identity. Grundlagen, Funktionen, Fallbeispiele* (S. 65–76). Landsberg am Lech: Verlag Modene Industrie.

Tuckman, B. W. (1965). Developmental sequence in small groups. *Psychological Bulletin, 63*(6), 384–399.

Ury, W. (1991). *Getting past No: Negotiating with difficult people*. New York: Bantam Books.

von Frisch, K. (1967). *The dance language and orientation of bees*. Cambridge: Belknap Press.

Walton, R. E., & McKersie, R. B. (1965). *A behavioral theory of labor negotiations. An analysis of a social interaction system*. New York: McGraw-Hill.

Wasko, M., & Faraj, S. (2000). „It Is What One Does": Why people participate and help others in electronic communities of practice. *The Journal of Strategic Information Systems, 9*(2–3), 155–173.

Watzlawick, P., Beavin Bavelas, J., & Jackson, D. D. (1967). *Pragmatics of human communication. A study of interactional patterns, pathologies, and paradoxes*. New York: Norton.

Weber, M. (1980). *Wirtschaft und Gesellschaft. Grundriss der verstehenden Soziologie* (5. Aufl., Studienausgabe). Tübingen: Mohr.

Wenger, E., McDermott, R. A., & Snyder, W. (2002). *Cultivating communities of practice. A guide to managing knowledge*. Boston: Harvard Business School Press.

White, S. A. (2004). Introduction to BPMN. www.omg.org/bpmn/Documents/Introduction_to_BPMN.pdf. Zugegriffen: 1. Mai. 2013.

Whyte, W. F. (1943). *Street corner society*. Chicago: University of Chicago Press.

Wilson, R. (1985). Reputations in games and markets. In A. E. Roth (Hrsg.), *Game-theoretic models of bargaining* (S. 27–62). Cambridge: Cambridge University Press.

Wöhe, G. (2002). *Einführung in die Allgemeine Betriebswirtschaftslehre* (21. Aufl.). München: Vahlen.

Wortmann, F. (2006). Die Bedeutung der internen Kommunikation für multikulturelle Unternehmen. Eine praxisgestützte Analyse am Beispiel der Mitarbeiterzeitung der EADS, Magisterarbeit an der Philosophischen Fakultät der Westfälischen Wilhelms-Universität Münster. http://www.thiemeundwortmann.de/unternehmensberatung/magisterarbeit.pdf. Zugegriffen: 27. Mai. 2013.

Zeleny, M. (2005). *Human systems management. Integrating knowledge, management and systems*. Hackensack: World Scientific Pub.

Zimmer, D. E. (1989). *Experimente des Lebens : wilde Kinder, Zwillinge, Kibbuzniks und andere aufschlußreiche Wesen*. Zürich: Haffmans.

Zwicky, F. (1959). *Morphologische Forschung : Wesen und Wandel materieller und geistiger struktureller Zusammenhänge*. Winterthur: Winterthur AG.

Zusammenfassung

Egal, ob man Medienmanagement als Instrument im Marketing-Mix nutzt oder Medien und Kommunikation für Führungsaufgaben im Unternehmen einsetzt: die Mitteilungen, die man im Kommunikationsprozess bereitstellt, können als veröffentlichte Themen weiter behandelt werden und eine eigene Dynamik gewinnen. Dies führt zu der Frage, wie Öffentlichkeit durch veröffentlichte Kommunikation entsteht und welche Funktionsprinzipien dazu beitragen, dass eine Mitteilung öffentliche Relevanz erreicht. Der Bereich öffentlicher Kommunikation ist damit das Spielfeld, auf dem der Medienmanager seiner Profession nachgeht. Diesen Punkt greift das Schlusskapitel auf und stellt auf Basis einer generellen Beschreibung der heutigen Medienlandschaft dar, welche Wirkmuster und Modelle als Erklärungsansätze für die Fragestellung entwickelt wurden, wie öffentliche Relevanz entsteht und welchen Einfluss verschiedene Medientechnologien auf die Kommunikation nehmen – bzw. unter welchen Umweltbedingungen Kommunikation stattfindet.

4.1 Öffentliche Kommunikation

Unter dem Begriff der öffentlichen Kommunikation lassen sich sehr verschiedene, in unterschiedlichen Wissenschaftsdisziplinen behandelte Ansätze in einem einheitlichen Rahmen vorstellen. Ziel ist es, einen Bogen zu schlagen, der darstellt, wie öffentliche Kommunikation durch den Gebrauch von Medien die öffentliche Meinung ausbildet und aktualisiert. Einfach gesagt: Nicht der Einzelne entscheidet, was *in* ist und was *out*, wer *top* ist oder *flop*, was *hip* ist und was *chique*. Nicht der Einzelne legt fest, über welche Themen man spricht, welche Prominente echte Stars und welche nur seichte Sternchen sind. Dies geschieht in der Öffentlichkeit durch Ausbildung der öffentlichen Meinung.

T. Becker, *Medienmanagement und öffentliche Kommunikation*,
DOI 10.1007/978-3-658-00887-1_4, © Springer Fachmedien Wiesbaden 2014

Die öffentliche Meinung wird ganz wesentlich durch Massenmedien beeinflusst. Doch was genau sind Massenmedien, wie funktionieren sie und welchen Beitrag leisten sie für die Gesellschaft? Die Überschrift „öffentliche Kommunikation" dient mir als große Klammer, um verschiedene Ansätze aus Kommunikationswissenschaft, Soziologie, Psychologie, Publizistik, Nachrichtentechnik, Biologie und Medientheorie entlang eines roten Fadens vorzustellen. Ich werde auf Basis einer Einordnung des Begriffs der öffentlichen Meinung zunächst eine Zeitreise durch die Entwicklung der verschiedenen Medien unternehmen. Diese Reise führt zur Beschäftigung mit Medien und Kommunikation aus drei Perspektiven: Welchen Einfluss haben Massenmedien auf die Bildung der öffentlichen Meinung, wie kommen Themen in die Massenmedien und welchen Einfluss haben Massenmedien auf die gesellschaftliche Realität?

Die Beschäftigung mit öffentlicher Kommunikation ist aus zwei Gründen wesentlich: Zum einen erschließen sich aus dieser Analyse die Aufgaben und Besonderheiten, die ein Beruf in den Medien mit sich bringt, also die Arbeit bei einem Rundfunksender, einem Verlag oder auch der Hardwareindustrie oder einem Anbieter von Netzwerkinfrastruktur. Zum anderen versuchen Unternehmen anderer Branchen (Automobil, Dienstleistung, Handel etc.) Kommunikation als strategisches Instrument zu nutzen und versuchen damit, die öffentliche Meinung zu ihren Gunsten zu beeinflussen, um letztlich Wettbewerbsvorteile zu erzielen. Wer das vorhat, sollte sich natürlich im ureigenen Interesse mit dem Objekt seiner Begierde auskennen.

4.1.1 Öffentliche Meinung

Gesellschaft entsteht und besteht ausschließlich durch Kommunikation. Wollen wir unterschiedliche gesellschaftliche Bereiche näher analysieren, können wir dies nur kommunikativ. Daher ist Kommunikation ein universales Phänomen und lässt sich nicht in Gänze beschreiben, da wir als Beobachter immer auch ein Stück des Ganzen sind. Die Systemtheorie begegnet diesem Umstand durch den Kunstgriff, immer nur ein kleines und klar begrenztes Stück des übergeordneten Kommunikationszusammenhangs zu beobachten und diesen Beobachtungsgegenstand neutral als System zu bezeichnen. So kann man dann etwa einen Streit zwischen Eheleuten oder eine missglückte Werbekampagne beobachten und analysieren.

Was ein System ist, legt ein Beobachter fest und diese Festlegung geschieht explizit oder implizit durch die Abgrenzung des Systems als *marked space* von allem anderen, was man dann gemeinhin die Umwelt des Systems oder den *unmarked space* nennt. Die Trennlinie selbst - die *distinction*- ist Element beider Seite und legt letztlich nur die Brille fest, mit der wir uns etwas anschauen und alles andere dabei ausblenden (vgl. Abb. 4.1). Nur diese

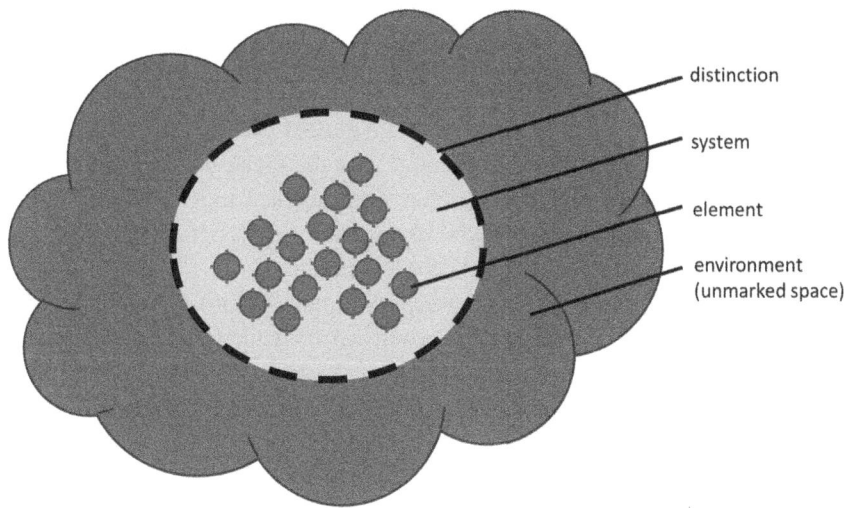

distinction

system

element

environment
(unmarked space)

Abb. 4.1 Grundmodell der differenzorientierten Systemtheorie

Unterscheidung ermöglicht überhaupt, etwas zu erkennen, sich etwas bewusst zu machen, über etwas zu sprechen – theoretisch oder auch ganz praktisch (vgl. Spencer-Brown 1997[1]).

Die Unterscheidung hat dabei einige Besonderheiten: Sie wird willkürlich von einem Beobachter gesetzt. Sie trennt das Beobachtete von dem Unbeobachteten, ist selbst aber jeweils beides: beobachtet und unbeobachtet. Und das führt zu der interessanten Aussage: „Keine Seite ist etwas für sich selbst. Man aktualisiert sie nur dadurch, daß man sie, und nicht die andere bezeichnet" (Luhmann 1997, S. 61).

Diese etwas hölzerne Vorrede soll auf einen sehr spannenden Umstand hinführen, dass nämlich wenn immer wir analytisch von einem System sprechen,

- dieses System nur in einer Umwelt existieren kann
- daher die Umwelt festlegt, unter welchen Bedingungen das System operieren kann
- wir als Beobachter das System von außen – aus der Umwelt – betrachten
- wir an der Unterscheidungsgrenze (*distinction*) zwischen System und Umwelt nicht auflösbare Unschärfen in der Beobachtung haben

---

[1] Ein Küchenzuruf besonderer Art: „Existence is a selective blindness. (…) We notice one side of a thing-boundary at the expense of paying less attention to the other side. We notice a dish to be washed up in the sink by paying scant attention to the not-dish universe that our definition of the dish-boundary equally defines. Were we to pay equal attention to both sides, we would have to attribute to them equal value, and then the dish-boundary would disappear. The dish's existence would cease, and there would be nothing to wash up" (Spencer-Brown 1997, S. 194).

Schaut man sich gemäß dieser Vorbemerkung z. B. die durchaus wirtschaftliche Entscheidung an, Drogen aus Afghanistan zu importieren, kann man zwei Umstände feststellen: In wirtschaftlicher Hinsicht, also in Bezug auf die Versorgung der Gesellschaft mit knappen Gütern, mit der Absicht Gewinn zu erzielen, wäre dieses Unternehmen wohl als äußerst sinnvoll einzuschätzen. Dies kann man konkret über die Preise beobachten, die Konsumenten bereit sind, für die Drogen zu bezahlen. Aber aus allen anderen gesellschaftlichen Perspektiven – Recht, Familie, Religion, Politik, Gesundheit, Wissenschaft etc. – wird das Geschäft als nicht akzeptabel eingeschätzt. Wie kommt das?

Ein Unternehmen (synonym: wirtschaftliche Kommunikation) nimmt seine Umwelt als Markt wahr, also in der Dimension, wer welchen Preis für welche Leistung zu zahlen bereit ist. Dennoch bieten Unternehmen keine Drogen an. Dies ergibt sich aus dem schlichten Umstand, dass ein Unternehmen kein geschlossener Organismus ist, sondern eine kommunikative Einrichtung, mit der man einen gesellschaftlich gewünschten Zweck erfüllt. Unternehmer und Mitarbeiter sind alle in einer Vielzahl von anderen sozialen Kontexten eingebunden und weder ausschließlich noch prioritär der Wirtschaft verpflichtet. Man könnte auch sagen, Kommunikation ist polyvalent: Selbst wenn sie im Wirtschaftssystem als Angebot und Nachfrage beobachtet wird, ist sie immer zugleich auch abhängig von vielen anderen Interpretationsrahmen.

Wirtschaft ist nur in Gesellschaft möglich, Preise werden nur bezahlt, weil man gesellschaftlich festgelegt hat, andere Formen der Knappheitsbeseitigung wie etwa Diebstahl oder Krieg zu ächten. Das System, das wir analytisch beobachten, ist Umwelt, die durch eine Unterscheidung in Form gebracht und erst dadurch zum System wurde. Diese Unterscheidung legt zugleich fest, wie die Elemente und Relationen zwischen ihnen beobachtet werden sollen. Wenn hier z. B. Kommunikation als Vermarktungsinstrument von Unternehmen thematisiert wird, beobachte ich das Unternehmen als Einheit, deren Zweck es ist, knappe Güter profitabel bereitzustellen. Aber es sind Menschen, die im Unternehmen tätig sind, die etwas mitteilen, die Entscheidungen treffen und die einkaufen und verkaufen.

Das führt zu der Überlegung, dass jedes soziale System (jede kommunikative Situation) immer auf zumindest zwei verschiedene Umwelten bezogen ist: einmal auf den Umweltzusammenhang, der sich aus dem Beobachterstandpunkt ableitet. Wir schauen uns Unternehmen als Einheiten an, die Kommunikation instrumental für den Absatz ihrer Leistungen nutzen wollen. D.h. wir beobachten das Unternehmen im Markt. Daneben ist das System zugleich aber System in einer universalen Umwelt, die jenseits von Marktregeln funktioniert. Man beobachtet nicht alles in Preisen, selbst im sehr zahlenfokussierten Börsenhandel. Immer sind Preise eingebettet und interdependent verbunden mit Werturteilen aus ganz anderen Kontexten.

Beide Umweltbegriffe müssen im Einzelfall konkretisiert werden. So wie es keinen Weltmarkt für alles und jeden gibt, sondern der Markt jeweils als Beobachtungsszenario für bestimmte Branchen, Preisgruppen, Qualitäten etc. als Umwelt neu bestimmt wird, so verhält es sich auch mit der universalen Umwelt. Es gibt unbegrenzt viele einzelne Kommunikationen und mit der dadurch zu keiner Zeit handhabbaren Komplexität muss irgendwie umgegangen werden. Hier kommt der Begriff der öffentlichen Meinung ins Spiel.

Ohne die langwierige Diskussion der Begriffsgeschichte aufzugreifen, kann man grob zusammenfassen, dass die öffentliche Meinung etwas ist, das sich im Zuge der Ausdifferenzierung der Gesellschaft in funktionale Teilbereiche wie Wirtschaft, Recht, Wissenschaft etc. entwickelt. Natürlich gab es auch im Altertum Öffentlichkeit als Gegenbegriff zur Privatheit der Familie und natürlich gab es auch damals schon Meinungen. Wenn wir aber heute von öffentlicher Meinung sprechen, sind mit diesem Begriff spezielle Vorstellungen verbunden.

Die öffentliche Meinung ist ein Mechanismus, mit dem moderne Gesellschaften mit ihrer gestiegenen Komplexität umgehen. Ältere Gesellschaftsformen waren meist auf den eigenen Familienverband begründet und mehrere Familienverbände bildeten eine Gemeinschaft. In dieser Gemeinschaft mussten dann im Wesentlichen nur wenige Dinge geklärt werden: Man musste festlegen, wer das Sagen hat (Macht), was richtig und was falsch ist (Religion) und wie man mit Regelverstößen umgeht (Recht). Weiterhin wollte man einigermaßen gut überleben und dafür war sicherzustellen, dass knappe Güter wie Essen, Werkzeuge und Kleidung verfügbar sind (Wirtschaft) und dass man sich im Notfall diese knappe Gütern woanders besorgen bzw. seine eigenen Güter schützen muss (Militär).

Diese fünf Funktionen wurden im Europa des Mittelalters in der Regel von zwei Institutionen ausgeübt, der Kirche und dem Adel. Das machte die gesellschaftliche Orientierung recht übersichtlich. Man musste nur zuhören und Anordnungen ausführen. Eine ausgebildete öffentliche Meinung, die eine Alternative zu diesen beiden Institutionen entwickelt, gab es nur in Ausnahmesituationen wie bei Aufständen (z. B. Bauernkriege) oder bei geänderten Umweltbedingungen (z. B. im Zuge der Reformation).

Je mehr sich aber diese gesellschaftlichen Grundfunktionen durch funktionale Differenzierung institutionalisieren, desto größer wird der Bedarf, zwischen den einzelnen Perspektiven zu vermitteln. Und dabei geht es nicht um das Auffangen von weggefallenen Bezugspunkten, wie dies etwa Tönnies ableitete, indem er postuliert, dass die öffentliche Meinung für Gesellschaften das ist, was die Religion für Gemeinschaften war (vgl. Tönnies 1922). Nicht die Substitution einer Funktion, sondern die Reduktion gestiegener Komplexität liefert einen Schlüssel zum Verständnis von öffentlicher Meinung.

Die öffentliche Meinung übernimmt eine ganz eigene Funktion und diese entwickelt sich parallel zur Durchsetzung von Republiken mit demokratischer Legitimation. War früher die Machtfrage „von Gottes Gnaden" und durch Geburt bestimmt und daher vor allem im Kontext von Durchsetzung der Macht (Militär) und der Anerkennung der Macht durch die Religion verortet, muss sich die demokratische Willensbildung ganz offensichtlich eines anderen Verfahrens bedienen. In die entstehende Legitimationslücke hinein entwickelt sich die öffentliche Meinung verstanden als Marktplatz der Ideen und ihrer Bewertungen. „The world that we have to deal with politically is out of reach, out of sight, out of mind. It has to be explored, reported, and imagined. (…) The pictures of themselves, of others, of their needs, purposes, and relationship, are their public opinion" (Lippman 1922, S. 29). Die öffentliche Meinung ersetzt das bis dahin vorherrschende Bild, das „somehow mysteriously there exists in the hearts of men a knowledge of the world beyond their reach" (a. a. O., S. 31).

Ohne öffentliche Meinung, kein demokratischer Willensbildungsprozess. So kann man die Analyse von Lippman zuspitzen und die Frage, mit der sich Lippman in der Folge beschäftigt, ist wie öffentliche Meinung entsteht. Er weist die Vermittlungsrolle den Massenmedien – in jener Zeit also vor allem den Zeitungen – zu. Dazu entwickelt sich ein eigenständiges Berufsbild, nämlich das Berufsbild des Journalisten, der einzelne Aspekte der Welt für seine Leser beobachtet und darüber berichtet, dies allerdings in einem engen Rahmen aus wirtschaftlichen Überlegungen seines Verlags und dem Einfluss von Interessen derjenigen, über die berichtet wird. Durch Berichterstattung und deren massenhafte Nutzung entstehen Leitmotive, die als Themen Eingang in den kommunikativen Alltag der Menschen finden. Dies ist ein großer, struktureller Unterschied zu individuellen Themen, die man in der Familie oder zwischen Freunden bespricht und von denen man weiß, dass sie nur in diesem Mikrokosmos relevant sind. Massenmedial vermittelte Themen und ihre individuelle Positionierung je nach Autor, Verlagsrichtlinie oder Beeinflussung durch Dritte, bilden Erklärungen für die Welt und bieten einfache Bilder, nach denen man sich selbst eine individuelle Meinung bilden kann und damit im weiten Feld der öffentlichen Meinung wiederum einen klaren, eigenen Standpunkt einnimmt.

Wenngleich mit anderen theoretischen Überlegungen kommt auch Luhmann in einem Aufsatz zur öffentlichen Meinung zu ganz ähnlichen Ergebnissen, wenn er zunächst feststellt, dass die öffentliche Meinung eine „vorübergehend verfestigte Ansicht des Richtigen" sei, „die gewisse Kontrollen der subjektiven Vernunft und der öffentlichen Diskussion durchlaufen" habe (Luhmann 1971, S. 11). Was öffentliche Meinung dabei leistet, ist Struktur bereitzustellen, die „die Komplexität des in der Welt Möglichen in eine für das System praktikable Sprache" übersetzt (a. a. O., S. 30).

Die öffentliche Meinung entsteht aufgrund gestiegener Komplexität der Umwelt für jedes einzelne System, also für jeden einzelnen konkreten Handlungsrahmen, mit dem man als Mensch mit anderen Menschen zu tun hat, z. B. als Vater in seiner Familie, als Abteilungsleiter im betrieblichen Rechnungswesen mit seinen Mitarbeitern und Vorgesetzten, als Mitglied im örtlichen Sportverein mit den Sportsfreunden und als Besucher des Gottesdienstes am Sonntag. Immer ist die Umwelt zu groß, als dass wir sie wirklich erfassen könnten, weshalb die öffentliche Meinung Struktur bietet, mit der komplexe Sachverhalte auf einfache Symbole reduziert werden können. Obwohl diese Aufgabe für moderne Gesellschaft von überlebenswichtiger Bedeutung ist, hat sich kein eigenes Funktionssystem für die Bildung der öffentlichen Meinung herausgebildet. Dies wundert nicht, denn wenn es ein einzelnes Funktionssystem „öffentliche Meinung" gäbe, hätte es alle Macht und wäre damit *per definitionem* Politik, so wie man es in totalitären Regimen wie dem Dritten Reich beobachten kann.

In funktional ausdifferenzierten Systemen lässt sich die öffentliche Meinung schwerlich selbst als System konzipieren, sondern vielmehr als Medium, also als Träger und Katalysator von Kommunikation (vgl. Luhmann 1990, S. 174). Damit wäre die öffentliche Meinung vergleichbar mit anderen symbolisch generalisierten Medien wie Geld im Wirtschaftssystem oder Wahrheit im Wissenschaftssystem. So wie man mittels Geld die Kommunikation über knappe Ressourcen deutlich beschleunigen kann, kann man mittels der öffentlichen

Meinung die Kommunikation über die jeweils aktuelle gesellschaftliche Umwelt (also „die Gesellschaft" minus dem aktuellen System) beschleunigen und vereinfachen. Man weiß, dass Politiker Steuergeld zum Fenster rauswerfen und kann in diesem Zusammenhang ein Stück „berichtete Realität" zum Besten geben, wenn man ein Beispiel aus der Zeitung anführt, um seine eigene Meinung zu dem Thema zu festigen.

Sieht man die öffentliche Meinung so als generalisiertes Kommunikationsmedium, dann schließt sich die Frage an, wie dieses Kommunikationsmedium genutzt wird. Schauen wir uns dazu noch einmal das Wirtschaftssystem an, das das symbolische Kommunikationsmedium Geld entwickelt hat, sieht man, dass parallel zur Verwendung von Geld auch Organisationen entstanden sind, die das Medium Geld in Form bringen. Unternehmen und ganz vorne weg die Banken arbeiten mit Geld und formen damit den Umgang mit dem Medium, während Verbraucher und Staat Geld schlicht als Verfügungsmasse zur Deckung ihres Bedarfs sehen: sie konsumieren.

In Analogie könnte man für die öffentliche Meinung dann formulieren: Die öffentliche Meinung braucht Organisationen, die den Umgang mit der öffentlichen Meinung formen. Hier kommen wir zur Rolle der Massenmedien, die zwar meist ebenfalls als Wirtschaftsunternehmen aufgestellt sind, deren Produkt und dessen massenhafte Verwendung aber letztlich direkt auf die Formierung der öffentlichen Meinung Einfluss nimmt.

Eine letzte Analogie können wir über die Art und Weise der Selbstbeschreibung vornehmen. Wie Wirtschaft sich selbst beschreibt, kann man im Markt beobachten und zwar über Preise. Wie beobachtet man alle anderen Systeme, also die gesellschaftliche Umwelt? Dies kann man in der Öffentlichkeit beobachten und zwar über Reputation. Damit lassen sich folgende Kernaussagen zusammenfassen (vgl. dazu auch Becker 1998, S. 155 ff.):

- Ein System ist immer System in einer Umwelt und die Umwelt ist immer komplexer als das System.
- Wenn man ein gesellschaftliches System einer Funktion zuordnen kann, so hat das System immer eine funktionale Umwelt. Die Ermahnung des Vaters an sein Kind (= das beobachtete System) geschieht im Funktionszusammenhang der Erziehung (= Funktion für die Gesellschaft).
- Ein System ist immer auch System in einer über die Funktionserfüllung hinausgehenden Umwelt, der Öffentlichkeit. Die Öffentlichkeit ist die Brille, mit der Systeme die Gesellschaft außerhalb ihres konkreten Funktionszusammenhangs beobachten. Der Vater bedenkt bei seiner Erziehungsleistung nicht nur funktionale Aspekte, sondern auch Meinungen, die aus anderen Funktionszusammenhängen stammen, z. B. dass Lügen nicht gut sei (Religion) und dass Fehlverhalten bestraft werden müsse (Recht).
- Damit steht ein System immer in mindestens zwei Umweltbezügen: dem aktuellen Funktionszusammenhang und dem weiter gefassten gesellschaftlichen Umfeld.
- Öffentlichkeit entspricht diesem breiten Umweltbegriff. Sie ist immer Umwelt und wird vom System im aktuellen Zusammenhang jeweils zeitpunktbezogen neu interpretiert.
- Die Öffentlichkeit beobachten wir über das Kommunikationsmedium öffentliche Meinung.

- Die öffentliche Meinung wird von Organisationen, die man als Massenmedien bezeichnet, in Form gebracht und bietet Themen an, über die man Kommunikation anschließen kann.
- Die Selbstbeschreibung in der Öffentlichkeit erfolgt über Reputation verstanden als konkretisierte und positionierte Meinung.

Lessons learned:
Wenn man etwas beobachtet, trifft man eine Unterscheidung: Man legt fest, was man beobachtet und was nicht. Den Beobachtungsgegenstand kann man auch System nennen. Das System ist ein durch Unterscheidung abgegrenzter Bereich der Umwelt, d. h. das System ist nur lebensfähig in seiner Umwelt. Wenn Menschen ins Spiel kommen und wir Menschen in konkreten Situationen beobachten, gibt es immer mindestens zwei Arten von Umwelt: die funktionale Umwelt und die universale Umwelt. Bei Unternehmen ist die funktionale Umwelt der Markt. Die universale Umwelt ist für alle sozialen Systeme die Öffentlichkeit. Die Öffentlichkeit wird für das System als öffentliche Meinung nutzbar. Und die öffentliche Meinung wird geformt durch Organisationen, die wir Massenmedien nennen.

4.1.2 Genealogie der Medien

Ohne im Detail schon Medientheorien und einen begründbaren Medienbegriff eingeführt zu haben, macht es Sinn, ein grobes, dafür aber recht praktisches Verständnis über die Entwicklung der Medien aufzubauen, von dem aus man die spätere Erörterung unterschiedlicher Ansätze besser einordnen kann. Dies versuche ich in Form einer Entwicklungsgeschichte[2], die Entstehen und Bedeutung der wichtigsten Kommunikationsmedien auf der Ebene von Zeichen und Verbreitung darstellt. Dabei gruppiere ich die Entwicklung in vier große Abschnitte: Sprache, Schrift, Verbreitungsmedien und Digitalisierung (vgl. Abb. 4.2).

„Im Anfang war das Wort", so beginnt der Johannesprolog im Neuen Testament und diese Formulierung kann man auch gut zu Beginn der Mediengattungsgeschichte setzen. Der moderne Mensch entwickelt sich grob rund 200.000 Jahre vor unserer Zeitrechnung und mit ihm, so vermutet man, auch die Fähigkeit, zu sprechen. Sprechen verstehen wir als Verwendung akustischer Zeichen, die es ermöglichen, sich über Sachverhalte zu koordinieren, die über die bloße Wahrnehmung hinausgehen. Sprache ist das erste und zentrale Medium. Nur durch Sprache schaffen es die im Vergleich zu anderen Spezies durchaus schwächlich ausgestatteten Menschen, sich zur führenden Art unter den Säugetieren zu

---

[2] Die frühe Entwicklungsgeschichte bis hin zur Neuzeit referiere ich grob nach dem bekannten enzyklopädischen Wissen, hier basierend auf verschiedenen Artikeln der deutschen Wikipedia. Vgl. zusammenfassend aber auch Stöber 2003.

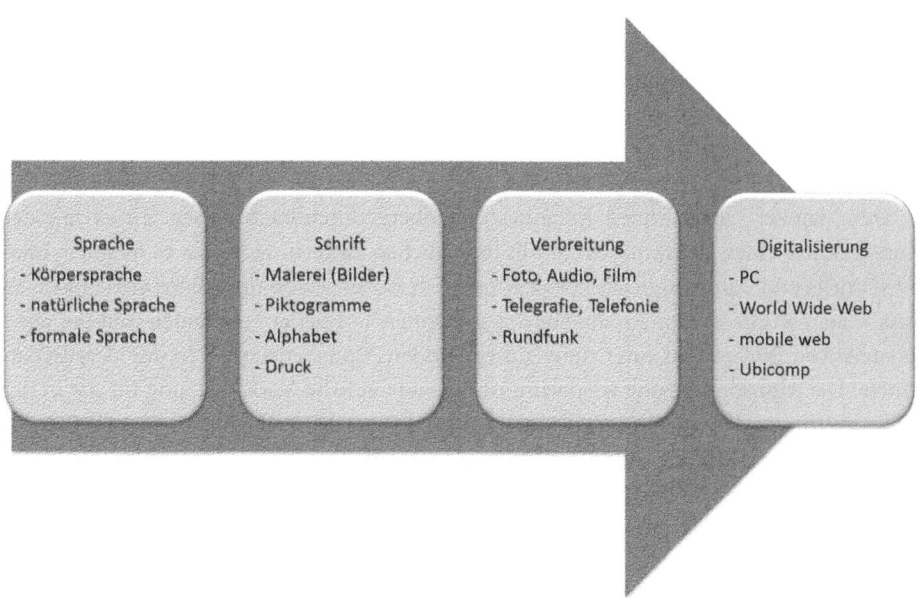

Abb. 4.2 Geschichte der Medienentwicklung über vier große Abschnitte

entwickeln, indem sie über Sprache die Fähigkeit ausbilden, zu abstrahieren und geplant zu kooperieren.

Das zweite Medium, das sich in der Menschheitsgeschichte nachweisen lässt, sind Bilder. Die ältesten bekannten Höhlenmalereien datieren auf etwa 40.000 v. Chr. und man vermutet hier bereits einen Zusammenhang zur Entwicklung von Religion quasi als erster gesellschaftlicher Funktion, die nahelegt, das Menschen zu der Zeit bereits die Umwelteindrücke sinnhaft verarbeiten und über kausale Erklärungsmuster deuten. Allerdings gilt bei diesen frühen Visualisierungsformen dasselbe wie bei professionellen Grafikarbeiten: Ein Bild sagt nicht zwingend mehr als tausend Worte, sondern seine Bedeutung ergibt sich aus dem Kontext, der z. B. durch begleitende Sprache (oder Bewegungen wie dem rituellen Tanz, der erstmals als Bild im Zeitraum um 5000 v. Chr. dokumentiert ist).

Der nächste große Schritt in der Entwicklung der Medien lässt sich ungefähr auf das vierte Jahrtausend vor unserer Zeitrechnung datieren und betrifft die Entwicklung leistungsfähiger Schriftsysteme, die zunächst als Piktogramme und Ideogramme einfache Repräsentationen und Präsentationen des durch sie bezeichneten Gegenstands sind und erst ab dem dritten Jahrtausend phonetisiert werden, also in Zusammenhang mit der gesprochenen Sprache stehen und Sätze in einer Struktur nachbilden können. Folge dieser Entwicklung ist das Entstehen abstrahierter Zeichensysteme, die Laute repräsentieren und über Regeln zu Worten verbunden werden können: die Alphabetisierung der Schrift beginnt etwa ab 1500 v. Chr.

Alphabetische Schriftsysteme erfordern einen Lernaufwand, der mit einer hohen Ausbildung verbunden ist, so dass zu Beginn der Alphabetisierung keine Notwendigkeit bestand, Schriftdokumente in größerer Form zu duplizieren. Im Mittelalter vervielfältigte man wichtige Werke wie die Bibel handschriftlich. Dies führte in gewisser Weise zu einem geschlossenen Kreislauf mit Selbstverstärkung: Wenn es kaum Bücher gibt, braucht man Lesen nicht zu erlernen. Wenn man nicht lesen kann, braucht man auch keine weiteren Bücher.

Der Mainzer Goldschmied Johannes Gutenberg durchbrach diesen Zirkel mit der Konstruktion einer Druckmaschine mit beweglichen Lettern. Nun war es möglich, relativ schnell (und damit zugleich kostengünstig) Texte zu setzen und zu vervielfältigen, so dass – man würde es heute *technology push* nennen[3] – Bücher entstanden und die reine Existenz von Büchern zu einer stetig zunehmenden Alphabetisierung in der Gesellschaft führte. Die Alphabetisierung wiederum ist eine wesentliche Voraussetzung für die in der Folge stattfindenden gravierenden Veränderungen von der Reformation hin zur Säkularisierung und Aufklärung. Bücher, Plakate, Zeitschriften und Zeitungen waren die ersten Massenmedien der Geschichte. Sie hatten wesentlichen Einfluss auf die Entwicklung der gesellschaftlichen Strukturen, wie sie heute noch Bestand haben. Und sie manifestierten die Bedeutung der öffentlichen Meinung als wesentlichen Teil moderner Gesellschaften. Dabei entwickelte sich im Hinblick auf die Massenmedien vor allem eine Sichtweise, die darauf basiert, dass die öffentliche Meinung wesentlich durch die veröffentlichte Meinung beeinflusst wird, weil die veröffentlichte Meinung als besonders wichtig eingeschätzt wird: Fakt ist, was man schwarz auf weiß hat.

Dieser Effekt greift speziell beim nächsten großen Entwicklungsschritt in der öffentlichen Kommunikation: der Entwicklung von Verbreitungsmedien auf Basis technologischer Errungenschaften wie der Speicherung und Reproduktion von Ton durch das Grammophon (1887), Speicherung von Bildern durch Fotografie (ab 1835) und der Aufzeichnung und Reproduktion bewegter Bilder (ab 1895). Parallel zur Entwicklung der Speichermedien arbeiteten Wissenschaftler an der Übertragung von Inhalten über den Raum. Die elektrische Telegrafie wurde 1833 eingeführt, Telefonie 1876 patentiert und die drahtlose Telegrafie ab 1898 eingesetzt. Als Teil der Nachrichtentechnik wurde ebenso an der Übertragung von Ton und Bild gearbeitet. Das 1895 grundsätzlich erfundene Radio ging ab 1919 auf Sendung, das 1883 erfundene Fernsehen wurde 1928 erstmals im Praxisbetrieb gezeigt. Ab 1894 wurden Filme in eigens dafür bereitgestellten Vorführräumlichkeiten öffentlich präsentiert.

In diesem Kontext – massenhaft verfügbare Druckwerke, Radiosender, Kinosäle – köchelte die größte Katastrophe des 20. Jahrhundert hoch. Die Nationalsozialisten nutzten in Deutschland gezielt und sehr früh die Massenmedien, um Einfluss auf die öffentliche Meinung zu nehmen. „Ganz Deutschland hört den Führer mit dem Volksempfänger" war der Slogan, den die deutsche Propaganda einpeitschte. In den Kinosälen, die 1940 in Deutschland gut 1 Mrd. Tickets verkauften[4] – acht Mal mehr als heute –, war im Vorprogramm

---

[3] Für einen Überblick zur Diskussion über Market Pull und Technology Push vgl. Brem und Voigt (2009).

[4] Vgl. http://www.dhm.de/lemo/html/nazi/kunst/kino/index.html abgerufen am 26.6.2013.

der Kulturfilm (oft mit Themen der Blut- und Rasse-Ideologie) und die Wochenschau (filmische Darstellung der Leistungen des Regimes) obligatorisch.

Mit der historischen Zäsur, die die Kapitulation Deutschlands und Japans 1945 markiert, setzte nach Oralität, Literalität und der Entwicklung und Verbreitung der Verbreitungsmedien eine vierte Phase der Mediengeschichte ein, die Digitalisierung. Ausgangspunkt war die Einführung von Großrechnersystemen ab 1951, zehn Jahre nach der Konstruktion des ersten funktionstüchtigen, programmierbaren Computers durch Konrad Zuse. Durch technische Neuerungen – insbesondere die Entwicklung integrierter Schaltkreise ab 1958 und deren kontinuierliche Verkleinerung hin zu Mikroprozessoren ab 1971– werden die anfangs aufgrund ihrer Kosten nur bei Großunternehmen eingesetzten Computersysteme billiger und finden Einzug in die Büros. Bereits 1973 entstand mit dem Xerox Alto ein Computer mit grafischer Oberfläche, einer Maus als Eingabegerät und einer Netzwerkschnittstelle, mit der mehrere Computer zu einem Verbund kombiniert werden konnten.

Der entscheidende Schub für die Digitalisierung beginnt in der Folge allerdings recht unspektakulär. 1975 titelte die Zeitschrift Popular Electronics: „*Project Breakthrough! World's First Minicomputer Kit to Rival Commercial Models*" und beschrieb im zugehörigen Artikel eine kleine Blechkiste mit Schaltern und Dioden namens Altair 8800 (vgl. Zeese 2005). Als diese Ausgabe der Elektronikzeitschrift Paul Allen in Boston in die Hand kam, benachrichtigte er seinen Jugendfreund Bill Gates und beide telefonierten noch am selben Tag mit Ed Roberts, dem Inhaber von Micro Instrumentation Telemetry Systems (MITS), dem Hersteller des Altair 8800. Während Allen als Director of Software bei MITS einstieg, widmete sich Gates der Entwicklung eines BASIC-Interpreters für den Altair und startete die Firma Microsoft, die 1978 die 1-Million-Dollar-Umsatz-Hürde nahm[5].

Zu ähnlicher Zeit arbeiteten zwei andere US-Amerikaner an einem eigenen kleinen Heimrechner und stellten 1976 ihren ersten selbst zusammengelöteten Debütanten vor, der auf den Namen Apple 1 hörte und für $ 666 angeboten wurde. Die Maschine wurde 200 Mal verkauft, was zur Entwicklung des Apple 2 für $ 1.300 führte (vgl. Böker 2005). Für die damaligen Marktverhältnisse war Apple mit diesen Stückzahlen quasi Marktführer und Trendsetter in einem. Das änderte sich 1981– sechs Jahre nach dem Startschuss für die kleinen Rechner. Der Büromaschinengigant IBM entschied sich zur Einführung eines eigenen Personal Computers (PC) und stellte am 12. August ein Referenzdesign vor, das mit Microsofts MS DOS 1.0 betrieben wurde und darüber hinaus mit verschiedenen Microsoft-Programmierwerkzeugen bestückt war. Weitere zwei Jahre später folgte mit MS Windows eine erste Version eines grafischen Betriebssystems und mit MS Word die erste Standard-Büroanwendung aus dem Hause Microsoft. 1985– zehn Jahre nach Gründung – schließt Microsoft das Geschäftsjahr mit einem Umsatz von $ 140 Mio. ab und geht ein Jahr später an die Börse. Am Ende der 1980er Jahre sind 90 Mio. Personal Computer im Einsatz, am Anfang waren es nicht einmal eine Million.

---

[5] Vgl. http://www.npr.org/news/graphics/2008/june/bill_gates/gates_timeline_04.html abgerufen am 26.6.2013.

Die 1990er Jahre startet Microsoft erfolgreich und schafft 1991 als erste Software-Firma einen Jahresumsatz von einer Milliarde Dollar. 1993 vermeldet man zehn Millionen Word-Nutzer weltweit. 1995 kommt dann der entscheidende Schlag, der die Konkurrenz von Apple nahezu in den Konkurs zwingt: Microsoft bringt Windows 95 heraus und verkauft 250 Mio. Lizenzen dieses Betriebssystems.

Lag der Fokus für den Kauf eines PCs am Anfang zunächst auf der Nutzung von Softwareanwendungen und Spielen, wird 1990 im Wissenschaftsbetrieb eine entscheidende Entwicklung begonnen. Tim Berners-Lee machte sich in einem Forschungsprojekt am CERN in Genf eine Technologie zunutze, die bereits 1969 im Rahmen eines Rüstungsprojekts als ARPANET realisiert wurde: ein dezentrales Netzwerk, das über einfache Telefonleitungen miteinander verbunden werden kann und das zur Datenübertragung die sogenannte Paketvermittlung (*packet switching*) nutzt: eine Botschaft wird vor ihrem Versand in einzelne Pakete aufgeteilt, jedes Paket erhält alle notwendigen Informationen über Absender und Empfänger und die einzelnen Pakete können getrennt verschickt werden, um dann beim Empfänger wieder korrekt zusammengesetzt zu werden. Dieses Verfahren steigert die Effizienz des Netzwerks und erhöht zugleich dessen Ausfallsicherheit.

Auf Basis dieser Paketvermittlungstechnologie entwarf Tim Berners-Lee das World Wide Web als grafische Benutzeroberfläche, um leicht auf verteilte Inhalte zuzugreifen. Für diese Aufgabe wurden drei essenzielle Standards notwendig:

- HTML als universelle Beschreibungssprache der Inhalte
- HTTP als Grundlage für die Datenübertragung im World Wide Web
- URL als global verfügbare Ordnungsstruktur

Mit Freischaltung auf zentralen Rechnern des CERN 1991 und Freigabe für die Öffentlichkeit 1993 beginnt der Siegeszug eines neuen Massenmediums. Microsoft kompensiert seine anfänglich zögerliche Haltung gegenüber dem Web im legendären Browserkrieg der 1990er Jahre, die Börsen blähen sich zur Dotcom-Blase auf und die New Economy macht vormals unattraktive Begriffe populär wie den von der Cash Burn Rate. Nach nur sechs Jahren erreicht das Web die ersten 100 Mio. Nutzer, 2012 sind bereits gut ein Drittel der Weltbevölkerung im Netz: 2,4 Mrd. Nutzer sind *connected*[6] (vgl. Abb. 4.3).

Auf der Entwicklung von einem Neuen Medium[7] zu dem Leitmedium[8] der Gesellschaft durchläuft das Internet vor allem technologiegetrieben zwei zentrale Phasen. Für die erste Phase kann man den Begriff Transaktionsnetz verwenden. Inhalte wie Texte und Bilder und Aktionen wie Warenbestellung (E-Commerce), elektronische Post (E-Mail), Wertpapierhandel (E-Banking) oder öffentliches Formularwesen (E-Government) funktionieren nach dem Prinzip *request-response*: die Nutzer (viele) fragen über ihren Web

---

[6] Vgl. http://www.internetworldstats.com/stats.html abgerufen am 26.6.2013.

[7] Zum Begriff Neue Medien vgl. Ratzke (1982).

[8] Die Idee, dass jede Zeit ihr eigenes Leitmedium hat, geht im Wesentlichen auf McLuhan (1962) zurück.

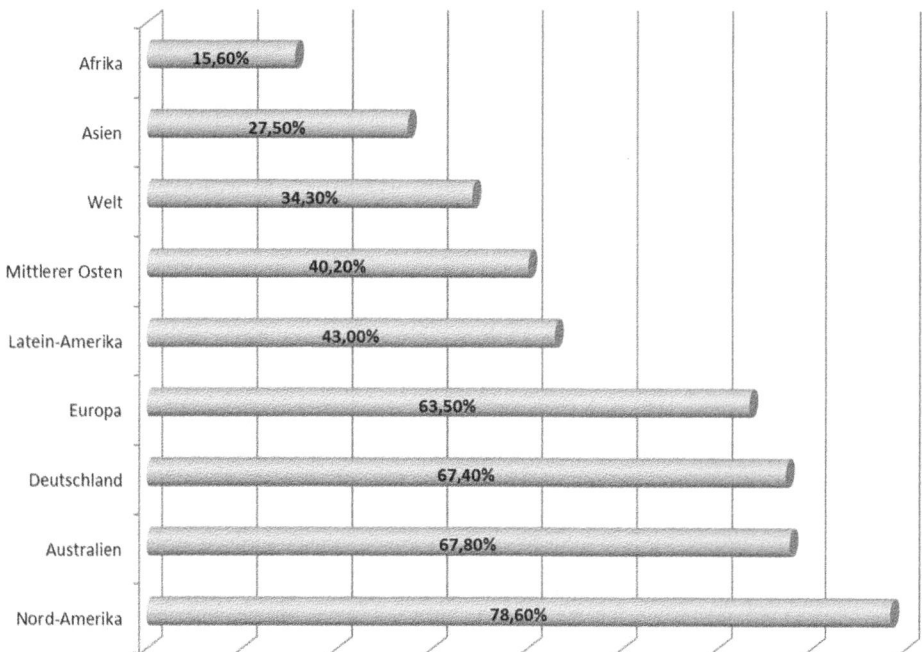

Abb. 4.3 Anteil der Bevölkerung mit Internetzugang Stand 2012. (Quelle: www.internetworldstats. com, abgerufen am 17.9.2013)

Browser die Angebote (wenige) an und führen so Transaktionen aus. Das Grundmodell ähnelt noch stark den klassischen Massenmedien, wo „mächtige" Institutionen die Angebote zentral vorhalten und die „ohnmächtige" Masse diese abrufen und nutzen kann. In dieser ersten Phase, auch Web 1.0 genannt, entstehen die ersten *big player* im Internet:

- AOL: 1985, gestartet als proprietärer Netzwerkdienst, später weltgrößter Internet Provider, der im Jahr 2000 für umgerechnet €160 Mrd. Time Warner übernimmt und damit mit AOL Time Warner das weltgrößte Medienunternehmen formt; später wird AOL wieder abgespalten und ist heute nur noch eines von vielen Unternehmen im Internetumfeld.
- Yahoo: 1995 gegründet als Verzeichnis zum Auffinden von Webseiten entwickelte sich Yahoo mit über 1 Mrd. Seitenaufrufen täglich im Jahr 2000 zur größten Webseite der Welt. Yahoo war zum Höhepunkt der *dotcom bubble* rund $ 100 Mrd. wert. Noch heute hat Yahoo in den USA und Japan relevante Marktanteile: Rund 700 Mio. Besucher nutzen monatlich die verschiedenen Angebote von Yahoo (zu denen seit 2013 auch der beliebte Microblogging-Dienst Tumblr zählt).
- Amazon: Das 1994 gegründete Handelshaus begann als Buchversand und ist heute weltgrößter Online-Versender. Die über 90.000 Mitarbeiter erwirtschafteten 2012 einen Umsatz von rund $ 61 Mrd. Speziell durch den 2007 eingeführten E-Book Reader Amazon Kindle und die rund 200 Mio. verifizierten und debitierbaren Kundenkonten

ist Amazon heute eine der wichtigsten Plattformen für die Auslieferung von Medieninhalten.

- Ebay: 1995 wurde Ebay als *consumer to consumer* Plattform gegründet. Im Web 1.0
entwickelte sich Ebay zu einer der besucherstärksten Webseiten. Durch strategische
Zukäufe – vor allem den Zahlungsdienstleister PayPal – erweiterte das Auktionshaus
sein Betätigungsfeld und ist heute einer der führenden Anbieter von E-Commerce und
Payment.

- Google: 1998 gegründet ist Google heute das zentrale Nervensystem des World Wide
Web und erfolgreichste Plattform für Werbung im Internet. Google erzielte 2012 rund
$ 50 Mrd. Umsatz. Jeden Tag wickelt allein die Suchmaschine (Google Search) 5 Mrd.
Suchabfragen[9] weltweit ab. Mit 425 Mio. Konten ist Gmail der größte E-Mail Anbie-
ter weltweit und Google Maps hat sich zum globalen Kartenstandard gemausert. Zum
Google-Konzern gehören u. a. die erfolgreichen Produkte Picasa und Panoramio (Bild-
verwaltung), YouTube (Video-Streaming), Android (Smartphone-Betriebssystem),
Chrome (Webbrowser) und Motorola (Mobiltelefone).

Etwa ab 2005 ändert sich der Charakter des Transaktionsnetzes vor allem durch die Entwicklung und Implementierung neuer Technologien auf der Client-Seite, die jetzt asynchrone Datenübertragung unterstützen – also die angezeigte Webseite ändern können,
ohne sie komplett neu zu laden. Mit Verfahren und Standards wie dem Document Object
Model (DOM), JavaScript, XML und SOAP wurde den Nutzern ermöglicht, selbst Inhalte
im World Wide Web ohne Programmierkenntnisse oder eigenen Server zu veröffentlichen. Zunächst in den Bereichen Text (Wikipedia, Blogger), Foto (z. B. Flickr und Picasa)
und Video (YouTube) genutzt, sind speziell die sozialen Netzwerke erst durch diese neuen
Technologien ermöglicht worden. Die Bereitstellung von privat erzeugten Inhalten (*user
generated content*), deren Verteilung, Kommentierung und Bewertung gehören heute zu
den zentralen Anwendungsfeldern im World Wide Web. Die Daten selbst werden dabei
oft nicht mehr lokal gespeichert, sondern in die Cloud ausgelagert: verstanden als miteinander vernetzte Rechner- und Speicherkapazitäten, die Anwendungssoftware, Rechenleis-
tung und Speicherplatz im Internet bereitstellen.

Das Kollaborationsnetz, auch Web 2.0 genannt, ist sehr vielfältig. Kaplan und Haenlein
(2010) teilen das Spektrum von Social Media Anwendungen in sechs Gruppen ein:

- *collaborative projects*: dazu zählen Großprojekte wie die Enzyklopädie Wikipedia und
die Weltkarte Open Street Map, aber auch kleine Projekte wie z. B. die Führung des
Plagiatsbeweises im Falle des zurückgetretenen Verteidigungsministers zu Guttenberg.
Grundidee der Kollaboration: Viele freiwillige *contributors* kommen schneller zu besseren Ergebnissen, als eine professionell aufgebaute Organisation.

- *blogs*: In einer Art Tagebuch kann man in Weblogs ohne eigenen Server schnell und
einfach Inhalte – meist Text und Bild – veröffentlichen. Es entfallen die sonst üblichen

---

[9] Vgl. http://www.statisticbrain.com/google-searches/ abgerufen am 29.6.2013.

Investitionen und Beschränkungen, die man als Inhalte-Anbieter hat, so dass die Partizipation am Medium plötzlich vielen offensteht. 2011 umfasste die sogenannte Blogosphäre weltweit 181 Mio. Blogs, die im Wesentlichen auf der Technologie der drei Marktführer Blogger, Wordpress und Tumblr basieren[10]. Außerhalb der Blogosphäre hat vor allem der 2006 gegründete Microblogging-Dienst Twitter mit rund 200 Mio. aktiven Nutzern und 500 Mio. Kurznachrichten täglich eine herausragende Bedeutung[11].

- *content communities*: Die bekannteste Content Community ist YouTube, 2005 gegründet und ein Jahr später von Google gekauft. Heute nutzen über 1 Mrd. Menschen wenigstens einmal im Monat YouTube. Hundert Stunden Videomaterial werden stündlich neu hochgeladen und laut Marktforscher Nielsen erreicht YouTube in den USA bei den 18–34jährigen mehr Reichweite als jeder Fernsehsender[12].
- *social networks*: 1967 führte der Psychologe Stanley Milgram das Kleine-Welt-Experiment durch und konnte nachweisen, dass alle Menschen untereinander eng verbunden sind (vgl. Milgram 1967). Die Grundidee dieses Phänomens war bereits 1929 vom ungarischen Autor Frigyes Karinthy in seiner Kurzgeschichte Kettenglieder[13] dargestellt worden und fand später unter dem Titel *six degrees of separation* Eingang in die Populärkultur. Das Prinzip, das jeder mit jedem über wenige Verbindungen bekannt ist, machen sich die sozialen Netzwerke zunutze, allen voran Facebook, das Stand 2013 rund 1,1 Mrd. aktive Nutzer ausweist – nur neun Jahre, nachdem die Seite entwickelt wurde. Weitere große soziale Netzwerke sind Tencent QQ (798 Mio. Nutzer, vor allem in China), Google + (mit 500 Mio. registrierten Nutzern, knapp die Hälfte davon ist allerdings nur aktiv) und LinkedIn (speziell für den Geschäftsbereich mit über 225 Mio. Nutzern).
- *virtual game worlds*: Vernetzung ist ein großes Thema im Bereich der Computerspiele. Die sogenannten *massively multiplayer online games* (MMOG) erreichen ein Millionenpublikum. Das vor allem in Asien populäre Happy Farm hatte knapp 240 Mio. Spieler, das für die Facebook-Community entwickelte FarmVille erreichte innerhalb von sechs Wochen zehn Millionen aktive Spieler. Diese beiden Spiele sind allerdings *free to play*. World of Warcraft (WoW) dagegen muss bezahlt werden und das taten in der Spitze über 12 Mio. Spieler.
- *virtual social worlds*: Das Annehmen einer neuen Identität, der durch einen Avatar präsentiert wird, ist auch unabhängig von einer konkreten Spielumgebung mit Spielaufträgen möglich. Am bekanntesten ist sicherlich die bereits 2003 veröffentlichte Virtuelle Welt Second Life, deren Bedeutung aber mittlerweile stark zurückgegangen ist. Man kann diesem Bereich durchaus aber auch die zahlreichen thematischen Fachforen im World Wide Web und den deutlich älteren im Internet entstandenen Bereich des Usenet zurechnen.

---

[10] Vgl. http://www.nielsen.com/us/en/newswire/2012/buzz-in-the-blogosphere-millions-more-bloggers-and-blog-readers.html abgerufen am 29.6.2013.

[11] Vgl. http://www.dw.de/twitter-forever/a-16830707 abgerufen am 29.6.2013.

[12] Vgl. http://www.youtube.com/yt/press/statistics.html abgerufen am 29.6.2013.

[13] Vgl. http://docs.google.com/viewer?url=http%3A%2F%2Fdjjr-courses.wdfiles.com%2Flocal–files%2Fsoc180%3Akarinthy-chain-links%2FKarinthy-Chain-Links_1929.pdf abgerufen am 29.6.2013.

Die veränderten Schwerpunkte in den sozialen Medien gehen einher mit einem geänderten Zugang zu den Netzwerken, denn viele Nutzer gehen mittlerweile nicht mehr primär über den PC ins Internet, sondern greifen auf die Inhalte im Netz von mobilen Endgeräten aus zu, also mit Laptops, Tablets und Smartphones. Dieser Trend schließt sich nahtlos an die Verbreitung mobiler Telefone an, die seit 1991 digital funken. Bereits zehn Jahre später waren mit 48,2 Mio. Nutzern in Deutschland mehr Menschen mobil als zu Hause im Festnetz zu erreichen. Noch einmal zehn Jahre weiter sind in Deutschland knapp 100 Mio. Mobiltelefone in Nutzung, also 1,3 Geräte pro Einwohner vom Kleinkind bis zum Greis[14]. Weltweit waren heute bei rund 7 Mrd. Einwohnern 6 Mrd. Mobiltelefone im Gebrauch[15], ein Fünftel davon mit der Möglichkeit, auf das Internet zuzugreifen[16].

Ein vertiefender Blick lohnt sich speziell in Richtung auf den Smartphone-Markt. Smartphones sind mobile Endgeräte, die Telefonie und Computing auf Basis eines gemeinsam nutzbaren Betriebssystems ermöglichen. Die ersten kommerziell erfolgreichen Smartphones führte Nokia 1996 mit der Communicator-Serie ein, 2003 folgte RIM mit dem Blackberry, das durch die Push-Funktion für E-Mails zur Grundausstattung einer ganzen Manager-Generation wurde. Sowohl Nokia wie auch RIM setzten dabei für die Steuerung und die intensive Nutzung von Textbotschaften auf die Ergänzung des Telefons durch eine integrierte, alphanumerische Tastatur.

Dieses Paradigma durchbrach Apple mit dem iPhone, das erstmals in großem Umfang die komplette Bedienung per *multi-touch* ermöglichte – also durch Gesten, die man auf dem berührungsempfindlichen Display des Telefons ausführt. Das Time Magazin wählte das iPhone zur Erfindung des Jahres 2007[17] und bis Mitte 2013 wurden rund 350 Mio. iPhones weltweit verkauft. Parallel entstand ein eigener Anwendungskosmos, den Apple für seine Geräte im App Store vorhält. Apple führte seinen App Store 2008 mit 500 Programmen ein. In fünf Jahren bis 2013 wurden 50 Mrd. Anwendungsprogramme und Spiele aus dem Apple App Store geladen. Zu dem Zeitpunkt stehen rund 850.000 verschiedene Apps zur Verfügung[18].

Trotz des immensen Erfolgs konnte Apple sich aber nicht lange als Marktführer halten, wie dies einst Nokia bei der ersten großen Entwicklungswelle in der Mobiltelefonie noch gelang. Ähnlich wie einst Microsoft, das über sein Betriebssystemlizenzmodell den Massenmarkt für PCs ebnete, stieg Suchmaschinenmarktführer Google in den Markt der Plattformen ein und unterstützte die Entwicklung des offenen Smartphone-Betriebssystems Android, das Smartphone-Hersteller kostenfrei nutzen und an ihre Bedürfnisse anpassen können. Im Zuge dieser Entwicklung wurden von den rund 545 Mio. verkauften Smart-

---

[14] Vgl. http://www.bitkom.org/de/presse/70864_70750.aspx abgerufen am 26.6.2013.

[15] Vgl. ITU (2012).

[16] Vgl. http://www.go-gulf.com/blog/smartphone abgerufen am 26.6.2013.

[17] Vgl. http://www.time.com/time/specials/2007/article/0,28804,1677329_1678542,00.html abgerufen am 26.6.2013.

[18] Vgl. http://www.apple.com/de/pr/library/2013/05/16Apples-App-Store-Marks-Historic-50-Billionth-Download.html abgerufen am 29.6.2013.

phones im Jahr 2012 rund 40 % von Samsung ausgeliefert, deren Absatz damit ungefähr doppelt so hoch ist wie die iPhone-Auslieferungen[19]. Das spiegelt sich auch in der Zahl der genutzten Betriebssysteme im Smartphone-Markt: Drei von vier neuen Smartphones werden mittlerweile mit Android und dem damit verbundenen App Store Google Play ausgeliefert[20].

Lessons learned:
Die Geschichte der Medien beginnt mit akustischen und visuellen Symbolen. Die akustischen Symbole entwickeln sich zur Sprache, die visuellen Symbole zur Schrift. Sprache und Schrift dominieren die antiken Hochkulturen, wobei Schrift nur als Expertenmedium einer kleinen Herrschaftsschicht dient. Mit dem Buchdruck steigt die Alphabetisierung in der Bevölkerung und Druckwerke begleiten und unterstützen die Differenzierung der Gesellschaft. Im 19. und frühen 20. Jahrhundert entwickeln sich Aufzeichnungsmedien (Foto, Audio, Video) und Nachrichtenübertragung (Telegrafie, Telefonie, Funk). Nach dem Zweiten Weltkrieg beginnt die Digitalisierung der Medien, die vor allem durch die Verbreitung von PCs und Mobiltelefonen in den 1990er Jahren getrieben wird. Das Internet erobert sich in zwei großen Entwicklungsschüben – zunächst als Transaktionsnetz und dann zunehmend als Kollaborationsnetz – den Rang des Leitmediums der Digitalisierung.

4.1.3 Digitalisierung der Medien

Durch die massenhafte Verbreitung von Computern und die intensive Nutzung des World Wide Web sind auch die Medieninhalte nicht unberührt geblieben. Werfen wir zunächst einen Blick auf den Buchmarkt. Dort scheint die Digitalisierung noch am wenigsten gegriffen zu haben. Den rund 400 Mio. in Deutschland jährlich verkauften Büchern[21] standen 2012 gerade einmal 12,3 Mio. verkaufte E-Books gegenüber[22]. Aber: 2011 verkaufte Amazon, weltweit größter Buchhändler, in den USA erstmals mehr E-Books, als gedruckte Ware[23]. Geht man davon aus, dass von geschätzten 130 Mio. veröffentlichten Buchtiteln

---

[19] Vgl. http://appleinsider.com/articles/13/01/25/apples-iphone-grew-to-251-global-market-share-in-2012 abgerufen am 29.6.2013.

[20] Vgl. http://techcrunch.com/2012/11/02/idc-android-market-share-reached-75-worldwide-in-q3-2012/ abgerufen am 29.6.2013.

[21] Vgl. http://www.abendblatt.de/kultur-live/article1418594/400-Millionen-verkaufte-Buecher-in-Deutschland.html abgerufen am 29.6.2013.

[22] Vgl. http://www.buchreport.de/nachrichten/verlage/verlage_nachricht/datum/2013/02/08/dickes-sorgt-fuer-duennes-plus.htm abgerufen am 29.6.2013.

[23] Vgl. http://www.faz.net/aktuell/feuilleton/buecher/2.1719/deutscher-e-book-markt-mister-einprozent-14851.html abgerufen am 29.6.2013.

weltweit[24] mittlerweile 30 Mio. komplett digital vorliegen[25] und rund 1 Billionen[26] Webseiten allein im Google Index aufgelistet sind, kann man Stand 2012 wohl behaupten, dass es mittlerweile deutlich mehr digitale Textinformationen, als gedruckte Texte in der Welt gibt. Es gibt auch einen ersten digitalen Blockbuster. 2009 begann Erika Leonard als Fanfiction zur *Twilight Saga* über den smarten Vampir Edward Cullen und seine Liebe Bella Swan zu bloggen. Später veröffentlichte sie unter dem Pseudonym E.L. James die *Fifty Shades of Grey* als E-Book und erst 2012 kam die Trilogie in gedruckter Form auf den Markt und belegte weltweit die Bestseller-Listen, wenngleich Schriftsteller Salman Rushdie ob der Qualität des Werks etwas irritiert feststellte: „I've never read anything so badly written that got published" (Irvine 2012).

Deutlich weiter ist die Digitalisierung im Bereich Bild vorangeschritten. Von der Entwicklung der Digitalkameratechnik in Folge der 1991 in den Markt eingeführten Kodak DCS 100 (sie wurde zum Verkaufspreis von rund US$ 20.000 in drei Jahren insgesamt 987 Mal abgesetzt[27]) hat sich bis heute die komplette Abkehr vom analogen Fotomarkt vollzogen. Speziell der Einbau leistungsfähiger Optik in Mobiltelefone führt dazu, dass immer mehr Menschen immer öfter Schnappschüsse machen und diese über das Internet mit anderen Nutzern teilen. So werden Stand 2012 täglich allein 250 Mio. Fotos bei Facebook gepostet[28].

Ein ähnliches Bild zeichnet sich bei Musik ab. Wurden in Deutschland etwa 1985 noch 74 Mio. Langspielplatten verkauft, sind es 2011 noch ganze 700.000. Dagegen gehen 97 Mio. CDs über den Verkaufstisch, 14,6 Mio. Alben und 79 Mio. einzelne Stücke als legale Downloads[29]. Auf internationalem Feld ist dabei der Anteil an Downloads und Streaming-Diensten noch höher: Von den rund $ 16,6 Mrd., die im internationalen Musikvertrieb erlöst werden, kommen 2012 $ 5,2 Mrd. aus dem Vertrieb von MP3-Files[30]. Rechnet man darüber hinaus den privaten Tausch über Peer-to-Peer-Netzwerke mit ein, könnte man wahrscheinlich recht deutlich untermauern, dass so gut wie der gesamte Musikkonsum digital und der größte Anteil im digitalen Segment ohne Trägermedium (also als MP3-Datei) genutzt wird.

Werfen wir einen Blick auf die bewegten Bilder. Auch hier hat die Möglichkeit, Clips schnell und problemlos mit einer Digicam oder mit dem Mobiltelefon aufzuzeichnen, zu einer Angebotsvervielfältigung geführt. So werden auf YouTube Anfang 2012 pro Tag

---

[24] Vgl. http://booksearch.blogspot.de/2010/08/books-of-world-stand-up-and-be-counted.html abgerufen am 29.6.2013.

[25] Vgl. http://www.nybooks.com/articles/archives/2013/apr/25/national-digital-public-library-launched/ abgerufen am 29.6.2013.

[26] Vgl. http://googleblog.blogspot.de/2008/07/we-knew-web-was-big.html abgerufen am 29.6.2013.

[27] Vgl. http://www.nikonweb.com/files/DCS_Story.pdf abgerufen am 17.9.2013.

[28] Vgl. http://sec.gov/Archives/edgar/data/1326801/000119312512034517/d287954ds1.htm#toc287954_4 abgerufen am 17.9.2013.

[29] Vgl. http://www.musikindustrie.de/jahreswirtschaftsbericht-2011/ abgerufen am 29.6.2013.

[30] Vgl. http://www.musikindustrie.de/jahrbuch-international-2012/ abgerufen am 29.6.2013.

86.400 Stunden Videomaterial hochgeladen und 4 Mrd. Clips angeschaut[31]. In vielen Industrieländern ist mittlerweile die Fernsehübertragung im Wesentlichen digital und die Sender halten ihre Programme in Mediatheken vor, die offensichtlich recht gut genutzt werden. So griffen allein 40 Mio. Nutzer im März 2012 auf die kostenfreien Videoangebote der ZDF Mediathek zu[32]. Da sehen die 100 Mio. Videos, die das kostenpflichtige Portal Maxdome als größte Online-Videothek in Deutschland in fünf Jahren erreichte, fast schon bescheiden aus[33].

Überall-TV, *ubiquitous computing* und *location based services* sind nur einige der aktuellen Stichworte, die umreißen, wie Digitalisierung auf Medienkommunikation und auch auf unser Miteinander durchschlägt: beliebige Inhalte zu beliebiger Zeit an beliebigen Orten. Man schließt sich an (eins) oder nicht (null).

Wesentliche Begleiter unseres täglichen Lebens sind heute digital. Wir telefonieren digital, wir knipsen digital, wir hören Musik im digital aufbereiteten Surround Sound, wir filmen Hochzeiten und Todesfälle digital, wir leihen uns Videos als BluRay, wir kaufen und verkaufen bei Amazon und Ebay, wir suchen unseren Partner fürs Leben auf Dating-Plattformen, mailen und chatten mit Freunden weltweit, diskutieren teilweise exotische Themen in speziellen Zirkeln Gleichgesinnter und veröffentlichen unsere privaten Erlebnisse in sozialen Netzwerken. Das entscheidende an diesem noch lange nicht abgeschlossenen Prozess der Digitalisierung ist dabei vor allem der Wandel der Art und Weise, wie jeder Einzelne in der digitalisierten Welt sein Leben lebt. Und das unterscheidet sich tatsächlich erheblich vom Leben in den letzten Jahrzehnten des 20. Jahrhunderts.

Die Entwicklung der Medien bedingt die gesellschaftliche Entwicklung, wie Becker und Hauptmeier (2005, S. 7 ff.) darstellen. Betrachtet man gesellschaftliche Entwicklung in einem extremen Zeitraffer, sieht man, dass das Miteinander immer komplexer wird zu Gunsten einer immer größeren Spezialisierung der einzelnen Teilbereiche. Steigerung der Komplexität bei gleichzeitiger Reduktion der Komplexität durch Spezialisierung steigert die Leistungsfähigkeit einer Gesellschaft. Durch Spezialisierung und Teilung wird das Gesamtsystem leistungsfähiger und schafft damit selbst neue Anforderungen, die es nur aufgrund dieser Leistungsfähigkeit bedienen kann. Fasst man die Entwicklungsschritte in gröbster Form zusammen, so kann man bislang drei große Phasen unterscheiden:

- Subsistenz der Jäger und Sammler, also die komplette Versorgung eines Familienverbunds durch die Mitglieder der Sippe für die eigene Bedarfsdeckung

---

[31] Vgl. http://www.reuters.com/article/2012/01/23/us-google-youtube-idUSTRE80M0TS20120123 abgerufen am 29.6.2013.

[32] Vgl. http://meedia.de/background/meedia-blogs/alexander-becker/alexander-becker-post/article/frey–mobile-prsenz-ist-unsere-zukunft_100040445.html abgerufen am 17.9.2013.

[33] Vgl. http://www.horizont.net/aktuell/digital/pages/protected/Maxdome-vermeldet-100-Millionen-Abrufe_102479.html abgerufen am 17.9.2013.

- Stratifikation[34], also Spezialisierung durch Aufgabenteilung aufgrund von Teilung in unterschiedliche Klassen (Adel vs. Bauer vs. Bürger) oder Schichten (Arbeiter vs. Mittelstand vs. Manager)
- Funktionale Differenzierung (Recht vs. Wirtschaft vs. Familie vs. Religion vs. Politik vs. Wissenschaft) in Verbindung mit der Industrialisierung

Der gemeinsame Prozess ist Teilung und Spezialisierung, der seinen konzeptionellen Höhepunkt wohl in der Arbeitsteilung des Scientific Management (vgl. Taylor 1911) gefunden hat und gerne auch nach einem Essay von Antonio Gramsci (vgl. 1971, S. 279 ff.) mit dem Begriff Fordismus belegt wird. Meine Grundannahme ist, dass auf diesen Prozess der funktionalen Differenzierung die Digitalisierung eine weitere Stufe der gesellschaftlichen Entwicklung einleitet, die auf der technologischen Seite den Prozess Teilung und Spezialisierung beschleunigt (Zerlegung aller Inhalte in ihr binäres Format), auf der anderen Seite durch die Verfügbarkeit und mangelnde zentrale Steuerbarkeit digitaler Inhalte völlig neue Verwendungszusammenhänge schafft und die Herrschafts- und Gliederungsstrukturen dadurch weiter erodieren lässt. Durch die Digitalisierung entstehen deutlich mehr Kommunikationschancen. Die Möglichkeiten, wie sich die Gesellschaft ständig neu reproduzieren kann, nehmen zu. Oder anders formuliert: Die soziale Entropie steigt durch die Digitalisierung der Medien.

Lessons learned:
Im Zuge der Entwicklung zum Leitmedium moderner Gesellschaft, erzeugt das Internet den Bedarf nach immer mehr Inhalten. Das führt zu einer zunehmenden Digitalisierung der Inhalte und damit zugleich der Möglichkeit, die Inhalte schnell auszutauschen, sie zu kommentieren und auch zu verändern. Durch die Digitalisierung erhöht sich die kommunikative Kapazität der Gesellschaft, was im Umkehrschluss bedeutet: die Gesellschaft wird durch die Digitalisierung leistungsfähiger.

4.1.4 Medienlandschaft Deutschland

Nachdem die globalen Entwicklungslinien der Medien skizziert sind, werfen wir jetzt einen Blick auf die Situation in Deutschland und beschäftigen uns mit der Medienlandschaft, von der wir täglich umgeben sind und die die öffentliche Meinung in Deutschland beeinflusst. Eine wichtige Quelle, um Aussagen über die Massenmedien in einem gewählten Kontext zu treffen, ist zu untersuchen, wie die verschiedenen Angebote tatsächlich genutzt werden. Da Medien oft zugleich auch Werbeträger sind, liegen diese Mediennutzungsdaten gut dokumentiert vor.

---

[34] Der Begriff der sozialen Schichtung wurde durch Geiger (1932) eingeführt und ist vor allem in Hinblick auf ein aktuelles Verständnis besser geeignet als Klassen o. ä.

Alter	TV	Radio	WWW	Zeitung	Musik	Buch	Zeitschrift	Summe
14-29	134	143	218	10	72	30	4	611
30-49	221	211	128	18	29	15	4	626
ab 50	302	198	49	34	13	23	9	628
alle	242	191	108	23	31	22	6	623

Tab. 4.1 Tägliche Mediennutzung in Deutschland in Minuten. (Quelle: ARD-ZDF-Onlinestudie http://www.ard-zdf-onlinestudie.de/index.php?id=398 abgerufen am 18.9.2013)

Alter	TV	Radio	WWW	Zeitung	Musik	Buch	Zeitschrift
14-29	55%	75%	202%	43%	232%	136%	67%
30-49	91%	110%	119%	78%	94%	68%	67%
ab 50	125%	104%	45%	148%	42%	105%	150%

Tab. 4.2 Wie intensiv nutzen die verschiedenen Altersgruppen die Medienangebote? (Quelle: ARD-ZDF-Onlinestudie http://www.ard-zdf-onlinestudie.de/index.php?id=398 abgerufen am 18.9.2013)

Eine verlässliche Quelle über aktuelle Nutzungsdaten in den verschiedenen Mediengruppen bietet die seit 1997 durchgeführte Onlinestudie von ARD und ZDF (ARDZDF o. J.). Für das erste Halbjahr 2013 ermittelt die Studie, dass das Fernsehen mit einer täglichen Nutzungsdauer von rund vier Stunden das Medium mit der höchsten Nutzungsdauer ist. Radio mit 191 min und Internet mit 108 min folgen. Das gesamte Zeitbudget, das für Medien genutzt wird, liegt bei 623 min, also etwas mehr als zehn Stunden täglich (vgl. Tab. 4.1).

Daraus ergibt sich zweifelsfrei, dass Medien auch zu großen Teilen neben anderen Aktivitäten genutzt werden, z. B. läuft bei der Arbeit oder beim Autofahren das Radio, der Fernsehapparat flimmert im Wohnzimmer, während man in der Küche isst, und der MP3-Spieler begleitet einen beim Dauerlauf im Wald. D.h. die reine Quantität der Mediennutzung ist nur ein Indikator auf die Bedeutung der unterschiedlichen Medien für den Einzelnen. Die Aktivität der Mediennutzung ist damit nicht gemessen, lässt sich aber durch eigene Erfahrung und die Spezifika der Mediennutzung tendenziell eher bei Internet und Print, als bei Musik, Radio und Fernsehen verorten.

Eine weitere Dimension betrifft die Verteilung in den Altersgruppen. Trägt man den Anteil der Kohorten auf die Gesamtnutzungsdauer ab, ergibt sich ein Bild, das deutlich macht, dass die Jungen intensiv das World Wide Web, Musik und auch Bücher nutzen, die Alten dagegen überproportional oft zu Printmedien und dem Fernsehen greifen. Die Jungen schauen nur halb so viel Fernsehen wie der Durchschnitt, sind dafür aber doppelt so oft im Internet (vgl. Tab. 4.2). Für die USA haben die Marktforscher von Nielsen ermittelt, dass 2013 bereits 5 Mio. der rund 105 Mio. Haushalte zu den Zero-TVs gehört: die also ihren Medienkonsum – auch Video – außerhalb der klassischen Übertragungswege bestreiten (vgl. Nielsen 2013).

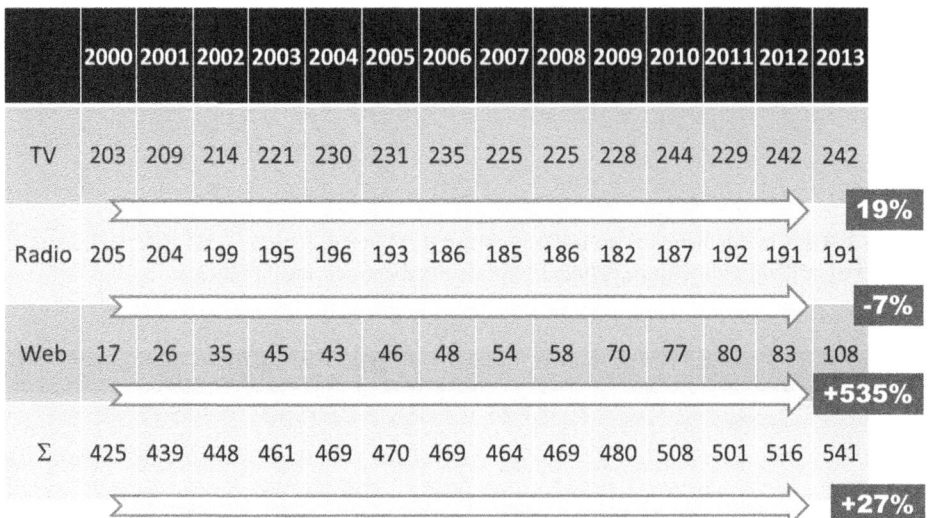

	2000	2001	2002	2003	2004	2005	2006	2007	2008	2009	2010	2011	2012	2013	
TV	203	209	214	221	230	231	235	225	225	228	244	229	242	242	19%
Radio	205	204	199	195	196	193	186	185	186	182	187	192	191	191	-7%
Web	17	26	35	45	43	46	48	54	58	70	77	80	83	108	+535%
Σ	425	439	448	461	469	470	469	464	469	480	508	501	516	541	+27%

Tab. 4.3 Entwicklung der Nutzungsdauer elektronischer Medien in Deutschland von 2000–2013. (Quelle: ARD-ZDF-Onlinestudie http://www.ard-zdf-onlinestudie.de/index.php?id=398 abgerufen am 18.9.2013)

Schließlich ist die Entwicklung der Mediennutzung über die Zeit interessant. Die Gesamtnutzungsdauer von Medienangeboten in Deutschland ist von 2000 bis 2013 um 27 % gestiegen. Dieses Wachstum wird getrieben vom Internet. Die Fernsehnutzung wächst unterdurchschnittlich und Radio verliert über den Zeitraum sogar an Bedeutung (vgl. Tab. 4.3). Alle drei Aspekte – der Grad der Aktivität in der Nutzungssituation, die Verteilung auf die Altersgruppen und die Entwicklung in der Zeit – untermauern die These, dass das Internet heute in Deutschland das Leitmedium der Gesellschaft ist. Doch schauen wir uns die einzelnen Mediengruppen *en detail* an.

Die Entwicklung von Radio und Fernsehen[35] – gemeinsam wegen der vergleichbaren Übertragungstechnik auch Rundfunk genannt – beginnt nach dem Zweiten Weltkrieg mit einer vom Grunde auf neuen Organisationsform. Der deutsche Rundfunk wurde nach den Erfahrungen der Propagandamaschinerie des Dritten Reichs nach dem Zweiten Weltkrieg im Westteil öffentlich-rechtlich begründet. Man folgte dabei dem Beispiel des Vereinigten Königreichs, das die vorher in Privatbesitz befindliche BBC bereits 1927 per Gesetz zu einer öffentlich-rechtlichen Institution umgestaltete, um die direkte Einflussnahme durch die Wirtschaft auf die öffentliche Meinung zu unterbinden[36]. Edmund Schächter, Kontrolloffizier der US Army bei Radio München, fasste die Idee zur Neuorganisation des Rund-

---

[35] Da die historischen Fakten enzyklopädisches Wissen sind, verzichte ich aus Gründen der Übersichtlichkeit darauf, alles einzeln mit Quellen zu belegen und verweise auf die einschlägigen Artikel, die man z. B. bei der deutschsprachigen Wikipedia zu Geschichte von Radio und Fernsehen in Deutschland nachlesen kann.

[36] Vgl. http://www.medien-monitor.com/Grossbritannien.1908.0.html abgerufen am 30.6.2013.

funkwesens so zusammen: „Die Radiostationen sollen unserer Auffassung und tiefsten Überzeugung nach nicht mehr Sprecher und Organ der jeweiligen Regierung sein. Die Radiostationen sollen alle Schichten des Volkes vertreten und allen Gruppen und Parteien die Möglichkeit geben, ihre Meinung zu sagen" (Müderler o. J.).

Anders die Situation im Ostteil Deutschlands. Hier wurde der Rundfunk der DDR der Einheitspartie SED zugeordnet und dem 1952 gegründeten Staatlichen Komitee für Rundfunk (SRK) beim Ministerrat der DDR unterstellt. Den Fernsehbetrieb nahm man in der DDR 1952 von Berlin-Adlershof aus auf. Der Deutsche Fernsehfunk (DFF) strahlte im Regelbetrieb ab 1956 seine Sendungen landesweit aus, 1969 nahm das zweite Programm DFF 2 den Betrieb auf.

Im Westen begann der Nordwestdeutsche Rundfunk (NWDR) 1952 mit der täglichen Ausstrahlung von Fernsehprogramm und versorgte damit die gesamte britische Besatzungszone, also die Fläche der heutigen Bundesländer Nordrhein-Westfalen, Niedersachsen, Hamburg, Bremen und Schleswig-Holstein. Seit 1954 strahlt man bundesweit für die in der Arbeitsgemeinschaft der öffentlich-rechtlichen Rundfunkanstalten (ARD) zusammengeschlossen Sender das erste Fernsehprogramm aus, das seit 1996 offiziell auch Das Erste heißt. 1963 ergänzte das ZDF die bundesrepublikanische Fernsehlandschaft, seit 1964 steuerten die Rundfunkanstalten der Länder die dritten Fernsehprogramme mit regionalem Schwerpunkt bei.

Eine wesentliche Veränderung der Fernsehlandschaft erfolgte in der BRD ab 1984. Im Zuge der geistig-moralischen Wende (vgl. D'Antonio 2012), die Kanzler Helmut Kohl begründen wollte, wurde das Rundfunksystem in Deutschland um eine zweite Säule ergänzt, den privaten Rundfunk. Am 1. Januar 1984 ging in Ludwigshafen das Privatfernsehen auf Sendung. Der Pilotsender nannte sich später SAT 1. Nur einen Tag später begann RTL sein Programm auszustrahlen.

Ebenfalls 1984 wurde es per Gesetz erlaubt, private Hörfunkprogramme zu verbreiten. 1986 übertrug mit Radio RPR in Rheinland-Pfalz der erste Sender landesweit Privatradio über UKW. Radio Schleswig-Holstein (R.SH) folgte wenige Monate später. Nach der deutsch-deutschen Wiedervereinigung entstand aus den früheren Sendern der DDR, dem RIAS Berlin und dem Deutschlandfunk das öffentlich-rechtliche DeutschlandRadio als einziger bundesweit ausstrahlender Radiosender.

Ebenfalls als Folge der Dualisierung des Rundfunks in Deutschland, entstanden Pay-TV Angebote. Das größte ist heute Sky Deutschland, das 2009 aus dem von Leo Kirch 1991 geschmiedeten Bezahlfernsehen Premiere entstand. Bezahlfernsehen spielt in Deutschland aufgrund der Vielzahl frei empfangbarer Programme allerdings nur eine Nebenrolle. Anfang 2013 vermeldet Sky Deutschland rund 3,4 Mio. Kunden. In der gesamten Sendezeit seit 1991 gelang es Premiere/Sky allerdings nur einmal – 2005– schwarze Zahlen zu schreiben.

Um neuen Sendern die Möglichkeit zu geben, ihr Programm zu verbreiten, musste die technologische Infrastruktur deutlich erweitert werden, da die Frequenzbänder der terrestrischen Übertragung in den 1980er Jahren ausgelastet waren. Es kam zum Aufbau eines Kabelnetzes durch die Deutsche Bundespost, die dieses Netz aber nach Umwandlung in eine privatwirtschaftliche AG 1995 aus kartellrechtlichen Gründen veräußern musste. Die Kabelinfrastruktur übernahmen 2000–2003 verschiedene Unternehmen, das größte davon Kabel Deutschland (KDG), die 2013 von Vodafone übernommen wurde. Das Kabelnetz bietet aufgrund seiner Rückkanalfähigkeit heute nicht nur die Möglichkeit, Fernsehprogramme zu empfangen, sondern das Kabel auch für den Zugang zu Internet und Telefonie zu nutzen, das sogenannte *triple play*. Kabelfernsehen hatte 2011 in Deutschland einen Marktanteil von 45,6 %, während keine 5 % der Haushalte ihr Fernsehprogramm heute noch terrestrisch empfangen. IPTV, also die Übertragung von Fernsehprogrammen über das Internet, lag zu diesem Zeitpunkt bei 3,3 %[37].

Marktführer hinsichtlich der Übertragungswege in Deutschland ist der Satellitenempfang mit rund 46 % Marktanteil. 1988 brachte der private Betreiber SES Astra seinen ersten Satellit in die geostationäre Umlaufbahn. Heute betreibt SES Astra weltweit fünfzig Satelliten. Über die Position 19,2° Ost strahlt Astra rund 260 deutschsprachige Programme in normaler Qualität (SDTV) und knapp vierzig Programme hochauflösend (HDTV) aus. Seit 2012 senden die Satelliten nur noch digital (DVB-S). Damit ist neben IPTV und terrestrischer Übertragung, die bereits 2008 komplett digitalisiert wurde (DVB-T), der Großteil des Fernsehempfangs in Deutschland heute digital. Nur im Kabelnetz wird neben dem digitalen DVB-C auch noch Programm analog ausgestrahlt.

Das duale Rundfunksystem in Deutschland hat zu einer massiven Steigerung des Programmangebots geführt. Im alten öffentlich-rechtlichen System mit terrestrischer Ausstrahlung über UKW war der Fernsehempfang für viele Haushalte auf drei Programme beschränkt, die kurz vor Mittag mit ihrem Programm begannen und oft vor Mitternacht den Tag beendeten. Heute senden die Programme rund um die Uhr und passen ihr Programm den unterstellten Motiven der Zielgruppen an. Man nennt dieses Vorgehen *dayparting*, also die Einteilung des Sendetags in Blöcke mit ähnlichem Inhalt, die nach der Tageszeit strukturiert sind und damit *vice versa* auch den Tagesablauf der Zuschauer strukturieren. Die Aufteilung des Tages unterscheidet sich nach Ländern und Sendern. Relativ verbreitet ist die Gliederung in neun *dayparts*[38]:

- Early Morning (06:00–09:00 Uhr)
- Daytime (09:00–15:30 Uhr)
- Early Fringe (15:30–17:30 Uhr)
- Early News (17:30–19:00 Uhr)
- Prime Access (19:00–20:00 Uhr)
- Primetime (20:00–23:00 Uhr)
- Late News (23:00–23:30 Uhr)
- Late Night (23:30–01:00 Uhr)
- Graveyard Slot (01:00–06:00 Uhr)

---

[37] Vgl. http://www.kek-online.de/Inhalte/markt_fuer_uebertragungswege_in_deutschland.html abgerufen am 30.6.2013.

[38] Vgl. dazu auch die Verteilung der Zuschauer über die verschiedenen Zeiten eines Tages: http://www.mediendaten.de/index.php?id=fernsehen-fernsehnutzung-d, abgerufen am 30.6.2013.

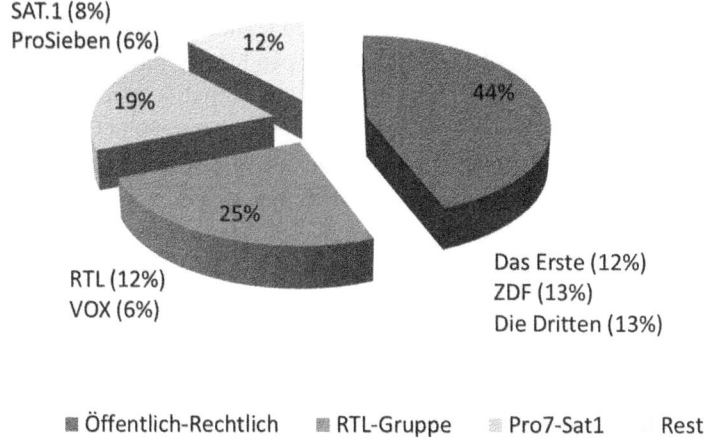

SAT.1 (8%)
ProSieben (6%)   12%

19%

44%

25%

RTL (12%)
VOX (6%)

Das Erste (12%)
ZDF (13%)
Die Dritten (13%)

▨ Öffentlich-Rechtlich   ▨ RTL-Gruppe   ▨ Pro7-Sat1   Rest

Abb. 4.4 Markanteile der Sendergruppen im Deutschen Fernsehen 2013

Neben den Vollprogrammen haben sich im Zuge der Privatisierung und der erhöhten Verbreitungsmöglichkeiten aufgrund der Digitalisierung der Übertragungswege zahlreiche Spartenprogramme entwickelt, die sich an speziell zugeschnittene Zielgruppen richten. Um einen Überblick über die Fernsehlandschaft in Deutschland zu gewinnen, fasst man die Angebote üblicherweise in drei großen Gruppen zusammen (vgl. Abb. 4.4[39]):

- öffentlich-rechtliches Fernsehen mit einem Marktanteil von rund 44 %. Zum öffentlich-rechtlichen Fernsehen gehören neben Das Erste, dem ZDF und den neun dritten Programmen[40] auch Spartenprogramme wie ZDFinfo, Kika und Phoenix sowie Kooperationsprogramme wie arte und 3Sat.
- RTL-Gruppe: Die RTL Group ist mit 53 TV- und 28 Radiosendern Europas größter Anbieter von privatem Rundfunk. Hauptanteilseigner ist die in Gütersloh ansässige Bertelsmann AG. In Deutschland erreichen die RTL-Angebote rund 25 % Marktanteil. Zugpferd ist RTL Television, zur Gruppe gehören aber auch Vox, n-tv, RTL II, RTL Nitro, Super-RTL und einige Pay-TV-Angebote.
- ProSiebenSat.1 entstand als Zusammenschluss der von Leo Kirch dominierten Sender Sat.1 und Pro Sieben, weshalb man diese Sender manchmal auch heute noch als Kirch-Gruppe bezeichnet. Die Sendergruppe kommt in Deutschland auf einen Marktanteil von 19 %. Zur Gruppe gehören die Sender Sat.1, ProSieben, kabel eins, sixx und Sat.1 Gold sowie einige Pay-TV Angebote.

---

[39] Auf Basis der Einschaltquoten der ersten sieben Monate 2013, vgl. http://www.kek-online.de/kek/medien/zuschauer/2013.pdf abgerufen am 30.6.2013.

[40] BR, hr, MDR, NDR, Radio Bremen, rbb, SR, SWR und WDR, jeweils mit weiteren lokalen Fenstern.

Fernsehen als das Massenmedium mit der höchsten täglichen Nutzungsdauer und Radio auf Platz 3 werden zusammen über alle Altersgruppen hinweg pro Tag über sieben Stunden genutzt – im Durchschnitt! Ohne jedwede weitere Analyse kann man daher davon ausgehen, dass vielfach die Programme nur als medialer Hintergrund für andere Aktivitäten – Hausarbeiten, Autofahren etc. – dienen. Auch die Tendenz, neben dem TV-Konsum andere Medienangebote zu nutzen, wird vor allem mit der Verbreitung von Smartphones und Tablet PCs unter dem Schlagwort *second screen* diskutiert. Laut der ARD-ZDF-Onlinestudie 2012 geben 20 % aller Fernsehzuschauer an, häufig im Internet mit etwas beschäftigt zu sein, während der Fernsehapparat läuft (vgl. van Eimeren und Frees 2012, S. 372).

Die Nutzung von Onlinediensten begann in Deutschland schon einige Zeit bevor das World Wide Web entwickelt wurde. Bereits 1977 stellte die Deutsche Bundespost den Bildschirmtext (BTX) vor, der das Telefonnetz für die Datenübertragung und den Fernsehapparat für die Darstellung der Inhalte nutzte. Das 1983 im Markt eingeführte BTX und später als Datex-J weitergeführte proprietäre System erreichte jedoch erst ab Mitte der 1990er Jahre einen Massenmarkt, als der BTX-Zugang auch die Möglichkeit bot, sich ins World Wide Web einzuwählen.

Mit dieser Produktkopplung des Anbieters T-Online und der etwa zeitgleich stattfindenden Gründung von AOL Deutschland 1995 sowie in der Folge massiver Werbeanstrengungen, entwickelte sich das World Wide Web zu einem Massenmedium. Waren es 1997 erst 6,5 % der Haushalte, die online waren, stieg diese Zahl nach dem Jahrtausendwechsel von 28,6 % im Jahr 2000 und 53,5 % im Jahr 2003 bis auf knapp 76 % im Jahr 2012 (vgl. van Eimeren und Frees 2012, S. 363). Die zunehmende Onlinenutzung verdrängt dabei zunächst nicht die traditionelle Mediennutzung, wie in Tab. 4.3 dargestellt.

Auf der inhaltlichen Seite dominieren wie auch im weltweiten Vergleich Webseiten der großen Anbieter aus den USA: Google, Facebook, YouTube, Amazon und Ebay. Die wichtigsten Angebote aus Deutschland kommen aus dem Bereich Lexikon (de.wikipedia.org), Freemailer und Serviceprovider (web.de, gmx.de, t-online.de) sowie Nachrichtenseiten (bild.de, spiegel.de, wetter.com)[41]. Das einzige ursprünglich aus Deutschland stammende Angebot, dass es auch international zu einigem Erfolg gemessen an Nutzungszahlen gebracht hat, sind die Produkte der mittlerweile in Luxemburg registrierten Manwin SARL, die ein Netzwerk pornografischer Seiten betreibt und damit 55 Mio. Seitenbesucher bedient und 1,3 Mrd. Seitenabrufe erzielt – pro Tag[42].

Welche Angebote im deutschsprachigen Internet wie stark tatsächlich genutzt werden, lässt sich aufgrund der thematischen Breite schlecht in Themengruppen zusammenfassen.

---

[41] Da es keine verlässlichen Daten über die tatsächlichen Abrufzahlen von Webseiten gibt, bezieht man sich bei diesen Rankings in der Regel auf die Angaben des Dienstleisters Alexa, vgl. http://www.alexa.com/topsites/countries/DE (abgerufen am 18.9.2013). Zu vergleichbaren Ergebnissen kommt auch http://www.similarweb.com/country/germany abgerufen am 30.6.2013.

[42] Vgl.http://www.welt.de/politik/deutschland/article109255611/Das-Porno-Imperium-Ein-Deutscher-erregt-die-Welt.html abgerufen am 30.6.2013.

Verständlicherweise wird das Internet häufig zum Auffinden spezieller Informationen, zum Einkaufen, zur Erledigung von Bankgeschäften und vor allem zur Kommunikation – von E-Mail über Skype und What's App bis zu sozialen Netzwerken – etc. genutzt[43]. Interessant ist lediglich die Feststellung, dass jüngere Nutzer Internetangebote deutlich intensiver und länger nutzen, was sich als belastbares Argument einsetzen lässt, um das Internet als Leitmedium der Gegenwart zu bezeichnen. Unterstützt wird diese Aussage auch durch eine Fragestellung der ARD-ZDF-Onlinestudie 2012, bei der die Probanden gebeten wurden, Aussagen hinsichtlich ihrer Gültigkeit für die eigene Onlinenutzung zu bewerten. Die Aussage, dass das Internet ein „täglicher Begleiter für alle möglichen Fragen und Themen" sei, stimmen 79 % der Unterdreißigjährigen, aber nur 52 % der über 50jährigen zu. Der Aussage, dass Internet sei ein „Instrument, das ich nur ab und zu für die eine oder andere Information bzw. Auskunft brauche", stimmen dagegen nur 42 % der Jüngeren, aber 76 % der Älteren zu. Pointiert zusammengefasst: Bei den jungen Erwachsenen ist das Internet bereits das Leitmedium, bei den Rentnern nicht, sie nutzen Internetangebote eher punktuell (vgl. a. a. O., S. 365).

Während Internet-Anwendungen, Vernetzung und dialogorientierte Massenmedien zulegen und die anderen elektronischen Medien zwar laufen, aber stärker als Hintergrundkulisse dienen, sind die gedruckten Massenmedien in Summe betrachtet auf dem Rückzug. Dies betrifft am wenigsten den Buchmarkt, der in Deutschland in den letzten zehn Jahren sogar etwas gewachsen ist[44].

Ganz anders sieht es bei den Zeitungen aus, also periodisch erscheinenden Druckwerken, die vor allem über aktuelle Themen berichten. 1989 wurden in der BRD 20,6 Mio. und in der DDR 9,6 Mio. Zeitungen täglich verkauft, in Summe also eine Auflage von 30,2 Mio. Exemplaren erreicht. 2011 lag die Gesamtauflage in Deutschland nur noch bei 18,8 Mio. Stück, was einem Rückgang von 37,75 % entspricht (vgl. Abb. 4.5). Die Dramatik dieses Rückgangs bringt Klaus Meier auf den Punkt, der den Trend in die Zukunft extrapoliert und in die griffige, wenngleich nicht ganz ernst gemeinte Prognose überführt, dass 2034 die letzte Tageszeitung verkauft werden wird[45].

Der Zeitungsmarkt in Deutschland setzt sich aus acht überregionalen Zeitungen und den Regional- und Lokalzeitungen zusammen. Die überregionalen Zeitungen führt die Bild-Zeitung an, die derzeit noch rund 2,45 Mio. Exemplare werktäglich verkauft. Es waren zu Spitzenzeiten allein in der Bundesrepublik 1982 mal über 5 Mio. Hinter der Bild folgen die Süddeutsche Zeitung (420.000), die Frankfurter Allgemeine (338.000), die Welt (229.000), das Handelsblatt (140.000), die Frankfurter Rundschau (87.000), die taz (56.000) und Neues Deutschland (34.000).

---

[43] Vgl. http://www.ard-zdf-onlinestudie.de/index.php?id=423 abgerufen am 18.9.2013.

[44] Vgl. http://www.goethe.de/kue/lit/ein/de8326705.htm abgerufen am 30.6.2013.

[45] Vgl. http://journalistiklehrbuch.wordpress.com/2012/03/06/statistisch-berechnet-im-jahr-2034-erscheint-die-letzte-gedruckte-tageszeitung/ abgerufen am 30.6.2013.

274 Medien, Journalismus und öffentliche Meinung

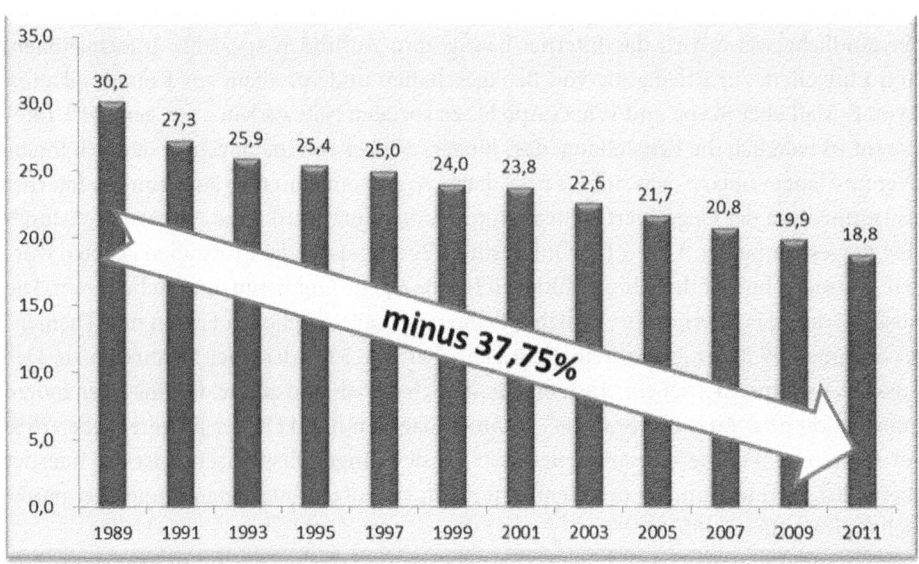

Abb. 4.5 Auflagenentwicklung der Tageszeitungen in Deutschland 1989–2011. (Quelle: http://
www.bdzv.de/fileadmin/bdzv_hauptseite/markttrends_daten/wirtschaftliche_lage/2011/assets/
ZahlenDaten_2011.pdf abgerufen am 18.9.2013)

Die Regionalzeitungen werden meist von Mantelredaktionen im überregionalen Teil
zentral bestückt und durch lokale Informationen aus Vorortredaktionen ergänzt. Die
größten regionalen Zeitungsgruppen sind die nordrhein-westfälische WAZ mit einer Auflage von noch 693.000 Stück, die niedersächsische HAZ (423.000), die Rheinische Post
(336.000), die Augsburger Allgemeine (327.000) und die Zeitungsgruppe Köln (307.000).

Auch die wöchentlich erscheinenden Zeitungen verlieren an Auflage, allen voran der
Marktführer Bild am Sonntag (BamS): Von 1998 bis 2013 hat sich die Auflage etwa hal-
biert auf heute noch 1,235 Mio. Stück. Dass es auch anders gehen kann, zeigt die in Hamburg erscheinende Wochenzeitung Die Zeit. Hier hat sich die Auflage gegen den Trend von
1998 bis 2013 gesteigert auf jetzt 519.000 Stück. Die Welt am Sonntag (WamS) verkauft
286.000, die Frankfurter Allgemeine Sonntagszeitung (FAS) 266.000 Exemplare[46].

Im Segment der Zeitschriften unterscheidet man drei verschiedene Gruppen: Die Publikumszeitschriften (breite Zielgruppe, noch einmal unterschieden in General Interest und
Special Interest Zeitschriften), die Fachzeitschriften (enges Fachpublikum) und die Kundenzeitschriften, die als Custom Media von verlagsfremden Unternehmen für ihre Kunden
herausgegeben werden. Leider sind diese Segmente nicht immer trennscharf ausgewiesen,
so zählen Statistiken beispielsweise Deutschlands Zeitschrift mit der höchsten Auflage –
die ADAC-Motorwelt mit derzeit 13,75 Mio. Exemplaren – zu den Publikumszeitschriften,
wenngleich es offensichtlich eine Kunden- bzw. Mitgliederzeitschrift ist. Ähnliches gilt für

---

[46] Alle genannten Zeitungsauflagen nach IVW im ersten Quartal 2013, zitiert nach http://meedia.
de/print/ivw-alle-grossen-regionalzeitungen-verlieren-1/2013/04/22.html abgerufen am 30.6.2013.

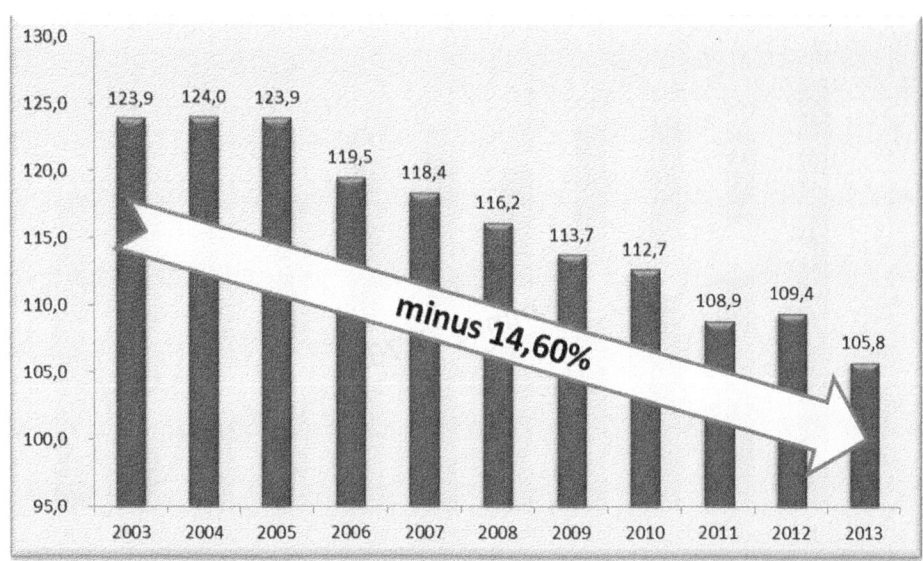

Abb. 4.6 Auflagenentwicklung der Publikumszeitschriften in Deutschland 2003–2013. (Quelle: http://ivw.de/index.php?menuid=37 abgerufen am 18.9.2013)

Das Haus (1,7 Mio.) und Wohnglück (1,55 Mio.), die den Kunden zweier Bausparkassen quasi automatisch zugesendet werden. Um einheitliche, über einen längeren Zeitraum konsistente Daten referieren zu können, beziehe ich mich bei der folgenden Darstellung auf die von der IVW ausgewiesenen Zahlen[47].

Die Publikumszeitschriften haben laut der Informationsgemeinschaft zur Feststellung der Verbreitung von Werbeträgern (IVW) von 2003–2013 knapp 15 % ihrer Auflage verloren (vgl. Abb. 4.6). Heute verkaufen sich Publikumszeitschriften per Ausgabe in Summe noch gut 105 Mio. Mal. Die auflagenstärksten Titel sind die im Fachjargon „Programmies" genannten TV-Zeitschriften. Vorne liegen aktuell TV 14 (2,46 Mio.), TV Digital (1,94 Mio.), TV Spielfilm plus (1,39 Mio.), TV Movie (1,34 Mio.) und Hörzu (1,24 Mio.). Ins Spitzenfeld der Publikumszeitschriften schaffen es dann noch die drei großen Nachrichtenmagazine Der Spiegel (883.000), Stern (831.000) und Focus (531.000). Überflieger der letzten Jahre ist die Landlust – erstmals 2005 veröffentlicht und derzeit mit 1,09 Mio. Exemplaren pro Ausgabe erfolgreicher als Spiegel & Co. Es liegt also nicht ausschließlich am Trägermedium Papier, sondern offensichtlich auch an der inhaltlichen Positionierung, das manche Angebote funktionieren und andere weniger[48].

Im Segment der Fachzeitschriften gingen die verkauften Auflagen laut IVW zwischen 2003 und 2013 von 16,77 Mio. auf zwölf Mio. Exemplare zurück (vgl. Abb. 4.7). Rund die gleiche Menge wird kostenfrei verteilt. Im Fachverband Deutsche Fachpresse sind rund

---

[47] Vgl. http://ivw.de/index.php?menuid=37 abgerufen am 30.6.2013.

[48] Alle Auflagen nach IVW, erstes Quartal 2013, zitiert nach http://www.printwirkt.de/pw-auflagen/ abgerufen am 30.6.2013.

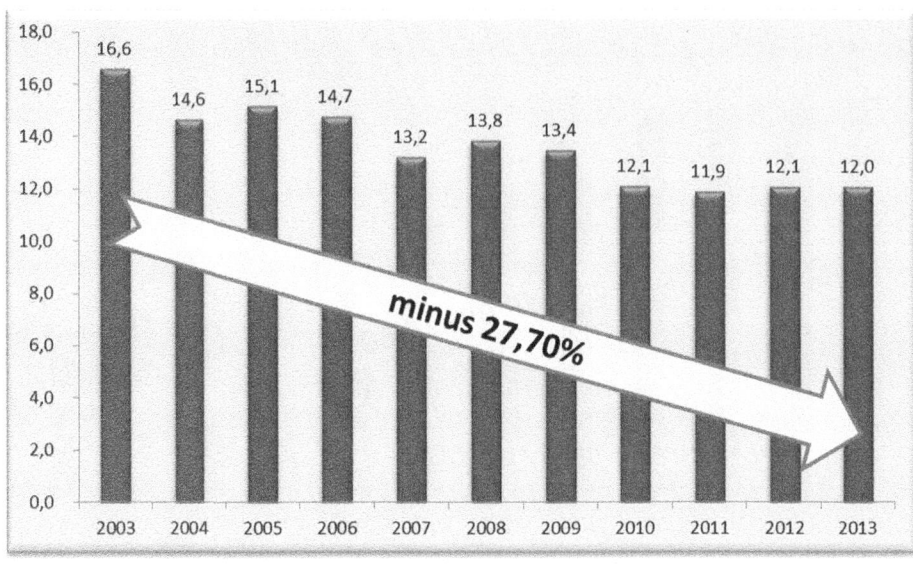

Abb. 4.7 Auflagenentwicklung der Fachzeitschriften in Deutschland 2003–2013. (Quelle: http://ivw.de/index.php?menuid=37 abgerufen am 18.9.2013)

3.700 Titel zusammengeschlossen. Hier wird in der Statistik von Gesamtjahresauflagen berichtet. Die Gesamtverbreitung ist demnach zwischen 2001 und 2013 nicht gesunken und beträgt immer noch 476 Mio. Stück, allerdings hat sich der Anteil der verkauften Auflage von 54 % auf 45 % gesenkt[49].

Besonders schwierig zu fassen ist die Verbreitung von Kundenmagazinen, nicht nur durch die oben angesprochenen Zuordnungsprobleme, sondern weil auch viele Kundenmagazine nicht als Werbeträger dienen und daher ihre verbreitete Auflage nicht ausweisen. Laut IVW sind auch diese Printpublikationen rückläufig und verlieren von 43,07 Mio. Auflage 2003 auf 40,73 Mio. in 2013. Zieht man die Basisstudie III des Forums Corporate Publishing heran, ergibt sich allerdings ein deutlich anderes Bild. Hier ist der Bezugsraum Deutschland, Österreich und die Schweiz (DACH). In diesem Gebiet geht der Verband von einer verbreiteten Auflage von 727 Mio. Exemplaren pro Erscheinungsintervall aus, was im Umkehrschluss bedeutet, dass Custom Media Angebote deutlich die Gesamtauflage des Kaufmarkts übersteigen würde (vgl. CP Basisstudie III 2012).

Lessons learned:
Über zehn Stunden täglich nutzen Deutsche im Durchschnitt Medienangebote. Quantitativ liegt das Fernsehen mit einer durchschnittlichen Nutzung von vier Stunden vorne, wird aber auch oft als Hintergrundmedium und vor allem von alten Ziel-

---

[49] Vgl. http://www.deutsche-fachpresse.de/fileadmin/allgemein/statistik/Fachpressestatistik_2012.pdf abgerufen am 30.6.2013.

gruppen genutzt. Internetangebote liegen bei den Jugendlichen klar vorne und sind heute das Leitmedium in Deutschland. Periodische Printangebote verlieren massiv an Reichweite und können hohe Auflagen nur durch ein erweitertes kostenfreies Angebot aufrechterhalten, wie dies durch Custom Media erreicht wird. Das Rundfunksystem ist dual in einem öffentlich-rechtlichen und einem privatwirtschaftlichen Block organisiert. Zeitungen und Zeitschriften sind nahezu ausschließlich Wirtschaftsunternehmen in privater Hand. Internetangebote sind ebenfalls in der Regel privatwirtschaftlich organisiert, die großen Anbieter sind zumeist *global player* mit Stammsitz in den USA.

4.2 Einfluss der Massenmedien

Eines der zentralen Forschungsgebiete der Kommunikationswissenschaften beschäftigt sich mit der Frage, welche Effekte die Massenmedien auf ihre Nutzer und damit auf weite Teile der Gesellschaft haben. Dieses Forschungsinteresse beruht insbesondere auf den frühen Erfahrungen mit Massenmedien – erst Zeitungen, dann Kino und Radio. Ihr Einfluss auf die öffentliche Meinung speziell in kritischen Fragen, wie der Beteiligung an einem Krieg (USA im Ersten Weltkrieg) war nicht unbeobachtet geblieben und führte dazu, dass sich neben eigenen Berufsständen für den Einsatz geplanter Kommunikation für die gezielte Beeinflussung von Märkten und Öffentlichkeit (Werbung und PR) auch die Forschungsdisziplin Kommunikationswissenschaften als Teilgebiet aus der Politikwissenschaft und der Soziologie ausdifferenziert.

Die dreißig Jahre vom Ersten Weltkrieg bis zum Ende des Zweiten Weltkriegs sind sehr stark von der Instrumentalisierung der Massenmedien für politische Agitation und Propaganda als Technik der psychologischen Kriegsführung (PSYOPS) geprägt. Am Ende dieser Zeit bringt der Politikwissenschaftler Harold Lasswell die zentrale Anforderung an die Kommunikationswissenschaften mit einer einfachen Aussage auf den Punkt: „A convenient way to describe an act of communication is to answer the following questions: Who says what in which channel to whom with what effect" (1948, S. 37).

Diese als Lasswell-Formel bekannt gewordene Aussage skizziert fürderhin die Teildisziplinen der *communication studies*. Es geht

- um die Kontrolle des Zugangs zu den Massenmedien (was ich später im Kapitel „Themen öffentlicher Kommunikation" aufgreife).
- um die Analyse einzelner Medieninhalte (z. B. hinsichtlich Verständlichkeit im Sinne einer Hermeneutik).
- um die Beschäftigung mit den Eigenschaften der Medien (was ich später im Kapitel „Leitmedien der Gesellschaft" behandele).

- um Nutzeranalysen (die Beschreibung der erreichten Leser, Zuhörer, Zuschauer und Nutzer mit Hilfe von Soziodemografie und Psychografie oft mit dem Ziel, dafür Media Daten über Werbeträger zu erhalten).
- um die Untersuchung, welche Wirkung Massenmedien auf die öffentliche Meinung haben, was Thema der folgenden Ausführungen ist.

4.2.1 The Magic Bullet

Die Anfänge der Medienwirkungsforschung liegen in der Politikwissenschaft, die sich schon früh – zwischen den Weltkriegen – mit der Frage beschäftigte, wie die neuen Massenmedien die öffentliche Meinung als Instrument der politischen Willensbildung beeinflussen. Da man zunächst auf keine empirischen Daten aufsetzen konnte, brauchte man erst einmal eine Grundidee und die steuerte Harold Lasswell (1927) bei, als er in seinen Überlegungen zur politischen Propaganda die Gesellschaft nicht als fest aufeinander eingeschworene Gemeinschaft, sondern als eine atomisierte Menge von Individuen verstand, die in ihrer Gesamtheit – als Masse – suggestibel und manipulierbar sei[50].

Diese Grundidee entlieh sich Lasswell einer damals wichtigen Strömung in der Psychologie, dem Behaviorismus. Der Behaviorismus als Forschungsansatz wurde konzeptionell durch einen Fachartikel von Watson bekannt. Die zentrale Annahme des Behaviorismus ist es, die Psychologie wie eine Naturwissenschaft zu behandeln und nur auslösenden Reize (Stimuli) und darauf ausgerichtetes Verhalten (Response) zu untersuchen, um letztlich Verhalten vorhersagen und kontrollieren zu können (vgl. Watson 1913, S. 158).

Geprägt von diesen Annahmen entwickelt Lasswell die Vorstellung, dass massenmediale Kommunikation als Auslöser fungiere, um die Masse zu beeinflussen. „Vom Inhalt der Massenmedien glaubte man, direkt und linear auf die bei allen Rezipienten gleichartige Wirkung schließen zu können. Im Kontext dieses simplen Reiz-Reaktions-Modells der Massenkommunikation wurde den Massenmedien die Fähigkeit zugebilligt, ganze Gesellschaften gewissermaßen ‚gleichschalten‘ zu können (Kunczik 1992, S. 13).

Dieses Bild der Gleichschaltung und direkten Beeinflussung wird in der Folge in verschiedenen Metaphern aufgegriffen, die Massenmedien verstehen als:

- *hypodermic needle* im Verständnis, dass man durch Massenmedien Botschaften wie mit einer Spritze subkutan verabreichen kann bei gleichzeitiger Kenntnis, welches Verhalten die so injizierte Botschaft auslösen wird.
- *transmission belt* im Sinne der direkten Verbindung und Synchronisierung zwischen medialer Botschaft und personaler Wirkung.
- *magic bullet*, die von einem „Mediengewehr“ direkt ins Hirn der Nutzer abgeschossen wird.

---

[50] Referiert nach Kunczik 1984, S. 11f.

Abb. 4.8 SOR-Modell der
Kommunikationswirkung

Als scheinbarer Beweis für diese direkten Reiz-Reaktions-Modelle wurde über lange Jahre auf ein besonderes Medienereignis hingewiesen. 1938 wurde die von Orson Welles als Hörspiel aufbereitete Novelle *The War of the Worlds* in der Reihe *The Mercury Theatre on the Air* live auf CBS übertragen. Die Handlung dreht sich um eine Invasion von Marsbewohnern. Orson Welles inszenierte die Science Fiction Novelle in Form einer Radiosendung, die immer wieder von Nachrichten unterbrochen wurde. Da während der Übertragung auch keine Werbepausen ausgestrahlt wurden, nahmen viele Hörer die fiktionalen Inhalte ernst und riefen in Sorge die Polizei an. In über 12.500 Zeitungsbeiträgen wurden in den folgenden Tagen das Hörfunkdrama und dessen Wirkung auf die Zuhörer besprochen. Ein amerikanischer Mythos war entstanden.

Während die Magic Bullet das einfache Reiz-Reaktions-Modell (Stimulus-Response oder SR-Modell) zugrunde legt, wurde später auch das von Woodworth (1929) in der zweiten Ausgabe seines Psychologie-Lehrbuchs eingeführte erweiterte SOR-Modell in der Medienwirkungsforschung eingesetzt. Woodworth relativierte die direkte Beeinflussbarkeit der Masse durch Stimuli, indem er darauf hinwies, dass die Verarbeitung von Eingangsreizen viel mit der persönlichen Disposition zu tun habe. Woodworth erweitert die einfachen SR-Modelle demnach um intervenierende Variablen, die er in der Größe *organism* zusammenfasst (vgl. Abb. 4.8).

> **Lessons learned:**
> Frühe Erklärungsansätze zur Wirkung massenmedial vermittelter Botschaften orientieren sich am Paradigma des Behaviorismus. In diesem Sinne werden mediale Botschaften als Reize (Stimuli) verstanden, die direkt zu Verhalten (Response) führen als würde man eine Mitteilung mit einem Gewehr direkt in die Gehirne der als manipulierbar aufgefassten Masse abfeuern.

4.2.2   Mathematische Theorie der Kommunikation

Einer der einflussreichsten Beiträge zur Kommunikationswissenschaft erschien 1948 und kommt weder aus der Soziologie, noch aus der Politikwissenschaft, sondern aus der Mathematik. Claude Shannon, der mit seiner Master's Thesis bereits als 21jähriger darlegte, wie logische Probleme in binäre Maschinensysteme überführt werden können und damit als Begründer der Informationstheorie gilt, entwarf 1948 die Grundzüge einer mathematischen Theorie der Kommunikation. Zusammen mit Warren Weaver veröffentlichte Claude Shannon ein Jahr später zunächst einen Fachartikel und anschließend eine generelle Einführung in das Thema als Buch.

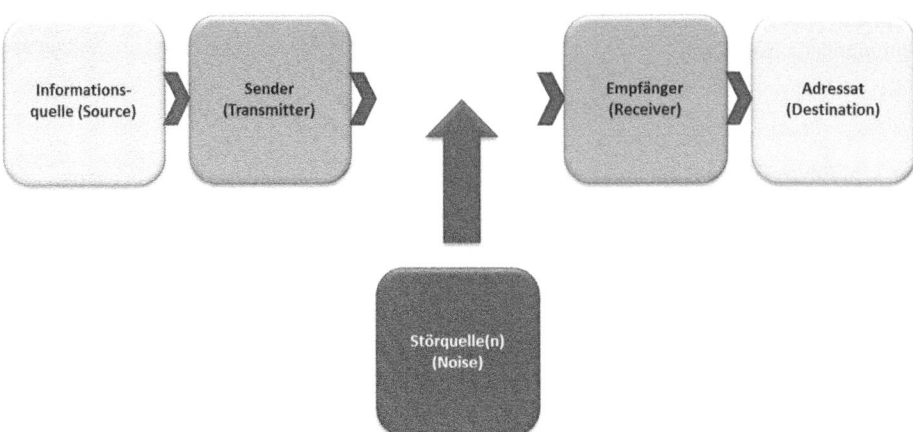

Abb. 4.9 Der Übertragungsprozess von Information im mathematischen Modell der Kommunikation

Grundsätzlich gehen Shannon und Weaver (vgl. 1949, S. 3 ff.) von einem weiten Kommunikationsbegriff aus, der Kommunikation als Grundkomponente menschlichen Verhaltens ansieht. Diesen weiten Begriff unterscheiden Shannon und Weaver in drei Ebenen der Kommunikation (man würde heute wahrscheinlich Schichten oder *tiers* dazu sagen, weil sie klar aufeinander aufbauen):

- Level A beschreibt die technische Basis der Zeichenübertragung mit der Frage: How accurately can the symbols of communication be transmitted?
- Level B beschreibt die semantische Dimension hinsichtlich der Übertragung von Bedeutung mit der Frage: How precisely do the transmitted symbols convey the desired meaning?
- Level C beschreibt die Wirksamkeit von Kommunikation im Sinne des mit Kommunikation verbundenen Anspruchs, Handlungen, Verhalten oder Reaktionen auszulösen, mit der Frage: How effectively does the received meaning affect conduct in the desired way?

Entscheidend ist, dass es im Weiteren nur noch um Level A geht – die technische Übertragung von Signalen. Erst wenn diese gewährleistet ist, kann Bedeutung beim Kommunikationsziel entstehen und ggf. Verhalten auslösen, das wiederum von der Kommunikationsquelle beabsichtigt war.

Das Grundmodell für die technische Übertragung von Symbolen entwirft Shannon über fünf Prozessschritte: Zunächst muss von der Kommunikationsquelle eine Information als Botschaft ausgewählt werden. Die Botschaft kann gesprochenes Wort, Schrift, Bild, Musik etc. sein. Dann erfolgt die Codierung der Botschaft im Sender zu einem Signal. Das Signal wird über einen Kanal – z. B. über Kabel, durch die Luft, durch Licht etc. – übertragen. Der Empfänger decodiert das Signal wieder zu einer Botschaft und stellt es dem Kommunikationsziel zur Verfügung (vgl. Abb. 4.9).

Aus technischer Sicht (Level A) stellen sich in diesem Prozess einige Fragen. Wie z. B. kann man die Menge an Information messen, um sicherzustellen, dass das, was gesendet wird auch korrekt empfangen wird? Wie misst man die Kapazität eines Übertragungskanals? Wie gestaltet man die Encodierung und Decodierung effizient? Und was passiert, wenn die Übertragung gestört wird, wenn das Signal verfälscht oder bruchstückhaft beim Sender ankommt? Es geht um technische Fragestellungen und nicht um Rollen in einem Kommunikationsprozess (also z. B. Sprecher und Hörer, Kommunikator und Rezipient etc.).

In diesem technischen Kontext entwickelt Shannon wichtige Grundüberlegungen, wie etwa die klare Trennung von Information und Bedeutung (vgl. Shannon 1948, S. 379). Information wird als Selektion verstanden auf Basis einer Menge möglicher Zustände. In einem System, das nur aus den zwei Werten A und B besteht, ist die Information nicht A oder B, sondern die Menge an Wahlmöglichkeiten, in diesem Fall also 1. Je mehr Zustände ein System haben kann, desto größer die Wahlmöglichkeiten, die logarithmisch zunehmen. „To be sure, this word information in communication theory relates not so much to what you *do* say, as to what you *could* say" (Shannon und Weaver 1949, S. 8).

Es geht Shannon darum, herauszuarbeiten, wie in einem Kommunikationsprozess Informationen in Signale umgesetzt werden, die beim Empfänger verlustarm oder verlustfrei decodiert werden können. Man kann ohne zu viel Pathetik durchaus behaupten, dass zentrale Technologien der Digitalisierung der Medien – beispielsweise MP3 als Standardverfahren für die Musikübertragung, JPG als Standard für Bildformate, die MPEG-Videokompressionsverfahren und auch das Channel Coding im DSL-Standard ohne die Überlegungen der mathematischen Theorie der Kommunikation nicht denkbar sind. Hinsichtlich der Wirkungsdebatte liefert das Shannon-Weaver-Modell allerdings nur einen kleinen Beitrag hinsichtlich der Bedeutung von Störquellen für die korrekte Übertragung von Signalen und die damit verbundene schlechte Übertragung, die zu Fehlinterpretationen zwischen Quelle und Ziel führen kann.

Lessons learned:
Die mathematische Theorie der Kommunikation beschäftigt sich mit Störungen bei der technischen Encodierung von Botschaften in Signale, deren Übertragung und die fehlerfreie Decodierung. Sie ist Basis technischer Anwendungen, blendet allerdings komplett die semantische und affektive Ebene aus.

4.2.3   Sender-Empfänger-Modelle

Die Behandlung der mathematischen Theorie der Kommunikation war u. a. notwendig, um zu verstehen, was im Zuge der massenhaften Verbreitung des Fernsehens ab den 1960er Jahren in der Medienwirkungsforschung diskutiert wurde. Wilbur Schramm in den USA und Gerhard Maletzke in Deutschland formierten auf dem mathematischen Prozess-

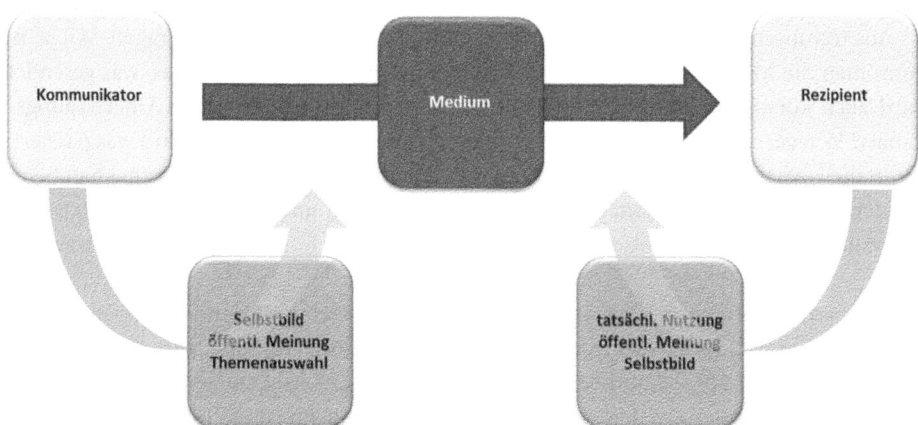

Abb. 4.10 Feldmodell der Massenkommunikation nach Maletzke

modell der Kommunikation ein Medienwirkungsmodell, das sich bis heute in zahlreichen Lehrbüchern vor allem im Fachgebiet Marketing wiederfindet. So bezieht sich bis heute explizit die „Marketing Bibel" von Kotler (Kotler et al. 2007, S. 655) auf Wilbur Schramm (1954) und auch in den deutschen Pendant wird im Grundprinzip die Lasswell-Formel mit dem Shannon-Weaver-Modell irgendwie geklont (vgl. Meffert et al. 2008, S. 632; Nieschlag et al. 2002, S. 1049).

Die ursprünglich technisch zugeordneten Sender (*transmitter*) und Empfänger (*receiver*) werden von Maletzke (1963) im Feldschema der Massenkommunikation neu interpretiert als Rollen im Kommunikationsprozess. Einer, der Sender, ist der Kommunikator (der aktive Part). Er produziert in Abhängigkeit seiner Persönlichkeit und seines Handlungsrahmens Aussagen (semantische Ebene, die von Shannon und Weaver explizit ausgeschlossen ist), die über Medien (den Kanal) verschickt werden. Die andere Rolle im Kommunikationsprozess nennt Maletzke Rezipient und meint damit den Empfänger der Botschaft, die dieser aktiv aus der Menge verfügbarer Botschaften auswählt. Der Abgleich, ob eine Botschaft massenmedial erfolgreich ausgeliefert wurde, erfolgt über eine Rückkopplung zum Kommunikator z. B. in Form von Einschaltquoten (quantitativ) oder durch Befragungen (qualitativ) bzw. individuelles Feedback wie bei Leserbriefen (vgl. Abb. 4.10).

Implizit transportiert das Feldschema eine gefährliche Trivialität, die schnell zu Fehleinschätzungen führen kann, da es weiterhin – eingebettet durch einige situative Variablen – unterstellt, dass der Kommunikator durch den Gebrauch von Massenmedien einigermaßen direkt einen Stimulus produziert, der Verhalten und Einstellungen des Rezipienten beeinflusst (Response). Die situativen Variablen beziehen sich dabei im Kern auf die von Kurt Lewin eingeführte Feldtheorie der Psychologie. Lewin hatte in seiner später Lewin-Gleichung genannten Formel darauf hingewiesen, dass das menschliche Verhalten eine Funktion der Person und seiner Umwelt darstellt und damit einen wesentlichen Beitrag zur Weiterentwicklung der Gestalttheorie geleistet (vgl. Lewin et al. 1936; Lewin 1943).

Beobachtbares Verhalten ist danach immer Verhalten in einer subjektiv erlebten Situation des Handelnden.

Dies führt zu einigermaßen problematischen Metaphern der Kommunikation, die Krippendorf (1994, S. 80 ff.) darstellt. Geht man davon aus, dass Kommunikation die möglichst störungsfreie Übertragung einer Botschaft zwischen zwei Beteiligten ist, schließt sich quasi direkt das Bild an, dass eine Botschaft ein Container für einen definierten Inhalt ist und daher erfolgreiche Kommunikation heißt, dass die Botschaft so, wie der Kommunikator sie meint, beim Empfänger verstanden wird. Verbreitete Botschaften, so die dritte Metapher, führen zu gemeinsamem Wissen, weil eine Botschaft unmissverständlich ist und sich Anschlussfragen allein aus dem Umstand ergeben, welchen Kommunikationen jemand objektiv ausgesetzt war. Diese Metaphern führen letztlich zu einem hierarchischen Verständnis von Kommunikation, das modellhaft die stärkere Position beim Kommunikator verortet.

> **Lessons learned:**
> Die Sender-Empfänger-Modelle der Kommunikation basieren im Grunde auf der mathematischen Theorie der Kommunikation, ergänzen diese aber um intervenierende Größen, die das Entstehen der Botschaft beim Kommunikator ebenso wie die Interpretation der Botschaft beim Rezipienten beeinflussen.

4.2.4 Two-Step Flow of Communication

Weder als normatives Modell (wie *the magic bullet*), noch als mathematisch begründete Informationsübertragung (wie im Shannon-Weaver-Modell), sondern auf Basis empirischer Daten legten Paul Lazarsfeld et al. (1944) ihre Erkenntnisse vor, die die Ära der *limited effects* in der Medienwirkungsforschung einleitete: dass nämlich Massenmedien gar keinen so großen direkten Einfluss auf die Menschen nehmen, wie man das in den behavioristisch orientierten Modellen der Propagandaforschung angenommen hatte.

Lazarsfeld und seine Forschungskollegen hatten im Erie County im Bundesstaat Ohio während des Präsidentschaftswahlkampfs 1940 die Meinung der Wähler analysiert. Die deshalb auch Erie-County-Studie genannte Untersuchung ermittelte, dass die Wahlentscheidungen der befragten Personen nur gering über die Massenmedien – Zeitung und Radio – beeinflusst wurden, sondern stärker vom sozioökonomischen Status, der Konfessionszugehörigkeit und der Größe des Wohnorts abhingen.

In diesem Kontext fanden die Forscher heraus, dass viele politische Einstellungen nicht durch die Parteien und ihre durch Massenmedien verbreiteten Botschaften geprägt werden, sondern aus dem persönlichen Umfeld der Wähler stammen. Daraufhin entwickelten Lazarsfeld et al. das Konzept der Meinungsführerschaft und stellten fest: „Ideas often flow *from* radio and print *to* the opinion leaders and *from* them to the less active sections of the population" (Lazarsfeld et al. 1944, S. 151).

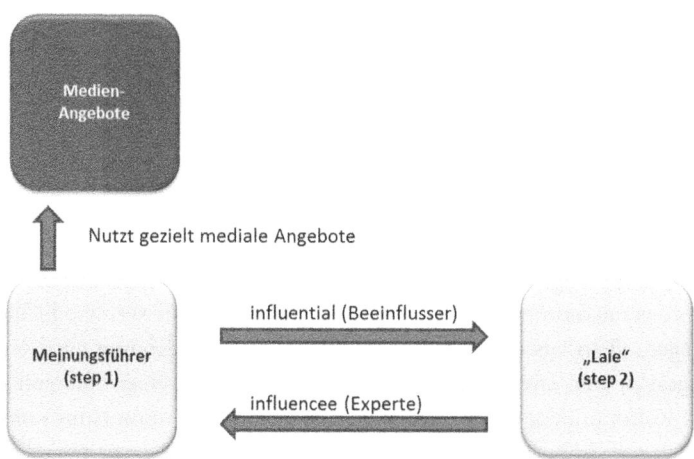

Abb. 4.11 Two Step Flow of Communication

Meinungsführer nutzen intensiver die durch Medien bereitgestellten Botschaften, bewerten sie und stellen sie in ihrem persönlichen Umfeld zur Verfügung. In einer Folgeuntersuchung, der sogenannten Decatur-Studie (Katz und Lazarsfeld 1955), untersuchte das Team um Lazarsfeld nicht nur Wahlentscheidungen, sondern generell das Entscheidungsverhalten von Bürgern in unterschiedlichen Fragestellungen und stellten fest, dass der persönliche Einfluss deutlich stärker wirkt, als eine medial verbreitete Botschaft und so Medieninhalte nur indirekt – über mehrere Stufen – auf die Einstellungen der Menschen Einfluss nehmen können.

Katz und Lazarsfeld unterscheiden zwischen *influencees* (Personen, bei denen man selbst aktiv Rat sucht, also Experten) und *influentials* (Personen, die die eigene Meinung beeinflussen). Es ist wichtig zu verstehen, dass Meinungsführerschaft nicht als statisches Konzept interpretiert wird, sondern jeweils vom konkreten Themenbezug abhängt. So kann ein junges Mädchen Meinungsführerschaft in ihrer Clique haben, was Mode angehet, ein anderes Mädchen für Musik, eine Dritte für „die Jungs" als Expertin und Beeinflusserin gelten. Alle drei Mädchen wiederum mögen in Sachen „Kauf eines gebrauchten Autos" ihre Eltern als Meinungsführer befragen, in Sachen Urlaub eine ältere Schulfreundin. Man ist nicht Meinungsführer für alles und jedes, sondern für Themen, für die man sich interessiert, was sich u. a. in einem gezielten Medienkonsum zu diesem Thema niederschlägt, der wiederum dazu führt, dass man sich in diesem, seinem Thema besser auskennt, was auf die zugerechnete Meinungsführerschaft durchschlägt (vgl. Abb. 4.11).

Das Konzept der Meinungsführerschaft lässt sich auch in anderen Bereichen gut nachvollziehen. Rogers (1962) untersuchte etwa die Verbreitung von Innovationen und stellte dabei die Rollen der Innovatoren und *early adopters* als Meinungsführer der Majorität gegenüber. In der PR kennt man die Rolle der *thought leaders*, die man in Deutschland als Vordenker bezeichnen kann und die als Gesprächspartner dienen, um zukünftige Entwicklungen zu diskutieren (vgl. Kurtzman 2010). Im Journalismus gesteht man die verlegerische Meinungsführerschaft dem Leitartikler zu und in Kunst und Kultur kennt man die Bedeutung der Avantgarde als Vorreiter neuer Entwicklungen bzw. in der Mode die Trendsetter, die in ihren jeweiligen Kontexten die Meinungsführerschaft innehaben.

> **Lessons learned:**
> Die Entdeckung des Two-Step-Flow of Information bei einer empirischen Unter-suchung führte zum Konzept der Meinungsführerschaft. Meinungsführer werden entweder aktiv um Rat gefragt (als *influencees*) oder beeinflussen durch ihre Äuße-rungen indirekt als *influentials* die Meinung anderer, weniger aktiver Menschen in Bezug auf ein konkretes Thema. Meinungsführerschaft ist ein Rollenkonzept. Jeder kann zu einem Thema Meinungsführer sein, bei anderen Themen dagegen auf andere Meinungsführer hören.

4.2.5 Kognitive Dissonanz

Es war 1954. In Chicago verkündigte Dorothy Martin, inspiriert von Ron L. Hubbards Dianetik, eine Lehre und sammelte Gläubige hinter ihrer spirituellen Bewegung. Martin war sich sicher: Das Ende der Welt stehe bevor und sie überzeugte einige Menschen in ihrem Umfeld, dass man sich zu ihr wenden solle, denn das wäre die einzige Chance, dem Weltuntergang zu entgehen. Und die Welt, das habe sie von den Außerirdischen des Pla-neten Clarion erfahren, werde vor dem Sonnenaufgang des 21. Dezembers 1954 von einer großen Flut hinweggeschwemmt werden. Die Gruppe rund um Dorothy Martin fiel in Chicago nicht auf, da man kaum über den Weltuntergang sprach. Man ging schlicht davon aus, dass Mitternacht vom 20. auf den 21. Dezember ein Raumschiff kommen und Doro-thy mit ihrer Gefolgschaft retten würde. Der 20. Dezember kam und ging. Was nicht kam, war das Raumschiff.

Welche Erwartung würde man an die Fortsetzung dieser Begebenheit haben? Auf den ersten Blick sicher die, dass alle Anhänger Martins sich bewusst werden, eine Wahnidee verfolgt zu haben und nun mit dieser neuen Erkenntnis ihr Leben ohne Sekte weiterleben würden. Aber tatsächlich passierte etwas anderes: In den frühen Morgenstunden des 21. Dezembers, nachdem der Weltuntergang sich so verspätete hatte, empfing Dorothy Martin eine Nachricht von den Außerirdischen, die besagte, dass man von der Zerstörung der Welt bis auf Weiteres absehe, weil die Gruppe um Dorothy Martin so viel Licht in die Welt gebracht habe. Mit dieser frohen Botschaft zog die zuvor sehr stille Sekte hinaus in die Welt und begann nun erst recht, neue Mitglieder zu missionieren.

Festinger (1956) und eine Gruppe weiterer Sozialpsychologen begleiteten *undercover* als Mitglieder der Sekte getarnt diese Vorfälle und verfassten dazu später den Bericht *When Prophecy Fails*, ein Klassiker soziologischer Literatur. In diesem Buch entwickelte Festinger die Grundzüge der kognitiven Dissonanz, verstanden als die unangenehme Spannung, die auftritt, wenn ein Mensch zeitgleich gegenläufige Kognitionen aushalten muss. Man hat sein Leben und sein Verhalten darauf ausgerichtet, sich als Auserwählter zu fühlen und vor dem Weltuntergang gerettet zu werden. Jetzt geht die Welt nicht unter. Es entsteht eine Dissonanz zwischen eigenem Verhalten und der Wahrnehmung der Umwelt. Diese wird aufgelöst durch eine Neuinterpretation der Fakten und man kommt so zu dem Schluss: nicht die Sekte trägt die Schuld an falschem Verhalten, sondern das Verhalten war richtig, weil dadurch ein Unglück verhindert werden konnte.

Festinger führt die Grundidee der kognitiven Dissonanz weiter aus und entwickelt daraus eine komplette Theorie, deren Grundlage er so beschreibt: „The basic background of the theory consists of the notion that the human organism tries to establish internal harmony, consistency, or congruity among his opinions, attitudes, knowledge, and values. That is, there is a drive toward consonance among cognitions" (Festinger 1957, S. 260). Festinger führt seine Theorie der kognitiven Dissonanz über vier Anwendungsbereiche aus:

- Entscheidungsbezogene Dissonanzen: eine Entscheidung ist die Festlegung auf eine von mehreren möglichen Alternativen und die getroffene Entscheidung („ich gehe zu Arbeitgeber A") schließt gegenwärtig alle anderen Optionen aus. Das führt quasi automatisch zu Dissonanz, da alle als positiv eingeschätzten Aspekte der Optionen nun dissonant zur tatsächlichen Entscheidung laufen.
- *forced compliance*: Unter *forced compliance* versteht man die forcierte (erzwungene) Einwilligung. Das klassische Experiment dazu führten Festinger und Carlsmith (1959) durch. Eine Gruppe Studenten wird angehalten, eine Stunde lang eine extrem langweilige Tätigkeit auszuüben. Dann wird die Gruppe aufgeteilt und beide Gruppen gebeten, über diese langweilige Tätigkeit begeisternd zu berichten. In der einen Gruppe bekommt jeder Teilnehmer für diese Werbung 100 €, in der anderen nur 5 €. Was passiert? Die mit 100 € belohnten Werber sind schlechter. Die Begründung liefert die Theorie kognitiver Dissonanz: Da die 5-Euro-Empfänger eine hohe Dissonanz erleben (eine langweilige Tätigkeit positiv darstellen), versuchen sie diese aufzuheben und bewerten die langweilige Tätigkeit im Nachhinein viel besser – und berichten dann natürlich auch besser darüber. Die 100-Euro-Empfänger dagegen erleben eine viel geringere Dissonanz, da ihre „Lüge" durch 100 € belohnt wird. Sie berichten weniger begeistert[51].
- Selektiver Umgang mit Themen: Dieser Aspekt ist herausgelöst auch als Verstärkerhypothese bekannt[52]. Menschen tendieren dazu, Botschaften, die ihre bestehenden Einstellungen unterstützen, aufzunehmen und auch aktiv zu suchen, während Botschaften,

---

[51] Zu vergleichbaren Ergebnissen führt auch das bekannte *forbidden toy* Experiment, bei dem Kinder mit einem attraktiven Spielzeug allein gelassen werden. Unter Androhung von Strafe wird ihnen das Spielen mit dem Spielzeug verboten. Wird eine geringe Strafe angedroht, sinkt die Attraktivität des Spielzeugs im späteren Verlauf, weil die Kinder ihre Dissonanz durch Abwertung auflösen; vgl. Aronson und Carlsmith 1963.

[52] Vgl. weiter unten den Abschnitt zum *reinforcement*.

die in Opposition zur eigenen Meinung und Erfahrung stehen, ausgeblendet werden. Konsonante Botschaften werden wahrgenommen, dissonante Botschaften „überhört". Oder auch: Bestätigungsargumente werden aktiv gesucht, Gegenargumente aktiv verweigert.

- Soziale Unterstützung: Dissonanzen lassen sich vermeiden, wenn man in den passenden Gruppen verkehrt. Wer an den Weltuntergang in wenigen Tagen glaubt, tut dies besser in einer Sekte, denn die Gruppe unterstützt sich gegenseitig in ihrer Haltung und hält als Gruppe Dissonanzen ab. Man sucht sich Gleichgesinnte und verstärkt dann als Gruppenmitglied gleichzeitig die soziale Unterstützung für die anderen.

Im Kontext der Medienwirkungsforschung hat die Theorie kognitiver Dissonanz eine besondere Bedeutung, weil sie – wir werden das später noch aufgreifen – sehr viel stärker als andere Ansätze darlegt, dass der Zusammenhang von Massenmedien und öffentlicher Meinung nicht hierarchisch geprägt ist im Sinne von: die Medien bestimmen die öffentliche Meinung. Vielmehr lässt sich aus der Theorie kognitiver Dissonanz ableiten, dass Menschen Medien so nutzen, dass ihre Meinungen, ihre Werte und ihr Wissen konsonant bleiben und damit verstärkt werden und Medien im Umkehrschluss nur solche Themen „verkaufen" können, die auf Konsonanz in der Öffentlichkeit beruhen bzw. Themen aufgreifen, die sich zu ihren eigenen Kognitionen konsonant verhalten. Medienwirkungen lassen sich dann interpretieren als Verstärkung bestehender Meinungen und damit Festigung eines kulturellen Kanons, mit dessen Hilfe öffentliche Meinung jeweils nur in kleinen Details geändert wird.

Im Zusammenhang mit der Theorie der kognitiven Dissonanz lohnt auch ein Seitenblick auf die Doppelbindungstheorie (*double bind*) des Anthropologen Gregory Bateson (vgl. Bateson et al. 1956). Er untersuchte interaktive Kommunikationssituationen im Zusammenhang mit Schizophrenie und stellte fest, dass oftmals als pathologisch zugerechnete Kommunikation völlig normal ist und sich die Konflikte anders ableiten, nämlich aus paradoxen Botschaften. Diese verursachen beim „Opfer" – dem, der den paradoxen Botschaften ausgesetzt ist und diese üblicherweise von jemandem erhält, den er respektiert wie die Eltern oder einen Lehrer – einen Leidensdruck, da er sich der Paradoxie nicht wirklich bewusst wird, aber fühlt, dass er falsch reagieren wird.

Bekannt ist in diesem Zusammenhang die Suppenfalle: Der Lebenspartner hat eine Suppe gekocht und fragt: Schmeckt Dir die Suppe. Die Suppe schmeckt nicht, also müsste man „Nein" antworten. Der Lebenspartner ist einem aber wichtig, weshalb man „Ja" antworten sollte. Egal was man antwortet, auch wenn's ein diplomatisches „das schmeckt aber interessant" ist, ist die Wahrscheinlichkeit hoch, dass man missverstanden wird[53]. Bezieht man diesen Aspekt auf die Wirkung massenmedialer Inhalte, kann man unterstellen, dass auch hier Doppelbindungen durchaus wahrscheinlich sind und zu missverständlichen,

---

[53] Der Aspekt des *double bind* hat einen wesentlichen Anteil an der Entwicklung der Watzlawick Axiome und des Nachrichtenquadrats, vgl. dazu das Kapitel 3.1.5: „Sprache: das zentrale Zeichensystem von Gesellschaft und Bewusstsein" in diesem Buch.

nicht beabsichtigten Anschlusshandlungen führen, z. B. wenn man in einem TV-Beitrag vermittelt bekommt, dass Hartz-IV-Empfänger eigentlich arbeitsscheu sind, in einem anderen TV-Beitrag dagegen die Information erhält, dass viele Berechtigte ihre Ansprüche aus Scham nicht wahrnehmen. Im Ergebnis kommt es hier also nicht zu einer Bewertung einer neuen Botschaft nach den Kriterien passend oder nicht passend in Bezug auf die eigenen Kognitionen, sondern zum Aufbau einer verwaschenen, unklaren Kognition, die nicht geeignet ist, erfolgreiche Anschlusshandlungen zu prognostizieren.

Ebenfalls im Kontext der Theorie kognitiver Dissonanz kann man den *confirmation bias* Effekt diskutieren. Unter *confirmation bias* versteht man den Umstand, dass man dazu tendiert, Botschaften gemäß der eigenen Vorstellungen zu interpretieren oder umgangssprachlich formuliert: passend zu machen, was eigentlich gar nicht passt. Dies erfolgt z. B. durch unterschiedliche Bewertung von Informationen (wichtig oder nicht so wichtig) oder durch die nur stückhafte Nutzung einzelner Teilaspekte einer größeren Botschaft, bei denen diese Teilaspekte die eigene Meinung bestärken, während die große Argumentationslinie eigentlich geeignet wäre, einen Widerspruch darzustellen. Das Problem des *confirmation bias* beschäftigt vor allem den Wissenschaftsdiskurs, da es hier in der Regel um Verifikation oder Falsifikation von Hypothesen geht und man oft dazu neigt, seine These mit allen Mitteln zu begründen – man also gezielt Informationen zur Unterstützung sucht und dabei nicht zu einem ausgewogenen Bild kommt (vgl. Klayman und Ha 1987).

Aus der Erfahrung mit kognitiven Dissonanzen entwickeln manche Menschen auch Vorbeugungsstrategien, um in der Erwartung von Dissonanzen ihre Selbstachtung zu schützen. Dieses Verfahren diskutiert man als *self handicapping* auf Basis einer Untersuchung, die Jones und Berglas (1978) am Beispiel von Alkoholikern durchführten. *Self handicapping* kann man dabei als „vorauseilende Abwehr" auffassen, etwa wenn man einen wichtigen Beitrag erst auf den allerletzten Drücker fertigstellt, dann im Fall des Scheiterns aber wenigstens darauf hinweisen kann, dass man ja nicht alles gegeben habe und es für die kurze Bearbeitungszeit doch ganz gut geklappt hätte. Auch generelle Verweise auf Handicaps (Schlafmangel vor einer Prüfung, mangelnde Vorbereitungszeit, schlechte Unterstützung durch den Vorgesetzten etc.) sind bekannte Beispiele, mit denen man sich schon vor dem Scheitern eine Argumentation zurechtlegt, die das Scheitern nicht als persönliches, sondern ein dem Umständen geschuldetes Versagen darstellen helfen.

Kritisch anzumerken ist allerdings, dass sich eine *self handicapping* Strategie auch zu einer *self fulfilling prophecy* entwickeln kann und das Scheitern ursächlich auslöst. Dies hängt u. a. mit dem Thomas-Theorem zusammen, das lautet: „if men define situations as real, they are real in their consequences" (Thomas und Thomas 1928, S. 572). Legt man sich also eine *self handicapping* Strategie zurecht, kann das zu einer falschen Situationsdefinition führen, die wiederum Anlass zu Verhalten ist, dass zum Eintreten des befürchteten Scheiterns fühlt. Merton (1948), der den Begriff *self fulfilling prophecy* einführte, nennt dies auch treffend *reign of error*.

Aus der Theorie der kognitiven Dissonanz lässt sich ebenfalls der erstmals von Aronson und Mills (1959) beschriebene Effekt der *effort justification* erklären. Die Forscher konnten mit Hilfe eines Experiments nachweisen, dass ein gegebenes Ergebnis umso attraktiver bewertet wird, je größer die Anstrengungen waren, dieses Ergebnis zu erreichen. In einem weiteren Verständnis geht es dabei nicht nur um den Aufwand, der für das Erreichen eines Ziels eingesetzt wird, sondern um Verfahren der Selbstrechtfertigung, um Dissonanzen abzubauen. Fehler einzugestehen ist einfach, wenn man es nur aussprechen muss. Fehler aber ernsthaft einzugestehen, rüttelt an unserem Selbstbild und führt zu teilweise abstrusen Rechtfertigungsstrategien (vgl. Tavris und Aronson 2007).

Eine dieser Rechtfertigungsstrategien ist z. B. das von Ryan (1971) beschriebene *victim blaming*, im deutschen Sprachraum als Opferschelte bekannt. Auch hier geht es im Kern um den Abbau von Dissonanzen. Wie konnte in der Nachbarschaft eine Vergewaltigung passieren, warum hat keiner mitbekommen, dass das Kind im Haus gegenüber misshandelt wurde, wie kann in einer zivilen Bürgergesellschaft eine Gruppe massiv ausgegrenzt, diskriminiert (Apartheid) oder getötet (Holocaust) werden? Die oft beobachtbare Reaktion auf solche Tatbestände ist die Zurechnung von Verantwortung auf das Opfer: die Frau ist selbst schuld, warum zieht sie sich so aufreißend an, die Blagen von gegenüber haben aber auch immer geschrien etc. *Victim blaming* lässt sich bereits in biblischen Texten finden und scheint eine lange geübte Praxis im Umgang mit kognitiven Dissonanzen zu sein.

Man kann sich das Bemühen zum Abbau kognitiver Dissonanzen auch im täglichen Umgang mit Menschen zu Nutze machen, wie dies ganz praktisch bereits Benjamin Franklin, einer der Gründungsväter der USA, tat. Er entdeckte die scheinbare Paradoxie, dass wenn jemand einem einen Gefallen tut, er nicht etwa einen Gegengefallen erwartet, sondern vielmehr in Zukunft noch eher bereit ist, einen weiter und intensiver zu unterstützen. Jecker und Landy (1969) untersuchten diesen als Benjamin-Franklin-Effekt bekannten Umstand und beschrieben, wie das Erbringen eines Gefallens zugleich die Sympathie für denjenigen steigert, dem man den Gefallen tut. Im Falle des Benjamin-Franklin-Effekts besteht die Dissonanz quasi in der neutralen oder auch negativen Einstellung gegenüber dem anderen, die durch das Erbringen eines Gefallens in Spannung gerät, weshalb man seine Einstellung ändert und den anderen ab sofort sympathischer einschätzt.

Die hier lose vorgestellten Effekte und Erkenntnisse lassen sich zumeist den Bereichen Psychologie und Soziologie zurechnen. Dies führt im Umkehrschluss zur Fragestellung, ob überhaupt im Wissenschaftsbetrieb ein eigenes Fachgebiet für die Beschäftigung mit Medien und Massenkommunikation ausgebildet werden sollte, denn Massenkommunikation hat vermutlich keinen direkten Einfluss, sondern verstärkt nur bestehende Muster. Dies artikulierte in dieser Deutlichkeit erstmals Joseph Klapper und führte damit die *reinforcement theory* (Verstärkeransatz) in den Diskurs ein (vgl. Klapper 1960). Damit hat sich auf Basis der Theorie kognitiver Dissonanz im Zusammenspiel mit den Arbeiten zum Two Step Flow of Communication die Kommunikationswissenschaft von ihrem strengen Wirkansatz der Massenmedien gelöst und einen Paradigmenwechsel hin zu den *limited effects* Theorien vollzogen. Diese behaupten nicht mehr einen direkt zurechenbaren Medieneffekt (starke Medien, schwache Menschen), sondern gehen davon aus, dass Medien in ihren Wirkungen begrenzt sind (starke Menschen, schwache Medien) und bestehende Muster verstärken oder aufgreifen.

Eines der zentralen Argumente von Klapper ist die von Festinger dargestellte Situation des *selective exposure*: der Beobachtung, dass Menschen sich unterschiedlich (selektiv) dem verfügbaren Informationsangebot aussetzen, also störende Informationen komplett vermeiden (*selective exposure*), falls dies nicht möglich ist die störenden Informationen ausblenden (*selective perception*) oder falls auch dies nicht gelingt die störenden Informationen schnell wieder vergessen (*selective retention*).

Lessons learned
Die kognitive Dissonanz beschreibt einen Effekt, der eintritt, wenn ein Mensch oder eine Gruppe eine Meinung vertritt und sich dann herausstellt, dass diese fehlerhaft ist. Es entsteht eine Dissonanz zwischen eigenem Verhalten und wahrgenommenen Fakten, die es auszugleichen gilt. Dies geschieht durch eine Neuinterpretation der Fakten meist zu eigenen Gunsten. Bezogen auf die Medien bedeutet dies, dass Menschen die Medien so nutzen, dass ihre Meinung, ihre Werte und ihr Wissen konstant bleiben. Im Zusammenhang mit der kognitiven Dissonanz stehen eine Reihe weiterer Effekte wie der *double bind*, der *confirmation bias*, das *self handicapping*, die *effort justification*, das *victim blaming*, der Benjamin-Franklin Effekt und das *reinforcement*. Allen Aspekten ist gemein, dass die Nutzung und Wirkung von Medien offensichtlich gemäß der eigenen kognitiven Disposition erfolgt und Botschaften individuell interpretiert werden. Störenden Informationen geht man aus dem Weg, blendet sie aus oder vergisst sie schnell wieder.

4.2.6 Knowledge Gap und Digital Divide

Während sich die Anwendung der Theorie kognitiver Dissonanz oft aus psychologischen Fragestellungen ergibt, etwa hinsichtlich der Veränderung von Einstellungen im Verbraucherverhalten, legten Philipp Tichenor, George Donohue und Clarice Olien einen soziologisch begründeten Ansatz der Medienwirkung vor. Sie entwickelten die Wissenslufthypothese (*knowledge gap*), indem sie nachwiesen: „As the infusion of mass media information into a social system increases, segments of the population with higher socio-economic status tend to acquire this information at a faster time than the lower status segments, so that the gap in knowledge between these segments tends to increase rather than decrease" (Tichenor et al. 1970, S. 159 f.; vgl. Abb. 4.12).

Im Unterschied zu den klassischen Wirkungstheorien, die eine aktive (Sender, Kommunikator) und eine passive Rolle (Empfänger, Rezipient) unterscheiden und den Prozess zwischen beiden als Ausgangspunkt nehmen, setzt die Wissenslufthypothese an den sozialen Strukturen an. Die daraus abgeleitete Hypothese unterstellt einen engen Zusammenhang zwischen ungleich verteilten ökonomischen Ressourcen und Unterschieden in der Bildung auf der einen Seite und der Nutzung von Informationen auf der anderen (vgl.

Abb. 4.12 Grundannahme
der Wissenskluftshypothese

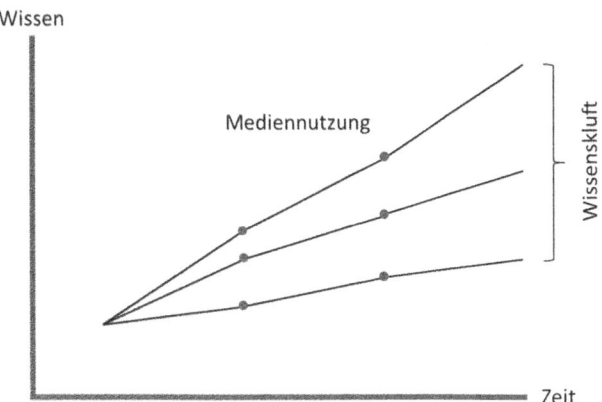

Bonfadelli 1985, S. 67). Die Wissensklufthypothese wird aus fünf Perspektiven heraus begründet (vgl. Bonfadelli 2002, S. 68 f.):

- Kommunikationsfähigkeit: Je höher die Bildung, desto größer die Fähigkeit, mit den unterschiedlichen Kommunikationsangeboten umzugehen und diese effektiv zu nutzen.
- Vorwissen: Je höher die Bildung, desto größer das bereits vorhandene Wissen und damit die Möglichkeit, neue Informationsangebote einzuordnen.
- soziale Kontakte: Je höher die Bildung, desto größer die Einbindung in unterschiedliche soziale Netzwerke, die wiederum eine Quelle für neue Informationen darstellen und innerhalb derer man auch Medieninhalte diskutiert.
- Selektive Nutzung, Wahrnehmung und Speicherung von Informationen: Je höher die Bildung desto größer die Selektivität hinsichtlich der Mediennutzung. Höhere Bildung korreliert mit der Fähigkeit, gezielt Informationen zu suchen und zu nutzen sowie mit einem breiten Themenspektrum.
- Struktur des Medienangebots: Je höher die Bildung, desto eher wird ein breites Spektrum von Medienangeboten genutzt. Insbesondere spezielle Informationen z. B. zu Politik oder wissenschaftlichen Themen werden nach wie vor schriftbasiert angeboten, während im Rundfunk eher die leichten und massenkompatiblen Themen behandelt werden. Dies führt dazu, dass Medienkompetenz (geübter Umgang mit verschiedenen Medien) zu höherem Wissen führt.

Der sehr augenscheinliche Zusammenhang zwischen formaler Bildung einerseits und Effektivität und Effizienz in der Mediennutzung andererseits erklärt allerdings nicht, wo der Ausgangspunkt für das Entstehen der Lücke ist, die – ist sie erst einmal da – sich lebenslang ausweitet. Denn anders als bei der ökonomischen Ausstattung eines Haushalts (man wird arm oder reich geboren), sind Kinder nach der Geburt hinsichtlich ihrer kognitiven Fähigkeiten sehr vergleichbar ausgestattet. Der Auslöser für das Entstehen einer Wissenskluft

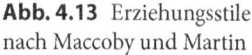

Abb. 4.13 Erziehungsstile
nach Maccoby und Martin

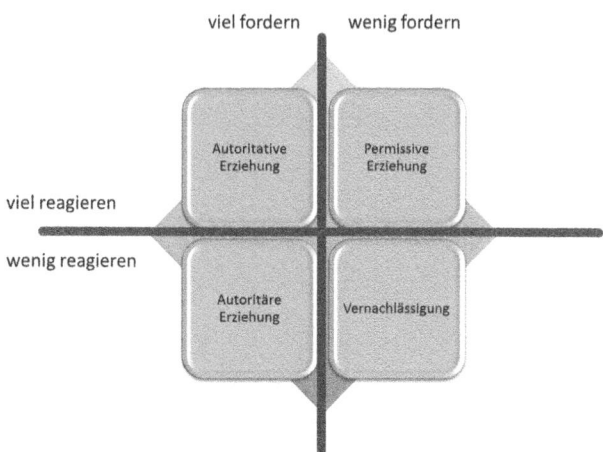

muss also an anderer Stelle liegen und der geringere Bildungsgrad ist letztlich dann Folge dieses Auslösers und u. a. der individuellen Mediennutzung geschuldet.

Gaziano (2012) legt zu dieser Fragestellung eine interessante These vor, die das Entstehen von Wissensunterschieden auf den elterlichen Erziehungsstil zurückführen. In Fortschreibung der klassischen Darstellung von Baumrind (1967) unterscheiden Maccoby und Martin (1983) vier Erziehungsstile in Abhängigkeit der Ausprägung in den zwei Dimensionen „fordern" und „reagieren" (vgl. Abb. 4.13). Der generell empfohlene autoritative Erziehungsstil wird auch für die kognitive Entwicklung des Kindes als vorteilhaft angesehen und wenngleich man einen Zusammenhang zwischen sozioökonomischen Status der Eltern und Anwendung des autoritativen Erziehungsstils vermuten kann, so ist dieser nicht vorbestimmt, sondern änderbar. Man kann demnach nicht einfach unterstellen, die Armen würden immer dümmer und dadurch noch ärmer und die Reichen immer schlauer und dadurch noch reicher.

Die Anlagen für spätere Unterschiede hinsichtlich des Bildungsstands und der Nutzung von Medien sind weder genetisch noch sozial programmiert, sondern Folge frühkindlicher Erziehung. In diesem Kontext sei auch auf den in vielen anderen Kontexten zu beobachtbaren Matthew Effect hingewiesen, den Merton (1968) als positive Rückkopplung am Beispiel der Zitation im Wissenschaftsbetrieb darstellte und der in der Lehr-Lern-Forschung ebenfalls thematisiert wird (vgl. z. B. Kastner (2011).

Eine Erweiterung der Wissenskluthypothese entwickeln Syros und Ludes (1994), die aus einer kulturwissenschaftlichen Perspektive heraus insbesondere im Hinblick auf audiovisuelle Präsentationssysteme eine Erlebniskluft beschreiben. Diese Erlebniskluft trennt immer stärker die (reichen) Menschen mit der Möglichkeit, ihre Umwelt mit allen Sinnen zu erfahren, von den (armen) Menschen, deren Umwelterfahrung aus inszenierten Lebensausschnitten besteht, die über Fernsehen und das World Wide Web in den eigenen vier Wänden konsumiert werden. Dieser Aspekt liefert speziell vor der Einführung von *scripted reality* Formaten im Fernsehprogramm oder der Diskussion des Einflusses von Computerspielen auf die Gewaltbereitschaft Jugendlicher interessante Ansatzpunkte.

Wissenskluft kann aber nicht nur durch Bildung oder auf der Ebene von Erfahrungs-qualitäten beschrieben werden. Lee et al. (2013) legten einen Bericht vor, indem sie untersuchten, wie die Einstellung von Religionsgruppen in den USA gegenüber wissen-schaftlichen Erkenntnissen rund um die Entstehung der Welt (namentlich Urknall und Evolutionstheorie) ist. Während die offizielle Sicht der Religionsgemeinschaft durchaus wissenschaftsfreundlich ist und nur 11 % der US-Amerikaner Religionsgemeinschaften angehören, die die Evolution ablehnen, sind auf der anderen Seite 46 % aller US-Ame-rikaner der Meinung, der Mensch sei vor 10.000 Jahren durch Gott erschaffen worden. Dieses als Glaubenskluft (*believe gap*) beschriebene Phänomen kann man möglicherweise – auch im Kontext von Two-Step Flow und der Theorie kognitiver Dissonanz – auf einen Konflikt zwischen einer fundamentalistischen Minderheit und dem Mainstream zurück-führen. Dies könnte im Umkehrschluss die Interpretation nahelegen, dass die beobachtete Wissenskluft vielleicht gar keine Wissenskluft ist, sondern ein beobachtbarer Unterschied in Bezug auf einen konservativen Bildungskanon wie z. B. die Kenntnis aktueller politi-scher Debatten oder kultureller Aspekte, die in dieser Form keinen Rückschluss auf die Festigung sozialer Strukturen durch die Nutzung von Massenmedien erlauben.

Eine Aktualisierung erfährt die Wissensklufthypothese im Kontext der Digitalisierung der Medien und dem Zugang zu ihnen. Die Diskussion wird unter der Bezeichnung Digi-tal Divide geführt. Darunter kann man im weitesten Sinne drei Dimensionen verstehen: „The *global divide* refers to the divergence of Internet access between industrialized and developing socities. The *social divide* concerns the gap between information rich and poor in each nation. And finally within the online community, the *democratic divide* signifies the difference between those who do, and do not, use the panoply of digital resources to engage, mobilize, and participate in public life" (Norris 2001, S. 4).

Eine Kluft, so legt es das Wort nahe, trennt etwas. Dazu benötigt es scharfe Kanten, die es so in der Diskussion des Digital Divide ausschließlich in Bezug auf den Zugang (*access*) zum Netzwerk gibt. Ansonsten geht es bei der Kluft wohl eher um Unterschiede hinsicht-lich der Intensität der Nutzung, wie sie etwa Castells (2001, S. 248 ff.) in verschiedenen Dimensionen beschreibt:

- Einkommensgefälle (*income divide*): Ärmere Menschen nutzen weniger intensiv neue Medienangebote als reiche Menschen.
- regionales Gefälle (*geographic divide*): Stadtmenschen nutzen stärker neue Medienan-gebote als die Landbevölkerung.
- ethnisches Gefälle (*ethnographic divide*): Menschen, mit Migrationshintergrund, ten-dieren zu einer geringeren Nutzung neuer Medienangebote.
- Bildungsgefälle (*education divide*): Schlechter ausgebildete Menschen nutzen seltener neue Medienangebote als gut ausgebildete Menschen.
- Geschlechtergefälle (*gender divide*): Männer nutzen digitale Medien intensiver als Frau-en.

- Altersgefälle (*age divide*): Die Jungen sind eher online als die Alten.
- globales Gefälle (*global divide*): Die Bevölkerung der reichen Industrieländer (Erste Welt) ist stärker an die Digitalisierung angebunden als die Schwellenländer (Zweite Welt) und Entwicklungsländer (Dritte Welt).

Die Gründe für die durch digitale Medien vertiefte Kluft erklärt Hilbert mit den Überlegungen zur Diffusion von Innovationen, wie sie insbesondere von Rogers (1962) ausgearbeitet wurden. Rogers beschreibt die Verbreitung von Innovationen als Prozess, der durch die Kommunikation über die Innovation auf verschiedenen Ebenen in einer gewissen Zeit eine soziale Gruppe durchdringt. Auf Basis dieses Modells lassen sich Unterschiede in der Techniknutzung in einer gesellschaftlichen Gruppe über vier Dimensionen erklären (vgl. Hilbert 2011):

- Subjekte der Verknüpfung, d. h. wer wird als Teilnehmer des Netzwerks beschrieben z. B. Personen, Organisationen, Regionen etc.
- Charakteristik der Verknüpfung, d. h. welche Eigenschaften beschreiben die Mitglieder des Netzwerks z. B. Einkommen, Bildung, Alter etc.
- Gegenstand der Verknüpfung, d. h. welche Technologie wird im Hinblick auf das Netzwerk untersucht und daraufhin die Netzwerkmitglieder in *haves* und *have-nots* unterschieden.
- Intensität der Verknüpfung, d. h. wie intensiv wird die neue Technologie genutzt und wie stark prägt sie den Alltag.

In den entwickelten Ländern der Ersten Welt ist der reine Zugang zum Internet heute nicht mehr das Grundproblem, das man unter dem Aspekt eines Digital Divide diskutiert. Stärker geht es um die selektive Nutzung der Technologie, die im Kontext der Wissensklufthypothese spannend ist und die im Zusammenspiel mit der Theorie kognitiver Dissonanz (selektive Informationsaufnahme) und der später behandelten Uses and Gratifications Theorie (selektive Zuwendung zu Medien) ein gemeinsames Bild ergibt. Tran untersuchte etwa inwieweit die Nutzung von Onlinenachrichten das Wissen über politische Zusammenhänge stärkt und zur Schließung einer Wissenskluft beiträgt. Das ernüchternde Ergebnis: Nicht der Zugang zum Medium ist für die Wissenskluft entscheidend, sondern der sozioökonomische Status der Befragten (vgl. Tran 2013, S. 845 ff.).

Warschauer weist völlig zu Recht darauf hin, dass die Verbreitung einer neuen Medientechnologie nicht kausal zu neuen Wirklichkeitskonzepten der Nutzer führt, sondern technologische und gesellschaftliche Entwicklung sich gegenseitig bedingen und gemeinsam zu einer „social embeddedness of technology" führen: „There is a complex mutually evolving relationship between a technology and broader social structures, and the relationship cannot be reduced to a matter of the technology's existing on the outside and exerting an independent force" (Warschauer 2004, S. 202).

Lessons learned:
Alle Gap-Theorien basieren auf der Grundüberlegung, dass ungleich verteilte Ressourcen dazu führen, dass die Mediennutzung bestehende Strukturen festigt und gesellschaftliche Unterschiede vergrößert. Man vermutet, dass nicht nur faktische Ressourcen (z. B. Wohlstand), sondern insbesondere auch die Erziehung einen wesentlichen Einfluss auf die Nutzung von Medienangeboten hat und sich erst durch die unterschiedliche Nutzung die Verteilung von Wissen und direkten Erfahrungen spreizt. Speziell im Kontext der Digitalisierung diskutiert man dieses Phänomen unter dem Stichwort Digital Divide und meint damit die unterschiedlichen Zugangsmöglichkeiten und Nutzungsintensität von Inhalten, Anwendungen und Zugriffsgeräten.

4.2.7 Schweigespirale

Einer der wenigen deutschsprachigen Beiträge zur Medienwirkungsforschung mit internationaler Resonanz[54], ist die von Noelle-Neumann entwickelte Theorie der Schweigespirale, die mit ihrer Erstveröffentlichung 1974 einen deutlichen Kontrapunkt zu den *limited effects* Theorien der 1950er und 1960er Jahre setzte (vgl. Noelle-Neumann 1974). Dreh- und Angelpunkt der Schweigespirale ist die öffentliche Meinung, die Noelle-Neumann in zwei Dimensionen entwirft: „Öffentliche Meinung ist die Meinung im kontroversen Bereich, die man öffentlich äußern kann, ohne sich zu isolieren. (…) Im verfestigten Bereich der Traditionen, Sitten, vor allem aber der Normen sind jene Meinungen und Verhaltensweisen öffentliche Meinung, die man öffentlich einnehmen muss, wenn man sich nicht isolieren will" (Noelle-Neumann 1996, S. 91 f.).

In eben dieser doppelten Bedeutung entwickelt Noelle-Neumann öffentliche Meinung über die Metapher der sozialen Haut[55]: öffentliche Meinung als einende Hülle der Gesellschaft zu zentralen Fragestellungen (z. B. Todesstrafe, Kinderarbeit, Waffenbesitz etc.) und öffentliche Meinung zugleich als Sinnesorgan, mit der die Gesellschaft sich selbst beobachtet und abprüft, wie die Akzeptanz für Einzelthemen ist (z. B. Tattoos, Kochen, Landhausstil etc.). Letztere Themen sind Moden und ändern sich in der Zeit. Was man dazu als aktuelle öffentliche Meinung beobachten kann, spiegelt die Funktion der öffentlichen Meinung, nämlich eine Bezugsebene zu schaffen, was *in* und was *out* ist, was provoziert und was schlicht gewagt ist, wen man wählen darf und kann und wen nicht und wie sich ein Meinungsbild in der Gesellschaft in den nächsten Tagen und Wochen entwickeln wird.

---

[54] Die American Association For Public Opinion Research nahm Noelle-Neumanns Schweigespirale als einziges Werk eines Nichtamerikaners in die Liste der 50 besten Beiträge zur Erforschung der öffentlichen Meinung auf, vgl. Kepplinger 2010, S 587.

[55] So der Titel eines 1980 von Noelle-Neumann vorgelegten Buchs (vgl. Noelle-Neumann 1980).

Eine in diese Richtung gelagerte Beobachtung veranlasste Noelle-Neumann auch, die Schweigespirale als Erklärungsmodell zu entwickeln. Noelle-Neumann hatte als Leiterin des Instituts für Demoskopie Allensbach Wahlforschung für den Bundestagswahlkampf 1972 betrieben und dabei eine interessante Entdeckung gemacht: Obwohl bei der Frage nach der persönlichen Wahlentscheidung die beiden Volksparteien SPD und Union auf Augenhöhe lagen, war das Meinungsbild in der Bevölkerung ein anderes. Ein überwiegender Teil der Bevölkerung glaubte, die SPD würde klar den Wahlsieg einfahren. Diese Abweichung erklärte Noelle-Neumann mit der Schweigespirale, die auf drei Kernhypothesen beruht:

- Die Furcht vor Isolation bewegt Menschen, ihre individuelle Sichtweise an die vermeintliche Mehrheitsmeinung anzupassen, indem sie entweder tatsächlich ihre Meinung ändern oder zumindest ihre als Minderheitsmeinung wahrgenommene Meinung nicht öffentlich äußern.
- Die Beobachtung der öffentlichen Meinung erfolgt über ein quasi statistisches Wahrnehmungsorgan, mit dem Menschen kontinuierlich ihre Umwelt beobachten. Dies geschieht sowohl im direkten, interaktiven Kontakt als auch durch die Beobachtung der veröffentlichten Meinung in den Massenmedien.
- Die veröffentlichte Meinung liefert Artikulationshilfen für die jeweilige Meinungsposition. Wird in der veröffentlichten Meinung und hier insbesondere durch die Rolle der Journalisten nur eine Seite thematisiert, tendieren die Anhänger der Gegenposition zum Schweigen, was die Debatte hinsichtlich ihrer Einseitigkeit unterstützt. Es kommt zu der als Schweigespirale beschriebenen Verstärkung der einen Position, die als vermeintlich einheitliche Positionierung der Gesellschaft zu dem Thema interpretiert wird.

Im Ergebnis wird durch das Zusammenspiel von Isolationsfurcht, Beobachtung und Abgleich mit der öffentlichen Meinung und deren Verstärkung durch die Medien der Prozess der Schweigespirale in Gang gesetzt: „Wer feststellt, daß sich seine Meinung ausbreitet, fühlt sich dadurch gestärkt und äußert seine Meinung sorglos, redet ohne Isolation zu fürchten. Wer feststellt, daß seine Meinung an Boden verliert, wird verunsichert und verfällt in Schweigen" (Noelle-Neumann 1989, S. 420).

Die zentrale erste Hypothese, dass Menschen Angst vor gesellschaftlicher Isolation haben und daher ihre eigene Meinung an die Mehrheitsmeinung anpassen, geht zurück auf Untersuchungen, die der Psychologe Solomon Asch Anfang der 1950er Jahre durchführte. Die Konformitätsexperimente von Asch – auch bekannt als Asch-Paradigma – zeigen, wie stark Menschen bereit sind, eine offensichtlich falsche Aussage zu unterstützen, wenn es der Mehrheitsmeinung entspricht. Dabei scheint die Gruppengröße ebenso wie die Meinungsvielfalt einen wesentlichen Einfluss darauf zu haben, wie sehr man geneigt ist, sich der Mehrheitsmeinung anzupassen (vgl. Asch 1955).

Bei diesem auch als Gruppenzwang bekannten Phänomen scheint es sich um eine evolutionär entwickelte und genetisch verankerte Eigenschaft zu handeln. Forscher des Max

Planck Instituts für evolutionäre Anthropologie wiesen nach, dass bereits Kinder im Alter
von 4 Jahren bereit sind, ihre eigene Meinung aufgrund der wahrgenommenen Mehrheits-
verhältnisse nicht mehr öffentlich zu äußern (wenngleich dies nicht bedeutet, dass sie ihre
Meinung ändern; lediglich das öffentliche Vertreten der Meinung wird durch den Konformitätsdruck eingestellt; vgl. Haun und Tomasello 2011). Sein Verhalten entgegen der
eigenen Meinung an die Mehrheitsmeinung der Gruppe anzupassen ist dabei nicht auf den
Menschen beschränkt. Auch bei Schimpansen[56] und Ratten[57] lässt sich durch Gruppenzwang ausgelöstes Verhalten entgegen der eigenen Erfahrung beobachten.

Neben dem Konformitätsdruck (Furcht vor Isolation) gibt es ein weiteres Erklärungsmodell, das die Schweigespirale stützt, der sogenannte Bandwagon-Effekt. Im deutschsprachigen Raum kennt man dieses Phänomen auch als Mitläufer-Effekt oder Herden-
trieb: Man verspricht sich durch die Einnahme einer bestimmten Position persönliche
Vorteile, will „bei der Musik dabei sein". Das kann bei Wahlentscheidungen z. B. dazu führen, dass unentschiedene Wähler sich zugunsten der vermeintlichen Mehrheitsmeinung
entscheiden. Im Kontext der Schweigespirale und der unterstellten Bedeutung, die die eher
sozialliberal eingestellten Journalisten des öffentlich-rechtlichen Rundfunks auf die veröffentlichte Meinung nahmen, führte das u. a. dazu, dass sich die Unions-Parteien nach der
Bundestagswahl 1976 und speziell nach Übernahme der Regierungsverantwortung 1982
für die Privatisierung des Rundfunks in Deutschland stark machten. Im Bezugsrahmen
von Marketing und Innovationsdiffusion führt der Bandwagon Effekt zu erhöhten Absatz-
potenzialen (vgl. Leibenstein 1950).

Man kennt den Bandwagon Effekt auch in anderen Kontexten z. B. hinsichtlich Ein-
kaufsentscheidungen im IT-Umfeld, wo man als *best of breed* die Auswahl von den vermeintlich besten Software- oder Hardwareprodukten in der jeweiligen Kategorie meint
und sich dabei auf die wahrgenommene Mehrheitsmeinung bezieht (vgl. Light et al. 2001).
Ursprünglich im Sport geprägt wurde der Begriff des Big Mo, worunter die positive Verstärkung durch einen entscheidenden Impuls verstanden wird. „Man hat einen Lauf"
nennt man das umgangssprachlich im Deutschen. Aber auch im wirtschaftlichen Umfeld,
z. B. bei Kursentwicklungen an der Börse (vgl. Hong und Stein 1999) oder bei Mergers and
Acquisitions (vgl. Pangarkar 2000) spielt The Big Mo eine wesentliche Rolle.

Eine besondere Facette hinsichtlich des von Noelle-Neumann fokussierten Konzepts
des Konformitätsdrucks als Auslöser für die Schweigespirale beschreibt Davison als Third
Person Effect: „people will tend to overestimate the influence that mass communications
have on the attitudes and behavior of others" (Davison 1983, S. 3). Damit ist eine indirekte
(oder in Analogie zum Two-Step Flow of Communication auch mehrstufige) Wirkungshierarchie angesprochen, die unterstellt, dass massenmediale Botschaften auf andere einen
größeren Einfluss haben, als auf einen selbst, dadurch aber im Sinne einer Vorwegnahme möglicher Reaktionen Handlungen auslöst, um die anderen zu schützen (vgl. Perloff

---

[56] Vgl. Whiten und van Schaik 2007.
[57] Vgl. Galef und Whiskin 2008.

1999). Dies führt zur Unterstützung von Zensurmaßnahmen durch die Politik z. B. in Fragen medialer Gewaltdarstellung oder pornografischer Inhalte (vgl. Rojas et al. 1996).

Lessons learned:
Die Schweigespirale ist ein Erklärungsmodell, dass die Wirkung der öffentlichen Meinung auf tatsächlich geäußerte Aussagen liefert. Wie bereits im Asch-Paradigma beschrieben, fürchten Menschen als soziale Lebewesen die soziale Isolation. Daher ist man bereit, im öffentlichen Raum seine eigene Meinung zu verschweigen oder zu verleugnen, um nicht ausgeschlossen zu werden. Im umgekehrten Schluss: Man ist gerne da, wo die Musik spielt und springt auf Trends und Mehrheitsmeinungen auf, was man auch als Bandwagon-Effekt kennt.

4.2.8 Wie wirken Medien?

Medienwirkungsforschung ist eines der zentralen Forschungsgebiete der Medien- und Kommunikationswissenschaft und liefert damit auch die Basis für die Beschäftigung mit medialer Persuasion, wie man sie sich etwa in der Werbung zunutze machen will. Dennoch gilt heute mit dem Leitmedium Internet mehr denn je mehr die Feststellung, die Berelson in Anlehnung an die bekannte Lasswell-Formel formuliert: „some kind of *communication* on some kind of *issues*, brought to the attention of some kind of *people* under some kind of *conditions*, have some kind of *effects*" (Berelson 1960, S. 528). Eine schlichte Erklärung, wie massenmediale Botschaft wirken, gibt es nicht. Noch nicht einmal die frühen Theorien der Magic Bullet legten nahe, dass vergleichbare Botschaften hinsichtlich ihrer Auswirkungen zu vergleichbaren Ergebnissen führen. Wer etwas sagt, wann er es sagt, in welchem Kontext, in welcher Zeit und in welchem Themenraum der öffentlichen Meinung führt zu völlig unterschiedlichen Auswirkungen, von Nichtbeachten bis zu einem Impuls, der zur massenhaften Neubewertung eines Themas führt.

Ob Medien einen starken oder einen eher schwachen Einfluss auf die tatsächlichen Einstellungen von Menschen haben, oder ob nicht doch sehr viel stärker persönliche Umstände und direkte, interaktive Kommunikation zu tatsächlichen Einstellungsänderungen führt, lässt sich ebenso wenig universell beantworten. Auch hier hängt alles an den entsprechenden Kontexten – der spezifischen Umweltsituation, in der Systemoperationen ausgeführt werden.

Wer sich mit strategischer Unternehmenskommunikation und öffentlicher Meinung wissenschaftlich beschäftigt oder diese beruflich instrumentalisiert und mitgestaltet, sollte sich darüber im Klaren sein, dass die Wirkung einer massenmedial vermittelten Botschaft niemals mathematisch klar vorausgesagt, sondern allenfalls *ex post* analysiert werden kann, was es u. a. auch so schwierig macht, einen *publicity stunt*, eine erfolgreiche Kommunikationskampagne oder virale Botschaften als kostengünstigen Ansatz im Guerilla Marketing *ex ante* hinsichtlich des konkreten Erfolgsbeitrags zu bewerten.

Luhmann löst diesen Konflikt elegant auf, indem er als systemkonstituierende Unterscheidung für Massenkommunikation die Information sieht, dann aber zugleich darauf hinweist, dass die Funktion der Massenmedien nicht die möglichst umfassende Bereitstellung von Information ist, um aus Nichtwissenden Wissende zu machen. „Das Medium stellt einen riesigen, aber gleichwohl eingeschränkten Bereich von Möglichkeiten bereit, aus dem die Kommunikation Formen auswählen kann, wenn sie sich temporär auf bestimmte Inhalte festlegt" (Luhmann 1996, S. 122). Etwas eingängiger formuliert: Massenmedial verfügbare Inhalte – Internet, die Fernsehprogramme, Zeitung und Zeitschriften, Radio, Plakate, Werbebriefe, Prospekte etc. – schaffen Anlässe, auf die man Bezug nehmen kann. Wie man Bezug nimmt, ist allerdings offen und wird vom Kontext geprägt. Man kann etwa guten Gewissens im Freundeskreis am Stammtisch strikt gegen Zuwanderung und Überfremdung sein, als Sprecher eines Unternehmens vehement die Blue Card einfordern, als Familienvater intensiven Kontakt mit den türkischen Nachbarn und dem spanischen Lehrer pflegen, beim Ehemaligentreffen der Burschenschaft die deutsche Leitkultur besingen, sich als Unterstützer der nationalen Rechten ausgeben und sich im Südafrika-Urlaub vorbildlich für die Gleichberechtigung und Chancengleichheit Farbiger einsetzen.

Diese scheinbaren Widersprüchlichkeiten sind nicht *Folge* massenmedialer Kommunikation, sondern bedienen sich im jeweils passenden Kontext massenmedial vermittelter Botschaften – befürwortend oder ablehnend, direkt oder durch Hörensagen, korrekt widergeben oder individuell interpretiert und passend gemacht. Nicht die Medien wirken, nicht ihre Inhalte wirken. Wirkung im Sinne von beobachtbaren Verhalten und von tatsächlichen Einstellungsänderungen realisiert sich im sinnvermittelten Zusammenspiel von Bewusstsein und Gesellschaft und massenmediale Botschaften werden auf dem Boden von individuellen Erfahrungen, Zugehörigkeit zu einer Bildungs- und Einkommensschicht, Nationalität, religiöser Orientierung, politischen Sympathien etc. jeweils nach eigenem Gusto genutzt und weiter verwendet.

Lessons learned:
Eine kausale Erklärung, wie Medien wirken, gibt es nicht und kann es auch nicht geben. Die Wirkung medialer Botschaften ist immer abhängig davon, wer die Botschaft formuliert, wann sie formuliert wird, in welchem Kontext, in welcher Zeit und in welchem Themenraum. Diese Faktoren können zu einer völlig unterschiedlichen Deutung ein und derselben Aussage führen. Ob der Einfluss von Medien stark oder schwach ist, hängt ebenso vom Kontext ab. Daher kann die Wirkung einer medialen Botschaft nicht klar prognostiziert, sondern nur nachträglich analysiert werden.

4.3   Themen öffentlicher Kommunikation

Diese Überlegungen führen nahtlos von der Analyse einzelner medialer Botschaften zur strukturellen Beschäftigung mit den über Massenmedien verbreiteten Inhalten. Diese Sichtweise schließt an das Konstrukt an, das wir oben als öffentliche Meinung eingeführt haben. Den Zusammenhang von Massenmedien und öffentlicher Meinung thematisierte grundlegend Walter Lippmann (1922) in seinem Buch *Public Opinion*. Hier legte er einige Aussagen vor, die bis heute in ihrer Beobachtungsschärfe nichts eingebüßt haben.

Lippmann stellt z. B. klar, dass Nachrichten nicht gleichbedeutend sind mit Fakten oder im englischen Wortlaut: „(…) news and truth are not the same thing, and must be clearly distinguished. The function of news is to signalize an event, the function of truth is to bring to light the hidden facts, to set them into relation with each other, and make a picture of reality on which men can act" (Lippmann 1922, S. 358). Diese grundsätzliche Unterscheidung führt uns zur Beschäftigung mit der Frage, wann eine Nachricht eine Nachricht ist.

Einen weiteren wesentlicher Beitrag leistete Lippmann mit seiner Beschreibung der Rolle des Journalisten und der Medien, die zwischen den tatsächlichen Ereignissen und deren Behandlung in der Öffentlichkeit steht. „Every newspaper when it reaches the reader is the result of a whole series of selections as to what item shall be printed, in what position they shall be printed, how much space each shall occupy, what emphasis each shall have" (a. a. O., S. 354). Dieser Ansatz findet unter der Bezeichnung Gatekeeping Eingang in die Kommunikationswissenschaft und steht im engen Zusammenhang mit dem Konzept des Stereotyps, das Lippmann ebenfalls in die Diskussion einführte: „Few facts in consciousness seem to be merely given. Most facts in consciousness seem to be partly made. A report is the joint product of the knower and the known, in which the role of the observer is always selective and usually creative. The facts we see depend on where we are placed, and the habits of our eyes" (a. a. O., S. 80).

Schließlich führt Lippmann bereits 1922 die Grundannahme ein, die später zur Agenda-Setting-Theorie ausgebaut wird. Zunächst formuliert er die Einsicht, dass Menschen ihre Meinung zu großen Teilen nicht durch eigene Erfahrungen, sondern durch vermittelte Bilder bilden: „We shall assume that what each man does is based not on direct and certain knowledge, but on pictures made by himself or given to him" (a. a. O., S. 25). Das Meinungsbild wird wesentlich durch medial verbreitete Botschaften geprägt, die dazu führen, dass wir unser Handeln an diesen Bildern ausrichten (vgl. a. a. O., S. 4).

Ausgehend von diesen drei Kernfeldern, lassen sich drei weitere Gebiete anschließen, die Facetten beschreiben, welche Themen warum Teil der öffentlichen Meinung werden. Eine eigene Forschungstradition begründet der in den 1970er Jahren entwickelte Uses and Gratifications Ansatz, den man auch als Theorie der selektiven Zuwendung beschreibt.

Zentral zum Verständnis, wie Themen Eingang in die öffentliche Meinung finden, wie sie bewertet werden und warum manche Themen nicht öffentlich werden, ist die Beschäftigung mit dem Berufsverständnis des Journalisten. Ein abschließender Aspekt schließlich widmet sich dem Berufsethos im Journalismus.

4.4 Nachrichtenwert: Wann wird ein Ereignis zur Nachricht?

Der Begriff Nachrichtenwert (*news value*) findet sich erstmals bei Lippmann, der bei seinem Bericht über die Natur der Nachricht beschreibt, dass die Attraktivität eines Ereignisses für die zahlende Kundschaft in Abhängigkeit zum Aufwand seiner Recherche und Bearbeitung steht[58]. Wann eine Nachricht eine Nachricht ist, hängt demnach stark am kulturellen Kontext. So sind Karikaturen über den Islam in westlichen und weltlich geprägten Gesellschaften eher keine Nachricht, in islamisch geprägten Gesellschaften dagegen schon. Wenn die Behandlung dieses Themas in islamischen Gesellschaften dann aber zu Übergriffen und Demonstrationen führt, haben diese Umstände wiederum Nachrichtencharakter für die westlichen Gesellschaften. Die Entscheidungen darüber, zu welchem Zeitpunkt etwas als Nachricht behandelt wird, ist in diesem Zusammenhang geprägt durch die Knappheit im öffentlichen Raum: Eine Zeitung hat eine begrenzte Anzahl an Seiten, Rundfunk eine begrenzte Menge an Frequenzen. Es müssen innerhalb der Redaktion Entscheidungen getroffen werden, welche Ereignisse *on air* gehen und welche nicht.

Doch unabhängig von diesem Entscheidungsprozess, der von der Grundanlage sehr willkürlich verlaufen kann, scheint es Kriterien zu geben, die ein Ereignis aus sich selbst heraus zur Nachricht machen. Anders wäre es kaum zu erklären, dass viele Medien in einem Kulturraum ähnlich selektieren und dass heute im World Wide Web, wo nicht knappe Ressourcen Auslöser für eine Selektion darstellen, sondern im Prinzip jedes Ereignis wie eine Nachricht behandelt werden kann, ebenfalls zu beobachten ist, dass gewisse Ereignisse zu Selbstläufern werden, während andere Ereignisse nicht stattfinden.

Behandelt man solche Eigenschaften von Ereignissen, spricht man von Nachrichtenfaktoren, die die *newsworthiness* belegen. Die klassische Untersuchung zu der Bedeutung von Nachrichtenfaktoren für die Art und Weise der Berichterstattung, legten Galtung und Ruge (1965) vor, indem sie untersuchten, wie norwegische Zeitungen Krisen im Ausland darstellen. Im Ergebnis verdichteten sie die Untersuchungsvariablen zu acht Nachrichtenfaktoren (Galtung und Ruge 1965, S. 65 ff.):

- Frequenz (zeitliche Nähe des Ereignisses zur Periodik des Mediums): „the more similar the frequency of the event is to the frequency of the news medium, the more probable that it will be recorded as news by that news medium".
- Schwellenfaktor (erst aber einer gewissen Schwelle wird ein Ereignis überhaupt als solches wahrgenommen und kann sich folglich zu einer Nachricht entwickeln): „there is a threshold the event will have to pass before it will be recorded at all".
- Eindeutigkeit (je weniger Interpretationsspielraum, desto eher eignet sich ein Ereignis als Nachricht): „the less ambiguity the more the event will be noticed".
- Bedeutsamkeit (wie wichtig ist ein Ereignis für einen Kulturraum bzw. ist das Ereignis von globaler Bedeutung): „there has to be cultural proximity".
- Konsonanz (Ereignisse, die ins Weltbild der Beteiligten passen und daher in gewisser Weise erwartet werden können, taugen gut als Nachricht): „In the sense mentioned here 'news' are actually 'olds', because they correspond to what one expects to happen – and if

---

[58] Vgl. Kapitel VII bei Lippmann 1922.

they are too far away from the expectation they will not be registered, according to this hypothesis of consonance".

- Überraschung (als Korrektiv zu den Nachrichtenfaktoren 4 und 5 sind „echte" Überraschungen im Erwartungsraum spannender als der Bericht von Ereignissen, die ohnehin alle genauso erwarten): „It is the unexpected within the meaningful and the consonant that is brought to one's attention, and by 'unexpected' we simply mean essentially two things: unexpected or rare".
- Kontinuität (Nachrichten beziehen sich auf sich selbst): „once something has hit the headlines and been defined as 'news', then it will continue to be defined as news for some time".
- Komposition (eine Nachricht muss in die Nachrichtenlage passen, daher werden Ereignisse auch dann zu Nachrichten, wenn sie schlicht helfen, die Komposition der Nachrichtensendung oder Zeitung zu ergänzen): „desire to present a 'balanced' whole".

Diese acht universellen Nachrichtenfaktoren, die in dieser Form genauso in Russland wie in Kanada oder Singapur gelten, ergänzen Galtung und Ruge um vier weitere Faktoren, die sich am jeweiligen kulturellen Rahmen ausrichten und sehr individuell interpretiert werden.

- Bezug zu Elite-Nationen (für Nachrichtenredaktionen in den USA ist Kanada wichtiger als Frankreich, für Deutschland ist Frankreich wichtiger als Kanada): „The more the event concerns elite nations, the more probable that it will become a news item".
- Bezug zu Elite-Personen (wer eine Berühmtheit ist, wird vor Ort entschieden. Der Komiker Otto Waalkes z. B. dürfte außerhalb enger deutschsprachiger Grenzen unbekannt sein. Der Country-Musiker Garth Brooks, der in den USA mehr Platten als Michael Jackson verkaufte, ist dagegen außerhalb der USA nahezu unbekannt): „The more the event concerns elite people, the more probable that it will become a news item".
- Personalisierung (lässt sich ein Ereignis auf konkrete Personen herunterbrechen anhand eines persönlichen Erlebnisses: „The more the event can be seen in personal terms, as due to the action of specific individuals, the more probable that it will become a news item".
- Negativität (schlechte Nachrichten sind gute Nachrichten und was schlecht ist, legt der kulturelle Standpunkt fest): „The more negative the event in its consequences the more probable that it will become a news item".

Andere Autoren ergänzten später diese zwölf Nachrichtenfaktoren vor allem um Kriterien, die die Nachrichtenmacher selbst betreffen. So führt Bell (1991) z. B. folgende weitere Nachrichtenfaktoren an:

- Wettbewerb (worüber berichten die anderen?)
- Kosten (vorgefertigte Berichte vs. kostenintensive Recherchen)
- Ergänzung (passt die Nachricht zu einer wichtigen anderen Nachricht?)
- Terminierung (lässt sich das Eintreten der Nachricht planen?)

Schlesinger (1978) weist darüber hinaus auf die Faktoren Zeit (lässt sich die Nachricht bis zur *deadline* produzieren?) und Logistik hin (hat man Zugang zur Nachrichtenquelle?).

Schulz (1976) erweitert den Bezugsrahmen der Nachrichtenwertansätze um den Aspekt, dass nicht Ereignisse selbst sachliche Nachrichtenfaktoren aufweisen, nach denen sie selektiert werden, sondern dass die handelnden Personen – hier also: die Journalisten – eine eigene journalistische Weltsicht haben und den Ereignissen quasi erst ihre Nachrichtenfaktoren zuordnen. Durch die Abhängigkeit von den handelnden Personen und der konkreten Situation haben Nachrichten also keinen impliziten, sondern nur einen kontextuellen Nachrichtenwert, was man sich leicht mit den weithin bekannten Nachrichten im journalistischen Sommerloch veranschaulichen kann.

Aber nicht nur die Ereignisse selbst und die handelnden Personen, die aus den Ereignissen Nachrichten machen, sind entscheidend, sondern auch die Mediennutzer. Diese werden hinsichtlich ihrer Nutzungsmuster zwar durch die journalistische Präsentation wesentlich disponiert (vgl. Donsbach 1991). Dennoch weist Eilders (1997) klar darauf hin, dass die Nachrichtenfaktoren und ihre Bewertung durch Journalisten wiederum reflexiv auf die Zielgruppe des Nachrichtenmediums verweisen, so dass der Einfluss des Publikums möglicherweise größer ist, als der des eigentlichen Ereignisses[59].

Lessons learned:
Damit ein Ereignis zu einer Nachricht werden kann, braucht das Ereignis bestimmte Eigenschaften, die man auch Nachrichtenfaktoren nennt. Die Festlegung, welche Nachrichtenfaktoren relevant sind, ist u. a. abhängig vom kulturellen Kontext, den handelnden Personen und simplen Randbedingungen wie der aktuellen Nachrichtenlage: Etwas, das eigentlich eine Nachricht wäre, wird keine Nachricht, wenn gerade eine Katastrophe passiert ist.

4.4.1   Gatekeeping: Wie kommen die Nachrichten zum Publikum?

Die Rolle der Journalisten für die Vermittlung von Themen, die nicht exklusiv, aber doch zu großen Teilen die öffentliche Meinung beeinflussen, ist zentral für den Forschungsstrang, den man als Gatekeeping bezeichnet. Gatekeeping ist eine Metapher, die man im deutschsprachigen Raum häufig als Schleusenwärter übersetzt hat, wobei in aktueller Zeit sicherlich das Bild des Türstehers vor einem angesagten Club besser zu erinnern ist.

Das Grundprinzip des Gatekeeping ist der Umstand, dass ein beobachtbares Ergebnis wie eine veröffentlichte Nachricht auf einer Vielzahl oft impliziter Entscheidungen beruht. Diese verlaufen linear (sind voneinander abhängig) und passieren dabei verschiedene Tü-

---

[59] Hier darf ich autobiografisch an die Erfahrungen aus der Lokalredaktion erinnern, die in gerade einmal zwei Jahren aktiver Tätigkeit über 500 Berichte zu Jahreshauptversammlungen von Kaninchenzüchtern, Landfrauen und Flugtaubenvereinen etc. hervorbrachten.

ren, an denen eine Einlasskontrolle über den weiteren Verlauf bestimmt. Grundlegend beschrieb Lewin (1943a) diesen Prozess erstmals am Beispiel der Entscheidungen, die eine Hausfrau bei der Zubereitung des Mittagessens trifft und erweiterte diese Beobachtung später (Lewin 1947) in den allgemeineren Zusammenhang der Dynamik von Gruppenprozessen.

White (1950) wendete das Gatekeeping-Konzept erstmals auf den Prozess der Nachrichtenveröffentlichung an und untersuchte dabei das letzte Glied in der Entscheidungskette: den verantwortlichen Redakteur einer lokalen Tageszeitung, der aus dem Nachrichtenangebot der Nachrichtenagenturen für seine Zeitung die Titelseite bestücken muss. Der Platz, den Mr. Gates, so der Name des Redakteurs, zur Verfügung hat, entspricht in etwa einem Zehntel des Angebots, d. h. etwa 90 % der eingehenden Nachrichten schaffen nicht den Sprung in seine Zeitung. Die Entscheidungskriterien sind dabei im Wesentlichen durch persönliche Einstellungen des Redakteurs geprägt.

Auf den Gatekeeping-Prozess nehmen sowohl einzelne Personen wie auch Institutionen Einfluss. Schaut man sich die handelnden Personen im Hinblick auf das Nachrichtengeschäft an, kann man zwei zentrale Rollen im Journalismus unterscheiden:

- *news gatherer* (Personen, die über Ereignisse berichten)
  - Reporter (Journalist, der am Ort des Geschehens Informationen aufnimmt)
  - Korrespondent (Journalist, der von festen Orten oder über feste Themen informiert)
- *news processor* (Personen, die die Ereignisse als Nachrichten veröffentlichen)
  - Chefredakteur (verantwortlich für das journalistische Produkt im Sinne des Presserechts)
  - Ressortleiter (oftmals unterteilt in die fünf klassischen Ressorts):
    - Politik
    - Lokales
    - Wirtschaft
    - Kultur (Feuilleton)
    - Sport
  - Redakteur (gewichtet, prüft und passt die eingehenden Informationen in das journalistische Produkt ein)

Je nach journalistischem Produkt sind die Rollen mehr oder weniger stark differenziert. In kleineren Einheiten sind Redakteure oft zugleich auch Reporter und nehmen selbst Informationen vor Ort auf, so dass eine Person durchaus mehrere Rollen einnehmen kann. An jeder Rolle aber sind gewisse Gatekeeping-Funktionen aufgehängt. So filtert ein Reporter bereits vor Ort, welche Informationen relevant sind, der Redakteur filtert z. B. durch den Platz, den er einem Artikel einräumt, dessen Prominenz bzw. durch die Schlagzeile den *spin* des Berichts, Ressortleiter und Chefredakteure sind für die Überprüfbarkeit der berichteten Fakten und die Einhaltung der verlegerischen Leitlinie zuständig. An jeder Rolle beeinflussen individuelle Einstellungen die Entscheidungen, die letztlich zur Art und Weise der Veröffentlichung einer Nachricht führen.

Neben den Personen, die auf die Veröffentlichung von Nachrichten Einfluss nehmen, spielen auch Institutionen eine große Rolle als Gatekeeper. Besonders zu nennen sind etwa die Nachrichtenagenturen, die vor allem im 19. und 20. Jahrhundert zentralen Einfluss auf die Nachrichtenlage hatten (vgl. Gieber 1956). Der Aufbau von Nachrichtenagenturen ging einher mit der Kolonialisierung. Immer stärker wurden auch Nachrichten aus weiten Teilen der Welt nachgefragt. Wenn man nicht in der Lage war, ein eigenes, weltweites Korrespondentennetz zu unterhalten, waren Agenturen die einzige wirtschaftliche Möglichkeit, schnell und kostengünstig Nachrichten aus aller Welt zu erhalten. Speziell in der deutschen Zeitungslandschaft mit ihren vielen kleinen lokalen und regionalen Zeitungen haben die Agenturmeldungen aber auch für Bundes- und Landesthemen eine zentrale Bedeutung, wobei im Zuge der Entwicklung des World Wide Web zum Leitmedium die Relevanz von Nachrichtenagenturen ihren Zenit überschritten hat.

Klassische *gates*, an denen Informationen durch den journalistischen Bearbeitungsprozess vor der Veröffentlichung aussortiert werden, gibt es zwar nach wie vor, sie werden aber durch die Spezifik des Internet ausgehebelt, denn Leser und Beteiligte können durch Kommentare auf veröffentlichte Nachrichten oder durch eigene Diskussionen in sozialen Netzwerken im Prinzip unabhängig von „Türstehern" ihre „Party" feiern (vgl. Singer 2006).

Shoemaker und Vos (2009, S. 111 ff.) führen vor diesem Hintergrund den Begriff *audience gatekeeping* ein und bezeichnen damit den gegenläufigen Prozess: dass heute zunehmend das Publikum durch seine Aktivitäten im Netz – *tweets, likes, comments, shares* etc. – über die Attraktivität und den Wert einer Nachricht bestimmt und dabei nicht ausschließlich die Quelle (das journalistische Produkt) entscheidend ist, sondern die Nachricht selbst. Kwon et al. (2012) untersuchten vor diesem Hintergrund die Aktivitäten auf Twitter in Bezug auf den Gaza-Konflikt 2009 und fanden heraus, dass speziell in späteren Phasen eines Nachrichtenlebenszyklus die Aktivität oder Nichtaktivität des Publikums wesentliche Gatekeeping-Funktionen übernimmt.

Aber auch im Internet kann man institutionelles Gatekeeping identifizieren. Z. B. unterstellt man Google – in Deutschland mit über 90 % Anteil[60] am Suchaufkommen klarer Marktführer und international immerhin mit einem Marktanteil von über 75 %[61] – als *de facto* Monopolist Einfluss auf die Darstellung in den Suchergebnisseiten zu nehmen (vgl. Haucap und Kehder 2013) bzw. einen so großen Einfluss auf die Meinungsbildung zu haben, dass eigene gesetzliche Regulierungen entwickelt werden müssten (vgl. Danckert und Mayer 2010).

Eine Erweiterung des pragmatisch begründeten Gatekeeping hin zu einer Theorie der Informationskontrolle in Netzwerken legt Barzilai-Nahon (2008) vor. Sie führt dabei Eigenschaften ein, mit denen das Publikum (*the gated*) hinsichtlich ihrer Abhängigkeit von der Zugangsschranke (*the gate*) und der Beziehung zu deren Kontrolleur (*the gatekeeper*)

---

[60] Vgl. http://www.focus.de/digital/internet/netzoekonomie-blog/suchmaschinen-googles-marktanteil-steigt-auf-96-prozent-in-deutschland_aid_723240.html abgerufen am 7.8.2013.

[61] Vgl. http://www.googlewatchblog.de/2013/02/statistik-google-anteil-suchmaschinen/ abgerufen am 7.8.2013.

in verschiedene Typologien klassifiziert werden kann. Interessant ist bei diesem Ansatz, dass Gatekeeping nicht auf die Nachrichtenbranche reduziert ist, sondern wie einst von Lewin eingeführt als universelles Phänomen innerhalb von Gruppen beschrieben ist.

Lessons learned:
Gatekeeper sind die Personen und Institutionen, die den Weg eines Ereignisses zu einer veröffentlichten Nachricht unterbrechen können. Auf der Rollenebene sind dies vor allem die *news gatherers* und die *news processors*, auf der Institutionenebene z. B. Nachrichtenagenturen oder Suchmaschinen. Im World Wide Web werden Nachrichten behandelt und ggf. kommentiert und geteilt. So können Nachrichten totgeschwiegen werden, was man als *audience gatekeeping* kennt.

4.4.2 Agenda Setting: Welche Themen bestimmen die öffentliche Meinung?

Nachdem Lippmann bereits 1922 darstellte, dass zwischen der Welt und dem Bild der Menschen von dieser Welt die Presse steht, griff Cohen diesen Punkt in einer Untersuchung zur Außenpolitik der USA auf und brachte eine Einsicht hinsichtlich der Funktion der Massenmedien plakativ auf den Punkt, indem er befand, die Presse „may not be successful much of the time in telling people what to think, but it is stunningly successful in telling its readers what to think *about*. The world will look different to different people, depending on the map that is drawn for by the writers, editors, and publishers of the paper they read" (Cohen 1963, S. 13).

Damit war die zentrale Aussage vorgegeben, die wenig später zur Ausformulierung des Agenda-Setting-Ansatzes führte. Hier gab den Anlass eine empirische Untersuchung zur Präsidentschaftswahl 1968 in den USA, die in dem kleinen Ort Chapel Hill (North Carolina) durchgeführt wurde. McCombs und Shaw (1972) konnten den Nachweis erbringen, dass die Themen, die in den Massenmedien behandelt werden und die Themen, die die Menschen im direkten Kontakt bewegen, sich zu rund 90 % entsprechen. Dies führt zur plausiblen Begründung, dass die Medien offensichtlich starken Einfluss auf die Themen haben, die als öffentliche Meinung beobachtet und als Themen der Kommunikation aufgegriffen werden können.

Diese These führte in der Folge zu einer intensiven Beschäftigung mit der Thematisierungsfunktion von Massenmedien, die sich im Kern um drei Begriffe gruppiert (vgl. dazu Eichhorn 1996, S. 8 ff.):

- Thema (*issue*): Wann wird eine Nachricht zu einem Thema öffentlicher Meinung, was genau ist ein Thema, wie grenzt sich ein Thema von einer Nachricht ab etc. Diese Fragen sind, was speziell bei empirischer Arbeit sehr unbefriedigend ist, nicht einheitlich definiert und daher oft nicht wirklich vergleichbar.

- Wichtigkeit (*salience*): Wann wird eine Nachricht wichtig und entwickelt sich zum Thema der öffentlichen Meinung? Wie misst man, welche Themen wichtig sind – gestützt oder ungestützt? Wie operationalisiert man Wichtigkeit auch im Kontext von interpersonaler und wahrgenommener Wichtigkeit?
- Thematisierung (*agenda*): Was meint der zentrale Begriff des Agenda-Setting-Konzepts? Geht es um „überhaupt dabei zu sein" (Agenda im Sinne einer Todo-Liste im Wortsinne des Lateinischen *agendum*: das zu Tuende) oder um die Rangfolge von Themen der öffentlichen Meinung (Agenda im Sinne einer Tagesordnung, die Themen strukturiert)? Letzteres ist wiederum schwer zu operationalisieren, während Agenda im Sinne einer unstrukturierten Themensammlung starke Abhängigkeiten zum Konzept der Wichtigkeit hat.

Trotz vieler Untersuchungen ist man sich auch nicht klar, welchen Einfluss die Themensetzung in den Massenmedien auf die Themensetzung in der öffentlichen Meinung hat. DeGeorge (1981) legte eine zumindest grobe Einteilung der Effektklassen vor, die sich im Rahmen von Agenda-Setting-Prozessen beobachten lassen. Demnach kann man unterscheiden:

- *awareness model*: Erst durch die Berichterstattung wird die Öffentlichkeit aufmerksam auf ein Thema (man könnte hier auch vom grundlegenden Agenda-Setting sprechen: die Berichterstattung macht aus einem Ereignis eine Nachricht. Die Nachricht ist der Grundstock, auf dem sich ein Thema entwickeln kann).
- *salience model*: Wird ein Ereignis in den Massenmedien aufgegriffen, wird es aus der Vielzahl der Ereignisse hervorgehoben. Je mehr darüber berichtet wird, desto wichtiger scheint es zu sein, selbst wenn einen selbst das Thema zunächst nicht interessiert. Aber man kann nicht umhin, mitzubekommen, wenn das englische Königshaus der Welt einen neuen Thronfolger schenkt.
- *priorities model*: Dass einzelne Ereignisse durch die Medien aus der Masse an Ereignissen herausgehoben werden, ist der eine Aspekt. Der andere betrifft die Strukturierung und Gewichtung der Themen untereinander. Der Aufmacher der Bild-Zeitung oder die Top-Meldung der Tagesschau scheinen die beiden wichtigsten Themen des Tages zu sein, andere Themen folgen. Diese Priorisierung der Ereignisse durch Platzierung und Größe wird vielfach 1:1 von anderen Medienangeboten übernommen.

An diese Grundannahmen schließen sich Folgeüberlegungen an, die sich vor allem mit der Frage beschäftigen, wie die Medien ihre Agenda der Berichterstattung festlegen. Diese Perspektive wird in der Forschung unter der Bezeichnung Agenda Building diskutiert. Cobb und Elder (1971) weisen unter Bezugnahme auf das fehlgeschlagene Demokratieprojekt der Weimarer Republik darauf hin, dass es offensichtlich gelingt, Themen in der öffentlichen Meinung zu verankern, ohne dass diese Themen schon *ex ante* mehrheitsfähig gewesen sind. „The agenda-building perspective, however, alerts us to the importance of the environing social processes in determining what occurs at the decision-making stage and what types of policy outcomes will be produced" (Cobb und Elder 1971, S. 911).

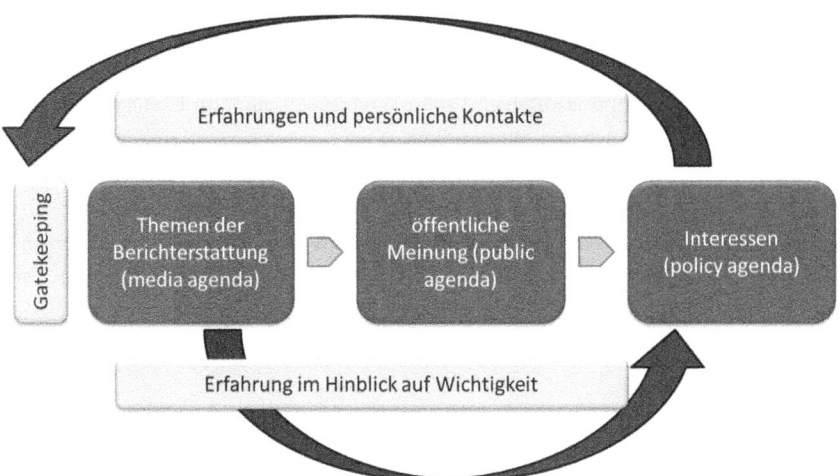

Abb. 4.14 Grundstruktur des Agenda Building Prozesses

Lang und Lang (1981) haben den Agenda-Building-Prozess am Beispiel der Watergate-Affäre beschrieben und dabei klar nachweisen können, dass Medien nicht einfach Themen setzen können, sondern diese sich erst in Abhängigkeit von verschiedenen Interessen ausprägen. Rogers und Dearing (1988) schlagen vor, den Agenda-Building-Prozess auf drei Hauptkomponenten zuzuschneiden: die Medien-Agenda, die öffentliche Agenda und die politische Agenda. Diese drei Komponenten stehen in einem Verhältnis gegenseitiger Abhängigkeit und Beobachtung und werden durch weitere Faktoren beeinflusst wie z. B. den Erfahrungen, Nachrichtenfaktoren und auch Folgen des Gatekeeping (vgl. Abb. 4.14).

Da Agenda Building vor allem in der Politikwissenschaft behandelt wird, wird natürlich auch immer stark auf die politische Agenda als wichtigem Bestandteil der Themenbildung in der öffentlichen Meinung fokussiert. Aber natürlich betrifft dieses Grundmodell alle gesellschaftlichen Teilbereiche, insbesondere auch die Wirtschaft, die Religion und nicht kommerziell ausgerichtete Interessengruppen von den Naturschützern über die Gewerkschaften bis zum Bund der Steuerzahler. Was festzuhalten bleibt, ist das Massenmedien einen wichtigen Anteil in der Bildung der öffentlichen Meinung spielen, da sie letztlich die verschiedenen Perspektiven in den gesellschaftlichen Teilbereichen sichtbar – öffentlich – machen.

Letztlich verbleiben die klassischen Ansätze der Agenda-Setting-Theorie aber einem Mediensystem treu, dass durch begrenzte Kapazitäten und Hierarchie gekennzeichnet ist. Das World Wide Web dagegen ermöglicht ein Gegenmodell, in dem nicht mehr einige wenige Massenmedien in der Bobachtung verschiedener sozialer Systeme wie z. B. der Politik aus vielen Ereignissen einige wenige auswählen, diese zu Nachrichten erheben und damit einen wesentlichen Einfluss auf die öffentliche Meinung nehmen. Shaw et al. (1999) nennen diesen Effekt Agenda Melding. Agenda Melding verbindet verschiedene

Ansätze wie etwa die Theorie kognitiver Dissonanz, die Schweigespirale und den Uses-and-Gratifications-Ansatz, insoweit die Grundannahme ist, dass sich Menschen im Rahmen der Sozialisation zu Gruppen zusammenschließen und diese Gruppen auch eigene Mediennutzungsformen entwickeln und eigene Agenden diskutieren. Weaver et al. (2004, S. 275) fassen zusammen: „The implications of this learning process for community building are not entirely clear, but it seems likely that new media, especially the Internet, allow people to join many smaller groups that more exactly fit their interests, which can in turn lead to the fragmentation of larger groups (…) As individuals are increasingly free to choose their own agendas via the Internet, and as fewer people pay regular attention to newspapers and TV news, this traditional function of media agenda setting seems likely to decline".

Kim und Lee (2006) gehen sogar noch einen Schritt weiter und beschreiben anhand verschiedener Fallbeispiele, wie Themen in der öffentlichen Meinung durch einzelne Beiträge oder Kommentare von einfachen Bürgern – also nicht Journalisten, Politiker oder andere Funktionsträger – entstehen können. Der Prozess beginnt bei einer einzelnen Äußerung, wird dann zunächst in der Gruppe verbreitet, tritt dann über die Gruppengrenzen hinaus an andere Gruppen und entwickelt sich zu einem Internet-Thema. Dieses Internet-Thema wird von den traditionellen Medien aufgegriffen und verstärkt die Thematisierung im Netz und bringt das Thema zugleich in gesellschaftliche Gruppen, die sich weniger im Netz als im Fernsehen oder per Zeitung informieren. Die erste Stufe der Thematisierung im Netz nennen Kim und Lee Agenda Rippling in Anlehnung an den *ripple effect*: die sich konzentrisch ausbreitenden Wellen, wenn man einen Stein ins Wasser wirft. Wird das im Internet behandelte Thema in den traditionellen Medien aufgegriffen wie etwa das über YouTube verbreitete Gangnam-Style Video des koreanischen Rappers Psy, sprechen Kim und Lee von Reversed Agenda Setting.

Zwei weitere Phänomene, die speziell im deutschsprachigen Raum im Diskurs des Agenda Setting besprochen werden, so aber nicht im internationalen Kontext benannt sind, sind das Agenda Surfing und das Agenda Cutting (vgl. Brettschneider 2002): Im ersten Fall versuchen Akteure (Journalisten, Politiker, Experten etc.) auf bestehende Themen aufzuspringen, um dadurch sich selbst zu thematisieren. Dadurch verstärken sie durchaus die intensivere Behandlung des Themas im Sinne des *ripple effect*. Agenda Cutting versucht im Gegenteil Themen aus dem öffentlichen Raum zu entfernen und ist eher eine taktische Maßnahme im Rahmen des Kommunikationsinstruments Spinning, hat also mit dem Agenda Setting Diskurs eigentlich nichts zu tun.

Ganz anders sieht es mit zwei Konzepten aus, die man unter den Stichworten Framing und Priming behandelt. Framing beschreiben McCombs et al. (1998, S. 704) auch als zweite Ebene der Thematisierung: „The first level of agenda setting is, of course, the transmission of object salience. The second level of agenda setting is the transmission of attribute salience". Allerdings ist Framing ein etwas weiter gefasstes Erklärungskonzept und nicht allein auf Thematisierung in den Massenmedien begrenzt.

Framing geht als sozialwissenschaftlicher Erklärungsansatz auf die Arbeiten von Erving Goffman zurück, der darstellte, das Menschen neue Informationen gemäß ihres eigenen Interpretationsschemas (*primary frameworks*) verarbeiten, um damit die Komplexität der

Umwelt durch Zurechnung von bereits erlebter Bedeutung zu reduzieren (vgl. Goffman 1974). Frames kann man in diesem Sinne als Deutungsrahmen verstehen, mit denen Menschen Bewusstsein und Kommunikation – also psychisches und soziales System – sinnhaft in Einklang bringen. Aus kommunikationswissenschaftlicher Sicht stellt sich die Frage, wie stark Deutungsmuster medial vermittelt sind und nicht persönlicher Erfahrung entstammen. Dies führt zur Anschlussfrage, inwieweit Massenmedien in der Lage sind, Deutungsmuster aktiv zu formen.

Einen eindrucksvollen Versuch zum Einfluss solcher Deutungsrahmen auf tatsächliche Entscheidungen haben Tversky und Kahneman (1981) im Rahmen ihrer Arbeiten zur Prospekttheorie vorgelegt. Sie legten Probanden ein Entscheidungsproblem vor: 600 Menschen sind von einer tödlichen Krankheit bedroht. Es gibt zwei Behandlungsmethoden. Methode 1 führt zu 400 Toten. Methode 2 hat eine Chance von 33 %, dass alle überleben, und von 66 %, dass alle sterben. Beide Methoden wurden den Teilnehmern mit jeweils unterschiedlichem Framing vorgeschlagen, also entweder in Bezug auf den wahrscheinlichen Tod oder in Bezug auf die Heilung. Wenn Methode 1 mit dem Argument „rettet definitiv 200 Leben" vorgestellt wurde, entschieden sich 72 % der Probanden dafür. Wenn Methode 1 dagegen mit dem Argument „400 werden sterben" vorgestellt wurde, entschieden sich nur 22 % dafür, obwohl genau die identische Methode dargestellt wurde.

Scheufele (1999) unterscheidet Framing daher in eine Mikro- und eine Makroperspektive. Während die Mikroperspektive die tatsächliche Anwendung von Frames durch Menschen meint, verweist die Makroperspektive auf die Nutzung von Framing als Kommunikationstechnik, um komplexe Sachverhalte einfach zu vermitteln – also eine der Kernaufgaben des Journalismus. Da schließt sich der Kreis wieder zu der von McCombs et al. getroffenen Feststellung, das Agenda Setting nicht nur die Themen selbst betrifft (*first level*), sondern auch deren durch die Massenmedien bereitgestellte Bedeutungsrahmen im Sinne der öffentlichen Attribuierung der Themen (*second level*).

In diesem Verständnis schaffen medial vermittelte Botschaften von entsprechender Reputation – also natürlich auch Blogposts oder Kurznachrichten aus renommierter Quelle – verschiedene Raster, mit denen sich die entsprechenden Publika ihre Weltdeutung zurechtlegen. Dabei unterscheiden sich die verwendeten Raster tatsächlich zwischen verschiedenen journalistischen Einheiten, wie Semetko und Valkenburg (2000) bei einer groß angelegten Inhaltsanalyse von über 2.600 Zeitungsartikeln und 1.500 TV-Beiträgen zum politischen Prozess während der Einführung der Währungsunion in holländischen Medien nachwiesen.

Media Framing kann in zwei unterschiedlichen Ausprägungen untersucht werden. Einerseits sind Aussagen – insbesondere journalistischer Natur, aber im Prinzip selbst wissenschaftliche Aussagen –vom Autor (Sprecher, Moderator etc.) immer in einen Bedeutungsrahmen gesetzt, der u. a. aus den organisatorischen Abhängigkeiten wie Einschaltquoten, Auflagen, verlegerische Leitlinie etc. bestehen kann. Man spricht hier vom Frame Building. Frame Setting dagegen meint den Effekt, den das Framing in den Medien auf das Publikum hat (vgl. Scheufele 1999, S. 114 ff.).

Ein weiteres Konzept, das häufig im Rahmen des Agenda-Setting-Ansatzes besprochen wird, ist das Priming. Priming ist ein Konzept aus der Psychologie und spricht den Umstand an, dass ein Reiz aufgrund eines vorangegangenen Reizes verarbeitet wird. Man spricht im Deutschen auch von Bahnung. Hört man etwa das Wort „Gabel" und wird wenig später aufgefordert, ein Wort mit der Anfangssilbe Ga- zu bilden, ist die Wahrscheinlichkeit hoch, dass der Proband „Gabel" sagt. Auch die Aktivität von Gesichtsmuskeln nimmt z. B. Einfluss auf die Bewertung von Reizen. So führten Strack et al. eine Studie durch, bei der Menschen, wenn sie einen Bleistift zwischen den Zähnen halten und damit ähnliche Muskeln beanspruchen wie bei einem Lächeln, vorgelegte Comics lustiger finden als bei Betrachtung unter normalen Bedingungen (vgl. Strack et al. 1988).

In Bezug auf medial vermittelte Botschaften untersuchten erstmals Iyengar et al. (1982) die Bedeutung solcher Bahnungseffekte anhand von Nachrichtenprogrammen im Fernsehen. Sie fanden heraus – sehr ähnlich zur Grundannahme des Agenda Setting: „By attending to some problems and ignoring others, media may also alter the standards by which people evaluate government. We call this 'priming'" (Iyengar et al. 1982, S. 849).

Es geht beim Media Priming aber nicht so sehr um die Themen selbst, sondern um die Beeinflussung der affektiven Bewertung nachgelagerter Entscheidungen, oder wie Peter es formuliert, um den Prozess, „in dem massenmedial vermittelte Informationen im Gedächtnis der Rezipienten verfügbare Wissenseinheiten temporär leichter zugänglich machen" (Peter 2002, S. 22). Wenn in den Medien über die Bedeutung der Sicherung der EU-Außengrenzen gesprochen wird, mag das (Stichwort: Agenda Setting) keinen direkten Einfluss auf die Themen haben, die die Bürgerinnen und Bürger in Deutschland ernsthaft diskutieren, findet also keinen wirklichen Einzug in die öffentliche Meinung. Wenn bei einer Wahl dann aber eine Partei das Thema „EU Außengrenzen" positiv besetzt, bewertet man später oft unbewusst dieses Thema als wichtig und orientiert möglicherweise seine Wahlentscheidung daran.

Lessons learned:
Agenda Setting beschreibt den Einfluss der Medien auf die Themen, die im öffentlichen Raum behandelt werden. Man unterscheidet First Level und Second Level Effekte der Thematisierung. Zur ersten Ebene gehören die Aspekte, dass die Behandlung von Themen in den Medien für diese Themen Aufmerksamkeit produziert (*awareness*), die Themen damit als wichtig auszeichnet (*salience*) und die Themen untereinander strukturiert (*priorities*). Dabei sind die Medien in einen Kontext eingebunden, der reflexiv gegenüber der öffentlichen Meinung und reaktiv gegenüber der politischen Agenda ist. Diesen Bezugsrahmen diskutiert man unter dem Stichwort Agenda Building. Speziell im Internet können Themen auch ohne die Macht einer journalistischen Institution zu einem öffentlichen Thema werden. Agenda Rippling bezeichnet diese Form der viralen (oder konzentrischen) Verbreitung, die zu einem Reversed Agenda Setting führt, wenn das Thema auch durch andere Medien aufgegriffen wird.

Im Second Level Agenda Setting wird untersucht, welchen Einfluss die Behandlung von Themen in den Medien auf die öffentliche Interpretation dieser Themen nimmt. Die Medien liefern Erklärungsrahmen (Framing) und bauen einen gemeinsamen Grundstock von Annahmen auf (Priming).

4.4.3 Uses and Gratifications: Was machen die Menschen mit den Medien?

Die meisten referierten Forschungsansätze, die sich mit Massenmedien beschäftigen, untersuchen Fragestellungen, die klären, wie sich Massenmedien auf die Menschen bzw. die Gesellschaft auswirken. Dabei wird meist implizit unterstellt, dass die Medien stark sind (Herrschaft) und das Publikum schwach (Masse) und den Medien schutzlos ausgeliefert ist. Unsere Alltagserfahrung ist allerdings eine andere. Wir fühlen uns nicht ausgeliefert und entscheiden einigermaßen bewusst, wann wir welches Medium für welchen Zweck nutzen. Genau diese Sichtweise nehmen Forschungsansätze ein, die sich unter dem Begriff Uses and Gratifications Theorie zusammenfassen lassen.

Uses and Gratifications Ansätze bilden allerdings keine einheitliche Theorie, sondern basieren schlicht auf einer gemeinsamen Grundüberlegung, nämlich nicht mehr zu fragen „what do media do to people", sondern „what do people do with media" (Katz 1959, S. 2). Während erstgenannte Fragestellung vor allem aus der Untersuchung von Kampagnen im Kontext der Politikforschung resultiert und auf Persuasion fokussiert, ist die zweite Fragestellung sehr viel näher an der tatsächlichen Alltagsnutzung massenmedialer Angebote orientiert und erklärt daraus Beobachtungen der Populärkultur.

Schon früh orientierten sich Kommunikationsforscher in diese Richtung. Ein Klassiker ist etwa die Untersuchung von Herzog (1944) über die Motive, warum Menschen tagsüber Serien (damals noch im Radio) nutzen. Herzog gilt mit dieser Untersuchung als Pionierin der Nutzenforschung.

Zu einem tragenden Paradigma entwickelte sich die Uses and Gratifications Theorie allerdings erst in den 1970er Jahren. McQuail et al. (1972) gruppieren Motive für die Nutzung von Massenmedien in vier Kategorien: Ablenkung (*diversion*), Beobachtung der gesellschaftlichen Umwelt (*surveillance*), Festigung persönlicher Beziehungen (*personal relationships*) und Entwicklung der Persönlichkeit (*personal identity*).

Katz et al. (1973) fassen 35 unterschiedliche Nutzenmotive für den Gebrauch von Massenmedien in fünf Motivgruppen zusammen:

- kognitive Bedürfnisse („strengthening information, knowledge, and understanding")
- affektive Bedürfnisse („strengthening aesthetic, pleasurable and emotional experience")
- integrative Bedürfnisse („strengthening credibility, confidence, stability, and status")
- soziale Bedürfnisse („strengthening contact with family, friends, and the world")
- psychische Bedürfnisse („escape or tension-release which we define in terms of the weakening of contact with self and one's social roles")

Die Forscher untersuchten auf dieser Basis die Nutzendimensionen für fünf verschiedene Massenmedien – Zeitung, TV, Radio, Buch und Kino. Zu den Ergebnissen gehören u. a. folgende Erkenntnisse:

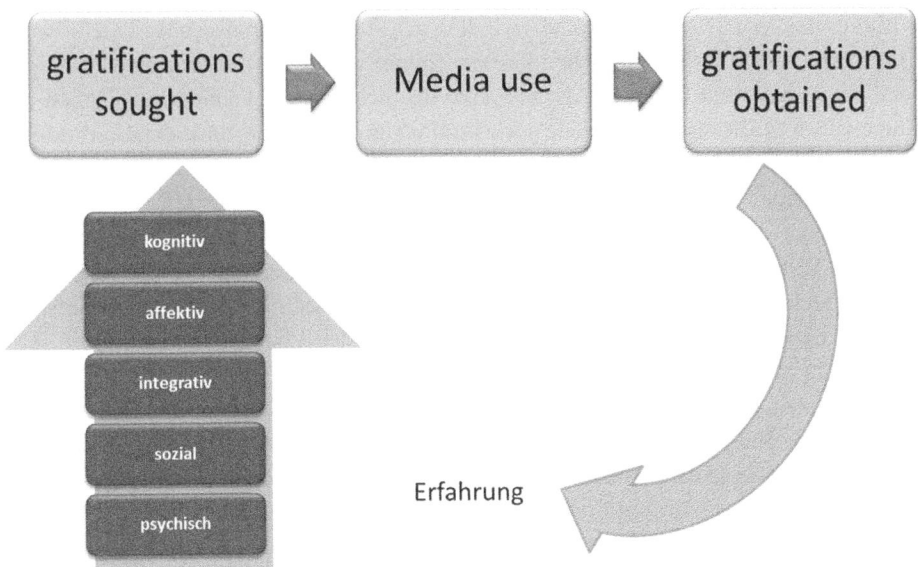

Abb. 4.15 Uses and Gratifications Ansatz der Mediennutzung

- die Belohnungen (*gratification*), die die Nutzung (*uses*) von Massenmedien anbieten, werden als geringer eingeschätzt als der persönliche Kontakt, oder plakativ formuliert: Interaktion schlägt Konsum.
- Medien werden umso wichtiger, je weiter der Bezugspunkt entfernt ist. Das ist der Grund, warum Filme über die Reichen und Schönen gut funktionieren und Katastrophen sich gut als Themen der Nachrichten eignen.
- Medien bieten unterschiedliche Nutzen und Belohnungen an und sind daher nicht vollständig austauschbar. Katz et al. ordnen die untersuchten fünf Medien auf einen Kreis, der jeweils die nächsten Nachbarn anschließt, ausgehend vom Fernsehen über Radio, Zeitung, Bücher, Kino und zurück zum Fernsehen.

Die tatsächliche Wahl, wann welches Medium genutzt wird, führen Vertreter des Uses and Gratifications Ansatzes auf einen Abgleich von Erwartung und Bewertung zurück, wie ihn Ajzen und Fishbein (1977) beschreiben. Demnach lässt sich die gesuchte Belohnung als Funktion aus der Erwartung, dass ein medialer Konsum eine bestimmte Gratifikation vermittelt, und der individuellen Bewertung dieser Gratifikation beschreiben (vgl. Palmgreen und Rayburn 1982). Man beschreibt dieses Grundprinzip auch mit den Begriffen *gratifications sought* (welche Belohnung wird gesucht im Sinne der Motivation für die Mediennutzung) und *gratifications obtained* (welche Belohnung wird empfangen im Sinne der Erfahrung der Mediennutzung; vgl. dazu auch Abb. 4.15).

Speziell seit der Verbreitung der Internettechnologien seit Mitte der 1990er Jahre und mit Ablösung des Leitmediums Fernsehen durch das Internet seit etwa 2010 sehen Fragestellungen des Uses and Gratifications Approach deutlich zeitgemäßer aus, als die „alten"

Wirkungstheorien. Die starren Rollen zwischen den starken Journalisten und Medienprofis auf der einen und den schwachen Lesern, Zuhörern und Zuschauern auf der anderen Seite verwischen und damit einher geht eine deutlich größere Freiheit hinsichtlich der Nutzung von Medienangeboten. Jede noch so abwegige Diskussion, die niemals in anderen Massenmedien aufgegriffen worden wäre, kann im World Wide Web stattfinden. Stärker als jemals zuvor entscheidet nicht, welcher technische Kanal zu welcher Uhrzeit welche Information bereitstellt, sondern die Suchmaschine wird zum universellen Türöffner in die Welt von Text, Ton und Bild. Und was nicht über die Suchmaschine explizit angefordert wird, verbreitet sich über Gruppen und Netzwerke, zu denen man beitritt, um wiederum genau an dieser Art von Informationen und Wertungen teilzuhaben.

Wie sehr aber auch die Medienentwicklung den Uses and Gratifications Ansätzen in die Hand spielt, rät Ruggiero (2000, S. 29) dennoch dazu, einen kühlen Kopf zu bewahren: „Theoretically and practically, for U&G scholars, however, the basic questions remain the same. Why do people become involved in one particular type of mediated communication or another, and what gratifications do they receive from it"?

Konkrete Anwendungen des Uses and Gratifications Ansatzes für neue Formate im World Wide Web zielen etwa auf die Nutzungsmotive von Studierenden, die sich aktiv in Facebook austauschen. „The data shows that students join Facebook Groups because of the need to obtain information about on- and off-campus activities, to socialize with friends, to seek self-status, and to find entertainment" (Park et al. 2009, S. 732). Auch die Nutzendimension für die Verwendung des Microblogging-Dienstes Twitter wurde untersucht. „A main finding is that spending a lot of time using Twitter over a series of months is more responsible for gratifying people's need to connect with others on Twitter than the hours per day people spend on Twitter or the specific acts of sending messages or repeating others' messages on Twitter" (Chen 2011: 760).

> **Lessons learned:**
> Die Uses and Gratifications Theorie kehrt die zentrale Frage, was die Medien mit den Menschen machen, um und behandelt im Umkehrschluss das Thema, wie die Menschen die Medien nutzen. Individuelle Motive (*gratifications sought*) erklären die Nutzung (*use*) und führen zu einem Abgleich, ob die Mediennutzung tatsächlich die Motivlage befriedigt hat (*gratifications obtained*). Aus dem reflexiven Soll-Ist-Abgleich entwickelt sich in der Zeit ein individuelles Mediennutzungsverhalten, bei dem die Nutzer Medien individuell für ihre Bedürfnisse instrumentalisieren.

4.4.4 Journalismus: Wie arbeiten die Nachrichtenmacher?

Auch wenn im World Wide Web jeder das Potenzial hat, zum Meinungsführer einer oder mehrerer Gruppen zu werden oder für seinen Beitrag massenhaft und weltumspannend Aufmerksamkeit zu finden, so haben doch nach wie vor Journalisten einen nicht unerheblichen Beitrag auf die öffentliche Meinung verstanden als Spiegel, in dem sich Gesellschaft selbst beobachtet. Daher sollte man sich zunächst kurz mit der Frage beschäftigen, welche Aufgabe Journalismus in der Gesellschaft übernimmt.

Da es zu den Kernkompetenzen von Journalisten gehört, komplexe Sachverhalte griffig zu formulieren, gibt es im Umfeld der Branche auch gerne griffige Definitionen. So beschreibt man Journalismus als „organisierte Fragenstellerei" (Weichert et al. 2010, S. 12) oder als „job, journalists *do* need to feed their kids (…) and they have been known to refer to their workplaces as 'word factories'" (Harcup 2009, S. 3). Dass man sich schwertut, genau festzulegen, was Journalismus ist und was nicht, lässt sich historisch ableiten. Journalismus entwickelt sich parallel zur Durchsetzung und Verbreitung der Massenmedien, angefangen beim Druck über Radio und Fernsehen zum Internet. Zunächst als reiner, handschriftlich vervielfältigter Informationsdienst für zahlungskräftige Kaufleute gestartet, entwickelte sich über die Möglichkeiten der Technologie die Form des Journalismus, die sich an eine breite Öffentlichkeit wendet. Dafür müssen sich auch die Themen ändern. Man wird breiter und die Autoren liefern wenige Fakten, als Weltsichten.

Im Zuge der Durchsetzung von Demokratie als zentrale Herrschaftsform der industrialisierten Länder ab dem 18. Jahrhundert gewinnt Journalismus zunehmend an Bedeutung für den demokratischen Willensbildungsprozess. Die „Presse" entwickelt sich neben Legislative, Exekutive und Judikative zur vierten Gewalt im Staat, der *fourth estate of the realm*, wie es der Politiker Edmund Burke bereits im 18. Jahrhundert formuliert (vgl. Harcup 2009, S. 4). Und die Aufgabe dieser vierten Gewalt ist es, die Öffentlichkeit im Sinne der Gemeinschaft der Wahlberechtigten als Träger der Staatsgewalt unabhängig über das Tun und Lassen der Organe der Staatsgewalt – also Parlament, Regierung und Rechtsprechung – zu informieren. „Der Journalismus überhaupt, in seinen vielfachen Verzweigungen und der ergänzenden Mannigfaltigkeit seiner Organe, stellt sich als das Selbstgespräch dar, welches die Zeit über sich selber führt. Es ist die tägliche Selbstkritik, welcher die Zeit ihren eigenen Inhalt unterwirft" (Prutz 1845, S. 7).

Diese Funktion des Journalismus ist zunächst unabhängig von Organisationen und Berufsbildern. Das Wort Journal ist in seiner historischen Verwendung sowohl als Tagebuch wie auch als chronologische Aufzeichnungen einzelner Vorfälle bekannt. Journalismus greift selektiv Ereignisse auf und macht aus ihnen Nachrichten, die im Hier und Jetzt relevant sind, aber morgen schon nicht mehr. Journalismus liefert Themen, über die man sprechen und zu denen man eine Meinung bilden kann und die auf Ereignissen (Beobachtungen) basieren, die anderswo passieren – nicht im Journalismus, sondern in gesellschaftlichen Teilbereichen. Dadurch unterscheidet sich Journalismus von wahrheitsgetriebener Wissenschaft wie von fiktionaler Kunst – etwa der Literatur. Weischenberg et al. (2005, S. 346) beschreiben die Aufgabe von Journalismus prägnant als durch „professionelle Fremdbeobachtung der verschiedenen Gesellschaftsbereiche Themen für die öffentliche Kommunikation zur Verfügung zu stellen, die neu und relevant sind und die auf Tatsachen(erfahrungen) basieren".

Dass Journalismus heute vielfach als eigenständiges organisiertes Funktionssystem gesehen wird, wie dies Rühl (1969) grundlegend beschrieb, ist dem Umstand geschuldet, dass in den frühen Massenmedien – Print, Radio und TV – der Zugang zur Verbreitung eine bedeutende Hürde darstellte, die dazu führte, dass sich journalistische Betätigung mit größerer Breitenwirkung nur im Rahmen einer Organisation realisieren konnte. Organisierter Journalismus aber ist *per definitionem* abhängig von Entscheidungen der Organisation.

Zu diesen Entscheidungen gehört zweifelsohne auch die verlegerische Leitlinie. Wesentlich stärker aber greift eine andere Entscheidung, nämlich die, dass journalistische Organisationen sich in der Regel als Wirtschaftsunternehmen finanzieren und damit ihr Handeln vor allem an Reichweiten orientieren. Wie jedes Wirtschaftsunternehmen muss auch ein Unternehmen, dessen Produkt eine Zusammenstellung von Nachrichten ist, sich zuvorderst dem Primat von Liquidität und Profit unterwerfen.

Der Prozess der Auswahl eines Ereignisses und dessen Überführung in eine Nachricht führt zu einem marktgängigen Produkt. Es gibt Nachfrage nach Nachrichten und deshalb gibt es ein Angebot an Nachrichten. Um die Nachfrage möglichst gut zu bedienen, d. h. um die Kundenbedürfnisse mit Gewinn zufrieden zu stellen, hat sich die Journalismusbranche nach und nach professionalisiert.

Wenngleich die Tätigkeit „Journalist" keine geschützte Berufsbezeichnung ist, gilt in Deutschland *de facto* jemand dann als Journalist, wenn er hauptberuflich als Journalist arbeitet[62]. In diesem Verständnis gab es in Deutschland Stand 2005 rund 48.000 Journalisten, die in 2.890 Journalismusbetrieben arbeiteten (vgl. Weischenberg et al. 2005, S. 349). Ungleich mehr Menschen betätigen sich heute journalistisch im Sinne von: sie berichten über Ereignisse und produzieren so nachrichtenähnliche Inhalte auf YouTube, Twitter, Facebook, Tumblr oder eigenen Blogs. Diese blenden wir hier aber aus und konzentrieren uns auf den „professionellen" Journalisten, also denjenigen, der hauptberuflich an der Erstellung eines journalistisches Produkts für ein Unternehmen tätig ist.

Das Berufsbild des Journalisten hat in Deutschland wesentlich Walter von La Roche geprägt. Die Tätigkeiten des Journalisten fasst er in vier Tätigkeitsbereiche zusammen (vgl. von La Roche et al. 2013, S. 13 ff.):

- Recherchieren und Dokumentieren
- Formulieren und Redigieren
- Präsentieren
- Organisieren und Planen

Die bereits zitierte Journalismusstudie von 2005 erhob auch den Anteil der Tätigkeiten eines Journalisten in der Praxis. Dabei kam heraus, dass Recherche und Formulieren bzw. Redigieren eigener Beiträge jeweils mit zwei Stunden Aufwand täglich die beiden wichtigsten Aufgaben sind gefolgt vom Auswählen und Überarbeiten zugelieferter Beiträge, um sie veröffentlichen zu können (vgl. Weischenberg et al. 2005, S. 354).

Recherche ist wortverwandt mit dem englischen *research* und die Ähnlichkeit von journalistischer Recherche und wissenschaftlicher Forschung ist nicht zufällig. Bei wis-

---

[62] Vgl. etwa http://www.djv-berlin.de/service/mitgliedschaft/ abgerufen am 13.8.2013.

Abb. 4.16 Publizistische
Formate eines journalistischen
Produkts

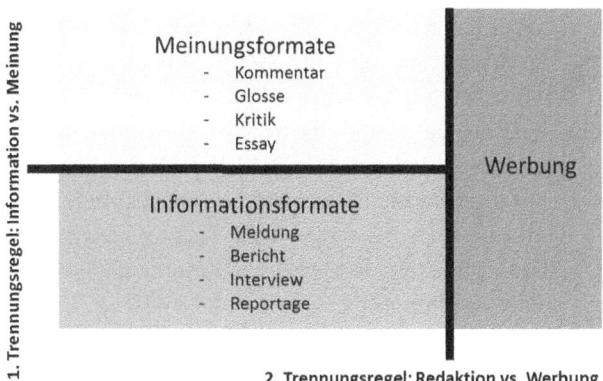

senschaftlichen wie bei journalistischen Arbeiten ist die Recherche die gezielte (also nicht zufällige) Suche nach Daten. Diese kann in zwei Verfahren erfolgen:

- Primärrecherche: Erheben eigener Daten z. B. durch Beobachtung vor Ort oder Befragung Beteiligter telefonisch, per Fragebogen oder im persönlichen Gespräch
- Sekundärrecherche: Auswerten bereits verfügbarer Daten z. B. durch Sichtung von Pressematerial, Archiven, Datenbanken, Literatur etc.

Nach der Recherche geht es ans Erstellen des Beitrags. Hierzu unterscheidet man verschiedene journalistische Formate, die man grob in zwei Gruppen aufteilen kann, nämlich die informierenden und die kommentierenden Formate (vgl. Abb. 4.16). Zwischen beiden Formaten – der Information und der Meinungsäußerung – sollte klar unterschieden werden, was die sogenannte erste Trennungsregel im Journalismus einfordert.

- informierende Formate
  - Meldung (oftmals auch Nachricht genannt. Eine Meldung ist eine reine Tatsachenbeschreibung z. B. die Ankündigung einer Veranstaltung, Vorfälle aus dem Polizeibericht oder die Übernahme einer Meldung von einer Nachrichtenagentur).
  - Bericht (bei einem Bericht ist in der Regel ein Reporter vor Ort gewesen z. B. bei einer Pressekonferenz, in der Stadtverordnetenversammlung oder auf einer Veranstaltung und berichtet von dem Ereignis aus erster Hand. Meistens ist ein Bericht aufgrund des betriebenen Aufwands daher auch länger als eine Meldung).
  - Interview (Gespräch, in dem die Rollen auf Frager – den Journalisten – und Antworter klar abgegrenzt sind). Nicht jede Frage ist automatisch ein Interview. „Von einem Interview sprechen wir nur dann, wenn sich das Gespräch bei der Veröffentlichung noch vom Leser, Hörer, Zuschauer als solches erkennen lässt" (von La Roche et al. 2013, S. 167).
  - Reportage bzw. Feature bzw. Dokumentation (diese Formate basieren auf einem Augenzeugenbericht: Der Journalist war dabei und berichtet aus eigener Anschau-

ung. Dies kann mehr oder weniger stark erfolgen. Kern des Formats sind die Fakten, sie können aber einseitig oder persönlich gefärbt präsentiert werden).

- kommentierende Formate
  - Kommentar bzw. Leitartikel bzw. Editorial bzw. Kolumne (in diesen Formaten spricht der Journalist als handelnde Person direkt sein Publikum an, indem er einen vorangegangenen Bericht kommentiert, generell das Tagesgeschehen einordnet oder zu einem Thema seiner Wahl Stellung bezieht. Dies kann entweder argumentativ, abwägend oder als „Geradeaus-Kommentar" geschehen im Sinne reiner Belobigung oder Beschimpfung, vgl. a. a. O., S. 178).
  - Glosse (die satirische Form des Kommentars. Der Journalist greift ein Thema auf und präsentiert dieses mit Stilmitteln wie Witz, Ironie oder Polemik, wie z. B. Zwiebelfisch bei Spiegel Online, das Streiflicht der Süddeutschen Zeitung oder Toll! Bei Frontal21).
  - Kritik bzw. Rezension bzw. Test (in diesen Formaten wird ein Thema, meist ein Produkt, beurteilt. Diese Beurteilung kann recht sachlich erfolgen wie bei einem Produkttest der Stiftung Warentest oder auch recht emotional wie einst bei Rezensionen durch den Kritiker Marcel Reich-Ranicki).
  - Essay (ein Essay umschreibt man auch als geistreiche Abhandlung. Es geht um die persönliche Auseinandersetzung des Journalisten bzw. Autors mit einem Thema. Essays sind meistens breiter angelegt und beziehen recht klar Stellung).

Im Journalismus werden üblicherweise zwei Rollen unterschieden: die des Autors (*news gatherer*) und die des Redakteurs (*news processor*). Als Autor kümmert sich der Journalist um die Erstellung seines Beitrags, als Redakteur bearbeitet er Beiträge zur Veröffentlichung. Damit sind vor allem inhaltliche Tätigkeiten gemeint wie die Überprüfung verschiedener Qualitätsaspekte:

- Prüfung der vermittelten Fakten auf Konsistenz und ggf. auf Richtigkeit
- Prüfung der Struktur des Beitrags (wird die Nachricht klar, ist der Aufbau nachvollziehbar)
- Prüfung des Stils (passt die Nachrichten ins redaktionelle Umfeld)
- Prüfung formaler Kriterien wie Orthographie, Grammatik, Interpunktion bzw. Schnittfolge, Text-Bild-Schere, aber auch ganz simpel die korrekte Schreibweise von Namen und die passende Bauchbinde bei Beiträgen im Fernsehen
- Prüfung rechtlicher und ethischer Regeln, deren Verletzung möglicherweise wirksam angezeigt werden können

Weiterhin ist der Redakteur für die Einpassung des Beitrags in das Umfeld der Veröffentlichung zuständig. Damit ist gemeint, den Beitrag ist das aktuelle redaktionelle Umfeld einzubinden und ihn ggf. zu ergänzen z. B. um Hyperlinks bei einer Veröffentlichung im Internet oder um ein Glossar mit Fachbegriffen, die im Beitrag verwendet werden. In gewisser Weise fungiert der Redakteur damit als der Produktmanager für den von ihm betreuten Bereich, z. B. ein Ressort, eine Seite, eine Sendung oder ein Verlagsprogramm.

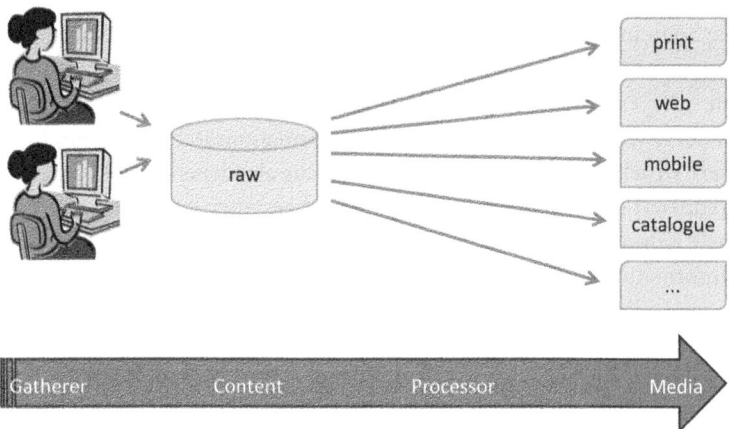

Abb. 4.17 Grundstruktur des Single Sourcing im Cross Media Publishing

Dabei wird die Präsentation heute zunehmend cross-medial. Cross Media Publishing heißt nichts anderes, als dass Inhalte in verschiedenen Medien genutzt werden. Das ist nichts wirklich Neues. In Zeitschriften veröffentlichte Fachbeiträge werden in Büchern gesammelt, ein Roman wird vorab in einer Zeitschrift abgedruckt, ein Bild findet Eingang in Zeitung, Zeitschrift und Buch – das gab es schon vor hundert Jahren. Der Begriff Cross Media Publishing allerdings entwickelte sich erst ab den 1980er Jahren und zwar im Zuge einer technischen Neuerung: der Umstellung von Fotosatz auf Desktop-Publishing Systeme und damit letztlich die Digitalisierung der Inhalte, die ihre Wiederverwendbarkeit und ihren Einsatz in verschiedenen Kontexten deutlich steigert.

Grundlegend lassen sich drei Cross Media Publishing Strategien unterscheiden:

- Single Sourcing
- Content Pooling
- Multi Channel Publishing

Die Grundannahme im Single Sourcing ist es, einen Inhalt automatisch oder halb-automatisch in verschiedenen Ausgabeformaten zu veröffentlichen und so auf unterschiedlichen Endgeräten in unterschiedlichen Versionen verfügbar zu machen (vgl. Abb. 4.17). Das Kernstück einer Single Sourcing Strategie ist die Aufbereitung und Vorhaltung der Daten unabhängig von ihrer Präsentation. Die Anwendung einer Single Source Strategie eignet sich typischerweise für Veröffentlichungen, die einen hohen Sachanteil aufweisen, regelmäßig überarbeitet werden und notwendigerweise in verschiedenen Ausgabeformen aufbereitet werden müssen. Dies umfasst z. B. folgende Anwendungsgebiete:

- Dokumentationen für Produkte und Prozesse
- Kataloge und Verzeichnisse
- Lexika und Nachschlagewerke (Loseblattsammlung)
- Schulungsunterlagen und Fachinformationen (How tos)

Dass Single Sourcing für die Veröffentlichung von regelmäßig zu überarbeitenden Sachinformationen besonders geeignet ist, kann auf Kostenvorteile zurückgeführt werden. Wenn man etwa ein Branchenverzeichnis erstellen will (Restaurantführer, Gelbe Seite o. ä.), wird der Overhead der Einrichtung der Informationsarchitektur durch die Vorteile, automatisiert Druckvorlagen oder Webseiten daraus abzuleiten, überkompensiert. Single Sourcing reduziert den Einsatz redaktioneller und gestalterischer Arbeit, erfordert dafür aber spezielle Kenntnisse der Autoren und eine belastbare Informationsarchitektur.

Unter Informationsarchitektur – eigentlich ein Begriff aus der Webseitenentwicklung – soll hier ganz allgemein die Verbindung von Inhalt mit Struktur verstanden werden. Die Informationsarchitektur ist quasi so etwas wie der Bauplan der Infrastruktur, über die Single Sourcing betrieben wird. Ziel ist es, einen einheitlichen Rahmen zu fixieren, in dem die Aufgaben des Content Managements abgearbeitet werden. Als Aufgabenbereiche innerhalb des Content Management Systems kann man sich an die Struktur halten, die die Association for Information and Image Management (AIIM) für den Bereich Enterprise Content entwickelt hat[63]. Es geht demnach um fünf Aufgabenbereiche, die man für eine Single Sourcing Produktion strukturieren und implementieren muss:

- *capture* (Empfang der Inhalte)
- *manage* (Verwaltung der Inhalte)
- *store* (Einlagerung der Inhalte)
- *preserve* (Archivierung der Inhalte)
- *deliver* (Ausgabe der Inhalte)

Der Capture-Prozess befasst sich mit dem Eingang der Inhalte in die einheitliche Datenquelle. Dies betrifft z. B. das Einlesen von papierhaften Belegen (Formularen) durch Scanning und OCR. Heute geht es allerdings vielfach um den Import verschiedener technischer Formate und die Vereinheitlichung auf Formate, die im späteren Verlauf genutzt werden sollen (Konvertierung). Z. B. können im Rahmen des Capturings von Bilddaten Standardverfahren wie Bildausrichtung (*landscape* vs. *portrait*) oder Farbkorrekturen automatisiert angewendet werden oder Bilder direkt in verschiedene Standard-Größen und -Auflösungen herunter gerechnet und mehrfach abgelegt werden. Schon beim Einlesen der Daten ins System erfolgt auch das Beschreiben der Daten durch die Vergabe von Schlüsselwörtern (*tags*) oder die Anwendung von Taxonomien.

Das Datenmanagement umfasst im Wesentlichen vier Aufgabenbereiche:

- Dokumentenverwaltung: Hierunter fallen vor allem die Versionierung der Dokumente, wie man dies etwa von Mediawikis kennt, und die Prüfung auf Konsistenz.
- Zusammenarbeit: Dies betrifft die Nutzung von Werkzeugen, die die gemeinsame Arbeit an Inhalten unterstützen (Groupware).

---

[63] Vgl. http://www.aiim.org/What-is-ECM-Enterprise-Content-Management abgerufen am 14.8.2013.

- Organisation der Ablage: Hierunter ist die Verwaltung der Strukturen der Datenbestände zu verstehen etwa in Form einer Ordnerstruktur, die vorgibt, wie Daten abzulegen sind.
- Workflow Management: Die Bearbeitung der Datenbestände kann in Ablaufstrukturen eingeteilt werden, die den Inhalt durch die Bearbeitungskette leiten und z. B. Redaktionsprozesse, Übersetzung, Freigaben etc. steuern

Die eingeflossenen Inhalte müssen konsistent abgelegt werden. Dafür werden die Inhalte in *repositories* geschrieben, deren Struktur in sogenannten *library services* abgebildet wird. Sollen die eingelagerten Inhalte langfristig erhalten bleiben, werden sie revisionssicher konserviert und ggf. aus dem eigentlichen Speichersystem ausgelagert (z. B. auf optische Medien archiviert).

Das fünfte Aufgabenfeld im Content Management ist schließlich das Ausliefern der Inhalte, was den eigentlichen Output darstellt. Zentrale Aufgabe ist es zunächst, den „neutralen" Inhalt mit einem ausgabegerechten Layout zu verbinden, z. B. Text in eine Formatvorlage einlaufen zu lassen, mit einem Stylesheet (CSS) zu verbinden oder ggf. auch manuell zu einem Endprodukt zu gestalten. Hier liegt die eigentliche Schwierigkeit des Single Sourcing, denn nur bei halbwegs standardisierten Inhalten und Layouts lässt sich dieser Prozess so automatisieren, dass z. B. satztechnische Ressourcen nennenswert eingespart werden können. Bei einem umfangreichen Katalog oder Adressverzeichnis ist das möglich, bei einer Zeitschrift, die sich über Vertriebserlöse finanziert, eher nicht.

An das Layouting schließt sich die Transformation in die verschiedene Ausgabeformate an – also z. B. das Umwandeln von einer Satzdatei in eine PDF-Datei oder die Verteilung der Inhalte auf die entsprechende Datenstruktur zur Darstellung als Webseite. Abschließend kommt es zur eigentlichen Verteilung der produzierten Inhalte zum Anwender über die verschiedenen Kanäle.

An dem grob skizzierten Ablauf eines Single Source Publishing Ansatzes erkennt man Vor- und Nachteile des Verfahrens: Durch die Beschränkungen im Output-Prozess, lassen sich schwerlich hochwertige Autoren-Inhalte publizieren. Einen Rohdatenbestand durch Verbindung mit Layout-Vorgaben quasi automatisch in gewünschte Zielformate zu portieren, scheitert schon bei relativ trivialen Anforderungen wie z. B. der Erstellung einer Zeitung (oder Zeitungsoptik), die üblicherweise keine weißen Flecken auf der Seite kennt (formaler Aspekt) und meistens auch versucht, auf einer Seite möglichst passende Inhalte zu kombinieren (publizistischer Aspekt). Die verschiedenen Erwartungen an Ausgabemedien – Smartphone, Website, Zeitung, Fachmagazin – machen auch ein hoch komplexes Vorgehen notwendig, was Menge und Gestaltung der Inhalte angeht. Während auf einem Mobiltelefon Schlagzeile und Anreißer ausreichen, sollte eine Webseite – allein um von Suchmaschinen berücksichtigt zu werden – einen gewissen Umfang haben und ein Beitrag in einem Fachmagazin ist sogar meistens auf mehrere Seiten angelegt. Wenn aber massive redaktionelle und gestalterische Aufwände entstehen, rechtfertigen sich nicht die Kosten für die Einführung neuer Prozesse und deren Unterstützung mit passenden IT-Systemen.

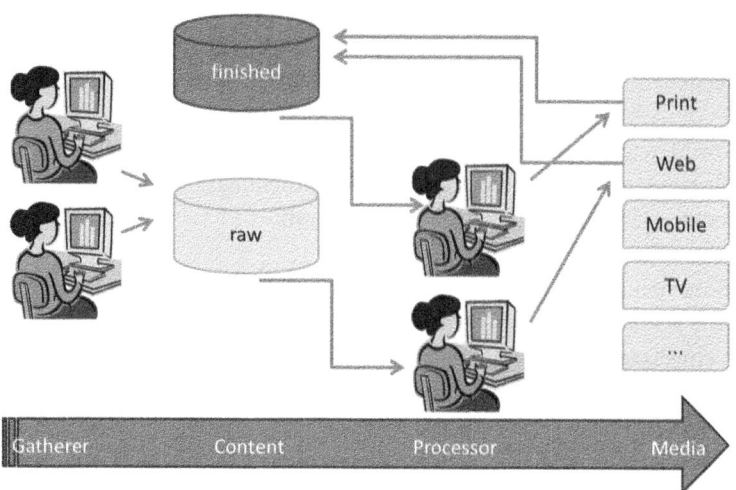

Abb. 4.18 Grundstruktur des Content Pooling im Cross Media Publishing

Der zentrale Vorteil des Single Source Publishing liegt demnach klar in der Produktion relativ standardisierter Inhalte, die zudem einen nicht unerheblichen Anteil an Pflege (Aktualisierung) erforderlich machen. Will man z. B. ein Gaststättenverzeichnis für den Schwarzwald erstellen, könnte man durch Single Sourcing den laufenden Betrieb von periodisch erscheinenden Druckverzeichnissen, die Aktualisierung der Webseite und die Bereitstellung als App für verschiedene Betriebssysteme deutlich günstiger gestalten, als bei der regelmäßigen manuellen Aufarbeitung der Daten.

Eine zweite Strategie zur Umsetzung von Cross Media Publishing ist das Content Pooling. Hier steht nicht mehr der möglichst hohe Automationsgrad bei der Erstellung von Medieninhalten für verschiedene Endgeräte im Fokus, sondern die gemeinsame Nutzung von Ressourcen (vgl. Abb. 4.18). Dieses Modell wird klassisch in der Verlagswelt genutzt und hat seinen Ursprung in drei Themengebieten, die von Zeitungen und Zeitschriften seit über hundert Jahren genutzt werden. Zunächst ist das eigene Archiv zu nennen, das veröffentlichte Artikel thematisch ablegt und für spätere Recherchen vorhält. Dieses System wurde seit Mitte des 19. Jahrhunderts ergänzt durch die Entwicklung moderner Nachrichtenagenturen, die zentral Nachrichten erstellen und angeschlossenen Redaktionen zur Verfügung stellen. Und schließlich entwickelte sich seit dem Zweiten Weltkrieg immer stärker der Bereich der Stockfotografie, der zentral Bildmaterial zur Illustration vorhält.

Speziell das Agenturwesen und die Bilddatenbanken basieren auf dem Grundprinzip, das ein zentraler Dienstleister kostenintensive Arbeiten zentral erbringt und den Mitgliedsunternehmen so zur Verfügung stellt, dass jedes einzelne Unternehmen einen Kostenvorteil hat. Dieses Prinzip lässt sich natürlich auch nach innen in die Unternehmen übertragen. Besonders intensiv diskutiert wurde das in den letzten Jahren anhand der Zusammenführung der Redaktionen zu gemeinsamen Newsrooms. Dabei sind unter diesem Oberbegriff drei letztlich sehr unterschiedliche Methoden zu unterscheiden:

- integrierter Newsroom: integriert die Redaktionen einer verlegerischen Einheit, z. B. Online und Print, aber auch Standardprodukt und Sonderveröffentlichung.
- rationalisierter Newsroom: führt vormals getrennte Redaktionen zu einer Zentralredaktion zusammen, üblicherweise, wenn ein Verlag mehrere Titel betreut und durch die Zusammenlegung vormals getrennter Abteilungen Kosten sparen kann.
- qualitativer Newsroom: eine vor allem in den USA eingesetzte Methode, durch die Zusammenführung von unterschiedlichen Ressorts und Abteilungen eine Form des leserzentrierten Storytellings zu entwickeln.

Integrierte Newsrooms entstehen durch die Zusammenführung von Redaktionen, die für unterschiedliche Medien bzw. Ausgabeformate arbeiten. Das kann klassisch neben der Tageszeitung ein magazinartiges Supplement oder eine Sonntagsausgabe, neben der Fernsehsendung ein Begleitmagazin sein oder in den letzten zehn Jahren insbesondere die Zusammenführung von Printredaktion und Onlineredaktion einer Verlagsmarke betreffen. In diesem Kontext entwickeln sich crossmedial gesehen zwei Tendenzen:

- Online-First Approach: Das Internet rückt in den Fokus und die gedruckte Ausgabe wird quasi nebenbei produziert wie dies in Deutschland vor allem beim Axel Springer Verlag umgesetzt wird[64]. Hier muss ein Verlag sicherstellen, dass entweder durch die generierte Reichweite oder entsprechende Bezahlverfahren (*pay wall*) die Erstveröffentlichung bereits einen erheblichen Teil der Gesamterlöse einspielen muss.
- Digitale Zweitverwertung: Das Printprodukt steht im Fokus – vor allem bei Büchern und Fachzeitschriften – und wird durch eine *paid content* Strategie zweitverwertet (so wie man das in Nachkriegsjahren im Buchmarkt vorexerzierte mit der Erstausgabe im festen Einband und einer Zweitverwertung über Taschenbücher).

Rationalisierte Newsrooms werden im Unterschied zu integrierten Newsrooms nicht durch Zusammenlegung von Parallelbetrieben einer Verlagsmarke gebildet, sondern durch redaktionelle Zusammenlegung von Medienangeboten, die unter eigener Marke bzw. als eigene Titel im Markt antreten. Daher werden sie in der Branche – häufig mit kritischem Unterton – auch als Industrialisierung der Medien interpretiert (vgl. Neininger-Schwarz 2010). Und tatsächlich kostete die Einführung einer Zentralredaktion bei Deutschlands größter Regionalzeitungsgruppe (der WAZ) rund ein Drittel der Redakteure ihren Job.

Während erstgenannte Umsetzungen im Wesentlichen der Steigerung der Effizienz dienen, kann ein Newsroom crossmedial auch zur Steigerung der Effektivität einsetzt werden. Ein vor allem in den USA verbreiteter Ansatz ist das von Buck Ryan entwickelte Maestro Konzept (vgl. Ryan und O'Donnel 2001), das im Kern auf der Idee beruht, dass die übliche Arbeitsteilung von Autor, Redakteur, Grafiker, Fotograf und Layouter nicht zum optimalen Ergebnis führt. Daher werden im Newsroom ressortübergreifende Teams gebildet, die

---

[64] Vgl. http://www.axelspringer.de/chronik/cw_chronik_jahrzehnt_de_99741.html abgerufen am 14.8.2013.

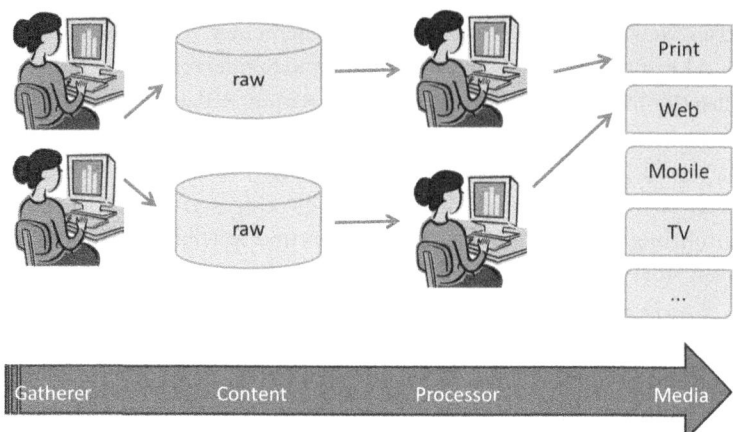

Abb. 4.19 Grundstruktur des Multi Channel im Cross Media Publishing

in einem strukturierten Prozess eine Geschichte nicht linear und iterativ über die Arbeitsschritte aufbauen, sondern versuchen die Lesererwartung schon bei der Konzeption zu
berücksichtigen nach dem Motto: *Together as a team, think like the reader.* Durch die interdisziplinäre Zusammensetzung im Gegensatz zu dem Workflow-Ansatz, die strukturierte
Moderation anstatt der starren Auftragsvergabe und die Konzentration auf die Frage, wie
die Geschichte als Gesamtkonstrukt aus Bildern, Textblöcken, Fließtext, Überschrift, Infografiken etc. gestaltet werden muss, soll saldiert ein besseres und damit auch erfolgreiche-
res Ergebnis erreicht werden.

Je nach Organisationsprinzip des Newsroom gestaltet sich das Pooling von Inhalten im
Detail unterschiedlich aus. Wenn es um Effizienz geht, sind vor allem technische Unterstützung, organisatorische Ausgestaltung und inhaltliche Regeln ausschlaggebend. Es
muss geklärt sein, wo in welchen Formaten und in welcher Lizenz Bilder vorliegen und
wie man diese schnell und gezielt findet. Es muss geklärt sein, in welcher Form ein Bericht
in welchem Medium zu welchem Zeitpunkt veröffentlicht werden soll. Es muss geklärt
werden, wie unterschiedliche Ausgabemedien untereinander durch Querverweise verbunden sein sollen. Es muss geklärt werden, in welchem technischen System Artikel verfasst,
bearbeitet, gestaltet und veröffentlicht werden. Für diese Aspekte gibt es kein einheitliches
Empfehlungsraster, man muss dies in einem Projekt von Fall zu Fall in Abhängigkeit der
jeweiligen Organisationsgeschichte und konkreten Aufgabenstellung erarbeiten.

Im Hinblick auf qualitatives Content Pooling geht es im Wesentlichen um das Zusammenführen der Ressourcen, die die Inhalte erstellen, zu einem gemeinsamen Team, das
gemeinsam festlegt, wie eine Geschichte erzählt werden muss und welche Komponenten
dafür gebraucht werden.

Als dritte Strategieoption im Cross Media Publishing kann man sich für Multi Channel
Publishing entscheiden. Darunter ist zu verstehen, dass ein verlegerisches Objekt – die
Marke – in verschiedenen Medien jeweils eigenständig inhaltlich ausgestaltet wird (vgl.
Abb. 4.19). Dies führt üblicherweise zu einer klassischen Markenfamilienstrategie, wie dies

in der Spiegel-Gruppe zu beobachten ist. Dabei werden die Vorteile einer starken Einzel-marke (Spiegel) mit den Vorteilen einer Dachmarke verbunden, in dem jedes einzelne Markenfamilienmitglied auf den gemeinsamen Markenwert einzahlt. Basis einer erfolgrei-chen Markenfamilie ist der Markenkern, an dem sich alle zur Familie gehörenden Einzel-marken orientieren müssen.

Eine Marke generalisiert als Symbol verschiedene Eigenschaften, die dem markierten Produkt zugesprochen werden, und ist damit selbst ein Kommunikationsmittel. Eine Mar-ke konstituiert sich im Wesentlichen durch drei Aspekte, die die Produktnutzer der Marke zuschreiben (vgl. Becker 2000, S. 194 f.):

- Qualität: Eigenschaften, die der Kernleistung des Produkts zugeordnet werden
- Ubiquität: Eigenschaften, die der Verfügbarkeit des Produkts zugeordnet werden
- Image: Eigenschaften, die dem erweiterten Nutzen des Produkts zugeordnet werden

Daraus resultiert beim Aufbau einer Markenfamilie, dass sich der Markennachwuchs an den Standards für Qualität, Ubiquität und Image, die die Kernmarke gesetzt hat, messen lassen muss. Hier liegt das Risiko und die Chance für die Markenfamilie: Gelingt das den Einzelmarken in der Familie, stärken alle Teile der Markenfamilie die Gesamtmarke. Ge-lingt dies nicht, färbt das mittelfristig auf die Kernmarke ab und schwächt diese.

Aus dieser kurzen Darlegung leitet sich sofort ab, das Multi Channel die teuerste Stra-tegieoption im Cross Media Publishing ist, denn man muss sicherstellen, dass das journa-listische Niveau oder die Verlässlichkeit der Information einer neu eingeführten Teilmarke vom Start weg mit der Kernmarke vergleichbar ist und das führt zu hohen Markteinfüh-rungsinvestitionen. Gelingt es aber, wie in der Speigel-Gruppe zu beobachten, unterstüt-zen sich die einzelnen Marken untereinander und erwirtschaften einen Mehrwert für die Kernmarke.

Was bei Multi Channel Publishing neben den Aspekten der Markenführung zu beach-ten ist, ist natürlich ein gewisser organisatorischer Mehraufwand und die Regelung von möglichen Reibungspunkten. Wirft man einen Blick auf die Spiegel-Gruppe, kann man das gut nachvollziehen. Die ohnehin getrennten Redaktionen von Spiegel und Spiegel On-line (SPON) sollen noch schärfer getrennt werden, weil man vermutet, dass die Printauf-lage deshalb sinkt, weil zu viele Texte auf SPON frei verfügbar sind[65]. Dennoch scheint die Strategie richtig zu sein, denn Stand 2012 kann der Spiegel nach wie vor vermelden, dass der Spiegel das größte europäische Nachrichtenmagazin und SPON die führende Nach-richtenseite im deutschsprachigen Internet ist[66].

Je nachdem, für welche Medien man journalistisch tätig ist, verschieben sich die Tä-tigkeitsschwerpunkte. Gemeinsam ist jedoch allen journalistischen Formen, dass sie sich

---

[65] Vgl. http://www.tagesspiegel.de/medien/magazine-im-netz-mehr-distanz-mehr-naehe/6332776. html abgerufen am 14.8.2013.

[66] Vgl. http://www.spiegelgruppe.de/spiegelgruppe/home.nsf/Navigation/ECB7C31446E31E35C12 5746C0046165B?OpenDocument abgerufen am 14.8.2013.

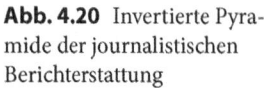

Abb. 4.20 Invertierte Pyramide der journalistischen Berichterstattung

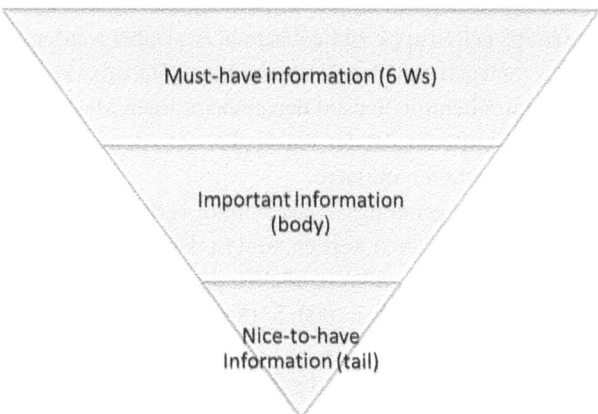

an einem strukturellen Grundgerüst orientieren, das man als die journalistischen sechs W-Fragen kennt[67]: Wer hat was wann getan, wo, wie und warum und schließlich: woher stammt diese Information? Die ersten sechs Fragen sollten im Beitrag schnell und präzise beantwortet werden, während die siebte Frage eher für den internen Gebrauch ist. Schnelle Beantwortung heißt in diesem Fall, dass die W-Fragen in der Kombination aus Überschrift (*headline*), Unterzeile (*subhead*) und Vorspann (*lead*) aufgeklärt sein sollten. Der eigentliche Beitrag führt dann nur noch mit Beispielen und Hintergründen aus. Diese Art, ein Thema zu erzählen, nennt man auch Nachrichtenstil, *summary news lead, bottom line up front* (BLUF) oder schlicht journalistischen Stil. Das dahinter liegende Konzept ist im englischen Sprachraum als *inverted pyramid*[68] bekannt und basiert auf der Idee, dass der größte Teil der Nachrichtenpyramide im Sinne der Leser durch die Beantwortung der W-Fragen gelöst ist (vgl. Abb. 4.20). Es folgen der Haupttext mit wichtigen Zusatzinformationen (*body*) und schließlich Bezüge zu weiteren, verwandten Aspekten (*tail*).

Speziell für journalistische Produktionen, die audiovisuell umgesetzt werden, reichen der Nachrichtenstil und die Verwendung der W-Fragen nicht aus. Für Video-Formate muss man in Bildern, für Audio-Produktionen in Tönen denken. Beides erfordert in der Regel einen aufwändigeren Planungsvorlauf für die Produktion. Speziell bei Videobeiträgen gilt: Ohne Bild, kein Beitrag. Daher verwendet man im Videojournalismus ähnliche Instrumente wie bei der Filmproduktion (vgl. Schult und Buchholz 2011, S. 263 ff.):

---

[67] Vgl. z. B. La Roche et al. 2013: 98. Die Verwendung von W-Fragen als Strukturelement geht zurück auf die klassische Rhetorik. In Augustinus' De Rhetorica finden sich beispielsweise sieben Fragen, mit denen ein Thema umfassend behandelt werden kann. Vgl. hierzu auch en.wikipedia.org/wiki/Five_Ws abgerufen am 14.8.2013.

[68] Vgl. z. B. http://www.poynter.org/how-tos/newsgathering-storytelling/chip-on-your-shoulder/12754/writing-from-the-top-down-pros-and-cons-of-the-inverted-pyramid/ abgerufen am 14.8.2013.

- Exposé (Beschreibung der Grundidee des Beitrags)
- Treatment (Ausformulierung der visuellen Leitidee – welche Bilder werden gebraucht?)
- Storyboard (Herunterbrechen des Treatment in ein szenenbasiertes Drehbuch bei aufwändigen Produktionen)

Auch im Onlinejournalismus gibt es über den Nachrichtenstil hinaus einige Aspekte zu beachten. Ganz wesentlich ist das Gefundenwerden von Beiträgen, weshalb im Netz verbreitete Beiträge nach Möglichkeit auf Suchstrategien potenzieller Nutzer hin ausgerichtet werden. Dies führt zu einer Beschäftigung mit Fragestellungen, welche Suchinteressen auf die vorliegende Nachricht zutreffen (also eine Art *reverse engineering* der Nachricht).

Die Ausrichtung an dem Primat des Gefundenwerdens betrifft auch die Gestaltung des Beitrags in Gänze. Während ein Zeitungsartikel oder ein TV-Beitrag in einem redaktionellen Umfeld erscheint (lineare Nachrichtendarstellung), das der Einordnung des Beitrags in ein Erklärungsmuster dient, ist ein Beitrag im Internet auf sich allein gestellt (kollaterale Nachrichtendarstellung). Jeder einzelne Beitrag ist für sich gegenüber dem Nutzer die zentrale *frontpage* und muss alle relevanten Aspekte transportieren, also auch Urheber der Nachricht, Veröffentlichungsdatum, Zuordnung zu einem Genre, verlegerische Leitlinie etc.

Die Inhalte im Internet stehen dauerhaft zur Verfügung. Das macht wiederum erforderlich, sie einer dauerhaften Redaktion zu unterwerfen, will man nicht ins Zwielicht der Fehlinformation geraten. Während ein gedruckter Artikel oder ein abgedrehtes Stück fertig ist, ist eine Veröffentlichung im Internet – speziell zu Sachinformationen – dynamisch und kann sich im Lauf der Zeit ändern. Die Zeitperspektive spielt auch in eine zweite Dimension hinein, nämlich dem Live-Charakter von Nachrichten im Internet. Alles muss schnell und sofort verfügbar sein. Daher entwickeln sich neue Formate, die den Ablauf eines Ereignisses eher protokollieren, als abschließend darüber zu berichten.

Um besser gefunden zu werden, gibt es darüber hinaus eine Reihe weiterer Empfehlungen, die Beiträge für das World Wide Web von anderen journalistischen Produkten unterscheiden. Dies betrifft insbesondere die Überschriften, die im Internet meistens länger und sachlicher sind und das wichtigste Thema des Beitrags möglichst vorne platzieren sollten[69].

Egal ob Print, online, Radio oder TV: Für Journalisten wird immer wichtiger, bei Auflage, Reichweite oder Zugriffszahlen zu punkten, um sich erfolgreich im Arbeitsmarkt zu positionieren. Daher beschäftigen sich Journalisten zunehmend nicht nur mit den W-Fragen des *news lead*, sondern auch mit den fünf Ws der Nachrichtenökonomie (Hamilton 2004, S. 7):

- „Who cares about a particular piece of information?
- What are they willing to pay for it, or what are others willing to pay for reach them?

---

[69] Schlicht und auf den Punkt: Die SEO-Tipps der BBC für gute Schlagzeilen im Netz, vgl. http://www.bbc.co.uk/schoolreport/19743396 abgerufen am 14.8.2013.

- Where can media outlets or advertisers reach these people?
- When is it profitable to provide the information?
- Why is this profitable?"

Was neben der beruflichen Professionalität und der Wirtschaftlichkeit ebenfalls direkten Einfluss auf die Produktion journalistischer Beiträge hat, ist das Genre, in dem der Beitrag veröffentlicht werden soll. Wichtige journalistische Genres mit genügend Trennschärfe sind:

- Boulevardjournalismus: Generell eine Form von Journalismus, die auf den Einzelverkauf (Straßenverkauf) setzt und daher tendenziell pointierte Schlagzeilen und große Bilder nutzt, um Verkaufsimpulse zu erzeugen. Im englischsprachigen Raum werden Boulevardzeitungen *tabloid* und speziell in Großbritannien auch *red tops* genannt. Beschäftigt sich Boulevardjournalismus im Wesentlichen mit Prominenten, spricht man von *celebrity journalism*. Wird der Boulevardjournalismus unseriös und veröffentlicht Schlagzeilen, die nachprüfbar falsch sind, nur um die Auflage zu steigern, spricht man von *yellow press* in Erinnerung an den Zeitungskrieg zwischen Joseph Pulitzer (New York World) und William Randolph Hearst (New York Journal) Ende des 19. Jahrhunderts. Beide setzten auf Sensationsschlagzeilen, um die Auflage ihrer Zeitung zu steigern. Der Begriff *yellow press* erklärt sich wohl aus dem Umstand, dass beide Zeitungen während des Zeitungskriegs und den Auswüchsen auch täglich Episoden aus dem Comic The Yellow Kid veröffentlichten[70]. Beispiele in Deutschland für Boulevardjournalismus sind neben der Bild-Zeitung die Münchner tz, die Hamburger Morgenpost, der Kölner Express oder auch die Fernsehsendung taff (Pro7).
- Lokaljournalismus: Der Lokaljournalismus beschäftigt sich mit der Berichterstattung über Themen, die vor Ort passieren. Rund ein Viertel aller Journalisten in Deutschland sind Lokaljournalisten (vgl. Möhring 2011). Speziell die über Werbung finanzierten Anzeigenblätter, die kostenfrei an alle Haushalte in einer Region verteilt werden, sind im Kern auf lokale Themen konzentriert. Kostenpflichtige Lokalzeitungen setzen meist nicht ausschließlich auf lokale Themen, sondern ergänzen diese mit einem überregionalen Mantel, den sie bei größeren Verlagen zukaufen und ins eigene Layout einpassen. Um die notwendige Größe zu erreichen, sind viele Lokalzeitungen Teil einer größeren Regionalzeitung, die unterschiedliche Lokalredaktionen unterhält und zentral den überregionalen Teil beisteuert und Produktion, Vertrieb und Logistik durchführt. Beispiele für lokalen und regionalen Journalismus sind etwa die Rhein-Zeitung, die Hannoversche Allgemeine Zeitung, der Mannheimer Morgen oder auch das Franken Fernsehen, tv.berlin und der Friesische Rundfunk.
- Fachjournalismus: Fachjournalismus ist ein Oberbegriff für journalistische Erzeugnisse, die sich thematisch (fachlich) auf ein Gebiet festlegen. Dies können „schwierige" Themen sein, wie Wissenschaftsjournalismus oder Fachdienste für Bereiche wie Recht,

---

[70] Vgl. zur Yellow Press Campbell 2001.

Steuern oder Europäische Richtlinien. Fachjournalismus kann sich aber auch mit Haustieren, Autos, Mode oder Sport beschäftigen. Eine besondere Ausprägung des Fachjournalismus ist der Ratgeberjournalismus (*service journalism*), der darauf abzielt, seinen Nutzern nicht nur Informationen, sondern praktische Lösungen (*how-to*) zu bieten. Bekannte Erzeugnisse des Fachjournalismus sind in diesem Sinne breit gestreut, von Auto, Motor und Sport, Bravo, Computerwoche und die Deutschen Pensions- und Investmentnachrichten über Men's Health, Landlust, das Personalmagazin und die Urologischen Nachrichten bis hin zu Tim Mälzer kocht, WISO und der Zeitschrift für das gesamte Familienrecht.

- Investigativer Journalismus: Im Englischen nennt man die investigativen Journalisten auch *watchdogs*, was die Leistung der Journalisten gut auf den Punkt bringt: sie sind die Wachhunde der Gesellschaft, die anschlagen, wenn etwas schief läuft. Dies kann von Ereignissen gesteuert sein, denen die Journalisten dann versuchen, auf den Grund zu gehen, wie ganz klassisch bei der Watergate-Affäre in den USA oder dem CDU-Spendenskandal rund um Helmut Kohl. Im investigativen Journalismus sind aber nicht nur Ereignisse die Treiber für Geschichten, sondern Journalisten stoßen auch selbst Ereignisse an, indem sie *undercover* recherchieren (sich also nicht als Journalist zu erkennen geben). Diese oft monatelangen Recherchen können zu spannenden Enthüllungen führen, wie dies in Deutschland vor allem mit dem Namen Günter Wallraff verbunden ist. Im internationalen Sprachgebrauch kennt man diese Methoden unter dem Namen *muckraking* (im Dreck wühlen), in Schweden hat sich dafür allerdings in Bezug auf den Enthüllungsjournalisten Günter Wallraff ein Neologismus gebildet: *wallraffa*. Dieses Wort steht für den Umstand, wenn ein Journalist unter falscher Identität recherchiert, um an Informationen zu kommen, die er auf anderem Weg nicht erhalten kann[71]. Beispiele für investigativen Journalismus sind neben den erwähnten Wallraff-Reportagen z. B. auch die Fernsehsendungen Panorama (Das Erste) und Frontal21 (ZDF) oder im Selbstverständnis zumindest das Nachrichtenmagazin Der Spiegel.

- Gonzo-Journalismus: Gonzo heißt nach gängigen Fremdsprachendiensten eigentlich exzentrisch oder verrückt, aber in Bezug auf Journalismus meint Gonzo den Zustand des „last man standing at the end of an all night drinking marathon" (Brinkley 1997, S. xxvi). Die Bezeichnung wurde erstmals verwendet, um 1970 einen Artikel von Hunter S. Thompson zu beschreiben, der Journalismus völlig neu interpretierte: Weg von den Fakten, hin zu den persönlichen Erlebnissen. Sein eingereichter Artikel über ein Pferderennen hatte wenig mit Pferden und viel mit der Stimmung bei den Zuschauern und den Erlebnissen des Autors zu tun. Gonzo-Journalismus als bewusst subjektiver Erfahrungsbericht ist eine Art Bindeglied zwischen Journalismus und Literatur getreu dem Motto: Fiktionen sind meist die besseren Fakten. Gonzo-Journalismus wird manchmal als Erweiterung oder Fortsetzung des New Journalism gesehen, der durch Autoren wie Tom Wolfe, Norman Mailer, Truman Capote und Gay Talese geprägt wurde. Um

---

[71] Vgl. http://www.tu-chemnitz.de/phil/leo/rahmen.php?seite=r_kult/kittler_wallraffa.php abgerufen am 15.8.2013.

begrifflich klar zu trennen, kann man New Journalism eher als Literaturstil verorten, Gonzo-Journalismus dagegen als journalistische Form. Gonzo-Journalismus ist speziell im Zuge der zunehmenden Verbreitung von Blogs eine stilistische Richtung, die sich anders als sachliche Faktizität im Netz besser viral verbreitet.

- Grassroot-Journalismus: Was der Gonzo-Journalismus in Richtung Literatur, ist der Grassroot-Journalismus in Richtung Politik. Er verbindet bürgerliches Engagement für bestimmte Themen mit journalistischer Berichterstattung, um für die eigenen Anliegen Gehör zu finden. Diese „Presse von unten" ist zwar historisch bis ins Mittelalter belegbar (vgl. Hooffacker und Lokk 2009), gewinnt gleichwohl durch das Internet immer stärker an Bedeutung. Auf dem Portal myheimat.de etwa berichten Stand 2012 48.000 Bürgerreporter aus ihrem direkten Umfeld. Durch Kooperationen mit klassischen Lokalzeitungen, finden einige dieser Berichte auch Eingang in die Printwelt[72]. Dies gilt auch für die bekannte Aktion der Bild-Zeitung, die ihren Leserreportern bereits Stand 2011 über 15.000 veröffentliche Fotos verdankt[73].

- Datenjournalismus: Auf Basis der zunehmenden Digitalisierung von Inhalten und damit auch der legalen oder illegalen Bereitstellung von Daten in Netzwerken, sind immer mehr Informationen im Zugriff. Datenjournalismus beschäftigt sich mit der Auswertung großer Datenbestände im Hinblick auf relevante Informationen (z. B. aus Pflichtveröffentlichungen der öffentlichen Hand), nutzt auch die Bereitstellung von eigentlich nicht für die Öffentlichkeit bestimmten Informationen, die durch Whistleblower[74] bereitgestellt werden und analysiert nicht digitalisierte Daten mit Hilfe von Crowdsourcing wie im Falle der Plagiatsaffären rund um die Minister Guttenberg und Schavan[75]. Gut wahrnehmbares Zeichen von Datenjournalismus sind auch Infografiken und dynamische Visualisierungen, die im Internet mittlerweile zum Standardrepertoire gehören, um komplexe Sachverhalte darzustellen.

- Churnalism: Der Begriff Churnalism fokussiert auf die zunehmende Kommerzialisierung des Journalismus, die sich u. a. daran zeigt, dass immer mehr veröffentlichte Inhalte direkte Durchleitungen von PR-Materialien sind und quasi wie an einem Fließband durch den Arbeitsablauf der Redaktionen geschleust werden. So können Redaktionskosten gesenkt werden, denn Regel 1 für Kostensenkung im Journalismus lautet: *run cheap stories.* „This rule simply requires the selection of stories which are a) quick to

---

[72] Vgl. http://www.gogol-medien.de/fileadmin/templates/gogol/pdfs/praesentation_myheimat.pdf abgerufen am 16.8.2013.

[73] Vgl. http://www.axelspringer.de/presse/Eine-BILD-Erfolgsgeschichte-Fuenf-Jahre-1414-Leser-Reporter_1978013.html abgerufen am 16.8.2013.

[74] Whistleblowing wurde insbesondere durch die von Wikileaks veröffentlichten Unterlagen zum Afghanistankrieg weltweit als Begriff bekannt, war aber auch Auslöser für die Aufdeckung des Watergate-Skandals. Whistleblowing im unternehmerischen Umfeld ist in den USA durch den Sarbanes-Oxley Act seit 2002 rechtlich abgesichert (vgl. http://de.wikipedia.org/wiki/Whistleblowing abgerufen am 16.8.2013).

[75] Vgl. http://www.welt.de/politik/deutschland/article106495559/Plagiatsjaeger-planen-investigatives-Crowdsourcing.html abgerufen am 16.8.2013.

cover, and b) safe to publish" (Davies 2008, S. 144). Die andere Dimension, die Churnalism befeuert, ist die Zeit. Durch den Druck, immer schneller Nachrichten zu produzieren, der vor allem durch die 24-Stunden-Berichterstattung im Rundfunk und das Internet erzeugt wird, sollen Berichte immer schneller produziert werden, ohne sich die Zeit der Recherche und Überprüfung zu nehmen, wie dies Rosenberg und Feldman (2008) beschreiben.

Es gibt darüber hinaus viele weitere Begriffe, die Spielarten des Journalismus beschreiben, zumeist aber nicht trennscharf sind und oft Methoden, aber nicht Formen beschreiben, etwa Ambush Journalismus, Nutzwertjournalismus, Parachute Journalism, Special Interest Journalismus etc.

Lessons learned:
Journalismus beschäftigt sich mit der Produktion von Nachrichten. Dazu werden drei große Arbeitsbereiche bedient: Recherche, Nachrichtenproduktion und Präsentation. Inhaltlich unterscheiden sich Nachrichten in informierende Formate und Meinungsformate, die deutlich voneinander zu trennen sind. Die informierenden Formate basieren auf den sechs Ws (wer, wann, was, wo, wie und warum), die schnell und klar beantwortet werden sollen (*lead*). Dann folgen weitere Erklärungen und Randinformationen (*body*) und ggf. Hintergründe und Verweise (*tail*). Diesen Nachrichtenstil kennt man auch als invertierte Pyramide. Je nachdem, in welchem Medium man Nachrichten veröffentlicht, muss diese invertierte Pyramide passend angewendet werden. So braucht man im Videojournalismus einen größeren Planungsvorlauf und verwendet Exposés, Treatments und ggf. Storyboards als Hilfsmittel. Im Onlinejournalismus muss man hinsichtlich der Headline-Gestaltung und der Verwendung von *key words* stark das Suchverhalten möglicher Leser beachten.
   Hinsichtlich der Organisation von Nachrichtenbetrieben unterscheidet man unter dem Schlagwort Cross Media Publishing drei unterschiedliche strategische Ansätze: Single Sourcing, Content Pooling und Multi Channel Publishing. Für die Festlegung, wie die Ressourcen einzelnen Themen zugeordnet werden, haben sie sich fünf Ws der Nachrichtenökonomie entwickelt.
   Es gibt viele unterschiedliche journalistische Genres. Die wichtigsten sind Boulevardjournalismus, Lokaljournalismus, Fachjournalismus, investigativer Journalismus, Gonzo-Journalismus, Grassroot-Journalismus, Datenjournalismus und Churnalism.

4.4.5 Medienethik: Respekt und Verantwortung in den Medien

Wer im öffentlichen Raum kommuniziert, trägt Verantwortung für seine Aussagen. Das gilt natürlich zuvorderst im rechtlichen Sinne, wo Falschaussagen oder Beleidigungen verfolgt werden und zu einer Strafe, Gegendarstellung oder Unterlassungserklärung führen können. Über diesen tatsächlichen Bereich des Regelverstoßes in der öffentlichen Kommunikation hinaus gibt es einen weiter gesteckten Rahmen, der auf eher freiwilliger Basis Normen und Verhaltensmaßstäbe entwickelt, an denen man sich orientieren soll. Man kann von einer Art branchenweitem Verhaltenskodex sprechen.

Dieser Verhaltenskodex ist eingebettet in die Selbstreflexion gesellschaftlicher Teilsysteme über das, was gut und richtig ist im öffentlichen Umgang miteinander. Die Gesellschaft entwickelt ein eigenes Raster dafür, was dem angestrebten Lebensglück dienlich ist, indem sie Fragestellungen über den guten und richtigen Lebenswandel thematisiert und dadurch in der Zeit zu durchaus unterschiedlichen Beurteilungen kommt, wie man sich an Beispielen wie Sklaverei, Frauenrechten oder der Bewertung von Denunziation verdeutlichen kann.

Beide Seiten – die Entwicklung und Anwendung praktischer Verhaltenskodizes und die Thematisierung von Ereignissen und Umständen unter dem Raster „gut oder schlecht" und dadurch die kommunikative Reflexion verschiedener Facetten des Lebensglücks (Eudaimonie im aristotelischen Sinne) – kann man unter dem Begriff Ethik zusammenfassen. Ethik im Generellen beschäftigt sich als praktische Philosophie mit dem menschlichen Handeln und entwickelt Regeln und Normen, die gutes von schlechtem Handeln unterscheidet. Die Regeln und Normen dienen quasi als „Betriebsanleitung", wie man sich in konkreten Situationen verhalten soll.

Ethik greift dabei weiter als Recht. Während im Recht durch Gesetze eindeutig festlegt ist, was falsch ist und sanktioniert wird (und damit im Umkehrschluss alles andere richtig im Sinne von legal ist), entwirft Ethik einen nicht klar begrenzten Rahmen, in dem Handlungen als rechtmäßig (legitim) eingeschätzt werden. Gewinnstreben ist selbstverständlich legal und systemimmanent. Zuviel Gewinn und vor allem ohne jegliche Haftung, wie dies im Rahmen der Finanzkrise ab dem Jahr 2007 immer wieder als Auslöser für die Verwerfungen unterstellt wird, wird gesellschaftlich als nicht rechtmäßig eingeschätzt. Das führt zwar nicht direkt zu persönlichen Konsequenzen, leitet aber Handlungsbedarf sowohl in den Unternehmen wie auch in der Gesetzgebung her.

Solche Ereignisse wie die Finanzkrise oder der Umgang mit geistigem Eigentum in der Affäre um den ehemaligen Verteidigungsminister Guttenberg oder die Höherstellung des persönlichen Ehrenworts über die Gesetzeslage wie im Fall Helmut Kohl und der CDU-Parteispendenaffäre bieten Anlässe, um über die Moral (Ciceros Übersetzung des griechischen Wortes Ethik ins Lateinische[76]) der Gesellschaft zu diskutieren. Wobei im Kern häufig die tatsächliche Festlegung, ob etwas gut oder schlecht ist, auf den kategorischen

---

[76] Wenngleich begrifflich zunächst einheitlich verwendet, unterscheiden sich die Termini Ethik und Moral heute insoweit, dass Ethik die philosophische Disziplin und Moral die tatsächlichen Sitten innerhalb einer Gruppe meinen und der Vielfalt der Moralen die Einheit der Ethik gegenübersteht (vgl. Diemer und Frenzel 1958, S. 73). Daher wäre es eigentlich konsequenter nicht von Medienethik, sondern von Medienmoral zu sprechen.

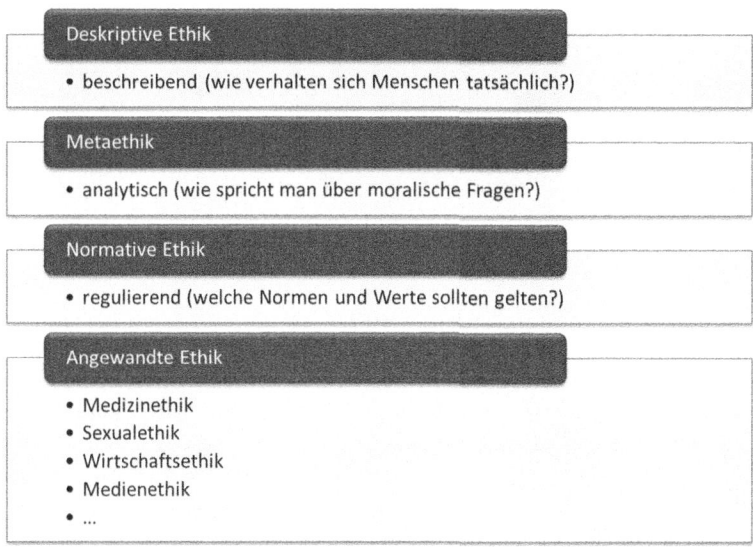

Abb. 4.21 Einordnung der Medienethik als angewandte Ethik

Imperativ aus Kants Kritik der praktischen Vernunft hinausläuft: „handle nur nach derjenigen Maxime, durch die du zugleich wollen kannst, daß sie ein allgemeines Gesetz werde" (Kant 1991, S. 51).

Speziell im Hinblick auf die Kommunikation im öffentlichen Raum ist Medienethik als angewandte Ethik wie Medizin-Ethik oder Wirtschafts-Ethik eine Sammlung von Regeln und Normen, die man auch als Berufsethos bezeichnen kann und die die Gemeinschaft der ihr Angehörigen in ihrem Verhalten eint (vgl. Abb. 4.21). In Bezug auf öffentliche Kommunikation kann man dieses Berufsethos auf zwei Dimensionen verdichten, nämlich auf Verantwortung und Respekt. Verantwortung meint die Rechtfertigung seiner Handlung vor dem Hintergrund des Ergebnisses der Handlung, Respekt die Wertschätzung des Anderen in Form von Achtung, Toleranz und der Anerkennung seiner Autorität. In der Kombination aus Respekt und Verantwortung realisiert sich ethisches Handeln (vgl. Abb. 4.22).

Schaut man sich Medienethik in diesem sehr praktischen Verständnis an, kann man drei Perspektiven unterscheiden:

- Medienethik im Sinne von branchenweit akzeptierten Regeln der Berufsausübung
- Medienethik als Verantwortungsethik im Hinblick auf die Folgen der Berufsausübung
- Medienethik als Entscheidungshilfe für das Tagesgeschäft

Im Verständnis als anerkanntes Regelwerk für die Berufsausübung manifestiert sich Medienethik im Bereich des Journalismus z. B. in Form des deutschen Pressekodex, den der

Abb. 4.22 Die Grundstruktur medienethischen Verhaltens

Deutsche Presserat als Zusammenschluss von vier Verleger- und Berufsorganisationen erstmals 1973 vorlegte[77]. In insgesamt 16 Normen regelt der Pressekodex, was in der journalistischen Arbeit als gut und als schlecht gilt (die folgende Darstellung und die wörtlichen Zitate bezieht sich auf die Fassung des deutschen Pressekodex vom 13. März 2013):

- Menschenwürde: „Die Achtung vor der Wahrheit, die Wahrung der Menschenwürde und die wahrhaftige Unterrichtung der Öffentlichkeit sind oberste Gebote der Presse. Jede in der Presse tätige Person wahrt auf dieser Grundlage das Ansehen und die Glaubwürdigkeit der Medien". Darunter fällt in der Anwendung die Verpflichtung, keine Exklusivverträge mit Informanten bei Themen des öffentlichen Interesses einzugehen, in der Wahlkampfberichterstattung auch über Parteien zu berichten, deren Ziele man nicht teilt und Pressemitteilungen als solche zu kennzeichnen, wenn man sie unredigiert übernimmt.
- Sorgfalt: „Zur Veröffentlichung bestimmte Informationen in Wort, Bild und Grafik sind mit der nach den Umständen gebotenen Sorgfalt auf ihren Wahrheitsgehalt zu prüfen und wahrheitsgetreu wiederzugeben. Ihr Sinn darf durch Bearbeitung, Überschrift oder Bildbeschriftung weder entstellt noch verfälscht werden. Unbestätigte Meldungen, Gerüchte und Vermutungen sind als solche erkennbar zu machen". Dies betrifft u. a. die Darstellung von Umfrageergebnissen, die hinsichtlich ihrer statistischen Relevanz ausgewiesen werden müssen, den Umgang mit sogenannten Symbolfotos und grafischen Darstellungen, die Verwendung von Interviews als Quelle und die Behandlung von Leserbriefen.
- Richtigstellung: „Veröffentlichte Nachrichten oder Behauptungen, insbesondere personenbezogener Art, die sich nachträglich als falsch erweisen, hat das Publikationsorgan, das sie gebracht hat, unverzüglich von sich aus in angemessener Weise richtig zu stellen".
- Grenzen der Recherche: „Bei der Beschaffung von personenbezogenen Daten, Nachrichten, Informationsmaterial und Bildern dürfen keine unlauteren Methoden angewandt werden". Hierin ist u. a. geregelt, dass sich Journalisten grundsätzlich als Journalisten zu erkennen geben. Verdeckte Recherchen sind nur in Ausnahmefällen vertretbar,

---

[77] Vgl. http://www.presserat.info/inhalt/der-pressekodex/pressekodex.html abgerufen am 19.8.2013.

wenn dadurch Informationen von besonderem öffentlichem Interesse beschafft werden. Weiterhin ist geboten, nicht die Situation schutzbedürftiger Personen auszunutzen.

- Berufsgeheimnis: „Die Presse wahrt das Berufsgeheimnis, macht vom Zeugnisverweigerungsrecht Gebrauch und gibt Informanten ohne deren ausdrückliche Zustimmung nicht preis". In dieser Ziffer ist neben dem Informantenschutz geregelt, dass auch als geheim gekennzeichnete Informationen veröffentlicht werden können, wenn das Informationsbedürfnis der Öffentlichkeit höher rangiert, als die für die Geheimhaltung angeführten Gründe.

- Trennung von Tätigkeiten: „Journalisten und Verleger üben keine Tätigkeiten aus, die die Glaubwürdigkeit der Presse in Frage stellen könnten". Interessenskonflikte durch Doppelfunktion sollen so vermieden werden.

- Trennung von Werbung und Redaktion: „Die Verantwortung der Presse gegenüber der Öffentlichkeit gebietet, dass redaktionelle Veröffentlichungen nicht durch private oder geschäftliche Interessen Dritter oder durch persönliche wirtschaftliche Interessen der Journalistinnen und Journalisten beeinflusst werden". Neben der allgemeinen zweiten journalistischen Trennungsregel ist hier explizit das Verbot von Schleichwerbung angesprochen, dass also Journalisten nicht positiv über Unternehmen oder ihre Produkte berichten, weil sie z. B. Vorteile durch die Unternehmen erhalten.

- Schutz der Persönlichkeit: „Die Presse achtet das Privatleben des Menschen und seine informationelle Selbstbestimmung. Ist aber sein Verhalten von öffentlichem Interesse, so kann es in der Presse erörtert werden". Hier werden in den Ausführungsrichtlinien viele Aspekte angesprochen u. a. spezielle Hinweise für die Kriminalberichterstattung, der Opferschutz, Auskunftspflichten und Umgang mit Kindern, Jugendlichen und Familienangehörigen.

- Schutz der Ehre: „Es widerspricht journalistischer Ethik, mit unangemessenen Darstellungen in Wort und Bild Menschen in ihrer Ehre zu verletzen".

- Religion, Weltanschauung, Sitte: „Die Presse verzichtet darauf, religiöse, weltanschauliche oder sittliche Überzeugungen zu schmähen".

- Sensationsberichterstattung, Jugendschutz: „Die Presse verzichtet auf eine unangemessen sensationelle Darstellung von Gewalt, Brutalität und Leid. Die Presse beachtet den Jugendschutz". Dies betrifft auch den Grundsatz, dass Journalisten sich von Verbrechern nicht instrumentalisieren lassen und dass speziell auf Titelseiten Bilder von Gewalttaten aus Jugendschutzgründen zu vermeiden sind. In dieser Ziffer ist auch geregelt, dass Journalisten generell eine Nachrichtensperre nicht akzeptieren und lediglich im Einzelfall abwägen, ob eine Berichterstattung zugunsten möglicher Ermittlungserfolge unterlassen oder verschoben wird.

- Diskriminierungen: „Niemand darf wegen seines Geschlechts, einer Behinderung oder seiner Zugehörigkeit zu einer ethnischen, religiösen, sozialen oder nationalen Gruppe diskriminiert werden". Dies gilt speziell bei Berichterstattung über Straffälle, wo Religionszugehörigkeit oder Herkunft in der Regel nicht genannt werden sollen.

- Unschuldsvermutung: „Der Grundsatz der Unschuldsvermutung gilt auch für die Presse". In dieser Ziffer wird explizit der „Medien-Pranger" verboten. Eine soziale Zusatzbestrafung durch die Medien ist nicht zugelassen. Auch Vorverurteilungen entsprechen nicht dem Berufsethos, d. h. zwischen Verdacht und erwiesener Schuld durch Geständnis oder ein Gerichtsurteil muss trennscharf unterschieden werden.

- Medizin-Berichterstattung: „Bei Berichten über medizinische Themen ist eine unangemessen sensationelle Darstellung zu vermeiden". Forschungsergebnisse, die möglicherweise irgendwann in ferner Zukunft zu neuen Therapieansätzen verhelfen können, sollen nicht als neue Wundermedizin, die bald verfügbar ist, dargestellt werden.
- Vergünstigungen: „Die Annahme von Vorteilen jeder Art, die geeignet sein könnten, die Entscheidungsfreiheit von Verlag und Redaktion zu beeinträchtigen, sind mit dem Ansehen, der Unabhängigkeit und der Aufgabe der Presse unvereinbar". Dies betrifft allerdings nicht die Annahme von Geschenken und Rabatte, sondern lediglich deren steuernden Einfluss auf die Berichterstattung.
- Veröffentlichung von Rügen: „Es entspricht fairer Berichterstattung, vom Deutschen Presserat öffentlich ausgesprochene Rügen zu veröffentlichen". Hierbei soll insbesondere auf die publizistischen Fehler, die zur Rüge geführt haben, hingewiesen werden.

Unter Bezugnahme auf den Pressekodex ist es allen Bürgern möglich, Beschwerden gegen journalistische Veröffentlichung einzureichen. Diese Beschwerden – in 2012 waren es z. B. 1.500 Einreichungen – werden vom Deutschen Presserat behandelt. Über die Hälfte der Beschwerden wird bereits in einer Vorprüfung als unbegründet abgelehnt, die andere Hälfte führt zu Missbilligungen, Hinweisen und Rügen, die auch nicht-öffentlich ausfallen können. Die meisten Beschwerden richteten sich 2012 gegen Verstöße der Ziffern 9 (Ehrverletzung) und 2 (Sorgfaltspflicht) des Pressekodex.

In der Praxis finden sich zahlreiche Beispiele, an denen man medienethische Fragestellungen trefflich diskutieren kann. Ob es dabei um die Grenzen der Satire geht wie bei dem Titel der Zeitschrift Titanic (Juli 2012[78]), die im Rahmen der Vatileaks-Affäre[79] den Papst mit befleckter Soutane zeigt. Oder die Behinderung der Polizeiarbeit durch Journalisten wie beim Gladbecker Geiseldrama 1988[80]. Oder die durchaus gängige Praxis, dass Journalisten von der Wirtschaft zu aufwändigen Events eingeladen werden oder Produkte mit Rabatten erwerben können: Volkswagen etwa bietet Journalisten generell 15 % Nachlass auf den Listenpreis und 30 % auf Zubehör[81]. Eine eigene Webseite widmet sich ausschließlich den Rabatten, die Journalisten bei Herstellern und Dienstleistern erhalten können[82] und listet von A wie Auto bis Z wie Zeitschriften eine vierstellige Anzahl von Angeboten.

---

[78] Vgl. http://www.titanic-magazin.de/archive/heftarchiv/ abgerufen am 19.8.2013.

[79] Vgl. http://www.tagesspiegel.de/weltspiegel/vatileaks-seiner-heiligkeit-untreuer-kammerdiener/6686532.html abgerufen am 19.8.2013.

[80] Vgl. http://www1.wdr.de/themen/archiv/stichtag/stichtag3090.html abgerufen am 19.8.2013.

[81] Vgl. http://www.volkswagen.de/de/angeboteaktionen/DirektkundenO/Journalisten.html abgerufen am 19.8.2013.

[82] Vgl. http://www.pressekonditionen.de/ abgerufen am 19.8.2013.

Neben Journalisten tragen aber auch andere Berufsgruppen eine besondere Verantwortung, weil sie im öffentlichen Raum kommunizieren, z. B. in Form strategischer Kommunikation von Unternehmen (vor allem Werbung und Societal Relations) oder als Medienprodukte wie Filme oder Computerspiele.

Den anhand des Pressekodex dargestellten journalistischen Berufsethos kann man durchaus als Gesinnungsethik verstehen, die im Rahmen der öffentlichen Mission des Journalismus stattfindet. Ob die Folgen einer Veröffentlichung z. B. in den Selbstmord wie 2003 bei dem FDP-Politiker Möllemann[83], zu Vorverurteilungen und dem Karriereende wie 2010 im Fall Kachelmann[84] oder zur tatsächlichen Gewalteskalation und massiven Bedrohungen führen wie bei den 2005 in der dänischen Jyllands-Posten erschienenen Mohammed-Karikaturen[85], wird nicht individuell zugerechnet, sondern ist den Umständen geschuldet. „Wenn die Folgen einer aus reiner Gesinnung fließenden Handlung üble sind, so gilt ihm nicht der Handelnde, sondern die Welt dafür verantwortlich, die Dummheit der anderen Menschen oder – der Wille des Gottes, der sie so schuf" (Weber 1999, S. 442). Verantwortungsethik dagegen rechnet die Folgen des Handelns dem individuellen Verhalten zu. Im Kontext von individueller Verantwortung kann man verschiedene Perspektiven unterscheiden (hier in Anlehnung an Ropohl 2009, S. 39):

- Wer trägt die Verantwortung (Verantwortungsträger)?
- Was ist zu verantworten (Handlung)?
- Wofür wird Verantwortung übernommen (Handlungsfolgen)?
- Weswegen muss man sich verantworten (Normen und Werte)?
- Wovor muss man sich verantworten (Verantwortungsinstanz)?
- Wann übernimmt man Verantwortung (prospektiv, also vor der Handlung, oder retrospektiv nach der Handlung)?
- Wie übernimmt man Verantwortung (aktiv, symbolisch, passiv)?

Vor diesem Hintergrund lassen sich spannende medienethische Fragen erörtern, etwa inwieweit transportierte Schönheitsstereotype für krankhafte Essstörungen verantwortlich sind, welche Verantwortung die Werber für Alkoholika gegenüber Alkoholikern haben oder ob die Entwickler und die Verleger von *first person shooters* Verantwortung für Amokläufe von Jugendlichen tragen.

Was offensichtlich ist: Anders als im Journalismus, wo häufig ein Autor mit einer Geschichte verbunden ist und daher die Zurechnung von Verantwortung einfach fallen würde, geht es bei Unternehmenskommunikation und Medienprodukten nicht mehr um die Verantwortung einzelner Personen, sondern um das Spannungsfeld aus individueller und korporativer Verantwortung (vgl. Debatin 1997). Die Umsetzung korporativer Verantwor-

---

[83] Vgl. http://de.wikipedia.org/wiki/M%C3%B6llemann#Die_M.C3.B6llemann-Aff. C3.A4re_2002.2F2003 abgerufen am 20.8.2013.

[84] Vgl. http://de.wikipedia.org/wiki/Kachelmann abgerufen am 20.8.2013.

[85] Vgl. http://de.wikipedia.org/wiki/Mohammed-Karikaturen abgerufen am 20.8.2013.

tung erfolgt oft in Form einer freiwilligen Selbstkontrolle mit dem Ziel, „die Übernahme von ethisch gerechtfertigter Verantwortung auch unter Marktbedingungen zu ermöglichen" (Rath 2003, S. 50).

Im Bereich der Werbung übernimmt diese Aufgabe der vom Zentralverband der deutschen Werbewirtschaft (ZAW) 1972 gegründete Deutsche Werberat, dem vierzig Mitgliedsverbände der Werbung treibenden Wirtschaft, Werbemittelhersteller, Werbeagenturen und Marktforschung angehören. Der Deutsche Werberat hat Grundregeln zur kommerziellen Kommunikation entwickelt, die sich an bestimmten Kriterien messen lassen müssen[86]: Werbung darf demnach

- „das Vertrauen der Verbraucher nicht missbrauchen und mangelnde Erfahrung oder fehlendes Wissen nicht ausnutzen
- Kindern und Jugendlichen weder körperlichen noch seelischen Schaden zufügen
- keine Form der Diskriminierung anregen oder stillschweigend dulden, die auf Rasse, Abstammung, Religion, Geschlecht, Alter, Behinderung oder sexuelle Orientierung bzw. die Reduzierung auf ein sexuelles Objekt abzielt
- keine Form gewalttätigen, aggressiven oder unsozialen Verhaltens anregen oder stillschweigend dulden
- keine Angst erzeugen oder Unglück und Leid instrumentalisieren
- keine die Sicherheit der Verbraucher gefährdenden Verhaltensweisen anregen oder stillschweigend dulden"

Im Jahr 2012 kamen 915 Beschwerden zu 479 Werbeaktivitäten vor den Deutschen Werberat. Über 305 Beschwerden wurde entschieden, wobei 72 Werbekampagnen tatsächlich beanstandet und 66 davon eingestellt oder geändert wurden[87].Größtes Kritikfeld mit 37 % der Beschwerden betraf dabei die Beleidigung und Diskriminierung von Frauen[88], wobei interessanterweise die Branche mit den meisten Verstößen die Massenmedien selbst und ihre Eigenwerbung betraf[89]. In vierzig Jahren Tätigkeit behandelte der Deutsche Werberat insgesamt 17.931 Proteste, von denen 2.709 beanstandet wurden und in 96 % der Fälle zur Einstellung oder Änderung der Werbemaßnahmen führten und die verbleibenden 114 Fälle öffentlich gerügt wurden[90].

Die freiwillige Selbstkontrolle als Instrument, mögliche gesetzliche Regulierungen zu vermeiden, wird auch in anderen Kommunikationsbranchen eingesetzt. Die Freiwillige Selbstkontrolle der Filmwirtschaft (FSK) etwa prüft die Altersfreigaben von Filmen und umgeht so eine mögliche Indizierung durch die Bundesprüfstelle für jugendgefährdende Medien (BPjM). Die Freiwillige Selbstkontrolle Fernsehen (FSF) prüft die Programme

---

[86] Vgl. http://www.werberat.de/grundregeln abgerufen am 20.8.2013.

[87] Vgl. http://www.werberat.de/bilanz-2012 abgerufen am 20.8.2013.

[88] Vgl. http://www.werberat.de/inhalte-der-werbekritik abgerufen am 20.8.2013.

[89] Vgl. http://www.werberat.de/branchen-vor-dem-werberat abgerufen am 20.8.2013.

[90] Vgl. http://www.werberat.de/beschwerdefaelle-aus-40-jahren abgerufen am 20.8.2013.

Abb. 4.23 Potter Box als
Instrument der ethischen
Entscheidungsfindung

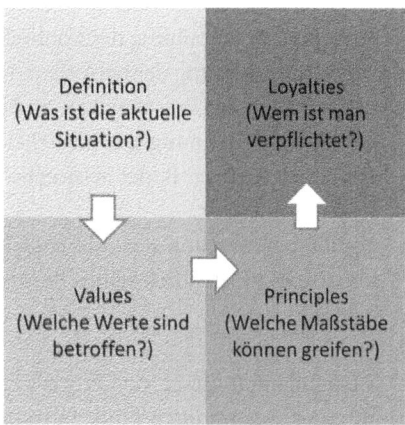

privater Fernsehveranstalter, die Unterhaltungssoftware Selbstkontrolle (USK) legt Altersfreigaben von Computerspielen fest, die freiwillige Automaten-Selbst-Kontrolle (ASK) bewertet kostenpflichtige Bildschirmspielgeräte, die gewerblich aufgestellt werden und die
Freiwillige Selbstkontrolle Multimedia-Diensteanbieter (FSM) entwickelt Verhaltenskodizes für die Betreiber sozialer Netzwerke, Suchmaschinen, Chats und Mobilfunk.

Diese praktische Umsetzung medienethischer Anforderungen sucht man auch bei der
Lösung ethischer Fragestellungen, die sich im Alltag stellen. Der Theologe Ralph B. Potter
beschäftigte sich mit dem Themengebiet und ging der Frage nach, ob es ein allgemeines
Schema für den Umgang mit ethischen Entscheidungen geht. Grundlage seiner Überlegung ist die Anpassung des von Parsons entwickelten AGIL-Schemas, das die Grundfunktionen von Gesellschaft über vier Dimensionen beschreibt (vgl. Parsons et al. 1953):

- *adaption* (Anpassung an die Umwelt)
- *goal attainment* (Zielverfolgung)
- *integration* (Eingliederung und Harmonisierung)
- *latency* (Beibehaltung bestehender Muster)

Potter überträgt diese Funktionen auf die Grundlagen ethischer Fragestellungen. „Parsons
operationalizes the factors as follows: adaptation takes the form of empirical ideas; goal-
attainment takes the form of communication; integration occurs through evaluation; and
latent pattern management provides the grounding for meaning. And these explanations
of Parsons' cultural subsystem parallel, strongly, the categories Potter identifies as essential
qualities of any ethical debate" (Backus und Ferraris 2004, S. 224). Aus dem Vier-Funk-
tionen-Schema wird so die Potter Box (vgl. Abb. 4.23), die über vier Dimensionen einen
systematischen Prozess entwickelt, mit dem ethische Fragestellungen entschieden und in
konkrete Aktionen überführt werden können (vgl. Christians et al. 2011):

- *definition*: Beschreibung der konkreten Situation, faktenorientiert und objektiv
- *values*: Bestimmung der betroffenen und gegenläufigen Werte, um damit das Feld möglicher Folgen der Entscheidung zu öffnen
- *principles*: Benennung grundsätzlicher Prinzipien, die man auf die ermittelten Werte anwenden kann, z. B. das aristotelische Prinzip der goldenen Mitte oder Kants kategorischer Imperativ
- *loyalties*: Bewertung der Abhängigkeiten, unter denen der Entscheider entscheiden muss, z. B. hinsichtlich seines Berufsethos oder seiner Diensttreue im Angestelltenverhältnis

Das Durchlaufen dieser vier Prozessschritte sichert nicht ab, eine gute Entscheidung im Sinne einer angewandten Ethik zu treffen, sie kann aber als praktisches Werkzeug für den Umgang mit kontroversen Situationen im Alltag eines Journalisten oder PR-Managers genutzt werden.

> **Lessons learned:**
> Medienethik als angewandte Ethik legt durch Verhaltenskodizes fest, wie Beiträge im öffentlichen Raum zu gestalten sind. Solche Verhaltenskodizes geben den handelnden Personen Orientierung und regeln indirekt auch die Festlegung personaler und korporativer Verantwortung. Ethisch schwierige Entscheidungen kann man mit Hilfe der Potter Box absichern.

4.5   Leitmedien der Gesellschaft

Eine Betrachtung öffentlicher Kommunikation darf nicht nur auf die Frage der Inhalte beschränkt bleiben. Wie Inhalte wirken und wie Inhalte entstehen sind wichtige Themen. Sie allein erklären aber noch nicht die Bedeutung von Medien für die Entwicklung der Gesellschaft oder noch extremer formuliert: für die Menschwerdung des Menschen. Ich schließe mich hier umfassend der erkenntnistheoretischen Sicht Poppers an: „Meine Theorie ist, daß es die Sprache ist, die uns zu Menschen macht, und daß menschliches Bewußtsein – das Ichbewußtsein – ein Ergebnis der Sprache ist" (Popper 1975, S. 68). Es lohnt daher, den Blick auf die Ko-Evolution von Medien und Gesellschaft zu lenken. Dies führt zur Beschäftigung mit den Leitmedien, die ein Zeitalter prägen.

Von Leitmedien kann man in zwei unterschiedlichen Perspektiven sprechen. Umgangssprachlich bezieht sich der Begriff auf einzelne Titel oder Sendeformate, die einen besonderen Einfluss auf die öffentliche Debatte nehmen, was im Kern ihrer wahrgenommenen Qualität zugerechnet wird (vgl. Jarren und Vogel 2011). In diesem Verständnis zählen in Deutschland etwa die Bild-Zeitung, der Spiegel, die Zeit, die Frankfurter Allgemeine Zeitung und die Süddeutsche Zeitung zu den *newspaper of record*, wie man diese führenden

Verlagserzeugnisse im englischsprachigen Raum nennt. Ergänzt werden diese Qualitäts-
redaktionen durch entsprechende Formate im Fernsehen, in Deutschland insbesondere
durch die Nachrichtensendungen der öffentlich-rechtlichen Sender wie Tagesschau und
Heute Journal.

In einem weiteren Rahmen meint der Begriff Leitmedium aber etwas anderes. Es geht
um das für einen Zeitabschnitt prägende Medium und die Konsequenzen, die sich aus
seiner Nutzung ergeben. Hier schließen sich wiederum verschiedene Perspektiven an, je
nachdem ob man den Medienbegriff auf die jeweils vorherrschenden Kommunikations-
technologien oder deutlich weiter gefasst verwendet. Sind Medien nur die Medien, die
man als Massenmedien bezeichnet (und damit implizit unterstellt, dass nur solche Medien betroffen sind, bei denen einer viele erreicht)? Oder versteht man unter Medien alle
Kommunikationsmittler – also angefangen bei Sprache bis hin zu symbolischen Generalisierungen wie Geld? Oder verwendet man einen Medienbegriff, der alle Arten von Erweiterungen menschlicher Leistungsfähigkeit integriert und bezieht so z. B. auch Mobilität
mit ein?

4.5.1 Medien und Macht: Brot und Spiele für die Massen

Diskutiert man über das Leitmedium einer Gesellschaft vor dem Hintergrund eines engen
Begriffs von Massenmedien, stellt sich zunächst die Frage, was genau Massenmedien sind.
Man kommt relativ einfach zu einer Definition, die letztlich auf den Aspekt fokussiert, dass
Medien dann zu Massenmedien werden, wenn sie technisch in der Lage sind, ein großes
Publikum unabhängig von einem konkreten Ort anzusprechen. Massenmedien sind also
ganz praktisch Medien, „die sich an Massen richten u. zugleich massenhaft vorkommen"
(Silbermann 1982, S. 294). In diesem Verständnis kann man vier verschiedene Gruppen
von Massenmedien unterscheiden:

- Druckmedien (Buch, Zeitung, Zeitschrift, Plakat, Flugblatt etc.), bei denen codierte
  Symbole (in der Regel Schrift) reproduziert werden, die vom Nutzer wiederum decodiert werden müssen.
- Aufnahmemedien (Tonaufzeichnung/Schallplatte, Fotografie, Bewegtbild/Kino), bei
  denen direkt erfahrbare Sinneseindrücke (Töne und Bilder) reproduziert werden, die
  vom Nutzer direkt erfahren werden können (bzw. technisch durch ein Abspielgerät de-
  kodiert werden, aber keine Decodierung durch den Nutzer selbst benötigen).
- Rundfunkmedien (Radio, Fernsehen), bei denen direkt erfahrbare Sinneseindrücke reproduziert werden, die von einer großen Anzahl von Nutzern zur gleichen Zeit direkt
  erfahren werden können.
- Netzwerkmedien (World Wide Web, E-Mail, File Transfer, File Sharing, Voice over IP
  etc.), in die die drei vorgenannten Medien aufgrund von Digitalisierung integriert werden und deren Zugang über verschiedene Endgeräte in beliebigen Kontexten möglich
  ist.

Diese vier Massenmedien prägen unterschiedliche Epochen. Der Druck löst das Zeitalter der Skriptorien ab, der meist klösterlichen Schreibstuben, in denen Texte handschriftlich reproduziert wurden. Der aufwändige Kopiervorgang begrenzt die Menge verfügbarer Manuskripte und damit zugleich die Menge an Titeln und den Wert des einzelnen Werks. Im 15. Jahrhundert wurden in West-Europa handschriftlich 5 Mio. Bücher vervielfältigt – also im Mittel 50.000 Stück pro Jahr.

Mit der ab 1454 eingeführten Drucktechnik mit beweglichen Lettern erhöht sich diese Anzahl signifikant. So werden im gesamten 15. Jahrhundert, obwohl erst zur Mitte des Jahrhunderts verfügbar, bereits zwölf Millionen Exemplare gedruckt, im Mittel also fast 274.000 Stück pro Jahr. Im 18. Jahrhundert sind es dann etwa 1 Mrd. Bücher, die in West-Europa produziert werden, rund 10 Mio. Stück pro Jahr (vgl. Buringh und van Zanden 2009, S. 417 f.).

Die immer größere und günstigere Verfügbarkeit gedruckter Texte ist der zentrale Katalysator zur Entwicklung der modernen Gesellschaft. Die Schrift entwickelt sich zum Leitmedium der vormals durch Oralität geprägten Gesellschaft und dieser Wechsel hat massiven Einfluss auf die Art und Weise, wie Menschen über die Welt und ihr Leben denken (vgl. Ong 1982). Schon die Produktion von Texten unterscheidet sich gegenüber mündlicher Überlieferung was ihre Struktur und Formalität angeht. Noch mehr aber haben Texte die Möglichkeit, auf große Mengen von Nutzern Einfluss zu nehmen – und dies umso stärker, umso einfacher sie verfügbar gemacht werden können. Die Reformation und damit letztlich die Entwicklung protestantischer Glaubensgemeinschaften, denen sich heute rund 400 Mio. Menschen zugehörig fühlen, sind ohne Schrift eben so wenig vorstellbar wie der Kommunismus, dem mit der Sowjet Union, China und den zahlreichen Satellitenstaaten im Kalten Krieg rund die Hälfte der Weltbevölkerung anhing.

Texte können Einstellungen ändern, können Gründe für Revolutionen liefern, können Einfluss auf die Machtverhältnisse nehmen. Von daher wurden Texte seit alters her kritisch beäugt. Man schätzt, dass von den antiken Texten griechischer und römischer Autoren höchstens 10 % überliefert sind und große Teile davon zwischen dem 3. und 6. Jahrhundert unserer Zeitrechnung bewusst zerstört wurden (vgl. Harris 1995). Die Geschichte der Zensur liest sich dementsprechend vielfältig und abwechslungsreich bis in die heutige Zeit hinein (vgl. Fuld 2012). Wenngleich die Machthaber der Moderne sich über einen längeren Beobachtungsrahmen mit ihren Beschränkungen und Eingriffen in die Veröffentlichungspraxis nicht wirklich durchsetzen konnten, signalisiert allein der Versuch, wie sehr Texte als Träger von Ideen und Visionen den realen Machtverhältnissen zusetzen können.

Gedruckte Texte und später auch die physikalischen Trägermedien von Aufnahmen (Schallplatte, Tonband, Film) kann man nur einigermaßen passabel über einen gewissen Zeitraum und in einer bestimmten Region der massenhaften Vervielfältigung entziehen. Durch die asynchrone Nutzung lassen sich materiale Medien nicht dauerhaft wirksam verbannen. Anders sieht das im Rundfunk aus, dessen zentrales Charakteristikum die Synchronität von Ausstrahlung und Nutzung ist[91]. Da die Möglichkeit der Verbreitung von

---

[91] Seit Einführung der Kassettenrekorder und Videorekorder im Massenmarkt ab den 1970er Jahren muss man eigentlich die Vergangenheitsform verwenden, speziell was heute die Nutzung von auditi-

Rundfunk über terrestrische Frequenzen aufgrund von Bandbreiten begrenzt ist, wurde seit der technischen Entwicklung von Radio und Fernsehen die Berechtigung, Programme auszustrahlen, über Lizenzen geregelt.

Wenn man den Zugang derart zentral regulieren kann, ist die Möglichkeit zur Nutzung von Rundfunk als Instrument der eigenen Machterhaltung und -entfaltung quasi immanent. Dies führte in Deutschland unter der Herrschaft der NSDAP zur Gleichschaltung als Großdeutscher Rundfunk und der Möglichkeit, politische Agitation direkt und ungefiltert in Millionen von Wohnzimmern auszusenden. Doch schon zuvor wurde erkannt, dass elektronische Medien im Unterschied zu Druckmedien ein ungeheures Potenzial für die gesellschaftliche Entwicklung haben können, wenn man sie nicht als Distributionssysteme (einer sendet, alle anderen empfangen), sondern als Kommunikationssysteme mit Rückkanal konzipiert. Der Dramatiker Bertolt Brecht gilt als einer der frühen Vertreter solcher Überlegungen, wenn er in einem Vortrag 1932 vor den Rundfunkintendanten formuliert: „Der Rundfunk ist aus einem Distributionsapparat in einen Kommunikationsapparat zu verwandeln. Der Rundfunk wäre der denkbar großartigste Kommunikationsapparat des öffentlichen Lebens, ein ungeheures Kanalsystem, das heißt, er wäre es, wenn er es verstünde, nicht nur auszusenden, sondern auch zu empfangen, also den Zuhörer nicht nur hören, sondern auch sprechen zu machen und ihn nicht zu isolieren, sondern ihn in Beziehung zu setzen. Der Rundfunk müsste demnach aus dem Lieferantentum herausgehen und den Hörer als Lieferanten organisieren" (Brecht 1967, S. 129). Dieses Postulat scheint gleichwohl rund sechzig Jahre später mit Verbreitung des Internet langsam in Erfüllung zu gehen.

Medien sind aber nicht nur für politische Botschaften (und solche, die es zu verschweigen gilt) ein wichtiges Machtinstrument. Die von Vertretern der Frankfurter Schule entwickelte Kritische Theorie unterstellt einen weitergehenden Zusammenhang, indem sie zeigt, „wie sich gesellschaftliche Verhältnisse in kulturellen Phänomenen ausdrücken und wie sich jene Verhältnisse mittels dieser Phänomene reproduzieren" (Kausch 1988, S. 7). Massenmedien tragen in diesem Lichte dazu bei, autonome Kunst zu Gunsten einer Kulturindustrie einzuzüngen und damit die Dialektik der Aufklärung – die Spannung zwischen Aufklärung als Ideal und alltäglicher Mythologie – zu forcieren. „Zu den wesentlichen Eigenschaften kulturindustrieller Produkte gehören: soziale Indifferenz, Wiederholung des Immergleichen, rasche Vergänglichkeit, Verdoppelung der Realität und Verstärkung vorgegeben Bewußtseins" (a. a. O., S. 86). Die Aufklärung frisst gleichsam ihre Kinder, wenn sie selbst zum Herrschaftssystem wird und ihre eigenen Mythen schafft wie den von der informierenden und unterhaltenden Funktion der Massenmedien.

Enzensberger führt in seinem Baukasten zu einer Theorie der Medien diese Gedanken weiter und stellt fest: „Manipulation (…) heißt soviel wie zielbewußtes technisches Eingreifen in ein gegebenes Material. (…) Jeder Gebrauch der Medien setzt also Manipulation voraus. Die elementarsten Verfahren medialen Produzieren von der Wahl des Mediums selbst, über Aufnahme, Schnitt, Synchronisation, Mischung bis hin zur Distribution sind

ven und audiovisuellen Beiträgen *on demand* im World Wide Web angeht.

allesamt Eingriffe in das vorhandene Material. Ein unmanipuliertes Schreiben, Filmen und Senden gibt es nicht. Die Frage ist daher nicht, ob die Medien manipuliert werden oder nicht, sondern wer sie manipuliert. Ein revolutionärer Entwurf muß nicht die Manipulateure zum Verschwinden bringen; er hat im Gegenteil einen jeden zum Manipulateur zu machen" (Enzensberger 1970, S. 166).

Gewinnstreben als Nährlösung und Manipulation als Werkzeug führten in der Folge zu einer Diskussion, der die UNESCO eine Plattform bot. Die beiden Blöcke im Kalten Krieg – NATO (USA) und Warschauer Pakt (UdSSR) – wurden bezichtigt, Medienimperialismus zu betreiben und durch ideologisch-kulturell eingefärbte Berichterstattung der finanzstarken Verlagshäuser und Rundfunkanbieter das Meinungsbild anderer Staaten zu beeinflussen. Unter Vorsitz von Sean MacBride nahm eine Kommission ihre Arbeit auf und legte 1980 einen vielbeachteten Bericht über den *free flow of information* vor. Hierin wird eindrücklich beschrieben, wie elementar der Aufbau nationaler und regionaler Medienstrukturen ist, um das in Artikel 19 der UN-Menschenrechtscharta verbriefte Recht auf Information umzusetzen. Artikel 19 lautet: „Jeder hat das Recht auf Meinungsfreiheit und freie Meinungsäußerung; dieses Recht schließt die Freiheit ein, Meinungen ungehindert anzuhängen sowie über Medien jeder Art und ohne Rücksicht auf Grenzen Informationen und Gedankengut zu suchen, zu empfangen und zu verbreiten[92]". Die MacBride-Kommission stellte zu diesem Grundrecht fest: „The whole post-war period has been a time of struggle for the implementation of this right" (UNESCO 1980, S. 137). Die drei Eigenschaften, die die Meinungsfreiheit beschreiben, sind laut UN-Charta die ungehinderte Suche, der Empfang und die Verbreitung von Informationen. „Over-emphasis on the ‚right to receive' information results mainly from the very nature of present day societies, reflected in media structures (…) In reality, such a limitation of the concept means that power centres in the communication world are trespassing on the full rights of the individual" (a. a. O., S. 137).

Der Einfluss wichtiger Interessengruppen auf die Themen und deren Bearbeitung bzw. Interpretation in den Massenmedien greifen Herman und Chomsky in ihrem Propagandamodell der Medien auf. Ganz ohne direkten staatlichen Einfluss und Zensur unterstützen die Massenmedien die Sichtweisen kleiner, herrschender Eliten, in dem sie aufgrund von Filtern letztlich einem elitären Konsens verpflichtet sind und die Öffentlichkeit (oder die Masse) auf diesen Konsens einschwört. Grundlage für dieses *manufacturing of consent* ist die ungleiche Verteilung von Wohlstand und Macht, auch in demokratisch legitimierten Politiksystemen wie in den Vereinigten Staaten von Amerika. „(…) money and power are able to filter out the news fit to print, marginalize dissent, and allow the government and dominant private interests to get their messages across the public" (Herman und Chomsky 1988, S. 2).

Wie diese Filterfunktion von Macht und Geld funktioniert, beschreiben Herman und Chomsky in fünf Dimensionen:

---

[92] Vgl. http://www.ohchr.org/EN/UDHR/Pages/Language.aspx?LangID=ger abgerufen am 22.8.2013.

- Größe, Besitzstrukturen und Gewinnorientierung: Ein Großteil der Massenmedien ist privatwirtschaftlich organisiert und damit auf Profit ausgerichtet. Alternative Betriebsformen sind aufgrund hoher Markteintrittsbarrieren nicht durchsetzbar und die bestehenden Besitzstrukturen tendieren wie in anderen reifen Branchen auch zur Konzentration.

- Werbung als zentrales Erlösmodell: Fast alle Massenmedien sind im Kern werbefinanziert und stehen damit in Abhängigkeit zur werbetreibenden Industrie, die neben Reichweite auch auf ein adäquates Umfeld für ihre Produkte schaut, was meistens heißt, das redaktionelle Polarisierung oder Konfrontation zu Werbeausfällen führt.

- Nachrichtenproduktion als zentraler Kostentreiber: Neben dem Umsatz sind die Kosten verantwortlich für den Gewinn und die Kosten massenmedialer Angebote entstehen in der Produktion der Inhalte. Je günstiger diese werden – z. B. durch großzügige Übernahme vorgefertigter Berichte aus Wirtschaft und Politik oder die Kostenübernahme für Recherche-Reisen – umso eher werden sie veröffentlicht.

- Risiken der Berichterstattung: Kontroverse Berichterstattung kann unter Beschuss genommen werden, entweder mit juristischer Munition und teuren Rechtsstreitigkeiten oder durch echte Sanktionen wie dem Entzug der Sendelizenz. Diese Risiken vor Augen, vermeiden Massenmedien Konfrontationen mit unwägbarem Ausgang.

- Gemeinsames Feindbild: War es im Kalten Krieg der Kommunismus, ist es heute der Krieg gegen den Terror: Ein gemeinsames Feindbild eint die Sichtweise, in der die Akteure in den Massenmedien ihre Sicht auf die Dinge verbreiten.

In diesem Kontext kann man die Analyse der Reporter ohne Grenzen interpretieren, die für das Jahr 2012 feststellen: „Deutschland steht auf der weltweiten ROG-Rangliste der Pressefreiheit auf Platz 17 von 179, also innerhalb Europas etwa im Mittelfeld. Ins Auge sticht vor allem die abnehmende Vielfalt der Presse: Aus Geldmangel arbeiten immer weniger Zeitungen mit eigener Vollredaktion, mehrere Redaktionen wurden 2012 komplett geschlossen. In vielen Regionen gibt es keine konkurrierenden Printmedien mehr. Gleichzeitig steigt die Zahl der von Unternehmen bezahlten Beiträge, die sich immer stärker – und für den Leser kaum erkennbar – mit journalistischen Inhalten mischen"[93].

Lessons learned:
Medien haben zentralen Einfluss auf die gesellschaftliche Entwicklung. Erst durch Verschriftlichung können konkurrierende Ideen den Status Quo hinterfragen. So entwickeln sich auf Basis verschriftlichter Ideen revolutionäre Prozesse wie die Reformation, der Kommunismus und der Nationalismus. Während schriftliche Medien durch ihre asynchrone Nutzung (etwas wird irgendwann niedergeschrieben und zu einem anderen Zeitpunkt gelesen) wenig steuerbar sind, lässt sich der synchrone

---

[93] http://www.reporter-ohne-grenzen.de/fileadmin/rte/docs/2013/130130_Nahaufnahme-Deutschland_layouted.pdf abgerufen am 22.8.13.

Rundfunk als leistungsfähiges Machtinstrument und als Wegbereiter einer Populär-kultur einsetzen. Die Rückkanalfähigkeit im Internet schwächt diese Machtfunktion ab, dennoch beeinflusst das journalistischen System weiter die öffentliche Meinung und der Journalismus (die professionelle Nachrichtenproduktion) ist eingebunden in ökonomische und politische Strukturen, die nur dann erfolgreich funktionieren, wenn ein grundlegender Konsens zwischen Macht, Geld und Inhalten darstellbar ist.

4.5.2   Medien und Wirklichkeit: Wie real ist die Realität?

Es ist eine recht simple Frage, um die es sich im Kern dreht, die aber einige Konsequenzen mit sich bringt: Bilden Massenmedien die Realität – mehr oder weniger objektiv – ab, oder stellen sie erst die Realität für uns her? Schulz (1989) verdichtet die unterschiedlichen Sichtweisen und Einzelaspekte des Diskurses zu zwei Perspektiven, die er ptolemäisch und kopernikanisch nennt. Die ptolemäische Auffassung geht von starken Medien aus, die ein Spiegel der Wirklichkeit sind, der je nach Blickwinkel ein verzerrtes oder verschobenes Bild reflektiert, aber immer ein Bild von dem, wie es ist. Walter Cronkite, fast zwanzig Jah-re *anchorman* der CBS Evening News, der wichtigsten Nachrichtensendung im Fernsehen der USA, beendete in diesem Sinn allabendlich die Hauptnachrichten mit dem zum geflü-gelten Wort gewordenen Abbinder „And that's the way it is"[94]. Im ptolemäischen Weltbild stehen die Massenmedien der Gesellschaft gegenüber und sind ihr Beobachter.

Anders die kopernikanische Sicht, die Massenmedien nicht als passive Reflektoren interpretiert, sondern als aktiven Bestandteil des Prozesses, aus dem heraus sich erst ein Bild von Wirklichkeit entwickelt. „Die Realität, die in der ‚ptomeläischen' Auffassung als Gegenstand und Voraussetzung von Kommunikation angesehen wird, ist in der ‚koperni-kanischen' Sichtweise deren Ergebnis" (Schulz 1989, S. 142).

Wie entscheidet man eine solche Frage, ob Massenmedien die Wirklichkeit spiegeln oder ob sie die Wirklichkeit erst erzeugen? Luhmann löst den vermeintlichen Wider-spruch elegant auf, indem er feststellt, dass die Ausdifferenzierung von Massenmedien – verstanden als technische Verbreitungsmedien wie Zeitung, Radio, Fernsehen, Internet – die Realität verdoppelt. Es gibt den selbst erfahrenen Erlebnisraum (die erste Realität) und die vermittelte, „berichtete" Realität, die die Massenmedien erzählen. Die Frage, welche der beiden Realitäten die tatsächliche ist oder ob es schlussendlich gar keine Realität gibt, beantwortet Luhmann metaphorisch, indem er die Welt, wie sie ist, nicht als Gegenstand oder Inhalt der Realität versteht, sondern als ihren Horizont, vor dem wir unsere eigenen Realitäten konstruieren (vgl. Luhmann 1996, S. 18).

Der Einfluss von Medien auf den Begriff von Wirklichkeit ist auch außerhalb der üb-lichen massenmedialen Vermittlung intensiv diskutiert. In der Linguistik besagt das als Sapir-Whorf-Hypothese bekannte Prinzip der sprachlichen Relativität, dass Grammatik

---

[94] Vgl. dazu auch http://www.hark.com/clips/zvrcmphvyl-walter-cronkite-explains-his-signoff ab-gerufen am 24.8.2013.

und Vokabular einer Sprache einen wesentlichen Einfluss auf die Weltsicht ihrer Verwender nimmt (vgl. Whorf 1963). Die Grundidee entwickelte bereits Wilhelm von Humboldt, der feststellt: „Denn die Sprache stellt niemals die Gegenstände, sondern immer die durch den Geist in der Spracherzeugung selbstthätig von ihnen gebildeten Begriffe dar" (Humboldt 1836, S. 96). Oder in philosophischer Wendung formuliert: „Der Satz ist ein Modell der Wirklichkeit, so wie wir sie uns denken" (Wittgenstein 2010, S. 108).Und das schließt mit ein: „Wovon man nicht sprechen kann, darüber muss man schweigen" (a. a. O., S. 162).

Diese Grundüberlegungen, dass unsere Sprache unsere Wirklichkeit prägt, ist der Impuls, der Ernst von Glasersfeld dazu bewegte, sich mit der Frage auseinanderzusetzen, „wie die reale Realität hinter meinen Sprachen aussehen könnte und wie man sie erkennen und beschreiben sollte" (von Glasersfeld 1997, S. 25). Eine der möglichen Erklärungen ist, dass Realität nur als konstruierte Realität eines jeden Einzelnen real ist, Realität oder die Wirklichkeit also individuell erzeugt wird und erst durch den Gebrauch von Medien wie Sprache oder Schrift ein Abgleich über die individuellen Realitäten erfolgt. Dieser Abgleich führt zu Bedeutungen, von denen man annimmt, dass sie alle teilen, die damit aber nicht identisch sind (vgl. a. a. O., S. 223). Aus diesen Überlegungen folgert der Radikale Konstruktivismus seine Grundprinzipien (vgl. a. a. O., S. 96):

- Wissen wird nicht passiv aufgenommen, sondern aktiv aufgebaut
- Kognition dient der Anpassung an die Umwelt[95] durch die Organisation der Erfahrungen des Subjekts und nicht des Erkennens einer objektiven Realität

Die Biologie kommt noch stärker ins Spiel, wenn man auf die Arbeiten von Humberto Maturana und Francisco Varela schaut. Auch sie folgen zunächst einer einfach Grundeinsicht, nämlich der Frage, wie man als Biologe Lebendigkeit erklärt. „Lebende System sind Interaktionseinheiten. Sie existieren in einer Umgebung. Von einem rein biologischen Standpunkt aus können sie nicht unabhängig von jenem Teil der Umgebung verstanden werden, mit dem sie interagieren: der Nische. (…) Die Organisation des Lebendigen ist jene Art der zirkulären Organisation, in der die *Bestandteile*, die sie bestimmen, eben diejenigen sind, deren Synthese oder Erhaltung die zirkuläre Organisation selbst garantiert" (Maturana 1998, S. 26 f.).

Diese zwei Perspektiven – die Umweltabhängigkeit des Systems und der eigene, in sich geschlossene Kreislauf der Selbstreproduktion – bestimmen lebende Systeme und erst auf dieser Basis kann man fragen, wie Kognition, verstanden als die Fähigkeit, etwas zu erkennen und damit die Handhabung der Welt zu steuern, funktioniert. Kognition ist in diesem Sinne eine Leistung des Organismus und zwar als Prozess, dessen Aufgabe es für den Organismus ist „in seinem geschlossenen Interaktionsbereich ein Verhaltensfeld zu erzeugen, und nicht darin, eine selbständige Außenwelt zu begreifen oder zu beschreiben" (a. a. O., S. 81). In dieser Hinsicht sind Medien und vor allem Sprache nicht als Vermittler von Wirklichkeit oder Träger von Information zu verstehen, sondern ihre Aufgabe liegt

---

[95] Von Glasersfeld übernimmt hier aus der Biologie den Begriff der Viabilität, was Aufrechterhaltung des Systems bzw. Überlebensfähigkeit meint.

„in der Erzeugung eines konsensuellen Verhaltensbereichs zwischen sprachlich inter-
agierenden Systemen im Zuge der Entwicklung eines kooperativen Interaktionsbereichs"
(a. a. O., S. 82).

Ebenfalls biologisch beobachtbar ist der Umstand, dass in sich geschlossene Interaktionseinheiten sich auf verschiedenen Ebenen bilden. Eine Biene ist eine Interaktionseinheit auf Basis ihrer Zellen, der Bienenstaat eine Interaktionseinheit auf Basis von Bienen.
Alle drei Systeme – Zelle, Biene und Bienenstaat – kümmern sich jeweils um die Erhaltung
ihrer selbst nach ihren eigenen Regeln, die Zelle anders, als die Biene oder der Bienenstaat.
Dennoch sind alle drei ohneeinander nicht möglich, so dass die ständige Neuerzeugung
ihrer selbst – das Lebende oder die Autopoiesis der Lebewesen – auch das jeweils andere
miterzeugt: die Zelle die Biene und die Biene als Umwelt die Zelle (vgl. a. a. O., S. 29 f.).

Erkenntnis, Kognition oder Wirklichkeitskonstruktion sind Prozesse, die unser Nervensystem erzeugt und zwar nach den Regeln der Neuronen und für den Zweck, sich an
die Umwelt anzupassen (oder in biblischer Diktion: sich die Welt untertan zu machen).
Dass solche geschlossenen Systeme dennoch in der Lage sind, sich mit anderen geschlossenen Systemen, die ähnlich sind, zu verständigen, erklären Maturana und Varela durch
das Konzept der strukturellen Kopplung. So wie von der befruchteten Eizelle durch Kopplung weiterer voneinander getrennter autopoietischer Zellen ein metazelluärer Verband –
der Mensch – entsteht, so entsteht durch strukturelle Kopplung Gesellschaft. Der zentrale
Unterschied ist der Grad der Autonomie, den die Elemente aufweisen: Zellen in einem
Organismus sind wenig autonom, Menschen in Gesellschaften sind sehr autonom (vgl.
Maturana und Varela 1990).

Hinsichtlich der Beantwortung der Frage, ob Medien die Welt darstellen wie sie ist oder
die Medien uns helfen, die Welt für uns jeweils individuell zu erstellen, lässt sich in diesem
Sinne klar beantworten: Medien unterstützen wie eine Nährlösung die Steigerung struktureller Kopplungen, sie haben allerdings nicht per se etwas mit Realität zu tun, sondern
erhöhen lediglich unseren Erfahrungsschatz durch para-soziale Interaktionen, also der
Erfahrung auf Distanz[96]. Trotz aller Kopplung gilt aber: „das Gehirn ist ein Organ, das
Welten festlegt, keine Welt spiegelt" (Varela 1990, S. 109).

Das Konzept der strukturellen Kopplung von füreinander geschlossenen Systemen
stellt die Alltagserfahrung in Frage, die von einem Austausch von Informationen zwischen
Menschen ausgeht und damit unterstellt, dass Information in ihrer semantischen Perspektive definierbar sei. Das mag in formaler Hinsicht in Bezug auf die Reproduktion von
eng beschränkten Standards stimmen. Wenn das oberste Licht einer Ampel grün leuchtet,
dann darf man fahren. Diese Information ist bestimmbar, wenngleich jeder Mensch das
grün wahrscheinlich ein klein wenig unterschiedlich wahrnimmt. Dies aber ist eine triviale Situation, in der der semantische Gehalt quasi zwischen zwei Zuständen – an oder
aus – changiert und die Mitteilung „die Ampel ist grün" in ihrer Sachdimension von allen
Verkehrsteilnehmern wohl gleich verstanden wird. Dennoch wird die Information nicht
getauscht, sondern jeweils individuell erzeugt. Die strukturelle Kopplung erfolgt über
Konvention (bei grün darf man fahren), Symbol (grünes Leuchtsignal) und Situation (wir
sind im Straßenverkehr).

---

[96] Zur para-sozialen Interaktion vgl. Horton und Wohl 1956.

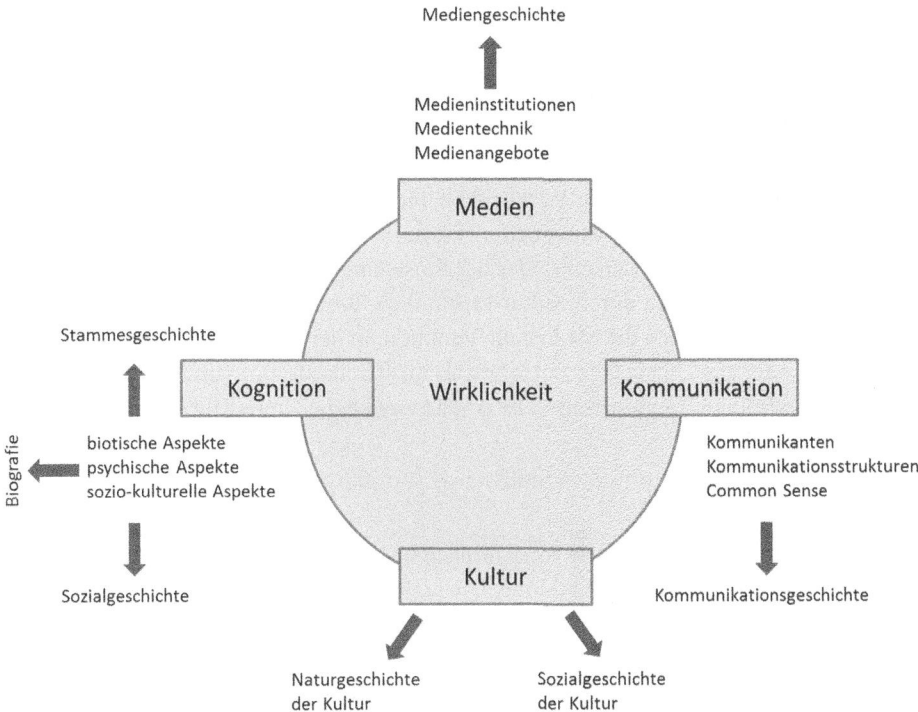

Abb. 4.24 Wirklichkeitskonstruktion im Zusammenspiel von Medien, Kultur, Kognition und Kommunikation. (Quelle: Schmidt 1996, S. 5)

So wie in diesem einfachen Beispiel skizziert, kann man auch komplexere Kopplungen verstehen, wie die von Bewusstsein (das was unser Nervensystem in unserem Körper aufgrund von Reizen oder Perturbationen oder Irritationen nach eigenen Regeln erzeugt) und dem Miteinander (der Umgang mit anderen Menschen, um sich zu verteidigen, sich zu ernähren, sich die Welt zu erklären etc.). Medien übernehmen offensichtlich die Funktion, Kognition (Bewusstsein) und Kommunikation (Gesellschaft) miteinander zu koppeln. Und sie tun dies informationsfrei[97]: „Medienangebote wie Texte, Filme, Bilder usw. enthalten keine Informationen, sondern sie bestehen aus kulturell geprägten semiotischen Komponenten, die von entsprechend sozialisierten kognitiven Systemen als erlernte und konsensfähige Anlässe zur Informationsproduktion genutzt werden können" (Schmidt 1996, S. 11).

Die Kopplung zwischen Kommunikation und Kognition durch Medien wie Sprache, Schrift, Aufzeichnungsmedien oder Symbole wird gestützt durch eine gemeinsame Kultur, verstanden als Thematisierung des Wirklichkeitsmodells der Gesellschaft, auf das sich Kognition und Kommunikation beziehen können (vgl. Abb. 4.24). Die Kultur selbst ist

---

[97] Information hier verstanden als Bedeutung. Informationen sind egal ob Lautäußerungen, Alphabete oder sonstige Codierungen frei von Bedeutung. Ihr Informationsgehalt liegt in dem Transport von durch Konvention erzeugten Symbolen. Diese Symbole störungsfrei A nach B zu bekommen, heißt nicht, dass A und B nach dem Signalweg über gleiche Informationen verfügen (vgl. grundlegend auch Shannon und Weaver 1949).

im Gesellschaftlichen verortet ist, „weil Handlungen und Objekte nur insofern kulturre-
levant sind, als sie in eine relevante öffentliche Diskussion Eingang finden und gemäß
dem Gesamtprogramm Kultur als kulturelle Manifestationen (bzw. Instantiierungen des
Programms) interpretiert werden" (Schmidt 1992, S. 434).

Denkt man das weiter, kann man die Beziehung von Massenmedien und Wirklichkeit
elegant auflösen: Medien schaffen Wirklichkeit, die für diejenigen, die diese Wirklichkeit
ernst nehmen, real ist. Gibt es zu gewissen Fragen einen breiten Konsens – z. B. in der
Beurteilung des Nationalsozialismus oder der Einstellung zu Menschenhandel und Folter
–, dann ist die Wirklichkeit durch Kultur verbindlich. Besteht kein Konsens, sondern ein
Diskurs, dann übernehmen die Medien die Funktion, in der Öffentlichkeit einen Konsens
zu erreichen, oder das Thema fallen zu lassen als nicht konsensfähig (und damit auch nicht
dauerhaft notwendig für eine erfolgreiche Anpassung an die Umwelt).

> **Lessons learned:**
> Kognitionen (unsere bewussten Vorstellungen über die Welt) dienen der Anpassung
> an die Welt und nicht deren Abbildung. Die Leistungsfähigkeit menschlicher Kogni-
> tion entsteht durch strukturelle Kopplung mit sozialen Strukturen, so dass wir durch
> den Gebrauch von Medien gemäß unseres kulturellen Programms in der Lage sind,
> zu erkennen, wie Kognitionen aufzubauen und einzusetzen sind, um erfolgreich zu
> überleben und die Art zu erhalten.

4.5.3 Medien und Menschen: Wie Medien die Menschen verändern

Medien sind Mittel, Macht auszuüben. Medien sind Mittel, ein Bild der Wirklichkeit zu gewinnen. Medien sind in beiderlei Hinsicht also etwas wie Instrumente, die eingeschränkten menschlichen Fähigkeiten zu erweitern. Diese Sichtweise ist Basis der ersten eigenständigen Medientheorie, die der Literaturwissenschaftler Marshall McLuhan in den 1960er
Jahren vorlegte. Sein zentraler Ansatz ist es, zunächst weg von inhaltlich getriebenen Analysen der Programme zu kommen und zu untersuchen, welchen Einfluss Medientechnologien selbst haben. McLuhan konzipiert Medien als Erweiterungen des menschlichen
Nervensystems, die neue, komplexere Relationen ermöglichen. Damit setzt er einen sehr
weiten Medienbegriff an, der quasi alle Arten von Technologie und Innovationen – auch
Autos, Strom oder Kleidung – umfasst: „(...) if a new technology extends one or more of
our senses outside us into the social world, then new ratios among all of our senses will
occur in that particular culture. It is comparable to what happens when a new note is added
to a melody" (McLuhan 1962, S. 41).

Vor diesem Hintergrund prägt er die bekannte Überschrift *the medium is the message*,
mit der er den Fokus seiner Arbeiten auf die Form des Mediums legt. Ein Medium (eine
neue Technologie) ermöglicht neue Formen der Beziehungen untereinander. Der Inhalt

des Mediums ist dabei immer ein anderes Medium. „The content of writing is speech, just as the written word is the content of print, and print is the content of the telegraph. If it is asked, 'What is the content of speech?' it is necessary to say, 'It is an actual process of thought, which is in itself nonverbal'" (McLuhan 1964, S. 8). Mit dieser Unterscheidung erläutert McLuhan die Funktion, die ein Medium unabhängig seines konkreten Inhalts übernimmt. Ein Film basiert auf einem Drehbuch, das sich z. B. auf ein Buch bezieht. Der Film selbst wirkt aber anders als der Text, wenn er gelesen wird. „…it is the medium that shapes and controls the scale and form of human association and action" (a. a. O., S. 9).

McLuhans meist verkauftes Werk, gleichsam eine Ikone der Pop-Kultur, ist das zusammen mit dem Grafikdesigner Quentin Fiore verfasste *The Medium is the Massage*, indem er gleich zu Beginn postuliert: „Socities have always been shaped more by the nature of the media by which men communicate than by the content of the communication" (Mcluhan und Fiore 1967, S. 8). McLuhan führt in diesem Band auf Basis des Wortspiels im Titel aus, dass Medien die menschlichen Sinne anregen, quasi massieren und stimulieren, indem sie eigene Medienumwelten schaffen.

Die Arbeiten McLuhans setzen Überlegungen des Ökonomen Harald Adams Innis fort, der ebenfalls in Toronto lehrte und der 1950 über den Zusammenhang von Kommunikationstechnik (Medien) und Herrschaftssystemen zeigte, wie sehr Kommunikationstechnik im Sinne von Leitmedien mit der Machtverteilung und -aufrechterhaltung in der Gesellschaft korrespondiert. Innis unterscheidet zeitorientierte Medien, die auf Dauerhaftigkeit angelegt sind, und raumorientierte Medien, die auf Überbrückung großer Entfernungen angelegt sind. „Materials that emphasize time favour decentralization and hierarchical types of institutions, while those that emphatize space favour centralization and systems of government less hierarchical in character" (Innis 1950, S. 27). Geschichtliche Epochen wie das Römische Reich, das Mittelalter oder der Kolonialismus erscheinen in diesem Licht als eingeleitet oder doch wesentlich begleitet durch ihre Medien, wobei Innis Medien in diesem Zusammenhang nicht instrumental sieht, sondern als geschichtliche Beobachtung protokolliert und damit Mediengeschichte als Kulturgeschichte schreibt.

Was bei Innis vor allem in Bezug auf Macht geschieht, greift McLuhan gute zehn Jahre später in seiner Mediengenealogie auf, in der er in großen Entwicklungslinien den Übergang einer mündlichen, von Mythen geprägten Kultur in die Gutenberg-Galaxis beschreibt, die aufgrund des Buchdrucks und der nahezu grenzenlosen Vervielfältigung von Medien, den Diskurs und die Wissenschaft beflügelte und für weite Teile der Gesellschaft verfügbar machte. Es kommt zu einer kulturellen Explosion, die komplexe Sachverhalte dekomponiert und linearisiert und die Individualisierung der Menschen beflügelt. Diese Gutenberg-Galaxis aber – so McLuhans Prognose in den frühen 1960er Jahren – wird durch das elektronische Zeitalter abgelöst, das das mythische, ganzheitliche Denken oraler Kulturen wiederbeleben wird, wenn quasi alle Mitglieder der Gesellschaft elektronisch vernetzt wie in einem globalen Dorf eine kollektiven Identität ausbilden.

Medien kann man also als Treiber oder Katalysatoren politischer und kultureller Entwicklungen verstehen, weil sie als Erweiterungen menschlicher Fähigkeiten direkten Einfluss auf die Beeinflussung des menschlichen Lebensraums nehmen. Medien selbst verändern dadurch die Lebensbedingungen der Menschen: Sie werden zu ökologischen Umweltbedingungen. In der Folge der Toronto School entwickelte sich in New York so die Fachrichtung der Medienökologie mit Neil Postman als prominentem Aushängeschild. Sein Verständnis von Medienökologie fasst Postman prägnant in der Eröffnungsrede zur ersten Media Ecology Association Convention zusammen: „A medium is a technology within which a culture grows; that is to say, it gives form to a culture's politics, social organization, and habitual ways of thinking (…) We put the word 'media' in the front of the word 'ecology' to suggest that we were not simply interested in media, but in the ways in which the interaction between media and human beings give a culture its character and, one might say, help a culture to maintain symbolic balance" (Postman 2000).

Postman argumentiert in seinem Hauptwerk zentral über den Wahrheitsbegriff, der als ein wesentliches Element die Kultur einer Gesellschaft prägt. „Die Wahrheit kommt nicht ungeschminkt daher und ist niemals so dahergekommen. Sie muß in der angemessenen Kleidung auftreten, sonst wird sie nicht erkannt, mit anderen Worten: ‚Wahrheit' ist so etwas wie ein kulturelles Vorurteil" (Postman 1988, S. 34). Im Unterschied zu den Diskursen, die in schriftbasierten Medien – also vor allem Büchern und Zeitschriften – geführt werden, fokussiert Fernsehen als Leitmedium der zweiten Hälfte des 20. Jahrhunderts zur Präsentation von Wahrheit auf Unterhaltung. „Problematisch am Fernsehen ist nicht, daß es uns unterhaltsame Themen präsentiert, problematisch ist, daß es jedes Thema als Unterhaltung präsentiert. Um es anders zu formulieren: Das Entertainment ist die Superideologie des gesamten Fernsehdiskurses" (a. a. O., S. 110).

Um zu verstehen, welche Bedeutung Fernsehen für die Kultur und die Wahrheits- und Wirklichkeitsbegriffe einer Gesellschaft hat, lohnt ein Blick auf die Soziologie. Erving Goffman (1959) beschreibt in *The Presentation of Self in Everyday Life*, wie sich Menschen im direkten, persönlichen Kontakt verhalten. Er führt dazu als Metapher das Bild des Theaters ein: In der Interaktion – dem Umgang miteinander - spielen Menschen eine Rolle und wollen einen bestimmten Eindruck bei ihrem Gegenüber erreichen. Sie präsentieren sich auf der Bühne. Sind sie allein oder in einem sicheren Umfeld wie z. B. der Familie, verhalten sie sich anders und lassen ihre öffentliche Rolle hinter sich. Sie sind *backstage*.

Meyrowitz greift diese Überlegung auf und verbindet sie mit den Perspektiven, die vor allem Innis, McLuhan und später auch Postman in den Diskurs eingebacht haben: Die Form der Medien – die vorherrschende Kommunikationstechnologie – hat eine Wirkung unabhängig von ihrem Inhalt und diese Wirkung beschreibt Meyrowitz anhand der Theatermetapher Goffmans als Verlust des Ortssinns. Die gegenseitigen Abhängigkeiten der Begriffe Sinn als Konzept der physiologischen Wahrnehmung und als semantische Einheit sowie des Orts als tatsächlichem Ort der Begegnung und als soziale Positionsbestimmung fasst Meyrowitz in zwei grundlegende Argumente zusammen: „(1) that social roles (i.e. social ‚place') can be understood only in terms of social situations, which, until recently, have been tied to physical place, and (2) that the logic of situational behaviors has much to do with patterns of information flow, that is, much to do with the human senses and their technological extensions. Evolution in media, I have suggested, has changed the logic of the social order by restructuring the relationship between physical place and social place and by altering the ways in which we transmit and receive social information" (Meyrowitz 1985, S. 308).

Elektronische Medien – bei Meyrowitz speziell auf das Fernsehen gemünzt, in der Aussage aber auf alle elektronischen Medien zu beziehen – schaffen eigene Situationen, die öffentliche und private Bereiche miteinander vermischen. In der Gutenberg-Galaxis durch elaborierte Zugangscodes (Fachsprachen und Diskurse) getrennt, werden im Fernsehen öffentliche Bereiche alltagstauglich verpackt und großen Teilen der Gesellschaft unterhaltsam zugängig gemacht. Öffentliche und private Bereiche vermischen sich. Während Autor und Leser zeitlich und räumlich getrennt sind, erscheinen bei audiovisuellen Medien Urheber und Nutzer gleichzeitig eine Situation zu teilen. Die massenmedial vermittelten Botschaften sind unlösbar mit der Situation verbunden, in der sie entstehen. Dies führt schließlich zum Verlust des Ortssinns: Man unterscheidet nicht mehr zwischen sozialem und physischem Ort. „Das Fernsehen hat eine Informationsumwelt geschaffen, in der potentiell alle anderen Informationssysteme integriert werden können, so daß sich grundlegende Unterschiede in Verhalten und Einstellungen tendenziell verringern" (Becker 1996, S. 27).

In seiner *conclusio* kommt Meyrowitz zu einer ähnlichen Bewertung, wie sie zwanzig Jahre vorher auch McLuhan getroffen hat. Durch die Trennung vormals getrennter Bereiche führen die elektronischen Medien die Gesellschaft an die Struktur der Jäger- und Sammlergesellschaften heran, verstanden als gesellschaftliche Form, die in einem einheitlichen, nicht straff strukturierten Erlebnisraum operiert: „specific activities and behaviors are not tightly fixed to specific physical settings" (Meyrowitz 1985, S. 315).

Wenngleich nicht explizit führt Clay Shirky diesen Gedanken weiter, wenn er in *Here Comes Everybody* über die Möglichkeiten der Zusammenarbeit im Internet schreibt und darstellt, wie Menschen ohne Institutionen zu bilden, sich temporär organisieren und ihre Interessen öffentlich machen können. „Group action gives human society its particular character, and anything that changes the way groups get things done will affect society as a whole. (…) newly capable groups are assembling, and they are working without the managerial imperative and outside the previous strictures that bounded their effectiveness" (Shirky 2008, S. 23 f.).

Im Internet ermöglichen neue Technologien, dass sich jedermann mitteilen und seine Sicht der Dinge textlich, bildlich, sprachlich oder visuell darstellen kann. Ein Beispiel für die Folgen dieser neuen Möglichkeiten des sich selbst Mitteilens über Internettechnologien beschreibt Shirky anhand eines klassischen Beispiels. Bereits Adam Smith hatte im 18. Jahrhundert festgestellt, dass Wasser zwar ungleich wichtiger für Menschen ist als Diamanten, Diamanten aber deutlich teurer sind, denn sie sind selten. Waren Nachrichten früher ein rares Gut, für das man bereitwillig zahlte etwa durch Kauf einer Tageszeitung, sind sie durch das Internet zu einem Massenprodukt geworden, dessen Wert gegen Null tendiert, wenngleich unbestritten Nachrichten nach wie vor wichtig sind, vielleicht wichtiger als je zuvor (vgl. a. a. O., S. 79).

Der Überfluss an Nachrichten, der durch das World Wide Web als Plattform und Millionen von Beiträgern entsteht, führt dagegen zu ganz neuen Herausforderungen, die vom

Handwerksbetrieb bis zum Maschinenbauer, vom Opernhaus bis zur Hochschule reichen. Denn heute gilt: „All businesses are media businesses, because whatever else they do, all businesses rely on the managing of information for two audiences – employees and the world" (a. a. O., S. 107).

Lessons learned:
Medien sind evolutionäre Errungenschaften, die menschliche Fähigkeiten erweitern, viele neue Relationen ermöglichen und so die Komplexität menschlicher Gesellschaft steigern. Medien verändern die Lebensbedingungen der Menschen und werden zu zentralen ökologischen Umweltbedingungen der Moderne. Dies zeigt sich sowohl in der Auflösung klassischer Verhaltensmuster wie die Trennung von öffentlichem Auftritt und Privatsphäre wie auch in den Möglichkeiten der institutionslosen Organisation, wie sie das Internet ermöglicht. Medien prägen unser Leben und haben zentralen Einfluss auf den Erfolg der Lebenskonzepte von Individuen und Gesellschaft.

Literatur

Ajzen, I., & Fishbein, M. (1977). A theoretical analysis and review of empirical research. *Psychological Bulletin, 84*(5), 888–918. http://www.thecre.com/tpsac/wp-content/uploads/2011/02/Appendix2_AttitudevsAction_ByAjzenFishbein1977.pdf.

ARDZDF. (o. J.): ARD-ZDF-Onlinestudie: Mediennutzung. http://www.ard-zdf-onlinestudie.de/index.php?id=353. Zugegriffen: 30. Juni 2013.

Aronson, E., & Carlsmith, J. M. (1963). Effect of the severity of threat on the devaluation of forbidden behavior. *Journal of Abnormal and Social Psychology, 66*(6), 584–588.

Aronson, E., & Mills, J. (1959). The effect of severity of initiation on liking of a group. *The Journal of Abnormal and Social Psychology, 59*(2), 177–181.

Asch, S. (1955). Opinions and social pressure. *Scientific American, 193*, 31–35.

Backus, N., & Ferraris, C. (2004). Theory meets practice: Using the potter box to teach business communication ethics. In J. S. Martin (Hrsg.), *Exploring the Impact of Technology on Business Communication Practice and Pedagogy* (S. 222–229). Proceedings from the 69th Annual Convention, Cambridge: The Association for Business Communication. http://69.195.100.212/wp-content/uploads/2011/04/21ABC04.pdf.

Barzilai-Nahon, K. (2008). Toward a theory of network gatekeeping: A framework for exploring information control. *Journal of the American Society for Information Science and Technology, 59*(9), 1439–1512. http://courses.washington.edu/insc555/wordpress/wp-content/readings/Barzilai-Nahon_2008.pdf.

Bateson, G., Jackson, D. D., Haley, J., & Weakland, J. (1956). Toward a theory of schizophrenia. *Behavioral Science, 1*(4), 251–264. http://www.psychodyssey.net/wp-content/uploads/2012/05/TOWARD-A-THEORY-OF-SCHIZOPHRENIA-2.pdf.

Baumrind, D. (1967). Child care practices anteceding three patterns of preschool behavior. *Genetic Psychology Monographs, 75*(1), 43–88.

Becker, T. (1996). Ortssinnverlust und Informationskontexte. In P. Ludes (Hrsg.), *Informationskontexte für Massenmedien. Theorien und Trends* (S. 22–36). Opladen: Westdeutscher Verlag.

Becker, T. (1998). *Die Sprache des Geldes. Grundlagen strategischer Unternehmenskommunikation.* Opladen: Westdeutscher Verlag.

Becker, T. (2000). Effizienz durch Integration. In M. Bruhn, S. J. Schmidt, & J. Tropp (Hrsg.), *Integrierte Kommunikation in Theorie und Praxis. Betriebswirtschaftliche und kommunikationswissenschaftliche Perspektiven* (S. 177–204). Wiesbaden: Gabler.

Becker, T., & Hauptmeier, H. (2005). *TV 2010 Reloaded. Die Wohnzimmer-Revolution hat begonnen.* Neunkirchen: Sceneo.

Bell, A. (1991). *The language of news media.* Oxford: Blackwell.

Berelson, B. (1960). Communication and Public Opinion. In W. Schramm (Hrsg.), *Mass Communications* (2. Aufl., S. 527–543). Urbana: University of Illinois Press.

Böker, A. (2005). Wie Apple die Welt erobern will. In Max, Feb 2005, S. 88–92.

Bonfadelli, H. (1985). Die Wissenskluft-Konzeption: Stand und Perspektiven der Forschung. In U. Saxer (Hrsg.), Gleichheit oder Ungleichheit durch Massenmedien? Homogenisierung – Differenzierung der Gesellschaft durch Massenkommunikation (S. 65–86). München: Ölschläger.

Bonfadelli, H. (2002). The internet and knowledge gaps: A theoretical and empirical investigation. *European Journal of Communication, 17*(1), 65–84. http://twinic.com/duploads/0000/0639/Bonfadelli_-_internet_and_knowledge_gaps_a_theoretical_and_empirical_investigation_-_2002_P.pdf.

Brecht, B. (1967). *Der Rundfunk als Kommunikationsapparat, in: Gesammelte Werke Bd. 18, Schriften zur Literatur und Kunst 1.* Frankfurt am Main: Suhrkamp.

Brem, A., & Voigt, K.-I. (2009). Integration of market pull and technology push in the corporate front end and innovation management. Insights from the German Software Industry. *Technovation, 29*(5), 351–367.

Brettschneider, F. (2002). Die Medienwahl 2002: Themenmanagement und Berichterstattung. *Aus Politik und Zeitgeschichte* (Nr. 49–50, S. 36–47). http://www.bpb.de/system/files/pdf/3YLKL4.pdf.

Brinkley, D. (1997). Editor's Note. In H. S. Thompson (Hrsg.), *The Proud Highway. Saga of a Desperate Southern Gentleman. The Fear and Loathing Letters* (Vol. 1). New York: Ballantine.

Buringh, E., & van Zanden, J. L. (2009). Charting the „Rise of the West": Manuscripts and Printed Books in Europe. A Long-Term Perspective from the Sixth through Eighteenth Centuries. *The Journal of Economic History, 69*(2), 410–446. http://vkc.library.uu.nl/vkc/seh/research/Lists/Research%20Desk/Attachments/14/Charting%20the%20%27Rise%20of%20the%20West%27.pdf.

Campbell, W. J. (2001). *Yellow Journalism: Punctuing the Myths, Defining the Legacies.* Westport: Praeger.

Castells, M. (2001). *The Internet Galaxy. Reflections on the Internet, Business, and Society.* Oxford: Oxford University Press.

Chen, G. M. (2011). Tweet this: A uses and gratifications perspective on how active twitter use gratifies a need to connect with others. *Computers in Human Behavior, 27*(2), 755–762. http://www.researchgate.net/publication/216724030_Tweet_this_A_uses_and_gratifications_perspective_on_how_active_Twitter_use_gratifies_a_need_to_connect_with_others/file/ff31e8c5a9908313270fdc09e49cc53c.pdf.

Christians, C. G., Fackler, M., Richardson, K. B., Kreshel, P. J., & Woods, R. H. (2011). *Media Ethics. Cases and Moral Reasoning* (9. Aufl.). Boston: Allyn & Bacon.

Cobb, R. W., & Elder, C. D. (1971). The Politics of Agenda-Building. An Alternative Perspective for Modern Democratic Theory. *The Journal of Politics, 33*(4), 892–915. http://dev.ulb.ac.be/sciencespo/dossiers_supports/article-cobb--edler1.pdf.

Cohen, B. C. (1963). *The Press and Foreign Policy.* Princeton: Princeton University Press.

CP Basisstudie, III. (2012). Corporate Publishing Basisstudie 03. Unternehmensmedien im Raum DACH, München: Forum Corporate Publishing. www.forum-corporate-publishing.de/index. php/de/cp-markt/studien/item/download/28_2c682f80504a4b786808843972c73bf4.

Danckert, B., & Mayer, F. J. (2010). Die vorherrschende Meinungsmacht von Google. Bedrohung durch einen Informationsmonopolisten? *Multimedia und Recht, 4,* 219–222. http://www.ldm-law. de/pdf/mayer-vorherrschende-meinungsmacht-google.pdf.

D'Antonio, O. (2012). *Der Zeitgeist und Helmut Kohls geistig-moralische Wende.* http://www.publika-tive.org/2012/10/04/herbst-in-deutschland-der-zeitgeist-und-helmut-kohls-geistig-moralische-wende-2/. Zugegriffen: 30. Juni 2013.

Davies, N. (2008). *Flat earth news. An award-winning reporter exposes falsehood, distortion and pro-paganda in the global media.* London: Chatto & Windus.

Davison, W. P. (1983). The third-person effect in communication. *Public Opinion Quarterly, 47*(1), 1–15.

Debatin, B. (1997). Zum Verhältnis von individueller und korporativer Verantwortung in der Mas-senkommunikation. In H. Weßler, C. Matzen, O. Jarren, & U. Hasebrink (Hrsg.), *Perspektiven der Medienkritik. Die gesellschaftliche Auseinandersetzung mit öffentlicher Kommunikation in der Mediengesellschaft* (S. 287–303). Opladen: Westdeutscher Verlag.

DeGeorge, W. F. (1981). Conceptualization and Measurement of Audience Agenda. In G. C. Wilhoit & H. DeBock (Hrsg.), *Mass Communication Review Yearbook* (Vol. 2, S. 219–224). Beverly Hills: Sage.

Diemer, A., & Frenzel, I. (1958). *Philosophie, Das Fischer Lexikon Bd. 11.* Frankfurt a M: Fischer.

Donsbach, W. (1991). *Medienwirkung trotz Selektion. Einflussfaktoren auf die Zuwendung zu Zei-tungsinhalten.* Köln: Böhlau.

Eichhorn, W. (1996). *Agenda-Setting-Prozesse. Eine theoretische Analyse individueller und gesell-schaftlicher Themenstrukturierung.* München: Fischer.

Eilders, C. (1997). *Nachrichtenfaktoren und Rezeption. Eine empirische Analyse zur Auswahl und Ver-arbeitung politischer Information.* Opladen: Westdeutscher Verlag.

Enzensberger, H. M. (1970). Baukasten zu einer Theorie der Medien. In *Kursbuch 20*: Über ästheti-sche Fragen (S. 159–186).

Festinger, L. (1957). *A Theory of Cognitive Dissonance.* Stanford: Stanford University Press.

Festinger, L., & Carlsmith, J. Merrill (1959). Cognitive consequences of forced compliance. *Journal of Abnormal and Social Psychology, 58*(2), 203–210.

Festinger, L., Riecken, H. W., & Schachter, S. (1956). *When prophecy fails: A social and psychological study of a modern group that predicted the destruction of the world.* Minneapolis: University of Minnesota Press.

Fuld, W. (2012). *Das Buch der verbotenen Bücher: Universalgeschichte des Verfolgten und Verfemten von der Antike bis heute.* Berlin: Galiani.

Galef, B. G., & Whiskin, E. E. (2008). 'Conformity' in Norway Rats? *Animal Behaviour 75*(6), 2035–2039. http://www.sociallearning.info/storage/pdf/conformity.pdf.

Galtung, J., & Ruge, M. H. (1965). The structure of foreign news. The presentation of the Congo, Cuba and Cyprus Crises in four Norwegian newspapers. *Journal of Peace Research, 2*(1), 64–91. http://www.ask-force.org/web/Discourse/Galtung-Structure-Foreign-News-1965.pdf.

Gaziano, C. (2012). Antecedents of knowledge gaps: Parenting knowledge and early childhood cog-nitive development – review and call for research. *The Open Communication Journal, 6,* 17–28. http://benthamscience.com/open/tocommj/articles/V006/17TOCOMMJ.pdf.

Gieber, W. (1956). Across the desk: A study of 16 telegraph editors. *Journalism & Mass Communica-tion Quarterly, 33*(4), 423–432.

Goffman, E. (1959). *The presentation of self in everyday life.* New York: Doubleday.

Goffman, E. (1974). *Frame analysis: An essay on the organization of experience.* Cambridge: Harvard University Press

Hamilton, J. T. (2004). *All the news that's fit to sell. How the market transforms information into news.* Princeton: Princeton University Press.

Harcup, T. (2009). *Journalism. principles and practice.* London: Sage.

Harris, M. H. (1995). *History of the libraries in the western world.* Metuchen: Screcrow Press

Haucap, J., & Kehder, C. (2013). Suchmaschinen zwischen Wettbewerb und Monopol: Der Fall Google (DICE Ordnungspolitische Perspektiven, Nr. 44), Düsseldorf: düsseldorf university press. http://www.econstor.eu/dspace/bitstream/10419/76802/1/751556580.pdf.

Haun, D., & Tomasello, M. (2011). Conformity to Peer Pressure in Preschool Children. *Child Development,* 82(6), 1759–1767. http://pubman.mpdl.mpg.de/pubman/item/escidoc:507003:6/component/escidoc:1222585/Haun_Tomasello_2011_Conformity%20to%20Peer%20Pressure%20in%20Preschool%20Children_Child_Dev.pdf.

Herman, E. S., & Chomsky, N. (1988). *Manufacturing consent. The political economy of the mass media.* New York: Pantheon Books.

Herzog, H. (1944). What do we really know about daytime serial listeners. In P. F. Lazarsfeld & F. N. Stanton (Hrsg.), *Radio Research 1942–43* (S. 3–33). New York: Duell, Solan & Pearce.

Hilbert, M. (2011). The end justifies the definition: The manifold outlooks on the digital divide and their practical usefulness for policy-making. *Telecommunications Policy,* 35(8), 715–736. http://martinhilbert.net/ManifoldDigitalDivide_Hilbert_AAM.pdf.

Hong, H., & Stein, J. C. (1999). A unified theory of underreaction, momentum trading, and overreaction in asset markets. *The Journal of Finance,* 54(6), 2143–2184.

Hooffacker, G., & Lokk, P. (2009). Kurze Geschichte der „Presse von unten". In G. Hooffacker (Hrsg.), *Bürgermedien, Neue Medien, Medienalternativen. 10 Jahre Alternativer Medienpreis* (Gabriele Hooffacker, S. 9–32). München: Verlag.

Horton, D., & Wohl, R. R. (1956). Mass communication and para-social interaction: Observations on intimacy at a distance. *Psychiatry,* 19(3), 215–229.

von Humboldt, W. (1836). *Über die Verschiedenheit des menschlichen Sprachbaues und ihren Einfluß auf die geistige Entwickelung des Menschengeschlechts.* Berlin: Königliche Akademie der Wissenschaften.

Innis, H. A. (1950). *Empire and Communications.* Oxford: Clarendon Press.

Irvine, C. (2012). Sir Salman Rushdie: 'Fifty Shades of Grey makes Twilight look like War and Peace'. http://www.telegraph.co.uk/culture/books/booknews/9596577/Sir-Salman-Rushdie-Fifty-Shades-of-Grey-makes-Twilight-look-like-War-and-Peace.html. Zugegriffen: 29. Juni 2013.

ITU. (2012). *Measuring the information society. executive summary.* Genf: International Telecommunication Union.

Iyengar, S., Peters, M. D., & Kinder, D. R. (1982). Experimental Demonstrations of the "Not-So-Minimal" Consequences of Television News Programs. *The American Political Science Review,* 76(4), 848–858. http://www.asc.upenn.edu/courses/comm334cgs/Docs/Iyengar.pdf.

Jarren, O., & Vogel, M. (2011). „Leitmedien" als Qualitätsmedien. Theoretisches Konzept und Indikatoren. In R. Blum, H. Bonfadelli, K. Imhof, & O. Jarren (Hrsg.), *Krise der Leuchttürme öffentlicher Kommunikation. Vergangenheit und Zukunft der Qualitätsmedien* (S. 17–29). Wiesbaden: VS Verlag für Sozialwissenschaften.

Jecker, J., & Landy, D. (1969). Liking a Person as a Function of Doing Him a Favor. *Human Relations,* 22(4), 371–378.

Kant, I. (1991). *Kritik der praktischen Vernunft. Grundlegung zur Metaphysik der Sitten, Werkausgabe Band VII, herausgegeben von Wilhelm Weischedel* (11. Aufl.). Frankfurt a M: Suhrkamp.

Kaplan, A. M., & Haenlein, M. (2010). Users of the World, Unite! The Challenges and Opportunities of Social Media. *Business Horizons,* 53, 59–68. http://michaelhaenlein.com/Publications/Kaplan,%20Andreas%20-%20Users%20of%20the%20world,%20unite.pdf.

Kastner, M. (2011). Lebenslanges Lernen. In S. Sting & V. Wakounig (Hrsg.), *Bildung zwischen Standardisierung, Ausgrenzung und Anerkennung von Diversität* (S. 233–248). Berlin: LIT-Verlag.

Katz, E. (1959). *Mass communication research and the study of popular culture. An editorial note on a possible future for this Journal, Departmental Papers Annenberg School for Communication*. Philadelphia: University of Pennsylvania. http://repository.upenn.edu/cgi/viewcontent.cgi?article=1168&context=asc_papers.

Katz, E., Gurevitch, M., & Haas, H. (1973). On the use of the mass media for important things. *American Sociological Review, 38*, 164–181. http://repository.upenn.edu/cgi/viewcontent.cgi?article=1275&context=asc_papers.

Katz, E., & Lazarsfeld, P. F. (1955). *Personal influence: The part played by people in the flow of mass communications*. Glencoe: Free Press.

Kausch, M. (1988). *Kulturindustrie und Populärkultur. Kritische Theorie der Massenmedien*. Frankfurt am Main: Fischer Taschenbuch Verlag.

Kepplinger, H. M. (2010). In memoriam Elisabeth Noelle. *Kölner Zeitschrift für Soziologie und Sozialpsychologie 62* (S. 583–587). http://www.uni-koeln.de/kzfss/nekrologe/ks10noelle.htm.

Kim, S., & Lee, Y. (2006). New Functions of Internet Mediated Agenda-Setting: Agenda Rippling and Reversed Agenda-Setting. *Korean Journal of Journalism & Communication Studies, 50*(3), 175–205. http://www.kpf.or.kr/books/KJR/KJR_2007_02_Fall.pdf.

Klapper, J. T. (1960). *The Effects of Mass Communication*. Glencoe: Free Press.

Klayman, J., & Ha, Y.-W. (1987). Confirmation, disconfirmation, and information in hypothesis testing. *Psychlogical Review, 94*(2), 211–228. http://www.stats.org.uk/statistical-inference/Klayman-Ha1987.pdf.

Kotler, P., Keller, K. L., & Bliemel, F. (2007). *Marketing-Management. Strategien für wertschaffendes Handeln* (12 Aufl.). München: Pearson Studium.

Krippendorf, K. (1994). Der verschwundene Bote. Metaphern und Modelle der Kommunikation. In K. Merten, S. J. Schmidt, & S. Weischenberg (Hrsg.), *Die Wirklichkeit der Medien. Eine Einführung in die Kommunikationswissenschaft* (S. 79–113). Opladen: Westdeutscher Verlag.

Kunczik, M. (1984). *Kommunikation und Gesellschaft. Theorien zur Massenkommunikation*. Köln: Böhlau.

Kunczik, M. (1992). Massenmedien und Gesellschaft. Theoretische Modelle unter besonderer Berücksichtigung des Aspekts Kultur und Kommerz. In Bundeszentrale für politische Bildung, *Privatkommerzieller Rundfunk in Deutschland. Entwicklungen, Forderungen, Regelungen, Folgen* (S. 13–30). Bonn: Bundeszentrale für politische Bildung.

Kurtzman, J. (2010). *Common purpose. How great leaders get organizations to achieve the extraordinary*. San Francisco: Jossey-Bass.

Kwon, K. Hazel, Oh, O., Agrawal, M., & Rao, H. Raghav (2012). Audience Gatekeeping in the Twitter Service: An Investigation of Tweets about the 2009 Gaza Conflict. *AIS Transactions on Human-Computer Interaction, 4*(4), 212–229. http://aisel.aisnet.org/cgi/viewcontent.cgi?article=1049&context=thci.

Lang, G. E., & Lang, K. (1981). Watergate: An exploration of the agenda-building process. In G. C. Wilhoit & H. DeBock (Hrsg.), *Mass Communication Review Yearbook* (Vol. 2, S. 447–468). Beverly Hills: Sage.

Lasswell, H. D. (1927). The theory of political propaganda. *The American Political Science Review, 21*(3), 627–631.

Lasswell, H. D. (1948). The Structure and Function of Communication in Society. In L. Bryson (Hrsg.), *The Communication of Ideas. A Series of Adresses* (S. 37–51). New York: Cooper Square.

Lazarsfeld, P. F., Berelson, B. R., & Gaudet, H. (1944). *The People's Choice: How the Voter Makes Up His Mind*. New York: Duell, Sloan and Pearce.

Lee, E., Tegmark, M., & Chita-Tegmark, M. (2013). *The MIT survey on Science, Religion and Origins: The belief gap*. Cambridge: MIT. http://space.mit.edu/home/tegmark/survey/survey.pdf.

Leibenstein, H. (1950). Bandwagon, snob, and veblen effects in the theory of consumers' demand. *The Quarterly Journal of Economics, 64*(2), 183–207.

Lewin, K. (1943). Defining the field at a given time. *Psychological Review, 50,* 292–310.

Lewin, K. (1943a). Forces behind food habits and methods of change. *Bulletin of the National Research Council, 108,* 35–65.

Lewin, K. (1947). Frontiers in group dynamics II. Channels of group life. Social planning and action research. *Human Relations, 1*(2), 143–153.

Lewin, K., Heider, F. T., & Heider, G. M. (1936). *Principles of topological psychology.* New York: McGraw.

Light, B., Holland, C. P., & Wills, K. (2001). ERP and best of breed: A comparative analysis. *Business Process Management Journal, 7*(3), 216–224.

Lippman, W. (1922). *Public Opinion.* New York: Harcourt, Brace and Company. http://openlibrary. org/works/OL42346W/Public_opinion.

Luhmann, N. (1971). Öffentliche Meinung. In N. Luhmann (Hrsg.), *Politische Kommunikation* (S. 9–34). Opladen: Westdeutscher Verlag.

Luhmann, N. (1990). Gesellschaftliche Komplexität und öffentliche Meinung. In N. Luhmann (Hrsg.), *Soziologische Aufklärung 5. Konstruktivistische Perspektiven* (S. 170–182). Opladen: Westdeutscher Verlag.

Luhmann, N. (1996). *Die Realität der Massenmedien* (2 Aufl.). Opladen: Westdeutscher Verlag.

Maccoby, E. E., & Martin, J. A. (1983). Socialization in the Context of the Family: Parant-Child Interaction. In P. H. Mussen (Hrsg.), *Handbook of Child Psychology* (4. Aufl., S. 1–101). New York: Wiley.

Maletzke, G. (1963). *Psychologie der Massenkommunikation. Theorie und Systematik.* Hamburg: Hans Bredow Institut.

Maturana, H. R. (1998). *Biologie der Realität.* Frankfurt a. M.: Suhrkamp.

Maturana, H. R., & Varela, F. J. (1990). *Der Baum der Erkenntnis. Die biologischen Wurzeln des menschlichen Erkennens.* München: Goldmann.

McCombs, M. E., Llamas, J. P., Lopez-Escobar, E., & Rey, F. (1998). Candidate images in spanish elections: Second-level agenda-setting effects. *Journalism & Mass Communication Quarterly, 74*(4), 703–717. http://www.aejmc.org/home/wp-content/uploads/2012/09/Journalism-Mass-Communication-Quarterly1997-McCombs-703-17.pdf.

McCombs, M. E., & Shaw, D. L. (1972). The agenda-setting function of mass media. *Public Opinion Quarterly, 36*(2), 176–187.

McLuhan, M. (1962). *The gutenberg galaxy. The making of typographic man.* Toronto: University of Toronto Press.

McLuhan, M. (1964). *Understanding media. The extensions of man.* New York: McGraw-Hill.

McLuhan, M., & Fiore, Q. (1967). *The medium is the massage. An inventory of effects.* New York: Random House.

McQuail, D., Blumler, J. G., & Brown, R. A. (1972). The television audience: A revised perspective. In D. McQuail (Hrsg.), *Sociology of Mass Communications* (S. 135–165). Harmondsworth: Penguin .

Meffert, H., Burmann, C., & Kirchgeorg, M. (2008). *Marketing. Grundlagen marktorientierter Unternehmensführung. Konzepte – Instrumente – Praxisbeispiele* (10 Aufl.). Wiesbaden: Gabler.

Merton, R. K. (1948). The self-fulfilling prophecy. *The Antioch Review, 8*(2), 193–210.

Merton, R. K. (1968). The Matthew Effect in Science. The reward and communication systems of science are considered. *Science, 159*(3.810), 56–63. http://www.garfield.library.upenn.edu/merton/matthew1.pdf.

Meyrowitz, J. (1985). *No sense of place. The impact of electronic media on social behavior.* New York: Oxford University Press.

Milgram, S. (1967). The small world problem. *Psychology Today, 2*(1), 60–67. http://measure.igpp. ucla.edu/GK12-SEE-LA/Lesson_Files_09/Tina_Wey/TW_social_networks_Milgram_1967_small_world_problem.pdf.

Möhring, W. (2001). Lokaljournalismus. Grundlegende Merkmale und Kennzeichen. http://www.
    bpb.de/gesellschaft/medien/150756/einfuehrung-lokaljournalismus?p=all. Zugegriffen: 15. Aug.
    2013.
Müderler, K. (o. J.). 9.6.1950: Gründung der ARD. http://www.kalenderblatt.de/index.php?what=thma-
    nu&page=1 &manu_id=164&tag=9&monat=6&year=2008&dayisset=1 &lang=de. Zugegriffen:
    30. Juni 2013.
Neininger-Schwarz, N. (2010). Der Journalist am Fliessband. Der Trend zum multimedialen News-
    room spiegelt die Industrialisierung der Medien. http://www.nzz.ch/aktuell/startseite/der-jour-
    nalist-am-fliessband-1.4439042. Zugegriffen: 14. Aug. 2013.
Nielsen (2013). Free to Move Between the Screens. The Cross-Platform Report, March 2013. http://
    www.nielsen.com/us/en/reports/2013/the-nielsen-march-2013-cross-platform-report–free-to-
    move-betwe.html. Zugegriffen: 30. Juni 2013.
Nieschlag, R., Dichtl, E., & Hörschgen, H. (2002). *Marketing* (19. Aufl.). Berlin: Buncker & Humblot.
Noelle-Neumann, E. (1974). The spiral of silence. A theory of public opinion. *Journal of Communi-*
    cation, 24(2), 43–51.
Noelle-Neumann, E. (1980). *Die Schweigespirale. Öffentliche Meinung – unsere soziale Haut.* Mün-
    chen: Piper.
Noelle-Neumann, E. (1989). Die Theorie der Schweigespirale als Instrument der Medienwirkungs-
    forschung. In M. Kaase, W. Schulz (Hrsg.), *Massenkommunikation* (S. 418–440). Opladen: West-
    deutscher Verlag.
Noelle-Neumann, E. (1996). *Öffentliche Meinung. Die Entdeckung der Schweigespirale*(4. Aufl.). Ber-
    lin: Ullstein.
Norris, P. (2001). *Digital divide. Civic engagement, information poverty, and the internet worldwide.*
    Cambridge: Cambrigde University Press.
Ong, W. J. (1982). *Orality and literacy: The technologizing of the word.* London: Methuen.
Palmgreen, P., & Rayburn, J. D. (1982). Gratifications sought and media exposure. An expectancy
    value model. *Communication Research, 9*(4), 561–580.
Pangarkar, N. (2000). What drives merger behavior of firms? Strategic momentum versus bandwa-
    gons. *International Journal of Organization Theory and Behavior, 3,* 37–72. http://nitinpangarkar.
    com/mergers-ijotb.pdf.
Park, N., Kee, K. F., & Valenzuela, S. (2009). Being immersed in social networking environment:
    Facebook groups, uses and gratifications, and social outcomes. *CyberPsychology & Behavior,*
    12(6), 729–733. http://www1.chapman.edu/~kee/PDF/P04.pdf.
Parsons, T., Bales, R. F., & Shils, E. A. (1953). Working papers in the theory of action. Glencoe: Free
    Press.
Peter, J. (2002). Medien-Priming. Grundlagen, Befunde und Forschungstendenzen. Publizistik,
    2002(1), 21–44.
Perloff, R. M. (1999). The third person effect: A critical review and synthesis. *Media Psychology, 1*(4),
    353–378. http://www.uky.edu/~dlowe2/documents/1.Perloff1999Third-PersonEffect.pdf.
Postman, N. (1988). *Wir amüsieren und zu Tode. Urteilsbildung im Zeitalter der Unterhaltungsindus-*
    trie. Frankfurt am Main: Fischer Taschenbuch Verlag.
Postman, N. (2000). The Humanism of Media Ecology. Keynote Adress Delivered at the Inaugural
    Media Ecology Association Convention. http://media-ecology.org/publications/MEA_procee-
    dings/v1/humanism_of_media_ecology.html. Zugegriffen: 27. Aug. 2013.
Prutz, R. E. (1845). *Geschichte des deutschen Journalismus.* Hannover: D.F. Kius.
Rath, M. (2003). Medien in Zeiten der Globalisierung. Selbstregulierung zwischen Freiheit und Ver-
    antwortung. *Medien Journal,* 2003(1), 41–50.
Ratzke, D. (1982). *Handbuch der Neuen Medien: Information und Kommunikation, Fernsehen und*
    Holrfunk, Presse und Audiovision heute und morgen. Stuttgart: Deutsche Verlagsanstalt.
Rogers, E. M. (1962). *Diffusion of innovations.* New York: Free Press.

Rogers, E. M., & Dearing, J. W. (1988). Agenda-setting research: Where has It been, Where is it going? In J. A. Anderson (Hrsg.), *Communication Yearbook 11* (S. 555–594). Newbury Park: Sage.

Rojas, H., Shah, D. V., & Faber, R. J. (1996). For the good of others: Censorship and the third-person effect. *International Journal of Public Opinion Research, 8*(2), 163–186.

Ropohl, G. (2009). Verantwortung in der Ingenieurarbeit. In M. Maring (Hrsg.), Verantwortung in Technik und Ökonomie (S. 37–54). Karlsruhe: Universitätsverlag Karlsruhe.

Rosenberg, H., Feldman, C. S. (2008). *No time to think: The menace of media speed and the 24-hour news cycle.* New York: Continuum.

Ruggiero, T. E. (2000). Uses and Gratifications Theory in the 21st Century. *Mass Communication and Society, 3*(1), 3–37. http://umdrive.memphis.edu/cbrown14/public/Mass%20Comm%20Theory/Week%207%20Uses%20and%20Gratifications/Ruggiero.pdf.

Rühl, M. (1969). *Die Zeitungsredaktion als organisiertes soziales System.* Bielefeld: Bertelsmann Universitätsverlag.

Ryan, B., & O'Donnell, M. J. (2001). *The editor's toolbox. A reference guide for beginners and professionals.* Ames: Iowa State University Press.

Ryan, W. (1971). *Blaming the victim.* New York: Pantheon.

Scheufele, D. A. (1999). Framing as a theory of media effects. *Journal of Communication, 49*(1), 103–122.

Schlesinger, P. (1978). *Putting 'reality' together: BBC news.* London: Constable.

Schmidt, S. J. (1992). Medien, Kultur: Medienkultur. Ein konstruktivistisches Gesprächsangebot. In S. J. Schmidt (Hrsg.), *Kognition und Gesellschaft. Der Diskurs des Radikalen Konstruktivismus 2* (S. 425–450). Frankfurt a. M.: Suhrkamp.

Schmidt, S. J. (1996). *Die Welten der Medien. Grundlagen und Perspektiven der Medienbeobachtung.* Braunschweig: Vieweg.

Schramm, W. (1954). *The process and effects of mass communication.* Urbana: University of Illinois Press.

Schulz, W. (1976). *Die Konstruktion von Realität in den Nachrichtenmedien: Eine Analyse der aktuellen Berichterstattung.* Freiburg: Alber.

Schulz, W. (1989). Massenmedien und Realität. Die „ptolemäische" und die „kopernikanische" Auffassung. In M. Kaase, W. Schulz (Hrsg.), *Massenkommunikation* (S. 135–149). Opladen: Westdeutscher Verlag.

Semetko, H. A., & Valkenburg, P. M. (2000). Framing european politics: A content analysis of press and television news. *Journal of Communication, 50*(2), 93–109. http://www.babylonconsult.ro/app/webroot/files/offer/519a15226cc96.pdf.

Shannon, C. E. (1948). A mathematical theory of communication. *Bell System Technical Journal, 27*(3/4), 379–423, 623–656.

Shannon, C. E., & Weaver, W. (1949). *The mathematical theory of communication.* Urbana: University of Illinois Press.

Shaw, D. L., McCombs, M. E., Weaver, D. H., & Hamm, B. J. (1999). Individuals, groups, and agenda melding: A theory of social dissonance. *International Journal of Public Opinion Research, 11*(1), 2–24.

Shirky, C. (2008). *Here comes everybody. The power of organizing without organizations.* London: Allen Lane.

Shoemaker, P. J., & Vos, T. P. (2009). *Gatekeeping theory.* New York: Routledge.

Silbermann, A. (1982). *Handwörterbuch der Massenkommunikation und Medienforschung.* Berlin: Volker Spiess.

Singer, J. B. (2006). Stepping back from the gate: Online newspaper editors and the co-production of content in campaign 2004. *Journalism & Mass Communication Quarterly, 83*(2), 265–280. http://jclass.umd.edu/classes/jour698m/singer.pdf.

Strack, F., Martin, L. L., & Stepper, S. (1988). Inhibiting and facilitating conditions of the human smile: A nonobtrusive test of the facial feedback hypothesis. *Journal of Personality and Social Psychology, 54*(5), 768–777.

Syros, C., & Ludes, P. (1994). Erlebniskluft und Europäisierung. In P. Ludes (Hrsg.), *Erlebniskluft und Lebenshilfe* (S. 3–14). Siegen: Universität Siegen.

Tavris, C., & Aronson, E. (2007). *Mistakes were made (but not by Me). Why we justify foolish beliefs, bad decisions, and hurtful acts*. Orlando: Harcourt.

Taylor, F. W. (1911). *The principles of scientific management*. New York: Harper & Bros.

Thomas, W. I., & Thomas, D. S. (1928). *The child in America. Behavior problems and programs*. New York: Alfred A. Knopf

Tichenor, P., Donohue, G. A., & Olien, C. N. (1970). Mass Media Flow and Differential Growth in Knowledge. *Public Opinion Quarterly, 34*(2), 159–170.

Tönnies, F. (1922). *Kritik der öffentlichen Meinung*. Berlin: Springer.

Tran, H. (2013). Does exposure to online media matter? The knowledge gap and the mediating role of news use. *International Journal of Communication, 7*, 831–852. http://ijoc.org/index.php/ijoc/article/view/1550/886.

Tversky, A., & Kahneman, D. (1981). The framing of decisions and the psychology of choice. *Science, 211*(4481), 453–458.

UNESCO (1980). *Many Voices. One World. Towards a New and More Just and More Efficient World Information and Communication Order*. Paris: United Nations Educational, Scientific and Cultural Organization. http://unesdoc.unesco.org/images/0004/000400/040066eb.pdf.

van Eimeren, B., & Frees, B. (2012). 76 % der Deutschen online – neue Nutzungssituation durch mobile Endgeräte. *Media Perspektiven,* 2012(7–8), 362–379.

Varela, F. J. (1990). *Kognitionswissenschaft – Kognitionstechnik. Eine Skizze aktueller Perspektiven*. Frankfurt am Main: Suhrkamp.

von Glasersfeld, E. (1997). *Radikaler Konstruktivismus. Ideen, Ergebnisse, Probleme*. Frankfurt am Main: Suhrkamp.

von La Roche, W., Hooffacker, G., & Meier, K. (2013). *Einführung in den praktischen Journalismus. Mit genauer Beschreibung aller Ausbildungswege Deutschland – Österreich – Schweiz* (19. Aufl.). Wiesbaden: Springer.

Warschauer, M. (2004). *Technology and social inclusion. Rethinking the digital divide*. Cambridge: MIT Press.

Watson, J. B. (1913). Psychology as the behaviorist views it. *Psychological Review, 20*(2), 158–177.

Weaver, D. H., McCombs, M. E., & Shaw, D. A. (2004). Agenda-setting research: Issues, attributes, and influences. In L. L. Kaid (Hrsg.), *Handbook of Political Communication Research* (S. 257–282). Mahwah: Lawrence Erlbaum Associates.

Weber, M. (1999). Gesammelte Politische Schriften. Potsdamer Internet Ausgabe. http://opus.kobv.de/ubp/volltexte/2005/559/html/index.html. Zugegriffen: 20. Aug. 2013.

Weichert, S., Kramp, L., & Jakobs, Hans-J. (2010). *Wozu noch Journalismus? Wie das Internet einen Beruf verändert*. Göttingen: Vandenhoeck & Ruprecht.

Weischenberg, S., Malik, M., & Scholl, A. (2005). Journalismus in Deutschland 2005. *Media Perspektiven,* 7(2006), 346–361. http://www.media-perspektiven.de/uploads/tx_mppublications/07-2006_Weischenberg.pdf.

Whorf, B. L. (1963). Sprache, Denken, Wirklichkeit. Beiträge zur Metalinguistik und Sprachphilosophie, Reinbek: Rowohlt

White, D. M. (1950). The "Gate Keeper": A case study in the Selection of News. *Journalism Quarterly, 27*, 383–391.

Whiten, A., & van Schaik, C. P. (2007). The evolution of animal 'cultures' and social intelligence. *Philosophical Transactions of the Royal Society* of London, *362*(1480), 603–620.

Wittgenstein, L. (2010). Tractatus Logico-Philosophicus, London: Kegan Paul, Trench, Trubner & Co., hier zitiert nach der Ausgabe im Projekt Gutenberg veröffentlichten Ausgabe. http://www.gutenberg.org/files/5740/5740-pdf.pdf. Zugegriffen 24. Aug. 2013.

Woodworth, R. S. (1929). Psychology. A study of mental life (2. Aufl.). New York: Holt and Company.

Zeese, V. (2005). Das Ding aus einer anderen Welt. *Die Welt*. (9. Feb. 2005, S. 29). http://www.welt.de/print-welt/article423711/Das-Ding-aus-einer-anderen-Welt.html.

Lücken-Füller: Ein Nachsatz

5

Zusammenfassung

Der gewählte Zuschnitt des Fachgebiets Medienmanagement basiert auf einer Reihe von Entscheidungen, die festlegen, welche Gebiete ich aus der Bearbeitung bewusst ausgeschlossen habe, wie etwa den Bereich der fiktionalen Medienprodukte von Romanen, über Spielshows und Serien im Fernsehen sowie Hörspiele im Radio bis zu Computerspielen und Spielfilmen. Ebenfalls bewusst außen vor gehalten habe ich das Thema Marke und Markierung sowie den Versuch, einen Vorschlag für einen verbindenden Theorierahmen auf Basis der allgemeinen Theorie sozialer Systeme zu entwickeln. In diesem Sinne ist das Lehrbuch um Lücken herum geschrieben, die aber wenigstens als solche bewusst adressiert werden sollen.

Das vorliegende Lehrbuch wurde vor allem für die Ausbildung von Studenten erstellt, die einen Bachelor- oder Masterabschluss im Bereich Medienmanagement und Kommunikation anstreben. Ich nutze in der Lehre für beide Gruppen die hier vorgestellte Grundarchitektur und versuche den Bachelorstudenten vor allem einen groben Überblick über das gesamte Themenspektrum im Studium zu verschaffen, während ich mit den Masterstudenten einzelne Aspekte herausgreife und die wissenschaftliche oder praktische Anwendung vertiefe. Man könnte also auch sagen, das Lehrbuch ist die einheitliche Basis, um Bachelorstudenten an das Fach Medienmanagement und öffentliche Kommunikation auf einer Tiefe von Wissen und Verstehen heranzuführen und Masterstudenten die Anwendung, Analyse und Synthese des Stoffes zu ermöglichen.

Welche Inhalte im Lehrbuch behandelt werden bzw. wo Grenzen gezogen werden, leitet sich im Wesentlichen aus dem Curriculum des Fachgebiets ab. Dennoch wäre es m. E. unlauter zu verschweigen, dass die konkrete Auswahl der Themen, deren Gewichtung und Einordnung in den linearen Verlauf der Argumentation sehr bewusste Entscheidungen für und ebenso bewusste Entscheidungen gegen einzelne Aspekte des Faches waren. Dabei sind zwei große Bereiche zu unterscheiden, in denen Lücken geblieben sind, zum einen

T. Becker, *Medienmanagement und öffentliche Kommunikation*, DOI 10.1007/978-3-658-00887-1_5, © Springer Fachmedien Wiesbaden 2014

der Bereich des Ausblendens ganzer Bereiche, die zu einem 360°-Verständnis von Medien- und Kommunikationsmanagement sinnvoll sind, aber den Lehrplan sprengen würden. Zum anderen Auslassungen, die den Umstand betreffen, welche Literatur, welche Ansätze und welche Ergebnisse in den Duktus aufgenommen wurden.

Die erste Lücke betrifft den Bereich öffentlicher Kommunikation, der nicht durch Nachrichten (*non-fiction*), sondern durch Unterhaltung (*fiction*) charakterisiert ist. Betroffen ist hier im Kern die Produktion von Medieninhalten, die nicht vorgeben, die „Wirklichkeit" zu repräsentieren, sondern die als Artefakte Teil der Wirklichkeit sind. Es geht um Erzählstrukturen, Inszenierung, Dramaturgie, Formate, Rollen etc. wie man sie in der Produktion von Romanen, Spielfilmen, Game Shows, Musik, Bildern, Spielen, Apps und ähnlichem einsetzt. Diese Lücke begründet sich schlicht durch den Umstand, dass die angerissenen Themen, wenngleich sie einen wesentlichen Anteil der öffentlichen Kommunikation prägen, nicht im Fachgebiet Medien- und Kommunikationsmanagement gelehrt und behandelt werden. Sie sind je nach Sichtweise das künstlerische oder handwerkliche Gegenstück zu den hier behandelten Managementfragen, die immer um den Dreh- und Angelpunkt kreisen, wie man durch den Einsatz von Medien und Kommunikation wirtschaftliche oder politische Ziele erreichen kann.

Eine zweite große Lücke lässt sich im Bereich der Infrastruktur ausmachen. Infrastruktur hat dabei zwei relevante Dimensionen: Zum einen ist die technische Infrastruktur angesprochen, die man gerne unter der Bezeichnung *information and communication technology* (ICT) verhandelt. Dabei geht es nicht nur um die IP-Netze, also die Infrastruktur des Internet, sondern auch um Breitbandverteilnetze, Satellitensysteme, die Technologien der *end user devices*, die Mobilfunknetze und selbst das Logistiknetz müsste hier mit einbezogen werden. Auf der anderen Seite müsste im Bereich Infrastruktur neben der technischen Dimension die Marktseite beschrieben werden, was man auch unter dem Stichwort *network economy* thematisiert. Zwei zentrale Stichworte sind hier E-Commerce und die *winner-take-all economy*, die sich speziell im Internet beobachten lässt. Marktplätze wie Amazon und Ebay und für Medienprodukte vor allem auch der iTunes Store und Google Play, Plattformen wie YouTube, Netzwerke wie Facebook und LinkedIn, Dienstleister wie PayPal etc. schaffen Marktinfrastrukturen, ohne deren Kenntnis sich heute kaum erfolgreich wirtschaften und kommunizieren lässt.

Dass ich diesen Bereich ausspare, erklärt sich ganz praktisch: Die Dynamik, die sich durch technologische Innovationen, *mergers & acquisitions*, Netzwerkeffekte u. ä. ergibt, passt nicht zur Stabilität eines Druckwerks. Ich integriere in meine Lehrveranstaltungen entsprechende Hinweise situativ und aktuell. Aber weder ein Skript noch ein Lehrbuch sind der richtige Ort, um dynamische Entwicklungen zu verfolgen. Ich verweise in diesem Zusammenhang gerne auf meinen Blog (docbecker.blogspot.de) und meinen Twitter Account (twitter.com/Prof_Dr_Becker). In beiden Kanälen veröffentliche ich unterjährig Informationen, Zahlen und Übersichten zu den Märkten und Netzwerken und kann hier entsprechend auch dynamisch Korrekturen und Aktualisierungen nachpflegen.

Die dritte große Lücke schließlich ergibt sich im Bereich der Theorie. Meine anfängliche Überlegung zum Aufbau der Vorlesungsreihe und damit auch des vorliegenden Lehrbuchs war es, theoretische Leitplanken komprimiert darzustellen, um so Einstiegspunkte für ein mögliches Postgraduierten-Studium zu ermöglichen. Bei der Umsetzung dieser Idee zeigte sich aber schnell, dass das nicht gelingen wird. Dies hat einen von mir zunächst unterschätzen Grund: Es liegt kein einheitlicher Theorierahmen vor, auf den man sich quasi als *common ground* beziehen könnte. Das wiederum führt im Umkehrschluss dazu, verschiedene Theorieansätze operativ integrieren zu müssen, was sich nicht *en passant* mit Verweis auf die vorliegende Literatur erledigen lässt, sondern eine intensivere Herleitung benötigt. Dadurch würde aber der Charakter eines Lehrbuchs *ad absurdum* geführt, weshalb ich mich entschlossen habe, ein theoretisches Rahmenwerk komplett auszulagern und in einer eigenständigen Veröffentlichung zu behandeln.

Diesem Umstand ist geschuldet, dass einige zentrale Konzepte in dem vorliegenden Lehrbuch schlicht nicht vorkommen bzw. nur in Nebensätzen angerissen werden. Das betrifft zum Beispiel die wichtige Diskussion der Bedeutung generalisierter Symbole im Kommunikationsprozess, also die instrumentale Nutzung von Medien wie Geld, Macht, Liebe und Reputation. Hierein spielt auch der Umstand, dass der gesamte Bereich der Markierung von Leistungen ausgeblendet ist, da er m. E. ebenfalls eher in den Kontext symbolisch generalisierter Kommunikationsmedien fällt. Dies ist insoweit ärgerlich, da *brand management* ein ganz wesentlicher Aspekt im Marketing ist, wenngleich die Komplexität von Markeneigenschaften und Markenwahrnehmung speziell im Bereich der Betriebswirtschaftslehre oft verkannt wird. Ebenfalls fehlt Grundsätzliches zum Verhältnis von Struktur und Funktion, System und Umwelt, Kognition und Gesellschaft, struktureller Kopplung und autopoietischer Schließung und wie Sinn zwischen all diesen Dimensionen vermittelt bzw. sie füreinander kompatibel macht.

Neben diesen drei großen Lücken, gibt es zahlreiche kleine Lücken. Man könnte auch formulieren, das vorliegende Buch ist um Lücken herum geschrieben, quasi eine Art Netz, bei dem der Faden weniger Raum einnimmt als die Maschenöffnung. Man kann sich z. B. fragen, warum man im Lehrbuch nichts über die Prinzipal-Agent-Theorie liest, Gerbners Kultivationshypothese ausgespart ist, Managementkybernetik nicht angesprochen wird, Vilém Flussers Kommunikologie kein Thema ist, Führungsstile und Motivationstheorien nicht vorkommen.

Dazu ein persönliches Bekenntnis: Hochschulen dienen der Forschung (Produktion neuen Wissens) und der Lehre (Vorstellung bekannten Wissens). Ein Lehrbuch ist klar dem Aufgabenbereich Lehre zuzurechnen. Wie soll man nun bekanntes Wissen vorstellen? Den Studierenden alles, was zu einem Thema auffindbar ist, zu präsentieren und dieses Faktenwissen schlicht auf Reproduzierbarkeit abzufragen, halte ich nicht nur für kaum realisierbar, sondern schlicht für Unsinn. Es ist doch eben die Aufgabe des Lehrenden, für die Studierenden das bekannte Wissen so zu strukturieren, dass man für sich selbst daraus Nutzen ziehen kann, worin auch immer der im Konkreten bestehen mag.

Ich als Lehrender orientiere mich an dem Ziel, die Studierenden zu befähigen, mit einem gut bestückten Werkzeugkasten (Methoden) und einer soliden Karte (Überblick über das Fachgebiet, vgl. auch Abb. 5.1) kritisch und konstruktiv Herausforderungen anzugehen und Probleme zu lösen, die sich im weiteren Leben stellen werden (wobei dieses

Marketinginstrument   Unterhaltung   Öffentliche Kommunikation

Führung   Infrastruktur   Theorie

Abb. 5.1 Thematische Karte des Fachgebiets Medienmanagement und öffentliche Kommunikation

Bild vom „weiteren Leben" natürlich stark auf die spätere Berufspraxis bzw. die Aufnahme einer wissenschaftlichen Karriere ausgerichtet ist). In diesem Sinne habe ich mich der Verantwortung gestellt, für meine Kunden (die Studierenden bzw. hier speziell Sie als Leser) zu selektieren, was praktische Werkzeuge sind und welche Punkte auf der Landkarte eingetragen sind. D. h. nicht, dass es noch viele andere Werkzeuge gibt, und sicherlich auch einige davon mit hoher Problemlösungskapazität. D. h. ebenfalls nicht, dass es auf der Landkarte noch viele andere spannende Dinge einzutragen gäbe. Aber eine Karte ist nur dann hilfreich, wenn sie auf dem gewählten Maßstab übersichtlich ist. Und ein Werkzeugkasten ist nur dann hilfreich, wenn man ihn auch tragen kann.

In diesem Sinn entschuldige ich mich vorauseilend für die gewählte Knüpftechnik, mit der der rote Faden die Lücken des hier gewobenen Wissensnetzes umschließt.

Stichwortverzeichnis

T. Becker, *Medienmanagement und öffentliche Kommunikation,*
DOI 10.1007/978-3-658-00887-1, © Springer Fachmedien Wiesbaden 2014

The manufacturer's authorised representative in the EU is Springer
Nature Customer Service Centre GmbH, Europaplatz 3, 69115 Heidelberg,
Germany. If you have any concerns regarding our products, please
contact ProductSafety@springernature.com

Printed and bound by CPI Group (UK) Ltd, Croydon, CR0 4YY
23/04/2026
02095642-0006